EDWIGE THIBAUT

DER SS-ORDEN
ETHIK & IDEOLOGIE

OMNIA VERITAS.

EDWIGE THIBAUT

DER SS-ORDEN
Ethik & Ideologie

L'ORDRE SS
Éthique & idéologie
Erste Ausgabe - Avalon - Paris - 1991

Aus dem Französischen übersetzt
und herausgegeben von
Omnia Veritas Ltd

𝒪MNIA VERITAS®

www.omnia-veritas.com

© Copyright Omnia Veritas Limited - 2023

Heinrich Himmler im Jahr 1937, der von der Idee einer neuen Aristokratie beseelt war.

EDWIGE THIBAUT

VORWORT VON LÉON DEGRELLE

Volksführer
Kommandeur der Legion Wallonien
Ritter des Eisernen Kreuzes

Um die Wahrheit zu sagen, als ich die riesige Masse an Blättern erhielt, die dieses Buch über den SS-Orden bilden, war ich ziemlich verblüfft: achthundert Seiten dicht gedrängter Text! Mein normales Leben ist sehr ausgefüllt. Diese Art von Enzyklopädie zu lesen, würde mich Dutzende von Stunden kosten! Um mir ein Bild davon zu machen, ob diese ungewöhnliche Zusammenstellung interessant oder uninteressant ist, blätterte ich zunächst die ersten Absätze durch. Drei Tage später war ich auf der letzten Seite angelangt.

Ich fand dort eine außerordentliche Menge an Wissen vor, das in einer hundertseitigen Einleitung, die ein Buch für sich ist, präsentiert wurde und dann mit perfekter Kenntnis des Themas durch Hunderte von einfachen und zugleich aussagekräftigen Zitaten unterstützt wurde, die eine riesige Anthologie von Texten bildeten, die damals geschrieben wurden, ohne den Leser zu überraschen, sondern um ihn zu informieren und zu überzeugen. Politisch gesehen war es das gesamte Panorama der SS, das von direkten Zeugen rekonstruiert wurde, die nicht einmal daran dachten, als Historiker zu arbeiten, sondern die Doktrin, die Ziele, die Methoden und die Mystik der Bewegung, die neben dem Leninismus zweifellos das wichtigste politische Phänomen des 20.400.

* * *

Wer hatte diese Summe aufgebracht? Ein berühmter Chronist? Nein, eine fast unbekannte junge Frau, Edwige Thibaut, eine fantastisch arbeitsame Frau, die jahrelang Tausende von Seiten gelesen hatte, die von Hunderten von Analytikern, Philosophen und Technikern über die SS geschrieben worden waren. Diese gehörten den unterschiedlichsten Kreisen an: jungen, alten, intellektuellen, einfachen Beobachtern. Edwige Thibaut hatte diese vielfältigen Arbeiten geduldig sortiert und dann in eine intelligente Reihenfolge gebracht. Sie wollte in erster Linie ihre Entdeckerfreude befriedigen, aber wenn sich die Gelegenheit bot, diese Freude auch an neugierige Geister weitergeben, die hier und da versuchen, das Wahre zu finden.

Denn das ist die Besonderheit dieses Buches: Diese junge Frau erfindet nichts, sie stellt sich nichts vor; sie kommentiert zwar, aber sie bringt hundert Texte, die von anderen geschrieben wurden, die zur selben Zeit veröffentlicht wurden, als sie entstanden, die von zahlreichen Beobachtern verfasst wurden, die sich in verstreuten Publikationen ausdrückten. Diese Zusammenfassung und Vereinheitlichung, die man sich damals nicht einmal vorstellen konnte, hat Edwige Thibaut im Laufe einer Arbeit selbst vorgenommen, die ihr, wenn sie statt eines Unterrockes eine Mönchskutte getragen hätte, die zehnmal verdiente Bezeichnung „Benediktinerin" eingebracht hätte!

* * *

Die Menge liest heute in Eile. Hier geht es aber darum, Dutzende von Stunden fleißigen und anstrengenden Lesens zu verwenden, um Texte zu durchforsten, die eine mächtige Anwendung erfordern! Aber das Thema ist entscheidend. Wer war die SS und insbesondere die Waffen-SS? Was wissen wir darüber? Was kann man darüber wissen? Das ist die Aufgabe, der sich Edwige Thibaut, der Leichtigkeit des Jahrhunderts trotzend, energisch gestellt hat. Diese wahre Enzyklopädie der SS hätte für immer in einer Schublade verrotten können. Nun riskiert ein mutiger Verleger die Veröffentlichung, trotz des enormen Umfangs des Inhalts.

In Wirklichkeit ist die SS bis heute, obwohl ihr Tausende von Büchern gewidmet wurden, wenig bekannt, schlecht erforscht und wurde oft durch summarische, an Lächerlichkeit oder Abscheulichkeit grenzende Beschuldigungen entstellt. Die Waffen-SS, ihr berühmtester Ableger, war die außergewöhnlichste politisch-militärische Formation, die die Menschheit je gekannt hat. Während des Zweiten Weltkriegs zählte sie eine Million Freiwillige aus 28 verschiedenen Ländern. Alle diese Jungen waren freiwillig gekommen, um ihr Leben (402.000 starben im Kampf) für eine Sache zu opfern, die jeden Teil ihres physischen Lebens und ihres Willens in Anspruch genommen hatte.

All das war nicht von selbst passiert. Die SS war zu Beginn des Hitlerismus nur eine Handvoll Menschen. Sie mussten von einem enormen Glauben durchdrungen und dann verzehrt werden, damit sich diese absolute Hingabe, diese freie, totale Disziplin und die souveräne Überzeugung, dass sie der Welt eine *neue* Art *von Mensch* brachten, entfalten konnten.

Wer war dieser *neue Mensch*? Was war seine Botschaft? Wo findet man die im selben Moment transkribierten Zeugnisse dieses Willens, ein Universum (die Weltanschauung) zu erschaffen, in dem alles neu erschaffen und regeneriert werden sollte? Dieses Buch gibt die Antwort. Dank dieses Buches wissen wir endlich, was die SS war und was sie dem Menschen und der Welt hätte geben können, wenn ihre siegreichen Runen das Universum endgültig geprägt hätten.

* * *

In der Kathedrale, die dieses von Edwige Thibaut errichtete Werk darstellt, ist alles enthalten. Nach dem Studium dieser Enzyklopädie weiß man, was die geistigen Führer der SS - brillante Köpfe und bescheidene Gehirne - jahrelang jeden Tag dargelegt haben. Edwige Thibaut hat Seite für Seite das Wesentliche ihrer Arbeit wiedergegeben, die in voller Aktion, in der Hitze und im Licht der Ereignisse konzipiert wurde.

Sicherlich haben einige der zu lösenden Probleme ihren Umfang verändert. Einige Konzepte wurden im Laufe des Weges überarbeitet. Dies gilt insbesondere für den manchmal zu kurz gefassten Begriff des geistigen Lebens des Menschen. Der religiöse Impuls hat tausend geheime Umwege. Hitler war der erste, der wusste, dass wir alle - und das Universum - vom *Allmächtigen* beherrscht werden. Die manchmal provokative Unnachgiebigkeit einiger SS-Männer würde schnell überholt sein. Ich selbst war ein glühender Christ, was Hitler nicht daran hinderte, zu sagen, dass er, wenn er einen Sohn gehabt hätte, gewollt hätte, dass dieser wie ich wäre! Wir hatten in der Division *Wallonie* der Waffen-SS unsere Seelsorger, die alle unsere Prüfungen an der Ostfront teilten. In der SS-Division *Charlemagne* führte ein großartiger Prälat, Monsignore Mayol de Luppé, Tausende von jungen französischen Helden in den Kampf und zur Aufopferung. Auch hier würde sich ein Gleichgewicht einstellen, zwischen einem historischen Heidentum, das manche wieder aufleben lassen wollten, und dem mystischen Leben, dieser geheimen Vibration des Bewusstseins.

Die gewaltige Ausstrahlung der SS wäre keine Diktatur des Geistes, sondern eine frei und geschmeidig eingebrachte Zustimmung des ganzen Wesens. Dieser immense Reichtum, den die SS vor sich hertrug wie die antiken Götter den Blitz, hätte in den Nebeln der Zeit verloren gehen und zerfasern können. Dank Edwige Thibaut wurde er hier ehrlich und vollständig rekonstruiert.

Ein halbes Jahrhundert ist vergangen. Diejenigen, die dieses Epos erlebt haben, werden spüren, dass ihre glühende Jugend wieder auflebt, wenn sie die Meilensteine wiederfinden. Ich selbst bin der letzte lebende Kommandeur einer Division der Waffen-SS und der letzte *Volksführer*: In meinen Augen ist diese Rekonstruktion eine Wiederauferstehung. Aber ich denke vor allem an die jungen Menschen, denen man den Reichtum der Wahrheit so hasserfüllt vorenthalten hatte. Hier ist sie nun. Sie werden endlich! in all ihrer Fülle und Komplexität erfahren, was die SS war. Und insbesondere ihr rechter Arm, die Waffen-SS.

Wer weiß es? Nicht nur das Wissen, sondern auch die Stimme, vielleicht wird sie eines Tages, von ihnen wiedergeboren, die neue Welt wieder aufbauen, die unsere Gehirne und Waffen schaffen wollten.

Léon Degrelle, Malaga, 1 Juni 1990

Einführung

In der Antike hatten Völker, die in einer feindlichen Welt ständig um ihr Überleben kämpften, das Recht über Leben und Tod der Besiegten. Es galt das Naturrecht des Stärkeren; allerdings konnte sich der konfrontierte Gegner den Respekt der Gegenseite bewahren, was die Größe der sich gegenüberstehenden Kämpfer umso mehr hervorhob. Die Menschen führten Kriege aus existenziellen und nicht aus ideologischen Gründen. Die Eroberung eines Territoriums rechtfertigte kriegerische Expeditionen und die Vorstellung von Ehre oder Schande bestimmte den Wert eines jeden Einzelnen. Was bedeutete ein unbekanntes moralisches Recht angesichts des Ehrgefühls, das jede Handlung leitete, angesichts von körperlicher Stärke und Beweglichkeit, intellektuellem Einfallsreichtum und vor allem angesichts der Notwendigkeit zu überleben?

Wenn man den Verlauf und das Ende des Krieges 1945 kritisch betrachtet, sieht man das Ende eines langen Prozesses, der mit der Entstehung der biblischen Religionen begann: Moral und Sünde haben das Ehrgefühl und die Politik ersetzt. Aus dem respektablen Gegner wurde ein absoluter Feind, der alle Laster in sich trug, die sich der „Zivilisation" widersetzten und um jeden Preis bekehrt oder eliminiert werden mussten. Nach den Religionskriegen, der Hetzjagd auf Ketzer und Hexen folgten die imperialistischen Kriege und die Kolonialisierung durch religiöse Missionare. Nun standen sich in einem *globalen* Krieg nicht nur Völker, sondern verschiedene Weltanschauungen gegenüber, von denen die einen auf den Rechten und der Gleichheit aller Menschen, dem universalistischen und nomadischen Individualismus und die anderen auf der Mystik der Rasse, der Wertschätzung einer heroischen Haltung, die über die Kluft der Zeit hinausgeht, und dem Wert der Gemeinschaft basierten. In Anbetracht der Tatsache, dass es Gesetze gibt, die über denen von Staaten stehen, wurde der einst ausschließlich individuelle Begriff des Verbrechens zu „Verbrechen gegen die Menschlichkeit" erweitert und auf ein System, eine Ideologie und sogar eine ganze Nation angewendet. Die Rechtmäßigkeit und Besonderheit systemimmanenter staatlicher Handlungen wurde durch die Rechtmäßigkeit eines humanistischen Universalrechts verdrängt. Zum ersten Mal in der Geschichte ermöglichte es dieses besondere moralische Recht, das direkt aus dem Geist der Französischen Revolution hervorgegangen war, Menschen, die Nationen vertraten, die die Verbrechen von Hiroshima, Dresden und Katyn begangen hatten, über ein politisches System zu urteilen, das sich der nivellierenden Form einer globalistischen Ordnung verweigerte. Das Prinzip der Bestrafung erreichte damit seinen Höhepunkt. Der Amerikaner Nathan Kaufmann brachte dies in seiner 1941 veröffentlichten Broschüre *Deutschland muss zugrunde gehen* zynisch auf den Punkt: „Der gegenwärtige Krieg ist kein Krieg gegen Adolf Hitler. Er ist auch kein Krieg gegen die Nazis. Es ist ein Krieg von Völkern gegen andere Völker, von zivilisierten Völkern, die das Licht tragen, gegen unzivilisierte Barbaren, die die Finsternis lieben." Diese Planetarisierung der Moral konnte nur weitere Kriege gegen mögliche Verstöße gegen das „Völkerrecht" ankündigen, die unter dem Deckmantel der Gerechtigkeit den Völkern und Staaten ein einseitiges Moralmodell aufzwingen.

Der Ausgang des Prozesses ließ keinen Zweifel. Der Totalitarismus dieses Krieges konnte nicht anders, als die Besiegten erbarmungslos zu zermalmen. Die Schuld einer Ideologie, des Nationalsozialismus, und ihrer Verfechter, moderner Teufel, wurde anerkannt. Einem „auserwählten Volk" stand ganz selbstverständlich ein „gefallenes Volk" gegenüber, das ewig verflucht war.4 Die SS stand auch in diesem Kontext an vorderster Front der Angriffe. Sie saß ganz oben auf der Anklagebank, vertreten durch eine Reihe von Generälen und hohen Offizieren, da ihre Führer, Hitler und Himmler, es vorgezogen hatten, ihr Schicksal selbst in die Hand zu nehmen und sich das Leben zu nehmen. Was wurde ihr vorgeworfen? Dass sie das unerbittliche politische Instrument des Nationalsozialismus bei der Verwirklichung seiner Ziele gewesen sei.

Seit 1947 haben die Medien und die Boulevardpresse die Arbeit des Internationalen Gerichtshofs übernommen, allerdings auf einer breiteren Ebene. Es wurden unzählige Bücher über den Nationalsozialismus, die SS und die Konzentrationslager veröffentlicht, die zeigen, dass das „Verbotene und Unaussprechliche" immer noch eine Faszination auf ein Publikum ausübt, das bereits eine gute Ausbildung genossen hat. Die Produktion von „faschistoiden" Filmen wie *Rambo, Conan der Barbar* oder *Mad Max ist ein* eindrucksvolles Beispiel dafür. Die Studien und wissenschaftlichen Arbeiten „renommierter" Historiker schweigen jedoch zu vielen Fragen, die sich kritische Geister stellen.

In der französischen Literatur wird der SS-Mann gerne als Mann dargestellt, dessen Peitsche so scharf ist wie seine Worte, der fromm Beethoven hört und ohne eine Träne zu vergießen Millionen von Menschen auslöschen lässt. Ein solches stereotypes und vereinheitlichendes Bild des grausamen und dummen KZ-Aufsehers wirkt angesichts der Realität von Wissenschaftlern, Künstlern, Schriftstellern oder Soldaten, die jeweils eines der vielen Gesichter der SS verkörperten, zutiefst einschränkend. Sind sie überhaupt vergleichbar, wenn man die Gegensätze kennt, die innerhalb des Ordens trotz des Willens zur ideologischen Zentralisierung entstehen konnten? Sicherlich bleibt keine Gesellschaft davon verschont, dass sich in ihren Reihen zweifelhafte oder kriminelle Individuen befinden. Der menschliche Charakter hat immer schwer zu überwindende Schwächen, die manchmal zum Vorschein kommen. Kann man sich jedoch vorstellen, dass es richtig wäre, ein solches Phänomen zu systematisieren, nur weil man es mit Feinden oder vermeintlichen Feinden zu tun hat, unabhängig davon, ob es sich um Literaten, Wissenschaftler oder Künstler handelt? Wie konnten Millionen von Menschen, darunter viele Europäer, ihr eigenes Leben für ein solches System einsetzen, das angeblich jegliche Menschenwürde verneint? Eine sorgfältige Prüfung der Fakten kann uns die Antwort liefern.

Jeder, der sich mit den tragischen Ereignissen des Zweiten Weltkriegs befasst, wird sich fragen, was die Beweggründe dieser Männer waren, von denen in den Geschichtsbüchern so wenig die Rede ist. Wir Franzosen werden uns diese Frage umso mehr stellen können, als 40.000 Franzosen in einer nunmehr europäischen Uniform an den Kämpfen teilnahmen und mindestens 10.000 von ihnen zu „politischen Soldaten" der SS wurden. Der Nationalsozialismus ist Teil der Geschichte. Er wurde mit Adolf Hitler geboren und starb mit ihm. Viele Menschen, die diese Zeit nicht erlebt haben, fragen sich nun, wer diese Männer waren, die so weit weg gingen, um in einem fremden Land den Tod zu finden. Lassen wir die parteipolitische Leidenschaft beiseite, die ihre Geschichte nur in die eine oder andere Richtung verzerren kann. Nachdem die offensichtlichen Wunden verheilt sind, ist es nun an der Zeit, die Leidenschaften zu entdramatisieren und historische und politische Ereignisse mit derselben Gelassenheit zu analysieren wie Religionskriege, Kreuzzüge oder Platons Gedankengut. Es wäre eine grausame Ironie des Schicksals, denjenigen zu gleichen, die man durch den Einsatz von Zensur und intellektueller Unterdrückung verurteilt. Das Ziel dieses Buches ist es daher, dem Leser zu ermöglichen, zu verstehen, was Individuen, die scheinbar durch nichts prädestiniert waren, dazu gebracht hat, sich auf die Seite der Nationalsozialisten zu schlagen.

Die politischen Ideen der SS zu behandeln, ist ein großes, schwieriges, überraschendes und verwirrendes Unterfangen. Über die SS zu sprechen bedeutet in erster Linie, sich mit ihren „politischen Ideen" zu befassen, was sicherlich diejenigen überrascht, die die SS nur als polizeiliches Unterdrückungsorgan betrachteten. Es bedeutet also, genauer über ihre „Weltanschauung", ihre Geschichte, ihre Ziele, ihre Bestrebungen, aber auch ihre Fehler und ihre internen Divergenzen zu sprechen. Die nationalsozialistische Dialektik wird entschlüsselt und ermöglicht ein besseres Verständnis der Bedeutung von Begriffen, die heutzutage oft unpassend verwendet werden.

Wie im ersten Kapitel von „Der SS-Orden, Geschichte und Prinzipien" dargelegt, hat die SS ihren Ursprung in Adolf Hitlers Leibgarde, die für seine Sicherheit zuständig war. Sie bestand aus handverlesenen, ideologisch überzeugten Männern, die mit der Ernennung von Heinrich Himmler zu ihrem Chef einen neuen Aufschwung erlebten. Bis zu seiner Ernennung im Jahr 1929 war die SS lediglich eine gehorsame Super-SA ohne ideologische Initiative, ein reines Exekutivorgan, das jedoch bereits von der Idee des Elitären geprägt war. Durch geduldige Arbeit im Hintergrund hatte Himmler

Hitlers Vertrauen gewonnen und seine Ansichten über eine neue SS als kämpfende ideologische Ordnung, als Fundament einer zukünftigen Gesellschaft, durchgesetzt. Sie war also nicht mehr nur eine bloße Sicherheitsorganisation; sie wurde zum aktiven und wichtigsten Instrument des Nationalsozialismus, das den Schutz des Reiches übernehmen, vor allem aber die künftige Elite Europas hervorbringen und das Volk im nationalsozialistischen Geist unterrichten sollte. Es war auch ein außergewöhnliches Experimentierfeld, eine „Ideenschmiede", die die unterschiedlichsten Talente aufblühen ließ und ständige Innovation förderte, ohne sich jemals von einem traditionellen Wertesystem abzuschneiden. Aus Hitlers Garde hatte die SS eine neue Geburt als Garde und Speerspitze der nationalsozialistischen Bewegung erlebt. Jetzt setzte sie sich voll und ganz für eine Idee ein und ging sogar so weit, eine Avantgardebewegung zu sein.

Die bemerkenswerte Geschwindigkeit, mit der sich die SS ab einem bestimmten Zeitpunkt entwickelte, zeigt die neue Bestimmung, die sie annahm. Seit ihrer Gründung 1923 beschränkte sich die SS auf 200 bis 300 Männer, die in Dutzenden über ganz Deutschland verteilt waren. 1929 waren es 1000, 1931 14.964, 1933 209.000, 1938 238.159 und 1945 fast eine Million Männer. Dieses schnelle Wachstum sollte jedoch nicht täuschen. Die SS war eine selektive Organisation, die im Gegensatz zur SA und zur Partei auf *strikter Freiwilligkeit beruhte.* Himmler bezeugte dies in einer Rede von 1937, in der er erklärte, dass er zwischen 1933 und 1935 60.000 SS-Männer ausschloss, die „nicht absolut enthusiastisch oder idealistisch" waren, während die anderen Parteiorganisationen sich weitgehend ihrer Basis öffneten.

Diese plötzliche, aber überwachte Vergrößerung der SS war die Antwort auf die Ausweitung ihrer Aufgaben durch die neue Verwaltung und auch auf die neuen Perspektiven, die sich durch die nationalsozialistische Machtübernahme in Deutschland ergaben. Die SS wurde in drei große Bereiche unterteilt: die Allgemeine SS (zivile SS, aus der die beiden anderen Bereiche hervorgingen), die SS-Totenkopfverbände (Einheiten mit Totenkopf, die sich mit der externen Verwaltung der Konzentrationslager und bestimmten polizeilichen Aufgaben befassten) und die SS-Verfügungstruppe (paramilitärische SS-Truppen, aus denen später die Waffen-SS hervorging). Während die Wehrmacht für die äußere Sicherheit des Landes sorgte, hatte die SS die Aufgabe, die innere Sicherheit der Nation durch die polizeiliche Überwachung der „inneren Feinde", wie sie sie nannte, und vor allem durch die Verbreitung der nationalsozialistischen Weltanschauung zu gewährleisten.

Die SS wurde also in diesem Sinne unterrichtet, was ihnen den Status von Kadern verlieh und sie zu Höchstleistungen in allen Bereichen anspornte, seien sie zivil oder militärisch, intellektuell oder sportlich. Sie sollten einen revolutionären und traditionellen Glauben, eine revolutionäre und traditionelle Welt- und Lebensanschauung verkörpern und lehren. Aus der Sicht der SS sind die Charaktere revolutionär und traditionell jedoch kein Widerspruch. Ersteres stellt nämlich einen direkten Angriff auf das bestehende jüdisch-christliche Gesellschafts- und Moralsystem dar, während letzteres das Festhalten an unveränderlichen traditionellen Werten, die aus dem rassischen Wesen des Volkes stammen, propagiert. Durch die freiwillige Aufnahme in ihre Reihen appellierte sie an den Geist der Militanz und an das Gefühl der Verantwortung und Treue, die untrennbar mit dem Zustand des freien Menschen verbunden sind. Durch die besonderen internen Regeln und die Ethik, die sie sich selbst gegeben hatte, erhielt die SS auch den Charakter einer Gesellschaft in der Gesellschaft. Sie verwirklichte bereits in ihrem Inneren das, was aus der Sicht der Nationalsozialisten die Zukunft Europas und später der Welt werden sollte.

Es ist verständlich, dass die Erreichung solcher Ziele die Schaffung entsprechender Dienststellen erforderte. Im Jahr 1929 wurde das erste SS-Amt, die Zentrale Leitung, gegründet. 1931 folgten das Rasse- und Siedlungsamt unter der Leitung von Walther Darré und das Sicherheitsamt, das sich mit der internen polizeilichen und politischen Überwachung befasste, unter der Leitung von Reinhard Heydrich, die im Januar 1935 im Rahmen einer allgemeinen Reorganisation zu Hauptämtern wurden. Im Buch über die Organisation der NSDAP von 1938 wurden die Aufgaben des RuSHA wie folgt definiert: „Es verschafft der SS, einer Gemeinschaft von nach nordisch-rassischen Gesichtspunkten ausgewählten Sippen, die Instrumente, die sie befähigen, die Idee von Blut und Boden durch charakteristische Führung zu verwirklichen." Er bestand aus verschiedenen Büros:

I. Ordnungs-und Verwaltungsamt: Es schafft die organisatorischen, personellen und materiellen Grundlagen, um die Arbeit der anderen Ämter zu erleichtern.

II. Rasseamt (Rassebüro): Die Aufgabe dieses Büros ist es, die Idee zu demonstrieren und zu nutzen, dass allein das Blut die Geschichte, die Zivilisation, das Recht und die Wirtschaft bestimmt.

III. Schulungsamt (Bildungsbüro): Das Ziel des Schulungsamtes ist es, die SS ideologisch zu unterrichten. Ziel ist es, jeden SS-Mann zu einem absoluten Standpunkt der nationalsozialistischen Weltanschauung zu bringen und so einen festen ideologischen Block innerhalb des Volkes zu schaffen.

IV. Sippenamt (Sippenamt): Ihm obliegt die Aufgabe, die Erblichkeit und Herkunft der bereits in der Organisation befindlichen SS-Männer, ob Unteroffiziere oder Offiziere, sowie der neu aufgenommenen SS-Männer zu untersuchen.

V. Siedlungsamt: Es verwirklicht die Idee von Blut und Boden durch die Sesshaftmachung von SS-Familien im Rahmen der Politik der Neuschaffung des deutschen Bauernstandes und der Wiederverwurzelung der Herde".

Das SS-Hauptamt, als übergeordnetes Entscheidungszentrum des Reichsführers SS, hatte die Aufgabe, die drei Teile der Schutztruppe - die Allgemeine SS, die SS-Verfügungstruppen und die SS-Totenkopfverbartde - zu bilden, auszubilden und für ihre jeweiligen Aufgaben einzusetzen. Ab 1940 wurde sie von Gottlob Berger, dem Architekten der europäischen Waffen-SS, geleitet.

Es umfasste die folgenden Büros:

I. Führungsamt (Leitendes Büro): Das Führungsamt arbeitet an allen Angelegenheiten, die die Ausbildung und Organisation der drei SS-Zweige betreffen.

II. Personalamt: Teil der „Personalkanzlei", die befugt ist, alle Personalangelegenheiten zu prüfen, insbesondere von SS-Offizieren und Unteroffizieren, die mit Offiziersstellen betraut sind.

Dieser Bereich umfasst außerdem die Einberufung von Offiziersanwärtern zu Kursen und die Betreuung von Offizierskadetten, die aus Junkers SS-Schulen hervorgegangen sind.

III. Verwaltungsamt: befasst sich mit allen Verwaltungs- und Haushaltsangelegenheiten der drei übergeordneten Ämter.

Als einziger Beauftragter des Reichsführers SS leitet er auch die Beziehungen in diesen Bereichen zu den anderen Dienststellen außerhalb der SS.

Der Leiter des Verwaltungsbüros ist für die gesamte SS der einzige Bevollmächtigte beim Reichskämmerer.

Es wurde eine Institution geschaffen, um die Mittel für den Aufbau und die Arbeit des SS-Dienstes im Verwaltungsamt zu verstärken. Arier, die nicht der SS angehörten, wurden „fördernde Mitglieder", wenn sie sich verpflichteten, regelmäßig und freiwillig einen von ihnen festgelegten monatlichen Betrag zu zahlen.

IV. Sanitätsamt: Der Leiter des Sanitätsamtes befasst sich mit allen Bereichen, die den sanitätsdienstlichen Charakter der SS betreffen. Aufgrund seiner Qualifikation als „Arzt der SS" ist er auch gegenüber dem Reichsführer SS für die sanitätsdienstlichen Aufgaben der SS verantwortlich.

V. Ergartzungsamt (Rekrutierungsbüro): befasst sich mit allen Neuaufnahmen von Unteroffizieren und Mannschaften sowie mit Wiederaufnahmen, Suspendierungen, Entlassungen, Versetzungen und Austritten. Darüber hinaus befasst es sich mit der Kartenregistrierung und der Erstellung der Meldekarte aller SS-Angehörigen, der Berechnung und Bewertung aller SS-Kräfte.

VI. Amt für Sicherungsaufgaben: Behandelt alle Maßnahmen, die die Tätigkeit der SS bei NSDAP-Veranstaltungen betreffen. Es arbeitet auch mit dem Innenministerium in allen Fragen des Militärdienstes von SS-Mitgliedern zusammen.

VII. Beschaffungsamt (Supply Office): Der Bereich des Beschaffungsamtes umfasst die Beschaffung von Ausrüstung für die gesamte SS.

VIII. Amt für Leibesübungen: das alle Maßnahmen der sportlichen Tätigkeit der SS in allen Sportarten vorbereitet und durchführt und die sportliche Ausbildung der SS beaufsichtigt.

IX. Amt für Nachrichtenverbindungen: befasst sich mit allen Angelegenheiten, die alle Nachrichten der SS betreffen.

X. Versorgungs-und Fürsorgeamt SS: befasst sich mit allen Fragen der Fürsorge der SS, in enger Verbindung mit den zuständigen nationalen und kommunalen Stellen (Arbeitsämter usw.) sowie mit allen Fragen, die besondere Spenden betreffen."

(Wir geben hier nur die Liste der Büros der beiden wichtigsten Ämter an, die sich mit der Ausbildung und der Rassenauswahl befassten. Die anderen Ämter werden später in einem anderen Buch behandelt, das sich speziell mit der Geschichte und der Entwicklung der SS befasst).

Das Schulungsamt war also für die Erziehungsarbeit der Truppe zuständig, die von Chefausbildern durchgeführt wurde. Diese waren für die Durchführung der Ausbildung verantwortlich, die für das Offizierskorps in Form von gelegentlichen Vorträgen und für die Truppe in Form von regelmäßigem Unterricht in den Grundprinzipien erfolgte. Ab 1934 begannen sie mit ihrer Arbeit, die darüber hinaus alles umfasste, was der indirekten ideologischen Einflussnahme diente, wie die Organisation von Truppenbuchhandlungen, die Versorgung der Einheiten mit Zeitungen und Zeitschriften, die Gestaltung von truppeninternen Festen und Zeremonien sowie andere Formen der kulturellen Unterhaltung und Betreuung der Soldaten. Sie waren auch an der Prüfung beteiligt, die über die endgültige Aufnahme eines SS-Anwärters in den Orden entschied. Vor 1937 enthielt die Ausbildung keinen militärischen Charakter, der in den Zuständigkeitsbereich der Kommandeure und Einheitsoffiziere usw. fiel. Die Führung der Einheiten war also doppelt aufgeteilt: militärisch lag sie bei den Kommandeuren und ideologisch bei den Ausbildungsleitern.

Ein solcher Dualismus widersprach natürlich den traditionellen Prinzipien der militärischen Autorität, da die Truppenführer sowohl für den Geist und die Einstellung der Soldaten als auch für ihre militärische Qualifikation verantwortlich waren. Der Kontrast ist umso größer, wenn man bedenkt, dass die Ausbildungsleiter ihre Aufgabe uneingeschränkt als ideologische Schulungsarbeit betrachteten. So legte beispielsweise der Chefausbilder der Leibstandarte Adolf Hitler 1937 in einem Memorandum fest, dass sich die Aufgaben und Fähigkeiten seiner Zunft am Beispiel des Politischen Kommissars der Roten Armee zu orientieren hätten. Der symptomatische Charakter einer solchen Haltung zeigt die ganze Diskrepanz, die zwischen der SS-Ideologie und dem konservativen Geist des Wehrmachtsmilitärs bestehen konnte. Dieser scheinbare Dualismus in der Erziehung war jedoch keineswegs eine Folge der Grundsätze der SS-Ideologie. Diese riefen vielmehr zur Verschmelzung von militärischer und politischer Macht auf, was von den höheren Offizieren der Waffen-SS auch nicht gerne gesehen wurde. Es ist daher anzunehmen, dass dies aus unmittelbaren ideologischen Notwendigkeiten resultierte. Die Mitglieder der militärischen SS-Einheiten hatten größtenteils bereits die alte militärische Ausbildung erhalten, bei der die politische Ausbildung ausgelassen oder vernachlässigt wurde. Die SS-Führung wollte daher die Rolle der ideologischen Ausbildung einem besonders ausgewählten Kreis von Männern übertragen, der die treue Orientierung der jungen SS-Einheiten garantierte.

Ab Ende 1937 verschwand dieses Prinzip der Aufteilung der Erziehungsverantwortung allmählich, ohne jedoch irgendwelche Zugeständnisse auf ideologischer Ebene zu machen oder sich an die in der Wehrmacht geltenden Gepflogenheiten anzupassen. Die ideologische Ausbildung wurde nach und nach an die Kompaniechefs und - unter Vorbehalt - auch an die Bataillonskommandeure delegiert. Die Chefausbilder, die nun in „Chefs der weltanschaulichen Erziehung" (WE) umbenannt wurden, setzten ihre Arbeit auf hoher Regimentsebene fort, beschränkten sich nun aber darauf, die Kompaniechefs von einem Teil der weltanschaulichen Erziehung zu entlasten. Diese Neuverteilung der Rollen blieb bis zum Ende des Krieges unverändert. Es ist auch anzumerken, dass diese WE-Führer neue Aufgaben erhielten; insbesondere die Betreuung von Familien, die Pflege von Gräbern und vor allem die Unterstützung der germanischen Freiwilligen der SS. Die Gründe für das allmähliche Verschwinden der Trennung von militärischen und ideologischen Kompetenzen waren praktische Erwägungen. Die wachsende Zahl von Aufgaben, die die SS aus den staatlichen und ideologischen Notwendigkeiten herausnahm, bedrohte letztlich die Einheit des Ordens selbst. Die SS-Führung musste um jeden Preis die Gräben überbrücken, die sich zwischen der Allgemeinen SS, der Polizei, der Totenkopfverblinde (TV) und den Verfügungstruppen (VT) auftaten. Himmler wies auch darauf hin, dass „die offensichtliche Gefahr darin besteht, dass der Kommandeur und der Truppenführer den wichtigsten Teil ihrer Funktion, nämlich ihre Männer selbst zu erziehen, an jemand anderen abtreten, weil sie selbst kein Interesse daran haben. Die Militarisierung der Totenkopfeinheiten und der Allgemeinen sowie die Politisierung des militärischen Zweigs der SS beugten dieser Gefahr vor. Das Leitprinzip des „politischen Soldaten" enthielt diese Verschmelzung in sich. In diesem Sinne konnte ein echter SS-Mann nur dann ein Truppenoffizier sein, wenn er auch der ideologische Ausbilder seiner Männer war. Wir werden später sehen, wie schwierig es war, dieses Prinzip umzusetzen.

Ein Blick auf die ideologische Arbeit, die bereits lange vor dem Krieg geleistet wurde, zeigt, dass sie verschiedene Phasen in ihrer Konzeption und Organisation durchlief. Nach den Ausführungen des ersten Leiters des Schulungsamtes Cäsar (dessen Artikel wir in diesem Buch finden und der 1942 von Ludwig Eckstein abgelöst wurde, der ebenfalls durch seine Artikel vertreten ist) auf einer Sitzung der SS-Gruppenführer im Jahr 1939 behandelte die erste Erziehungsphase die wesentlichen Fragen der Rassenpolitik der SS. Allerdings machte sich bei den Männern eine gewisse Müdigkeit in Bezug auf „Natalistische Politik", „Fragen der Erbgesundheit", „Rassenkunde" und „Heiratswahl" bemerkbar. Daher wurde die Erziehung in der zweiten Stufe auf das Studium der „Grundlagen der nationalsozialistischen Weltanschauung" ausgeweitet. In der dritten Stufe, als „dieses Programm... nicht mehr den Anforderungen entsprach", wurden „zunehmend die historischen Themen untersucht, aus denen sich die Haltung des Nationalsozialismus zu allen Fragen des politischen Lebens ableitet". Der Standartenführer Julius Cäsar fasste die Entwicklung der Erziehung in der SS treffend zusammen. Die Neuorganisation der Ausbildung zeigt sogar die noch umfassendere Erweiterung und Umwälzung der Aufgaben der SS, als es diese Aussagen vermuten lassen. Bereits im März 1938 hatte der Reichsführer SS ihn beauftragt, „einen Plan zu erstellen, der viele Fächer umfasst, der für alle Epochen und auch für künftige Jahrhunderte gilt und in logischer Folge die Entstehung der Welt und damit die Bereiche Wissenschaft und Astronomie, Biologie, Hörbigers Lehre vom „Welteis" umfasst. Darüber hinaus würde es die Entstehung unserer Planeten, der Erde und auch die Bereiche Geologie, Mineralogie, Botanik, Zoologie und alle anderen damit verbundenen Wissenschaften umfassen. Auch der Ursprung des Menschen, die wunderbare Kunst, mit der Gott ihn organisierte und erschuf, sowie alle Wissenszweige, die mit dem Menschen zu tun haben, sollten untersucht werden, sei es das Wunder der Entstehung neuen Lebens oder die Linguistik, die Anatomie oder das Wissen um die Komplexität des Gehirns sowie die Rassenkunde... Am Ende eines jeden Jahres muss in einem Gesamtvortrag eine allgemeine Zusammenfassung vorgenommen werden. Die SS-Männer von heute, 1938, sowie die SS-Männer des Jahres 2000 und - wie ich hoffe - viel später... werden mit der Geschichte unseres Volkes, aller Arier, der Erde - ihrer Größe und Schönheit - sowie der Geschichte der ganzen Welt vertraut gemacht und werden sich der Größe und Allmacht Gottes bewusst werden". Diese Überlegungen Himmlers sind nicht unschuldig. Sie sind ein gutes Beispiel für die schrittweise und organisierte Entwicklung der Ausbildung in der SS und die Ausweitung der Rolle, die der SS zugewiesen wurde.

Auf Himmlers Befehl entwickelte das Schulungsamt eine ganze Reihe von Mitteln und Werkzeugen für diese Aufgabe. Das wichtigste Erziehungsinstrument waren sicherlich die ab 1935 herausgegebenen „SS-Leithefte". Diese „Leithefte" vermittelten das ideologische Gesamtkonzept für die SS in Form von kurzen Artikeln (durchschnittlich 2 bis 4 Seiten), Aphorismen und Gedichten aus den Werken großer Männer. Der Schwerpunkt lag auch auf dem Aspekt der Illustration, da man der Ansicht war, dass ein Foto mehr als tausend Worte sagt und einen Authentizitätsstempel besitzt, der nicht willkürlich verändert werden kann.

Diese Bildungszeitschriften waren sowohl in ideologischer als auch in ikonografischer Hinsicht auf Qualität ausgerichtet und ließen selbst während des Krieges keinen Raum für Karikaturen oder Pin-up-Fotografien, da diese ein erniedrigendes Menschenbild darstellten. Sie waren zunächst in zwei Teile gegliedert: „Der erste Teil enthält das Thema, das auf Befehl des Reichsführers SS gelehrt wird und für die monatliche Unterweisung bestimmt ist (vier Passagen aus *Mein Kampf,* vier Erzählungen, vier Beispiele aus der Arbeit des Genealogischen Büros. Darüber hinaus enthält sie die Grundsätze für die Einberufung von Einheiten. Der Leitartikel in diesem Teil, in dem erklärt wird, warum und wie die Ausbildung zum Thema des Monats erfolgen soll, ist nur für SS-Offiziere und Chefausbilder bestimmt und darf im Allgemeinen nicht an die Truppe gelehrt werden.

„Der zweite Teil („für die persönliche Ausbildung von SS-Offizieren und Chefausbildern") ist nicht für den Unterricht bestimmt. Er soll SS-Offizieren und Chefausbildern die Möglichkeit geben, ihr Wissen zu erweitern. Sie können das Thema nach eigenem Ermessen auswerten. *Es wäre ein grundlegender Fehler, die einzelnen Artikel nacheinander vor der Truppe zu studieren.* Dies würde zu Ermüdung und einer für die Männer schädlichen intellektuellen Überlastung führen. Der zweite Teil soll außerdem als Zusatzmaterial für die Ausbildung der SS-VT usw. dienen" (Auszug aus einem Leitheft vom März 1936).

In einer Ausgabe vom Oktober 1937 findet sich folgender aufschlussreicher Hinweis auf die vorgenommenen Änderungen: „Der Hinweis „Verbreitung und Vervielfältigung verboten! Nur für den Dienstgebrauch" wird künftig gestrichen: An seine Stelle tritt der Hinweis „Nur Ausleihe an andere Personen erlaubt! Vervielfältigung nur mit Zustimmung des Herausgebers erlaubt!".

„Das Ziel der neuen Verordnung ist es vor allem, die Leitfäden für alle SS und ihre Familienmitglieder zugänglich zu machen.

Die Offiziere der Einheiten treffen so auf eine wesentliche Unterstützung bei ihrer Erziehungsarbeit.

„Der Rahmen des Leithefts wird ebenfalls erweitert. Bisher sollte es der ideologischen Unterweisung dienen. Dieser Zweck wird auch in Zukunft beibehalten. Die Aufgabe der Leithefte wird aber dadurch erweitert, dass sie sich auch mit *der Gesamtausbildung* der SS befassen müssen.

„So werden in einem neuen Teil „Wir und der Dienst" praktische Anweisungen und Anregungen für die militärische Ausbildung (intern und extern), die sportliche, reiterliche und technische Ausbildung und für die Führung des SS im Alltag gegeben.

„Ein weiterer Teil wird die Wirkung unserer Weltanschauung in allen Lebensbereichen (Familie, Moral, Erziehung, Kultur, Wirtschaft, Politik, Sport usw.) aufzeigen. Durch ständige Darstellungen wird aufgezeigt, welches Ziel unsere Revolution letztlich erreichen muss: die Erschaffung eines Neuen Menschen, der wieder eine Einheit von Geist-Körper-Seele, Blut-Geist-Wille-Handeln konkretisiert.

„Eine andere Abteilung muss den Charakterwert des nationalsozialistischen Kämpfers ständig wachhalten und entwickeln.

„Um den politischen Instinkt des SS zu schärfen und seine Aufmerksamkeit auf wichtige politische Ereignisse zu lenken, wird in Zukunft kontinuierlich die „politische Lage" behandelt werden.

Die „Leitsätze für die Einberufung der Truppe" werden künftig gestrichen. Ansonsten werden die Grundsätze für die beiden großen Hauptteile beibehalten, d. h. die vier Artikel, die den verschiedenen Themen folgen."

Verschiedene Titelseiten von SS-Zeitschriften.

Weitere Titelseiten von SS-Zeitschriften.
Die Reinheit der Linien und die Einfachheit der Bilder sind das Geheimnis der Ästhetik der SS-Publikationen.

Die Hefte der SS wurden von den Verantwortlichen des Schulungsamts ständig gepflegt. Dies galt umso mehr, als das Schulamt 1938 vom RuSHA zum SS-Hauptamt wechselte, was ebenfalls ein Zeichen für die Reorganisation der SS-Strukturen war. War dies auf die Konflikte zwischen Heinrich Himmler und Walther Darré zurückzuführen, die auf dessen mangelnden Realitätssinn und Praxisbezug zurückzuführen waren? Immerhin unterstand das Erziehungsbüro nun dem SS-Hauptamt, einer Dienststelle, die zum direkten Weisungsbereich Himmlers gehörte. Die Druckfahnen der Hefte wurden ihm daher regelmäßig vorgelegt, und er korrigierte sie mit größter Sorgfalt. Bis in die letzten Momente des Krieges hinein maß Himmler der ideologischen Schulung stets eine grundlegende Bedeutung bei. Bereits 1937 hatte er in einem Rundschreiben an alle Chefausbilder und SS-Offiziere darauf hingewiesen, dass sie sich „strikt an die in den Leitheften angegebenen Quellen zu halten" hätten. In seiner Rede an die Propagandaleiter am 28. Januar 1944 definierte er den Zweck der SS-Leithefte weiter: „Jedes Kapitel soll die Vorstellungen vom ständigen Kampf auf dieser Erde, von der Zähigkeit, davon, dass im Kampf letztlich nur der Starke übrig bleibt - sei es bei Pflanzen, Tieren, kleinen Lebewesen oder Menschen - hervorheben. Es gibt niemals Frieden, nur den Kampf". Im Juni 44 stellte er in einer weiteren Rede klar, dass die Hefte der SS noch nicht ganz seinen Wünschen entsprächen, aber mit der Zeit besser werden würden.

Jeder SS-Mann mit schriftstellerischem Talent, das sich auf solide Kenntnisse in verschiedenen Bereichen stützte, wurde ebenfalls eingeladen, an der Erstellung der Leithefte mitzuwirken, wie aus dem Artikel aus dem Jahr 1938 „Wer von euch hat eine gute Feder?" hervorgeht. heißt es: „Der Reichsführer SS legt größten Wert darauf, dass Kameraden aus der Truppe an den SS-Leitheften mitarbeiten, insbesondere solche, die so schreiben können, dass sie von jedem SS-Mann verstanden werden.

„Der Mann der Truppe, der abends nach seiner beruflichen Tätigkeit ideologische Kurse besucht, ist nicht bereit, komplizierte Hintergrundartikel und Abhandlungen zu lesen, die schwer verständlich sind. Er wünscht sich typische Geschichten und Beschreibungen, die sein Empfinden berühren. Artikel, Erzählungen, Kurzgeschichten und Diskussionen dieser Art über die verschiedenen Aspekte des Lebens werden in den SS-Heften festgehalten. Entscheidend ist jedoch, dass diese Artikel durch ihren Inhalt und ihre Form dem SS-Mann wichtige Erkenntnisse und Lehren für die Gegenwart vermitteln können.

„In den Erzählungen über die deutsche Geschichte geht es zum Beispiel nicht darum, irgendwelche Ereignisse zu beschreiben. Die Menschen sollen die *deutsche Geschichte kennenlernen* und daraus Lehren für den Kampf in der Gegenwart ziehen, indem sie die typisch deutschen Charaktere beschreiben, die sich in Tugenden und Schwächen manifestieren. Es ist von entscheidender Bedeutung, den Männern immer wieder zu sagen: „Schau in die Vergangenheit unseres Volkes! Die Deutschen haben immer viele Fehler gemacht und mussten dafür teuer bezahlen. Daher müssen wir sie in Zukunft vermeiden. Und ebenso: Die Deutschen haben die in unserem Volk vorhandenen Qualitäten und Stärken erstickt. Ihr müsst sie pflegen, um auf den Kampf vorbereitet zu sein, der geführt werden muss, um den deutschen Charakter und sein Recht auf Leben zu bewahren, das jede Generation wieder übernehmen muss." Ebenso ist es notwendig, den Nationalstolz der Menschen durch heldenhafte Beispiele aus der deutschen Geschichte zu wecken.

„Studien und Diskussionen wissenschaftlicher Natur müssen einfach verfasst sein, damit jeder sie versteht. Ihr Ziel ist es, dem SS eine Vorstellung von der göttlichen Ordnung der Welt zu vermitteln:

„Die Erzählungen, die die verderblichen Handlungen der Gegner unserer Weltanschauung beschreiben, müssen ihre Taktik, so wie man sie umgesetzt sieht, klar zeigen und bekannt machen, eben weil sie Stoff für Belehrungen bieten soll.

„Die charakteristischen Geschichten, die sich mit Blutfragen befassen, sollen dem SS die Gefahren der Vermischung aufzeigen und ihn dazu erziehen, sich mit einer gleichwertigen Partnerin zu vereinen. Darüber hinaus sollen sie in ihm den Geschmack und die Liebe zur Genealogie wecken...".

In der Praxis wurden die SS-Hefte an Offiziere und Ausbildungsleiter geschickt, die sie bei den „Sturmabenden" oder „Truppenabenden" verwendeten, die zweimal pro Woche am Abend nach der Arbeit stattfanden. Diese Kurse fanden zehn Monate lang statt, wobei ein Monat frei war und zwei Wochen für verschiedene Feiern genutzt wurden. An diesen Abenden wurde die ideologische Erziehung der SS durchgeführt, die zwei wesentliche Ziele erfüllen sollte: den SS-Mann in die Lage zu versetzen, das *Wissen über* einige grundlegende Fakten zu *beherrschen,* und ihn zu lehren, einen von äußeren Ereignissen *unabhängigen* und in der Weltanschauung verwurzelten *Denkprozess zu* erlangen. Diese Erziehung hatte zwei Aspekte: 1. eine Grundausbildung, die dem SS-Mann, der bereits eine lange Dienstzeit hinter sich hatte, vertraute Begriffe vermittelte, die in den SS-Heften nicht enthalten waren; 2. eine *Zusatzausbildung, die dazu* diente, die weltanschauliche Sichtweise gründlich auf die oben genannten kosmischen, biologischen und politischen Bereiche auszudehnen, die in den SS-Heften in Form von Erzählungen dargestellt wurden, die nicht nur den Verstand der Männer, sondern auch ihre Gefühlswelt ansprachen. Die beiden Arten der Erziehung sollten sich gegenseitig durchdringen, um eine bessere Wirkung zu erzielen. Die Grunderziehung hatte eine äußerst pädagogische Funktion und diente insbesondere der Vorbildung des SS-Anwärters, die streng, auch militärisch, durchgeführt wurde. Die Zusatzausbildung erfolgte in Form eines Vortrags des Ausbilders, der eine gegenseitige Beteiligung der Männer sicherstellte, oder in der flexibleren Form eines Frage- und Antwortspiels. Die Soldaten und Offiziere versammelten sich also abends in der Truppenmesse, um die verschiedenen Themen, die am vorherigen Abend vorgestellt worden waren, zu studieren und zu diskutieren. Jeder Abend wurde von einem Leitgedanken bestimmt, der als „Truppenappell" bezeichnet und in einem Satz zusammengefasst wurde, wie zum Beispiel: „Sei der Feind des Klatsches! Rede nicht - handle!", „Der Tod für das Vaterland verdient ewige Verehrung", „Der Ruhm der Taten der Toten lebt in alle Ewigkeit". Die Teilnahme an den Truppenabenden beruhte auf Freiwilligkeit. Jede Einheit war somit fast vollständig vertreten und nur schwere Fälle wurden entschuldigt, wie Krankheitsursachen oder Todesfälle in der Familie. Tugenden wie Ehrgefühl, Tapferkeit und männlicher Mut wurden besonders gefördert. Den jungen SS-Männern wurde auch beigebracht, Kameradschaft zu pflegen, Streit zu vermeiden und sich stets zu bemühen, Mitbürger mit abweichenden Ansichten, die als Arier wertvoll waren, durch eine offene Diskussion zu überzeugen. Kämpfe und Gegensätze hatten Europa immer wieder ins Unglück gestürzt und endeten meist in regelrechten Bruderkriegen. Die SS-Ausbildung war bestrebt, dem ein Ende zu setzen!

Als Beispiel können die Pläne für den Ablauf eines Truppenabends und die Grundausbildung für die Monate November/Dezember, Januar, Februar und März 1938 vorgelegt werden.

Normaler Bildungskurs am Abend:
1. Gesang.
2. Grundlegende Bildung: Unterricht und Übungen (eine halbe Stunde).

3. Pause (zehn Minuten).
4. Wort von Adolf Hitler.
5. Zusatzunterricht nach den SS-Heften (Dreiviertelstunde - eine Stunde).
6. Neue Gesänge.

Arbeitsplan für 1938/39:

A. November: Das Programm der NSDAP und seine Umsetzung (Staatsbürgerschaft, Arbeit, Moral, Wirtschaft, Jugend, Autorität).

B. Dezember: Bräuche während des Jahres (SS-Feste: Verleihung des Vornamens, Hochzeit, Geburt, Beerdigung; das Weihnachtsfest und seine Durchführung; die Bedeutung: der Sommerspiele, der Sonnenwenden, des Feuers, des Julleuchters).

C. Januar: Die Idee des Blutes (Rassen in Deutschland, das Blutschutzgesetz, Auslandsdeutsche).

D. Februar: Die internationalen Feinde (Judentum, Presse, Freimaurerei, Bolschewismus, Christentum und politische Kirchen).

E. März: SS-Gesetze und SS-Auswahlprinzipien (SS-Auswahlprinzipien, SS-Gesetze über die Sippengemeinschaft der SS, Ehegesetz, Lebensbom, Witwen und Waisen, Gesetze über die Kampfregeln, Ehrengesetz, Heiligkeit des Eigentums, Sparen).

Da Unterricht allein nicht absolut wirksam sein konnte, fand er seine logische Fortsetzung in den „Kameradschaftsabenden", an denen die Frauen der SS, ihre Familienangehörigen, Freunde und die Jugendlichen der Hitlerjugend oder der BDM teilnehmen konnten. Die Ausbildung dehnte ihren Wirkungskreis auf die Familie und den Freundes- und Bekanntenkreis aus. Diese Abende fanden einmal im Monat statt. So konnte die ideologische Erziehung durch Diskussionen, lockere Gespräche, die das Nachdenken förderten, fortgesetzt werden. Jeder Moment des Dienstes, sei es der Urlaub, die Pausen bei Märschen oder Übungen, die Wachschichten oder die freien Quartiere, waren für diese Erziehung geeignet. Sie verlor nach und nach ihren offiziellen Charakter, was von den Truppenführern gefördert wurde, die ihre Offiziere dazu anhielten, eher das persönliche Gespräch und damit eine bereichernde menschliche Beziehung zu suchen als Vorträge und Belehrungen. Sie konnten auch Aspekte aus dem Dienst oder dem Privatleben ihrer Untergebenen als Ausgangspunkt für eine Bildungsmaßnahme wählen. Auf diese Weise nahm der ideologische Einfluss eine globale Dimension an und berührte die SS nicht nur politisch, sondern auch auf der Ebene des Charakters und ihrer emotionalen und spirituellen Einstellung.

Die Ankunft des Krieges brachte jedoch spürbare Veränderungen mit sich. Die mit ihm zusammenhängenden Bedingungen erlaubten es bald nicht mehr, diese Truppenabende zu veranstalten. Man ließ den Einheitenführern freie Hand bei der ideologischen Unterweisung ihrer Männer. Die Ideologie trat im Vergleich zu militärischen Fragen bald in den Hintergrund. Die

Ausweitung der Kampfbeteiligung auf ausländische, insbesondere germanische Gruppen ermöglichte hingegen die Schaffung neuer SS-Hefte, der „Germanischen Leithefte", die bei Kriegsende Ausgaben in sieben verschiedenen Sprachen umfassten und unter anderem in: Den Haag (Holland), Antwerpen (Flandern), Brüssel (Wallonien), Kopenhagen (Dänemark), Berlin (Deutschland), Oslo (Norwegen), Reval (Estland) und Paris (Frankreich). Es gab auch Sonderausgaben, insbesondere die Zeitschrift „Vormingsbladen" für die Niederländer und die verschiedenen Wochenzeitschriften wie „De SS Man", „Storm SS", „L'assaut", „SS Germaneren", „Avanguardia" usw. Die meisten dieser Zeitschriften wurden von der SS herausgegeben. Das Erziehungsprinzip hatte sich erheblich erweitert: Über die rein deutsche Dimension hinaus wurde die Aufmerksamkeit des Freiwilligen auf den Sinn des Kampfes für ein neues, vereintes Europa und die europäische Kultur gelenkt und auf seinen Charakter als „politischer Soldat", der seine Weltanschauung unter seinem Volk verbreiten sollte.

Auch die Entwicklung der Anzahl der veröffentlichten SS-Hefte zeigt die neue Ausrichtung der Führung: April 1937: SS-VT = 51, SS-TV= 165. Januar 1939: SS-VT = 1452, SS-TV= 719. April 1943: Waffen-SS = über 400.000. Mit Beginn des Krieges sollten die Hefte unter den Truppenmitgliedern weit verbreitet werden, und für sie wurde eine neue Form der Präsentation eingeführt. Von nun an gab es monatlich einen Leitgedanken, an dem sich der Inhalt orientierte, wie z. B. Treue, Ordnung, Kameradschaft, Respekt, Risiko und Verantwortung etc. Die Zweiteilung, die Artikel aus der Arbeit des Sippenamts und die Studien zu *Mein Kampf* wurden abgeschafft. Vorrang hatten allgemeine Geschichtsartikel, Berichte von Frontsoldaten, lehrreiche, in unterhaltsamer Form verfasste Geschichten, Studien über das Leben in der Natur etc. Nun nahm das Heft die Dimension eines Kriegsgefährten des Soldaten an, der ihm den Trost des Vaterlandes spendete und ihn in seinem politischen Kampf unterstützte. Es ist bemerkenswert, dass es der SS-Führung trotz der schrecklichen Kriegssituationen ein Anliegen war, den Geist der SS-Kämpfer für Naturschönheiten zu öffnen, ihren Sinn für das Denken zu schärfen und ihre Seele durch Gedichte oder Aphorismen großer Männer zu erheben. Diskussionen über die Liebe oder die Schönheit von Blumen und Landschaften hätten in einem Weltkrieg anscheinend wenig Platz. Der Nationalsozialismus war jedoch der Ansicht, dass der Krieg auch eine kulturelle Angelegenheit ist! Alle Bereiche des Lebens waren Gegenstand der Bildung. Ästhetik und Mystik in der Politik einzusetzen, war sein bedeutendstes Werk, das die Gemüter tief berührte und dadurch viele Anhänger gewann. Es wurde auch erwartet, dass das Wissen um die Schönheit, den Wert und die Bedeutung dessen, wofür der SS kämpfte, ihn zu den größten militärischen Heldentaten anspornen würde.

In den 1934 und 1935 gegründeten Junkerschulen für Offiziersanwärter wie Bad Tölz und Braunschweig oder in den verschiedenen Offiziersschulen für Polizei, SD, Leibstandarte usw. wurde der ideologischen Ausbildung natürlich ein hoher Stellenwert eingeräumt. Sie hatte den höchsten Koeffizienten, gleichauf mit den Taktikkursen. Der Lehrplan entsprach dem oben beschriebenen allgemeinen Geist. Die Freiwilligen erhielten in den ersten drei Monaten eine intensive sportliche Ausbildung, die später immer weiter reduziert wurde und nicht darauf abzielte, Olympiasieger, sondern willensstarke und charakterfeste Menschen zu schaffen. Durch den Unterricht in militärischen Fragen eigneten sich die Offiziersanwärter nicht nur Wissen über die Führung von Einheiten an, sondern auch über die Fähigkeit, in verschiedenen Situationen fast instinktiv Entscheidungen zu treffen. Die Ausbildung zielte nicht darauf ab, akademisches Wissen zu vermitteln, sondern die genaue ideologische Einstellung und das Verhalten zu schaffen, die von einem Offizier erwartet wurden. Die Ziele der SS-Militärschulen waren die Schulung der Physis, des Angriffsgeistes und des Willens, die Stärkung des Korpsgeistes und der Disziplin, die Vermittlung von instinktiver Sicherheit und Verantwortungsbewusstsein sowie die Schaffung einer ideologischen Haltung. Sobald die ersten ausländischen Einheiten aufgestellt waren, erhielten die ausgewählten Offiziersanwärter dort eine Ausbildung, die der ihrer deutschen Kameraden gleichwertig war.

Als logische Folge der Idee der SS-Sippenordnung wurde 1942 ein besonderer Dienst geschaffen, der in den Geschichtsbüchern nur selten erwähnt wird: das weibliche Nachrichtenkorps der SS. Als Zelle eines Ordens von Frauen und Mädchen, die anfangs „deutsch" und nach Kriegsende „germanisch" waren, folgte dieser spezifisch weibliche Zweig der SS denselben Gesetzen und basierte auf derselben Ideologie wie der männliche Zweig. Es ging natürlich nicht darum, Soldaten auszubilden, sondern eine weibliche Elite, die sich ihrer politischen und moralischen Verantwortung und ihrer Rolle in der Gesellschaft bewusst war. Die Mädchen erhielten hier eine Ausbildung für das Berufsleben, aber auch für das Leben im Rahmen des SS-Ordens. Ihre Hauptaufgabe bestand darin, Funkerinnen, Fernschreiberinnen und Telefonistinnen zu werden, um die Soldaten an der Front zu entlasten. Die Ausbildung umfasste verschiedene Aspekte: körperliches Training, Ausbildung in militärischen und nachrichtendienstlichen Fragen, ideologische Ausbildung und das Erlernen von Aufgaben im Haushalt. Um aufgenommen zu werden, musste man intellektuelle Wachheit, Zuverlässigkeit und Diskretion mitbringen.

Die von den Heften der SS unterstützte ideologische Schulung für Frauen, die den Rang eines Unteroffiziers oder Offiziers erreichten, umfasste folgende Themen:

1. Historische Grunddaten

Man beschäftigte sich mit wichtigen Epochen und ihren Auswirkungen, mit Geografie und Geopolitik.

2. Raziologie

Es wurden Themen wie Allgemeinwissen, Heiratsverfahren, Charaktereigenschaften der nordischen Rasse, die SS und Frauen aus germanischen Ländern behandelt. Den weiblichen Freiwilligen wurde das Wesen der Autorität beigebracht, d. h. das Erziehen durch Vorbild, der Unterschied zwischen Erziehen und Kritisieren, die Phänomene Sympathie und Antipathie, die Begriffe Mutterschaft, Kinder, Stillen, die Pflichten als Chef und Frau, als Mutter und als Mitglied einer Gemeinschaft, die Grundsätze der Hausarbeit und auch Gartenarbeit, Haustierpflege usw. Die weiblichen Freiwilligen lernten auch, wie man sich um die Kinder kümmert und wie man mit ihnen umgeht.

3. Kunst und Wissenschaft im Dienste des Volkes

betraf das Studium des Lesens, die Art des Lesens, den Einfluss des Lesens auf die Meinung, das Studium der verschiedenen Arten von Presse, Musik und Gesang, ihren sinnvollen Einsatz und ihren Wert für den Geist des Hauses.

4. Die Gestaltung von Festen

Man untersuchte den Einfluss von Festen auf die Steigerung der Vitalität, das Hervorrufen von bewusstem Erleben, künstlerischem Empfinden, kontrollierter Freude, spirituellem Schwung und Humor.

5. Politische Bildung

befasste sich mit der Geschichte der NSDAP, der Berufswahl, rechtlichen Fragen zu Frauen, ihrer Rolle als konservative Kraft, als Hüterin von Treue und Glauben und von Traditionen.

6. Die SS als Kern des Imperiums

Man untersuchte die europäischen Aufgaben der SS, ihren Charakter als Clan-Gemeinschaft, ihre Gesetze und ihre Art der Führung, den Platz und die Rolle der weiblichen Offiziere und Unteroffiziere innerhalb des SS-Korps der weiblichen Freiwilligen.

Die männliche schöpferische Kraft verband sich also harmonisch mit der weiblichen konservativen Kraft, um die Clangemeinschaft der SS zu bilden.

DIE SS ALS ORDEN

Die Idee des Ordens ist nicht neu. Sie zieht sich durch die deutsche Geschichte und war den Deutschen vertraut, die vom Geist der Studentenverbindungen durchdrungen waren, die das Duell praktizierten, ein altes Überbleibsel der ritterlichen Wettkämpfe. Die SS war in ihrem elitären Prinzip also kein neues Phänomen. Sie war Teil einer alten, noch immer lebendigen Tradition. Ihre Vorstellung vom Orden nahm jedoch eine völlig neue Form und Dimension an. Die SS war sicherlich die erste Organisation in der Geschichte Europas, die die Berechtigung eines 2000 Jahre alten Wertesystems in Frage stellte und eine Neudefinition der Ethik und der Bestimmung des Menschen vorschlug. Diese Infragestellung bedeutete keineswegs eine Ablehnung einer Reihe von Traditionen und Werten, die die Größe der europäischen Zivilisation ausmachten, sondern vielmehr die Unterscheidung zwischen dem, was der indoeuropäischen Seele und Rasse besonders eigen ist, und dem, was auf einen fremden Beitrag zurückgeht. Das Studium der deutschen und europäischen Geschichte ermöglichte es ihm, die Irrtümer und Fehler, die aufgrund des Mangels an einer umfassenden Weltanschauung begangen wurden, herauszuarbeiten und die bislang voneinander getrennten Ideen zusammenzuführen.' Die Idee des SS-Ordens wurzelte sowohl in den Vorbildern der mittelalterlichen Ritterorden als auch der Husaren Friedrichs II. Sie unterschied sich jedoch von einigen ihrer aus der jüdisch-christlichen Mentalität stammenden Prinzipien und setzte als Ziel die Erhaltung und Steigerung der besten Erbanlagen von Familien und Clans (siehe Artikel „Der Clan-Orden"). Die SS bezeichnete sich selbst als „Orden der Sippen", lehnte die von religiösen Orden befolgte Keuschheitsregel ab und war gegenüber der traditionell individualistischen Armee und dem Klassengeist innovativ. Damit strebte sie nach einer unveränderlichen biologischen und spirituellen Kontinuität, die weltlichen Organisationen bislang verwehrt geblieben war. Denn die Schaffung einer rein intellektuellen Elite ohne Berücksichtigung der biologischen und rassischen Realitäten, wie sie früher praktiziert wurde, hätte über kurz oder lang eine Ausrottung bedeutet. Frauen und Kinder erhielten natürlich einen Platz in diesem Orden und unterlagen denselben Auswahlregeln wie die Männer. Es wäre sinnlos gewesen, wertvolle Männer rassisch auswählen zu wollen, wenn sie sich mit weniger wertvollen Frauen vereinen konnten. In dieser Hinsicht folgte die SS dem alten philosophischen Sprichwort „Wenn du eine bessere Welt schaffen willst, musst du bei den Menschen anfangen". Die Idee des Ordens beinhaltete auch die Idee von Ethik und Moral, die dem alten germanischen Verständnis von Recht und Gesetz folgte (siehe die Artikel „Deutsch-deutsche Autorität" und „Die Ehre der germanischen Frau"). Die drei vorrangig gepflegten Tugenden waren Treue, womit an die alte germanische Praxis angeknüpft wurde, Gehorsam, ohne den niemand Herr über sich selbst sein kann, und Kameradschaft, die unter Männern einer Gemeinschaft selbstverständlich ist.

Die SS unterschied sich von den anderen Vorgängerorganisationen noch durch ihren trifunktionalen Charakter. Zum ersten Mal in der Geschichte versuchte eine Organisation, die drei Funktionen, die das Leben der indoeuropäischen Zivilisation bestimmten - nämlich die geistige, die kriegerische und die produktive Tätigkeit - in sich zu vereinen. Jetzt wurden Körper, Geist und Seele nicht mehr voneinander getrennt, sondern bildeten eine harmonische Einheit, die Rosenberg wie folgt beschrieb: „Die Rasse ist die Seele von außen und die Seele ist die Rasse von innen". Eli bekannte sich zu einer absoluten Anerkennung der grundlegenden und unauflöslichen Verbindung zwischen den verschiedenen Aspekten des Lebens und wollte einer Reihe von philosophischen, wissenschaftlichen oder religiösen Konzepten eine greifbare und homogene Realität verleihen. Sie verband den militärischen Charakter mit dem Glauben, die Kunst mit der Wissenschaft, die Industrie mit der Bauernschaft in der höchsten Alchemie des „neuen Menschen". Dieser Begriff „neuer Mensch" steht im Gegensatz zu der vorgefassten und allgemein kolportierten Vorstellung von einem „Volk von Herren" oder von „Übermenschen". Diese falschen und bedeutungslosen Ausdrücke, die das Ergebnis einer amerikanisierten und komplexbehafteten Mentalität sind, wurden noch nie in einem Text verwendet. Der „Übermensch" oder „Superheld", ein Produkt amerikanischer Phantasien, ist seiner Umwelt völlig fremd und mit übermenschlichen Fähigkeiten ausgestattet, die dem gewöhnlichen Sterblichen verwehrt bleiben, der ihn beneidet. Seine Überlegenheit ist keineswegs das Werk seiner Arbeit an sich selbst und verdient daher keine Bewunderung. Die Nationalsozialisten zogen den Begriff „Held" dem Begriff „Herr" vor, der die Vorstellung von Klasse und Willkür impliziert.

Die Bedeutung, die der ideologischen Ausbildung selbst in den schlimmsten Momenten des Krieges beigemessen wurde, entsprang dem Wunsch, eine vollständige Identifikation des SS-Mannes mit dem Orden, seinen Prinzipien und Werten zu erreichen, die sich in einer absoluten Lebenseinstellung niederschlug. Die Siege des SS waren letztlich die Siege des Ordens, ebenso wie seine Niederlagen. Ein solches Konzept, das auf einem individuellen und zugleich gemeinschaftlichen Ehrgefühl beruhte, führte zu einer Überhöhung des Begriffs der Pflicht. Seine Pflicht zu erfüllen bedeutete also, sich selbst, dem gegebenen Wort, dem Clan und der Rasse treu zu sein. Diese Identifikation verwandelte den SS-Mann in ein aktives, zielorientiertes Element, das ihn dazu anspornte, den individualistischen bürgerlichen Egoismus zu überwinden. Er entdeckte die Bedeutung und den Wert des „Dienens" wieder, egal ob es sich dabei um ein Ideal oder den Orden handelte. Er wurde zum unverzichtbaren Bestandteil einer organischen Gemeinschaft im edelsten Sinne des Wortes. Dies äußerte sich in dem symptomatischen Tragen der Uniform (siehe den Artikel „Warum wir eine Uniform tragen"), die nicht nur zum Symbol eines Ordens, sondern einer Weltanschauung wurde.

DIE SS ALS RASSENORGANISATION

Der Begriff der SS-Ordnung erhielt seine völlig einzigartige Dimension durch das, was die Achse des nationalsozialistischen Denkens bildete, nämlich den „Rassengedanken". Als Konzept, das zu einem revolutionären Instrument wurde, bildete es die Grundlage für den Großteil der wichtigsten SS-Gesetze.

Die Untersuchung der europäischen und weltweiten Geschichte führte die Nationalsozialisten zu der Auffassung, dass es arische und nicht-arische Rassen gibt, die zivilisatorische Fähigkeiten besitzen, die das Ergebnis einer jahrtausendelangen Entwicklung und Spezialisierung sind. Diese Zivilisationen äußerten sich in der Entwicklung intellektueller, künstlerischer und materieller Anreize, der Kultivierung des Sinns für das Schöne und der Fähigkeit, die Umwelt zu gestalten. Da diese Faktoren eng mit der Homogenität jeder Rasse verbunden sind, führt die Zerstörung dieser Faktoren durch Vermischung über kurz oder lang zum Verschwinden der zivilisatorischen Vorherrschaft dieser Rasse. Die rassische Einheit des Volkes ist Teil seiner geistigen Einheit und weist damit auf die untrennbare Verbindung zwischen dem Mentalen und dem Physischen hin, wobei letzteres die äußere Darstellung davon ist (vgl. den Artikel „Vom Rassenkörper zur Rassenseele"). Aus diesen Studien entstand eine Wissenschaft, die vor allem in Deutschland einen hohen Entwicklungsgrad erreichte, als „Rassenkunde" bekannt wurde und für die sich Forscher wie Hans F. K. Günther oder Ferdinand Clauß stark machten. Frankreich stand sicherlich am Anfang dieses Phänomens, mit Vorläufern wie dem Comte de Gobineau oder Vacher de Lapouge.

Die zunehmende Planetarisierung des Handels, der Reisen und der Beziehungen hatte ein übersteigertes Identitätsbewusstsein entstehen lassen, das ein zukünftiges ethnisches Chaos befürchtete. Dieses bislang diffuse, instinktive Gefühl, das aufgrund der Unkenntnis der noch nicht entstandenen Genetik meist mit Nationalismus verwechselt wurde, wurde zur revolutionärsten Waffe des Nationalsozialismus. In diesem Moment, in dem die europäischen Völker in ihrer Gesamtheit wie nie zuvor mit der Gefahr des Identitätsverlusts konfrontiert waren, bot der Nationalsozialismus ihnen radikal neue Lösungen an.

Innerhalb Europas unterscheidet die Rassenkunde mehrere „Rassen", die den großen indoeuropäischen Zweig bilden - die nordische, westfälische, dinarische, baltisch-orientalische, orientalische und mediterrane Rasse, die sich je nach Land unterschiedlich verteilen (siehe den Artikel „Was ist eine Rasse?"). Die Unterscheidungskriterien basieren hauptsächlich auf dem Kopfindex, der allgemeinen Physiognomie und dem Charakter. Diese Rassen sind in allen europäischen Völkern in mehr oder weniger starkem Maße vorhanden, doch die Nationalsozialisten betonten die Bedeutung, die der nordischen Rasse beizumessen sei, da sie das einigende Band zwischen allen Europäern darstelle und der europäischen Geschichte ihren Stempel aufdrücke. Besondere Aufmerksamkeit wurde ihr auch aufgrund ihrer ständig sinkenden Geburtenrate zuteil, die sie vom Aussterben bedrohte. Man war daher bestrebt, ihr Wachstum mit allen Mitteln zu fördern. Der „nordische" Typus darf jedoch nicht mit einer geografischen Gegebenheit oder einem Archetypus gleichgesetzt werden. Er wurde als nordisch bezeichnet, weil Individuen mit diesen Merkmalen am häufigsten in den nordischen Ländern anzutreffen sind. Sie sind jedoch auf der ganzen Welt anzutreffen. Der große blonde Wikinger ist eine Karikatur davon, denn der Nordländer ist eher ein synthetischer Menschentyp, mittelgroß bis groß, mit hellem kastanienbraunem bis blondem Haar und grauen, grünen und blauen Augen. Die Haar- und Augenfarbe kann nicht allein ausschlaggebend sein, einige Slawen und Juden haben helle Haare und Augen, ohne der nordischen Rasse anzugehören. Das nordische Ideal wurde zweifellos am besten von der griechischen Kunst definiert, deren wunderschöne Statuen ein perfektes Beispiel dafür sind.

Die SS räumte der Auswahl einer Elite Vorrang ein, die folglich logischerweise nur europäisch werden konnte, und zwar auf der Grundlage dieses physischen und geistigen nordischen Ideals, das weit über den nationalen Rahmen hinausging. Die Kandidaten wurden daher nach ihren rassischen Merkmalen ausgewählt, die diesem Ideal am nächsten kamen, wobei jedoch zu berücksichtigen ist, dass der Großteil der Europäer nicht mehr die reinen Merkmale einer bestimmten Rasse oder einer anderen Rasse aufweist; alle diese Eigenschaften vereinen sich zum europäischen Genie. Neben dem nordischen Typ wurden auch der westfälische und der dinarische Typ akzeptiert. Die meisten SS-Leute, insbesondere die Führer, wichen von diesem karikaturistischen Bild ab, das nach dem Krieg gezeichnet wurde.

Die rassische Selektion schloss, wie bereits erwähnt, Frauen nicht aus. Die Ausbildung legte besonderen Wert darauf, den „Heiratsgeschmack" der SS-Männer nach dem nordischen Modell auszurichten. Es wurde auch darauf geachtet, Ehen mit Personen zu vermeiden, die Erbfehler aufwiesen, um den Gesamtwert des Ordens allmählich zu erhöhen, da die SS sich auch als eugenische Organisation darstellte, die auf die allmähliche Beseitigung von Erbkrankheiten abzielte.

Viele Mythen tragen zu der Vorstellung bei, die wir uns von dieser Auswahl machen. Einer der wichtigsten ist sicherlich der „arische Mythos", der Ariersein mit Nordischsein gleichsetzt. Wie wir gesehen haben, teilt sich die große arische Familie in verschiedene Unterarten auf, und es wäre ein grundlegender Fehler, das Ganze mit dem Einzelnen zu verwechseln. Der Begriff „Arier" wurde übrigens selten verwendet, oft im Zusammenhang mit Studien der indischen Zivilisation, entgegen den Behauptungen in vielen Geschichtsbüchern. Der Begriff „Nordisch" wurde bevorzugt, da er eindeutiger ist.

Auch der Begriff des „Pangermanismus" hat enorm viel Verwirrung gestiftet. Der Pangermanismus wurde mit einem Begriff gleichgesetzt, den man ins Französische als „Deutschtum" übersetzen könnte, d. h. mit einem radikalen, verstaubten und konservativen deutschen Nationalismus. Es stimmt, dass sich der Nationalsozialismus in seinen Anfängen als politische Partei im demokratischen System in erster Linie an die Deutschen richtete. So mancher kurzsichtige Parteifunktionär betrachtete ihn nur aus diesem

Blickwinkel. Aufgrund seines weltanschaulichen Charakters sollte sein übernationaler und überhistorischer Aspekt jedoch bald unter dem Einfluss der wichtigsten Umstände, nämlich des Kriegsausbruchs und der Möglichkeit einer europäischen Beteiligung am Kampf, in den Vordergrund treten. Die Deutschen hätten es übrigens nicht verstanden, wenn Hitler zuerst über Europa gesprochen und erst dann die internen politischen Probleme gelöst hätte. Daher überließ er die Initiative in diesem Bereich der SS als Avantgardeorganisation im Vergleich zur NSDAP als rein politischer Organisation. In einer Rede von 1944 beklagte Himmler, dass 1935 noch zu wenige Menschen in der Lage gewesen seien, die europäische und germanische Dimension des Nationalsozialismus zu verstehen, was die künftige Arbeit erheblich behindert habe.

Als ermutigende Antwort darauf existierten in vielen europäischen Ländern auch Parteien, die sich offen zur nationalsozialistischen Philosophie bekannten, wie die französische Parti National-Socialiste, Léon Degrelles Rex-Partei oder Vidkund Quislings Bewegung in Norwegen.

Als Fortsetzung der Rassenidee entstand ein revolutionäres Konzept, mit dem die europäische Einigung erreicht werden sollte: das Germanentum. Es stotterte noch in der Vorkriegszeit und wurde von den Nationalsozialisten selbst in den synonymen Begriffen „deutsches Blut", „deutsch-deutsch", „deutsch-nordisch" und „nordisch-deutsch" in einer scheinbaren terminologischen Ungenauigkeit vermengt. Es galt, einen repräsentativen gemeinsamen Faktor auf ideologischer und biologischer Ebene zu finden, der alle europäischen Völker vereinte, und die Germanität als Trägerin des nordischen Blutes setzte sich durch. In der Terminologie der SS war der Germane mehr als nur ein Mitglied eines historischen Stammes. Als Mann aus dem Norden, als ursprünglicher Hyperboreer, bildete er den „Keim" (lateinisch „germen"), aus dem die wichtigsten europäischen Völker hervorgegangen waren. Die Verwendung des Begriffs „Indo-Germane" in den Texten ist übrigens aufschlussreich, der in der Nachkriegszeit durch „Indo-Europäer" ersetzt wurde, was in demokratischen Ohren viel „passender" klang. Léon Degrelle sprach auch gerne von den „Westgermanen", wenn er sich an Belgier oder Franzosen wandte.

Die Idee des Germanismus, ja sogar des Germanentums, diente vor allem dazu, die alten Schranken engstirniger Nationalismen niederzureißen und endlich den dummen Streitereien ein Ende zu setzen, die Europa zugunsten fremder Interessen zerrissen hatten. Sie ermöglichte die Einheit Europas, ja sogar der gesamten arischen Welt mit dem germanischen Kern als Zentrum. Es war kein Versuch der Vereinheitlichung, vergleichbar mit dem „amerikanischen Mythos", der sich bemühte, Gemeinschaften unterschiedlichster Herkunft, die oft keine Gemeinsamkeiten hatten, zu einem Block zu verschmelzen. Der Amerikanismus und der Kosmopolitismus wurden wegen ihrer korrumpierenden und kulturfeindlichen Wirkung als Feind des arischen Genius (siehe den Artikel „Amerika in Europa") ausführlich angeprangert. Die SS-Ideologie beendete auch die von den Römern zu politischen Zwecken künstlich geschaffenen Spaltungen zwischen keltischen und germanischen Brüdern. Die Kelten, Lateiner, Skandinavier und indoeuropäischen Slawen sollten als vielfache Äste eines einzigen Baumes ihren Platz im künftigen Europa als föderierte Gruppen erhalten, die ihre Eigenheiten beibehielten. Dieses Projekt fand seinen angemessenen Rahmen im Konzept des „Reiches", das seine Bezeichnung „Drittes" bereits 1939 auf Befehl Hitlers verlor. Das allzu deutsche „Dritte" Reich machte also Platz für das europäische Reich, was einmal mehr das europäische Engagement der nationalsozialistischen Führer schon lange vor dem Krieg unter Beweis stellte. Das große europäische germanische Reich, ein Mythos, der sich immer wieder durch die europäische Geschichte zog, aber nie verwirklicht wurde, sollte durch den Nationalsozialismus endlich entstehen und als Struktur für die europäische Einheit dienen. Dieses Reich hätte sich jedoch auf den Rahmen des historischen Lebensraums der Europäer beschränkt (siehe den Artikel „Heinrich I.") und alte, verlorene Gebiete im Osten zurückerobert, ohne den historischen Fehler zu begehen, darüber hinauszugehen. Die „kolonialistische" Mentalität der vergangenen Jahrhunderte wurde im Übrigen heftig kritisiert.

Bezeichnenderweise ernannte die SS schon lange vor dem Krieg überzeugte Anhänger des europäischen Gedankens in verantwortliche Positionen, wie den Schweizer Franz Riedweg, der ab 1937 die „Germanische Abteilung" der SS leitete, und Gottlob Berger, der ab 1938 das Rekrutierungsbüro des SS-Hauptamts leitete und die europäische Waffen-SS förderte. Die SS hatte europäische Gruppen in ihre Reihen aufgenommen, Schweizer, Flamen, Niederländer, Norweger, Finnen, später auch Wallonen, Franzosen, Kosaken, Italiener, Bosnier, insgesamt etwa dreißig Nationalitäten, was von dieser Bewusstseinsbildung zeugt. Jede europäische Einheit der SS behielt ihre Sprache bei (Deutsch wurde nur als Kommandosprache verwendet, um eine allgemeine Anarchie zu vermeiden, da die militärischen Führungskräfte Deutsche waren), jeder Brauch oder jede religiöse Eigenart wurde respektiert. In einer Rede im April 1942 vor dem Förderkreis der Germanischen SS-Hefte stellte Gottlob Berger klar: „....wir wollen nicht „allemanisieren" oder im schlechten Sinne germanisieren. Wir müssen unsere germanischen Brüder in ihrer Liebe zu ihrer Identität, zur Bewahrung ihrer Sprache, ihrer Sitten und Gebräuche stärken. Ohne Liebe zum Vaterland kann es keine Liebe zum Großgermanischen Reich geben". Selbst ehemalige Gegner wurden gelobt, wenn sie sich als Verfechter einer elitären Philosophie erwiesen hatten (siehe den Artikel „Maximen über den Krieg"). Selbst europäische muslimische Freiwillige, die nicht als Muslime, sondern als Europäer aufgenommen wurden, durften sich weiterhin von Schweinefleisch und

Alkohol fernhalten! Die Sensibilisierung für den Rassengedanken ging über Europa hinaus, denn ab 1939 wurden arische Amerikaner aufgefordert, sich auf ihre Wurzeln zu besinnen und sich am großen Kampf um die Erhaltung der weißen Identität zu beteiligen (siehe den Artikel „Rassenfragen in den USA").

DIE SS ALS RELIGIÖSE UND KULTURELLE ORGANISATION

Diese auf den ersten Blick verwirrende Behauptung wird nach dem bisher Gesagten kaum noch überraschen. Während die NSDAP eine politische Organisation war, die sich vor allem aus diplomatischen Gründen kaum in religiöse Angelegenheiten einmischte, stellte die SS als ideologischer Orden auch in diesem Bereich Forderungen. Die Rückkehr zu einer spezifisch arischen Geisteswelt konnte das, was den Menschen mit dem absolut höheren Prinzip verbindet, nämlich die Religion, nicht außer Acht lassen. Die Anprangerung des dem Judenchristentum innewohnenden fremden Charakters, der die europäische Mentalität seit Jahrhunderten durchdrungen hatte, erreichte eine Virulenz, die vielleicht noch größer war als die des Judentums. Dem von der jüdischen Philosophie abgeleiteten Christentum wurde nicht verziehen, dass es eine globalistische Ideologie vermittelte und systematisch alles auslöschte und verunglimpfte, was an die alte germanische Kultur erinnern konnte. Ein Beispiel dafür ist die Silvesterpredigt von Kardinal Faulhaber aus dem Jahr 1933: „Von einer germanischen Kultur an sich, die aus der vorchristlichen Zeit stammt, kann man nicht auf der Grundlage von Tacitus sprechen. Die Germanen wurden erst durch das Christentum zu einem Volk, das eine Zivilisation im vollen Sinne des Wortes besaß. Die schwerste Aufgabe für die christlichen Missionare bestand darin, die Germanen dazu zu bringen, ihre Schwerter zu Pflugscharen zu verschmelzen." Das Christentum als Beschützer der Schwachen und Kranken, das Sünde und Körperscham, Tier- und Frauenverachtung lehrte, Freude und Stolz stigmatisierte und rassische Realitäten verunglimpfte, wurde von den Nationalsozialisten als „Krankheit der Seele" betrachtet.

In der Geschichte war dies sicherlich die erste Frage nach der Berechtigung der jüdisch-christlichen Philosophie als Ganzes. Die Urteile blieben jedoch je nach ihren verschiedenen Aspekten nuanciert. Dem Protestantismus wurde nur insofern relative Sympathie entgegengebracht, als er eine Revolte gegen den römisch-päpstlichen Geist ausdrückte (siehe den Artikel „Die deutsche Universität in der Gegenreformation"), aber er wurde wegen seiner biblisch-dogmatischen Seite abgelehnt (siehe den Artikel „Der Hexenglaube"). Himmler schrieb 1937 sogar einen Brief an alle

Ausbildungsleiter, in dem er ihnen verbot, die Person Christi anzugreifen, da er wohl der Meinung war, dass eine solche Haltung die Überzeugungen der Mehrheit der SS-Männer, die noch an der alten Religion festhielten, hätte verletzen können und dass ein positiv ausgerichtetes Studium der Bräuche die überzeugendste Wirkung haben würde.

Das allmähliche Verschwinden des Christentums sollte also zugunsten einer Rückkehr zum Gründungsgeist Europas erfolgen, der die heidnische Religion der Vorfahren beseelt hatte. Die SS schlug vor, das Prinzip einer spezifisch arischen religiösen Einstellung zum Leben und zur Welt wiederzuentdecken, die unter christlichen Überzügen erstickt und verkleidet war, aber immer noch vorhanden war, insbesondere in der bäuerlichen Welt (siehe die Artikel „Erntebrauch" und „Das heilige Brot"). Man stellte die ursprüngliche Bedeutung der Religion wieder her, indem man sie in den sichtbaren natürlichen Rahmen einordnete, der eine höhere, unsichtbare Ordnung widerspiegelte. Der Mensch wurde sich bewusst, dass er nur ein Teil der natürlichen Ordnung war und wie jedes andere Lebewesen ihrem Gesetz unterworfen war. Daher konnte er sich nur in dieser Welt voll verwirklichen, indem er ein Leben führte, das die Qualitäten des Körpers, des Charakters und des Geistes entwickelte und pflegte. Die Verachtung des physischen und materiellen Aspekts sowie der lebenden Welt im Allgemeinen war gleichbedeutend mit der Verachtung der sinnlichen Ausdrucksform des Göttlichen. Mit seiner Achtung vor den Unterschieden und seinem Widerstand gegen die vereinheitlichende Vermischung folgte der Mensch also den großen Geboten der souveränen Natur. Diese Frömmigkeit, die der Welt der ewigen Naturgesetze zutiefst treu blieb, distanzierte sich sowohl vom Atheismus, der als Produkt der Dekadenz angesehen wurde, als auch von den veralteten Praktiken pseudoheidnischer Gruppen (siehe den Artikel „Die spirituelle Krise"). Sie entfernte sich auch von der Form des Götzendienstes, die darin bestand, einem übermateriellen göttlichen Prinzip eine materielle Erscheinung zu geben (Christus, der „Sohn" Gottes, und die unbefleckte Jungfrau Maria).

Durch diese Treue zu den Naturgesetzen gelangte die SS zu einer Haltung, die man heute als „ökologisch" bezeichnen würde: Sie propagierte die Rückkehr zu einem gesunden bäuerlichen Leben, die Verwendung natürlicher Produkte (siehe den Artikel „Warum eine sudetendeutsche Quelle?") und die Achtung vor der Natur (siehe die Artikel „Die ewigen Gesetze des Lebens", „SS-Kamerad an meiner Seite", „Der Wald als Lebensgemeinschaft", „Ewiger Kreislauf"). Diese Auffassung vom Leben stand in scharfem Kontrast zu der christlichen Tradition, die allen natürlichen Ausdrucksformen feindlich gegenüberstand und Gottesfurcht lehrte. Die Eitelkeit des biblischen Menschen, der sich der Natur überlegen wähnt, kann daher nur die schlimmsten Katastrophen auslösen, wie sie sich am Horizont des dritten Jahrtausends abzeichnen (Aussterben zahlreicher

Tierarten, Entwaldung, Umweltverschmutzung, Zerstörung der Ozonschicht usw.).

Die SS vermied es stets, die religiösen Ansichten von Individuen zu kritisieren, die als eine rein persönliche Angelegenheit betrachtet wurden. Sie griff vor allem die Philosophie und die kirchlichen Institutionen im Zusammenhang mit dem Studium der nationalsozialistischen Weltanschauung an, was paradox erscheinen mag. Der Sinn für das Heilige und die Frömmigkeit, die in jedem Individuum, ob Christ oder nicht, wohnte, behielt einen absoluten Wert. Die Glaubensfreiheit wurde respektiert. Auf den Verpflichtungsblättern wurde gefragt, ob der Bewerber „katholisch, protestantisch oder... gläubig" (gottgläubig), d. h. „Heide" sei. Die „religiöse Revolution" wurde schrittweise durchgeführt, um eine entscheidende Macht zu erlangen. Die Christen sollten durch den Eindruck, den der Prunk und die Tiefe der religiösen Zeremonien, das Studium und die Hervorhebung einer ursprünglichen, wahrhaft arischen Geisteswelt auf sie ausübten, in die heidnische Perspektive gedrängt werden. Nur die freiwillige Annahme verlieh der Reinigung des religiösen Sinns ihre volle Wirksamkeit, nicht der Zwang.

Diese „neue" und doch uralte Religion hatte ihre eigenen Riten und Zeremonien. Das Schulungsamt hatte auch die Aufgabe, den Festen und Zeremonien zu den wichtigsten Ereignissen im Leben des Menschen wie Taufe (umformuliert zur Namensgebung), Verlobung, Heirat (siehe den Artikel „Die Aufnahme der Frau in die SS-Sippengemeinschaft"), Beerdigung usw. ihre ursprüngliche heidnische Bedeutung zurückzugeben. Die Ausbildungsleiter waren allein befugt, den Geist und die Form der Feiern zu entwerfen, mit Ausnahme der praktischen Umsetzung, die allein den Einheitenleitern vorbehalten war. Die SS wollte nicht, dass ein neuer dogmatischer Klerus entstand, indem sie den Ausbildungsleitern Vorrechte einräumte. Die Einheitsführer führten bestimmte Zeremonien nur dann durch, wenn ihre Männer direkt betroffen waren, und schlossen so die Gefahr einer sektiererischen Übertragung religiöser Macht aus. Nur der religiöse Rahmen, in dem sich die persönliche Sensibilität jedes Einzelnen frei entfalten konnte, wurde beibehalten.

Die Feste wurden mit der Absicht konzipiert, dem Menschen die privilegierte Beziehung zur Natur als Ausdruck der göttlichen Schöpfung zurückzugeben. Es ging auch darum, die jüdisch-christliche Neuorientierung auszurotten, die den traditionellen Festen wie dem Julfest (Weihnachten), dem Ostarafest (Ostern) und der Sommersonnenwende (oder Johannisfest) aufgezwungen wurde. In dieser Hinsicht war die bäuerliche Welt das perfekte Beispiel für eine Gesellschaft, die durch ihre Verbundenheit und Treue zur Natur die Bedeutung ihrer alten Traditionen bewahrt hatte. Ist der Begriff „Heide" nicht von „paganus", dem Bauern, abgeleitet, den die Christen nie ganz bekehren konnten? So fühlte sich der Mensch wieder als unverzichtbares und verantwortungsvolles Glied in der langen Kette des

Clans, das das Leben sowie die Traditionen unveränderlich weitergab. Der Stolz der Körper und die Gesichter mit den funkelnden Augen, die der Sonne zugewandt sind, zeugen von der Freude an der Schöpfung, die Gott dem Menschen geschenkt hat, der ihm durch die Feste dafür dankt.

Diese geistige Revolution stand auch im Zusammenhang mit einer Geschichtsschreibung im germanischen Sinne. Die Deutschen entdeckten nun wirklich einen Teil einer Geschichte, die bislang in Unkenntnis oder Verachtung geblieben war: die Geschichte ihrer germanischen Vorfahren. Die Aufklärung hatte sich die griechische Zivilisation zum Vorbild genommen und suchte dort nach ästhetischen und philosophischen Wurzeln. Deutschland war von diesem Phänomen besonders betroffen, und manche wollten sogar im Nationalsozialismus dessen Erben sehen. Die Plastizität der deutschen neoklassischen Statuen und der neoklassischen Architektur könnte diese Abstammung verraten. Allerdings sollte sich eine bereits seit langem bestehende parallele Tendenz (die deutsche Romantik) immer mehr durchsetzen, nämlich die einer Rückkehr zum Deutschtum. Die Philosophie der „Germanisten", die Griechenland das Seine überließ und vor allem von der SS vertreten wurde, war bestrebt, die Kultur der direkten Vorfahren Deutschlands aus dem Vergessen und der Verachtung wieder hervorzuholen und so zu beweisen, dass die germanische Moral, Poesie und Kunst nicht zu beneiden waren. Die bereits von anderen Forschern wie den Brüdern Grimm oder Gustav Kossinna begonnene Arbeit wurde in größerem Umfang fortgesetzt. Der Zweck eines solchen historischen Interesses bestand neben der Wiederherstellung der Wahrheit auch darin, dem SS-Orden Legitimität zu verschaffen, der seine Referenzen aus der Lehre von großen historischen Figuren aus Krieg, Politik und Kunst bezog. Friedrich II. von Preußen, Dürer, Nietzsche, Wagner, Bismarck und René Quinton waren allesamt Zeugen der Beständigkeit einer bestimmten Haltung, die der arischen Rasse eigen war. Waren sie nicht Beispiele für das schöpferische Genie, das Zeit und Moden überwindet und dessen Synthese die SS anstrebte? Hatten sie nicht immer eine Botschaft zu übermitteln, da sie auf ihre Weise Vorläufer waren? Es seien nur einige Ideen genannt, von denen sich die SS inspirieren ließ: die karolingische Reichsidee, die Schaffung von Werten im nietzscheanischen Sinne, die Wagnersche Spiritualität, die preußische militärische Tugend und die mittelalterliche ritterliche Mystik.

Die Bewunderung für René Quinton, obwohl er zu seiner Zeit (1914) ein Feind Deutschlands war, offenbart auch die Überwindung politischer oder nationalistischer Spaltungen. Sie bestätigt, dass jede heroische Philosophie zwangsläufig mit dem Nationalsozialismus in Resonanz treten musste (siehe den Artikel „Maximen über den Krieg"). Es kam sogar vor, dass die Qualitäten fremder Völker gelobt wurden (siehe die Artikel „Yamato" und „Das Reich Atatürks"). Auch die Persönlichkeit Karls des Großen ließ die SS nicht unberührt. Einige Historiker verbreiteten nach dem Krieg bereitwillig das Gerücht, dass er als „Henker der Sachsen" bezeichnet wurde. Ohne seine trübe Rolle beim Massenmord von Verden zu ignorieren, sah die SS in ihm den ersten Schmied der europäischen Einheit und den Schöpfer des Prinzips eines germanischen Reiches (siehe die Artikel „Karl der Große, Staatsgründer" und „Die Entstehung des germanischen Europas um 500 n. Chr."). Karl der Große war sowohl für die Deutschen als auch für die Franzosen eine historische Figur und verkörperte somit die Verbindung zwischen diesen beiden Völkern mit gemeinsamem Ursprung.

LEGITIME FRAGEN

In Anbetracht dieser Ideologie und dieser Ziele stellt sich die Frage, inwieweit die SS sie verwirklichen konnte und auf welche Hindernisse sie dabei stieß. Wie wir gesehen haben, war die SS in drei verschiedene Zweige unterteilt, die sich im Laufe der Zeit aufgrund ihres eigenen Geistes immer mehr voneinander unterschieden. Trotz der vielfältigen Bemühungen der zentralen Führung, den Zusammenhalt und die Einheit des Ordens zu bewahren, entstanden verschiedene Tendenzen, die das Werk des allgemeinen Aufbaus behinderten. Die Waffen-SS, der militärische Zweig, knüpfte an die große Tradition der preußischen Armee Friedrichs II. an, und zwar durch Führer wie Paul Hausser oder Sepp Dietrich, die ihr diesen Impuls gaben. Für Männer, die in der alten Schule ausgebildet und durch ihre traditionelle Erziehung tief geprägt waren, blieben ideologische Bildung und religiöse Fragen „schwülstige" Abstraktionen, die sie Ideologen wie Himmler oder Darré überließen, die die Hefte der SS nutzten, um diese oft als utopisch betrachteten Ideen zu verbreiten. Höhere Offiziere wie Felix Steiner vernachlässigten sogar absichtlich den politischen Unterricht, da sie der Meinung waren, dass die Prioritäten des Krieges eher in der Ausbildung von Kämpfern als von politischen Soldaten lagen. Die einfachen, frisch ausgebildeten Soldaten hingegen waren viel empfänglicher und verstanden das Ausmaß der politischen Herausforderungen oft besser als ihre Generäle.

Die Allgemeine SS und der Totenkopfverband, die älteren „politischen" Zweige, sahen ihre Rolle als revolutionäre Einheiten, die die nationalsozialistische Ideologie in sich trugen. Einige ihrer Führer, wie Theodor Eicke, hatten sogar eine relative Verachtung für die Waffen-SS, die sie als zu traditionalistisch und „militaristisch" betrachteten. Die Tatsache, dass die Dienstgradbezeichnungen in allen Gliederungen ähnlich waren, machte die Sache noch schlimmer, da die Waffen-SS nur schwer akzeptieren konnte, dass „Zivilisten" Generäle oder Obersten werden konnten, ohne an der Front gedient zu haben. In diesem Zusammenhang sollte erwähnt werden, dass die Dienstgrade der SS nur eine relative Äquivalenz zu den militärischen Dienstgraden hatten und im Gegensatz zu diesen kein „Herr" (deutsche Terminologie) vorangestellt wurde, sondern vielmehr einem

Wert an sich des Individuums entsprachen. Zivilisten wurden ebenso wie Militärs als engagierte Kämpfer für die Sache des Nationalsozialismus betrachtet. Dieser Grundsatz führte dazu, dass Männer in ihren Dreißigern den Rang eines Generals erreichten und „Zivilisten" mit unbestrittenen Talenten wie Werner von Braun oder Professor Porsche „Offiziere" in der SS waren.

Außerdem erhielt die Waffen-SS während des Krieges ihre militärischen Anweisungen von der Wehrmacht und nicht von der zentralen SS-Führung, die für Nachschub sorgte, Einheiten aufstellte und für die Ausbildung sorgte. Es entstand also ein gewisses Gefühl der Autonomie gegenüber der Berliner SS, das jedoch nicht bis zur offenen Opposition ging, da es eher eine Divergenz der Erfahrungen als eine ideologische Opposition widerspiegelte, zumal die Waffen-SS sich nie mit polizeilichen Aufgaben befassen musste, die bestimmten SS-Einheiten anvertraut worden waren.

In Anbetracht dieser Tatsachen könnte ein aufmerksamer Beobachter entgegnen, dass es nicht der historischen Realität entspräche, die Geschichte und die Vorstellungen der SS auf die Untersuchung der Leithefte zu reduzieren. Die SS-Hefte präsentierten Ideen, Personen oder Situationen aus der Realität, die als beispielhaft oder lehrreich angesehen wurden. Sie spiegelten somit das wider, was die nationalsozialistische Ideologie für wesentliche Tugenden und Eigenschaften hielt, die für jeden SS-Mann als Bezugspunkt galten, auch wenn die Realität und die Lebensnotwendigkeiten ihre Anwendung nicht immer zuließen. Doch gerade die SS-Publikationen ermöglichen es uns, diese Weltanschauung in ihrer Abstraktheit zu beurteilen, die eher für eine Geisteshaltung als für räumlich und zeitlich begrenzte Handlungen repräsentativ ist. In dieser Hinsicht präsentieren uns die SS-Hefte die ideale Vision, die sich der SS-Orden vom Leben und der Gesellschaft machte, und das, worauf er hinarbeitete.

Allerdings muss man das Phänomen SS im Kontext des Nationalsozialismus sehen, der eine facettenreiche Ideologie war. Die SS-Strömung, die zwar die bedeutendste war, aber selbst nicht immer einheitlich war, stieß auf andere Tendenzen. Personen- oder Ideenkonflikte mit der Partei behinderten die Verwirklichung eines einheitlichen Programms zusätzlich. Die „alldeutsche" Tendenz in der Partei sah die Schaffung eines föderierten Europas unter der Aufsicht der SS als schwierig an, und die zwölf Jahre des Nationalsozialismus reichten nicht aus, um einen radikalen Wandel der Mentalität herbeizuführen. Sie dienten lediglich dazu, den Grundstein zu legen. Die Generation, die aus der Hitlerjugend und den jüngeren Jahrgängen der SS hervorging, hätte dieses Ziel sicherlich erreicht, aber! Die Geschichte hat ihr nicht die Zeit dazu gelassen. Ein ehemaliger französischer Freiwilliger sagte mir einmal: „Die Nationalsozialisten waren wie Gärtner. Sie pflanzten Samen, aber sie hatten keine Zeit, das Ergebnis aufgehen zu sehen". Die schrecklichen Wirren des Krieges setzten diesem großen Abenteuer ein Ende.

Aufgrund ihrer Strenge, Disziplin und ihres Geistes konnte die SS behaupten, sie habe die Anfänge eines neuen Typs von Menschen geschaffen, der die Schmiede der Kaderschulen und die Feuerprobe bestanden hatte. Trotz all dieser Hindernisse stellte sie dies an vielen Fronten, sowohl im Inland als auch im Ausland, immer wieder unter Beweis. Unabhängig von der Armee schuf sie eine neue, von der Partei getrennte „kämpferische Haltung", eine neue, von der Kirche entfernte „ideologische Haltung" und eine neue, grundlegende „geistige Haltung". Wenn für Goethe die Tat die „Feier des wahren Menschen" war, dann war es die SS auch. Auf die vollzogene Revolution der Körper sollte die Revolution der Geister folgen. Doch die Zeit dafür war noch nicht gekommen.

* * *

Als Warnung möchte der Autor darauf hinweisen, dass seine Ausführungen dem Wunsch nach historischer und wissenschaftlicher Aufarbeitung entsprechen, die jedoch nicht das ganze Leid vergessen lassen soll, das Millionen von Menschen während des letzten Krieges erlitten haben. Er kann daher nicht als apologetisch betrachtet werden. Er untersucht bestimmte Ideen, die von einem bestimmten politischen System vertreten werden, und nackte Tatsachen, die in einen bestimmten historischen Kontext gestellt werden. Er versucht also, Material zu liefern, das es dem Leser ermöglicht, sich eine freie Meinung zu bilden, die mit dem übereinstimmt, was zu diesem Thema bereits veröffentlicht wurde. Dies sollte die Aufgabe eines jeden echten Historikers sein. Die Artikel über Juden oder religiöse Fragen sollten daher in diesem Sinne gelesen werden. Die in diesem Buch vertretenen Ideen bleiben dem Leser überlassen, der sie nach bestem Wissen und Gewissen beurteilt.

Für weitere Informationen können diejenigen, die dies wünschen, über den Verlag an den Autor schreiben.

Paris, den 7. Oktober 1990

KAPITEL I

I. DER SS-ORDEN, GESCHICHTE UND GRUNDSÄTZE

ZEITSCHRIFT „GLAUBEN UND KÄMPFEN". FÜR DIE SS DER VOLKSGRUPPEN IM SÜDOSTEN.

DIE SS, HISTORISCH

Du trägst auf deiner Gürtelschnalle die Worte: *„Meine Ehre heißt Treue"*. Auf deinen Kragenspiegeln befinden sich die beiden Siegesrunen der SS. Du hast dich also bewusst einer Gemeinschaft angeschlossen, die besondere Pflichten innerhalb des Volkes erhalten hat. Ist dir klar, dass du einen bestimmten Teil dieser Pflichten übernehmen musst?

Hast du schon einmal darüber nachgedacht, welche besonderen Pflichten ein SS-Mann hat? Weißt du, was das Gesetz der Treue für dich als Einzelperson bedeutet? Kennst du die Ergebnisse, die die SS erzielt hat? Ihr Wirken in der Zeit der Machtergreifung und im neuen Deutschland?

Um diese Fragen beantworten zu können, musst du die wesentlichen Züge der Geschichte der SS, ihre Aufgaben und Ziele kennen lernen.

Die Geschichte des Schwarzen Korps begann in *den ersten Tagen der nationalsozialistischen Bewegung*. Im März 1923 entstand die Zelle der späteren SS - *der Stabswache* - aus speziell ausgewählten und absolut zuverlässigen Parteigenossen. Diese Männer trugen bereits den Totenkopf auf der Mütze und die schwarz umrandete Armbinde.

Im Mai desselben Jahres wurde aus der Stabsgarde die *Hitler-Stoßtruppe* - unter der Leitung von Josef Berchtold. Diese kleine, bis zum letzten Mann entschlossene Einheit vereinte die treuesten Kampfgefährten Adolf Hitlers. Mit Aufgaben betraut, die mit denen vergleichbar waren, die später der SS übertragen wurden, ging die Stoßtruppe in die Geschichte ein und kämpfte unermüdlich und kompromisslos, bis sie am 9. November 1923 im Kugelhagel eines perfiden und reaktionären Systems endete.

DIE ERSTEN ACHT...

Nach der Reorganisation der Partei 1925 ordnete der Führer im selben Jahr den Aufbau einer neuen, kleinen, sehr mobilen Organisation an, die sich an der „Stoßtruppe Hitler" orientieren sollte und erstens die Aufgabe hatte, der Partei bei ihren Demonstrationen und Wahlreisen absoluten Schutz zu garantieren, wenn nötig unter Einsatz von Menschenleben. Zweitens sollte sie die interne *Sicherheit* der Partei gewährleisten, so wie es die Polizei für den Staat selbst tut.

Zunächst wurden nicht mehr als *acht Männer* für diese große Mission ausgewählt, die vollen Einsatz erforderte. Ihr Anführer hieß Julius Schreck. Er war es, der die ersten Grundsätze für den Aufbau des Schwarzen Korps aufstellte. Am 16. Mai 1936 verkürzte der Tod die Karriere dieses treuen und bewährten Kampfgefährten Adolf Hitlers, doch auf Befehl des Führers trägt die erste Einheit in München heute und in Zukunft den Namen „Julius Schreck".

Die ersten acht SS-Männer erhielten die Uniform der ehemaligen Hitler-Schocktruppe, nur der Anorak wurde durch das braune Hemd mit der schwarzen Armbinde und die Skimütze durch die schwarze SS-Mütze ersetzt.

Am 16. April 1925 trat diese Schutztruppe zum ersten Mal öffentlich in München auf. Es war bei einem traurigen Anlass: Es handelte sich um die Beerdigung von Pohner, dem alten Kampfgefährten des Führers vom 9. November. Vier SS-Männer mit Fackeln gingen zu beiden Seiten des Sargs und begleiteten den toten Kämpfer zum letzten Mal.

Es war klar, dass aufgrund der Schwierigkeit der Aktion nur wenige Männer, die nach besonderen Gesichtspunkten ausgewählt wurden, in die Schutztruppe aufgenommen werden konnten. Sie mussten daher genau den Anforderungen entsprechen, die an sie gestellt wurden. Bedingungslose Treue, voller Einsatz des Einzelnen, eiserne Disziplin - wer sonst als *Frontsoldaten* wäre in der Lage gewesen, diese Bedingungen zu erfüllen?

Diejenigen, die hunderte Male ihr Leben riskiert hatten, bildeten den Kern der jungen Formation.

Die Anforderungen waren jedoch noch höher: Nur Parteigenossen konnten Mitglieder der Schutztruppe sein, und jeder von ihnen musste zwei Paten vorweisen können, von denen einer ein Leiter der Ortsgruppe war, in die der junge SS-Bewerber eingeführt wurde. Darüber hinaus musste jedes Mitglied zwischen 23 und 35 Jahre alt sein, eine starke Konstitution haben und absolut gesund sein.

Natürlich wurden *Schwächlinge* und mit Lastern behaftete Jammerlappen abgelehnt. Die Besten reichten für die junge Ausbildung völlig aus! Daher war es für jeden Parteigenossen eine extreme Auszeichnung, in der Schutztruppe dienen zu dürfen. Absolute Kameradschaft sollte zu den Tugenden und Eigenschaften gehören, die vorgeschrieben sind:

Alle für einen und einer für alle

DAS PRINZIP DER AUSWAHL

So wuchs die Zahl der Anhänger, bis sie eine kleine Einheit, eine Truppe, bildeten, die keine Militär- oder Massenorganisation war, sondern nur dieses perfekte Instrument sein wollte, auf das sich der Führer jederzeit absolut verlassen konnte

Diese erste SS verbreitete Angst und Schrecken unter allen Versammlungsstörern und verworfenen Wesen, allen Roten und allen anderen Cliquen. Sie garantierte den reibungslosen Ablauf nationalsozialistischer Veranstaltungen - überall dort, wo der Führer es befahl! *Es war das Verdienst der ersten Todeskämpfer, dass diese Veranstaltungen immer erfolgreich waren und dass die Bewegung jeden Tag Fortschritte machte.*

Es war klar, dass die junge Einheit auf Dauer nicht mehr nur aus der Generation der Frontkämpfer rekrutieren konnte. Dementsprechend änderten sich auch die Aufnahmebedingungen im Laufe der Zeit, allerdings ohne an Strenge zu verlieren. Von Anfang an galt jedoch der Grundsatz: zahlenmäßige Begrenzung und extreme Selektion!

Die Münchner Führung versuchte nie, so viele Männer wie möglich zusammenzustellen, sondern legte Wert auf eine hervorragende Qualität der auszuwählenden Männer, die allein die bedingungslose Ausführung aller Befehle garantierte.

EIN ANFÜHRER FÜR ZEHN MÄNNER

Es wurde also vorgeschrieben, dass eine Truppe in jedem Ort nur aus einem Anführer und zehn Männern bestehen durfte; das war die Zehnergruppe. Ihre Führer (Zehnerführer) trugen einen silbernen Stern in der Mitte des Hakenkreuzes als einziges äußeres Zeichen ihres Ranges. Im Übrigen gab es damals selbst in einer Großstadt wie Berlin nur eine SS mit zwei Führern und zwanzig Mann.

Bald sah man, wie sich das gleiche Bild überall wiederholte. In allen Orten und Städten wurde die SS, diese kleine kämpfende Einheit, zum Sammelbecken für alle echten politischen Fanatiker, für alle Revolutionäre, die gegen Ohnmacht und Sklaverei kämpften, für alle, die nichts anderes hatten als ihren Glauben an Deutschland.

In den Jahren 1925 und 1926 führte die junge Bewegung alle Rekrutierungskampagnen mit diesen kleinen Einheiten durch, und die rote Unterwelt in Sachsen und Thüringen lernte, was der Geist der SS ist!

GRUPPEN VON FÖRDERNDEN MITGLIEDERN (M.B.)

Es steht fest, dass selbst die beste Organisation, die vom größten Opfergeist beseelt ist, nicht ohne eine gesunde finanzielle Basis auskommen kann - also Geld! - Diese Forderung war für den Aufbau der SS ebenso zwingend wie für die Partei selbst. Da sich die Partei jedoch noch im Aufbau befand und der Truppe keine finanzielle Unterstützung gewähren konnte, erhielt die SS (übrigens der einzige Parteiverein' in dieser Situation) vom Führer das Recht, *fördernde Mitglieder zu* suchen (M.B.). *Adolf Hitler* selbst trat als *erster* dieser Gruppe von B.M. bei.

Man hatte also tatsächlich eine ideale Lösung gefunden, um *die finanzielle* Basis der Organisation zu ermöglichen. Es gab immer noch viele Parteigenossen (aufgrund ihrer öffentlichen Stellung, ihrer wirtschaftlichen Situation oder aus anderen wichtigen Gründen), die nicht die Möglichkeit hatten, in der Bewegung aktiv zu werden. Tatsächlich leisteten sie der Truppe durch ihre Eigenschaft als Fördermitglieder einen unvergesslichen Dienst...

DER SS-MANN ALS AKTIVIST

Die Schutztruppe entwickelte sich und nach und nach kam neben der ersten Aufgabe, den Führer zu schützen, eine zweite hinzu: die des Aktivisten! Aber man belastete die Männer mit dem Totenkopf nicht, indem man ihnen Handbücher über die „Kunst der Rede" verteilte. Man wusste, dass jeder von ihnen das Zeug dazu hatte, die durch falsche Reden verunsicherten Bürger zu überzeugen.

Damals war also jeder SS-Mann ständig ein *Kämpfer,* wo immer er sich befand: auf der Straße, zu Hause, in jedem Moment, in dem der Dienst es zuließ. Wie viele entnervte, erregte und verratene Männer und Frauen wurden von diesen unbekannten Predigern innerhalb des kämpferischen und schöpferischen Elements der jungen Bewegung zurückgewonnen! Ihre Zahl ging in die Hunderte und Tausende. Sie begannen, indem sie ein *Flugblatt der Partei* kommentierten, sie deckten über die Parteipresse die Lügen für die Zweifler auf, und sie zogen die absolute Waffe, Führers „Mein Kampf", und wischten damit die letzten Zweifel beiseite.

Es entstand eine neue Elite, deren ideologischer Kern die Allgemeine SS darstellte. Ihr Anführer, Heinrich Himmler (oben), war auch der Schöpfer des „Geistes der SS".

Aus der „schwarzen" SS sollte die „grüne" SS oder Waffen-SS hervorgehen, eine militärische Truppe, die in ganz Europa berühmt wurde.

DIE FLAGGE DES BLUTES

Im Laufe des Jahres 1926 wurde das Verbot der SA aufgehoben und die Schutztruppe trat in der Folgezeit immer mehr in den Hintergrund.

Doch das gleiche Jahr stellte auch einen historischen Höhepunkt für das Schwarze Korps dar. Auf dem Reichsparteitag in Weimar, dem zweiten der NSDAP, übergab der Führer das heiligste Symbol der Bewegung - die Blutfahne vom 9. November - in die Obhut der SS.

DER REICHSFÜHRER SS HEINRICH HIMMLER

Mit der Ernennung von Heinrich Himmler zum Reichsführer der SS durch Adolf Hitler begann ein neuer wichtiger Abschnitt in der Geschichte der SS. Es war der 6. Januar 1929.

Zweihundertsiebzig Männer im gesamten Reichsgebiet bildeten den Kern der Schutztruppe, die Heinrich Himmler zu dieser Zeit übernahm, als er vom Führer den Befehl erhielt, aus dieser Organisation eine absolut sichere Truppe zu formen - *die Eliteformation der Partei.*

„Jeder von uns ist ein SS-Mann, ob er nun ohne Rang oder Reichsführer ist", sagte Heinrich Himmler, und in den langen Jahren des Kampfes um die Machtergreifung sind er und seine Männer tatsächlich zu einem untrennbaren Ganzen verschmolzen. Er hat das Schwarze Korps zu dem gemacht, was es heute ist: die Truppe, die am meisten für den Führer, unser Blut und das Reich kämpft.

Der Befehl zur Vergrößerung der Organisation war erteilt. Und für den Reichsführer, dessen Persönlichkeit diesen großen Auftrag prägte, war klar, dass die neue, vergrößerte Schutztruppe ihre Aufgabe nur erfüllen konnte, wenn als oberste Forderung und Grundlage für ihre Gründung die vom Führer der Bewegung vorgegebenen Richtlinien unumstößlich waren.

DIE VIER KARDINALTUGENDEN

Nur edles Blut, nur eine authentische Rasse sind auf Dauer in der Lage, große Leistungen zu vollbringen. Mit diesem wichtigen Glaubensbekenntnis begann Heinrich Himmler sein Werk, als er am 20. Januar 1929 seinen ersten Befehl als Reichsführer SS verkündete:

„Durch höhere Entscheidung unseres Führers wurde mir am 6. Januar 1929 die Führung der SS der NSDAP übertragen!"

Also begann der ehemalige Soldat und Mitstreiter mit seiner strengen und methodischen Auswahl, nachdem er sich mit den Männern umgeben hatte, die der Nation zur Verfügung standen und von denen er wusste, dass sie aufgrund ihres Blutes und ihres Charakters wirklich die besten waren. Vier Richtlinien und Kardinaltugenden bestimmten ihre Auswahl.

1. Rasse und Klan

„Wie der *Landwirt*, der von einem alten, mehr oder weniger guten Samen, den er aussortieren muss, zuerst auf das Feld geht, um die Triebe auszuwählen, so haben wir in erster Linie die Männer zurückgewiesen, von denen wir äußerlich glaubten, dass sie für den Aufbau der Schutztruppe nicht verwendet werden könnten.

„Die Natur der Auswahl konzentriert sich darauf, diejenigen auszuwählen, die körperlich dem Ideal, dem Mann vom nordischen Typ, am nächsten kommen. Unterscheidungsmerkmale wie Größe oder rassisches Aussehen hatten und haben ihre Bedeutung!".

So drückte es der Reichsführer aus, dem das äußerste Verdienst zukommt, diesen Weg mit Mut und Überzeugungskraft beschritten zu haben, denn damals war die Rassenfrage selbst in den Reihen der Bewegung noch ein völlig unklarer Begriff, und die theoretischen Erkenntnisse der jungen, sich neu organisierenden Bewegung fanden ihre konkrete Umsetzung.

Zum ersten Mal war die Rassenfrage in den Mittelpunkt gerückt und sogar zum Gegenstand geworden, wobei sie sich weitgehend vom natürlichen, aber negativen Judenhass unterschied. Die revolutionärste Idee des Führers nahm Gestalt an.

Es ist klar, dass mit der Anhäufung von Erfahrungen in diesem Bereich die selektiven Bestimmungen von Jahr zu Jahr strenger wurden, wobei man sich stets bemühte, das Ideal zu erreichen.

„Die Modalitäten müssen von unseren Nachfolgern in hundert oder mehr Jahren festgelegt werden, damit immer mehr vom Einzelnen verlangt wird, wie es heute der Fall ist. Ebenso wissen wir, dass das allererste Prinzip der Auswahl in der Schutztruppe die Beurteilung des äußeren Erscheinungsbildes sein muss, dass ein jahrelanger Auswahlprozess in der Schutztruppe die Fortsetzung davon sein muss und dass die Auswahl nach Charakter, Wille, Herz und sogar Blut nicht hinter den Fähigkeiten zurückstehen darf!"

Dies waren die Worte des Reichsführers, der mit äußerster Energie gegen Selbstgefälligkeit und Eitelkeit kämpfte. Er machte auch klar und deutlich klar, dass das bisher erreichte Ergebnis nur ein Entwurf ist und dass die Schaffung einer menschlichen Elite beständig und grenzenlos sein muss.

Denn es gibt keine Standard-SS!

Jede Generation von SS muss besser sein als die vorherige.

„Durch die Gesetze, die wir uns gegeben haben, wollen wir in Zukunft dafür sorgen, dass nicht jeder Sohn einer SS-Familie, die in das Ahnenbuch der SS eingetragen ist, sich bewerben kann oder wieder das Recht hat, ein SS-Mann zu sein. Sondern wir wollen dafür sorgen, dass nur ein Teil der Söhne dieser Familien bei uns aufgenommen wird und damit als SS gelten; dass durch ständige Auslese der Strom des besten deutschen Blutes, der im ganzen Volk vorhanden ist, in die Schutztruppe eintreten kann!"

Aber die Rassenauswahl und der Aufbau einer Einheit von Männern allein konnten den Erfolg dieses großen Werkes nicht sicherstellen. Nein, all diese Maßnahmen würden wirkungslos bleiben, wenn man nicht auch *an die Frauen* der ausgewählten Männer, ihre Familien und ihre zukünftigen Clans denken würde.

Unsere Geschichte ist reich genug an Fehlern, die Soldatenbünde und Männerbünde in der Vergangenheit begangen haben und die vergessen haben, die Botschaft des reinen Blutes weiterzugeben. Nach einer gewissen Zeit verschwanden sie im Nichts - so war es vor vielen Jahrhunderten.

Denn der Reichsführer sagte:

„Nur die Generation, die sich selbst zwischen ihren Vorfahren und ihren Nachkommen einzuordnen weiß, erfasst innerlich den genauen Grad der Größe ihrer Aufgaben und Verpflichtungen und der Kleinheit ihrer eigenen, vergänglichen Bedeutung."

„Wer sich dessen bewusst ist, wird im edelsten Sinne des Wortes *einfach* bleiben. Die Zeiten der größten Erfolge werden ihm nicht die Sicht vernebeln und die Zeiten des größten Unglücks werden ihn nicht zur Verzweiflung treiben. Er wird Erfolg und Unglück ohne Selbstgefälligkeit, Überheblichkeit und Fatalismus hinnehmen - aber er wird auch nicht Opfer eines Gefühls der Mittelmäßigkeit und verzweifelter Verlorenheit werden. Er wird mit gleicher Gelassenheit Herr über sein Glück und sein Unglück bleiben.

„Deshalb lehren wir den SS, dass unser ganzer Kampf, der Tod von zwei Millionen Menschen während des Großen Krieges, der politische Kampf der letzten fünfzehn Jahre, der Aufbau unserer Verteidigungskraft zum Schutz unserer Grenzen vergeblich und nutzlos wäre, wenn dem Sieg des deutschen Geistes nicht der Sieg des deutschen Kindes folgen würde."

(Der Reichsführer SS)

Aus diesem Grund erließ der Reichsführer SS am 31. Dezember 1931 eines der radikalsten und wichtigsten Gesetze der SS: „Der Heiratsbefehl".

Zu dieser Zeit schlug es in Deutschland wie eine Bombe ein. In einem System, das auf liberalen Grundsätzen beruhte, erschien er vielen Menschen, die in der Vergänglichkeit lebten und sich an Genüssen berauschten, völlig unverständlich.

Er erwies sich als ein äußerst brutaler Eingriff in die *sogenannte persönliche Freiheit*. Natürlich betonte die jüdische und demagogische Presse diese Ansicht mit dem nötigen Nachdruck. Doch die Verachtung und der Spott, die damals über diesen Befehl verbreitet wurden, betrafen die Truppe nicht. Der Reichsführer hatte dies vorausgesehen und in Punkt 10 seines Befehls gesagt:

„Die SS ist sich bewusst, dass sie mit diesem Befehl einen Schritt von großer Bedeutung getan hat; Spott, Ironie und Missverständnisse berühren uns nicht; die Zukunft gehört uns!"

2. Freiheitswille und Kampfgeist

Die zweite Tugend und die zweite Richtlinie sind der Wille zum Kampf und der unbändige Freiheitsdrang: Dafür musste der SS nach ungeschriebenen Gesetzen möglichst überall der Beste sein - im Kampf, auf der Straße, in der Sporthalle, später im größten aller Befreiungskriege. Je größer der Gegner, desto besser für die Truppe! Denn nur wenn die SS wirklich die beste Truppe war, war der Titel einer Eliteformation gerechtfertigt.

Also betrachtete der Reichsführer in den Gründungsjahren den *sportlichen Wert* immer als Prinzip und Pflicht. Jedes Jahr musste die SS an sehr harten sportlichen Wettkämpfen teilnehmen. Das Offizierskorps wurde besonders auf die Probe gestellt. Jede Beförderung hing auch vom Erwerb des Sportabzeichens der SA oder des Reichssportabzeichens ab.

Damit war eine große Gefahr von vornherein gebannt, nämlich die der Schwächung. Die Ursache für das Verschwinden so vieler Mannerbünde, die *im sozialen Wohlstand bestand,* bedrohte daher a priori nicht die Reihen des Schwarzen Korps. Die bequeme Existenz der Bourgeoisie, die für manche Männer schön und attraktiv sein mag, konnte die SS nie für sich gewinnen.

3. Treue und Ehre

„Wie wir die SS lehren, kann auf dieser Erde vieles vergeben werden, nur eines nicht: die Untreue. Wer gegen die Treue verstößt, schließt sich selbst aus unserer Gesellschaft aus. Denn Treue ist eine Sache des Herzens, niemals des Verstandes Der Verstand kann versagen. Das ist manchmal schädlich, aber nie unumkehrbar. Aber das Herz muss immer beständig schlagen, und wenn es aufhört, stirbt der Mensch, genau wie ein Volk, wenn die Treue verletzt wird. Wir denken hier an die verschiedenen Loyalitäten, die Treue zum Führer sowie zum deutschen germanischen Volk, zu seinem Gewissen und seinem Wesen, die Treue zum Blut, zu unseren Vorfahren und Nachkommen, die Treue zu unseren Sippen, die Treue zu den Kameraden und die Treue zu den unveränderlichen Gesetzen von Anstand, Würde und Ritterlichkeit. Ein Mann sündigt nicht nur gegen Treue und Ehre, wenn er seine eigene und die der Schutztruppe verletzen lässt, sondern vor allem, wenn er die Ehre anderer missachtet, Dinge verhöhnt, die ihnen heilig sind, oder wenn er nicht würdig und mutig für den Abwesenden, den Schwachen und den Schutzlosen eintritt."

So definierte der Reichsführer die Treue, die dritte Tugend, die das Wesen der Schutztruppe beeinflusst.

SS-Männer gehen zum ersten großen SS-Treffen im August 1933 in Berlin.

Auf dem Titelbild ist eine Zeichnung des berühmten Totenkopfrings zu sehen, der die Verbindung zur vereidigten Gemeinschaft der SS symbolisiert.

4. Bedingungsloser Gehorsam

Gehorsam ist die vierte und letzte Richtlinie.

Dieser Gehorsam ist besonders schwer einzuhalten, weil er aus *reiner Spontaneität* kommen muss und alles erfordert, was ein Mensch an persönlichem Stolz, äußerer Ehre und vielen anderen Dingen, die ihm lieb und teuer sind, opfern kann.

Sie verlangt „bedingungslosen Einsatz" ohne das geringste Zögern und die Erfüllung jedes Führerbefehls, auch wenn der Einzelne glaubt, ihn innerlich nicht bewältigen zu können.

Doch dieser Gehorsam erfordert letztlich ein extremes Maß an *Beherrschung* und *Herrschaft*, einen brennenden Willen zur Freiheit und die Ungerührtheit gegenüber dem Feind, wenn er befohlen wird.

Der alte SS-Mann weiß genau, was dieser letzte Punkt bedeutet. Er hat nie die Jahre des Kampfes, des Innehaltens und des Wartens vergessen, als der Wille eines jeden Kameraden nur von einem grenzenlosen Hass getragen wurde: Nieder mit dem verfluchten System!

Die Männer fragten sich immer: „Warum fängt es nicht an?

Warum schlagen wir nicht zu? Jetzt ist die Gelegenheit günstig! Warum zögert der Führer?" Sie dachten: „Wir sind stark, wir haben die Kommune geschlagen, wo immer wir ihr begegnet sind. Wir haben den Reichstag eingenommen - Nieder mit den Marionetten dieses verrotteten Systems! Wir wollen uns um sie kümmern!" Doch der Befehl des Führers kam nicht. Folglich schwiegen sie und *warteten*.

In all diesen Jahren ist die SS stolz darauf, dass sie nur ihn gesehen, nur ihm gehorcht und bedingungslos an seinen Sieg geglaubt hat. Sie war so absolut gehorsam wie keine Formation vor ihr.

DIE SS IN AKTION ZUR ZEIT DER MACHTERGREIFUNG

In den Jahren für die Machtergreifung war die SS immer am aktivsten, um die nationalsozialistischen Ideen und Forderungen zu schützen, sowohl außerhalb als auch im *Inneren* des Landes. Sie kämpften in zahllosen Saalschlachten, sie zerschlugen den feindlichen Terror in Kameradschaft mit der SA. Sie waren der *Kern*, den die Bewegung immer wieder an der rot-schwarzen Front einsetzte. Sie standen mit Flugblättern in der Hand vor *völlig kommunistischen Betrieben und Fabriken und sammelten* die gültigen ein. Sie wandten die gleichen Methoden in den *großen grauen Wohnblocks an* und brachten die Wahrheit auch in die *ärmsten Slums*.

Tausende Male beschützten sie die Redner der Bewegung. Mit dem Kinnriemen unter dem Kinn und der Hand am Gürtel standen sie von einem Ende des Jahres bis zum anderen auf beiden Seiten des Rednerpults - im Sportpalast ebenso wie im kleinsten Gemeindesaal. Sie waren ruhig und unbeweglich, beobachteten aber alles im Raum mit scharfem Blick.

Sie waren oft hungrig, weil die meisten von ihnen keine Arbeit hatten. Aber sie waren immer da, wenn sie gebraucht wurden. Und sie starben für ihren Glauben!

Sie wurden feige ermordet, erstochen, in den dunklen Straßen von hinten erschossen und bis zur Bewusstlosigkeit geschlagen. Doch sie ertrugen alles trotz der gegnerischen Übermacht. So kam es, dass die SS *viele Opfer zu beklagen hatte*. Sie trug immer einen ihrer besten Kameraden zu Grabe, doch sie verließ den Friedhof immer verbissener, immer fanatischer.

Wir dürfen die *Helden Österreichs* nicht vergessen, die als SS mutige Opfer waren, die am *Galgen* eines brutalen Systems hingen und die durch ihr Opfer den großen Anschluss Österreichs an das Deutsche Reich ermöglichten.

Aber auch die *innere Sicherheit* wurde nicht vergessen. Mehr als einmal kämpfte die Truppe gegen die Feinde der Bewegung, gegen die Zersplitterung und den Verrat am Führer. In Zeiten einer für die Existenz der Bewegung so gefährlichen Krise konnte der Führer auf dieses starke Instrument zurückgreifen, das ständig und bedingungslos an seiner Seite war.

So gab Adolf Hitler seinen treuesten Männern den Satz mit auf den Weg, der seit dem 9. November 1931 auf jeder Gürtelschnalle zu lesen ist: „SS-Mann, deine Ehre heißt Treue!"

DIE KARRIERE DES SS

Am 9. November 1935 wurde auf Befehl des Reichsführers Folgendes verkündet:

„Ein SS-Mann im Sinne des SS-Ordens ist jedes SS-Mitglied, dem nach einer Anwärterzeit von eineinhalb Jahren, nach Ableistung des SS-Eides auf den Führer sowie nach ehrenhafter Erfüllung seiner Arbeitsdienst- und Wehrpflicht die Waffe, der SS-Dolch, ausgehändigt wird und der damit als echter SS-Mann in den SS-Orden aufgenommen wird.

„ Jeder von uns ist ein SS-Mann, ob er nun ein einfacher Offizier oder ein Reichsführer ist."

Die Kunst des Reitens...

... und die Kunst des Fechtens werden in der SS praktiziert, die damit die ritterliche Tradition fortsetzt.

Nach einer sorgfältigen Prüfung seiner Fähigkeiten und seines SS-Wertes durch SS-Kommissionen wird der 18-jährige Hitlerjunge zunächst SS-Postulant. Auf dem Parteitag desselben Jahres tritt er als *SS-Anwärter in die SS ein* und leistet am 9. November nach einer kurzen Probezeit den Eid auf den Führer. Während des ersten Dienstjahres muss der junge Anwärter sein *Sportabzeichen* und *das Reichssportabzeichen in Bronze* erwerben. Unmittelbar danach geht er zum *Arbeitsdienst,* zur *Wehrmacht* und kehrt anschließend zur SS zurück. Am darauffolgenden 9. November wird der SS-Anwärter nach einer wiederholten tiefen ideologischen Erziehung endgültig in die SS und als SS-Mann aufgenommen. Von diesem Tag an erhält er gleichzeitig das Recht, den SS-Dolch zu tragen und verspricht, dass er und sein Clan immer die Grundgesetze der SS befolgen werden.

Er bleibt bis zum Alter von 35 Jahren in der Allgemeinen SS (SS). Danach wird er auf seinen Antrag hin in die Reserve-SS aufgenommen und nach mehr als 45 Jahren in die Mutter-SS.

DAS GESETZ DER EHRE

Der gleiche Befehl schreibt vor, dass jeder *SS-Mann* das Recht und die Pflicht hat, seine Ehre *mit der Waffe in der Hand zu* verteidigen.

Dieses Gesetz ist von grundlegender Bedeutung und verpflichtet jeden Menschen in zweierlei Hinsicht:

Er weiß, dass er für jedes Wort und jede Tat zur Verantwortung gezogen werden kann, unabhängig von seinem Rang und seiner Position; daher soll die Gemeinschaft wachen, wenn er eine entehrende Tat oder ein entehrendes Wort begeht und sich damit gegen den Geist des Volkes versündigt.

Zweitens wird er aufgefordert, seine eigene Ehre ebenso zu achten wie die Ehre anderer, um als politischer Soldat dem Leben der Gemeinschaft untadelig zu dienen.

Als schließlich der Tag der Machtergreifung kam, gab es 51.000 SS-Männer, die die größte aller Revolutionen trommelnd unterstützten und bereit waren, jede Aufgabe zu erfüllen.

Der Zulauf zu unseren Formationen wurde in den folgenden Monaten so groß, dass am 10. Juli 1933 ein *Aufnahmestopp für die SS* verhängt wurde, der erst im September 1934 vorübergehend aufgehoben wurde. Denn der Reichsführer legte von jeher keinen Wert auf eine Massenorganisation und verlangte die strengste Prüfung aller Neuankömmlinge, um nur die wirklich wertvollsten und gesündesten Kräfte in die Reihen des Schwarzen Korps aufzunehmen.

Wer seine Pflicht tut, steht über der Kritik
der alle Menschen unterworfen sind.

Prinz Eugene

„DER FREUND DES SOLDATEN". ALMANACH VON 1944. AUSGABE D: DIE WAFFEN-SS.

I. DIE SS ALS ORDEN

Wie aus diesem kurzen Überblick hervorgeht, wurden die Aufgaben der SS im Laufe der Jahre immer vielfältiger, und ihre Erfüllung war nur durch die Vereinigung der gesamten Schutztruppe möglich.

Bis 1929 war die SS eine treu bewährte Truppe, die den Schutz von Führern und Rednern gewährleistete. Der Reichsführer machte sie *zum Orden der Ehre, der Treue, des Dienstes und des Kampfes für den Führer und für das Reich.*

Die SS ist ein Orden *nordischer Prägung.* Adolf Hitler gründete seine Weltanschauung auf das unveränderliche Wesen der nordischen Spezies. Das Volk und das Reich sollten das strukturelle Werden dieser nordischen Natur sein. Als Führer der germanischen Völker hat das deutche Volk die prädestinierte Aufgabe, als erstes den Kampf für die Wiedergeburt des Germanentums zu führen. Die nordische Rasse stellt auch die Hauptquelle des nordischen Bluterbes dar. Das erste Ziel des Nationalsozialismus muss es daher sein, eine gesunde Rassenpolitik zu betreiben. Diese erfordert eine Säuberung des deutschen Volkes von allen fremden Einflüssen auf der Ebene des Blutes und des Charakters.

Die SS selektiert ihre Mitglieder also nach dem Ideal der nordischen Rasse, um aus ihnen einen freien germanischen Typus zu formen. Da man den Wert der Seele eines Menschen auf den ersten Blick nicht beurteilen kann, erfolgt die Auswahl nach dem körperlichen Ideal der nordischen Rasse und nach der Körpergröße. Die Erfahrung hat gezeigt, dass der Wert und die Eignung eines Menschen hauptsächlich dem entspricht, was seine rassische Erscheinung suggeriert.

Die Auswahlkriterien der SS werden daher immer strenger. Die Rassenpolitik des Reiches spornt zur Nordisierung des gesamten Volkes an. Je näher man diesem Ziel kommt, desto strenger werden die rassischen Kriterien der SS.

Die SS strebt nicht danach, eine privilegierte Stellung innerhalb des Volkes zu erlangen. Sie ist ein Orden, der durch seine kämpferische Tätigkeit dazu dient, eine rassische Auslese der Gemeinschaft vorzunehmen und die Grundsätze der Rassenpolitik zu verwirklichen, die ein fernes Ziel für die Allgemeinheit darstellen. So wendet die SS ein Grundgesetz unserer sozialistischen Werteskala an, das besagt, dass jeder seinen Platz entsprechend dem Wert des in der Volksgemeinschaft erzielten Ergebnisses erhält.

Die SS sieht durch die Verfolgung dieser Ziele klar, dass sie etwas anderes sein muss *als ein einfacher Mannerbund*. Sie baut ihre Vorstellungen von einem Orden auf der *Gemeinschaft der Clans* auf. Sie will *ein Sippenorden* sein, aus dem Männer der besten nordischen Art hervorgehen werden, um dem Reich zu dienen. Also wird die Auslese zunehmend nicht mehr das Individuum, sondern den Wert eines ganzen Clans beurteilen.

Absolute Klarheit und Konsens sind in ideologischen Fragen, die dieses Prinzip einer Gemeinschaft von Clans nordischer Rasse betreffen, erforderlich. Dies ist die notwendige Voraussetzung für die Schlagkraft der SS und verleiht ihr Selbstvertrauen.

Mit den *Grundgesetzen der SS* gab der Reichsführer jedem SS-Mitglied Anhaltspunkte für sein Handeln.

Das erste dieser grundlegenden Gesetze ist *der Befehl über Verlobung und Eheschließung* vom 31. Dezember. In diesem Befehl wird für alle unverheirateten SS-Angehörigen „die Heiratsgenehmigung" eingeführt, in der Erwägung, dass die Zukunft unseres Volkes auf der Auslese und Erhaltung des erblich gesunden Rassenblutes beruht. Daher wird diese Heiratsgenehmigung, die sich jeder SS-Mann vor seiner Heirat besorgen muss, nur und ausschließlich nach rassischen und erblichen Gesichtspunkten erteilt.

Diese Ordnung ergab sich zwangsläufig aus dem Wunsch, eine Gemeinschaft von Clans zu schaffen. Denn eine Selektion nach biologischen Gesichtspunkten wird nur dann erfolgreich sein, wenn die Wahl der Ehepartner und die Nachkommenschaft der ausgewählten Individuen kontrolliert werden. Der SS muss eine Frau heiraten, die mindestens gleichwertig ist. Der Mann und die Frau müssen rassisch und ehelich wertvoll sein. Ein solches Gesetz ist kein Zwang, sondern eine Verbindung zu einer von Gott gewollten Ordnung. Es ist natürlich, dass die Individuen der nordischen Spezies die Individuen ihrer Spezies schätzen.

Es ist nicht nur der Wert des Erbguts, der die Stärke eines Volkes bestimmt. Im Kampf um einen Lebensraum und das Recht auf Leben ist die Fruchtbarkeit eines Volkes, die Zahl der Kinder entscheidend. Ein Orden wie die SS muss sich daher ein breites Feld für die biologische Auslese schaffen. Es muss immer eine große Zahl von Nachkommen geben. Nach der besten ehelichen Wahl müssen die Tüchtigsten dem Orden immer eine reiche Nachkommenschaft liefern.

„Das Goldene Zeitalter wohnt dort, wo es Kinder gibt". Kinder sind das größte Glück des SS. Er selbst, sein Wille und seine Wünsche, sein Gefühl und sein Denken leben in ihnen. Was er von der Kette der Generationen erhält, gibt er an seine Kinder weiter und verleiht so dem Volk und dem Reich der kämpfenden Männer und treuen Frauen, den Hütern der Art und der Zivilisation, ewiges Leben.

Die SS kümmert sich auch um die ledige Mutter. Liebe und Fortpflanzung bilden die ewigen Gesetze des Lebens, die immer die Schranken der Sitte und des Gesetzes niederreißen werden. Auch hier ist die SS eng mit dem Leben verbunden. Sie kennt keine falsche Moral und kümmert sich auch um das uneheliche Kind von gutem Blut. So kann I rassisch und erblich gesunder Mensch seinem Schicksal in der Gemeinschaft folgen und das Volk zieht den Nutzen aus der Stärke, dem Wert einer ganzen Generation und damit einer zukünftigen erblich gesunden Nachkommenschaft.

Als Orden hat die SS die Erhaltung, die Verewigung der nordischen Rasse auf ihre Flagge geschrieben und führt auch einen Kampf an vorderster Front für den biologischen Sieg. Nur der Sieg der Wiege verleiht dem Sieg des Soldaten einen historisch dauerhaften Charakter.

Nach dem Ausbruch des gegenwärtigen Krieges fasste der Reichsführer SS diese grundlegenden rassenpolitischen Sichtweisen noch einmal mit einem besonderen Hinweis auf die Blutverluste zusammen, die der gegenwärtige Krieg mit sich bringt. In diesem Befehl heißt es: „Die alte Weisheit, dass nur derjenige in Frieden sterben kann, der Söhne und Kinder hat, muss wieder zur Parole für die Schutztruppe in diesem Krieg werden. In Frieden kann derjenige sterben, der weiß, dass sein Clan, dass alles, was er und seine Vorfahren angestrebt und gewollt haben, seine Fortsetzung in den Kindern findet. Das größte Geschenk für die Witwe eines gefallenen Kämpfers ist immer I Kind von I Mann, den sie geliebt hat."

Im Gesetz über *die Unterstützung von Witwen und Waisen* von 1937 legte der Reichsführer fest, dass die SS-Gemeinschaft die Versorgung von Witwen und Kindern übernehmen sollte, falls ein Mitglied sein Leben im Kampf für den Führer und das Volk lassen muss. Die Führer der Einheiten sind persönlich für die Unterstützung aller Clans in ihrem Bezirk verantwortlich.

Der „Lebensborn" (Lebensquelle) sorgt auch für die Erhaltung und Vermehrung des reinen Blutes. Der Hingabewille der gesamten SS sorgt dafür, dass diese Vorschrift erfüllt wird. Reinblütige Kinder werden in den Mütterheimen geboren und in den Kinderkrippen des Lebensborns aufgezogen.

Der Rassengedanke bestimmt auch die Bedeutung, die die SS den *körperlichen Übungen* beimisst. Jeder SS-Mann sollte in der Lage sein, sportliche Leistungen zu erbringen. Der Reichsführer ordnete die Ausübung von Sport in der SS an, nicht um Leistungen einzelner zu erzielen, sondern um die allgemeine körperliche Fitness zu gewährleisten.

Die innere Einheit der *Schutztruppe* drückt sich auch in einem vom Reichsführer bestimmten *Ehrengesetz aus*. Ein spezielles *Gesetz* über die *Heiligkeit des Eigentums* lehrt die Truppe eine vorbildliche Auffassung der Begriffe Eigentum, Ehre und Redlichkeit.

II. DIE WAFFEN-SS

Dank der praktischen Erkenntnisse der nationalsozialistischen Selektion, Führung und Erziehung entstand die Waffen-SS auf der Grundlage der Allgemeinen SS durch die Aufstellung der SS-Verfügungstruppen und der SS-Totenkopfverbände nach der Machtergreifung. In der Folgezeit entwickelte sie sich zu ihrer heutigen Form.

Es wurde bereits erwähnt, dass sie vom Führer ins Leben gerufen wurde, um der im Inland agierenden SS die Möglichkeit zu geben, bei Gefahr im Verzug auch außerhalb des Landes eine Schlagkraft zu haben.

Einheiten von Regimentern der Waffen-SS, der Leibstandarte SS „Adolf Hitler", der Standarten „Deutschland" und „Germania" sowie Teile der ehemaligen Totenkopfverbände standen dem Feind zusammen mit der deutschen Armee gegenüber, als im September 1939 in einer schnellen Offensive die polnische Grenze überschritten wurde.

Diese Regimenter wurden dank des Vertrauens des Führers zu organisierten *Divisionen*, die unter der eigenen Verantwortung der Schutztruppe errichtet und geführt wurden.

Noch heute kann man nicht abschätzen, welchen Entwicklungsstand die Waffen-SS im Laufe des Krieges erreicht hat. Da alle ihre Divisionen zusammengefasst sind, besteht sie ausschließlich aus Freiwilligen, die nach den Grundgesetzen der Schutztruppe ausgewählt werden. Erst nach dem Krieg wird das deutsche Volk erfahren, welche enorme Arbeit das SS-Hauptamt geleistet hat, um *die* ständige *Einstellung* neuer Einheiten zu ermöglichen. Dies ist ein Ergebnis, das in der deutschen Kriegsgeschichte einen besonderen Platz eingenommen hat. Das SS-Führungshauptamt hatte die Aufgabe, Einheiten aufzustellen, sie auszurüsten und auszubilden.

Der harte Winter 1941/42 demonstrierte die Bedeutung, die die Waffen-SS für die Kriegsführung erlangt hatte. Von Karelien bis zum Asowschen Meer befanden sich überall Divisionen der Waffen-SS *im Zentrum des Kampfes.* Dank ihnen gab der Reichsführer SS dem Führer stählerne Einheiten, die selbst in jenem Winter nicht an ihre Grenzen stießen.

Dieser Winter, der die Tapferkeit des deutschen Volkes auf eine unbarmherzige Probe gestellt hat, hat auch die Waffen-SS auf die Probe gestellt. Sie war der Aufgabe gewachsen.

Als der Führer am 26. April 1942 vor dem Reichstag dem deutschen Volk klarmachte, was dieser Winter wirklich bedeutet hatte, lobte er die Waffen-SS und traf damit jeden einzelnen unserer tapferen Kameraden.

„Wenn ich über diese Infanterie spreche, möchte ich zum ersten Mal die beständige und vorbildliche Tapferkeit und Härte meiner tapferen SS-Divisionen und SS-Polizeieinheiten hervorheben. Von Anfang an betrachtete ich sie als eine unerschütterliche, gehorsame, treue und mutige Truppe im Krieg, wie sie1 es auch im Frieden zu sein versprach."

Der Kampf der Waffen-SS stand in der stolzen Tradition der nationalsozialistischen Schutztruppe. Auch hier erwiesen sich das Prinzip der Auslese, die Härte eines Menschentyps und das Bewusstsein, eine Idee zu vertreten, als wirksam.

III. DIE GERMANISCHEN FREIWILLIGEN UND DIE GERMANISCHE SS

Der Führerbefehl zur Aufstellung der Einheiten „Nordland" und „Westland" innerhalb der Waffen-SS zu Beginn des Jahres 1941 stellte in seiner Art und Tragweite eine grundlegend neue Tatsache dar. Die Auswirkungen dieses Befehls klar zu sehen ist entscheidend, um die Prinzipien der von Deutschland geplanten neuen europäischen Ordnung und die Entwicklung des Reiches im nationalsozialistischen Geist zu verstehen. *Die Aufstellung der Freiwilligenverbände* war nicht die Wiedergutmachung eines Versäumnisses und ein Zeichen von Großzügigkeit, sondern *ein politischer Akt.* Die Feinde des Nationalsozialismus erkannten dies sofort. Es handelte sich um eine klare Entscheidung in der Frage der Gestaltung der künftigen politischen Ordnung und des deutschen Organisationsprinzips in dem durch harte Kämpfe eroberten Lebensraum.

Die Tatsache, dass dieser Führerbefehl bei der deutschen Jugend ein solches Echo fand, beweist, wie sehr der Sinn unseres Kampfes in allen Kreisen verstanden wurde. Er offenbart auch den brennenden Wunsch, an diesem Kampf teilzunehmen. Gleichzeitig ist es ein großer Beweis für das Ansehen, das die noch so junge Waffen-SS nach der ersten Auseinandersetzung bereits genießt, und welches Vertrauen der SS im Allgemeinen hinsichtlich ihrer Avantgarde-Position entgegengebracht wird. Unzählige junge Kameraden aus den deutschsprachigen Ländern haben in ihren Reihen ihre Bestimmung gefunden.

Als sich die ersten Freiwilligen bei der Waffen-SS meldeten, war die Front hauptsächlich gegen England gerichtet. Die Situation änderte sich jedoch völlig mit *dem Eintritt in den Krieg gegen den Bolschewismus.* In den letzten Jahren führte die Feindseligkeit, die das bolschewistische System in fast allen europäischen Ländern hervorrief, dazu, dass Deutschland die Teilnahme am Kampf in einem viel größeren Maßstab in Betracht zog. Dies bot die Gelegenheit, *in jedem Land homogene Einheiten aufzubauen.* Natürlich war der Beitrag zu dieser Bewegung im deutschsprachigen Raum besonders hoch. So entstanden die norwegischen und niederländischen Legionen, die flämische Legion, das Freikorps „Dänemark" und das finnische Freiwilligenbataillon. Diese Einheiten kämpften auch als Teil der Waffen-SS. Ihr Kampf bedeutete mehr als eine pragmatische Stellungnahme; er stellte auch eine legale Verpflichtung nationaler Kräfte zugunsten der für den Kampf verfügbaren Macht dar.

Die Bedingungen für die Aufnahme in die Waffen-SS waren für alle Länder *die gleichen* wie *im Deutschen Reich.* Die Aufnahme in die Legion hing vom Charakter und der Diensttauglichkeit ab. Die den geltenden Bestimmungen entsprechende Fürsorge und Unterstützung war für die deutschsprachigen Freiwilligen weitestgehend geregelt, einschließlich der Unterstützung der Familien. Besondere Unterstützung konnte für junge Nationalsozialisten erforderlich sein, deren Familien in ihrer Heimat aufgrund dieses freiwilligen Engagements wirtschaftlichen oder politischen Zwangsmaßnahmen ausgesetzt waren.

Innerhalb des SS-Hauptamts wurde *eine* spezielle *germanische Abteilung* eingerichtet, um die Freiwilligen zu unterstützen. Mit ihren Zweigstellen war es ihre Aufgabe, die gesamte politische Arbeit im germanischen Raum zu planen. In Flandern, den Niederlanden und Norwegen wurde eine starke germanische Schutztruppe aufgebaut. Darüber hinaus gab es auch die Rekrutierungskommandos der Waffen-SS sowie die neu aufgestellten Einheiten und die gesamte Ergänzung der Legionen, die alle der Abteilung für germanische Freiwillige unterstanden.

So sah es die SS schon während des Krieges als ihre Aufgabe an, mit ihren Mitteln die Kräfte der einzelnen germanischen Länder zu bündeln und die Grundlagen für eine gemeinsame und enge zukünftige Arbeit zu schaffen.

IV. DIE SS UND DIE POLIZEI

Bereits lange vor dem Krieg wollte der Reichsführer der SS eine neue deutsche Polizei schaffen, deren Offiziere und Männer den Kriterien der SS entsprechen und auch Mitglieder der Schutztruppe sein sollten. Die aktuelle Situation entsprach also einer organisatorischen Entwicklung. Auch die Art der Polizeiarbeit veränderte sich unter dem Einfluss der nationalsozialistischen Weltanschauung. Heute hat sie in erster Linie eine erzieherische Funktion: Anstatt Straftaten zu bestrafen, ist es wichtiger, *vorbeugend zu verhindern, dass verwerfliche Handlungen begangen werden,* Volk und Staat vor gemeinschaftsschädigenden oder -gefährdenden Handlungen zu bewahren. Heute sorgt die SS nicht nur für politische Sicherheit, sondern übernimmt auch die Aufgabe, das Volk vor den Handlungen asozialer Elemente zu schützen. Zu diesem Zweck hat sie eine bestimmte Institution geschaffen, nämlich die *Konzentrationslager.* Im alten System waren diese Elemente zum Hort der Berufskriminalität geworden und hatten dem Volk großen Schaden zugefügt. Mit dem Spruch über der Eingangstür „Arbeit macht frei" werden diese Menschen in den großen Bildungszentren zu produktiver Arbeit ermahnt, da sie für die Gemeinschaft noch nicht verloren sind. Sie können ihre Freiheit durch eine strenge Erziehung und ihre Vernunft wiedererlangen.

Es musste *ein Geheimdienstapparat* geschaffen werden, der die präventive Aufgabe der Polizei unterstützte. Da es an Beispielen auf nationaler Ebene fehlte, konnte man nur auf den Sicherheitsdienst des Reichsführers SS zurückgreifen, der unter der Leitung von SS-Obergruppenführer Heydrich bereits von der SS als Parteiorganisation gegründet worden war. Die Verbindung von Sicherheitspolizei und Sicherheitsdienst stellte eine besondere Verschmelzung der Kräfte des Staates und der Bewegung in einem äußerst wichtigen Bereich dar.

Im Gegensatz zur *Geheimen Staatspolizei* (Gestapo), die die politische Exekutive darstellt, übernimmt *die Kriminalpolizei* (Kripo) im Allgemeinen die nicht-politische Exekutive, und sie wird fälschlicherweise mit der alten Kriminalpolizei, d. h. der Polizei vor 1933, verglichen. Diese Auffassung ist jedoch falsch. Eine Volksgemeinschaft, die von ihren Mitgliedern verlangt, einer bestimmten Weltanschauung zu folgen, eine Staatsform, die von dieser Ideologie bis zum Äußersten durchdrungen ist, muss natürlich auch eine Kriminalpolizei haben, die hilfsbereit ist und ihre Aufgaben entsprechend dieser Ideologie betrachtet. Genau wie im Bereich der politischen Exekutive verlangt die absolute Regel der kriminellen Exekutive: *Prävention,* also die Neutralisierung aller Elemente, die durch ihre Einwirkung auf die Volks- und Wirtschaftskraft der öffentlichen Sache schaden können.

Verbrechensbekämpfung bedeutet also, den Verbrecher, das asoziale Element, zu erkennen und zu verhaften, bevor neue Verbrechen begangen oder eine asoziale Existenz geführt werden kann. Präventives Handeln gegen Kriminelle ist heute eine allgemein akzeptierte und gebilligte Maßnahme.

Der Sicherheitsdienst liefert mit seiner Arbeit die geistige Grundlage für die Arbeit der Sicherheitspolizei. Die Arbeit des Sicherheitsdienstes, der lediglich einen Bericht über eine Situation erstellt, der von materiellen Feststellungen bis hin zur wissenschaftlichen Untersuchung bestimmter Ereignisse und Phänomene reicht, ist weder Sache der Sicherheitspolizei noch des Staates.

Ebenso trug die umfassende Arbeit der regulären Polizei, der Sicherheitspolizei und des SD von der Machtübernahme bis zum Kriegsbeginn erheblich dazu bei, im deutschen Volk günstige Bedingungen für die Führung dieses großen Krieges zu schaffen. Dieser brachte auch neue, umfangreichere und wichtigere Aufgaben mit sich. Einheiten und Kommandos der Ordnungspolizei, der Sicherheitspolizei und des SD zogen mit den siegreichen Armeen unserer stolzen deutschen Wehrmacht in alle eroberten Gebiete ein, um so schnell wie möglich - nach dem Vorbild der Friedenszeit - Maßnahmen zu ergreifen, erstens die Voraussetzungen für die Wiederherstellung der Ruhe im Rücken der kämpfenden Truppen zu schaffen und zweitens zivile oder militärische Verwaltungszentren zu gründen, um die Verwaltungsarbeit der Truppen zu erleichtern.

Die Ereignisse, die auf die Schlachten der vergangenen Monate folgten, die im größten Winterkrieg der Geschichte ausgefochten wurden, zwangen zwangsläufig viele Polizeiregimenter und -bataillone, an der Front zu intervenieren. In diesem Kampf bewiesen die Männer der regulären Polizei Seite an Seite mit den Kameraden der Armee und der Waffen-SS ihren militärischen Wert, ihre Tapferkeit und ihre Zähigkeit. In diesem Kampf zeigten sie, dass die reguläre deutsche Polizei ihre Pflicht ernsthaft erfüllt, wo immer sie sich befindet. Die Polizeibataillone kämpften in bemerkenswerter Weise. Weder die unaufhörlichen sowjetischen Angriffe noch die unerbittliche und tödliche Kälte konnten ihre Zähigkeit und ihren Mut überwinden.

Auch heute noch sind die Polizeieinheiten an vielen Brennpunkten der Ostfront im Einsatz. Ihre erfolgreiche Bewährung in zermürbenden Kämpfen ist letztlich das Ergebnis der Grundausbildung der Offiziere und Männer.

V. FESTIGUNG DER NATION

Deutschlands neues kolonisatorisches Werk im Osten fand mit dem Führerbefehl vom 7. Oktober 1939, durch den der Reichsführer SS zum Reichskommissar für die Festigung des deutschen Volkstums ernannt wurde, den richtigen Anführer. In den großen Epochen seiner Geschichte wandte sich das deutsche Volk stets nach Osten, um sein schöpferisches Talent zu entfalten. Doch diese Geschichte lehrt uns auch, dass der militärische Sieg allein nicht ausreicht, um ein Land zu erobern. Die Tragik der deutschen Ostpolitik in den vergangenen Jahrhunderten liegt darin, dass die Völkerbewegungen nach Osten kein einheitliches Ziel hatten und somit ihre Kräfte nicht organisiert und planmäßig verteilen konnten.

Die *Ostmission* ist also in erster Linie eine ethnisch-politische Mission. Der ethnische Schaden, der durch die riskanten individuellen Auswanderungen der vergangenen Jahrhunderte entstanden war, wurde durch die *Rückführung der Volksdeutschen und Reichsdeutschen aus dem Ausland in das Reich* korrigiert. Parallel zu dieser positiven Maßnahme wurde *der schädliche Einfluss* bestimmter ausländischer Bevölkerungsgruppen, die eine Gefahr für die deutsche Gemeinschaft darstellten, *gestoppt*. Die *Schaffung neuer deutscher* Siedlungsräume, vor allem durch die Einwanderung und Sesshaftmachung von Volksdeutschen und Reichsdeutschen aus dem Ausland, ist die dritte und wichtigste Aufgabe, die der Führer dem Reichsführer SS durch seinen Befehl übertragen hat. Sie umfasst die Wiedergutmachung des von den Deutschen begangenen historischen Fehlers, der die Volkskräfte austrocknen ließ, weil es an einer umfassenden Verwaltung des nationalen Schicksals fehlte.

Ein geeigneter und effektiver Apparat stand dem Führer zur Verfügung, um diese ethnisch-politische Arbeit sofort umzusetzen. Als unermüdlicher Lehrer der Idee des natürlichen Zusammenhangs zwischen Rasse und

Kolonisation gab der Reichsführer SS seiner *Schutztruppe* eine nationalsozialistische Grundkonzeption und damit ein Exekutivorgan zur Durchführung einer umfassenden konstruktiven Arbeit. Die durch dieses Erziehungswerk hervorgerufene Idee des Bauernsoldaten impliziert im Gegensatz zu den „Kolonien" vergangener Jahrhunderte, dass ein Siedlungsgebiet in Übereinstimmung mit dem rassischen Charakter der dort angesiedelten Menschen geschaffen werden muss. Durch bewusste Auswahl bildet die SS eine Gemeinschaft, in der sich die besten Kräfte unseres Volkes am besten schöpferisch entfalten können. Um den endgültigen Anschluss zu vollziehen, braucht der östliche Raum Menschen, die nach charakterlichen und wertmäßigen Kriterien ausgewählt werden. Diese Auswahl, die die Natur selbst in den um ihr Überleben kämpfenden Menschengruppen vornimmt und die künftige Generationen brauchen, wird durch den Vorhutkampf der SS gewährleistet.

VI. DER POLITISCHE SOLDAT

Wir konnten hier nur auf die wichtigsten praktischen Aufgaben der SS eingehen. Aber der Geist der SS beschränkt sich nicht auf die Erfüllung dieser Aufgaben, sondern - das muss noch einmal betont werden - sie sieht ihre letzte Rechtfertigung in der Schaffung, Erziehung und Auswahl eines neuen Typs von Männern und Führern, die in der Lage sind, alle großen Aufgaben der Zukunft zu meistern. Für sie wurde der Begriff der „politischen Soldaten" verwendet. Doch wenn die SS von politischen Soldaten sprach, dachte sie nicht nur an eine Revolution des Politischen durch das Militärische, sondern auch an eine Revolution des Militärischen durch das Politische. *Es soll nicht nur der „politische Kämpfer" ausgewählt und erzogen werden, sondern auch - im engsten Sinne - der „politische Kämpfer"!* Mit Blick auf die Kriegszeit muss abschließend noch von dieser Aufgabe gesprochen werden.

Die historische Entwicklung hat ihren Lauf genommen, seit die Französische Revolution und der preußische Aufstand von 1813 das Volk zum Prinzip des militärischen Potenzials in Kriegen machten. Mehr als je zuvor marschierte die Ideologie Seite an Seite und inmitten der Völker auf die Schlachtfelder. Die Rassenidee klärt die Fronten.

Die Rassenidee verschmilzt Volk und Ideologie zu einem festen Ganzen und bekämpft globalistische Ideologien jeglicher Art.

Aber *der Krieg wurde auch zu einem ideologischen Krieg.* Die Verbindung von politischer Idee und Kriegsführung wurde durch eine Revolution der Kriegskunst erreicht.

Die Vorherrschaft der Weltanschauung über die Politik macht jeden Krieg mit einer feindlichen Weltanschauung zu einer Sache des Überlebens. Das Grundgesetz des ideologischen Krieges lautet: Sieg oder Niederlage.

Die historische Situation des Krieges verlangt vom *Soldaten absolute Festigkeit und Hingabe.* Jeder Einzelne muss sich in der Vorstellung stärken, entweder zu triumphieren oder zu sterben. Die Auffassung, dass der militärische Charakter unabhängig von der politischen und ideologischen Lebensform des Volkes ist, stellt bereits eine tödliche Bedrohung dar und ist von Anfang an eine Schwäche gegenüber dem Gegner.

Im Gegensatz zu dem, was viele glauben, gibt es keinen militärischen Typus, der als Weltanschauung taugt. Der militärische Charakter umfasst eine ganze Reihe von Tugenden: Mut, Standhaftigkeit, Kühnheit, Gehorsam, Pflichterfüllung, Würde. Die Weltanschauung bildet den Boden, auf dem all diese Tugenden am besten zum Ausdruck kommen.

Bewaffnung, Ausrüstung und Ausbildung unterscheiden sich in modernen Streitkräften nicht wesentlich. Auch Disziplin und Pflichterfüllung allein führen in einem ideologischen Krieg nicht zum Sieg. Es ist derjenige, der über Pflichterfüllung und Gehorsam hinaus den Gegner durch die Härte des Handelns und die Kühnheit des Risikos übertrifft.

Die Grundlage des besten militärischen Geistes ist nicht nur die Erfüllung der moralischen Pflicht, sondern vor allem die Beständigkeit des Glaubens. Denn dieser ist es in erster Linie, der die Stabilität des moralischen Handelns gewährleistet.

Diese Beständigkeit des Glaubens zu entwickeln, ist die höchste Aufgabe der SS. Mit diesem Glauben können wir die Zukunft treu gestalten, gemäß den Worten des Reichsführers SS:

„So treten wir an und gehen den Weg in eine fernere Zukunft nach unveränderlichen Gesetzen als nationalsozialistischer und militärischer Orden nordischer Männer und als eine auf ihre Linien vereidigte Gemeinschaft. Wir wünschen und glauben, dass wir nicht nur die Nachkommen sind, die dies am besten erfüllt haben, sondern vor allem die Vorfahren künftiger Generationen, die für das ewige Leben des germanischen Volkes unentbehrlich sind."

Macht ist nur dann gerechtfertigt, wenn sie die Verpflichtung zum Dienen beinhaltet.

Darré

DAS HAUS DER SS-TRUPPE NR. SPEZIAL.1942. ZWISCHEN ZWEI GRENZSTEINEN

ARBEITSBERICHT 1941-42

Was wir sein wollen:

1. Ein militärischer Orden aus politisch und wissenschaftlich geschulten SS-Leuten mit scharfen Instinkten und harter Physis.

2. Ein Orden aus Männern der Schutztruppe und Anführern, die durch ihren Wert, ihre Würde, ihre Integrität und ihre äußere Haltung das Vertrauen anderer gewinnen und behalten wollen.

3. Ein Orden, der sich im Leben durch seinen beständigen natürlichen Einsatz behauptet.

4. Ein ideologisch aufrichtiger Orden, den auf seinem kompromisslosen Weg keine Ungerechtigkeit des Lebens beeinträchtigen kann, der seine ideologische Aufrichtigkeit instinktiv in all seinen Handlungen manifestiert.

5. Ein Orden von wissenschaftlich ausgebildeten Soldaten, die klar sehen, dass jeder neue Jahrgang kein Jahrgang von Lords ist. Man kann nur über das urteilen, was man kennt-und seinen Beruf aus Berufung ausüben, indem man sein Bestes gibt.

6. Ein Orden von Soldaten, die sich *nur* über das äußern, was sie strengstens kennen. Man muss sich wenig, aber gut ausdrücken. Es ist ein Orden von Männern, die wissen, dass ein Name eine Pflicht bedeutet.

7. Ein Orden von Soldaten, deren Ehrgeiz darin besteht, Namen zu tragen, die etwas bedeuten, und nicht anonyme Titelträger zu sein.

8. Ein Orden von Soldaten, die den Mut haben, den Wert der großen Männer ihres Volkes und die Arbeit anderer uneigennützig anzuerkennen, und die sich vollkommen bewusst sind, wozu sie fähig sind. Qualifikation und Leistung müssen an erster Stelle stehen, nicht die erworbenen Orden und Titel.

9. Ein Orden von Soldaten, die durch ihr Ergebnis und eine würdevolle Haltung nicht in Ehrgeiz verfallen und einen anderen um irgendetwas beneiden müssen.

10. Ein Orden von Soldaten, die sich aufgrund ihrer persönlichen Einfachheit an jede Situation anpassen können. Es ist ein Orden von Männern, die Geld nur als Werkzeug für die Gebildeten betrachten und entschlossen sind, die Parvenüs ins Abseits zu drängen.

11. Ein Orden von Soldaten, bei denen der rassische Genotyp die Zugehörigkeit zur Organisation bestimmt. Rasse und Blut sind unser Klassenbewusstsein, unser Adelstitel.

12. Ein Orden von Soldaten, die den Führer als höchste Autorität betrachten und ein Vorbild in Treue, Gehorsam, Tatkraft, würdevoller Haltung und persönlichem Einsatz für den Führer und seine Idee sein wollen. Gemäß dem Befehl des Reichsführers SS dienen sie dem Deutschen Reich als stets pflichtbewusste Männer und Offiziere der Schutztruppe.

13. Ein Orden aus wissenschaftlich ausgebildeten Soldaten im Rahmen einer nordisch geprägten Clan-Gemeinschaft aus rassisch und biologisch gesunden Frauen und Kindern - den Vorfahren künftiger Generationen.

Ax.

HEFT DER SS NR. 6. 1936.

GEBOTE FÜR DEN TRUPPENAPPELL

1 Woche
a) „Man stirbt nicht für den Handel, sondern nur für ein Ideal. Noch nie wurde ein Staat durch eine pazifistische Wirtschaft gegründet, sondern immer durch den Instinkt der Arterhaltung. Diese heroische Tugend bringt gerade zivilisierte und fleißige Staaten hervor, während die List jüdische Parasitenkolonien hervorbringt."
b) „Vergiss nie, SS-Mann, dass eine neue Wirtschaftsordnung, die auf rassischem Wissen aufbaut, nicht innerhalb von Monaten oder sogar Jahren geschaffen werden kann, sondern nur nach und nach, und dass daher Schwierigkeiten während dieser Zeit nicht vermieden werden können."

2 Woche
a) „Ein Mann, der bereit ist, für eine Sache zu kämpfen, wird und darf niemals ein charakterloser Heuchler und Speichellecker sein".
b) „SS-Mann, handle als Nationalsozialist, der den Wunsch hat, ein Vorbild auf dem Gebiet der Treue, des Gehorsams und der Disziplin zu sein, der es aber als seine Pflicht ansieht, gegen Ungerechtigkeit zu kämpfen und Probleme zu lösen."

3 Woche
a) „ Politische Parteien neigen dazu, Kompromisse einzugehen, eine Weltanschauung nie".
b) „SS-Mann, ist ständig der Meinung, dass die nationalsozialistische Weltanschauung den ganzen Menschen fordert, der mit unserem Volk vereint ist, und kann keine andere Weltanschauung auf irgendeinem Gebiet neben sich dulden."

4 Woche
a) „Anhänger einer Bewegung ist, wer sich mit ihren Zielen einverstanden erklärt, Mitglied einer Bewegung ist, wer für sie kämpft. Anhänger zu sein bedeutet Anerkennung, Mitglied zu sein bedeutet den Mut, die Idee selbst zu vertreten und zu verbreiten."
b) „SS-Mann, sei ständig ein Kämpfer für unsere nationalsozialistische Idee, habe vor allem das Ziel, unsere Weltanschauung zu verwirklichen."

HEFT DER SS NR. 10. 1937.

WARUM WIR EINE UNIFORM TRAGEN

Früher war die Uniform ein Zeichen der Anerkennung. In früheren Zeiten wurden Menschen in Uniformen gesteckt, um ihre Denkweise zu beeinflussen. Man „stopfte" sie in sie hinein, und dieser Ausdruck enthält bereits den bitteren Beigeschmack von Zwang.

Heute wird sie als Zeichen einer spirituellen Haltung angezogen. Nur der Wille und die Tat der Männer, die die Jacke tragen, sind wichtig, nicht das Aussehen oder die Mode. Aus diesem Grund ist die einfache feldgraue Uniform wertvoller als der goldbeladene Dolman eines Husaren.

Der heldenhafte Kampf unserer Soldaten gegen eine feindliche Welt hat der feldgrauen Jacke ihren Adelsbrief verliehen. Sie symbolisiert für immer die Erinnerung an das Elend und den Tod, die Millionen der besten deutschen Kämpfer unter rollendem Feuer und in Panzerschlachten, auf den Schlickfeldern Flanderns und in den eisigen Weiten Russlands, im grauen „Niemandsland" ereilten. Es waren Männer, die bereit waren, den Tod zu akzeptieren, vereint in Sieg und Kameradschaft, heldenhafte Einzelgänger, die an ihrem letzten Maschinengewehr postiert waren.

Jeder Mann, der die Vareuse trägt, hat dieser Tradition gegenüber Pflichten. Sie wurde daher zum Ausdruck der Frontsoldaten, des Willens zur nationalen Verteidigung. Adolf Hitler, der Gefreite des Großen Krieges, machte sie zum Ehrenkleidungsstück der neuen nationalen Armee.

Ebenso wird das Braunhemd immer das Ehrengewand des nationalsozialistischen Kämpfers sein - eine ständige Erinnerung an den Opfergeist all der namenlosen Männer und Frauen, die dem Führer in heiliger Treue folgten, getrieben von einer beständigen Idee: Deutschland! Deutschland, du musst leben, auch wenn wir sterben müssen. Dieser Geist der Aufopferung und Treue, der Kameradschaft und des Freiheitsdrangs vereint jeden Träger des Braunhemds fest miteinander. Wir erkennen an, dass wir das Braunhemd und die schwarze Jacke im gleichen Geist wie diese Kämpfer tragen.

Die Uniform impliziert eine disziplinierte Haltung.

Es ist heute nicht mehr nötig, einem Nationalsozialisten zu sagen, dass wir keinen Unterschied zwischen Dienst und Privatleben machen. Wir stehen ständig im Dienst unseres Volkes. Ein Nationalsozialist darf sich daher niemals gehen lassen. Der SS-Mann muss sich auch im Zivilleben so verhalten, als ob er im Dienst wäre, als ob er die schwarze Uniform, das Ehrengewand seines Führers, tragen würde.

Die Uniform bringt also eine Pflicht mit sich. Sie muss auch mit der festen Überzeugung angezogen werden, dass sie für ihren Träger zu einer ehrenvollen Auszeichnung wird.

Die Uniform setzt aber auch körperliche Qualitäten voraus. Sie sollte von gesunden Männern getragen werden, nicht von schwächlichen. Aus diesem Grund werden in allen Einheiten, die eine Uniform tragen, die körperlichen Übungen gepflegt. Unter der Uniform wird der Mann ohne Haltung zur Karikatur des Soldaten und macht die Truppe lächerlich.

Die Begriffe Soldat, Verteidigung und Tätigkeit sind mit der Uniform verbunden. Soldat zu sein bedeutet, dass man seine Pflicht erfüllen muss. Die Uniform verlangt von ihrem Träger, dass er sich stets bewusst ist, dass er große Pflichten zu erfüllen hat. Das Tragen einer Uniform erfordert die Fähigkeit, mit Überzeugung für die Idee zu kämpfen, die einen dazu gebracht hat, sie anzulegen. Es ist ein Ausdruck von Kameradschaft, Ausdauer und Treue. Wer so denkt, wenn er sie trägt, und seine Denkweise mit der Jacke an den Bügel hängt, gefährdet nicht nur sein persönliches Erscheinungsbild. Er schadet auch der Truppe, der er angehört. Denn der Einzelne ist nichts - vielleicht ein Name, den man drei Tage später schon wieder vergessen hat. Der Uniformträger hingegen symbolisiert eine Idee, selbst wenn man seinen Namen nicht kennt.

Die Uniform verlangt von ihrem Träger eine absolute Ablehnung jeglicher Kompromisse. Sie duldet kein Zögern. Sie verlangt die Tat.

Der Uniformträger zieht alle Blicke auf sich. Bei unvorhergesehenen Ereignissen wenden sich die Massen von selbst an ihn, weil sie spüren, dass er weiß, was zu tun ist. Der Zivilist kann es sich leisten, zu versagen: Niemand wird daraus allgemeine Schlüsse ziehen. Der Soldat, der versagt, schadet dem Respekt aller, die dieselbe Jacke tragen. Der Uniformträger befindet sich immer auf einer höheren Stufe des verantwortlichen Menschen, er ist auf jeden Fall ein Anführer, ein Auserwählter. Unsere Erziehung muss daher darauf abzielen, dass unsere Jugend eines Tages die Uniform aus Überzeugung trägt und nicht einfach darin „festklebt". Die Jugend muss sich bewusst sein, dass die Uniform im nationalsozialistischen Deutschland zum Ausdruck all derer wurde, die sich versammeln, weil sie der gleichen Art sind. Die graue Jacke der Volksarmee, das braune Hemd und die schwarze Uniform sind die Ehrenkleidung der Männer, die bereit sind, für das nationalsozialistische Reich und ein ewiges Deutschland zu kämpfen.

Das ist also der Grund, warum wir die Uniform tragen. Viele Menschen haben die schwarze Jacke sicher zunächst respektiert, weil sie gut aussieht. Sie waren stolz darauf und waren zufrieden. Nach und nach haben sie jedoch erkannt, dass sie auch Pflichten auferlegt, die wir freiwillig und aus Überzeugung übernommen haben. Man kann vielleicht die Regeln eines Vereins befolgen und sich sogar zweimal in der Woche seinen Zielen widmen, aber sicher nicht eine Weltanschauung. Die schwarze Jacke bedeutet für ihren Träger, dass er jeden Tag und zu jeder Stunde als Soldat des Nationalsozialismus handeln muss. Jede Handlung unsererseits wird daher beobachtet, verglichen und beurteilt. Der Wert einer Idee, die der Uniformträger vertritt, wird an seinem Verhalten gemessen.

Wir müssen das Vertrauen der Mitbürger durch unsere Rücksichtnahme gewinnen, denn wir wollen dem Volk unsere Weltanschauung nicht aufzwingen, sondern es von ihrer Richtigkeit überzeugen. Wer die Uniform trägt, erlebt den Nationalsozialismus im Voraus. Und unsere Aufgabe ist es, unsere Weltanschauung immer weiter in der Gemeinschaft zu verbreiten, bis sie sie versteht.

Wir wollen, dass man uns respektiert und den Wert des Nationalsozialismus an unserer Haltung misst.

Deshalb tragen wir eine Uniform.

V.J. Schuster

Der schlechteste Weg, den man wählen kann, ist, keinen zu wählen.

Friedrich der Große

HEFT DER SS NR. 2. 1943.

DIE ORDNUNG DER KLANS

Das Wort „Orden" ist uns seit den Mönchs- und Ritterorden des christlichen Mittelalters vertraut. Wenn wir an diese Orden denken, sehen wir mal mächtige, rebellische Feudalburgen, mal die langen Fassaden mit den vielen Fenstern der Klostergebäude vor uns. In ersteren wohnten einst Rittermönche, die auf ihrem Wams und Mantel das Kreuz des Ordens trugen. In letzteren stellen wir uns Männer in Sandalen und Kutte vor, die schweigend durch die Gänge und Zellen gehen. Beide Fälle lassen uns den Geist des Ordens bereits äußerlich erfassen.

Ein Orden ist eine Gemeinschaft, die einer „ordina" folgt, d. h. einer Satzung, einer frei geschworen Lebensregel. Ein Orden zeichnet sich dadurch aus, dass er einem hohen Ideal dient. So gab es beispielsweise nie einen „Orden der Kaufleute", sondern allenfalls Vereinigungen von Kaufleuten.

Der Geist des Ordens spielt überall dort eine außergewöhnliche Rolle, wo es um Glaubensbekenntnisse, Ideale und die Verteidigung eben dieser Werte geht. So entstanden die herausragendsten religiösen Mönchsorden in einer Zeit, in der äußerst fromme Männer die Kirche einer immer stärker werdenden „Verweltlichung" entreißen wollten. Die deutschen Ritterorden entstanden, als es darum ging, den christlichen Glauben ins „Heilige Land" oder in die ostslawischen Länder zu tragen. Der Jesuitenorden entwickelte sich, als die römische Kirche sich einmal mehr gegen die protestantische nordische Volksbewegung verteidigen musste. Ungeachtet der Tatsache, dass diese christlichen Orden auf einer fremden Vorstellung und einer falschen Ideologie beruhten, dass sie degenerierten und teilweise verschwanden, müssen wir dennoch anerkennen, dass in diesen Gemeinschaften Männer lebten, die ihr Leben einem hohen Ideal widmen wollten. Dieses Ideal, dieser Wille, dieses Bekenntnis im Privatleben waren so folgenschwer, dass es nur einigen wenigen und nicht allen möglich war. Außerdem mussten diese Idealisten eine Lebensgemeinschaft aufbauen, indem sie die Gewissheit hatten, dass jeder bereit sein würde, im Dienste einer Idee das Maximum von sich selbst zu verlangen. Diese Gewissheit verlieh dem Einzelnen und der Gruppe dann Stärke. Wir stellen also fest, dass ein Orden innerhalb einer Ideologie jene begrenzte Gemeinschaft ist, deren Mitglieder in ihrem Dasein dieser Ideologie ein absolutes Übergewicht einräumen und sich in aller Freiheit verpflichten, ihre Gesetze zu befolgen. Je strenger diese Gesetze sind, desto stärker ist der Wille, sie zu befolgen, desto größer ist die geforderte Selbstlosigkeit, desto begrenzter ist die Zahl der Ordensmitglieder und desto mächtiger ist der Orden bei der Verfolgung seiner Ziele.

Ein Orden wird durch sein Ziel oder sein Programm definiert. Dieses wiederum wird von der Ideologie bestimmt, der der Orden angehört.

Die christlichen Mönche hatten das Ziel, die Seele für ein Leben im Jenseits zu erheben. Da dies nach christlicher Auffassung nur durch Rückzug aus der sündigen Welt und Kasteiung des sündigen Körpers erreicht werden kann, gelobte der Mönch völlige Armut (Entfernung von allen weltlichen Gütern), demütigen Gehorsam (Verzicht auf jeden persönlichen Willen oder Anspruch) und Keuschheit (Ablehnung jeglicher „Begierde" außer der „Begierde nach Gott", die körperlich am stärksten belastet). Wir bezeichnen diese Haltung als „Askese". Trotz berechtigter Empörung verneigen wir uns mit Respekt vor dem hohen Grad an Idealismus dieser Deutschen, dieser Germanen, die dieses persönliche Opfer im Namen „Gottes" und einer „Idee der Vollkommenheit" akzeptierten. Die Minderheit, die solche Verpflichtungen einging, war zweifellos größtenteils eine charakterliche Elite.

Die Mönchsritter der Ritterorden stellen für uns ein sympathischeres Bild dar. Mit dem christlichen Glaubensbekenntnis verband sich die ritterliche Lebensweise. Daraus ergibt sich in dieser Hinsicht ein männlicherer, weltlicherer und aktiverer Aspekt. Während der Mönch glaubte, sein Ziel nur durch eine Art Selbstzerstörung erreichen zu können, hatte es sich der Deutschordensritter zur Aufgabe gemacht, mit seinem kriegerischen Körper und dem Schwert in der Hand das Reich zu vergrößern.

Der Sippenorden der SS hingegen gründet sich innerhalb der nationalsozialistischen Bewegung auf eine völlig neue Grundlage. Da die Wurzeln seiner Überzeugungen andere sind, ist auch jedes der spezifischen Gesetze und Werte dieses Ordens anders. Das auffälligste Merkmal der christlichen Orden in der Vergangenheit - ob „kontemplativ", „aktiv" oder kriegerisch - war die Verpflichtung, auf Frau, Ehe und Kinder zu verzichten. Das wesentliche Kriterium unseres Ordens ist die Verpflichtung, sich zu verloben und zu heiraten! Der Leitgedanke der christlichen Orden des

Mittelalters war die Erhebung der Seele, die „Befreiung vom Körper", um die Seele mit einem Gott im Jenseits zu vereinen. Unser Credo ist, dass die Erfüllung, die „Inkarnation" und damit die eigentliche Bestimmung des Gottes des Lebens auf den Wegen der Evolution der Arten und Rassen erfolgt; wir betrachten die Wahl der Ehefrau und die ständige Auslese als Mittel zur Verbesserung des Lebens (des Körpers und der Seele). Wir müssen keine Asketen mehr sein, denn wir wollen keinen Gott im Jenseits. Unser Gott verlangt von uns, „zeitlich" zu sein, denn die Welt ist, wie wir wissen, sein Wirkungsfeld, sein „Körper". So ist die SS als heidnischer Orden der nationalsozialistischen Ideologie des 20 Jahrhunderts ein zeitlicher Orden im höchsten Sinne des Wortes. Die Zeit der Irrtümer ist vorbei. Wir erleben heute einen gewaltigen Fortschritt in unserem Wissen, und die kommenden Jahrhunderte werden zeigen, wie folgenschwer er sein wird. Die Gegenwart Gottes in der Natur anzuerkennen (wie sie der heutige Stand der Wissenschaft kennt) bedeutet, seine Einheit, ja, sogar seine Einheit mit unserem Schicksal festzustellen, das dem von ihm angewandten Vererbungsgesetz unterworfen ist.

Die SS begann als eine Truppe, aber sie wusste von Anfang an, dass diese Truppe kein Selbstzweck sein sollte. Wir leben nicht, um einen Menerbund zu verewigen, sondern wir sind Menschen, die sich versammelt haben, indem wir unsere Familien, unsere Sippen, unser Volk, die Kinder unseres Blutes, alle Kinder unseres Volkes und eine lebendige Zukunft vor Augen haben. Für uns ist die „Organisation" nur ein Mittel, um dem „Organismus" zu dienen. Der Organismus ist das Volk.

Wir stellen heute fest, dass alle europäischen Völker, einschließlich unseres deutschen Volkes, in den letzten zwei Jahrtausenden einer ständigen rassischen, also psychischen und geistigen Degradierung unterworfen waren, und zwar aufgrund der Vermischung des Blutes (der Mikroben des Judentums und des Christentums, seines Nachfolgers). Wir wissen, dass weder Hungersnöte noch die Zerstörungswut der Völker die tragischen Unruhen und Kriege der europäischen Geschichte verursacht haben, sondern die Verderbnis der Volkssubstanz, die Missachtung des göttlichen Willens zu Liebe und Ehe unter Gleichen von Geburt an, die Auslese, der Anreiz zur Auslese sowie ein damit einhergehendes Laster: die Umkehrung der Autoritätsverhältnisse in den Volkskörpern. Wir behaupten, dass jeder von uns an den großen politischen und historischen menschlichen Schöpfungen mitarbeitet, wenn er im Laufe seines Lebens nicht „einen Zentimeter von den Wegen Gottes" abweicht, treu ist und es auch bei denen bleibt, die sich für denselben Glauben entschieden haben.

Wir, die Männer der SS, erkennen an, dass die Worte „Volk", „Reich", „Ehre" und „Freiheit" nichts bedeuten, wenn man nicht gewillt ist, den Geist, der diese Begriffe beherrscht, zum Leben zu erwecken. Die Bedeutung, die diesem Geist beigemessen wird, muss in der Reihenfolge gesehen werden, die den Naturgesetzen entspricht. Der Nationalsozialismus ist eine biologische Ideologie, die behauptet, dass die Forderungen der Natur politische Forderungen sind. Die Natur hat die Lebensregel festgelegt, die von den Rassen wertvoller Menschen befolgt werden muss:

1. Das individuelle Streben nach einer Ehe zwischen gesunden und von Geburt an gleichberechtigten Partnern.
2. Auf dieser Grundlage wird die Entwicklung der Familie als „kleinste, aber wertvollste Einheit innerhalb der gesamten organisierten Struktur des Staates" vorangetrieben.
3. Das Leben baut sich gemäß den Naturgesetzen aus dem fruchtbaren Zweig der Familie auf. Der Clan wurzelt in der Familie, einem lebendigen Gebilde, einer Realität der Ordnung, die ein biologischer wie auch politischer Wille erträumt und ersehnt hat.

Nur im Clan kann der Einzelne seine Persönlichkeit und seine Qualitäten entfalten.

Der beste Orden ist der, dessen Gesetze keine anderen sind als die göttlichen Gesetze der Natur. Von da an begann die SS, sich von einer Männervereinigung in eine Clanvereinigung zu verwandeln. Die Clans der SS sind somit vom Geist des Ordens beseelt und tendieren dazu, sich alle zu vereinen. Der Orden lebt jedoch durch jeden Clan und zieht seinen eigenen Wert aus ihm.

Die Befürchtung, dass sich im Clan ein anarchischer Partikularismus gegenüber dem gesamten Orden und seinem Ziel, dem „Imperium", entwickeln könnte, sowie die umgekehrte Befürchtung, dass die Anforderungen des Ordens die natürlichen Freiheiten des Clans beeinträchtigen könnten, sind unbegründet und unberechtigt, solange der Geist des Ordens und der Geist des Clans nicht von den göttlichen Naturgesetzen des Lebens abweichen.

Der Orden erlegt allen Mitgliedern eine ständige Verpflichtung auf. Jeder muss sich daher bemühen, den Geist des Ganzen unversehrt zu erhalten. Der SS-Mann weiß, dass es in der Ordnung der Naturgesetze liegt, wenn ein Einzelner oder ein anderer seine Pflicht verletzt, aber er weiß auch, dass ihn dies nicht von seinem Glauben und seiner Treue abbringen darf. Diese unerschütterliche Standhaftigkeit zu bewahren, bedeutet, wirklich ein SS-Mann zu sein und den Wert seines Blutes zu beweisen.

Die Geschichte lehrt uns daher, dass Organisationen im Laufe der Zeit durch geistige Schwächung, Entfremdung oder Erstarrung zugrunde gehen, wenn egoistische und materialistische Eindringlinge die Oberhand gewinnen und mutige, lebhafte, kreative Persönlichkeiten verdrängen, die sich folglich nicht mehr von der Organisation angezogen fühlen. Unser Orden muss daher verhindern, dass seine spirituelle Grundidee pervertiert wird. Darüber hinaus müssen wir ihn davor bewahren, Äußerlichkeiten und materielle Formen auf Kosten seiner wertvollen Männer zu bevorzugen. Wir sollten unsere Gemeinschaft auch jenen entziehen, die uns nicht selbstlosen Glauben und reinen Idealismus, sondern Egoismus, Machtgier und bürgerliche Genusssucht entgegenbringen. Denn--ein Orden wird von der unparteiischen Geschichte nach denselben Gesetzen beurteilt wie ein Volk: nach den lebendigen Qualitäten seines Fleisches und seines Blutes.

Einmal in jedem Jahrtausend haben die Völker die Möglichkeit, ihre Fehler zu überdenken und sich, bereichert durch schmerzhafte Prüfungen und ausgestattet mit neuen kreativen Kräften, des göttlichen Sinns ihres Lebens wieder bewusst zu werden.

Die Tür zu einer großen Zukunft öffnet sich erneut einen Spalt breit. Wir sind uns der Verantwortung bewusst, die in der Geschichte immer auf der entscheidenden Minderheit lastet. So treten wir, die Mitglieder der SS und des SS-Clans, also vor den göttlichen Schöpfer mit dem Motto, das uns der Führer gegeben hat: „Meine Ehre heißt Treue".

Mayerhofer

HEFT DER SS NR. 5. 1944.

DESHALB HABEN UNSERE SCHRÄNKE KEINE SCHLÖSSER

Ein junger SS-Kamerad, ein fröhlicher Blondschopf, hatte sich ein prächtiges und ungewöhnliches Lesezeichen ausgesucht; einen brandneuen Zwei-Mark-Schein. Das war sicherlich aus einer Laune heraus geschehen. Vielleicht erinnerte ihn das kleine braune Papier mit der stolzen „Zwei" an Gisele, oder vielleicht war es die achtstellige rote Zahl, die ihn besonders interessierte. Wer konnte schon sagen, warum der junge SS-Mann diese zwei Mark aus dem Bargeldumlauf entfernt hatte? Dieser neunfache Schein hatte viele schöne Stunden damit verbracht, die Blätter seines Buches zu durchforsten! Jetzt war er nicht mehr da! Ein schlechter Scherzbold hatte ihn durch zwei alte Ein-Mark-Scheine ersetzt. Hans Jürgen quittierte zunächst mit ein paar unhöflichen Worten, aber eines Abends kam ein älterer Mitschüler auf die Sache zurück. Junger Mann", sagte er, „einer unserer Dichter sprach einst von einer hinterlistigen Seele. Er trifft sie in jenen jungen Mädchen, die sich die Nägel rot lackieren, die Lippen mit Öl einschmieren, kurzum, sie sehen aus wie ein Plakat für ein Kabarett. Aber auch die haarlosen Gesichter von Jungen können die gleiche Seele in sich bergen." Einige fühlten sich angesprochen und lächelten verlegen. Ein Hamburger dachte: „Wir wollen es nicht übertreiben...". Daraufhin nahm der apostrophierte Älteste den Ball auf und sagte: „Das ist es, worauf ich hinaus will! Im Leben geht es darum, nicht in Hektik zu verfallen. Das gilt für große wie für kleine Dinge. Wir betrachten den Austausch des Lesezeichens als einen Scherz. Allerdings offenbart er bereits eine Einstellung gegenüber der Unantastbarkeit des Eigentums anderer, die auf einen Verlust des Gerechtigkeitssinns schließen lässt. In allen Fällen dieser Art, das sage ich

Ihnen, verhalten wir uns wie jüdische Plattfüße. Wenn wir die Besten sein wollen, eine Elite, die ein vorbildliches Leben und eine vorbildliche Rasse hervorbringt, dann müssen wir uns auch in unseren Lebensregeln an das Verhalten unserer Vorfahren halten. Diese betrachteten das Eigentum anderer als heilig und unantastbar. Erinnern wir uns also daran, dass schon im ältesten germanischen Recht ein unrechtmäßiger Eingriff in das Privateigentum unbekannt war und, wenn er vorkam, als eines freien Mannes unwürdige Untat gesühnt wurde.

- Na, na, na", sagte Gert, „wir wollen doch nicht wegen eines Scherzes so viel Aufhebens machen!

- Ich rede nicht mehr von all dem", antwortete der alte Genosse, „sondern von dem Grundgesetz des Reichsführers SS, dass das Eigentum heilig ist. Vielleicht ist dem einen oder anderen von Ihnen nicht bekannt, dass der Reichsführer in seiner Verordnung vom 25. November 1937 das „Klauen" als schwere, die Ehre berührende Eigentumsverletzung ansieht. Von schweren Verstößen gegen das Privateigentum will ich gar nicht erst reden. Wer stiehlt, unterschlägt oder sich an Unterschlagungen beteiligt, weiß, was ihn erwartet. Ich möchte nur noch einmal erklären, dass das „Klauen", also die illegale Aneignung von Ausrüstung oder Kleidung, die der SS gehören, das sogenannte „Schnappen", nicht als harmlose Untat oder guter Zug angesehen wird, sondern dass schuldige Leute damit rechnen müssen, zur Verantwortung gezogen zu werden. Der Vorgesetzte ergreift die notwendigen Maßnahmen zugunsten der kämpfenden Truppen, aber Handlungen zu seinem persönlichen Vorteil sind ein verwerfliches Geschäft. Sie sind stolz darauf, dass Ihre Schränke keine Schlösser haben", schloss der Genosse, „also behalten Sie diese Einstellung bei.

Doch Gert wollte es nach diesem Aufruf zu vernünftigem Verhalten nicht dabei belassen und bemerkte in Anspielung auf Hans Jürgen, dessen verlorenes Lesezeichen, wie er meinte, ihm diese Moralpredigt eingebracht hatte: „Und das alles nur wegen dir, liebste Gisele!"

Daraufhin kletterte Hans Jürgen auf sein Bett, nahm die beiden schmutzigen Ein-Mark-Scheine und ließ feierlich verlauten, dass er diesem schlechten Scherzkeks mehrere Krüge helles Bier spendieren würde.

Sei gerecht
Und fürchte dich vor niemandem.
Ein ehrlicher Mensch ist in meinen Augen von höchstem Adel und Wert, denn
seine Tugend leuchtet in allem, was er tut.

Friedrich der Große

HEFT DER SS NR. 1. 1944.

Zwei warnende Beispiele

Wer während des Krieges als Parasit lebt, wird erwischt!

Es gibt nichts Schändlicheres als Untreue gegen sich selbst und sein Volk. Je länger der Krieg dauert, desto härter werden die Anforderungen und Opfer, umso strenger und klarer muss die Haltung all derer sein, die das Vermögen verwalten müssen und damit der Gemeinschaft schaden können. Als warnendes Beispiel aus der juristischen Erfahrung sei folgender Fall angeführt: 1940 erhielt der SS-Offizier X. den Befehl, ein Wirtschaftszentrum nur für die SS-Truppen zu gründen und zu betreiben. Aufgrund des ihm entgegengebrachten Vertrauens wurde er mit vollen Vollmachten ausgestattet. Er missbrauchte sie jedoch in hemmungsloser und krimineller Weise, um sich selbst zu bereichern. Er überschritt seine Rechte, indem er Geschäfte, Lebensmittel und den gesamten Bestand an Stoffen, Anzügen und Kleidung missbräuchlich beschlagnahmte, um damit mit kriminellen und undurchsichtigen Elementen zu handeln, mit denen er enge Beziehungen unterhielt. Er verwendete große Summen an Verwaltungsgeldern für spekulative Zwecke, an denen sie beteiligt waren, und erteilte seinen Komplizen Vollmachten, die sie dann auf die gleiche kriminelle Weise ausnutzten. Der Schaden, den seine Handlungen dem Volk und dem Reich zugefügt haben, ist unentschuldbar. Er wurde zum Tode verurteilt, weil er dem Volk geschadet hatte. Das Urteil wurde vom Führer selbst bestätigt und kurz darauf vollstreckt.

Jeder kann also sehen, dass jede Untat, auch die unbedeutendste, beurteilt wird und unnachgiebig und gnadenlos beurteilt werden muss. Jeder SS-Mann und Offizier muss sich darüber im Klaren sein, dass er die Todesstrafe riskiert, wenn er die Dinge, für die der Kamerad an der Front kämpft, nicht respektiert, und dass er seinen Landsleuten das Existenzminimum verschaffen muss. Niemand darf seine Position oder seine Dienste ausnutzen, egal wie alt und angesehen er ist.

Schutz des im Embryo vorhandenen Lebens

Die Überzeugung, dass der Sieg der Waffen nur durch den Sieg der Wiege vollständig sein kann, ist einer der wichtigsten Grundsätze der SS. Wer das Leben im Embryonalstadium bedroht, schadet der Vitalität des Volkes. Hier noch ein Beispiel aus der Praxis:

Der kinderlose SS-Offizier A., der seit 1935 verheiratet war, unterhielt eine Beziehung mit der jungen Büroangestellten B., die nicht ohne Folgen blieb. Da er befürchtete, dass die uneheliche Geburt eines Kindes seine Situation verschlechtern könnte, drängte er B. zu einem Abtreibungsversuch, der jedoch erfolglos blieb. Nachdem seine eigenen Bemühungen gescheitert waren, nahm er über verschiedene Mittelsmänner Kontakt zu einem Mann auf, der früher in einen Abtreibungsfall verwickelt gewesen war und sich nun nach anfänglicher Weigerung bereit erklärte, den Eingriff vorzunehmen. Der Angeklagte holte ihn sogar mit einem

Dienstwagen ab und gab ihm als Lohn für seine Bemühungen neben der Erstattung seiner Ausgaben auch mehrere Paar Schuhe im Wert von 75 RM. Die Versuche blieben jedoch ergebnislos.

Entgegen dem üblichen Urteil, das die Mutter und den professionellen Abtreiber zu drei bis acht Monaten Haft und die anderen Beteiligten zu Haftstrafen von bis zu sechs Wochen verurteilte, verhängte das Polizei- und SS-Gericht eine erheblich härtere Strafe, nämlich eineinhalb Jahre Haft. Es war insbesondere der Ansicht, dass der Angeklagte eine für einen SS-Offizier unverständliche Feigheit und Verantwortungslosigkeit an den Tag gelegt, skrupellos das Leben und die Gesundheit der Mutter gefährdet und dem Ruf der SS geschadet hatte. Eine härtere Strafe wurde nicht verhängt, weil der Angeklagte zu Herzschwäche neigte, ein oberflächliches Verhalten an den Tag legte, sich in einem Zustand ständiger Depression befand und benommen war. Der Reichsführer selbst bestätigte das Urteil und lehnte ein Gnadengesuch ab, da verschiedene Umstände für eine Begnadigung sprachen, unter anderem die Mitgliedschaft des Angeklagten in der NSDAP vor der Machtergreifung.

Diese extrem harte Strafe ergibt sich aus der Tatsache, dass Vergehen, die gegen die ideologischen Grundsätze der Ordensgemeinschaft begangen werden, ein besonders strenges Urteil verdienen.

Auszug aus den Mitteilungen des SS-Justizamts

Wer nicht Herr über sich selbst ist, ist nicht frei.

Claudius

HEFT DER SS NR. 11. 1944.

SAG MIR, MIT WEM DU DICH TRIFFST...

Auszug aus der Praxis des Obersten Justizamtes SS
Karl und Hein waren alte Kameraden. Sie waren dem Tod oft gemeinsam begegnet und hatten den Siegesrunen in vielen Schlachten Ehre gemacht.

Anlässlich eines gemeinsamen Urlaubs lud Karl seinen Mitschüler ein, ihn in seinem Haushalt zu besuchen. Da die Reise nur ein paar Stunden dauern würde, sagte Hein zu. Die Freude war natürlich groß und da Karls Eltern ein Hotel am Bahnhof besaßen, wurde das Wiedersehen ausgiebig gefeiert.

Doch jede Freude hat ein Ende, und auch der 22-jährige Hein musste in sein Haus zurückkehren. Als ihn dort ein freundliches Zimmermädchen mit blonden Haaren ansprach, dachte er sich nichts dabei und während die Angestellte das Zimmer für die Nacht aufräumte, führte er ein kleines, harmloses Gespräch. Daraufhin verließ das Mädchen mit einem freundlichen Lachen den Raum.

Natürlich erzählte Hein Karl von dem netten Mädchen. Er konnte sich nicht einmal vorstellen, dass dieser blonde Kopf Karls Geliebte war. Das erfuhr er erst ein Jahr später. Das Mädchen hatte ein Kind zur Welt gebracht und Karl als Vater angegeben. Anstatt dass er sich anständig auf die Seite der jungen Mutter stellte und ihr Kind anerkannte, überlegte er, wie er sich seiner Pflicht entziehen könnte. So beauftragte er d eines Tages Hein, ihn nicht zu verlassen und ihm aus dieser peinlichen Situation herauszuhelfen. Er sollte als Zeuge aussagen, dass die Angestellte ihm am Abend des Besuchs ihre Dienste angeboten hatte, oder besser gesagt, dass sie sich mit ihm eingelassen hatte.

Anschließend sagte Karl dem Freund, dass ihm nichts passieren könne, wenn er sich an diese Aussage halte. Außerdem versprach er Hein einen Geldbetrag und eine erneute Einladung. Obwohl er durch diese Lügen in Schwierigkeiten geraten könnte, brachte Hein seine Aussage vor und bestätigte sie mit seinem Eid.

K. wurde wegen Anstiftung zum falschen Eid für zwei Jahre in eine Besserungsanstalt gesperrt und H. wegen falschen Eides zu eineinhalb Jahren. Darüber hinaus wurden beide aus der SS ausgeschlossen.

Meineid ist eines der niederträchtigsten und schändlichsten Verbrechen. In diesem Fall ist es besonders schändlich, weil es von SS-Leuten begangen wurde, von denen das deutsche Volk eine besonders hohe Meinung von Ehre und Verantwortung hat, die verlangt, einem Kind den ihm zustehenden Unterhalt zu verschaffen. Dieser Fall zeigt, wie weit eine falsch verstandene Kameradschaft führen kann. Ein solcher „Kamerad" ist streng genommen kein Kamerad mehr, sondern ein wirklich unbewusster Verderber.

HEFT DER SS NR. 10. 1944.

BEWAHRT DER LIEBE IHRE GEHEIMNISVOLLE SEITE!

„Ich kenne Französinnen, Russinnen und Italienerinnen, ein deutsches Mädchen hat mir nichts mehr zu bieten", sagt Rottenführer Hinterhuber und blickt provokativ in die Runde. Sein rundes, 19-jähriges Gesicht verrät diese engstirnige Eigenschaft, die zu gleichen Teilen aus Dummheit und Unreife besteht. Seine gleichaltrigen Mitschüler um ihn herum bewundern ihn. Sie halten ihn für einen erfahrenen Burschen, der „die Frauen kannte" - ja, so viel Glück in der Liebe kann man haben! Man könnte über solch unreife Prahlerei hinwegsehen, wenn sie nicht so typisch für die Einstellung mancher Männer wäre, die sich in unseren Reihen engagieren.

Wie erwarb er sein Wissen und seine Erfahrung mit Frauen? Es war sicherlich etwas sehr Distanziertes, ohne Exaltiertheit oder Romantik. Er wollte die Liebe kennenlernen und fand einige zweifelhafte Exemplare des weiblichen Geschlechts, die gelegentlich mit ihm gingen, weil er zur richtigen Zeit da war. Was er als Eroberung bewertete, war nichts weiter als das Ergebnis eines blinden Zufalls. Denn wenn er es nicht gewesen wäre, hätte der nächste genauso gut gepasst. Er brauchte also nicht lange zu suchen. Sie war erregt oder käuflich und verließ ihn. Und das nannte er Liebe! In seinem jungen Leben war er nur ein Soldat. Der Krieg führte ihn durch ganz Europa. Er brachte die Erinnerung an vulgäre französische Schauspielerinnen und die unbekümmerte Primitivität der russischen Frauennatur mit. Doch die Frauen, die er liebte, waren mittelmäßig, zweitklassig - er entdeckte nicht den menschlichen Reichtum dieser Völker. Das nationalistische Bewusstsein und ein scharfer Instinkt errichteten auf der anderen Seite unzählige Barrieren.

Was weiß dieser Junge über die wahre Natur der Frau? Er ist wahrscheinlich nicht im Herzen einer echten Familiengemeinschaft aufgewachsen, hat nicht den unerreichbaren Stolz der Mutter oder der heftig behüteten Schwestern gespürt. Für ihn bedeutete die Frau in den Jahren, in denen er zum Mann wurde, nichts Wunderbares. Man ließ ihm keine Zeit, darüber nachzudenken. Er las weder die Texte von Tacitus über die Verehrung der germanischen Frau als göttliche Spenderin des Lebens noch Werther. Seine Literatur in diesem Bereich blieb bei Groschenromanen. Und als er zum ersten Mal eine große, trübe, unfassbare und doch zwingende innere Unruhe verspürte, zog ihn der Krieg in seinen Lauf und härtete seine kindlichen Sinne so sehr ab, dass aus leidenschaftlicher Begeisterung ein kalter, fast rauer Realismus wurde.

Es ist eine Tatsache, dass einige Jungen die Einzigartigkeit und Unverwechselbarkeit der ersten Liebe nicht erfahren haben. Das Leben hat sie um eines seiner schönsten und glühendsten Geschenke betrogen. So mussten sie auf das verzichten, was für frühere Generationen eine grundlegende Erfahrung war. Sie wurden also plötzlich zu „Männern" und entdeckten ein Geheimnis, das sie nie als solches begriffen. Ihre erste Liebe war nicht heilig, nicht leidenschaftlich und enthusiastisch, sondern kalt. Ihre Beziehung zur Frau war nicht von Anbetung geprägt; sie sahen nichts Göttliches in ihr, weil sie genau nichts dergleichen an ihr kannten, da sie es nur mit der bösen Seite des anderen Geschlechts zu tun hatten, mit der verdorbenen Prostituierten, und so kamen sie dazu, alle Menschen auf derselben Ebene zu betrachten. Eine Ausnahme wurde mit einem verächtlichen Lachen quittiert.

Diese Geisteshaltung ist gefährlich. Auch dieser Krieg wird eines Tages enden und den Weg für ein normales Leben frei machen. Wir werden die schweren Wunden heilen müssen, die unsere Männerreserve in diesem Jahr erlitten hat. An erster Stelle steht die Familie, der Wunsch nach einem Kind, denn sonst hat ein gewonnener Krieg keine Bedeutung mehr. Heute und in Zukunft müssen wir ein Rassen- und Familienprogramm nach dem Willen des Führers erfüllen. Wir sind ein Sippenorden und als solcher mit der gewaltigen Aufgabe betraut, eine äußerst wertvolle Blutreserve in den Herzen der Millionen Menschen unseres Volkes zu schaffen. Diese Aufgabe erfordert von uns eine absolut vorbehaltlose Haltung gegenüber der Frau. Denn in dem Moment, in dem wir sie als zukünftige Mutter unserer Kinder heiraten, wird diese Frau ein Mitglied der SS wie jeder männliche Kamerad!

Der Krieg ist unendlich hart. Nur die Starken werden überleben. Aber dieser starke und tapfere Charakter hat nicht die seelenlose Grausamkeit, die man gerade bei unseren Feinden beobachten kann. Sie, die Vertreter der jüdisch-bolschewistischen, liberalen und anarchistischen Ideen, schätzen die Liebe nur als hemmungslosen Rausch, der nicht die geringste Spur von Ethik kennt. Es zählt nur der Augenblick und das, was er ihnen bringt. Sie vergewaltigen immer die edle Seele und gehen nicht über die Ebene des vulgärsten Triebes hinaus. Wir haben das bolschewistische Menschentier seit langem kennengelernt. Uns sind die Gräuel, die die Amerikaner an den Frauen Siziliens begangen haben, nicht unbekannt. Zwischen ihnen und uns gibt es nicht die geringste ideologische oder politische Spur eines Kompromisses, sondern nur die nackte, brutale Tatsache: Wir oder sie! Wollen wir uns mit ihrem zügellosen Liberalismus auf eine Stufe stellen? Selbst in den Dingen des täglichen Lebens, in unseren intimsten Beziehungen mit dem anderen Geschlecht, wollen wir nicht ihrem unsauberen Beispiel folgen.

Früher sagte man, wir seien das Volk der Dichter und Denker. Wir waren stolz darauf - die anderen lachten jedoch still, betrachteten uns als Kinder in der Politik und verachteten uns.

Während ein Bach, ein Goethe auch ihnen, den Spöttern, einen Himmel voller Schönheit offenbarte, teilten sie die irdischen Reichtümer unter sich auf und wir blieben arm vor ihren goldenen Toren. Nach Jahrhunderten der Verspätung waren wir politisch gereift, wurden durch die große Lehre des Führers aufgeweckt, waren endlich der politischen Macht würdig. Wir mussten uns sowohl dem Hass der ganzen Welt stellen als auch die neue Lehre mit Waffengewalt verteidigen. Wir waren die besten Soldaten. Die Tore des Reiches öffneten sich, Hunderttausende Soldaten zogen in einem unvergleichlichen Triumphmarsch durch Europa. Sie zeigten den fremden Ländern und den Eigenheiten der anderen Völker die kalte Schulter. Die letzten Barrieren kleinbürgerlicher Denkweisen fielen und der abgegrenzte Horizont wurde auf die Dimensionen der Welt ausgedehnt.

Aber jetzt kennen wir die Gefahr, die mit dieser schnellen Entwicklung verbunden bleibt. Wir haben gesehen, dass der Geist so manches Jungen gestört wurde, weil die Härte des Kampfes und die Größe des Machtgefühls zu stark für seinen noch unreifen und für kluges Unterscheiden ungeeigneten Charakter waren. Die Gefahren des Soldatenlebens trieben ihn dazu, leidenschaftlich nach Genuss, Erfahrung und Abenteuer zu streben. Und sie wurden rau und oberflächlich. Sie, die Nachkommen dieser naiven

Träumer, fielen in das andere Extrem. Heute gibt es keinen Werther mehr unter uns, und das ist auch gut so, aber ein rücksichtsloser Tyrann ist genauso zu verurteilen. Er muss verschwinden. Wir müssen ihn erziehen, wann immer es möglich ist. Die verheirateten Menschen unter uns haben hier ein großes Vorbild zu geben. Nachdem sie die wahre Liebe kennengelernt haben, müssen sie sich an der Aufklärung beteiligen, die Obszönität und sexuelle Zurschaustellung verurteilt. Wir sind keine Engel, wir alle kennen den gewaltsamen Ruf des Blutes und der Sinne. Aber auch hier müssen wir politische Soldaten sein. Reißen wir sie aus dieser armen, primitiven und sinnlichen Bewusstlosigkeit heraus und öffnen wir ihnen die Augen für die wahre Schönheit, die in tausend Formen auch in der Landschaft und der Kunst des uns umgebenden Feindeslandes zu finden ist. Selbst die härtesten Männer können noch träumen, weit weg vom Krieg mit seiner Unnachgiebigkeit und Härte.

Jungen, die in den Strudel der Nachlässigkeit und des Leichtsinns geraten sind, müssen die wahre Erfahrung der Liebe erfahren können. Eine reine und gesunde deutsche Frau kann sie ihnen geben, wenn die Vorsehung es so will, damit sie ihr Leben an Kinder weitergeben. Diese Kinder, die sie sich mit einer geliebten Frau gewünscht haben, werden das lebendige Zeugnis einer Liebe sein, die sowohl das Körperliche als auch das Geistige umfasst.

In einer so harten Zeit wie der, die uns Deutschen auferlegt ist, brauchen Männer Frauen an ihrer Seite, die die Originalität ihrer Natur und die Wärme ihres Herzens mit einer offenen und überlegten Geistesbreite verbinden können. Wir brauchen Frauen, die die neue gesunde Generation bilden können, auf die wir hoffen, die ihre Kinder von Anfang an lehren, Mitglieder ihres Volkes zu sein, und die wissen, dass die Zukunft dieses Volkes und seine geistige Mission sein Schicksal und seine Geschichte bestimmen.

Gertrud Scholtz-Klink

HEFT DER SS NR. 3.1942.

TREUE

Der aktuelle Krieg liefert täglich Beweise für Kühnheit und einzigartigen Heroismus. Aber auch die kleinen, diskreten und anonymen Heldentaten der deutschen Soldaten sind nicht mehr zu zählen. Sie sind der stille, hartnäckige Beweis für Treue und Widerstand. Es war die Treue des Geistes, die jede Einheit unserer Armee und unserer Waffen-SS drei Monate lang trotz der Einkesselung und der Blockade der normalen

Versorgung durchhalten ließ und der Ostfront die Festigkeit und Härte verlieh, die allein bei dieser Kälte und dem massiven Ansturm des Feindes eine Katastrophe verhinderte. Nur wer die im Osten stattfindenden Kampfformen kennt, weiß, was damit gemeint ist. Wenn der Gegner versucht, unsere Strategie zu imitieren, erleidet er jedes Mal eine Niederlage. General Rommel brachte es auf den Punkt: „Einkesselungsschlachten, wie sie im gegenwärtigen Krieg geführt werden, können nur von deutschen Soldaten geführt werden."

Was sich hier bestätigt hat, wird sich auch in Zukunft zeigen. Treue ist eine deutsche Tugend. Es gibt keine Treue ohne Inhalt. Sie hat nichts mit der Sturheit zu tun, die Gegner gerne besitzen. Sie ist auch nicht Sturheit oder Entschlossenheit allein, obwohl sie ihre notwendigen Begleiter sind. Treue, Glaube und Ehre sind wie drei Schalen um denselben wertvollen Kern. Das Zentrum bildet jedoch die Seele unseres Volkes, jenes einzigartige innere Reich, aus dem die künstlerische Kraft entspringt und die Welt mit neuen kreativen Manifestationen überrascht, die unser größtes Gut darstellen. Der Einzelne ist sich dieses Reichtums mehr oder weniger bewusst. Es gibt keine Deutschen ohne Ideale. Treue ist nichts anderes als die Anerkennung des inneren Wertes, der persönlichen Berufung und Bestimmung. Im Grunde genommen werden die Akte der Treue, die man in Zeiten der Not erlebt, als religiöse Akte betrachtet. Männer, die diese Momente kennen - sie kommen im Leben nicht häufig vor -, können davon berichten, und man kann sozusagen die innere Berufung, die sie ergriffen hat, nachvollziehen. Politische Soldaten, Denker und Erfinder haben sie gespürt. Auch die SS-Kameraden erlebten dies, indem sie trotz Briefen, die offensichtlich in Eis und Schnee verloren gingen, in ihrer Treue zum Führer und zum Vaterland verharrten.

Für die Deutschen bedeutet Treue, dass man seine Mission als einen Befehl vom Himmel betrachtet. Sie steht immer in enger Verbindung mit Gott und nur ein skeptisches und oberflächliches Individuum kann daran zweifeln. Die Treue zum Vaterland, zur Bewegung und zum Führer wurzelt in der Stärke der Seele. Wer innerlich arm ist, kann auch nicht ganz treu sein. Treue ist die stumme Sprache des inneren Reichtums.

Die Treue wird durch die Tat bewiesen. In Zeiten der Not und des Unglücks hat sich das deutsche Volk stets als das treueste erwiesen, und zwar sogar sein kämpfender Teil, also derjenige, der unter diesem Elend litt und es am härtesten ertrug. Das waren die Soldaten in den Schützengräben des letzten Weltkriegs. Das waren die ersten Waffengefährten des Führers. In diesem Krieg trägt die Front wieder die ganze Hauptlast auf ihren Schultern; aber auch das Vaterland liefert durch Entbehrungen und Selbstverleugnung den täglichen Beweis für tiefste Treue.

Auch Beharrlichkeit ist ein Bestandteil der Treue. Es wäre absurd zu glauben, dass wir unsere Heimat oder unser Volk wechseln könnten. Unser Leben wird seinen Sinn gefunden haben, wenn wir uns selbst treu geblieben sind. Alles ist miteinander verbunden. Treue ist in Wahrheit unteilbar. Dem Führer, dem Vaterland, seiner Frau und seinen Kindern treu zu bleiben, das ist der Sinn der Treue.

Die SS ist ein Orden der Treue. Die Treue zum Führer, zu den Kameraden, zum Vaterland und zur Familie ist das Feuer, das uns antreibt. Wir kennen unser Volk. Wir wissen aus seiner verhängnisvollen Geschichte, dass seine Leichtgläubigkeit und Naivität oft von Versuchern missbraucht wurden. Die SS muss ein Bollwerk um unser heiligstes Juwel, um den inneren Reichtum des deutschen Volkes, bilden. Ein tiefer Glaube an die göttliche Mission unseres Volkes und seines Führers erfüllt uns. Er bereichert uns. Sie macht uns stark und unbeugsam. Er gibt uns die Kraft, in Momenten höchster Anstrengung treu zu sein.

Gd

Durch die feindlichen Linien zu kommen ist keine leichte Aufgabe!

HEFT DER SS NR. 6B.1941.

MÄNNER, KAMERADEN, BEISPIELE

Der Mensch entscheidet

SS-PK. Die Sowjets haben nicht die bislang übliche Ausrede, dass sie durch die Überlegenheit des deutschen Kriegsmaterials besiegt wurden. Sie hatten wirklich genug davon! Wir sind es jedoch gewohnt, mit einer Vielzahl von Prüfungen fertig zu werden und schüttelten nur den Kopf, als wir die endlosen Reihen zerstörter Panzer und Geschütze entlang der Offensivrouten sahen...

Nein, im Osten ist es der Mensch, der entscheidet! Es ist der deutsche Soldat, der bessere Nerven hat, eine bessere Konstitution, der vor allem einen stärkeren Glauben hat. Und darauf beruht auch die Gewissheit unseres Sieges, denn diese Männer befinden sich in unseren Kompanien. Sie fallen nicht besonders auf, sie tun ihre Pflicht. Es sind Soldaten mit diesem offensichtlichen Charakter, den vielleicht nur der Deutsche hat. Wir müssen sie also erwähnen!

Ich denke an den Rottenführer-SS H. Ich lernte ihn auf einem Außenposten einer SS-Kavalleriebrigade kennen. Ich sah ihn zum ersten Mal bei einem Einsatz in der Nähe von L. Er grub sein Panzerabwehrloch unter heftigem Feindfeuer, ohne Hast, fast gelassen, als wäre er seit Jahren an diese Arbeit gewöhnt. Später - damals waren wir von jeglichem Kontakt zu unseren Truppen abgeschnitten, da wir die Sowjets im Rücken hatten - erzählte er mir zögernd von ihm.

Ich war kaum erstaunt, als er Spanien erwähnte. Zwei Jahre lang hatte er dort als Freiwilliger gegen die Bolschewisten gekämpft. Er hatte wirklich viele Abenteuer hinter sich, aber er meldete sich sofort nach seiner Rückkehr ins Deutsche Reich als Soldat bei der Waffen-SS. Für ihn war das etwas ganz Natürliches.

Ich denke im Stillen nach... Dieser Mann lebt schon seit Jahren im Krieg. Und er ist kein „Landsknecht" geworden. Am selben Abend erzählt er mir voller Inbrunst von seiner Frau. Während eines kurzen Urlaubs ließ er sich als Handwerker im Generalgouvernement nieder. Und nach dem Krieg - aber er hörte mit seinen Plänen auf... Die Bolschewisten sollten zuerst liquidiert werden. Sie wurden immer schwächer. Das hatte er schon früher erlebt, als er sie in Katalonien aufspürte.

So ist er, der Rottenführer-SS H. Er ist nie besonders aufgefallen. So mancher seiner Kameraden und Vorgesetzten weiß nichts von diesen Dingen. Er tat seine Pflicht. Er ist ein Soldat Nur ein Soldat.

Aber die Macht des Bolschewismus bricht sich an solchen Männern, der Sieg gehört ihnen!

SS-Kriegsberichterstatter T. Kriegbaum

Artilleriedienst fehlt - nein!
SS-PK. Unser Vorposten hat blitzschnell feindliche Panzer entdeckt, wir steigen aus und gehen auf beiden Seiten der Straße in Stellung. Während wir uns mit den Geschützen in panzerbrechenden Löchern eingraben, stellen unsere Panzerjäger ihre Geschütze fünfzehn Meter vor uns auf. Als unsere Pioniere zehn Minuten später vom Minenlegen zurückkehren, breiten diese das Tarnnetz über dem Schutzschild aus. Nur die Kanone streckt bedrohlich ihr schwarzes Maul in Richtung der Straße. Wir warten.

Der Zugführer der Panzerabwehrkanone beobachtet die Gegend mit seinem Fernglas und sieht plötzlich den ersten Panzer. 300 Meter vor uns erhebt sich seine Kuppel über die Spitze des Maisfeldes. Sein erster Schuss donnert und ein hellgrüner Blitz zuckt an uns vorbei. Auf der anderen Seite heult ein schwerer Motor auf, der Koloss setzt sich in Bewegung und kriecht auf uns zu. Jetzt sehen wir zwei weitere. Kaum haben wir sie erkannt, zerreißen zwei Granaten zischend die Luft und explodieren in der Nähe unserer Pak-Kanone. „Feuer nach Belieben". Dieser Befehl verschlingt die Granaten. Eine Kiste nach der anderen leert sich. Die Geschützbedienungen arbeiten unbeeindruckt von den Explosionen in der Umgebung. Nach den ersten Schüssen steht der vordere Panzer bereits in Flammen. Aber eine Panzerabwehrkanone muss sich noch gegen vier schwer bewaffnete Panzer behaupten!

Besorgt schauen wir nach unseren tapferen Panzerjägern. Wir können sie nur für kurze Zeit sehen, denn Granate um Granate schlägt neben ihnen ein. Der Rauch und das Pulver entziehen sie unserem Blick. Aber sie schießen immer noch. Sie wissen, dass unser Schicksal auch von ihrem abhängt. Sie sehen, sie fühlen jetzt noch mehr, was der Zugführer befiehlt, und sie lesen die Bewegungen seiner pulvergeschwärzten Lippen. Wann wird das feindliche Feuer endgültig aufhören...? Dann kam der Schuss ins Schwarze. Es war nur ein Blitz.

Wir Kanoniere sehen nur eine kleine Flamme in einer schwarzen Rauchwolke. Die Kanone ist in eine undurchdringliche schwarzbraune Rauchwolke gehüllt. „Artilleriedienst fehlt, die Pak schießt nicht mehr!", hören wir dann. Wir haben es geahnt! Was passiert jetzt?

Doch, nein, plötzlich schreit eine Stimme: „Nein, der Kompaniechef lebt und feuert immer noch...! „ Wie ist das möglich? Ja, ein Glückstreffer! Und noch einer! Inzwischen hat sich die Rauchwolke verzogen. Wir sehen jetzt, dass der Kompaniechef lädt, zielt und schießt... und wieder lädt, zielt und schießt, ganz allein.

Dann ändert der führende Panzer seinen Kurs nach links und fährt auf die Straße! Wir lachen eifrig, denn wir wissen, was ihn dort erwartet: ein sicheres Ende. Noch ein paar Meter, dann beginnt die Staffelung unserer Minen... Noch zehn Meter... dort vor der kleinen Furt muss die erste liegen... jetzt... eine Explosion und drei, vier Flammenstrahlen, der sowjetische Panzer ist gefallen und Opfer unserer Pioniere geworden.

Inzwischen sind vier Schützen aufgesprungen und gehen mit großen Schritten zur Verstärkung des Kompaniechefs an der Pak-Kanone. Der dritte von fünf sowjetischen Panzern ist ebenfalls ausgeschaltet. Nach drei Schüssen auf die Ketten zeigt er uns weitgehend die Flanke. Der Kompaniechef schießt gut. Die Kuppel des Panzers hebt sich, zwei zitternde Hände greifen nach den Kanten: Der letzte Überlebende ergibt sich. Die Insassen der beiden noch intakten Panzer geben den Kampf auf. Mit erhobenen Händen stehen sie neben ihren Kolossen, bereit, den Weg in die Gefangenschaft anzutreten.

Dann pflanzt der Chef der Artilleriekompanie die Todesrunen auf die drei frischen Gräber seiner Kameraden. „Meine Ehre heißt Treue" steht darüber. Danach grüßt er sie zum letzten Mal.

SS-Kriegsberichterstatter Ernst Gugl

In Erwartung des ersten Kontakts...

... der explosionsartig auftritt!

Wir schätzen die Entfernung...

... und der Gegenschlag erfolgt sofort!

HEFT DER SS NR. 10. 1939.

DIE ÄLTESTEN

Es war in den Tagen der großen Unruhe im Sudetenland. Die Einberufungsbefehle der SS hallten durch das Kasino. Die Wehrmacht hatte jüngere Reserven: Aber es wurde eine Gelegenheit geboten, Männer zu schicken, die ihnen körperlich nicht unterlegen waren und deren Opferbereitschaft der ihren gleichkam. Was ist heute ein Mindestalter von 45 Jahren? Die SS rief und alle kamen. Es gab Männer um die 50, die eine solche Mission freudig begrüßten - auch wenn sie meist mit geschäftlichen Problemen verbunden war. Alle Distrikte schickten ihre „Ältesten". Es waren Männer aus Hamburg, Berlin, Mecklenburg, Pommern und Schlesien, die ihrer Berufung in Oranienburg folgten und sich freuten, eine Aufgabe im Gemeinschaftslager der „alten Krieger" in Sachsenhausen zu erfüllen.

Die Einheiten werden zusammengezogen. Es gibt bereits ein erstes Problem, als man feststellt, dass die feldgraue Kleidung der schlanken Männer der Totenkopf-Einheit, die an den Grenzen eingesetzt ist, nicht passt. In derselben Reihe stehen, ohne Rangabzeichen, alte Frontoffiziere neben Adjutanten. Wachmeistern und alten Soldaten. Der Ton der Sprache wird warm und nostalgisch, wenn einer von Verdun, ein anderer von Munkacz oder der Türkei spricht. Sie ziehen abwechselnd gerührt ihre Schnallen heraus und zahlreiche Eiserne Kreuze der" Klasse schmücken die Brust. Jeder kennt seine Pflichten im Lager der SS, jeder weiß, wie absolut unerlässlich ihr Einsatz ist, um den inneren Frieden des Reiches zu sichern.

Nie in meinem Leben möchte ich diese Wochen vergessen, in denen ich ein riesiges Erziehungsproblem in aller Klarheit analysierte und die in herzlicher Kameradschaft verliefen. Das heißt also im Falle eines schwierigen Dienstes unnachgiebig und beharrlich; die Pflichten scheinen heute geringer zu sein, gemessen am Lauf der Zeit.

Weißt du noch, Kamerad?", fragt man immer, wenn man sich trifft, und man erinnert sich an die Linien der Außenposten, die Kompanie, die Beleuchtung im Wald. Man denkt an die Sonne, den grauen Nebel und auch an Tage, an denen es so stark regnete, dass selbst die Zeltplane keinen Schutz mehr bot.

Ich gehe durch die Reihen der Außenposten meiner Kolonne. Auf meinem Weg befindet sich einer der ältesten, der über 60 Jahre alt ist. Ein Schritt nach rechts ein Schritt nach links. Der Regen rinnt unaufhörlich auf die Leinwand und vergrößert die Pfützen, in denen selbst die besten Stiefel den Kampf gegen die Feuchtigkeit aufgeben... stundenlang... ein Schritt nach rechts... ein Schritt nach links. Und ich bewundere den alten Kameraden, der keine Kompromisse eingehen wollte und den einfachen Weg ablehnte. Sein Kopf ist weiß wie Schnee.

Selten war eine Gemeinschaft so eng verbunden wie diese. In ihren Augen liest man den gleichen Wunsch wie in denen der anderen. Jede Aufgabe wird „freiwillig" erledigt.

Dann endet der Kampf. Der letzte Sold wird ausgezahlt und der Kommandant verabschiedet sich mit herzlichen Worten.

In meiner Kolonne sehe ich den Kameraden mit den weißen Haaren. Er trägt wieder die schwarze SS-Kleidung. Auf seiner Brust glänzt nun das goldene Parteiabzeichen.

Mein Respekt, der ohnehin schon sehr groß war, wurde nun vollkommen. In diesem Alter mit silbernem Haar und der goldenen Ehrennadel hervorzustechen und dennoch in aller Einfachheit einen schwierigen Dienst geleistet zu haben, war für mich das leuchtende Beispiel echter nationalsozialistischer Kameradschaft.

Heute hält dieser ewig junge ideologische Kämpfer ein Porträt des Reichsführers SS in der Hand, auf dem steht:

„An meine tapferen, alten SS-Männer, die in schwierigen Zeiten dem Führer und dem Vaterland halfen, indem sie ihre Pflicht erfüllten."

SS-Ustuf. Max Hanig, Stab O. A. Nord.

Völlige Selbstaufopferung ist die Quelle, aus der alle Fähigkeiten entspringen. Er lehrt uns, den guten Ruf über materielle Vorteile und das Gefühl der Würde zu stellen und Fairness zügelloser Gier und Habsucht vorzuziehen; den Nutzen des Volkes und des Staates über den eigenen Nutzen und den der Familie zu stellen; das Wohl und das Überleben des Vaterlandes höher zu bewerten als unsere eigene Sicherheit, unser Eigentum, unsere Gesundheit und unser Leben.

Er macht uns fast zu Bürgern einer höheren Welt.

Friedrich der Große

HEFT DER SS NR. 6. 1942.

DAS TESTAMENT EINES SS

Dies ist das Testament des SS-Mannes Heinz H., der am 28. März 1942 an der Ostfront fiel. Er war frisch verheiratet und wusste noch nicht, ob er ein Kind bekommen würde

Mein Testament:

„Wenn das Schicksal wollte, dass ich aus diesem großen Krieg nicht zurückkehre, wünsche ich:

1. Möge dieses Ereignis nicht als etwas anderes angesehen werden als das, was es ist: ein notwendiges Opfer, das ich gerne für den Sieg Deutschlands bringe, indem ich mein Leben als Soldat erfülle.

2. Meine liebe Frau und meine geliebten Eltern sollen ihren Kummer überwinden, auch sie sollen dieses Opfer auf dem Altar des Vaterlandes bereitwillig darbringen.

3. Dass in der Todesanzeige kein Wort über einen göttlichen Erlass, Gott, großen Schmerz, tiefe Trauer usw. steht. Als Bildunterschrift hätte ich gerne folgenden Satz: Für den Sieg Deutschlands sind wir bereit, alles zu geben. In Trauer, in vollem Stolz...;

4. Es sollen keine Armbinden oder andere Zeichen der Trauer getragen werden.

5. Dass ich nicht in mein Land zurückgebracht werde, sondern bei meinen Kameraden ruhe.

6. Dass, falls ich keinen Sohn haben sollte, mein Bruder G. sich bewusst ist, dass er dann allein unseren Namen tragen wird.

7. Dass meine Frau nicht Witwe bleibt; dass sie als gesunde Frau nicht die Pflicht vergisst, die sie für die Ewigkeit unseres Reiches erfüllen muss.

8. Dass, wenn ich einen Sohn haben sollte, er immer meinen Namen trägt, dass er erzogen wird und zu einem gesunden, ehrlichen, würdigen, zu sich selbst harten und mutigen Mann heranwächst, der mit unerschütterlichem Glauben an Deutschland glaubt.

9. Wenn ich eine Tochter hätte, sollte sie zu einer stolzen deutschen Frau erzogen werden, die sich ihrer Pflichten gegenüber Deutschland bewusst ist."

Dem Testament war ein Brief an seine Frau beigefügt. Wir entnehmen ihm die folgenden Sätze:

„Du warst mir eine gute Kameradin, eine liebevolle Frau, die mich mit Fürsorge umgeben hat und hoffentlich auch die Mutter meines Kindes sein wird. Erziehe es in demselben Geist, wie ich es getan hätte: Gib ihm, dass er schon früh an unser Reich, an unser ewiges Deutschland glaubt.

Bleib nicht als Witwe zurück. Du bist zu gut, um - so gesund und jung - dein Leben in Trauer zu verbringen. Es geht nicht um unser Leben, sondern um das Leben Deutschlands. Wir werden siegen, weil wir es müssen. Wir haben keine andere Wahl".

Dann, in einem Brief an seinen Bruder:

„ Du bist jetzt für uns beide da. Betrachte dies nicht als eine Last, sondern als eine natürliche Verpflichtung. Wir leben nicht, um eines Tages in ein Schlaraffenland namens Himmel zu gehen, oder um materiellen Reichtum anzuhäufen, sondern um unseren Anteil an der Ewigkeit Deutschlands zu nehmen. Dies allein ist der Grund, warum ein Deutscher lebt. Vergiss das nie!"

In dem Teil des Testaments, der sich mit materiellen Dingen befasste, wurde für den Fall, dass sein Haushalt kinderlos bleiben würde, festgelegt, dass das Sparkonto an die nationale politische Einrichtung in Köslin (Napola) überwiesen werden sollte.

„Napola von Köslin! Drei Jahre lang habe ich in deinen Mauern die schönsten Jahre meines Lebens verbracht. Du hast meinen Idealismus klar geformt. Du hast mich gelehrt, an das ewige Deutsche Reich zu glauben. Du hast meinem Leben einen Sinn gegeben. Du warst meine zweite Heimat. Jeder, der bei dir als Schüler war, wird dich nie vergessen können. Du hast uns alle dazu gebracht, unermüdlich für Deutschland zu arbeiten. Nie werde ich die Worte „Glauben, Gehorchen, Kämpfen!" vergessen. Sie sind für mich eine unerschöpfliche Quelle der Kraft. Solange du diese bedeutungsvollen Worte in die Herzen deiner Schüler einfließen lässt, wirst du der bleiben, der du sein musst.

Für den Fall, dass ich keine Kinder habe, erlaube ich mir, dir ein paar hundert Mark zu vermachen, die auf meinem Postkonto liegen.

Die besten Schülerinnen und Schüler aller Klassen sollen eine Belohnung in Form von Büchern erhalten. Ich bitte dich, meinen Namen nicht zu nennen. Das ist nicht notwendig. Im Glauben an den Sieg und den Fortbestand des Deutschen Reiches grüßt dich dein ehemaliger Schüler".

Zehntausend solcher Männer fielen in einem Aufblühen unvergleichlicher kriegerischer Tugenden, die menschlich nicht vorstellbar wären, wenn sie nicht von einer Kraft unterstützt würden, die Berge versetzen könnte, auf dem Schlachtfeld und in ihrer Seele.

Wer versucht, die Bedeutung des deutschen Heldentodes auszudrücken, ist auf dem richtigen Weg, wenn er immer wieder zu den Worten zurückkehrt: „Gestorben für Führer und Volk, im Glauben an den Fortbestand des Reiches."

Zu werden Nr. 2. März 1944.

ÜBER DEINEM VORTEIL STEHT DER SIEG DES TEAMS

Die obigen Worte sind den Vorschriften für Sportwettkämpfe der SS entnommen, die der Reichsführer SS im Frühjahr 1937 herausgab. Nichts Auffälligeres kann die gesamte Sporterziehung der SS charakterisieren.

Als nach der nationalsozialistischen Machtergreifung in Deutschland die SS ausgeweitet und aufgebaut wurde, führte der Reichsführer neben der intellektuellen Allgemeinbildung im Vordergrund des gesamten Studiums die körperliche Ertüchtigung ein.

Bekannte Sportler, die sich in den Reihen der SS befanden, begannen mit der Ausbildung und dem Training ihrer Kameraden.

Die jungen Mannschaften der SS trafen in vielen Wettbewerben auf starke Gegner und bewiesen auf den Sportplätzen immer wieder ihre Möglichkeiten und ihre Energie.

Aus ihren Reihen gingen zahlreiche Meister in allen sportlichen Bereichen hervor, die der SS auch in dieser Hinsicht einen besonderen Ruf verliehen haben.

Bei sportlichen Wettkämpfen hat die SS nie die Anstrengung des Einzelnen in Betracht gezogen; sie hat immer von der Gemeinschaft Sportgeist und Kameradschaft im Stadion gefordert. Die Anstrengung der Mannschaft dominierte alles.

Als der SS-Reichsführer kürzlich in Holland zum ersten Mal das von ihm entworfene Sportabzeichen an fast hundert SS-Führer und -Männer verlieh, sprach er erneut von der gemeinsamen sportlichen Anstrengung, indem er sagte:

- „Das SS-Sportabzeichen soll ein Beweis für die unternommenen Anstrengungen und die auf den gemeinsamen Weg gestellten Erziehungsmittel sein, um Menschen durch einen gemeinsamen Kampf für ein gemeinsames Ideal zu gewinnen."

Und etwas weiter unten:

- „Dieses Abzeichen soll eine Art Zeugnis für eine gemeinsame Anstrengung sein".

So wird die Bedeutung der Sporterziehung in der SS überprüft. Diese Sportrune ist nicht nur ein Stachel für die Körperkultur und die militärische Erziehung, sondern sie ist gleichzeitig ein Symbol für kollektiv erlebte Anstrengung.

Der Träger des SS-Abzeichens muss nicht nur auf dem Sportplatz Pflichten und Aufgaben erfüllen, sondern sich auch immer wieder auf die ewigen Worte unserer neuen Zeit berufen: „Über deinem persönlichen Vorteil steht der Sieg der Mannschaft."

Dieser grundlegende Satz bleibt über die sportlichen Anstrengungen der SS hinaus als Ermahnung und ständige Verpflichtung bestehen.

Die eigenen Grenzen zu überschreiten, ist eines der Prinzipien der SS.

Der vom Nationalsozialismus propagierte Sport ist eine Musik des Körpers, deren Hauptakkorde Kraft, Anmut und Reinheit sind.

HEFT DER SS NR. 11B.1941.

WARUM EINE SUDETENDEUTSCHE QUELLE?

...und warum sich die SS für Mineralwasser einsetzt

Früher war ein Mitschüler vielleicht äußerst schockiert, wenn er nach dem Sport oder einer Wanderung nach Hause kam und seinen Durst nur mit entweder teurem Mineralwasser oder einem alkoholischen Getränk wie Bier stillen konnte. Und meistens bevorzugte er Bier, weil es billiger war als Mineralgetränke. So kam es, dass so mancher Mitschüler zum Alkohol griff, obwohl er das eigentlich gar nicht wollte.

Die Rückkehr der Sudetenländer ins Deutsche Reich setzte diesem Missbrauch ein Ende. Unmittelbar nach der Besetzung gingen die sudetendeutschen *Mineralwasserquellen, die* für ihre heilende Wirkung und ihren guten Geschmack berühmt waren, zusammen mit der Bezirksleitung in den Besitz der SS über. Wie in einem Befehl des Reichsführers SS vom 15. September 1939 vorgeschrieben, sollten die alten alkoholischen Getränke durch die früher vernachlässigten natürlichen Wässer ersetzt werden, die sich im Besitz der SS befanden und von ihr verwaltet wurden.

Die Quelle entspringt in Grün-Neudorf, in der Nähe von Marienbad, dem bekannten Kurort. Sie wird so gefasst, wie sie aus den Felsen unter den hohen Tannen des Kaiserwaldes sprudelt. Durch ein modernes, hygienisches Abfüllverfahren behält die „sudetendeutsche Quelle" ihre ursprüngliche und besondere Zusammensetzung - kristallklar und prickelnd - ohne Zusätze bei. Die SS fand die Quellen bei ihrer Übernahme verwahrlost vor, was auf die zahlreichen Besitzerwechsel und den immer schädlicheren Einfluss der tschechischen Herrschaft zurückzuführen war.

In der Zwischenzeit wurden im Hinblick auf die Sozialhygiene zahlreiche Verbesserungen im technischen Betrieb durch das Personal eingeführt. Die Quellen wurden wieder geöffnet, da die Männer der Waffen-SS und der Wehrmacht im Feindesland einen hohen Verbrauch an diesen Mineralwässern hatten. Eine ausreichende Versorgung mit gutem Trinkwasser ist nicht immer möglich, was gerade durch die Wiederinbetriebnahme der Quellen und das Arbeitssystem der drei 8er ermöglicht wurde.

Unser Mineralwasser spielt eine sehr große Rolle in den neuen Gebieten im Osten, insbesondere in Warschau, wo die Wehrmacht fast ausschließlich auf unser sudetendeutsches SS-Mineralwasser angewiesen war. Es war bekannt, dass in Polen große Seuchengefahr bestand; daher durfte kein Wasser verwendet werden. Da es an Wasser mangelte, wurde das sudetendeutsche Mineralwasser für viele Zwecke verwendet, sogar zum Waschen und Rasieren.

Auffällig war der besonders günstige Preis des Getränks. Unmittelbar nach der Neuinbetriebnahme wurde eine starke Preissenkung vorgenommen, die bis dahin weit über den Preisen für Bier gelegen hatte. So hatte jeder die Möglichkeit, sich von der wohltuenden Wirkung des guten Mineralwassers zu überzeugen. Ziel ist es, alkoholische Getränke und künstliche Produkte, die der Volksgesundheit schaden, vorrangig durch dieses preisgünstige, heilende und natürlich reine Tafelwasser zu ersetzen.

Das Mineralwasser aus der „Sudetenquelle" ist ohne künstliche Zusätze von Kohlensäure oder anderen Stoffen. In 1 Liter Lösung befinden sich 5,679 Milliliter Mineralien. Das Mineralwasser, das auch radioaktiv ist, regt den Appetit an, stärkt den Magen, entschlackt sanft, löst Steine auf, reguliert die Nieren und bindet Fett. Es gibt auch völlig neue Mineralwässer mit Zusätzen von natürlichen Fruchtsäften (wie Zitronen), die wegen ihres Vitamingehalts sehr erfolgreich waren. Zu der heilenden Wirkung von klarem, kristallklarem Quellwasser' kommt die Wirkung reiner Fruchtsäfte hinzu.

Also, Genosse, wenn du unter Durst leidest, nimm eine „sudetendeutsche Quelle"! Frag in der Kantine danach! Damit löschst du nicht nur deinen Durst auf günstige Weise, sondern dienst auch deiner Gesundheit!

HEFT DER SS NR. 2A.1941.

FRÜHLING- UND DOCH MÜDE!

Die Vitamine der SS-Institute

„Es ist Mai - doch der Frühling bringt mir keine Freude! Ich bin müde, von morgens bis abends. Trotzdem werden mir Vitamine verschrieben. Das ist der Hauptgrund für meine Frühjahrsmüdigkeit".

Zwei SS-Männer stehen vor ihrem Unterstand im Generalgouvernement. Auch in diesem Winter war der Dienst schwierig und die Aufgaben immens. Die Länder werden erst nach dem Sieg erobert. Ja, dort wächst bereits das erste Gemüse. Aber hier im Osten - an der Grenze... und der andere bricht in schallendes Gelächter aus.

- Es ist die Frühjahrsmüdigkeit, Karl! Die Dichter haben das richtige Wort dafür gefunden. Vielleicht Schiller? Ich denke daran, eine lange Pause einzulegen. Mir fehlt einfach frisches Gemüse.

- Du machst mir Spaß. Hier, frisches Gemüse? Da sind wir noch nicht.

- Das ist völlig in Ordnung. Aber wir haben dennoch Vitaminpräparate. Ich muss sie nehmen. Die bereitgestellten Produkte helfen gegen Frühjahrsmüdigkeit, Skorbut, Erkältungen und Heimweh.

- Also das! Du kannst dich mit deiner Medizin und deinen Tabletten zum Teufel scheren! Ich habe in meinem ganzen Leben noch nie eine Pille genommen und bin immer gesund geblieben. Eine Pille schlucken! Lass uns die Pillen vernichten und gesund sein, so wie wir früher waren. Jeder Pillenschlucker ist in meinen Augen ein Jammerlappen.

- Du hast vollkommen recht...

- Aber ich weiß, was du jetzt sagen wirst: „Die Pillen sind nichts wert, nur meine Tabletten sind Gold wert".

- Wie erklärst du dir dann unsere Frühjahrsmüdigkeit?

- Das ist Schwäche, sonst nichts!", entgegnete Karl. Und vielleicht fehlt Ihnen auch Gemüse?

- Was ist also in Gemüse enthalten? Ich meine, welche besondere Substanz fehlt uns? Wir bekommen sogar noch Vitamine dazu. Für einen Salatkopf gibt es eine Tablette, für einen Teller Spinat eine Pille! Nein, du kannst mich nicht überreden. Schlechte Magie, junger Freund!

- Jetzt muss ich noch einmal an die frische Luft! - Hast du schon von den Polarforschern und Weltumseglern gehört, die auf ihren Schiffen gegen Skorbut kämpften? Man konnte sich nicht erklären, warum der Skorbut immer auf See ausbrach. Die Matrosen waren kräftige Burschen, die gesund auf eine lange Reise gingen, sich vom besten Fleisch, vom besten Brot, von der stärksten Nahrung ernährten, und doch! Je länger die Reise dauerte, desto verdrießlicher und elender wurden sie. Sie wurden erst wehmütig, dann müde, hatten keinen Arbeitseifer und waren immer schrecklich müde. So begann die Krankheit und endete mit dem Ausfallen der Zähne und schließlich mit dem Tod. Aber wenn das Schiff in den Hafen zurückkehrte, die Seeleute an Land gingen und frisches Gemüse aßen, verschwand der Skorbut ebenso wie die Müdigkeit, die Sehnsucht und die Trägheit.

- Warum hat man den Seeleuten nicht deine berühmten Pillen gegeben?", entgegnete Karl.

- Damals kannte man sie noch nicht. Auch die Ursachen von Skorbut waren noch nicht bekannt. Die Krankheit grassierte jahrhundertelang. Bis zum Anfang des 19 Jahrhunderts fand man in den Sterberegistern sowohl Skorbut als auch Phthisis, Schlaganfall und Todesfälle. Schließlich entdeckten die Ärzte, dass Skorbut eine ernährungsbedingte Krankheit war. Ja, die Wikinger wussten davon, denn sie nahmen auf ihren Drakkaren ständig Fässer mit Sauerkraut mit, wenn sie zu großen Überfahrten aufbrachen.

Im Jahr 1534 berichtete ein Arzt, dass er Erfolge bei der Bekämpfung der Krankheit erzielte, sobald er den Kranken Saft aus Kiefernnadeln verabreichte.

Es dauerte noch Jahrhunderte, bis die geheimnisvolle Substanz, nach der unser Körper verlangt, entdeckt wurde.

Im Jahr 1912 führten zwei deutsche Forscher, Holst und Fröhlich, Tierversuche durch. Dass Skorbut eine Ernährungskrankheit ist, zeigte sich, als bewiesen wurde, dass die Ursache des Problems auf einen Mangel zurückzuführen war.

In unserer Nahrung, besonders in frischem Gemüse und Obst, befinden sich neben Ölen auch Kohlenhydrate und Vitamine aus Eiweiß, ohne die der Mensch nicht leben kann. Das Vitamin C wurde entdeckt. Und genau diese Vitamine sind unsere Nahrungsergänzungsmittel.

- Sapristi! Nun sag mir, großer Gelehrter, wie viele Vitamine verwendet der Mensch ungefähr?

- Unser täglicher Bedarf bewegt sich um die 50 Milligramm. Das reicht bereits aus, um unser Wohlbefinden zu gewährleisten. Aber was der Körper an zu viel C enthält, wird leider wieder ausgeschieden.

- Was, wir müssen also unser ganzes Leben lang zu Krankenpflegern rennen, um Vitamine zu bekommen?

- Nein, die Natur gibt uns Vitamin C, aber nicht immer genug Im Winter und im Frühling, wo uns das frische Gemüse fehlt und das Obst noch nicht reif ist, leiden wir alle unter C-Mangel und sind müde. Unsere Trägheit ist eine Krankheit, die auf Vitamin C zurückzuführen ist. Die Chemiker haben sich jedoch an die Arbeit gemacht und uns ein Vitamin-C-Präparat hergestellt, damit alle schlechten Ausreden verschwinden.

- Gut, komm! Lass uns zum Krankenpfleger gehen. Du hast mich bekehrt und ich bin ein Vitaminschlucker geworden. Was man im Osten alles lernen kann"!

Nicht jeder weiß, dass das Deutsche Versuchslabor in Dachau, eine Einrichtung des Reichsführers SS, auch Vitamine aus frischen Kräutern herstellt, die sich im zweiten Kriegsjahr bei der Verteilung an SS-Einheiten im Feld, vor allem im Osten und in Norwegen, bewährt haben/bewähren. DAS Vitamin wird der Truppe in Form eines Kräuterpulvers verabreicht, das zudem den Geschmack der Speisen verbessert. Unsere in humorvoller Form dargestellte Beschreibung vermittelt ein gutes Verständnis für die Bedeutung und den Wert dieser Vitaminzusätze.

Experimentelle und medizinische Kräuterkunde in Dachau.

„Brief von der Front", Zeichnung von C. Schneider.

Bis zur letzten Grenze, Zeichnung des SS-Kriegsberichterstatters Petersen.

II. DER KLAN

HEFT DER SS NR. 5. 1938.

DER KEIM DES VOLKES

Man hört oft, dass die Familie die „Keimzelle des Volkes" ist. Der Vergleich ist gut gewählt. Jedes Lebewesen, ob Tier oder Pflanze, besteht aus winzigen Bausteinen, die lebendig sind: den Zellen. Sie bilden mikroskopisch kleine Organismen, die in der Regel allein leben können. Man spricht dann von einzelligen Tieren oder Pflanzen. Bei höheren Tier- oder Pflanzenarten sind sie jedoch mehr oder weniger zahlreich und haben unterschiedliche Aufgaben. Sie bilden sozusagen einen Zellstaat. In diesem Zellstaat kann eine Zelle nicht ohne die anderen leben, aber auch das Ganze kann nicht leben, wenn nicht jede einzelne Zelle ein gesundes Leben führt. Wenn die Zelle ihre Lebensfunktion im Zellstaat unterbricht, dann wird der Zellstaat, das Tier, die Pflanze, der Mensch und schließlich der gesamte lebende Organismus krank.

Die wechselseitige Abhängigkeit zwischen der Gruppe und dem Einzelnen und umgekehrt findet leicht ihre Analogie in den Lebensbeziehungen des großen Volksorganismus. Das Leben und die Gesundheit eines Volkes hängen von der Gesundheit seiner kleinsten einzelnen Zellen ab. Und diese existieren nur, wenn das Ganze völlig gesund und fit ist.

Der Einzelne kann aber auch selbstständig leben. Ein einsamer Robinson kann, wenn er über ausreichende Mittel verfügt, ein ganzes Leben lang allein leben. Mit seinem Tod verschwindet dieser einzelne Mensch-Volk auf der Insel, denn im Gegensatz zu einem einzelligen Tier hat ein einzelner Mensch nicht einmal die Möglichkeit, durch Teilung zu wachsen und ständig neues Leben hervorzubringen. Bei höheren Lebewesen braucht es zwei Individuen unterschiedlichen Geschlechts.

Also können Individuen nicht als Zellen betrachtet werden, die im Volksorganismus leben, sondern nur diese kleine Einheit, die in der Lage ist, sich ständig fortzupflanzen. Diese wird durch die Vereinigung zweier Wesen unterschiedlichen Geschlechts gebildet: Das ist das Paar. Diese beiden sich vereinigenden Wesen sind lebendig, sie sind das konstituierende Element des Volkes, der Volksorganismus, der sein Leben sichert.

Aber wenn die Familie die Zelle ist, die die Existenz des Volkes sichert, kann nur die Verbindung zweier Eheleute, die ein neues Leben schafft, als Familie angesehen werden. Die Ehe allein stellt noch keinen Keim des Volkes dar, sondern nur die Ehe, die durch Kinder geweiht wird, oder nur ein junges Paar, das sich Kinder wünscht. Denn eine kinderlose Ehe hat für das Überleben des Volkes so wenig Bedeutung, wie wenn diese beiden Wesen allein wären und nicht geheiratet hätten.

Wir sprechen nicht ohne Grund von einem Keimling. Das Wesen des Keims besteht darin, dass er zum Keimen bereit ist und keimen kann. Eine Zelle, die nicht keimen kann, ist ein Widerspruch in sich und wird früher oder später zum Tod verurteilt.

Durch seinen Staat fördert das Volk die Ehe, schützt sie und ermutigt sie durch zahlreiche materielle Vorteile. Es hat sogar durch ein neues Ehegesetz den moralischen Inhalt der Ehe festgelegt. Wenn es aus irgendeinem Grund nicht dazu kommt, ist diese unvollkommene Ehe für das Volk weniger interessant und das neue Ehegesetz schreibt vor, dass solche Ehen annulliert werden können.

Darin unterscheidet sich die nationalsozialistische Auffassung vom Volk als lebendigem Organismus von der liberalen Auffassung, die im Volk bzw. im Staat nur eine wirtschaftliche Interessenvereinigung von Individuen sah, sozusagen eine riesige Gesellschaft mit beschränkter Haftung. Dem liberalistischen Staat war es egal, ob eine Ehe Kinder hervorbringt oder nicht. Er überließ dies dem „freien Willen" der Eheleute. Oder er sorgte dafür, dass diejenigen, die viele Kinder hatten, öffentlich verhöhnt und im Vergleich zu den intelligenten Menschen, die kinderlos blieben, um die Annehmlichkeiten des Lebens zu genießen, als Dummköpfe bezeichnet wurden. In seinen Augen war die Ehe nur ein Papiervertrag zwischen zwei Wirtschaftspartnern, der zunächst geschlossen wurde, um „legal" in den Genuss sexueller Freuden zu kommen, und dann, um sich durch Arbeitsteilung wirtschaftlich unterstützen zu können.

Wenn viele Ehen in der nationalsozialistischen Volksgemeinschaft kinderlos sind, ist es nur natürlich, dass wir sie als liberal geschlossene Verbindungen von interessierten Partnern betrachten und nicht als jene „Familie", die den „Keim des Volkes" darstellt und Respekt oder gar Schutz verdient. Wer im nationalsozialistischen Staat mit dem bewussten Ziel heiratete, die „Bequemlichkeit" zu genießen und das Kinderkriegen anderen zu überlassen, bewies damit, dass sich seine Auffassung von Volk und Familie in keiner Weise von der des vergangenen liberalen Zeitalters unterscheidet. Er ging also nur deshalb eine Partnerschaft mit einem Wirtschaftspartner ein, um auf legale Weise die Freuden der Ehe zu genießen und die materiellen Vorteile einer solchen Verbindung auszukosten.

Diese Tatsache wird uns täglich durch den „Heiratsmarkt" in den bürgerlichen Tageszeitungen bestätigt, wo mit Titeln und Ehren behängte Herren nach reichen Frauen suchen, um eine Ehe einzugehen, und wo mittellose Damen nach einem Ehepartner suchen, der ihnen eine Rente und einen gesicherten Lebensstandard bieten kann und dem sie im Gegenzug die Freuden der Ehe bereiten würden.

Solche Verbindungen werden auch als „Ehe" und „Familie" bezeichnet, und man kann sich ihnen nicht widersetzen, weil der Standesbeamte nicht wissen kann, welche Absichten die „Verlobten" wirklich haben - es sei denn, ihr Alter verrät sie. Konfrontiert mit dem Volk sind sie nichts anderes als wertlose Scheinehen. Da die neue Moralvorstellung die ganze Nation durchdrungen hat, haben wir es geschafft, diese „Eheleute" mit derselben Verachtung zu belegen wie einen Betrüger, der unverdiente Titel oder Würde für sich beansprucht.

Sicherlich können Verlobte nicht im Voraus wissen, ob ihre Ehe erfolgreich sein wird - sie sind daher den strengen selektiven Regeln der SS unterworfen. Alte Paare können, wenn sie aus einer Laune heraus geheiratet haben und trotz allem immer noch kinderlos sind, diese Verzögerung auf natürliche Weise wieder gutmachen. Diesen treu gebliebenen Paaren kann man nicht sagen, dass sie sich trennen sollten. Aber wenn sie unfruchtbar sind, kann man sie bitten, zumindest daran mitzuwirken, die Fruchtbarkeit anderer zu fördern. Wer einem Waisen oder einem anderen Kind hilft, sorgt so dafür, dass das von anderen gezeugte Leben erhalten bleibt und eines Tages dem Volk zugutekommt.

Aber auf jeden Fall muss der „Keim des Volkes" fruchtbar sein, das Leben fördern, fortpflanzungsfähig und lebensschützend sein, so viel wir wollen, zum Wohle der ganzen Nation. Wer nicht am Überleben des Volkes mitarbeitet, bekundet damit sein mangelndes Interesse an ihm und seiner Zukunft.

Eine Auswahl gesunder Männer und Frauen muss auf der Grundlage der Rasse erfolgen.

Der Nationalsozialismus feierte die Familie stets als Lebensquelle des Volkes. Die SS ging noch einen Schritt weiter und definierte sich als „Orden der Sippen", die ihre Qualitäten in kinderreichen Familien zur Entfaltung bringen sollten.

HEFT DER SS NR. 5. 1938

DER SEGEN, DER DAS LEBEN IST.

Zur Zeit der Ernte führt uns die Natur erneut in den Wachstumsprozess ein, den wir jedes Jahr verfolgen können. Natürlich extrapolieren wir auf unsere Volksgemeinschaft. Jedes Jahrhundert bringt bei allen Völkern Einzelpersonen hervor, die aufgrund ihrer besonderen Gaben für ihre Gemeinschaft von großem Wert sind.

Die Geschichte unseres Volkes hat in jeder Epoche Mitglieder dieser Großfamilien hervorgebracht, die zu Vorreitern des Geistes und der Kunst, zu großen Schöpfern von Kultur und Gesetzen wurden.

Als im Mittelalter die Hammerschläge an der Tür der Schlosskirche zu Wittenberg ertönten, war es der Sohn eines Bergmanns aus einer Familie mit sieben Kindern, der für die Freiheit der Seelen kämpfte (Luther). Gottfried *Leibniz*, der große Philosoph und Akademieprofessor, erblickte ebenfalls in einem großen Familienkreis das Licht der Welt. In der klassischen Ära unserer Dichtung stammte der Messias-Sänger *Klopstock aus* einer Familie mit siebzehn Kindern. Der Nestor der deutschen Dichtkunst, *Goethe*, hatte sechs Geschwister. Der Anstifter zum Befreiungskampf gegen die napoleonische Herrschaft. *Fichte*, zählte immerhin noch neun Geschwister. Die Eltern des Orientalisten und Dichters *Rückert* hatten acht Kinder. Der große Historiker *Ranke* hatte acht Geschwister. Der unvergessliche Komponist *Bruckner* hatte zehn Geschwister, Wilhelm *Busch* sechs.

Man zählte als zweites Kind einer Familie mit sieben *Händels*, *Schiller* mit fünf, *Beethoven* mit fünf, *Novalis* mit zehn, V. *Eichendorff* mit sechs und Justus *Liebig* mit neun Geschwistern.

Albrecht *Dürer* war das dritte Kind in einer Familie mit acht Kindern, Ulrich *Zwingli* mit acht, *Lessing* mit zwölf, *Haydn* mit zwölf, *Arndt* mit zehn, Heinrich v. *Kleist* mit sieben, Robert *Koch* mit dreizehn, Carl Ludwig *Schleich* mit sechs und Erich *Ludendorff* mit sechs Kindern.

Als viertes Kind fand man *Friedrich den Großen* aus einer Familie mit vierzehn Kindern, *Kant* mit neun (*Napoleon* auch mit zwölf), *Bismarck* mit sechs, Werner *von Siemens mit* vierzehn und den Kriegsflieger *Boelcke mit* sechs Geschwistern.

Zu den elitären Deutschen, die das fünfte Kind waren, gehörten Friedemann *Bach* aus einer Familie mit sechs Kindern, Gellert mit dreizehn, Freiherr *von Münchhausen mit* acht, Freiherr *vom Stein mit* sieben und Carl *Runge mit* acht Geschwistern.

Als Siebte zählten unter anderem Feldmarschall *von Blücher, Mozart, Mörike* und *Geibel*.

Als achtes Kind aus deutschen Familien wurden Jost Amman, Prinz *Eugen,* Johann Sebastian Bach, Graf *von Platen,* Heinrich v. *Stephan,* der Kolonist Karl *Peters,* Otto *Weddingen* geboren.

Zu den Neuntgeborenen zählen wir *Runge, Weber,* Richard *Wagner* und Friedrich *Siemens.*

Und wie arm die deutsche Musik ohne das elfte Kind, Franz *Schubert, und* ohne das zwölfte, Karl *Lowe,* wäre.

Wenn man in der Geschichte fortschreitet und systematisch nach diesen Gesichtspunkten forscht, gewinnt man die Gewissheit, dass die Vitalität eines Volkes nur dann Früchte in den größten geistigen und kulturellen Taten trägt, wenn das Volk jung und stark geblieben ist und genau im Einklang mit der Natur lebt.

Hannes Schalfuß

HEFT DER SS NR. 1.1939.
WORAN STERBEN DIE VÖLKER?

I. DIE DEUTSCHE GEBURTENRATE

Wenn wir die heutige Zeit betrachten, müssen wir uns die Frage stellen, ob Deutschland ewig bestehen wird?

Diese Frage mit Ja zu beantworten, hängt von unserem Willen ab, unser Volk ewig zu machen, aber auch vom Strom des Blutes, der seit Jahrtausenden fließt. Es ist die Kette der Generationen, deren Glieder wir sind und die in den Jahrtausenden trotz der Kriege und Elendsepochen der deutschen Geschichte nie abgerissen ist und auch in Zukunft nicht abreißen darf! Wenn das deutsche Volk aussterben sollte, weil es zu feige ist, den Kampf für eine gesunde Geburtenrate zu führen, dann würden sich die Arbeit, der Kampf und die Sorgen der vergangenen Jahrhunderte als bedeutungslos erweisen.

In einer Zeit der allgemeinen Expansion, in der Millionen von Fahnen und Standarten die Macht und den Glanz des Deutschen Reiches widerspiegeln, neigt der Einzelne leicht dazu, nur die Größe der Gegenwart zu sehen und sich daran zu erfreuen. Dabei vergisst er, dass nicht nur in der Gegenwart die Streitkräfte bereitstehen, die Flugzeuge abheben, die Bauern ihre Felder bestellen und die Arbeiter in ihren Werkstätten arbeiten müssen, wenn Deutschland ewig bestehen bleiben soll. Sollte die Zahl der Mobilisierbaren eines Tages sinken und in anderen Völkern eine größere Jugend heranwachsen als die unsere, so würde eine schreckliche Gefahr für das deutsche Volk und das Reich entstehen.

Deutschland kann trotz seiner derzeitigen Macht und seines Glanzes sterben. Die Geschichte lehrt uns, dass Völker untergehen können, denn seit sie existieren, sind sie für sich selbst und ihr Überleben verantwortlich.

Noch vor zehn Jahren glaubten Menschen, sogar aus unserem Volk, an einen unvermeidlichen Untergang der Nation. Oswald Spenglers Prophezeiung, dass der Westen fatalerweise untergehen müsse, wurde von den Schwachen und Feiglingen, die nicht mehr an das Leben glaubten, akzeptiert. Sie sahen nicht die Lücken und Fehler, an denen Spenglers Argumentation litt, als er den schicksalhaften Untergang aller Völker Europas ankündigte. Spengler behauptete: „Nach einem inneren Gesetz muss jedes Volk und seine Kultur eines Tages sterben, nachdem sie ihre Jugend und ihre Reife erreicht haben! So wie ein Baum oder ein Mensch alt wird und dann notwendigerweise stirbt, so muss auch ein Volk alt werden und aussterben".

Der Vergleich zwischen dem Volk und dem Schicksal des Baumes oder des Einzelnen ist jedoch dennoch falsch. Denn jeder Organismus erhält bei seiner Geburt neues Leben und neue Lebenskräfte. Das ist das Wunder des Lebens, das wunderbare Geheimnis der Fortpflanzung und der Geburt, dass durch die Fortpflanzung ewige Jugend und Erneuerung des Lebens verliehen werden kann.

Die Existenz des Einzelnen ist begrenzt, er wird alt und muss sterben. Der einzelne Baum wächst und stirbt, und doch sind die Wälder ewig. Auch der einzelne Mensch lebt und muss vergehen, und doch sind die Völker ewig!

Völker müssen nicht wie der einzelne Mensch oder der einzelne Baum sterben, aber sie laufen Gefahr zu sterben.

Es gibt drei natürliche Ursachen für den Tod eines Volkes. Die Vergangenheit lehrt uns dies ebenso gut wie die Gegenwart. Ein unergründliches Schicksal war nicht die Ursache für den Untergang der zivilisierten Völker des Altertums; sie haben gegen die göttlichen Gesetze des Lebens verstoßen.

Der Führer sagte einmal: „Der Mensch darf niemals den Fehler begehen zu glauben, dass er zum Herrn und Meister der Natur aufgestiegen ist. Er muss versuchen, die grundlegende Notwendigkeit der Herrschaft der Natur zu verstehen und zu begreifen, und dass seine gesamte Existenz diesen konstanten und eugenischen Kampfgesetzen untergeordnet ist. Dann wird er spüren, dass es in einer Welt, in der Sonnen und Sterne reisen, in der Monde um Planeten kreisen, in der die Kraft immer die Herrin der Schwäche ist und sie zu ihrer gehorsamen Dienerin macht oder sie zerbricht, keine Ausnahme für die Menschen geben kann. Die ewigen Prinzipien dieser Weisheit sind für ihn genauso gültig. Er kann versuchen, sie zu verstehen, aber er kann sie niemals ignorieren".

Das Leben erfordert den ständigen Sieg des Starken und Gesunden über den Schwachen und Kranken. Die Weisheit der Natur hat dementsprechend drei Grundgesetze erlassen:
1. Die Lebenden müssen sich immer in großer Zahl fortpflanzen.
2. Im Kampf um das Leben überlebt nur der Stärkste. Die ständige Selektion der Starken eliminiert die schwachen oder wenig wertvollen Elemente.
3. Im gesamten Naturreich bleiben die Arten sich selbst treu. Eine Art verkehrt nur mit ihrer eigenen.

Die Völker, die im Laufe der Geschichte untergegangen sind, sind diejenigen, die sich über die Weisheit und die Gesetze der Natur hinweggesetzt haben. Die natürlichen Ursachen, die für ihre Schwächung und ihr Verschwinden verantwortlich sind, sind daher diese:
1. Verletzung der Pflicht zur Arterhaltung.
2. Verstoß gegen das Gesetz der natürlichen Auslese.
3. Nichteinhaltung der Anforderung, die Reinheit der Art und des Blutes zu erhalten.

Die Untersuchung der zahlenmäßigen und qualitativen Entwicklung des deutschen Volkes in den letzten hundert Jahren zeigt, dass auch sie unbekümmert und verantwortungslos gegen die ehernen Gesetze des Lebens verstoßen haben.

Mitte der 1970er Jahre, zwischen 1870und 1875, wurden 40 Kinder pro 1000 Einwohner geboren. Seit dem Jahr 1900 nur noch 36,5 pro 1000, im Jahr 1913 nur noch 27,5 Geburten. Seitdem nach dem Ende des Krieges jegliches Verantwortungsgefühl verloren ging, sank Deutschland auf 14,7 Geburten pro 1000 Bürger, die gefährliche Schwelle.

Die Vitalität unseres Volkes, die aus einer unzähligen Jugend bestehen sollte, ist daher innerhalb einer Generation prozentual von 40 auf 14 Prozent gesunken. Außerdem wurden in den fünf Kriegsjahren 3,5 Millionen Kinder weniger geboren. Viel größer als die Verluste auf den Schlachtfeldern war also der Verlust an Kindern, die nicht gezeugt oder geboren wurden, weil ihre möglichen Erzeuger an der Front waren. Der ständige Rückgang der Geburten in Deutschland von 2 Millionen im Jahr 1900 auf 900 000 im Jahr 1933 bedeutete eine ständige Abnahme und Schwächung der bewaffneten Macht des deutschen Volkes. Die Zahl der deutschen Kinder, die die Grundschule beendeten, betrug:

1.272.000 im Jahr 1925
1.125.000 im Jahr 1929
754.000 im Jahr 1930
606.000 im Jahr 1932

Wenn man davon ausgeht, dass die Hälfte der Schulabgänger Jungen sind, ergibt sich daraus ein Rückgang der Zahl der möglichen Einberufungsfähigen von 606.000 auf 303.000, wobei die Zahl derer, die vor ihrer Einberufung verschwinden, noch nicht abgezogen wurde.

Für den Fall, dass Deutschland diesen Geburtenrückgang, wie er aus den Zahlen bis zum Jahr 1933 hervorgeht, nicht mit allen Mitteln stoppt, werden in einigen Jahrzehnten nur noch etwa 250 000 Männer pro Jahr für den Militärdienst zur Verfügung stehen, während beispielsweise Russland im Jahr 1930 1 750 000 mobilisierbare Zwanzigjährige zählte.

Die Alterspyramide des deutschen Volkes

Wenn das deutsche Volk in den vergangenen Jahrzehnten gewachsen wäre und die Zahl der Geburten seit Beginn des Jahrhunderts nicht ständig abgenommen hätte, hätte unser Volk eine natürliche und gesunde Alterspyramide. Diese Pyramide wird in 1 Volksorganismus durch den proportionalen Anteil der jährlichen Generationen an der gesamten Nation bestimmt. In einer gesunden Pyramide bilden die Kinder unter einem Jahr den größten Teil der Bevölkerung, und jede nachfolgende Generation ist durch natürliche Todesfälle oder Unfälle zahlenmäßig etwas schwächer.

Wenn man diese Pyramide darstellt, indem man eine Linie mit einer Länge zieht, die proportional zur Anzahl der Bürger ist, und diese Linie für jedes Jahr über die Linie dieser betreffenden Generation legt, erhält man die Alterspyramide des Volkes.

Zum Beispiel ist die des deutschen Volkes im Jahr 1910 natürlich und gesund. Im Gegensatz dazu ist die des Jahres 1975 gefährlich und zeigt uns, dass unser Volk sterben kann.

Im Jahr 1910 gab es in Deutschland nur wenige alte und viele junge Menschen:

Über 65 Jahre: 2,8 Millionen = 5%.
Unter 15 Jahren: 19,6 Millionen =34%.

Die Alterspyramide des Jahres 1975 stellt die Bevölkerung des deutschen Volkes nach statistischen Prognosen dar, woraus sich zwangsläufig ergibt, dass, wenn unter der Herrschaft des Hakenkreuzes keine entscheidende Wende zu einer Geburtenpolitik erfolgt, die Pyramide uns deutlich zeigt, dass der Rückgang der Geburtenrate das Aussterben des Volkes bewirken wird. Die Pyramide verwandelt sich in eine Graburne.

1975

1910

1930

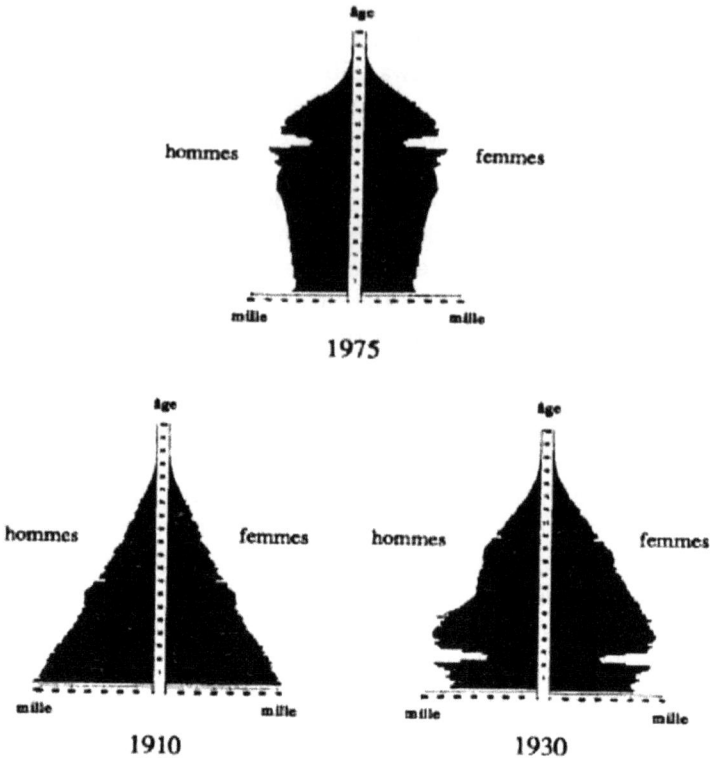

Es würde in Deutschland im Jahr 1975:

9,2 Millionen Menschen über 65 Jahre

10,1 Millionen Menschen unter 15 Jahren

Im Jahr 1975 würde es fast genauso viele alte Menschen wie Kinder geben, während 1910die Zahl der Kinder siebenmal so hoch war wie die der alten Menschen.

Die Ursachen der niedrigen Geburtenrate

Wenn man nach den Ursachen der niedrigen Geburtenrate fragt, ergibt sich Folgendes:

Die Einstellung der Menschen, ihre Lebens- und Weltanschauung sind die Ursachen für die Verletzung der Pflicht, das zahlenmäßige Überleben des Volkes zu sichern. Die wirtschaftliche Misere war nie der Hauptgrund, sie hat nur dazu beigetragen, besonders nach dem Krieg. Denn während der Wohlstand in Deutschland nach der Reichsgründung 1870/71 wuchs, sank die Zahl der Geburten von der Jahrhundertwende bis zum Ausbruch des Krieges Jahr für Jahr. Und derzeit haben benachteiligte Familien fast immer mehr Kinder als wohlhabende Familien. Es waren also nicht Not und Sorgen, die Geburten verhinderten, sondern die Liebe zur Bequemlichkeit, egoistisches Denken und Feigheit im Kampf ums Dasein oder die Angst, die Annehmlichkeiten und den Luxus einschränken zu müssen. Auch die Illusion der Bildung spielte eine Rolle. Eine Familie mit nur einem oder zwei Kindern kann diesen eine bessere Bildung zukommen lassen als einer großen Anzahl von Kindern. Aber die übertriebene Sorge um eine gute Erziehung des Kindes hat zur Folge, dass eine verweichlichte Generation entsteht, die von den Eltern von Anfang an den Prüfungen des Lebens entzogen wird und daher nicht kämpft.

Die großen Persönlichkeiten der deutschen Geschichte *stammten* nicht zufällig *häufig aus* kinderreichen *Familien*. Große Persönlichkeiten sind häufig die jüngsten in einer langen Reihe von Geschwistern.

Neben der liberalen Lehre vom Glück des Einzelnen auf der Erde wirkten auch die Kirchen mit ihren Predigten über das Glück im Jenseits, ihrer Lehre von der Erbsünde und dem Versprechen himmlischer Belohnung verderblich. In der christlichen Ära gingen dem deutschen Volk unzählige Kinder verloren, weil Priester und Nonnen in ihrem Streben nach paradiesischem Glück das Gesetz des Lebens leugneten und freiwillig darauf verzichteten, Väter und Mütter von Kindern zu werden.

Der Wunsch, ein Kind zu bekommen, besser noch, viele Kinder zu bekommen, muss für jeden von uns SS eine Selbstverständlichkeit sein, denn das deutsche Volk darf nicht sterben, sondern muss ewig sein.

SS-Ustuf. Dr. Gerhart Schinke

HEFT DER SS NR. 3.1939.
WORAN STERBEN DIE VÖLKER?

II. Auswahl und Gegenauswahl

Im ersten Heft des neuen Jahres der SS-Hefte wurde die Frage nach den Ursachen für den Tod eines Volkes gestellt und es wurde aufgezeigt, dass das deutsche Volk jahrzehntelang seiner nationalen Pflicht zur *zahlenmäßigen* Erhaltung nicht nachgekommen war. Es wurde aufgezeigt, wie die Bevölkerungszahl von 1870 bis 1932 kontinuierlich gesunken war, so dass die Gefahr bestand, dass unser Volk nicht nur alt werden, sondern mangels neuer Jugend auch sterben würde.

Im Folgenden werden wir aufzeigen, dass auch unser Volk in seiner Pflicht, zu überleben, versagt und gegen das *Naturgesetz der Selektion* verstoßen hat.

Der Wert eines Mannes oder einer Frau für den Fortbestand des deutschen Volkes liegt in der Reinheit seines Blutes, seinen erblichen Eigenschaften und seinem Wert, der in den Dienst der Existenz seines Volkes gestellt wird.

Nachlässigkeit bei der Ermutigung, die Reinheit des Blutes zu bewahren

Die Lehre von der Gleichheit der Menschen, die allen Völkern sowohl von den Kirchen als auch von den Aposteln des Bolschewismus gelehrt wurde, versuchte, die ursprüngliche Vorstellung von der Rasse zu überwinden und die natürlichen Schranken zwischen den Völkern zu beseitigen, die sich aus den Gesetzen des Lebens und der Evolution ergeben. Die Kirche hat Menschen, die aufgrund ihrer Rasse getrennt und verschieden waren, in religiösen Gemeinschaften zusammengeführt. Und nach den Predigten der Pastoren stand ein katholisch getaufter Neger einem katholischen deutschen Mädchen näher als einem nichtkatholischen Deutschen, der mit ihr blutsverwandt war. Die Kirche sprach von Mischehen und versteht unter dieser Bezeichnung eine Ehe von Deutschen, wenn einer von ihnen in seiner Jugend lutherische Psalmen und der andere Hymnen an Maria gelernt und gesungen hat. Die Geistlichen lehnten die Ehe zwischen Deutschen unterschiedlichen Glaubens ab, segneten aber ohne Zögern, oft mit einer gewissen inneren Befriedigung, eine Ehe zwischen einem getauften Juden oder Neger und einem getauften christlichen deutschen Mädchen.

Während die Kirche die Menschen dazu anhielt, ihre eheliche Wahl nach religiösen Gesichtspunkten zu treffen, versuchte die liberale Gesellschaft ihre Mitglieder dazu zu bewegen, den Partner nur nach seinem sozialen Rang auszuwählen, sodass der erbliche und rassische Wert meist vernachlässigt wurde. Die Wahl der Ehe wurde also nicht durch die Kraft des Mannes, den Charme und die Lebensfreude der Frau bestimmt, sondern durch die Zugehörigkeit zur gleichen Gesinnungsgemeinschaft oder die Höhe der Mitgift.

Und die Menschen vergaßen die Selektion der Art, vereinigten sich mit fremdem, unreinem Blut und zerstörten auf diese Weise ihr Erbgut.

Der Bolschewismus, der wie das religiöse Denken auf eine jüdische Vorstellung zurückgeht, beseitigte schließlich alle natürlichen Schranken zwischen den Rassen und Völkern. Schon seit Jahrhunderten hatten die Kirchen gelehrt, dass das Ideal am Ende der Evolution die Bildung eines einzigen Hirten und einer einzigen Herde sei; der Bolschewismus verlangte ebenso das Chaos der Rassen als ultimatives Ziel.

Als sich Teile unseres Volkes mit Menschen einer anderen Spezies zu vermischen begannen, nahm seine Vitalität aufgrund dieser Rassenkreuzung ab. Die Spezies, von der der Römer Tacitus einmal sagte, dass sie „nur sich selbst ähnelt", vermischte sich und wurde unrein. Anstelle der schönen und gesunden Statuen unserer Rasse mit ihren harmonischen Einstellungen und Verhaltensweisen traten nun Arten mit einem instabilen Gemütszustand auf. Äußerlich disharmonisch, hatten sie auch mehrere Seelen im Herzen, ihr Charakter war nicht mehr stark und homogen; innerlich waren sie in ihren Gedanken und Werten zerrissen. Als unsere Landsleute ihre Einheit der Rasse und des Charakters verloren, verstanden sie einander bald nicht mehr.

Menschen derselben Rasse verhalten sich dem Schicksal gegenüber gleich, weil sie die gleiche Seele und den gleichen Charakterwert, den gleichen Lebenssinn und das gleiche Ziel haben. Menschen gleichen Blutes und gleichen Erbguts haben nicht nur die gleiche Auffassung von Ehre, Freiheit und Treue; sie haben auch den gleichen Entschlussgeist im Kampf und angesichts von Gefahren, und sie begreifen Gott auf die gleiche Weise. Ein Volk, dessen Elemente die gleiche Erblichkeit gemeinsam haben, weist eine lebendige, in sich starke Einheit auf, die in allen ihren Entscheidungen klar ist. Ein Volk ist eine Repräsentation Gottes, und die Repräsentation Gottes ist immer klar.

Menschen unterschiedlicher Rassen denken unterschiedlich über den Wert des Charakters, über Liebe und Ehe, über Recht und Unrecht. Sie verhalten sich gegenüber Freunden und Feinden unterschiedlich und handeln in Zeiten der Not ebenso.

Wenn ein Volk rassisch gemischt ist, fehlt ihm die körperliche und geistige Einheit. Es hat kein gemeinsames Denken, keinen einheitlichen Willen, keinen gemeinsamen Glauben und keine gemeinsame Lebensauffassung.

So hat sich unser deutsches Volk aufgrund von Rassenkreuzungen vom antiken Ideal des schönen und heroischen Menschen entfernt. Als Idealfiguren des Lebens wurden ihm kranke Kreaturen und armselige Heilige präsentiert, während sein Held und Vorbild einst Siegfried war. Eine ähnliche Entwicklung hat immer zum Untergang eines Volkes geführt.

Wir sind uns der tiefen Wahrheit bewusst, die in dem Satz des Führers enthalten ist: „Die Erbsünde gegen Blut und Rasse ist die einzige große Sünde dieser Welt und das Ende der Völker, die sie begehen".

Die Missachtung des Gesetzes der natürlichen Auslese

In der Natur, die sich seit jeher nach göttlichen Gesetzen selbst organisiert, herrscht erbarmungslos das Gesetz der natürlichen Auslese. Der ständige Kampf ums Dasein vernichtet alles, was nicht lebensfähig ist, schon im embryonalen Zustand. Die Starken und Tapferen können den tausend Gefahren der Natur trotzen; in den Wäldern und Meeren darf kein minderwertiges oder erblich kränkliches Leben existieren. Die natürliche Auslese wirkt so, dass nur das Starke und Gesunde durch den Kampf überlebt und sich durch Fortpflanzung vermehrt, alles Kranke aber verkümmert und stirbt.

Die Stärksten und Besten erfüllen ihr Schicksal in der Auslese nach den göttlichen Gesetzen, und dadurch wird die Erhaltung des Wertes der Arten, die den ewigen Sinn des immerwährenden Kampfes um die Existenz, um ihre Verbesserung und Erhöhung bilden, gesichert.

Unsere germanischen Vorfahren folgten den Gesetzen der Selektion wie alle gesunden Völker, deren Intelligenz und Sensibilität noch nicht von falschen Mitleidsdoktrinen verseucht waren.

Die falsche Vorstellung, die die Kirche von Gott hatte, leugnete die göttlichen Naturgesetze. Die kirchliche Lehre widersetzte sich bewusst dem Willen der Natur.

Nachdem man den Völkern gepredigt hatte, dass Gott aus Mitleid mit den Schwachen und Kranken, den Sündern und Armen gekreuzigt wurde, konnten die unnatürliche Lehre vom Mitleid und ein falscher Humanitarismus die Erhaltung angeborener Kranker fördern. Ja, man hielt es für eine moralische Pflicht, vor allem die Kranken, die bedrängt Unglücklichen und die geistig Armen zu pflegen und zu fördern.

So konnten sich die angeborenen Kranken ungehindert vermehren, und die Gemeinschaft der Gesunden musste die Last der Pflege tragen, die zur Aufrechterhaltung der erblich belasteten Elemente nötig war.

Die große Zahl der Erbkranken führte zu einer fast untragbaren finanziellen Belastung des Staats- und Gemeindehaushalts. Ein zurückgebliebenes Schulkind kostet den Staat zwei- bis dreimal so viel wie ein normales Kind. Ein Erbkranker in einem Spezialheim, ein Geisteskranker oder ein Epileptiker erhält jährlich vom Staat im Durchschnitt fünfmal so viel wie ein gesunder Sozialversicherter nach einem ganzen Arbeitsleben. Millionen wurden jedes Jahr für Irrenhäuser verschleudert, während es gesunden Arbeiterfamilien oft am Nötigsten fehlte.

Das Erbgut des deutschen Volkes verarmt auch durch die undifferenzierte Fortpflanzung von rassisch unterschiedlich wertvollen Bürgern. Die Struktur eines Volkes bleibt homogen, wenn alle seine

Elemente im gleichen Alter heiraten und in jeder Verbindung viele Kinder zeugen. Es kommt auf notwendige und natürliche Weise zu einer Zunahme des Bevölkerungszweiges, dessen Mitglieder früh geheiratet haben und eine größere Anzahl von Nachkommen haben. In Deutschland waren gerade späte Eheschließungen und Kindermangel jahrzehntelang das Los der wertvollen Menschen und damit eines wertvollen Erbgutes, was zu einem starken Rückgang des gerade wertvollsten Teils der Nation führte. Bereits in den Jahren vor dem Großen Krieg wurde im deutschen Volk eine undifferenzierte Reproduktion festgestellt.

Im Jahr 1912 gab es in den Ehen von hohen und sehr hohen Beamten durchschnittlich 2 Kinder, in den Ehen von Angestellten und Freiberuflern 2,5 Kinder, in den Ehen von gebildeten Arbeitern und Handwerkern 2,9 Kinder, in den Ehen von Hilfsarbeitern und OS 4,1 Kinder und unter diesen 5,2Kinder bei den Landarbeitern.

In den letzten Jahren hatten die Milieus mit Hochschulbildung im Durchschnitt: 1,9 Kinder, die Familien von wohlhabenden Angestellten und Handwerkern 2,2, bei den gebildeten Arbeitern 2,9. Asoziale, Kriminelle und Väter von zurückgebliebenen Kindern hatten im Durchschnitt eine hohe Kinderzahl.

Also stieg die Zahl der Spinner und Erbkranken im deutschen Volk an, während die Zahl der wertvollen und gesunden Menschen abnahm.

Über 700.000 Patienten mit schweren Erbkrankheiten werden in speziellen Einrichtungen behandelt. Die Gesamtzahl der Erbkranken dürfte mehrere Millionen betragen.

Dieser erschütternde Zustand ist die Folge von Mitleidsdoktrinen, die den Gesetzen des Lebens widersprechen; er ist das Ergebnis der Verherrlichung von Unfähigen, Schwachen und geistig Armen. All diese erblich bedingt ungesunden Individuen wären, wenn sie für sich selbst sorgen müssten, nicht in der Lage, sich zu behaupten und dank ihrer Energie im Kampf um das Leben zu triumphieren. In diesem von Gott gewollten Kampf werden sie zwangsläufig besiegt, denn die Natur befürwortet in ihrer heiligen Weisheit die Ausmerzung der Schwachen und Kranken.

Während in der Natur das Gesetz der Auslese herrscht, hat eine schlechte Staatsführung der Nation und die dadurch verursachte Störung des Lebens im Volk eben eine Gegenauslese bewirkt. Aufgrund der Gegenselektion vermehrt sich der Unwert auf Kosten des Wertes, der Schwache auf Kosten des Starken, und das alles aufgrund der Fürsorge und Pflege der Zivilisation.

Viele Großstädte stellen ebenfalls eine Quelle der Gegenselektion dar. Die Großstadt hat schon immer die treibenden Kräfte des Volkes angezogen, die sich profilieren und ihre Fähigkeiten unter Beweis stellen wollten, aber sie verschwanden dort fatalerweise schon in der zweiten Generation. Ganze Clans starben in den Großstädten. Wenn Berlin zum Beispiel keine Einwanderer aufnehmen würde, würden laut Burgdörfer auf der Grundlage der heutigen Geburtenzahlen in 150 Jahren von den heute gezählten 4 000 000 Seelen nur noch 100 000 Nachkommen übrig bleiben.

Der moderne Krieg übt eine besonders wirksame Wirkung im Sinne der Gegenselektion aus. Es werden fast ausschließlich Männer von guter körperlicher und geistiger Gesundheit einberufen, sodass im Krieg nur diejenigen fallen, die ein wertvolles Erbgut besitzen. So verschlingen die Schlachtfelder das Blut der besten Söhne des Volkes, deren Erbgut unwiederbringlich verloren ist. Gewiss, ihr Tod ist ein heiliges Opfer für die Ehre und die Freiheit des Volkes.

Ebenso fallen jedes Jahr mehrere hundert tapfere deutsche Jugendliche als Opfer von Sport oder Wettkampf, im Kampf mit dem Eis, im Schnee, bei Autorennen oder im Flugzeug.

Auch wenn die Zahl der Opfer so groß war, starb kein Volk der Erde aufgrund von Krieg, Missernten oder einer politischen Rezession.

Völker sind erst dann verschwunden, wenn die lebende Substanz, die ihr historisches Leben sichert, ihr Blut und ihre Rasse erschöpft sind. Sie sterben also nur in den folgenden Fällen aus:

1. Als die Geburtenzahl aufgrund des Rückgangs der Volkskraft sank und somit einem zahlenmäßig und qualitativ stärkeren Volk die Möglichkeit geboten wurde, seinen schwächeren Nachbarn zu überrennen.

2. Durch eine Rassenkreuzung, die ein ursprünglich gesundes Volk seiner inneren Harmonie beraubte.

3. Durch Missachtung der Gesetze der Selektion, die eine Verringerung des wertvollen Erbguts bewirkt und zu einer Verringerung der Fähigkeiten und Eigenschaften in der Bevölkerung führt.

Der Tod eines Volkes beruht also auf einer falschen Lebensauffassung und ist darauf zurückzuführen, dass die ewigen Gesetze der Erde nicht beachtet wurden. Der Mensch hat gelernt, die Gesetze des Lebens zu missachten, weil er die Verbindung zur Natur und zum Leben verloren hat.

Die Kirchen frustrierten Millionen von uns mit dem germanischen Glauben an die irdische Unsterblichkeit, sodass unzählige Männer und Frauen im Namen eines unwirklichen himmlischen Willens darauf verzichteten, gesunde Kinder zu zeugen. Die Kirchen bezeichneten die heilige Erde als ein Tal der Tränen und lehrten, dass Fortpflanzung und Geburt Schuld und Sünde seien. Als die wesentliche Quelle des Lebens, der Wille zum Leben, durch das Streben nach materiellem oder jenseitigem Glück ersetzt wurde, war die Etablierung des Egoismus und schließlich des Bolschewismus möglich; letzterer hat jedoch nur die Schwächung und den Verfall der Völker zum Ziel.

Indem der Nationalsozialismus das ewige Leben eines Volkes lehrt, bringt er die Menschen dazu, die göttlichen Gesetze des Lebens zu respektieren. Der Führer sagte: „Die große Revolution des Nationalsozialismus besteht darin, dass er die Tür zur Erkenntnis geöffnet hat, dass alle Fehler und Irrtümer der Menschen auf bestimmte Umstände zurückzuführen und daher wiedergutzumachen sind, mit einer Ausnahme: die Missachtung der Wichtigkeit, das eigene Blut, die eigene Art und damit die von Gott verliehene Geisteshaltung und den Charakter zu erhalten. Wir Menschen dürfen uns nicht fragen, warum die Vorsehung die Rassen geschaffen hat; wir müssen nur feststellen, dass sie diejenigen bestraft, die ihre Schöpfung verachten."

„Vielleicht zum ersten Mal, seit es eine Menschheitsgeschichte gibt, wurde in Deutschland die Aufmerksamkeit auf die Tatsache gelenkt, dass die erste aller uns zugewiesenen Aufgaben, die edelste und daher den Menschen heiligste, die Erhaltung des Blutes und der Art, wie Gott sie geschaffen hat, ist."

Als SS sind wir uns unserer nationalen Pflicht bewusst und wollen im Zeichen des wiedergeborenen Lebens, des heiligen Hakenkreuzes, Väter werden und aus Liebe zu dem dreimal geweihten Land, das die Heimat unserer Vorfahren und die unsrige ist, dem deutschen Volk ewiges Leben schenken.

Die Worte unseres SS-Kameraden Lothar Stengel von Rutkowski in *Königreich dieser Welt*, sind unsere eigenen:

Du bist Enkel
Auf Siege und Sorgen
Von deinen Vorfahren
Du verdankst deine Existenz.
Als Vorfahre
Du hältst in deinen Händen
Glück und Unglück
Von den entferntesten Generationen.

SS-Ustuf. Dr. Gerhart Schinke

Hat ein Staat das Recht, Eugenik zu betreiben, um zu verhindern, dass unglückliche
Menschen mit erblichen Defekten behaftet sind?
Der Nationalsozialismus antwortete mit Ja.
Rechts, Kinderheim des Vereins „Lebensborn".

Die „positive" Selektion veranlasste Wesen mit gleichem Erbwert, sich zu vereinen.

Die Völker verfügen in ihrem Kampf um das Leben über zwei Waffen: ihre Fähigkeit zur Selbstverteidigung und ihre natürliche Fruchtbarkeit. Wir dürfen nie vergessen, dass die Fähigkeit zur Selbstverteidigung allein den Fortbestand des Volkes in ferner Zukunft nicht sichern kann, sondern dass dazu die unerschöpfliche Quelle seiner Fruchtbarkeit notwendig ist.

Lassen Sie uns klar sehen und handeln, damit dem Sieg der deutschen Waffen auch der Sieg des deutschen Kindes folgt.

Heinrich Himmler

HEFT DER SS NR. 4. 1938.

DAS NEUE EHERECHT GROßDEUTSCHLANDS

Die veralteten Bestimmungen der Ehe- und Scheidungsgerichtsbarkeit sowie die Rückkehr des österreichischen Volkes ins Deutsche Reich erforderten eine beschleunigte Umgestaltung der Vorschriften zu diesem wichtigen Aspekt des Familienrechts. Mit diesen Gesetzen wurde der erste Schritt zur Schaffung des deutschen Ehe- und Familienrechts getan. Die Auffassung des nationalsozialistischen Staates über das Wesen der Ehe bestimmte die Einrichtung des neuen Rechts. In Österreich bestehende starre religiös-dogmatische Bindungen, wie sie in der Gesetzesschöpfung definiert wurden, hatten zu Missbräuchen in diesem lebenswichtigen Bereich geführt; über den Rahmen der einfachen Familien hinaus drohten sie das öffentliche Leben zu vergiften und mussten daher beseitigt werden. Im gesamten Reich hatte das Eherecht durch die grundlegenden Änderungen des Gesetzes zum Schutz des deutschen Blutes, des Ehegesundheitsgesetzes und des Gesetzes zur Verhütung von Missbräuchen bei der Eheschließung bereits einen großen Wandel im nationalsozialistischen Geist bewirkt.

Das neue Gesetz lehnt bewusst die individualistische Auffassung ab, die die Ehe als eine Art Vertrag betrachtet, der von den persönlichen Interessen der Beteiligten beeinflusst wird. Ebenso entfernt es sich von der religiösen Auffassung, die die Heiligkeit der Ehe aus religiösen Bindungen ableitet. Das neue Recht schreibt vielmehr die Heiligkeit und Würde der Ehe vor, die als Zelle des Gemeinschaftslebens und Herzstück der Familie den Fortbestand des nationalen Lebens sichert und günstige Bedingungen für eine gesunde und strenge Erziehung der Nachkommenschaft schafft.

Jede SS muss die wichtigsten Klauseln dieses Gesetzes kennen.

Sie sollten in wenigen Punkten dargestellt werden.

I.

1. Eine Ehe kann nur von einem Mitarbeiter des Standesamtes geschlossen werden. In Österreich reichte bis dahin nur ein Hochzeitssegen aus.

2. A priori kann eine Ehe als nichtig angesehen werden, d. h. als nie geschlossen. Sie ist in den Fällen nichtig, die in den Nürnberger Gesetzen und im Gesetz über die Ehegesundheit festgelegt sind.

Darüber hinaus ist er auch:

- wenn sie nicht in der vorgeschriebenen Form vor dem Standesbeamten stattgefunden hat,

- wenn einer der Ehegatten vertragsunfähig war oder kein freies Urteilsvermögen besaß,
- wenn eine Ehe geschlossen wird, deren Grund nicht das Zusammenleben ist,
- wenn einer der Ehegatten bereits verheiratet war,
- wenn es aufgrund von zu naher Verwandtschaft oder Ehebruch verboten war.

II.

1. Ein Kind aus einer Ehe, die nach den Nürnberger Gesetzen über die Gesundheit der Ehe als nichtig gilt, ist unehelich.
2. Ein Kind aus einer Ehe, die aus den anderen genannten Gründen ungültig ist, gilt als ehelich. Diese Kinder dürfen nicht unter den Verfehlungen der Eltern leiden.

III.

Früher konnte eine Ehe in bestimmten Fällen angefochten werden. Wenn sie für ungültig erklärt wurde, galt sie von vornherein als nie stattgefunden. Dies ist nunmehr abgeschafft. Eine Ehe kann in bestimmten Fällen „annulliert" werden. Sie wird dann durch die Autorität der Justiz aufgelöst.

Die Gründe für die Absage sind folgende:
- Fehlende Zustimmung des gesetzlichen Vertreters
- unbegründete Ehe
- schlechter körperlicher Zustand, der sich auf die Person des anderen Ehepartners bezieht (z. B. Unfruchtbarkeit zum Zeitpunkt der Eheschließung),
- mehr oder weniger ausgeprägte Täuschung oder Drohungen.

Die Gründe für die Aufhebung entsprechen den früheren Anfechtungsklauseln.

IV.

Eine Ehe kann „gebrochen" werden:
- wenn einer der Ehegatten das Zusammenleben beendet hat,
- wenn ein Ehegatte sich ohne triftigen Grund weigert, Kinder zu zeugen oder Nachkommen zu akzeptieren.
- wenn ein Ehepartner die Harmonie der Ehe so tiefgreifend gestört hat, indem er die ehelichen Pflichten verletzt hat, dass eine Rückkehr zum gemeinsamen Leben vernünftigerweise nicht erwartet werden kann,
- wenn der andere Ehepartner entfremdet wird,

- wenn der andere Ehepartner an einer hochansteckenden oder abstoßenden Krankheit leidet,
- wenn der andere Ehegatte nach der Eheschließung vorzeitig unfruchtbar geworden ist. (In diesem Fall wird die Scheidung jedoch vermieden, wenn die Ehegatten legitime Nachkommen oder ein adoptiertes und erblich gesundes Kind haben).

Bei völlig zerstörten Ehen, in denen die Ehegatten häufig jahrelang voneinander getrennt leben und sich bislang nicht scheiden lassen konnten, sieht das neue Gesetz vor, dass jeder Ehegatte die Scheidung beantragen kann, wenn das Zusammenleben seit drei Jahren beendet ist und nicht wiederhergestellt werden kann.

V.
Zur Frage der Fürsorgepflicht.

Eine neue Regelung, die den modernen Vorstellungen entspricht, darf den Lebensstandard des Begünstigten nicht mehr berücksichtigen. Er muss sich nach dem Betrag richten, der als angemessen für den Lebensstandard beider Ehegatten angesehen wird.

VI.
Das Schicksal des Kindes nach der Scheidung.

Da dem nationalsozialistischen Staat die Jugendfürsorge besonders am Herzen liegt, hängt die Frage, wem das Kind anvertraut wird, vor allem davon ab, ob die Ehegatten in der Lage sind, dem Kind eine angemessene Erziehung zukommen zu lassen. In diesem Fall ist nicht die Schuld der Eltern, sondern das Wohl des Kindes ausschlaggebend.

VII.

In Österreich war die Situation besonders unerfreulich. Eine Ehe zwischen Katholiken konnte nicht annulliert werden. Früher erteilten die österreichischen Verwaltungsbehörden in solchen Fällen die sogenannte Dispens. Wenn der betroffene Ehegatte anschließend eine neue Dispensehe schloss, musste er angeben, dass diese von den Gerichten nicht anerkannt wurde. Die Kinder aus dieser zweiten Ehe waren somit unehelich. Diese schreckliche Verwirrung wird durch das neue Gesetz beseitigt.

Eine nach den alten Gesetzen ungültige Ehe kann als gültig angesehen werden, wenn die Ehegatten am 1. April 1938 noch zusammenlebten. Auch „Dispensehen" sind von Anfang an gültig, wenn die Eheleute am 1™ April 1938 zusammenlebten.

Das neue Gesetz trat am 1 August 1938 in Kraft.

SS-Ostuf. Dr. Schmidt-Klevenow

GESTALTUNG DER FESTE IM JAHRESVERLAUF UND IM LEBEN DER SS-FAMILIE.

DIE HEIRAT UND DIE AUFNAHME DER FRAU IN DIE SS-KLANGEMEINSCHAFT

Die Eheschließung oder Verlobung wird vom Standesamt durchgeführt. Bis zum Beginn des Zweiten Reichs zählte nur die kirchliche Trauung, die später, als Bismarcks Gesetz von 1875 dem Staat die Gesetzgebung über die Ehe übertrug, von den meisten Menschen als unerlässlich, ja sogar als die bei weitem wichtigste Zeremonie angesehen wurde. Die Behörden beglaubigten diese Auffassung dadurch, dass sie die Eheschließung in den benachteiligten Kreisen als offizielle Angelegenheit betrachteten.

Das Dritte Reich nahm eine andere Haltung gegenüber der Ehe ein. Im Gegensatz zum Ancien Régime und der Kirche wird heiratswilligen Personen geraten, nachzuweisen, dass sie alle Vorbedingungen für eine Verbindung erfüllen und erblich gesund sind. Der Staat kümmert sich um die Familien, sorgt für sie, beseitigt so weit wie möglich materielle Schwierigkeiten und stellt die Bedeutung der Familie stets in den Vordergrund. In Zukunft soll auch die zivile Form der Ehe dieser Bedeutung Rechnung tragen. Einige Gemeinden stellen dem Brautpaar einen besonders schönen Raum zur Verfügung. Dort führen die Angestellten die Trauungszeremonie in würdiger und feierlicher Form durch. Hierzu existieren die notwendigen Verordnungen des Reichsinnenministeriums. Vor kurzem wurde eine Reichsverordnung umgesetzt, die den Standesämtern den Status von Sippenämtern verleiht und eine offizielle Tracht für die Beamten vorsieht. Es kann tatsächlich sein, dass es oft an der nötigen Ausbildung fehlt, um diese Erlasse umzusetzen.

In solchen Fällen können der Postenführer, der Clan Care Service, der Einheitsführer oder der Ausbildungsleiter qualifiziert eingreifen, um die Verlobung der SS zu vollziehen. Es muss sichergestellt werden, dass der Austausch der Ringe während der Zeremonie mit gegenseitigem Einverständnis vollzogen wird.

Die standesamtliche Trauung verleiht dem Mann und der Frau den Status eines Paares. Eine SS-Zeremonie, bei der eine Art „Ehesegnung" mit Frage-Antwort-Spiel, Scheinaltären, Dolchübergabe, brennenden Schalen und ähnlichen Nachahmungen des christlichen Rituals durchgeführt wird, ist zu verbieten.

Wir SS-Männer müssen noch die Aufnahme der Frau in die Gemeinschaft der SS-Clans vornehmen. Sie sollte vorzugsweise während des

Hochzeitsmahls oder besser noch vor Beginn desselben aufgenommen werden.

Die Bedeutung des Festmahls bei der Namensgebung wurde bereits erwähnt, ebenso bei den Zeremonien zur Aufnahme des Kindes ins Jungvolk etc. Das Festmahl ist ein sehr alter Brauch, der untrennbar mit dem Familienfest verbunden ist! Der Vorbereitung und Durchführung des Hochzeitsbanketts muss daher besondere Aufmerksamkeit gewidmet werden. Das Festmahl muss stattfinden können, auch wenn die Mittel bescheiden sind! Der Raum, in dem es stattfindet, wird entsprechend den jeweiligen Bedingungen ausgewählt. Wenn es möglich ist, sollte er sich jedoch in der Wohnung selbst befinden, ansonsten in einem Gasthaus. Der Tisch sollte feierlich gedeckt und mit Blumen oder grünen Tannenzweigen geschmückt sein. Man kann den Schwerpunkt auf die Dekoration der Plätze des Paares legen. Der Einheitsführer oder ein Kamerad, der dem Paar besonders nahe steht und die Frau in die SS-Gemeinschaft aufnimmt, setzt sich dem Paar gegenüber. Er spricht das Brautpaar vor Beginn des Essens oder währenddessen zwischen zwei Gängen an. In seiner Rede muss er den Wert der Ehe für die Erhaltung des Volkes und für die Sippengemeinschaft der SS betonen. Er sollte über das Motto „Meine Ehre heißt Treue" sprechen, das die Frau ebenso zwingend betrifft, da sie sich nun den SS-Gesetzen unterwirft. Er muss außerdem betonen, dass der SS-Mann, die SS-Frau, die einander treu sein müssen, ihre Pflicht erfüllen, wertvolle Mitglieder unserer Gemeinschaft sind und in ihr immer sicher sein werden. Der Redner empfängt die Frau in der SS-Sippe und ermahnt sie feierlich, stets an ihre hohe Aufgabe als Frau und werdende Mutter zu denken, die SS-Gesetze zu achten und nach ihnen zu leben. Anschließend wird entsprechend dieser Begrüßung ein Geschenk überreicht, das mit der Ehe oder der Frau und Mutter zu tun hat. In diesem Zusammenhang wird ein besonders gut ausgewähltes Buch mit einer Widmung oder einer Illustration empfohlen. Es gibt auch den schönen Brauch, einen Holzteller mit Salz und Brot und zwei Schalen aus Porzellan oder Steingut zu überreichen. Dieses Geschenk symbolisiert den einfachen Lebensstil, den wir nie vergessen sollten.

Die Worte des Redners müssen mit einem „Sieg Heil" an den Führer und das junge Paar enden.

Der Rest des Hochzeitsmahls sollte in fröhlicher Stimmung stattfinden. Wenn es die Möglichkeit gibt, zu tanzen, dann sollte dies auch getan werden.

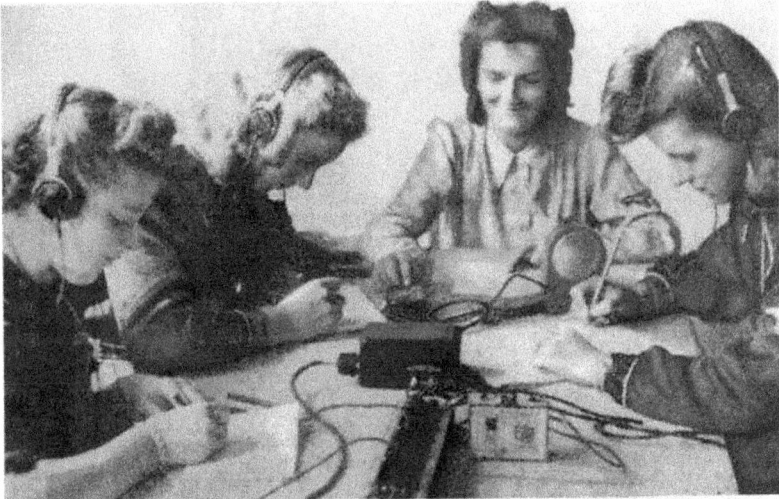

Die SS, ein „Orden der Clans", ließ Frauen in ihren Reihen zu. Oben: Freiwillige nehmen an einem Morsekurs teil.

Links, die beste Zeit des Tages. Rechts: Anstecknadel, die jeder Mutter des ersten Kindes in einer SS-Familie geschenkt werden soll.

Seltenes Beispiel für eine „Namensgebungs"-Zeremonie in den Jahren 1936-37.

Das Kostüm der Braut sollte feierlich sein. Brautkronen und Schleier sollten jedoch vermieden werden, da es sich hierbei um orientalische Verzierungen handelt. Abgesehen von der zuvor geschilderten Form ist die Aufnahme der Frau in die SS-Klangemeinschaft mit der standesamtlichen Eheschließung vergleichbar, allerdings in Form einer intimen Zeremonie. Der Raum muss mit besonderer Sorgfalt ausgewählt werden. Wenn es in den örtlichen SS-Dienststellen keinen geeigneten Raum gibt, helfen die Frauenabteilung, die Hitlerjugend oder die Stadtverwaltung aus. Die Durchführung der Zeremonie bedarf einer sorgfältigen Vorbereitung. Sie erfordert vor allem eine musikalische Untermalung. Sofern die Mitglieder einer SS-Musikeinheit oder die SS-Kameradenkreise dies nicht leisten können, können die Hitlerjugend, der BDM, die Frauenabteilung oder andere helfen. Ein Vorwort, ein Gedicht oder ein Prosastück, ein Wort des Führers oder des Reichsführers muss als Einleitung zu der vom SS-Kameraden gehaltenen Rede dienen. Dessen Worte sollten den zuvor erwähnten Gedankengängen folgen. Da sich der Kreis der SS-Kameraden bei dieser Zeremonie vergrößert, sollte zum Abschluss das Lied der Treue gesungen werden. Der Raum sollte schlicht dekoriert werden. Im Hintergrund befindet sich die Fahne mit den Siegesrunen, außerdem ist ein Blumenschmuck angebracht, allerdings ohne Palme und Lorbeer, sondern mit Eiche, Tanne, Stechpalme und Efeu. Für das Brautpaar und die Mehrheit der Teilnehmer müssen Stühle aufgestellt werden. Fügen wir abschließend noch einmal hinzu: Je besser der Genosse, der die Frau in die Gemeinschaft der SS-Klans aufnimmt, die zukünftigen Ehepartner kennt, desto überzeugender kann er sprechen. Aus diesem Grund wäre es ein großer Fehler, einen Einheitsführer oder gar einen höheren Offizier einzuschalten, denn dieser würde meist eine allgemeine Rede halten, während der Kamerad seine Worte an die Gefühlsentwicklung anpassen wird, die das junge Paar in der Zukunft nehmen wird, und vielleicht auch an seine möglichen Konflikte. Das ist die wichtigste Voraussetzung in unserer Gemeinschaft.

Es gibt keinen größeren Adel für eine Frau, als die Mutter der Söhne und Töchter eines Volkes zu sein. Die ganze Jugend, die man heute so schön auf den Straßen sieht, mit strahlenden Gesichtern und funkelnden Augen, wo wäre sie, wenn sich nicht immer wieder Frauen gefunden hätten, die ihr das Leben schenkten?

Adolf Hitler
(Rede des Führers auf dem Frauenkongress, Parteitag von 1935).

„D'ESTOC ET DE TAILLE" (D'ESTOC ET DE TAILLE), GUNTHER D'ALQUEN. 1937.

EIN WORT ZUR SCHEIDUNG

Seit jeher haben sich alle Zivilgesetzbücher mit einem der umstrittensten Probleme befasst, nämlich der Scheidung. Bisher fanden ideologische Gegensätze in den Parlamenten immer eine einheitliche Lösung. Berechtigte Lösungen wurden nur dann gefunden, wenn ein Staat oder eine Bewegung einer klaren Ideologie folgte.

So unterstützt die katholische Kirche den Standpunkt der Unauflöslichkeit der Ehe mit der Begründung, dass sie von Gott geschlossen wurde. Das zwingt uns, im Rahmen dieser Anwendungen zu dieser Weltanschauung Stellung zu nehmen. Im Übrigen ist unser Standpunkt hinreichend klar. Wir erklären jedoch gleich, dass die Haltung der katholischen Kirche in diesem Punkt nicht immer einfach und einheitlich war. Die Entwicklung des kirchlichen Eherechts in der Neuzeit zeigt vielmehr eine Tendenz in diese Richtung.

Im Gegensatz dazu vertritt der Liberalismus - wie das Beispiel Sowjetrusslands zeigt - eine völlig gegensätzliche Meinung zur Ehe. Er betrachtet die Ehe als einen privaten Rechtsvertrag, der jederzeit aufgelöst werden kann. Diese Kündigung erfordert sogar nur den Antrag eines einzigen Ehepartners.

Auch diese Interpretation muss man ablehnen, da sie auf einer Verkennung und Missachtung des Wertes der Familie beruht.

Unsere Position sollte sich direkt an Adolf Hitlers „*Mein Kampf*" orientieren. Der Führer hat damit zum ersten Mal definiert, dass die Ehe nicht einfach ein Zustand ist - sie ist eine Mission.

Der Ausschuss für Familienrecht der Akademie für Deutsches Recht nimmt diesen Standpunkt ebenfalls ein, wenn er derzeit eine gesetzliche Definition zur Einführung eines neuen Scheidungsrechts vorgibt. Er sieht folgende Fassung vor:

„Als Ehe gilt, was für die Volksgemeinschaft angemessen ist, eine Lebensgemeinschaft, die auf gegenseitiger Treue, Liebe und Achtung beruht. Erbgesunde Personen verschiedenen Geschlechts bezwecken die Wahrung und Pflege des Gemeinwohls durch enge Zusammenarbeit und zur Zeugung von erbgesunden Kindern gleicher Rasse, um sie zu wahren Staatsbürgern zu machen."

Es ist klar, dass der nationalsozialistische Staat trotz der Bedeutung, die er der Ehe direkt zuschreibt, auch die Genehmigung zur Trennung aussprechen muss. Er hat das Verbot von Ehen, die den Keim der Entartung in sich tragen (z. B. Erbkrankheiten), gesetzlich festgelegt. Er hat also von Anfang an verhindert, dass sich die Betroffenen mit hoher Wahrscheinlichkeit früher oder später in eine Scheidung verrennen.

Doch trotz aller vorbeugenden Maßnahmen wird es immer wieder Ehen geben, in denen die Bedingungen für ein gemeinsames Leben nachhaltig gestört sind. Dies ist auf die Unkenntnis der menschlichen Natur zurückzuführen. Solange wir nicht in der Lage sind, die innerste Natur des Menschen zu verstehen und die Zukunft vorauszusehen, wird sich nichts ändern.

Da der nationalsozialistische Staat der Ehe jedoch eine große Bedeutung beimisst - insbesondere angesichts der Gefahr, die von einem Zerfall der Familie und damit der Gemeinschaft ausgeht - muss er auch die Möglichkeit einer Scheidung einkalkulieren. Er kann nicht nur die Formulierungen des Bürgerlichen Gesetzbuches übernehmen, sondern muss dieses Gesetz im Hinblick auf seine Weltanschauung überarbeiten.

Vor allem müssen wir uns wieder der Bedeutung von Würde bewusst werden.

Es ist eine Tatsache, dass bei allen Scheidungsanträgen zwingende Gründe kurzfristig zu einem gewünschten Abschluss führen. Am häufigsten wird Ehebruch als Grund angegeben. Eine Statistik aus dem Jahr 1933 zeigt, dass ein Drittel aller Scheidungen auf diesem Grund beruhte. Es ist daher leicht nachvollziehbar, dass viele Ehepartner dazu neigten, diesen Vorwand zu nutzen, um die Scheidung zu erreichen. Es gibt jedoch keine Beweise dafür, und es sind immer noch Fälle bekannt, in denen ein Ehebruch konstruiert wurde, um die Scheidung zu beschleunigen.

Es wäre allgemein wünschenswert, dass vor dem Eingehen einer Ehe die vorausgehenden und prophylaktischen Gefühlsbedingungen berücksichtigt werden, so wie es die SS von ihren Männern und Frauen verlangt. Wir können jedoch Situationen nicht vermeiden, die im Übrigen bereits existieren: Es gibt Scheinehen, in denen die Ehegatten zusammenleben. Sie sind einfach gezwungen, Gründe für eine Scheidung zu finden, um dieser Situation zu entgehen, die für sie völlig unerträglich und für die Gemeinschaft wertlos geworden ist. Obwohl in unserem Fall die menschlichen Elemente überwiegen, muss ein gerechtfertigter äußerer Grund gefunden werden. Nach heutigem Recht muss auch die Trennung bestraft werden.

Es muss nicht nachgewiesen werden, dass ein solches Vorgehen mit der nationalsozialistischen Einstellung unvereinbar ist. Der Ausschuss für Familienrecht der Akademie für Deutsches Recht hat sich daher bei der Schaffung der Scheidungsgerichtsbarkeit mit besonderer Gründlichkeit mit diesem Punkt befasst. Er unterzog auch den Vorschlag der sogenannten „Scheidung im gegenseitigen Einvernehmen", d. h. einer Scheidung mit gegenseitigem Einverständnis beider Ehegatten, einer Prüfung.

Hier geht es also um die Frage, ob eine Scheidung nur auf der Grundlage der Tatsache in Betracht gezogen werden sollte, dass die beiden Ehegatten zwar keinen Grund für die Trennung finden können, aber in moralischer und emotionaler Hinsicht kaum noch Gemeinsamkeiten haben. Die Trennung ist daher gerechtfertigt.

Aus nationalsozialistischer Sicht betrachtet, wäre eine solche Regelung immer noch besser als die Verwendung des verlogenen Vorwands eines Ehebruchs oder eines anderen Grundes.

Der Ausschuss für Familienrecht muss vor allem zwei Gründe gegen die „Scheidung im gegenseitigen Einvernehmen" anführen. Zum einen zeigt es die Gefahr auf, dass übereilte Entscheidungen, die aus vorübergehender Wut heraus getroffen werden, eine ansonsten durchaus lebensfähige Ehe zerstören können. Andererseits glaubt er, dass dies den Respekt vor der Ehe aufgrund der gegenseitigen Zustimmung beeinträchtigen könnte.

Wir hatten die Gelegenheit, einen Mann aus der Praxis, einen Berliner Richter, um seine Meinung zu bitten. Er erklärte uns, dass er eine Trennung, die auf gegenseitigen Wunsch erfolgt, voll und ganz befürwortet. Den Einwand der übereilten Entscheidung kann man ausräumen, indem man vor der Entscheidung eine genaue Bedenkzeit vorschlägt - etwa sechs Monate - , um festzustellen, ob beide Ehegatten übereilt gehandelt haben oder ob die Ehe tatsächlich nicht lebensfähig ist.

Der Richter weist auch darauf hin, dass, wenn beide Parteien gemeinsam die Scheidung beantragen, ein unüberwindbares Problem die Ehe zerstört. In diesem Fall dürfe man nicht nach den Gründen dafür suchen.

Natürlich darf sich das Eingreifen eines Richters in solchen Fällen nicht darauf beschränken, die Vorschläge der beiden Eheleute entgegenzunehmen und über die Gültigkeit ihrer Scheidung zu entscheiden - selbst nach einer Wartezeit. Stattdessen sollte seine Aufgabe darin bestehen, sich der Zerbrechlichkeit der Ehe bewusst zu sein und die Situation zu verstehen (in manchen Fällen eine medizinische Beratung zu veranlassen). Jeder kann klar erkennen, dass ein in diesem Sinne ausgearbeitetes Ehegesetz dem Richter eine größere Verantwortung überträgt und ihn zu einer höheren Haltung spiritueller und moralischer Natur zwingt, als dies in der derzeitigen Gesetzgebung der Fall ist.

Wir halten den Vorwand, dass die Wertschätzung der Ehe durch eine solche Regelung beeinträchtigt werden könnte, nicht für ausreichend stichhaltig, insbesondere wenn man die deutsche Mentalität im Vergleich zu anderen Völkern berücksichtigt.

Solche Befürchtungen waren in den Nachkriegsjahren durchaus berechtigt. Heute werden Ehen jedoch unter völlig anderen Bedingungen geschlossen. Ein Mann, der sich an die nationalsozialistische Auffassung hält, wird sicherlich nicht so schnell eine Ehe schließen, weil er weiß, dass ihm das Scheidungsrecht eine angemessene Trennung ermöglicht. Wenn heute ein Nationalsozialist heiratet, ist er sich seiner Verantwortung durchaus bewusst, aber man kann nicht sagen, dass dies in zwanzig oder dreißig Jahren bei jedem Deutschen der Fall sein wird.

Die Bemerkung, dass manche Menschen einen oberflächlichen oder leichten Charakter haben (die es in einer Volksgemeinschaft ständig geben wird), scheint uns nicht stichhaltig, da die Gesetze nicht für eine zahlenmäßig unbedeutende Minderheit gemacht sind und diese Gruppen in der Lage wären, eine „offene Verbindung" zu erleben, die ihnen nicht die obligatorischen Pflichten eines Ehelebens auferlegt.

Adolf Hitler sagte, der Kampf habe 1933 nicht geendet. Der Nationalsozialismus ist eine Doktrin, die eine nationale Erziehung praktiziert, also eine Erziehung an sich, die Anpassung, Rücksichtnahme und gegenseitige Hilfe lehrt, die von Generation zu Generation die Gemeinschaft der Zukunft immer mehr hebt und belebt!

Wir glauben sicherlich, dass je mehr die nationalsozialistische Idee die innere Natur unseres Volkes durchdringt, desto weniger Scheidungsfälle wird es geben. Und so brauchen wir in keiner Weise einen Angriff auf die Achtung der Ehe zu befürchten.

Dennoch wird es immer Scheidungsfälle geben, die durch keine erzieherischen Maßnahmen verhindert werden können; sie sind, wie bereits erwähnt, nicht vorhersehbar und beinhalten keinen Schuldbegriff. Bisher war die arme Person gegenüber der reichen immer benachteiligt, da die Einschaltung von Spezialisten in der Regel recht kostspielig ist.

Letztendlich kann der Staat selbst kein Interesse daran haben, dass solche Ehen weiterhin bestehen bleiben. Stattdessen sollte er direkt die

Annullierung einer Ehe vornehmen, die oft unfruchtbar ist, und so beiden Ehepartnern die Möglichkeit geben, einen anderen Partner auf harmonische Weise und im Interesse des Staates kennenzulernen. In diesen Fällen besteht immer noch die Möglichkeit, neue glückliche Ehen zu schließen.

Schwierig wird die Frage jedoch, wenn es um Kinder geht. Der befragte Richter betonte stets den schädlichen Einfluss, den eine Scheidung auf die Entwicklung der Kinder hat. Die Gefahr einer ausschließlichen Erziehung für das psychische Wachstum der Kinder ist bei einer Trennung außerordentlich groß. Im Übrigen führte der Richter zahlreiche Fälle an, in denen die Kinder einen direkten Einfluss auf die Ehe hatten. Die Eltern seien schließlich wegen ihnen gezwungen, sich zu einigen.

In vielen Fällen werden - wie auch der Mann aus der Praxis betonte - die verschiedenen und persönlichen Beziehungen eine Rolle spielen. Natürlich kann man die Misserfolge nicht vergessen und nicht an die unglücklichen Kinder denken, die in einem Haushalt aufgewachsen sind, in dem sie seit ihrer frühesten Kindheit unter dieser unglücklichen Verbindung gelitten haben. Wir können uns vorstellen, dass in vielen Fällen eine Trennung im Interesse des Kindes wünschenswert wäre. Hier kann es keine Norm geben, sondern wir können nur betonen, dass der Staat vom Richter nie zu viel verlangt, was die menschlichen Qualitäten angeht, sei es Charakter oder Wissen.

Grundsätzlich wollen wir keineswegs die Idee einer erleichterten Trennung unterstützen, denn das Beispiel der Sowjetunion hat uns gezeigt, wohin solche Situationen führen können. Wir sind vielmehr der Meinung, dass die große Bedeutung der Ehe im nationalsozialistischen Staat dazu führt, dass die Möglichkeiten einer Scheidung eingeschränkt werden, sofern sie aus egoistischen Gründen oder Feigheit vor den zu erfüllenden Pflichten erfolgt.

Wenn eine Ehe jedoch nicht im nationalsozialistischen Geist zustande kommen kann, müssen wir offen und ehrlich genug sein, um einen Weg zu beschreiten, der eine Lösung ermöglicht.

„D'ESTOC ET DE TAILLE" (D'ESTOC ET DE TAILLE), GUNTHER D'ALQUEN. 1937.

DAS UNEHELICHE KIND

In manchen Kreisen wird ein uneheliches Kind noch allzu gerne als „Fehltritt" betrachtet. Es ist klar, dass wir uns dieser Meinung nicht anschließen können. Es sind vor allem klerikale Kreise, die mit durchdringendem Brustton der Überzeugung zensierende Urteile über „Sünder" verkünden. Natürlich stützen sie sich dabei auf die Lehre vom Jenseits, die den Körper prinzipiell als etwas Schuldhaftes betrachtet. In katholischen Gegenden weiß man sehr wohl, wie sehr die Sitten und Gebräuche einer solch borniert Auffassung widersprechen.

Normalerweise ist ein Bauer alles andere als erfreut, wenn seine unverheiratete Tochter ihm mitteilt, dass sie ein Kind bekommen hat, was in der Familie zu Recht für Überraschung sorgt, aber in ländlichen Gebieten führt eine gesunde Denkweise dazu, dass solche Dinge in den meisten Fällen viel schneller gelöst werden als z. B. in den Städten. In verschiedenen Tälern Tirols geht es sogar so weit, dass junge Mädchen, die keine unehelichen Kinder haben, nur schwer einen Bewerber finden, weil man annimmt, dass sie Opfer von Unfruchtbarkeit sind.

In der Stadt sind die Dinge deutlich komplizierter... Wir wollen hier nicht all die Fälle aufzählen, in denen untergeordnete Mütter - oftmals Trunkenbolde -, Prostituierte, Nymphomaninnen und andere mit Männern verkehren und Früchte gebären, die dann in einem Heim landen; das spricht für die Notwendigkeit der Rassenhygiene. Die Gefahr, die für die Nachwelt von solchen sexuellen Beziehungen, selbst wenn sie legitim sind, ausgeht, ist daher für das Wohl des Volkes im Allgemeinen weitaus größer. Niemand wird es wagen, die betrüblichen Produkte solcher Ehen mit gesunden und dennoch unehelichen Kindern auf die gleiche Stufe zu stellen.

Man kommt also zu dem Schluss, dass auf rein biologischer und erblicher Ebene Kinder aus einer rechtmäßig geschlossenen Ehe nicht als den unehelichen Kindern überlegen angesehen werden können.

Nicht nur das uneheliche Kind wird von mehr als einer Klasse verachtet; es ist vor allem die uneheliche Mutter, die dem Ekel des beschränkten gewöhnlichen Mannes zum Opfer fällt. Diese Frauen, die sich zu ihren illegitimen Beziehungen bekennen, und jene anderen, bei denen OR das Gleiche vermutet, werden niemals schwanger, weil sie über die Technik und Erfahrung verfügen, dies zu verhindern. Diese Art von Frauen hat nicht das geringste Recht, wegen ihrer Kinderlosigkeit höher angesehen zu werden als eine junge Frau, die ein Kind zur Welt bringt, vielleicht aus echter Liebe und aus Unkenntnis der „verschiedenen Mittel".

Das Problem der Großstädte springt uns hauptsächlich ins Auge, wo Hunderttausende von Menschen auf kleinstem Raum zusammengepfercht leben.

Die Frage der unehelichen Geburten ist dort vor allem ein soziales Problem. Wie die Geschichte der Vergangenheit lehrt, hatten nicht alle politischen Systeme die Möglichkeit, das soziale Problem zu lösen, und so hatte der Nationalsozialismus auch die Aufgabe, dem unehelichen Kind den ihm gebührenden Platz in der Volksgemeinschaft zu geben, ohne die Ehe abzuwerten.

Bisher waren alle sozialen Reformen nicht in der Lage, die „Klassen" zu einer Gemeinschaft zu vereinen. Im Gegenteil: Vor 1933 profitierten Sozialisten und Demokraten davon, dass extreme Gegensätze zwischen den sozialen Klassen geschaffen wurden. Aus dieser Zeit stammt auch das Wort „deklassiert", das auf das uneheliche Kind angewandt wird.

Dieser untragbare Zustand kann in unserer Volksgemeinschaft nicht aufrechterhalten werden; denn über allem steht die zukünftige Existenz des Volkes, und trotz des derzeitigen Geburtenanstiegs ist es nicht sicher, dass wir zahlenmäßig auf uneheliche Kinder verzichten könnten.

Wir setzen uns nicht für uneheliche Beziehungen und ihre Folgen ein; aber es steht fest, dass mit der Erhöhung der sozialen Stellung des unehelichen Kindes ein sehr großer Schritt getan wurde, um die zahlreichen Verstöße gegen die Abtreibungsvorschriften einzudämmen, wodurch das Volk an Geburten gewann und die Zahl der Fälle von Frauenkrankheiten zurückging.

Häufig wird der Vorwurf erhoben, dass uneheliche Kinder in der Polizeistatistik eine erhebliche Rolle spielen. In fast allen Fällen liegt das daran, dass die unehelichen Mütter einen Beruf haben und sich aus materiellen Gründen nicht der Erziehung ihrer Kinder widmen können. Nun widmet sich die Mutter ihrem Kind. Weder die Eltern der Frau, noch die Eltern des Mannes, noch der physische Vater selbst ersetzen die Mutter. Selbst wenn sich die Großeltern fürsorglich um das Kind kümmern, wird das Kind in 90 % verwöhnt, verhätschelt und sieht die Mutter schließlich immer noch als eine Frau an, die aus pädagogischen Gründen nicht nachgibt und daher „streng" ist. Die gleiche Kritik wird zu Recht in Bezug auf die Abwesenheit des Vaters geäußert.

Wie auch immer man den Fall betrachtet, wir haben kein moralisches Recht, dem unehelichen Kind sowie der Mutter den Respekt zu verweigern und ihnen eine untergeordnete Rolle in der Volksgemeinschaft zuzuweisen.

Das Ziel unserer Bemühungen muss es sein, durch finanzielle Unterstützung das Eingehen von Ehen so weit wie möglich zu erleichtern. Die Adoption ist die zweite Möglichkeit, um das uneheliche Kind zu erziehen und zu einem wertvollen Mitglied der nationalen Gemeinschaft zu machen. Dies kommt jedoch nur in Frage, wenn die Mutter aus freien Stücken zustimmt, ihr Kind in gute Hände zu geben, weil sie weiß, dass sie es nicht selbst erziehen kann.

HEFT DER SS NR. 2. 1938.

WARUM IMMER VON EINEM „STAMMBAUM" SPRECHEN?

Der Ausbilder betrat das Büro des Ortsverbands. Kaum hatte er den Riegel der Tür losgelassen, wandte sich der nächste Kamerad an ihn: „Franz, ich habe dir meinen Stammbaum mitgebracht, willst du ihn sehen?"

Dieser Begriff „Stammbaum" lässt den Genealogen nicht los. Er hört davon bei Bekannten, auf der Straße, in seinem Arbeitsumfeld, von Vorgesetzten und in seinem Freundeskreis. Innerhalb weniger Jahre ist es in Deutschland zu einem weit verbreiteten Begriff geworden. In den meisten Fällen wird es jedoch *falsch* angewendet!

Alle unsere Mitschüler verwenden ihn wahrscheinlich in dieser ungenauen Weise, wenn sie einen Nachweis ihrer Herkunft erbringen wollen. Der geforderte Herkunftsnachweis wird durch die Erfassung und Zählung aller direkten Vorfahren erbracht. Da die Bezeichnung Ahnen auch für Vorfahren verwendet wird, muss der falsche Ausdruck „Stammbaum" genau genommen „*Ahnenbeweis*" bedeuten. Diese Bescheinigung, die den Bewerber, seine beiden Eltern, die vier Großeltern usw. umfasst, wird in Form einer zusammenfassenden Tabelle dargestellt, die als „Ahnentafel" bezeichnet wird. Sie hat *nichts* mit dem Stammbaum zu tun.

Wenn die Ahnentafel die des Kandidaten ist, d. h. des Gezeugten, dann zeigt der Stammbaum die Nachkommen eines bestimmten Erzeugers, des Vorfahren. Der Ahnherr zeugt Kinder, diese wiederum Enkel und weitere Nachkommen, die allgemein als „Linie" bezeichnet werden, da sie alle denselben Namen wie der Ahnherr weitergeben. Ein „Stammbaum" (beginnend mit dem ältesten unten) zeigt eine Linie über Jahrhunderte hinweg mit all ihren Zweigen. Wenn man sich die Anordnung der Mitglieder dieser Linie in Form einer genauen Tabelle vorstellt (beginnend mit dem ältesten oben), erhält man die „Ahnentafel".

Die Ahnentafel und die Ahnentafel sind Darstellungsarten von zwei verschiedenen Arten der genealogischen Betrachtung, zu denen später noch die Verwandtschafts- und Nachkommenschaftstafel hinzukam. Der „Stammbaum" ist nichts anderes als eine umgekehrte „Ahnentafel", die jedoch mit einem deutlichen Schwerpunkt auf Ästhetik entworfen und gezeichnet wird.

Warum ist es gerade „der Stammbaum", der (fälschlicherweise) so viele verschiedene genealogische Darstellungen in den Mündern aller Menschen bezeichnet? Vielleicht kann uns eine kurze Untersuchung seiner Geschichte helfen, diese Tatsache zu erklären.

Es gibt einige alte „Genealogen", die die Frage aufgeworfen haben, ob der Stammbaum „deutschen", „römisch-katholischen" oder „orientalischen" Ursprungs ist. Diese Frage trifft den Kern des Themas, wie wir es aufgrund der rassischen Betrachtung der Geschichte sehen. Fragen wir uns zunächst, wo es zum ersten Mal in Form einer Darstellung der genealogischen Beziehungen auftauchte. Diese Frage lässt sich beantworten: Die ersten Beispiele für „Stammbäume" fanden sich in mitteleuropäischen Manuskripten aus dem XI und XII Jahrhundert. Diese Miniaturen - Federzeichnungen oder Gemälde - haben unterschiedliche genealogische Inhalte, zunächst in Form einer Stammbaumskizze, die sich immer mehr zur Form eines Baumes entwickelt.

Inzuchttabelle
Modena, kirchliche Bibliothek. I, 17.

Die meisten dieser „Bäume" sind keine Stammbäume im eigentlichen Sinne, d. h. bildliche Darstellungen von historisch definierten Linien mit Details für jeden Zweig. Vielmehr handelt es sich um weiterentwickelte Arten von „Inzuchttabellen", d. h. um trockene, schematische Übersichten, die von römisch-katholischen Juristen für Fragen des Erb- und Eherechts erstellt wurden. Abbildung I zeigt eine dieser Inzuchttabellen, d.h. eine „Übersicht über die biologische Verwandtschaft" aus einem Manuskript aus dem 9. Jahrhundert aus Modena in Norditalien. Das Schema verläuft von der Mitte nach unten: Kinder, Onkel, Großonkel usw.; mit allen Verwandten in der Seitenlinie väterlicher- und mütterlicherseits. So kann man den Verwandtschaftsgrad bestimmen.

Trotzdem entspricht diese Zeichnung nicht dem Geist eines „Stammbaums", an dessen Ende der Älteste der Linie steht; dennoch können wir uns leicht vorstellen, dass aus diesem Entwurf ein prächtiger Baum entstanden ist, wie Abbildung 2 zeigt.

Wir sehen, wie dieselbe Tradition auf diese Entwicklung der Darstellung von „Bäumen" einwirkt, ebenso wie wir auch ihren Einfluss auf die heutige Bezeichnung der verschiedenen genealogischen Tabellen und Formen als „Stammbäume" sehen.

Neben diesen „falschen" Bäumen gibt es auch - ab etwa 1100 - Bäume, die dem heutigen Konzept des Stammbaums entsprechen. Als prächtiges Beispiel kann man den Stammbaum des alten Welfenhauses anführen, der zwar noch etwas verworren ist, aber dennoch ein Baum ist, der diesen Namen verdient. Diese Zeichnung stellt den Archetyp aller folgenden Stammbäume dar. Die meisten Stammbäume aus dieser Zeit stellen die Linie Jesajas dar, deren bekanntestes Mitglied Jesus Christus von Nazareth war. Die verschiedenen Darstellungen des „Zweigs Jesajas" erklärten den kaum christianisierten deutschen Stämmen dieser Zeit, dass Christus, der Religionsstifter, aus einem alten, berühmten Geschlecht stammte, dem Könige, Propheten usw. angehörten. Diese Bemühungen, die unternommen wurden, um zu zeigen, dass der neue Gott Träger reinen Blutes ist, erinnern uns an die Erzählungen vom „Heliand" (Erlöser), mit denen versucht wurde, Christus als deutschen König unter den scheinbar nicht sehr begeisterten germanischen Völkern zu akzeptieren. Als Beispiel sei hier ein Salzburger Manuskript (um 1130) über den „Zweig Jesajas" genannt.

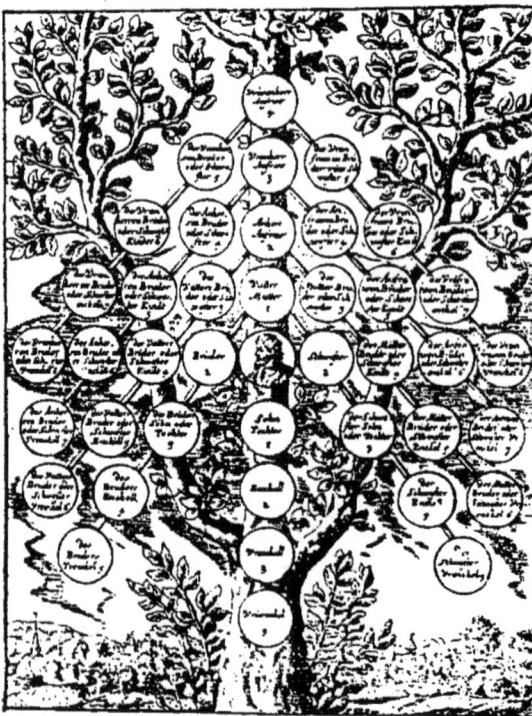

Stammbaum aus der Rechtsverordnung von Jül-Berg.

Düsseldorf 1696.

Was den „Zweig des Jesaja" und die wenigen erhaltenen Bäume aus dem 12. Jahrhundert angeht, so handelt es sich dabei um echte Stammbäume im eigentlichen Sinne des Wortes; die bereits zitierte Inzuchttabelle beweist uns jedoch, dass die grafische Darstellung des Baums auch andere Beziehungen dieser Art widerspiegelt. Ab dem XII Jahrhundert werden verschiedene Begriffe in Form eines Baumes dargestellt, dessen Inhalt völlig anders ist und sich nur durch die Verwandtschaftsbeziehung annähert. Die Form des Baums ist jedoch keineswegs an die Natur dieser Darstellungen angepasst. Oft ist sie ihnen sogar völlig entgegengesetzt. Deutschland und die angrenzenden Länder hatten daher eine besondere Vorliebe für den Baum, der die Verwandtschaftsgrade symbolisiert. Diese Vorliebe, die die alte germanische Vergangenheit prägt, bedeutet einen erheblichen Forschungsaufwand, der, wie in anderen Bereichen auch, durch das Fehlen von Quellen, die größtenteils verschwunden sind, noch verschärft wird. Die klar erkennbare Ausdrucksform, die bestimmte Abstammungsstufen wiedergibt und durch das Bild des Baumes symbolisiert wird, lenkt unsere Aufmerksamkeit direkt auf die Bedeutung, die der Baum für die Germanen hatte, was auch aus anderen Zeugnissen hervorgeht. Die bis heute anhaltende Popularität des Begriffs „Stammbaum" erklärt sich aus dem allgemeinen Bewusstsein für die Bedeutung dieser biologischen Zusammenhänge.

Der Zweig des Jesaja. Antiphonar von St. Peter, Salzburg, Folio383, aus Linds Veröffentlichung, Wien 1870, Tabelle 18.

HEFT DER SS NR. 5. 1944.

Wie mein Familienbuch entstand

Ich überlege, wie viele Jahre ich damit verbracht habe, mein Familienbuch zu erstellen. Als ich damit anfing, ging ich noch zur Schule. Es war inmitten des Ersten Weltkriegs. Vielleicht füllte ein alter Bauer, der seine Gänsefeder spitzte, in ungelenker Schrift mit schwerer Hand ein altes Folio aus Schweinsleder aus, das er geerbt hatte, und so entstand ein Buch, das in Form einer Chronik verfasst war. Es vergingen fünfundzwanzig Jahre, bis ich dieses Buch kaufte. Ich erwähnte diese Tatsache, um zu zeigen, dass ein Familienbuch oder eine Familienchronik in der Regel langsam entsteht, dass man sie nicht plötzlich erstellen kann und dass sie jedes Mal anders aussehen werden. Keine Familienchronik gleicht der anderen, und wenn ich die Struktur dieses Buches skizziere, so ist das nur ein Arbeitsplan, eine Darstellung, wie mein Familienbuch entstanden ist.

Am Anfang eines jeden Familienbuchs steht das Ahnenbuch. Darin werden Namen und Daten sowie einige berufliche Daten festgehalten. Dieser Rahmen muss dann mit Leben gefüllt werden.

Die eine Person wird beginnen, Titel zu sammeln, Texte und Briefe zusammenzutragen und das Ganze mit Porträts zu ergänzen. Eine andere legt eine Reihe von Ahnenkarten an, zu denen sie regelmäßig alles hinzufügt, was sie nach und nach über ihre Vorfahren in Erfahrung bringen kann. Eine dritte schreibt ein Buch und notiert darin bunt durcheinander die Ergebnisse ihrer Nachforschungen. Wieder andere haben eine andere Sichtweise, aber alle verfolgen das gleiche Ziel: das, was sie gefunden haben, aufzubewahren, um es an Kinder und Enkelkinder weiterzugeben. Viele Leser dieser Zeilen werden sich bereits für die eine oder andere Methode entschieden haben.

Was die Entstehung meines Familienbuchs betrifft, muss ich zugeben, dass ich mich nicht mehr an die Vergangenheit erinnere, sondern nur noch an die Geschichte meiner Familie. Ich betrachtete - anfangs unbewusst, aber mit zunehmender Klarheit - die Familie nur als einen Zweig der Nation, und mein Bestreben war es, *das Volk durch die Familiengeschichte widerzuspiegeln.* *Hätte* ich die Schwierigkeiten, die diese Aufgabe mit sich brachte, vorhersehen können, weiß ich nicht, ob ich den Mut gehabt hätte, sie in Angriff zu nehmen.

Wie jeder andere auch, begann ich damit, die einfachsten Daten und Namen zu sammeln. Aber ich versuchte auch, den Spuren der mündlichen Überlieferungen aus der Vergangenheit zu folgen, die mir zu Ohren gekommen waren, und ich wurde von einer Überraschung zur nächsten überrascht. Aber niemand sollte sich entmutigen lassen, wenn er noch nichts gefunden hat, denn es dauert oft eine Weile, bis man etwas findet.

Ich interessierte mich zuerst für den Zweig der väterlichen und dann der mütterlichen Namen. Dann füllte ich die Lücken. Ich sammelte alles, was ich an Briefen finden konnte, schrieb Geschichten und Anekdoten auf (wobei ich so manchen alten Familienangehörigen mit meinen Anfragen nervte).

Langsam wurde das Ganze immer umfangreicher und nahm Form an. Alte Verwaltungsakten tauchten in den Archiven auf, alle möglichen Details aus den Kirchenbüchern verrieten persönliche Charakterzüge. Ich besuchte die Orte, an denen die Vorfahren gelebt hatten, die Kirchen, in denen sie gebetet hatten, die Bauernhöfe, die sie besessen hatten, und machte Fotos von all diesen Orten. Auf einem kleinen Dorffriedhof fand ich sechs Grabsteine mit fast unleserlichen Inschriften; aber neben diesen Steinen wuchsen die schönsten Linden, die ich je gesehen hatte, und da es Juni war, blühten sie ständig, eingehüllt in den duftenden Ausdünstungen und dem Summen der Bienen in einem wunderbaren Gleichnis für das Leben, das stärker ist als das, was vergänglich ist. So vergingen die Jahre. Die Schubladen meines Schreibtisches füllten sich mit immer mehr Material. Ich konnte mir kaum einen Überblick über die gesamte Forschung verschaffen, die mir immer wieder neue Informationen brachte (die Ahnenforschung endet bekanntlich nie). Aber mir fehlte immer noch die *Form, die* dieses Material umschreiben sollte.

Welcher Mensch hat noch nie von alten Familienchroniken gehört, die von Generation zu Generation weitergegeben werden? Ich musste zunächst eine Chronik umschreiben, in der alle Erfahrungen der Vorfahren festgehalten sind, und mir die Möglichkeit offen halten, ständig neue Details hinzuzufügen. Darin lag die größte Schwierigkeit: Eine Chronik ist nie abgeschlossen. Es kommt immer etwas dazwischen, sei es, dass man selbst ein Zeugnis ablegen möchte, oder dass später die Kinder und Enkelkinder dies tun wollen. Es war für mich schwieriger, eine passende Lösung zu finden, als mich all den Recherchen in diesen langen Jahren zu widmen.

Dann erklärte ich die Gründe, warum ich diese Chronik schreiben wollte. Ich wollte meinen Kindern ihre Vorfahren und das Land dieser Vorfahren, das Vaterland und sein Leben vorstellen. Und plötzlich wusste ich, was ich tun sollte: *Ich sollte den Ton der Einfachheit anschlagen.*

Also fing ich an. Aber wo sollte ich anfangen? Ich dachte an die alten Sagas und begann mit den alten Zeiten. Ich begann die Geschichte von den einbrechenden Eisriesen zu erzählen und wie das Land aus dem glitzernden Wasser der Nord- und Ostsee auftauchte. Ich beschrieb, wie die Fluten der Gletscher von den Tälern verschluckt wurden und wie inmitten all dessen ein schöner Fleck Erde entstand: die Heimat der Vorfahren. Ich beschrieb die Vorgeschichte bis zum Erscheinen der Ahnen. Das Land und die Menschen wurden durch ihre Märchen und Legenden, die ich erzählte, zum Leben erweckt. Die mit Details über bestimmte Vorfahren oder Vorfahrengruppen gefüllten Berichte endeten immer mit Illustrationen aus der Heimat, wie: „Mein Vater erzählt von Peter Pück", oder „Großmutter J. und die Geschichte von den tausend Talern", oder „Das alte Haus und das teuflische Gitter von St. Marien". Und auf die Titelseite setzte ich diese Worte:

Haus- und Ahnenbuch der Metelmann-Kinder
Erzählungen und Porträts aus dem Leben ihrer Vorfahren, begleitet von
neuen Märchen und Legenden aus der Heimat.

Zum Vorlesen vom Vater an die Mutter übergeben

Nun hatte ich also die Form gefunden. Es fehlte noch *das* endgültige *äußere Erscheinungsbild*. Aber das war eine logische Folge: Ich ließ mir einen Ordner anfertigen, der die sauber geschriebenen Blätter, die sorgfältig eingeklebten Porträts und zum Schluss einen in Listenform zusammengefassten Stammbaum enthält. Die Seiten sind nicht nummeriert, um weitere Kapitel oder neue Erzählungen einfügen zu können. Das Ganze ist perfekt und wunderschön. Es zu sehen und zu lesen stellt die Freude aller dar. Vor zwei Jahren lag das „Buch des Hauses und der Ahnen" unter dem Weihnachtsbaum: Unzählige Male wurde es den Kindern zum Lesen gegeben. Und so Gott will, werden noch viele Generationen die Freude haben, darin zu blättern und sogar ihr eigenes Leben und das ihrer Familie darin einzutragen und so dem Geist unseres großen deutschen Vaterlandes treu zu bleiben.

HEFT DER SS NR. 7. 1944.

WIE SOLL UNSER KIND HEIßEN?

Schon viele Wochen vor der Geburt eines Sohnes oder einer Tochter machen sich die Eltern Gedanken darüber, welche Vornamen sie ihnen geben sollen. Bisher wurde die Aufgabe, einen Vornamen auszuwählen, so leicht genommen, dass die werdende Mutter einen christlichen Kalender betrachtete und einige Mädchen- und Jungennamen aussuchte, die ihr gefielen. Sie achtete darauf, dass diese Vornamen in der Region und bei der Familie gebräuchlich waren, und so sah man auf den Zeugnissen folgende Namen stehen: Fritz, Hans, Klaus, Karl-Heinz, Peter für einen Jungen und Ursel, Gisela, Annemarie, Bärbel oder Gerda für ein Mädchen. Anschließend beriet sie sich mit dem Vater. Dieser schaute sich den Kalender noch einmal an und fügte seine Auswahl hinzu, dann einigten sie sich auf zwei oder drei Vornamen, je nachdem, welche Eigenschaften, welche Haarfarbe die erwarteten Kinder hatten oder wie die „Luft" in der Familie war. Die restlichen Vornamen wurden nicht verworfen, sondern nur in Reserve gehalten.

Die Eltern haben tatsächlich gut nachgedacht und doch wenig bedacht. Sie wussten nicht, dass alle Vornamen einen historischen Ursprung und eine besondere Bedeutung besitzen.

In der Akte der Mutter, von der wir sprechen, finden sich zwar gängige Vornamen, dennoch haben sie alle eine unterschiedliche Bedeutung. Fritz ist eine Kurzform von Friedrich, einem alten deutschen Vornamen, und setzt sich aus den beiden germanischen Silben „frid" und „richi" zusammen. Frid ist verwandt mit „froh" (fröhlich) und „frei" (frei). „Fro" ist die alte Bezeichnung für den freien Mann, den Herrn; „Frowe" bedeutete die freie Frau, die Herrscherin. „Friedrich" ist ein Mann, der reich an Macht ist, die den Frieden garantiert. Die Tatsache, dass unsere Vorfahren in vorchristlicher Zeit so prächtige Vornamen geschaffen haben, beweist, dass sie eine hohe natürliche Ethik besaßen.

Wenn unsere Eltern ganz bewusst in Erwägung zogen, einem Sohn den Namen Friedrich zu geben, verliehen sie ihm damit einen Vornamen: bedeutungsvoll, unterscheidend von einem Geist, einer besonderen Eigenschaft, die das Kind begleiten sollte. Ernst Wasserzieher schrieb in seinem Büchlein *Hans und Grete*: „Seit der Zeit der Staufer wird der Vorname Friedrich wegen der Erinnerung an die legendären Gestalten Friedrich Barbarossa und Friedrich II. außerordentlich geschätzt und seit Friedrich dem Großen, dem Alten Fritz, wieder in den Vordergrund gerückt."

Aber wenn man derzeit den deutschen Vornamen Fritz vergibt, denkt man nicht über seine Herkunft und Bedeutung nach, ebenso wenig wie bei dem Namen Hans oder anderen. Es ist klar, dass „Hans" nur eine verkürzte und „germanisierte" Form des hebräischen „Johannes" ist. Johannes bedeutet „Jehova ist gnädig". Alle biblischen Vornamen, die mit „Je" und „Jo" beginnen, wie Jeremia, Joachim, Hiob, Jonas und Joseph, enthalten in diesen Silben verkürzt die beiden Vornamen des jüdischen Gottes Jehova und Jahwe. Woher kommt Klaus? Klaus ist die Kurzform von Nikolaus, dessen Ursprung ebenfalls nicht germanisch, sondern griechisch ist. Was ist Karl-Heinz? Sowohl Karl (Charles) als auch Heinz (Henri) sind sehr alte deutsche Vornamen. Karl charakterisiert einen „Kerl" (fähiges Individuum), den freien Mann der nicht ritterlichen Klasse, den freien Bauern auf seinem Erbgut. Heinrich kommt von Hagenrich (der reiche Einheger), dem Herrn eines von Hecken umgebenen Landgutes.

Petrus ist ein weit verbreiteter christlicher Vorname, den man noch häufiger in Refrains findet. Petrus kommt von Petrus, dem Felsen, einem römischen Vornamen, der zu dem des Apostels Simon als erstem Papst hinzukommt.

Der hebräische Vorname Michael scheint besonders häufig zu sein. Viele Bürger glauben, dass sie ihren Sohn nach dem Erzengel „unbesiegbar stark" benennen und ihm somit einen besonders modernen Vornamen geben. Aber Kindern ausländische Vornamen zu geben, kann heute nur schädlich sein, denn sie wachsen in einer Zeit auf, in der man sich bemüht, seine Wurzeln zu finden, und sie werden ihre Eltern später mühsam befragen:

Wie konntet ihr uns 1944, elf Jahre nach der nationalsozialistischen Revolution, noch jüdische Vornamen geben?

Erklären wir, was die fünf von der Mutter gewählten Vornamen bedeuten: Ursula ist lateinisch und bedeutet „die kleine Bärin". Dieser Vorname ist wegen seines harmonischen Klangs in Mode gekommen. Bärbel, eine nette Form von Barbara, ist griechischen Ursprungs und bedeutet „die Fremde" (die Barbarin). Annemarie ist in ihren beiden Komponenten jüdisch. Es gibt so viele so wunderschöne germanische Vornamen, dass wir unsere Ignoranz nicht dadurch zum Ausdruck bringen müssen, dass wir den Mädchen unseres Volkes solche Vornamen und diese Hunderte von modischen Spitznamen wie Mieke, Mia, Maja, Ria, Mimi, Miezl, Anke, Anne, Antpe, Annchen usw. geben. Dasselbe gilt für gängige orientalische Vornamen wie Margarete und ihre Kurzformen Marga und Grete.

Von zehn Vornamen wählte unsere Mutter also sechs ausländische Vornamen, überwiegend jüdische und nur vier germanische.

Nachdem wir diese unverantwortliche Wahl, wie es sie gab (und immer geben wird), kritisiert haben, müssen wir nun die folgenden charakteristischen Punkte vorstellen, die es ermöglichen, Vornamen zu wählen, die unserer Rasse und unserer Art entsprechen:

1. Vornamen oder gebräuchliche Formen definieren einen bestimmten rassischen und nationalen Typus; sie drücken eine Hoffnung und einen Wunsch aus, die mit dem Schicksal zukünftiger Generationen verbunden sind. Sie drücken das Wissen um den Wert des Charakters aus, das Bewusstsein für die Identität des Clans, des Volkes und Gottes.

2. Unsere Pflicht ist es, unseren Kindern charakteristische Vornamen zu geben und der hier und da noch immer bestehenden Tradition, ausländische Vornamen zu wählen, ein Ende zu setzen.

3. Jeder Vorname hat seinen eigenen ethnischen Ursprung und seine eigene ethnische Bedeutung. Wir unterscheiden hauptsächlich zwischen nordgermanischen (Harald, Sigurd, Astrid, Thora), deutschen (Albert, Heinrich, Gertrud, Irmgard), römischen (Anton-ius; Martin-us, Pet(e)r-us, Agnes, Klara), griechische (Georg, Eugen, Lydia, Monika) und jüdische (Jakob, Joachim, Johann, Joseph, Mathias, Michael, Thomas, Anna, Elisabeth, Eva, Edith, Gabriele, Magdalena, Martha, Maria, Suzanne) Vornamen.

4. Der Vorname muss mit allen Vornamen des Heimatlandes der Eltern übereinstimmen. In Friesland werden andere Vornamen bevorzugt als in Bayern. Der Vorname soll die ethnische Zugehörigkeit ausdrücken. Es ist daher verständlich, dass es wichtig ist, sich über die Bedeutung des Vornamens zu informieren, bevor man ihn seinem Kind gibt. (Eine Sonderausgabe „Charakteristische Namen" wurde vom SS-Hauptamt herausgegeben. Kreise und Lehrer aus verschiedenen Regionen geben darin Auskunft).

5. Der Vorname sollte mit dem Familiennamen harmonieren, um mit ihm eine organische Einheit zu bilden. Dies ist jedoch nicht immer möglich, da viele Familiennamen kaum eine Bedeutung haben. Auch die Konsonanz spielt eine Rolle.

6. Der Brauch, Kindern wieder die Vornamen ihrer Vorfahren (Groß- und Urgroßeltern) zu geben, ist gesund. Der Vorname stellt eine Ahnenpflicht für das Kind dar, das Erbe des Vorfahren ist. Wenn Vater und Sohn denselben Vornamen tragen, kann es leicht zu Verwechslungen kommen. Der Sohn wird jedoch mit Stolz den Vornamen des verstorbenen Vaters tragen. Durch die Wahl von Vornamen aus Seitenlinien wird der Wunsch nach einer klassischen Familienbeziehung ausgedrückt; während Familien- oder Clannamen die engste Blutsverwandtschaft zum Ausdruck bringen, die sich in Form einer homogenen Gemeinschaft äußert. Der Vorname ermöglicht es, den Werdegang zu beeinflussen, also zu bestimmen, wie sich das biologische Erbe entwickeln kann. Dies ist die größte Schwierigkeit bei der Wahl des Vornamens. Dies setzt eine Kenntnis der Erbanlagen des Clans voraus, die es uns auch ermöglichen kann, neue Vornamen zu kreieren, wenn wir nicht wollen, dass die Vergabe der Vornamen nicht mehr an die Entwicklung des Lebens angepasst ist.

7. Anstelle der üblich gewordenen Kurzformen sollten in Zukunft vollständige Vornamen gewählt werden, die abgesehen von den in Familienkreisen gebräuchlichen Spitznamen verwendet werden.

8. Doppelte Vornamen (Karl Heinz, Ernst Dieter) sind nur dann sinnvoll, wenn sie den Grad der Beziehung zum Paten bezeichnen. Man sollte die Kinder an ihren zukünftigen Geburtstagen für diese Fragen sensibilisieren. Wenn es zusammengesetzte Namen mit Bauer, Müller, Schmidt usw. gibt, ist die Verwendung mehrerer Vornamen wünschenswert. Die Transkription mehrerer Vornamen in einer einzigen Form (Karlheinz o. Ä.) ist hingegen zu vermeiden.

Da wir in einer Zeit leben, in der sich die Menschen ihrer rassischen Herkunft wieder bewusst werden, ist die Wahl des Vornamens keine willkürliche Angelegenheit mehr. Durch die Vergabe des Vornamens drückt unsere Weltanschauung aus, dass der Einzelne ein Glied in der Kette der Generationen seines Clans und ein Zweig des Lebensbaums ist, der von seinem Volk gebildet wird. Der Vorname bildet sowohl ein Gelübde in diesem Sinne als auch eine biologische Verbindung. Die Verleihung des Vornamens stellt eine Stufe im allmählichen Erwachen des Volkes dar, und wenn alle Deutschen wieder deutsche Vornamen tragen, kann man zu dem Schluss kommen, dass die Heiratswahl und der Schutz der Familien ihre Priorität und ihr Recht auf Rücksichtnahme wiedererlangt haben.

Der Name sei der Ausdruck der Art!

HEFT DER SS NR. 3. 1944.

DER FRIEDHOFSGARTEN

Hinter uns liegen die endlosen und anstrengenden Weiten Russlands, vor uns die beengte Landschaft der Heimat. In den Briefen im Fronturlaubszug finden sich Erinnerungen an die oft übermenschlichen Anstrengungen in den Schlachten, die zur Rettung des deutschen Landes im Osten unternommen wurden, an das einfache Familienleben, das grüne Dorf, den einzelnen Baum auf der Landstraße, den plätschernden Bach, der sich durch die Wiesen schlängelt, den zitternden Wald und die Hecke voller Blumen und Vögel in ihren Nestern. Hans aus Brandenburg erhielt einen Brief von seiner Frau, in dem sie ihm mitteilte, dass der Kirschbaum links neben dem Schlafzimmerfenster wie mit Raureif überzogen aussah, weil er so schön blühte; Toni Wieser erfuhr, dass ein fruchtiger 43er Jahrgang viel Mühe und Arbeit im Weinberg erforderte; Schultes Sohn von der Roten Erde erzählte ihm, dass er fleißig ist und beim Füttern des Viehs hilft; Draxler von Tannensteig konnte zufrieden sein; seine Mutter teilte ihm mit, dass das Haus glänzt und sie sich auf sein Kommen freut! Ich liebe die Mark und möchte Sie um nichts in der Welt frustrieren, Sie, die Sie Ihre schwäbische Heimat mehr als alles andere lieben, oder Sie, die sich in Schlesien wirklich zu Hause fühlen. Jeder von uns haucht der Region, in die er hineingeboren wurde, Leben ein, nicht nur im physischen, sondern auch im geistigen Sinne. Die vorangegangenen Generationen der Familie, aus der wir stammen, haben unser Land geformt und dieses Stück Erde mit ihrem Charakter und ihrer Kraft geprägt. Dieser strahlt heute aus, befruchtet unser Wesen und trägt zur wunderbaren Entfaltung all unserer Qualitäten bei.

Zu Hause angekommen, verschafft man sich einen Überblick, um zu sehen, ob alles noch so liegt, wie man es verlassen hat. „Warum haben Sie den großen Baum dort auf der Anhöhe gefällt? Warum sind die Früchte so wurmstichig? Ich erinnere mich noch genau, wie ich fröhlich in einen Apfel mit rötlichen Wangen gebissen habe, der von dem Baum hinter dem Stall stammte. Wer hat diesen kahlen Friedhof gebaut, ohne Bäume und Sträucher, auf dem kein Vogel zwitschert, ohne Mauern, sondern nackt und ungeschützt, allen Blicken ausgesetzt, den nur ein Zaun vor entweihenden Eindringlingen schützt? Allerdings ist es gut, dass Sie dort hinter der großen Linde Nester angebracht haben! So können die Vögel wieder nisten und dazu beitragen, das Ungeziefer zu vernichten. Die Frau hat viel Arbeit gehabt, dennoch haben der Junge und das Mädchen hart gearbeitet, denn der Vater, der in der Ferne so tapfer für uns kämpft, muss vollauf zufrieden und glücklich sein.

- Sag mal, Frau, es beschäftigt mich, wer den Friedhof so geschmacklos hergerichtet hat? Weißt du, ich habe viele Kameraden fallen sehen und ich habe ihnen allen versprochen, ihnen einen Platz in meinem Herzen zu bewahren, so wie sie ihn während ihres Lebens genossen haben. Das Dorf scheint ihre Bitte jedoch nicht zu hören: „Verwandelt uns nicht in ernste Schatten, lasst uns den süßen Duft der Heiterkeit, der wie ein heller Glanz über unserer Jugend schwebte! Ihr Lebenden, gebt euren Toten das Recht auf Rückkehr, damit wir in guten wie in schlechten Tagen bei euch bleiben können. Tragt unsere Trauer nicht so weit, dass jeder Freund sich erschrecken muss, wenn er über uns schwatzt und lacht." Wusstest du, dass der Gartenfriedhof so schön sein sollte, dass man gerne mit den Toten zusammen ist? Jeder Ort kann für einen solchen Friedhof geeignet sein, oben bei der großen Linde, oder der Hügel dort am Dorfausgang, oder dort gegenüber auf dem alten, steilen Flussbett: Aber er muss dort, wo er sich befindet, eine besondere Beziehung zum Dorf haben und zu einem Bestandteil der regionalen Schönheit werden, wie die alten Grabhügel oder einige kleine Kapellen. Ich vergleiche dies mit der Beschreibung von Walter Flex in „Reisender zwischen zwei Welten": „Auf der Höhe des Lemno-Sees schmücke ich ein Heldengrab. Zwei Lindenbäume über ihm wie ruhige Wächter, das nahe Rauschen der Wälder und das ferne Glitzern des Sees schützten ihn. Die Sonne und die Sommerblumen blühten in den Bauerngärten in der Umgebung in Hülle und Fülle. Der fröhliche, sonnige Junge sollte ein Grab aus Sonne und Blumen haben". Denn, siehst du, unsere Pflicht ist es nicht nur, die Verstorbenen zu begraben, die uns dieses schöne Dorf hinterlassen haben; wir müssen sie auch mit Stolz ehren. Ständig apathische Menschen und solche, die mit ihrer Zeit geizen, dürfen bei der Auswahl der Grabstellen kein Mitspracherecht haben, sondern nur solche wie diese alte Mutter, die ich in einem überfüllten Omnibus getroffen habe. Die Müdigkeit und die Fahrt schreckten sie nicht ab und sie kam aus Ostpreußen, um ihren Jungen im Krankenhaus in Innsbrück zu besuchen. Der Gartenfriedhof mit seinen Stellplätzen sollte sich in die weite Naturlandschaft einfügen, in der man den Atem der Ewigkeit spürt. Nachdem die Kinder schnell ins Bett gebracht wurden, werde ich nun über meine Beweggründe und das, was uns alle beschäftigen sollte, sprechen.

- Wir müssen uns an den Gedanken gewöhnen, dass es innerhalb der Gemeinschaft Pflichten geben wird, die wir nicht mehr an einen „Profi" abtreten können, der daraus Profit schlägt. Wir alle haben ständig heilige Pflichten - die jeder Einzelne ernsthaft, mit Liebe und der gleichen Wärme erfüllen muss und die niemandem sonst überlassen werden können. Die Pflege und Bewachung dieses Friedhofs für unsere Toten und die, die gefallen sind, ist diese heilige Pflicht. Siehe, wir müssen uns also in Zukunft alle im Dorf versammeln, um diesen Friedhof zu verwirklichen.

- Ich denke, dass du oft unterschiedliche Gefühle haben musstest, je nachdem, wie die Räume beschaffen waren, in denen du dich befandest. Ein Mitarchitekt erklärte mir das einmal so friedlich: „Schon bestimmte Proportionsverhältnisse rufen in uns Menschen unterschiedliche

Gemütszustände hervor: profane Gefühle oder Feierlichkeit. Ein längerer oder höherer Raum ruft in uns feierlichere Gefühle hervor als ein Theater, selbst wenn es mit Kulissen überladen ist, weil ein gleichseitiger Raum ein Gefühl der Ruhe und des Wohlgefallens hervorruft, also eher zur Ruhe als zur Bewegung anregt. Aber die Gegenwart, die Vergangenheit und die Zukunft spielen in dem großen Fest des Lebens eine wesentliche Rolle. Durch seine Gedanken kehrt der Mensch von der Gegenwart in die Vergangenheit zurück und strebt in die Zukunft. Er befindet sich in Bewegung. Physisch und moralisch wird der Mensch in einem langen Raum wie einem Peristyl oder dem Kirchenschiff einer großen Kirche in Bewegung gesetzt. Die Höhe und Länge eines Raumes kann bei Menschen im Alltag einen Zustand der Besinnung erzeugen, entsprechend dem folgenden Proportionsverhältnis: 2/3 für den Friedhofsgarten, in dem sich die Gegenwart und die Unendlichkeit begegnen".

- Da der Genosse noch viele andere interessante Dinge über den Friedhof unseres Dorfes zu berichten hatte, erzähle ich dir alles, was er mir sagte: Inhalt und Form des Friedhofsgartens werden von der kleinsten formalen Einheit, dem Grab, bestimmt, das niemals die Form eines Dreiecks oder Kreises haben darf. Rhomben, Sterne und Kreuze haben auf dem Reißbrett eine besonders starke Wirkung, doch in der Natur modellieren sie die Räume auf absurde Weise. Sie werden vom Menschen nicht in der gewünschten Form erlebt, weil er nicht in den Wolken, sondern auf der Erde unterwegs ist.

In Zukunft sollte das Erscheinungsbild von Friedhöfen und Gedenkstätten im Geiste äußerster Schlichtheit gestaltet werden. Die von Menschenhand geschaffenen Zeichen sollten sich auf geniale Weise in die charaktervolle umgebende Natur einfügen. Ort des Gedenkens für die Toten eines Dorfes.

- Der Friedhofsgarten birgt den Menschen, den Baum und die Ewigkeit. Der Baum bildet einen Vermittler zwischen dieser und der Generation. Er wird zum Baum der Ahnen auf dem Feld oder dem Dorffriedhof, wenn seine Äste über eine Ahnenreihe wachen. Seite an Seite befinden sich die Menschen in enger Gemeinschaft, ohne Unterschiede, unter dem Rasen. Der Grabhügel sollte zehn Zentimeter über dem Bodenniveau liegen. Der beste Platz für einen Einzelnen, sofern er nicht vorgeschrieben ist, wird nicht durch Reichtum bestimmt, sondern nur durch den Ruf und die Ehrbarkeit einer Familie oder einer Einzelperson. Die Gemeinde übernimmt die Kosten für einen Zeitraum von mindestens 25 Jahren und für den Zeitraum, in dem sich die Nachkommen an der Pflege des Grabes beteiligen. Siehst du, so wird unser Friedhofsgarten entstehen, in dem der Rang und der Wert des Grabes absolut keine Rolle spielen, sondern nur die Pflanze und ihre Pflege, denn ein Garten ohne Blumen ist kein Garten. Landesspezifische Blumen sollen uns mit ihrer Schönheit und der Vielfalt an Farben und Formen erfreuen. Die große Menge an Gewächshauspflanzen, die in Beeten aufgehäuft sind, erschreckt das Auge, das gehofft hatte, auf dem Friedhof eine Blumenwiese zu sehen, zwar mit vielen verschiedenen Arten, aber innig ausgewählt. An einem Ort, an dem der Geruchssinn des Menschen gegenüber dem Sehsinn bevorzugt wird, sollten farbenfrohe Blumenarten mit ihrem fesselnden Duft Ruhe in seinem Herzen hervorrufen.

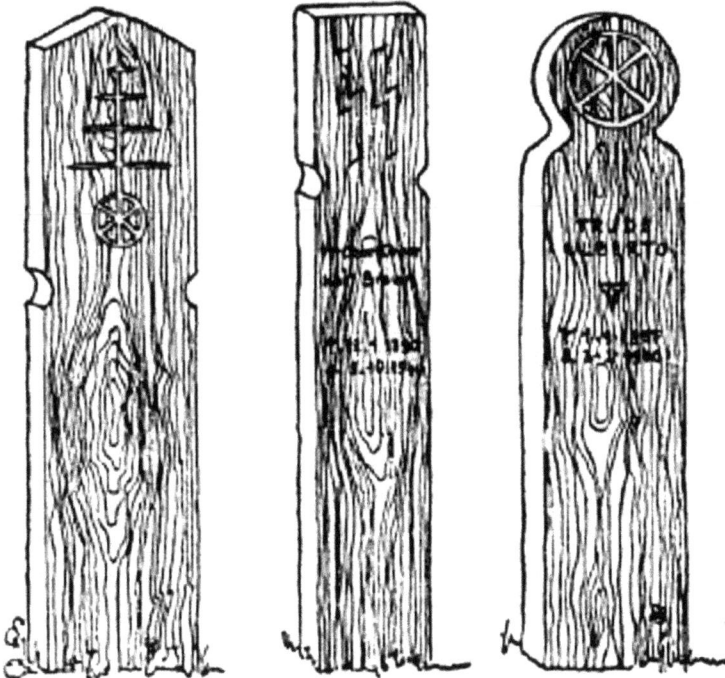

Skizzen von Klaus Stärtzenbach für neue Grabplatten.

Die Stele, die sich inmitten dieser blumenreichen Wiesen befindet, symbolisiert den Menschen.

Das Grab enthält die Erinnerung an Hunderte von Momenten eines Lebens und löscht alle Streitigkeiten aus.

Sie repräsentiert den Menschen in seiner endgültigen Vollendung. Sie erinnert sowohl an die vergangene Perspektive des Menschen, der ein reifes Alter erreichen konnte, als auch an die des Individuums, das noch viele Jahre leben sollte. Ohne große Ausgaben zu tätigen, kann jeder von uns mit einem einfachen Meißel Zeichen des Lebens eingravieren, Sonnenmotive, die das Sonnenrad und das Andreaskreuz sind. Der Lebensbaum lehrt uns, dass das Leben, auch wenn es erlischt, immer wieder neue Kraft aus der alten Linie schöpft. Das Grab richtet sich nicht an die Welt, sondern an einen, zwei, drei, vier, fünf oder sechs Menschen, die mit dem Toten in enger körperlicher oder seelischer Verwandtschaft stehen, denn die Inschrift ist nicht mehr nur ein Text, sondern ein Dialog. So wird die Ruhe, die auf diesem Friedhofsgarten herrscht, in gewisser Weise zu einer in sich perfekten Bewegung, in der die Symbole in greifbarer Form nebeneinander stehen; keines ist dem anderen überlegen, so wie sich auch der Mensch nicht mehr von seinem Nachbarn unterscheidet.

Die Holzstele sollte immer höher als breit sein. Je schmaler sie ist, desto näher kommt sie der Form eines Baumes, der zum Licht strebt. Der Stein hingegen ist schwer, geschichtet; er hängt eng mit der Erde zusammen und muss ihrem Charakter entsprechen. Das Grabmal wird breiter als hoch sein. Das vom Schmied rund, quadratisch oder flach bearbeitete Eisen muss geschlagen oder verdreht, gespalten, gebogen und vernietet sein, damit Wind und Sonne wie in einem Spinnennetz ungehindert hindurchströmen können. Beeinflusst von unserem freien und freudigen Geist vereinen sich Form und Wesen so, dass das Wesen die Form hervorbringt, so wie der Baum aus der Erde und der Klang aus der Flöte entsteht.

Ich freue mich schon auf die Zeit, in der alle Bauern zusammenkommen werden, um gemeinsam den Friedhofsgarten nach diesem schönen Entwurf zu errichten, in der Überzeugung, dass jedes Volk neben einem anderen Volk von Unsterblichen lebt, deren Existenz unerlässlich war, denn sie stellen unsere Wurzeln dar, ohne die wir nicht vorankommen könnten."

Klaus Stärtzenbach

HEFT DER SS NR. 6. 1944.

VOM KIND

Gibt es eine intensivere Freude als die, ein Kind zu sehen? - Kennst du eine? - Ich nicht! - Es ist eine Freude der Augen. Es ist eine Freude für die Ohren. Es ist eine Freude für deine Hände, die es streicheln. Es ist eine Wohltat für dein Herz. Du erlebst es mit deinem ganzen Wesen, aber kein Wort kann es ausdrücken. Es ist wahr, dass ein Kind auch eine ständige Pflege erfordert, die verschiedene Formen annimmt.

Die Sorgen sind vielfältig.

Das Kind, das du bekommen hast, das sich entwickelt und seinem innersten Wesen entsprechend wächst, ist ein Teil von dir, und doch folgt es seinem eigenen Schicksal. Du fühlst dich für ihn verantwortlich, aber du kannst weder etwas für sein Wohl noch für sein Wehe tun. Du verlängerst dich in ihm, aber es ist sein Wille, der ihn lenkt. Gibt es keine größere Sorge?

Celan' hört nie auf. Vor seiner Geburt fragst du dich, ob er lebt, ob er gesund ist. Du sorgst dich um seine Gesundheit, seine Fehltritte, seine Ergebnisse. Du sorgst dich um seine Entscheidungen, seine eigenen Fragen. Deine Verbundenheit mit deinem Kind ist so tief, so total.

Aber du verwirklichst dich wirklich durch dein Kind. Deine Leistung in deinen Bemühungen um dein Kind stellt deinen geheimen Wert dar, deinen Wert, anonym zu leben. Dein Wert ist dein stummes Glück. Dann beruhigst du dich endlich: Es lebt, und Tausende von kleinen Leben blühen in ihm auf wie auf einem Baum im Frühling; seine Schönheit strahlt wie die Morgenfeuchte des Tages. Deine stille Freude findet ihre Krönung in seinem körperlichen Strahlen. Der gesunde Charakter deines Kindes scheint deine Freude zu erhellen. Seine Ankunft erfüllt dich mit strahlendem Stolz Kann es eine tiefere Freude geben?

Man sagt dir auch, dass dieses Kind eine Last ist, das Produkt der Sorglosigkeit. Aber andere äußern gesündere und geradere Gedanken, sagen, dass es eine Frage der Meinung und sicherlich das Unwiderlegbare ist, dass es eine Pflicht gegenüber dem Volk ist, eine verantwortungsvolle Handlung, ein Vertrauensbeweis.

Aber das weiseste Wort werde ich dir sagen: Kein anderer Grund als die Liebe wird deinen Wunsch nach einem Kind motivieren. Du liebst sie aus keinem anderen Grund als aus Freude.

III. RASSENFRAGEN

ZEITSCHRIFT „GLAUBEN UND KÄMPFEN" FÜR DIE SS DER DEUTSCHEN VOLKSGRUPPEN IM SÜDOSTEN.

WAS IST RASSE?

„Was in dieser Welt nicht von guter Rasse ist, ist wertlos".

(Adolf Hitler, *Mein Kampf*)

In der Masse der Lebewesen lassen sich Gruppen unterscheiden, die sich mehr oder weniger ähneln und übereinstimmende körperliche Merkmale aufweisen. Sie besitzen das gleiche Wesen. Wir bezeichnen diese Gruppen von Lebewesen als „Arten".

Die derzeit lebende Menschheit bildet eine „Spezies", da sich die Individuen gegenseitig befruchten. Wenn man jedoch einen Weißen, einen Neger oder einen Mongolen betrachtet und vergleicht, wird deutlich, dass man nicht uneingeschränkt nur von der Spezies „Mensch" sprechen kann, sondern eine weitere Unterklassifizierung vornehmen muss, um ein genaues Urteil fällen zu können. Dies führt zum Konzept der Menschenrassen.

Wir können jede Rasse anhand der Unterschiede unterscheiden, die sie aufgrund der besonderen Merkmale, Dispositionen und Eigenschaften ihrer Erbanlagen, psychisch-intellektuellen und körperlichen Eigenschaften besitzt. Jede Rasse hat bestimmte Eigenschaften und Merkmale, die *nur* ihr *eigen sind*. Diese *Rassenmerkmale* werden an die Nachkommen vererbt.

Die Rasse bildet also eine Gruppe von Lebewesen, die sich durch den gemeinsamen Besitz bestimmter erblicher Merkmale auszeichnet. Sie bringt immer ähnliche Wesen hervor. Oder, um es zusammenzufassen: Die Rasse ist eine Gemeinschaft von eigenen Erbanlagen (Stengel v. Rutkowski).

Solange eine Rasse rein bleibt, wird ihr Erbgut unversehrt von einer Generation zur nächsten weitergegeben. Daher ist es notwendig, dass Menschen derselben Rasse ein gesteigertes Rassenbewusstsein haben und die Gefahren erkennen, die zu einer Kreuzung, Umwandlung, Entartung und damit zum Niedergang der betreffenden Rasse führen. Jedes Volk hat sich aus bestimmten Rassen zu einer homogenen Lebensgemeinschaft entwickelt. Die Gesamtrasse definiert das ethnische Merkmal und tritt dank ihres Erbguts unveränderlich in Erscheinung. Wie alle germanischen Völker prägt die vorherrschende nordische Rasse auch das deutsche Volk mit ihrer Eigenart.

Was ist ein Volk?

Jedes Volk stellt eine äußerlich sichtbare Gemeinschaft dar. Das gleiche Blut, das gleiche Land, die gleichen, Sprache, Sitte, Kultur und Geschichte bilden ein untrennbares Band. Sowohl die Rasse als auch die Geschichte und die Kultur sind für das Werden des Volkes notwendig. Das Volk ist sowohl eine Gemeinschaft der erblichen Anlagen als auch eine Gemeinschaft der Umwelt. Jede Generation ist nur ein Glied in der Kette, die mit den ältesten Vorfahren beginnt und sich in der Zukunft mit den künftigen Generationen fortsetzt. Zusammen bilden sie die Volksgemeinschaft. Die Existenz des Einzelnen hat also einen Zweck, wenn sie in einer innigen Beziehung zur Gesamtheit des Volkes steht.

Jeder lebende Bluthalter in dieser Gemeinschaft trägt die Verantwortung dafür, künftigen Generationen das Leben zu schenken.

Jedes Volk hat sein ethnisches Merkmal. Die rassische Zusammensetzung des Volkes bestimmt dieses Merkmal.

Das Volk ist eine Herkunfts- und Schicksalsgemeinschaft. Als Gemeinschaft erblicher Anlagen ist es in der Lage, seine Umwelt weitgehend zu schaffen und zu gestalten.

Die Bedeutung von Rassen

Die gemeinsame Erbmasse bedingt 'die physische und geistige Fähigkeit zur Schöpfung, die einer Rasse eigen ist. Die „Rasse" als Arbeitskonzept bezieht sich nicht nur auf die besondere Vitalität, die in uns wohnt und sich in uns ausdrückt, sondern wird darüber hinaus zum wesentlichen Wert, zum ideologischen Bezugspunkt.

Es gibt Rassen, die große Zivilisationen hervorbringen können, und andere, die nie aus sich selbst heraus aufsteigen werden. Es gibt Rassen mit heroischer Gesinnung und solche ohne kämpferischen Mut. Kulturelle Schöpfungen werden ausschließlich von Rassen mit hohem Wert hervorgebracht. Die Menschheit entwickelt sich weiter oder geht zurück, weil die Reinheit und die Kräfte der zivilisationsschaffenden Rassen erhalten bleiben.

Die Rassenstruktur eines Volkes ist einzigartig. Ihre Veränderung führt immer zu einer Veränderung ihres Charakters und ihrer Zivilisation. Jede Rassenmischung bedeutet für die Rasse, die diesen Namen verdient, eine Minderung ihres Wertes.

Verwandt - fremd - von gleicher Abstammung - von unterschiedlicher Abstammung

Die Menschheit bringt in ihrem Inneren Rassengruppen hervor, die stark voneinander getrennt sind. Wir unterscheiden grob: Weiße, Schwarze und Gelbe. Jede dieser Gruppen umfasst wiederum eine Reihe von Unterrassen, die bestimmte Merkmale gemeinsam haben. In diesem Fall spricht man von Verwandtschaft oder kurz von verwandten Rassen. Völker, die aufgrund ihrer rassischen Zusammensetzung die gleichen Komponenten wie das deutsche Volk aufweisen, sind mit uns verwandt. Die Mehrheit der europäischen Völker fällt in diese Kategorie.

Da die wesentliche rassische Substanz bei den mit uns verwandten Völkern oft stark variiert, muss man den quantitativen Aspekt der rassischen Komponenten berücksichtigen. Bei den germanischen Völkern überwiegt das nordische Blut in ihrer Rassenmischung. Ihre Beziehung zum deutschen Volk wird daher als „gleichgeschlechtlich" definiert. Andere Völker, die zwar auch schwache nordische Rassenkomponenten aufweisen, aber in ihrem Kern nicht nordisch sind, bezeichnen wir als „fremdstämmig".

Die günstige Rassenmischung, die im deutschen Volk vorhanden ist, beruht auf dem Zusammenfluss verwandter Rassen und dem überlegenen und vorherrschenden Anteil des nordischen Blutes.

Der Ursprung der nordischen Rasse

Die Kernsphäre der nordischen Rasse umfasst die Regionen Südskandinavien, Jütland, Nordsee, Ostsee und reicht bis ins Herz Deutschlands.

Schon früh war der nordische Mensch ein sesshafter Bauer. Er erfand den Pflug, den später andere Völker übernahmen, baute Getreide an und züchtete Haustiere. Das enorme Bevölkerungswachstum dieser nordischen Menschheit veranlasste sie, neue Gebiete zu erobern, und ließ sie Welle um Welle in die angrenzenden Länder schwappen: in den europäischen Raum und in weite Teile Asiens. Die etablierte Urbevölkerung wurde von den nordischen Sitten geprägt, wenn auch oft nur vorübergehend.

Die Behauptung, dass „das Licht aus dem Osten kommt", wie es die Wissenschaft früher behauptete, ist falsch. Vielmehr sollte man sagen: „Die Kraft kommt aus dem Norden!".

Die Bedeutung der nordischen Rasse für die Menschheit

Der Führer sagt in „*Mein Kampf*":

„Alles, was wir heute auf dieser Erde bewundern, Wissenschaft und Kunst, Technik und Erfindungen, sind das schöpferische Produkt einiger Völker und vielleicht ursprünglich *einer* Rasse."

Die großen Zivilisationen, die von den Indo-Germanen in Indien, Persien, Griechenland und Rom geschaffen wurden, zeugen untadelig vom nordischen Schöpfergeist. Auch sie gingen mit dem Niedergang der nordischen Herrscherklasse unter. Noch heute sind wir uns der Wesensverwandtschaft bewusst, die mit diesen Kulturen, die denselben Ursprung haben, besteht.

Wir sind jedoch nicht so vermessen zu glauben, dass jede Kultur, auch die der alten Epochen, allein der nordischen Rasse zuzuschreiben wäre. Auch Völker mit einer anderen Rassenzusammensetzung haben Zivilisationen geschaffen. Aber wir haben andere Gefühle, wenn wir versuchen, die Kulturen des alten China, Babylons oder die alten Indianerkulturen der Azteken (im heutigen Mexiko) und der Inkas (im heutigen Peru) zu begreifen. Es ist unbestreitbar, dass auch sie große Zivilisationen waren; dennoch spüren wir bei ihrem Kontakt die Spuren einer unleugbar fremden Natur. Die Ursache dafür sind die Schöpfer dieser

Kulturen selbst. Sie sind nicht mit uns verwandt, sondern fremd, was die Rasse betrifft. Ein anderer Geist spricht aus ihnen. Niemals haben diese andersartigen Kulturen ein Niveau erreicht, das mit dem vom nordischen Geist beeinflussten vergleichbar wäre.

Die technische Entwicklung von heute ist ebenfalls das Produkt von Menschen nordischer Rasse gewesen. Das gilt zum Beispiel für die neue Türkei, den Aufschwung Nordamerikas oder die Fortschritte im Fernen Osten in gleichem Maße.

An Orten der Vermischung mit benachbarten Rassen erwies sich der Einfluss der nordischen Rasse durchweg als äußerst innovativ und beinhaltete aktive Entwicklungstendenzen, die die höchsten kulturellen Schöpfungen hervorbrachten.

Das deutsche Volk und die nordische Rasse

Trotz der oft hohen Mischung und Verflechtung der Rassen in verschiedenen Teilen des Deutschen Reiches treffen wir in den verschiedenen Teilen Deutschlands auf einzelne, stärker typisierte Rassen.

Es gibt Regionen, in denen eine hohe Körpergröße, ein schmales Gesicht und helle Haar-, Augen- und Hautfarben vorherrschen (das physische Erscheinungsbild der nordischen Rasse). Der westfälische Mensch ist eng mit dem nordischen Menschen verwandt und wird oft als eine „Unterart" des nordischen Menschen bezeichnet.

In vielen Teilen des Reiches finden wir dagegen große, kurzköpfige Männer mit einem schmalen Gesicht, einer großen Nase, braunen Augen und schwarzen Haaren (körperliches Erscheinungsbild der dinarischen Rasse).

In einigen Teilen leben kleine, schlanke und flinke Männer mit dunklen Augen und dunkler Hautfarbe (körperliches Erscheinungsbild der westlichen oder mediterranen Rasse).

In anderen Ländern herrschen folgende Merkmale vor: mittelgroße, gedrungene Körper, kurze Köpfe, breite Gesichter mit vorspringenden Wangenknochen, blondes Haar und helle Augen (körperliches Erscheinungsbild der baltisch-orientalischen Rasse).

Schließlich trifft man in einigen Teilen des Reiches auf untersetzte Männer mit runden Köpfen, breiten Gesichtern, braunen Augen, braunem bis schwarzem Haar und dunkler Hautfarbe (körperliches Erscheinungsbild der orientalischen Rasse).

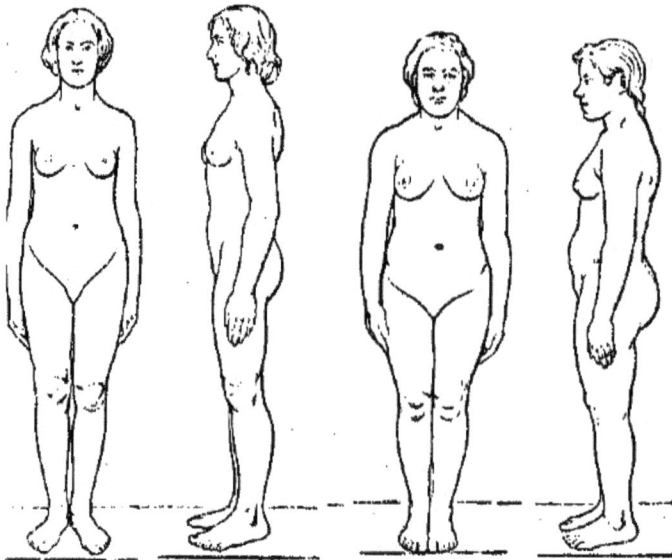

Nordischer Typ - Baltisch-orientalischer Typ

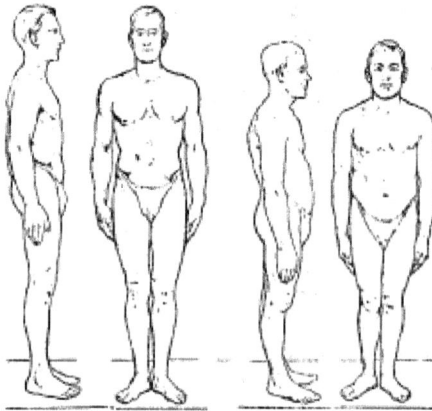

Nordischer Typ - Baltisch-orientalischer Typ

Die *nordische Rasse* ist in allen Teilen des Reiches mehr oder weniger stark vertreten, sei es im Norden oder im Süden, im Westen oder im Osten. Viele Männer in unserem Volk lassen sich nicht genau einer bestimmten Rasse zuordnen. Abgesehen von den scheinbar reinrassigen Vertretern findet sich jede Rasse in allen Völkern in mehr oder weniger stark vermischter Form.

Das nordische Erbgut ist im deutschen Volk vorherrschend. Die nordische Rasse ist nicht nur die *vorherrschende Rasse*, sondern ihr *Blut ist in fast allen Deutschen vorhanden*. Die Begriffe „Blut und Boden" bilden keinen leeren Begriff, sondern stellen unser Schicksal dar. Es wurde also auch das

Ziel definiert, das mit der Selektion des deutschen Volkes verfolgt wird. Sie erfolgt, indem sie dem Lebensgesetz ihrer schöpferischen Rasse treu bleibt.

Der Anteil des nordischen Blutes an der Erbmasse des deutschen Volkes beläuft sich auf etwa 50 %. Abgesehen davon lehrt uns die Genealogie, dass *jeder Deutsche nordisches Blut in sich trägt.*

So ist das deutsche Volk eine Rassengemeinschaft im wahrsten Sinne des Wortes. Die nach einem rassenkundlichen Prinzip interpretierte Geschichte hat längst gezeigt, dass die nordische Rasse eine weitaus größere Anzahl hervorragender Menschen hervorbringt als andere Rassen. Die nordische Rasse ist vor allem der Bewahrer des Genies des deutschen Volkes. Große Leistungen in allen Bereichen haben sie zur führenden Rasse der Menschheit gemacht. Keine andere menschliche Rasse hat so viele herausragende geistige Führer, Heerführer und Staatsmänner hervorgebracht.

Auf kühnen Expeditionen eroberte der nordische Mensch große Gebiete, gründete Staaten und schuf Zivilisationen. Bereits um das Jahr 1000 landeten die Wikinger in Amerika. Der nordische Geist erreichte die Erschließung großer Landstriche.

Eine der auffälligsten Eigenschaften der nordischen Rasse ist ihre Selbstbeherrschung. Die nordische Kühnheit inspirierte die kriegerischen Eroberungen. Redlichkeit und Willensstärke, gepaart mit Selbstvertrauen, stärken das Gefühl der Unabhängigkeit. Diese Eigenschaften mindern zweifellos die Intuition, und der nordische Mann läuft Gefahr, sich selbst zu verlieren und zu verschwenden. Der Nordländer hat eine große Vorliebe für Sport und Kampf - er liebt das Risiko. Daher trifft man ihn häufiger als andere Männer in Berufen an, die mit Gefahren verbunden sind. Aber man muss zugeben, dass der Charakter des Einzelnen entscheidender ist als die Haarfarbe. Der Einzelne gehört größtenteils einer Rasse an, zu deren Tugenden er sich durch Taten bekennt.

Wenn man die einzelnen Länder Europas nach ihrer Rassenzusammensetzung betrachtet, fällt auf, dass in fast allen Staaten die gleichen Rassen anzutreffen sind. Die nordische Rasse finden wir außerhalb Deutschlands in den skandinavischen Ländern, in England und den Niederlanden sowie in Russland, Italien, Frankreich, Spanien und so weiter. Aber wir finden zum Beispiel auch Männer vom orientalischen Typ in den verschiedenen europäischen Ländern. Letztlich geht es nicht darum, ein allgemeines rassistisches Urteil über ein Volk zu fällen. Es geht vielmehr darum, die *vorherrschenden Elemente jeder Rasse* in dem betreffenden Volk zu untersuchen. Und dabei stellt man fest, dass das Deutsche Reich rein zahlenmäßig bereits vor den anderen Völkern liegt, was den Anteil des nordischen Blutes betrifft.

Auf völlig legitime Weise kann Deutschland den Anspruch erheben, die deutsch-nordischen Völker zu regieren.

HEFT DER SS NR. 7. 1942.

DER BIOLOGISCHE SINN DER SELEKTION

Seit Darwin nicht mehr nur wie Linné ein System von Arten definierte, sondern auch deren Ursprung hinterfragte und versuchte, eine Antwort darauf zu finden, hat die Idee der Selektion einen neuen Aufschwung erlebt. In den vergangenen Jahrzehnten gab es bereits Bestrebungen, sie auf den Menschen anzuwenden. Heute ist die Idee der Selektion eines der Kernstücke der nationalsozialistischen Weltanschauung. Seit ihrem siegreichen Einbruch beschäftigte sich auch der öffentliche Bereich intensiv mit ihr. Hinzu kommt, dass alle Fragen, die sich auf die Berufswahl und -orientierung von Männern, ihre Art der Funktion und die Verteilung der Aufgaben beziehen, heute besonders brillant sind.

Rassen und Arten entstehen durch Selektion und Eliminierung
Auf die Frage nach den Ursachen für die Entstehung der Arten und Rassen, die die Erde bevölkern, wurden zwei grundlegend gegensätzliche Antworten gegeben. Die eine sucht die treibenden Faktoren in äußeren Impulsen, in der Umwelt, im „Milieu". Die andere hingegen spricht von den Gesetzen der Vererbung und lokalisiert die Grundlage für den Ursprung, die Erhaltung und die Verfestigung der charakteristischen Merkmale einer Art im Herzen des lebenden Plasmas selbst. Wir fühlen uns der zweiten Antwort näher als der ersten. Wir wissen zum Beispiel, dass der Verlust eines Gliedes durch Erfrierungen oder Umwelteinflüsse nicht dazu führt, dass dieses Glied bei den Nachkommen ausbleibt. Dies wäre auch nicht der Fall, wenn sich die Erkältung über mehrere Generationen hinweg wiederholen würde. Trotzdem bestehen zwischen dem Ursprung der Arten und den Lebensraumbedingungen tief greifende Wechselbeziehungen, die wir nicht im Rahmen einer oberflächlichen Milieutheorie betrachten können. Homogene Menschengruppen, d. h. ganze Rassengruppen und bestimmte Rassen, erlangen im Laufe von 10.000 bis 100.000 Jahren nur dann eine einheitliche Charakteristik ihrer physischen und psychischen Merkmale, wenn sie mit einem für die jeweilige Art geeigneten Lebensraum harmonisch verbunden sind. Durch die Gesamtheit seiner geologischen, klimatischen und biologischen Bedingungen bewirkt der Lebensraum nach und nach die Festigung und innere Harmonisierung eines ganz bestimmten Erbmerkmals. Dies war in der Tat nicht das Ergebnis der „Vererbung erworbener Eigenschaften", sondern der Selektion im positiven und der Elimination im negativen Sinne.

Der Lebensraum bringt eine bestimmte Art der Selektion hervor
Die Selektion und Eliminierung, die in einem bestimmten Gebiet für eine bestimmte Art durchgeführt wird, führt dazu, dass sich langfristig nur

derjenige fortpflanzt, der unter den Bedingungen dieses bestimmten Gebietes aufgewachsen ist. Umgekehrt verschwindet derjenige, der diese Bedingungen nicht überwindet. Ein Beispiel: Gehen wir, wie der Forscher v. Eickstedt, von der Annahme aus, dass die hellhäutige nordisch-europäische Menschheit besonders durch den einheitlichen und isolierten nordeurasischen (sibirischen) Lebensraum während der Eiszeit geprägt wurde. Wir können uns ohne Schwierigkeiten vorstellen, welche Folgen eine natürliche Selektion und Eliminierung in diesem Raum hatte. Nur diejenigen, die den härtesten Existenzbedingungen ausgesetzt waren, konnten überleben und sich in den folgenden Jahrtausenden fortpflanzen. Sich zu vermehren und zu wachsen war nur denjenigen vergönnt, die sich dem Klima und der unwirtlichen Seite der Erde letztlich als überlegen erwiesen, die also durch ihre Unnachgiebigkeit und Härte letztlich stärker waren als die Natur. Nur die Eigenschaften, die es dem siegreichen Menschen ermöglichten, die Natur zu besiegen, wurden durch Vererbung fortgeführt und gefestigt. Während des Krieges im Osten hat uns der Winter wieder einen Vorgeschmack und eine lebendige Illustration davon gegeben, was es für Menschen, die Lebewesen sind, bedeutet, einer allmächtigen Natur nicht nur unterworfen zu sein, sondern ihr auch noch siegreich zu trotzen.

Die Natur zu besiegen bedeutet nämlich mehr, als nur zwei bestimmte Eigenschaften zu besitzen. Muskelkraft oder Kälteunempfindlichkeit reichen nicht aus. Die Natur und die Umwelt zu besiegen, bezieht sich auf die allgemeinen Charaktereigenschaften von Körper und Seele. Die Natur muss durch körperliche Härte und einen unbeugsamen Lebenswillen besiegt werden. Sie muss aber auch durch geistige Stärke und einen großen Eifer besiegt werden. Schon bei unseren entferntesten Vorfahren förderte sie die Entstehung jener Eigenschaften, die wir noch heute in unserer Seele als die höchsten empfinden: die Herausforderung äußerer Hindernisse, die Härte gegen uns selbst, der unstillbare Lebenswille, die Tiefe und der Glaube an den Sieg der Seele sowie alle unsere höheren Qualitäten und Kräfte.

Die Entstehung der Arten ist nicht das Ergebnis eines einfachen Anpassungsprozesses

Wir können den Triumph über die geizige Natur und die Härten ihrer Lebensbedingungen niemals als das Ergebnis einer leichten Anpassung betrachten. Natürlich passt sich auch der Mensch an und geht den Weg des geringsten Widerstands, soweit ihm dies erlaubt ist. Aber sich der eiszeitlich begrenzten und im Übrigen von mächtigen natürlichen Barrieren umgebenen Umwelt zu entziehen, war über lange Zeiträume der Evolution oft unmöglich oder nur begrenzt möglich. Als die natürlichen Hindernisse nach und nach verschwanden und überwunden werden konnten, war die Eroberung günstigerer Lebensräume damals wie heute nur im Kampf gegen andere Menschengruppen möglich, die sich dort bereits niedergelassen hatten.

Die Entstehung einer Art ist nicht das Produkt einer leichten Anpassung an eine Umgebung und ein „Milieu". Sie ist vielmehr eine allmähliche Kristallisation und Betonung aller Eigenschaften, die es ermöglichen, die Härte der Lebensbedingungen siegreich zu bewältigen. Nur das schwerste Opfer macht dies möglich. Ein Wesen, das der Prüfung durch die elementare Natur nicht standhalten kann, verschwindet und wird erbarmungslos eliminiert. Wir haben daher großen Respekt vor diesem Prozess, der uns dazu anhält, Verantwortung für die Erhaltung und Fortpflanzung unserer Art zu übernehmen.

Fortschritte in der Zivilisation erleichtern die Lebensbedingungen und verändern daher auch die ursprünglichen biologischen Selektionsgesetze

Je besser es einer Menschengruppe gelingt, die Bedingungen ihres Lebensraums durch die Etablierung einer Kultur, die dem Gesetz des Lebens treu bleibt, zu beherrschen und umzugestalten, desto leichter gelingt es dem Einzelnen, sich selbst zu erhalten und die Ausmerzung zu vermeiden. Die anfangs strengen Gesetze der Selektion und Eliminierung verschwinden allmählich und werden abgeschwächt. Je älter eine Kultur wird und das Stadium der späten zivilisatorischen Epochen erreicht, desto mehr verliert sie an Kraft. Sie bringt sogar den umgekehrten Prozess hervor. Auch schwache und kranke Individuen können überleben und sich fortpflanzen; unterschiedliche Rassentypen vermischen sich. Das Gesetz, das die Art schafft, scheint nicht mehr zu wirken.

Wenn die Kultur ihre eigene geistige Evolution entwickelt und gleichzeitig erheblich erleichterte Existenzbedingungen hervorbringt, werden der Geist und die Natur der Selektion stark beeinträchtigt. Die Bewahrung der Reinheit, die ergänzende Erziehung und die sich über Jahrtausende entwickelnde Evolution der Spezies werden nach und nach in Frage gestellt.

Kulturelle Selektion ersetzt die biologische Selektion

Die Arten und Rassen waren das großartige Ergebnis der natürlichen biologischen Selektion. Die Zivilisation, die sich aufgrund ihrer veränderten Existenzbedingungen weiterentwickelt, erzwingt ihrerseits eine bestimmte Form der Selektion. Diese Art der Selektion ergibt sich aus den Existenzbedingungen, den Notwendigkeiten und den grundlegenden Ideen der herrschenden Kultur und ihres Geistes. Das von einer Kultur verfolgte Ziel der Selektion kann in einem anderen Verhältnis zur ursprünglichen natürlichen biologischen Selektion stehen. Diese Beziehung bestimmt, wie wir den Wert einer kulturellen Selektion und ihre Rechtfertigung einschätzen. Es spielt keine Rolle, mit welchen Mitteln sie durchgeführt wird. Es ist zweitrangig, ob sie bestimmte Fähigkeiten oder ein Mindestmaß an Bildung erfordert, ob sie die Erhaltung des Lebens als höchsten Wert ansieht oder ob sie sich der Mittel der modernen Wissenschaft bedient, um den Menschen zu erkennen.

Verschiedene Formen der kulturellen Auswahl

Der günstigste Fall für das Verhältnis der kulturellen Selektion zur ursprünglichen natürlichen biologischen Selektion liegt vor, wenn das Ziel der letzteren durch die erstere verfolgt wird. Völker wie die Spartaner hatten ein feines Gespür für das Gesetz, das den Ursprung ihrer Spezies regelt, und griffen bei ihrer Selektion auf dieselben Prinzipien der unnachgiebigen Strenge zurück, die ursprünglich von der Natur vorgeschrieben waren, selbst nachdem sie in gastfreundlichere Gebiete gelangt waren. Andere nordische Völker wie unsere Vorfahren, die Germanen, befolgten ganz natürlich die biologischen Gesetze, die für die Entstehung ihrer Art maßgeblich waren.

Im Gegensatz dazu wissen wir, dass andere Formen der natürlichen Selektion den biologischen Gesetzen der Artentstehung völlig zuwiderlaufen oder ihnen sogar feindlich gesinnt sind. Dies ist vor allem dann der Fall, wenn der zivilisatorische Geist von außen kommt und nicht das Produkt der Spezies selbst ist. Sowohl die Akzeptanz als auch die gewaltsame Etablierung einer Kultur fremden Geistes erzeugt andere Arten der Selektion und führt schließlich zur Verleugnung und Zerstörung des ursprünglichen und spezifischen Charakters der Spezies. Das Eindringen des Christentums in die Kultur unserer germanischen Vorfahren brachte eine Form der Selektion hervor, die sich von Anfang an als feindlich gegenüber unserer Spezies und ihren Evolutionsgesetzen erwies. Die Elite der christlichen Priester wählte geeignete und für ihre Zwecke verwendbare Männer aus, verbot ihnen aber die Fortführung und Bewahrung des besten Rassenerbes, indem sie sie zum Zölibat zwang. Als eine Form, die den Prinzipien der kulturellen Selektion fremd ist, nutzt sie vorteilhaft die Folgen einer hunderttausende Jahre alten natürlichen biologischen Selektion. Sie nutzt den reichen Schatz an körperlich-geistigen Talenten unserer Rasse, verweigert aber bewusst und instinktiv, dass diese erhalten bleiben und sich erneuern. Jahrhundertelang hat sie von diesem Kapital gelebt, ein Prozess, dessen volle Tragweite wir erst heute erkennen. Wir sehen, dass dieses Kapital an Talenten bereits bedroht und keineswegs unerschöpflich ist.

Der Geist, der die Formen der kulturellen Auswahl unserer Zeit beseelt

Die aktuellen Formen der kulturellen Auswahl hängen eng mit der kulturellen Ebene selbst zusammen.

Da die Kultur bereits die Merkmale einer späten zivilisatorischen Maßnahme aufweist, hat sich die „Selektion" bereits von selbst in eine erschreckende Gegenselektion verwandelt. Das ist also das Ergebnis des Schutzes von Kranken und Minderwertigen als Folge des unklugen „Interesses" am Wert des Einzelnen. Moralische Verderbtheit, Wohlstand, der Verfall der Gefühle und der Verlust aller natürlichen Instinkte sind die Ursache dafür. Unser Standpunkt zu all dem ist klar und bedarf keiner weiteren Erklärung.

Abgesehen von der zivilisatorischen Gegenselektion, die sich automatisch ergibt, gibt es zahlreiche Versuche, eine bewusste und methodische kulturelle Selektion zu betreiben. Ihr Ziel und ihre Absicht ist es immer, „den richtigen Menschen an den richtigen Ort zu bringen". Niemand wird die konkrete Berechtigung derartiger Bemühungen bestreiten. Alle wichtigen Institutionen und Organisationen unseres kulturellen Lebens sind heute darum bemüht, ihre Nachkommen mit einer ausreichenden Anzahl an Qualitäten auszustatten. Die großen historischen Aufgaben, die das Schicksal unserem Volk gestellt hat, erlauben es nicht mehr, die vorhandenen Gaben zur Geltung zu bringen. Daher ist es umso notwendiger, den richtigen Mann an die richtige Stelle zu setzen.

Der problematische biologische Charakter unserer kulturellen Auswahl

Um die Bedeutung der von unserer Zeit durchgeführten Selektionsversuche abschätzen zu können, dürfen wir nicht nur damit beginnen, ihre unbestreitbaren unmittelbaren Erfolge zu untersuchen. Wir müssen uns ständig fragen, ob sie mit den biologischen Gesetzen der Arterhaltung in Einklang stehen. Wir müssen untersuchen, ob sie neben ihrer momentanen praktischen Wirkung dazu beitragen, die tausendjährige Spezies sowohl zu fördern als auch zu gedeihen oder sie zumindest zu erhalten. Wenn wir diese Notwendigkeit berücksichtigen, stellen wir in der Tat fest, dass unsere Formen der kulturellen Selektion den ursprünglichen biologischen Sinn jeglicher Selektion aus den Augen verloren hätten. Teilweise gelangen wir sogar zu völliger Bewusstlosigkeit oder Gleichgültigkeit, manchmal sogar zu instinktiver und manifester Feindseligkeit. Letzteres gilt insbesondere für alle „rein geistigen" Formen der Selektion.

Aus praktischer Sicht erfolgt die kulturelle Selektion hauptsächlich auf überlegene Individuen, die für bestimmte kulturelle Zwecke geeignet sind. *Der ursprüngliche biologische Sinn der Selektion, nämlich dass wertvolle Menschen in ihrer* Fortpflanzung *bevorzugt werden*, wird meist nicht berücksichtigt oder sogar absichtlich negiert. Viele kulturell bedingte Lebensformen und Organisationen hindern ihre Mitglieder daran, sich zu vermehren, indem sie zahlreiche Hindernisse wirtschaftlicher oder moralischer Art errichten. Ein Beispiel ist der Anreiz, viel zu lange Ausbildungswege zu durchlaufen, die es wirtschaftlich und praktisch unmöglich machen, eine Familie zu gründen. So wird die Zahl der Kinder begrenzt, weil die Ausbildung enorme Opfer erfordert. Andere kulturelle Organisationen, die natürlich das Recht beanspruchen, die Besten auszuwählen, errichten stattdessen moralische Barrieren. Eine Klassenmoral zum Beispiel, in der das biologische Pflichtbewusstsein nicht hoch angesehen ist und die eine frühe Heirat ebenso wie viele Kinder oder junge Eltern als vulgär verachtet, verrät den ursprünglichen Sinn der biologischen Auslese. Klassen, die ihre „vornehme" Reitermoral mit der Formel „Verliebe dich oft, verlobe dich selten, heirate nie!" zum Ausdruck bringen, haben daher kein moralisches Recht, an der Selektion innerhalb unserer Rasse teilzunehmen.

Die kulturelle Selektion bewirkt auch auf biologischer Ebene das Gegenteil, wenn die Besten ausgewählt werden, deren Existenz gefährdet ist, weil sie ihr Leben riskieren müssen, um ihre Aufgaben zu erfüllen. Der aktuelle Krieg ist ein klarer Beweis dafür, der aufgrund der Todesfälle den Besten unter uns die Möglichkeit nimmt, sich vollständig zu vermehren.

Wenn wir die Gesamtsituation betrachten, findet die kulturelle Selektion in den verschiedensten Bereichen trotz unterschiedlicher Gründe auch heute noch auf biologisch völlig ähnliche Weise statt wie die Selektion der Kirche, die sich ständig am Kapital der Talente nährt. Während sie sich zu Recht, aber dennoch auf so irreführende Weise darum bemüht, den richtigen Menschen an den richtigen Platz zu bringen, erkennt sie aufgrund ihres engen historisch-zeitlichen, ideologischen und moralischen Horizonts oftmals nicht den ursprünglichen Sinn jeder Auswahl. Und nicht selten glaubt sie sogar, biologische Sichtweisen aus „spirituellen" Gründen verächtlich ablehnen zu müssen. Damit wird sie zu einer Form der Gegenselektion, die auf praktischer Ebene erschreckend ist, weil sie sich perfekt verbergen lässt. Hinzu kommt die Begründetheit und Richtigkeit ihrer zum Teil hoch entwickelten Selektionsverfahren.

Wir können nicht auf das unmittelbare Ergebnis einer guten kulturellen Auswahl in dem gigantischen Kampf um die Existenz unseres Volkes verzichten. Aber das darf nicht um den Preis einer mit den raffiniertesten Mitteln beschleunigten *Verarmung unserer an Talenten reichen Volks- und Rassensubstanz* erreicht werden. Das wäre kurzfristige Politik. Was die zivilisatorische Gegenselektion allmählich bewirkt, nämlich das Aussterben und Versiegen des guten und sogar des besten Blutes durch die gleichzeitige Zunahme alles Mittelmäßigen, würde dann durch bewusste Verfahren beschleunigt werden. Was für sich allein genommen ein jahrhundertelanger Prozess wäre, würde in wenigen Jahrzehnten geschehen: Eine kulturtragende Rasse würde ihre letzten konzentrierten und erhabenen Kräfte umso schneller und dramatischer schwinden sehen! Das wäre tragisches Heldentum im Sinne Spenglers! Diese Gefahr zu sehen bedeutet, sie mit allen Mitteln zu bekämpfen.

Die Reproduktion von Menschen mit gültiger Rasse ist wichtiger als jede kulturelle Selektion

Unser Standpunkt ist klar: Jede kulturelle Selektion - egal mit welchen Mitteln - muss sich vor der tausendjährigen Geschichte unserer Rasse entlasten und rechtfertigen. Angesichts der von Gott geschaffenen Prinzipien, die unsere Spezies bestimmen, hat sie keine Daseinsberechtigung, wenn sie sich feindselig, gleichgültig oder unbewusst den biologischen Gesetzen widersetzt. Freiwillig oder unfreiwillig verleitet sie zur zerstörerischen Ausbeutung der höchsten und herausragendsten Werke der Schöpfung. Die Natur und der Schöpfer verhängen dann die einzige Strafe, nämlich das Verschwinden, den Tod der Art. Jede bewusste Auswahl mit ihren unmittelbaren Erfolgen, die vielleicht über Jahre und Jahrzehnte bewertet werden, muss gleichzeitig über Jahrhunderte, Jahrtausende und Hunderte von Jahrtausenden erfolgen können. Andernfalls verliert sie jeden Kredit bei der Geschichte unserer Spezies und schließlich bei ihrem göttlichen Schöpfer.

Unser Recht auf Auswahl

Der Nationalsozialismus kann seine Forderung nach Auslese nur mit dem Ziel konzipieren, dass diese mit den biologischen Gesetzen der Entstehung der Arten in Einklang gebracht werden kann. Er muss daher dafür sorgen, dass der Gedanke der Selektion nur im Einklang mit der *gesamten* nationalsozialistischen Weltanschauung verteidigt und angewandt wird. Alle ihre partiellen und rationalen Anwendungen bewirken das Gegenteil. Bisher ist die SS zu ihrem geeignetsten Instrument geworden. Ihre Ordnungsgesetze und Institutionen sind vom Geist der biologischen Pflicht beseelt. Bereits 1931 erließ der Reichsführer SS in diesem Geist den Befehl über Verlobung und Ehe. Der SS-Befehl vom 28. Oktober 1939, der die gesamte SS und die Polizei betrifft, entspringt demselben Pflichtbewusstsein gegenüber der Rasse, der Unterwerfung unter den Schöpfer, und aus diesem Grund wurde er von denjenigen, die nicht biologisch denken, missverstanden und falsch interpretiert.

Ludwig Eckstein

(Anmerkung des Autors: Der Befehl vom 28. Oktober schreibt vor, dass den ehelichen und unehelichen Kindern von SS-Männern, die an der Front gefallen sind, wahllos Hilfe und Unterstützung gewährt werden muss. Religiöse und reaktionäre Lager sahen darin einen unerträglichen Angriff auf die Moral).

ANNALEN NR. 2. 1944.
AUSGABE DER SS-BRIGADE WALLONIEN.

VOM RASSENKÖRPER ZUR RASSENSEELE

Nicht nur, weil die Körperform des nordischen Mannes bestimmte Maße in Höhe, Breite und Länge aufweist oder weil sie oft durch blondes Haar und blaue Augen gekennzeichnet ist, messen wir ihr eine gewisse Bedeutung bei.

Das ist auch nicht der Grund, warum wir unserem nordischen Erbe einen gewissen Wert zuschreiben.

Natürlich sind die Hinweise, die uns die Körperform des nordischen Menschen liefert, nichtsdestotrotz die Grundlage unseres Schönheitsideals. Das war in der westlichen Geschichte schon immer so, und ein Blick auf das Panorama der Kunstwerke, die im Laufe der Jahrhunderte von allen Zivilisationen und „Kulturen", die sich auf europäischem Boden abgelöst haben, hervorgebracht wurden, genügt, um sich davon zu überzeugen. Egal, wie weit man in die Vergangenheit zurückblickt, in skulpturalen Figuren und Gemälden, die ein Schönheitsideal beschwören, findet man immer die charakteristischen Formen des nordischen Menschen. Selbst in einigen östlichen Zivilisationen findet man das gleiche Phänomen. Während die Gottheiten mit eindeutig nordischen Zügen dargestellt werden, weisen die Figuren von Dämonen oder die von niederen oder dunklen Mächten charakteristische Züge anderer menschlicher Rassen auf. In Indien und sogar in Fernasien findet man häufig Buddhas mit eindeutig nordischen Zügen.

Dass der nordische Rassenkörper für uns das Ideal der Schönheit darstellt, ist nichts Natürlicheres. Aber all dies erlangt seine wahre und tiefe Bedeutung nur, weil wir darin den Ausdruck und das Symbol der nordischen Seele finden. Ohne diese nordische Seele wäre der nordische Körper nichts anderes als ein Studienobjekt für die Naturwissenschaften, wie die physische Form jeder anderen menschlichen oder tierischen Rasse.

So wie uns der nordische Körper als Träger und perfekter Ausdruck der nordischen Seele wertvoll und angenehm geworden ist, so empfinden wir auch eine Abneigung gegen bestimmte jüdische Rassenindizes, weil sie das direkte Symbol und der sichere Hinweis auf eine jüdische Seele sind, die uns völlig fremd ist.

Wissenschaftler, die sich mit diesem Thema beschäftigen, sagen uns, dass eine bestimmte rassische Körperform und eine bestimmte rassische Seele notwendigerweise zusammengehören und letztlich nur Ausdruck ein und derselben Sache sind. Nichts erscheint uns jedoch schwieriger, als die Richtigkeit dieser Homogenität zwischen Rassenkörper und Rassenseele wissenschaftlich oder auf andere Weise nachzuweisen.

Wir sind der Meinung, dass wir in diesem Bereich äußerst vorsichtig sein sollten. Im Normalfall sind diese beiden Aspekte der menschlichen Realität offensichtlich homogen und durchdringen sich gegenseitig. Wir halten es für schwierig, das Dogma von der Unterscheidung zwischen Körper und Seele bis zu seinen extremen logischen Konsequenzen zu verfolgen. Die autoritativsten Vertreter dieser Sonderlehre fallen nicht in dieses Extrem.

Die Rassenunreinheit zeichnet sich jedoch, wie wir jeden Tag sehen können, durch innere Widersprüche zwischen dem Rassenkörper und der Rassenseele aus. Es gibt Individuen, die zweifellos viele der körperlichen Merkmale der nordischen Rasse besitzen und dennoch überhaupt keine nordische Seele besitzen.

Die entscheidende Frage ist jedoch, ob man eine solche Situation als absolut abnormal und sogar monströs betrachten soll.

Und es scheint uns, dass die Transparenz zwischen dem nordischen Rassenkörper und der nordischen Rassenseele das eigentliche Ziel ist, das sich jede Rassenpolitik und -moral setzen muss.

HEFT DER SS NR. 6B. 1941.

ZWILLINGE UND VERERBUNG

Zwillinge beweisen die Richtigkeit unserer Rassenlehre

Die SS-Hefte zeigen diesmal eine Illustration, die erheblich aus dem Rahmen zu fallen scheint: Es handelt sich um Zwillingspaare, die an einem „Wettbewerb der ähnlichsten Zwillinge" teilnehmen, der 1931 in Kalifornien stattfand. Man wird sich fragen, was ein solches Bild, ein solcher Ausdruck der dummen Vorliebe der Amerikaner für das Sensationelle in den Heften der SS zu suchen hat. In ihrer großen Mehrheit sind die abgebildeten jungen Mädchen nicht einmal hübsch!

Ohne Frage kann man nicht behaupten, dass diese jungen Mädchen zumindest süß sind. Sie wurden nur ausgewählt, um ein Naiai-Publikum zu unterhalten, und dennoch ist dieses Bild äußerst interessant, eindringlich und demonstrativ.

Warum? weil der Fotograf mit seiner Aufnahme *einen unbewussten Beweis für die Richtigkeit der Rassenlehre des Nationalsozialismus lieferte, der eindrucksvoller nicht sein könnte*

Diese Behauptung scheint auf den ersten Blick gewagt. Wenn wir sie untersuchen, sehen wir das Bild mit anderen Augen. Es zeigt sechs Fernglaspaare, die verschiedenen Rassen angehören. Das mittlere Paar links scheint nordisch-westfälisch zu sein; es sind junge Mädchen, die mit Sicherheit germanischer Abstammung sind. Die jungen Mädchen oben links scheinen westlich (mediterran) zu sein. Es fällt auch auf, dass die beiden anderen unten links israelitischer Herkunft sind. Die drei Paare auf der rechten Seite sind Mischlinge, das Paar in der Mitte hat überwiegend indisches Blut, das obere und das untere überwiegend Negerblut.

Wir sehen also, dass die sechs Zwillingspaare in ihrer Gesamtheit extrem unterschiedlich sind, was uns eine klare Vorstellung vom Rassenchaos in den USA vermittelt. Am überraschendsten ist, dass die beiden Schwestern eines Paares jedes Mal genau gleich aussehen! Man könnte sie problemlos vertauschen. Es gibt nicht mehr Unterschiede, als wenn dieselbe Person sich zweimal hätte fotografieren lassen. Ein Beispiel: Man sieht bei ihnen jedes Mal genau das gleiche Lächeln, das somit den gleichen spirituellen und moralischen Charakter beweist. Um die Zwillinge zu unterscheiden, musste die Mutter ihnen schon als Babys kleine rote und blaue Bänder umbinden, damit sie nicht verwechselt werden.

Für uns „gewöhnliche" Menschen ist der bestehende Unterschied zwischen den Menschen so offensichtlich, dass wir sie problemlos unterscheiden können. Wer jedoch im Leben Zwillingen begegnet, die mit denen in der Abbildung vergleichbar sind, wird das bemerkenswert verwirrende Gefühl haben, diese beiden Menschen nicht unterscheiden zu können. Die Begegnung mit diesem Zwillingsbruder würde dann folgende Überlegung hervorrufen: „Als ich Sie kommen sah, dachte ich zuerst, dass es Ihr Bruder ist. Dann dachte ich, dass Sie es sind. Aber jetzt sehe ich, dass es Ihr Bruder war."

Es gibt jedoch Ausnahmen: Nicht alle Zwillinge sind so ähnlich wie die in der Illustration. Denken wir nur an die, die wir kennen können. *Es gibt zwei Arten von Zwillingen.* Bei der ersten Art weisen die Partner gleichwertige Ähnlichkeitsmerkmale und Unterschiede auf, wie gewöhnliche Brüder und Schwestern. Diese Zwillinge können auch unterschiedlichen Geschlechts sein. Ihre Herkunft lässt sich leicht erklären: Jedes höhere Lebewesen ist das Produkt der Vereinigung einer Eizelle und einer Samenzelle. Die Zellkerne dieser beiden Zellen enthalten das Erbgut. Die befruchtete Eizelle besitzt also das Erbgut der väterlichen und der mütterlichen Seite, das ein neues Lebewesen hervorbringt. Die Frau gibt während eines Menstruationszyklus normalerweise nur eine Eizelle aus ihrem Eibestand ab, die somit befruchtet werden kann. In Ausnahmefällen kann es aber vorkommen, dass sich zwei Eier lösen, die jeweils von einer Samenzelle befruchtet werden und dann heranwachsen. So entstehen Zwillinge, die sich von den üblichen Geschwistern nur dadurch unterscheiden, dass sie gemeinsam im Körper der Mutter heranwachsen. Sie sind „bivitelline" Zwillinge.

Die Erzeugung von exakt gleich aussehenden Zwillingen verläuft auf ganz andere Weise. Diese machen etwa ein Viertel aller Zwillinge aus, die auf die Welt kommen. Bei ihnen entsteht ein einzelnes Ei, das von einer Samenzelle befruchtet wird. Aus unbekannten Gründen teilt sich diese Zelle jedoch in einem sehr frühen Stadium der Evolution. Die beiden Hälften bringen jeweils ein eigenes Individuum hervor. Jede ist das Produkt eines einzigen befruchteten Eies und bei jeder Zellteilung verteilt sich das Erbgut völlig gleichmäßig auf beide Hälften. Die so geborenen Zwillinge verfügen über exakt dasselbe Kapital an Erbmerkmalen. Sie sind eineiige Zwillinge und damit aufgrund ihrer Herkunft erblich völlig gleichartige Menschen. Ihre offen gesagt lächerliche Ähnlichkeit hat ihren Ursprung in ihrer erblichen Ähnlichkeit.

Fernglaswettbewerb in Kalifornien, USA.

Im Dritten Reich gab es keine solchen „Wettbewerbe", die einen Hang zur „Sensationslust" zum Ausdruck brachten. Stattdessen wurde ungeschminkte und natürliche Weiblichkeit durch derartige Illustrationen als Vorbild dargestellt.

Lächerlich ähnlich und erstaunlich ähnliche Schicksale

Die Ähnlichkeit von eineiigen Zwillingen kann sich bis in die kleinsten Details zeigen. Zwei ganz authentische Beispiele seien hier genannt: Eine Lehrerin hatte Zwillinge in ihrer Klasse, die sie nicht auseinanderhalten konnte. Schließlich freute sie sich, dass sie dank der Sommersprossen, die kürzlich auf der Nasenspitze eines der Mädchen erschienen waren, endlich ein Erkennungszeichen gefunden hatte. Kurz darauf hatte auch das andere Mädchen genau die gleiche Anzahl an Sommersprossen an der gleichen Stelle. Damit war es wieder vorbei! Krankheiten (natürlich nur erblich bedingt) können bei Zwillingen mit demselben Erbgut völlig ähnlich auftreten und verlaufen, auch wenn die beiden Individuen unterschiedlich leben. Einst lebten zwei Zwillingsbrüder, von denen einer ein hoher Beamter wurde. Er lebte unverheiratet in der Hauptstadt. Sein Bruder heiratete und lebte als Gutsbesitzer auf dem Land. Trotz dieser großen Unterschiede in den Lebensumständen erkrankten beide im Alter von sechzig Jahren. Diese einst heiteren und gesunden Naturen fielen einer heftigen Diabetes zum Opfer, die zu großer psychischer Reizbarkeit und später zu Gangstörungen führte. Im Laufe der Krankheit erkrankten die beiden Brüder an einer Retinitis und einem offenen Abszess an einem Zeh und beide starben innerhalb weniger Wochen an den Folgen ihrer Erkrankung.

Die Geschichte von eineiigen Zwillingen mit krimineller Veranlagung nimmt oft einen erstaunlich ähnlichen Verlauf. Diese Zwillinge werden im gleichen Alter zu einer Strafe verurteilt, begehen die gleiche Art von Verbrechen und verhalten sich bis ins kleinste Detail ähnlich. Beispielsweise lebten nach dem Ersten Weltkrieg zwei Zwillinge, die als Betrüger mit großem Stil bekannt waren. Einer der beiden behauptete, eine Erfindung von ungeahnter Bedeutung gemacht zu haben. Dank seiner brillanten Persönlichkeit und seiner überzeugenden Beredsamkeit gelang es ihm, eine Vielzahl von Menschen für seine Erfindung zu interessieren und ihnen Geld abzunehmen. Allerdings funktionierte der Apparat, um den es ging, nie perfekt. Das Geld nutzte er, um ein luxuriöses Leben zu führen. Schließlich wurde er verhaftet. Während er im Gefängnis saß, baute sein Zwillingsbruder die gleiche Art von Gerät, fand ebenfalls naive Menschen und leichtgläubige Geldverleiher, bis auch er wegen Betrugs ins Gefängnis kam. Vor Gericht nahmen beide die gleiche Haltung ein. Mit erstaunlichem Geschick konnten sie sich ausdrücken und die Geschworenen teilweise überzeugen. Auch im Gefängnis verhielten sie sich ähnlich und konnten sich viele Vorteile verschaffen.

Unzählige lustige Geschichten handeln von Zwillingen. Einer der beiden Piccard-Brüder, die später als Stratosphärenpiloten berühmt wurden, ging als Student zum Friseur, ließ sich rasieren und erklärte, er leide an extrem schnellem Bartwuchs. Daraufhin verspricht der Friseur, ihn noch einmal kostenlos zu rasieren, falls er es am Abend noch einmal brauche. Eine Stunde später kommt derselbe Student zurück, in Wirklichkeit sein Zwillingsbruder, und er ist überhaupt nicht rasiert. Der erstaunte Friseur hatte noch nie einen so starken Bartwuchs gesehen. Er musste ihn gemäß seinem Versprechen kostenlos rasieren.

Zwei Schwestern hatten die Angewohnheit, ihren Musiklehrer regelmäßig zu täuschen, wenn eine von ihnen einen Tag frei haben wollte. Sie hatten ihre Unterrichtsstunden zu unterschiedlichen Zeiten und eines der Mädchen opferte sich zwei Stunden lang am selben Tag, während sich ihre Schwester in der Zwischenzeit vergnügte.

Ist das Erbgut vorherrschend?

Trotz der verblüffenden und für einige Zwillinge oft verhängnisvollen Ähnlichkeit würde man sicherlich einen Fehler begehen, wenn man sagen würde, dass der Mensch nur das Produkt seines Erbguts ist. Es gibt vielmehr zwei große Gruppen von Ursachen, die das Wesen des Menschen bestimmen: seine Erbanlagen und die Einflüsse der Umwelt, die auf ihn einwirken. Eineiige Zwillinge sind sich nicht in allen Punkten völlig gleich. Da ihre Erbanlagen ähnlich sind, werden die Unterschiede, die sie aufweisen, den Einflüssen der Umwelt zugeschrieben. Eine interessante und wichtige Tatsache bleibt jedoch bestehen: Bei diesen eineiigen Zwillingen, die in einer anderen Umgebung aufgewachsen sind, kann man die Stärke und die Grenzen der Umwelteinflüsse bestimmen. Es ist möglich, das Ausmaß und den Grad der Umwelteinflüsse festzustellen. Sie können präzise Unterschiede hervorrufen. Der vorherrschende Eindruck, der sich aus der Zwillingsforschung ergibt, beweist jedoch eindeutig, dass das Erbgut viel mächtiger ist als die Umwelt. Wenden wir uns nun wieder unserer Illustration zu. Was zeigt dieses Bild im Wesentlichen, nachdem wir einige Erkenntnisse über die Prozesse gewonnen haben, die bei erblich ähnlichen Zwillingen wirken? Es zeigt Menschen, die wir nicht voneinander unterscheiden können, weil sie das gleiche Erbgut haben. Dennoch weisen Paare, die mehreren Rassen angehören, außerordentlich große Unterschiede auf. Und nun zum Schluss:

Wenn die körperliche und geistige Ähnlichkeit dieser Frauen von der Ähnlichkeit ihres Erbguts herrührt, dann rührt die Ungleichheit der Individuen und die Unterschiedlichkeit der menschlichen biologischen Gruppen, die wir als Rassen bezeichnen, von der Ungleichheit ihres Erbguts her. Genau hierin liegt der große Grundgedanke unserer Rassenlehre.

Die Rassen sind psychisch und physisch unterschiedlich, weil sie unterschiedliche Erbanlagen besitzen. Ihre Verschiedenheit entsteht, wie die des Einzelnen, nicht durch die Einwirkung eines anderen Klimas, anderer Lebensbedingungen, eines anderen geistigen Einflusses, kurz: ihrer Umwelt, sondern durch ihr unterschiedliches Erbgut. Am Anfang steht das Blut. Dank seines Erbguts baut sich ein rassisch homogenes Volk seine eigene Umwelt, markiert seinen Lebensraum und schafft seine Kultur. Gleichheit und Unterschiedlichkeit beruhen also auf dem natürlichen und grundlegenden Prozess der Vererbung. In dem seltenen Fall der völligen Gleichheit der Menschen, wie sie sich bei eineiigen Zwillingen zeigt, können wir formal beweisen, dass ihre Übereinstimmung auf der Gleichheit des Erbguts beruht. Wir weisen aber auch nach, dass der Unterschied zwischen Menschen und Rassen auf dem Unterschied im Erbgut beruht.

Wir entnehmen daraus also folgende Lehre: Das Erbgut, die Rasse, bestimmt die äußeren Erscheinungsformen wie Denken, Fühlen und Handeln, die psychische Einstellung jedes Einzelnen wie auch jedes Volkes.

Entzieht sich die Seele dem Einfluss der Erbgesetze?

Viele Menschen sind der Ansicht, dass nur der *Körper* Gegenstand der Vererbung ist, aber die Seele erscheint ihnen als eine übernatürliche Entität, die dem Embryo direkt vom Schöpfer verliehen wird. Auch die eineiigen Zwillinge liefern uns den unwiderlegbaren Beweis für das Gegenteil. Was zeigen sie? Wir sehen die gleiche Haltung, das gleiche Lächeln, das gleiche Weinen, die gleiche Sprache, die gleiche Koketterie, die gleichen Eigenschaften und Fehler bei beiden Zwillingen. Bei der Teilung des Embryos werden nicht nur die Herzen, sondern auch die Seelen gespalten.

Das ganz und gar menschliche Gefühl, das von diesen eineiigen Zwillingen ausgeht, erscheint uns äußerst stark. Wir haben das Gefühl, dass wir uns hier an einem Ort befinden, an dem die Natur uns tief und klar in ihre Geheimnisse blicken lässt. Es ist, als wolle sie durch die eineiigen Zwillinge zeigen, dass sie auch eineiige Menschen erschaffen könnte, wenn sie wollte. Diese seltenen Ausnahmen machen deutlich, dass sie *sich Ungleichheit* und nicht Gleichheit wünscht. Durch diese Ungleichheit ihres Wesens hält die Natur das Leben im Potenzial, treibt es voran.

Die Menschen im Land Roosevelts, das ein Todfeind des neuen Deutschlands und der Lehre des Führers ist, sollten sich selbst ins Gesicht sehen und nicht mit den Augen sensationshungriger Menschen! Auch bei ihnen gibt es die Wahrheit: die Wahrheit über das ewige Gesetz des Blutes.

HEFT DER SS NR. 3. 1939.

BLUTGRUPPEN UND RASSEN

Im Lichte der Entdeckung der Blutgruppen, die wir im letzten Heft kurz besprochen haben, wurde ihre Bedeutung für die Rassenkunde stark überschätzt. So wird gemeinhin angenommen, dass das Blut direkt die Rassenzugehörigkeit eines Menschen bestimmt. Doch wie wir wissen, gibt es auf der Erde weit mehr als vier bis sechs Rassen. Es ist also ganz klar, dass die vier bis sechs Blutgruppen nicht ausreichen, um eine der vielen Rassen einer bestimmten Blutgruppe zuzuordnen. Tatsächlich treten die vier klassischen Blutgruppen A, B, AB, O bei *allen* Völkern und Rassen auf. Die Blutgruppen sind also nicht in der Lage, die Zugehörigkeit eines *Menschen* zu einer Rasse zu bestimmen! Menschen nach *einer* bestimmten Eigenschaft - in diesem Fall der Blutgruppe - zu klassifizieren, führt zu nichts. Wollte man z. B. Völker und Rassen *nur* nach dem Kopfindex beurteilen, wären Nordländer und Neger miteinander verwandt, denn beide Rassen sind dolichocephal! Es ist verständlich, dass die Bedeutung der Blutbesonderheit in der Rassenforschung überschätzt wurde, denn diese Besonderheit verdient zumindest eine besondere Berücksichtigung. Bei der Bestimmung der Blutgruppen ist die Rassenkunde jedoch nicht weniger - aber auch nicht mehr - präsent als das erste biologische Verfahren, das dazu qualifiziert ist, diejenigen reich zu ergänzen, die bisher fast nur beschreibend und zur Vermessung von Körpern eingesetzt wurden. Darüber hinaus bleibt die Blutgruppenzugehörigkeit eines Menschen dennoch während seines gesamten Lebens konstant und ist im Gegensatz zu anderen körperlichen Besonderheiten völlig unabhängig von jeglicher Einwirkung der Außenwelt.

Zwar kann man den vier bis sechs Blutgruppen keine bestimmte Rasse zuordnen, aber die Entdeckung dieser Gruppen liefert dennoch wertvolle Informationen, um die Geschichte der Rassen und die Entdeckung der Völker zu erstellen. Man könnte nämlich beweisen, dass die vier Gruppen A, B, AB, O überall auf der Erde zu finden sind, aber dass die *Häufigkeit ihres Auftretens* bei den verschiedenen Völkern und Rassen unterschiedlich ist. Ein uns bekanntes Beispiel soll das Problem verdeutlichen: Vergleicht man die prozentuale Verteilung der Blutgruppen im deutschen Volk unter Berücksichtigung jeder bisher veröffentlichten Umfrage mit der von 1000 untersuchten Juden, so ergibt sich folgendes Bild (Zahlen gerundet):

Blutgruppen	O	A	B	AB
Deutsche	36	50	10	4
Juden	33	37	21	9

Wir stellen fest, dass die Werte für B und AB bei den Juden doppelt so hoch sind wie bei den Deutschen. Die Verteilung von O ist in etwa gleich, während A bei Deutschen signifikant stärker verbreitet ist als bei Juden.

Es ist klar, dass solche Prozentsätze ein umso genaueres Bild ergeben, je größer die Zahl der untersuchten Individuen ist. Wenn man nur 100 Männer der SS untersuchen würde, würde man sicherlich ein anderes Bild der Gruppenverteilung erhalten als das oben für die Deutschen angegebene. Eine Untersuchung der gesamten SS würde jedoch annähernd gleiche Zahlen ergeben. Daten über die Verteilung von Gruppen innerhalb bestimmter Länder sind folglich sehr unsicher, da nur sehr wenige Staatsangehörige dieser Länder untersucht werden und die Auswahl der untersuchten Personen die Ergebnisse beeinflusst. Wie auch immer, man kann heute schon *ein Bild der Verteilung der Blutgruppen unter den verschiedenen Völkern und nationalen Einheiten* zeichnen, indem man die Ergebnisse der früheren Entdeckungen berücksichtigt:

Ein Überblick zeigt uns *ein deutliches Übergewicht von A-Blut in Nordwesteuropa und von B-Blut in Zentral- und Ostasien.* A-Blut und nordische Rasse sollten jedoch trotz der bisher bekannten geografischen Daten nicht verwechselt werden, wie die Untersuchung einer ostdeutschen Populationsgruppe mit überwiegend A-Blut ergab. Im europäisch-asiatischen Raum nimmt die Gruppe A von West nach Ost stetig ab. Es ist auffällig, dass es im *europäischen Russland* weniger A-Gruppen gibt als im Nahen Osten bei den ehemals nordischen *Iranern* und *Persern*. Dies ist die klare Offenbarung des Vorstoßes der nordischen indogermanischen Völker nach Asien. Bei B ist ein Übergewicht der Verbreitung in *Nordosteuropa* gegenüber den Regionen Südosteuropas und des Nahen Ostens zu erkennen. Die Vorgeschichte und die Geschichte belegen, dass Rassenelemente aus Asien nach Europa ausgewandert sind. Was die Verteilung von A in anderen Teilen der Welt betrifft, so finden wir: Das Überwiegen von A außerhalb Europas findet sich in *Australien, Polynesien,* im Pazifik und in Japan sowie bei den Völkern Nordafrikas. Die Australier und Polynesier zeigen in ihren körperlichen Merkmalen eine gewisse Analogie zum europäischen Mutterstamm, so dass die große Dominanz von A bei diesen Völkern nicht so überraschend ist. Bei den *Japanern* endet das Überwiegen von A-Blut nach den Ainu, dem alten Volk der japanischen Inseln, das ebenfalls ein Überwiegen von A aufweist und durch andere körperliche Merkmale mit den europäischen Völkern verwandt ist. Bei den Völkern *Nordafrikas* stimmt die Dominanz von A-Blut mit der Zugehörigkeit dieser Region zur mediterranen und damit europäischen Rassensphäre überein, die zum Teil vielleicht auch auf das Reich der germanischen Vandalen zurückzuführen ist, die sich über hundert Jahre lang in Nordafrika aufhielten. Was B betrifft, so ist außerhalb des europäisch-asiatischen Kontinents hervorzuheben, dass es im pazifischen Raum nur in geringem Umfang vorkommt und in Australien überhaupt nicht vorhanden ist. Die Blutgruppe O ist bei den *Eskimos* und den mit ihnen verwandten *nordamerikanischen Indianern* so vorherrschend (90%), dass die Nicht-O-Individuen ihre Blutgruppenzugehörigkeit nur durch fremde Einflüsse erhalten haben können. Es gibt bei ihnen sozusagen kein AB. A und B sind so selten, dass man ihr Eindringen in die nordamerikanische Urbevölkerung mit der Rassenmischung nach der Kolonialisierung erklären konnte. Ursprünglich schienen die Eskimos und Indianer Nordamerikas nur O-Blut besessen zu haben. Damit wären sie die einzige „blutgruppenreine Rasse", die wir bisher auf der Erde kennen.

Da die Indianer eine so deutlich unterscheidbare Blutgruppe haben, kann man hier deutlich zeigen, wie sehr die Vermischung mit anderen Völkern und Rassen die ursprüngliche Blutstruktur eines Volkes verändert. Das sieht man an der folgenden Tabelle:

Blutgruppen	O	A	B	AB (%)
Indische Vollblüter	91,3	37,7	1,0	0,0
Indianische Mestizen	64,8	25,6	7,1	2,4
Weiß aus Amerika	45,0	41,0	10,1	4,0

Wie nach der Vermischung ihrer Rasse zu erwarten war, nehmen die Halbblutindianer prozentual gesehen eine Mittelstellung zwischen den reinen Indianern und den Weißen ein. Dort, wo es zu Vermischungen gekommen ist, finden sich in den Durchschnittswerten Zwischenzahlen. Die

Zahlen für Ostrussland lassen eine breite Vermischung zwischen Russen und finno-ugrischen und mongolischen Völkern erahnen.

Umgekehrt kann man mithilfe der Blutgruppen nachweisen, ob ein Volk die Reinheit seines Blutes bewahrt oder nicht. Da man bisher nachweisen konnte, dass die Geschlechterverteilung über drei Generationen hinweg stabil bleibt, muss man auch davon ausgehen, dass die Blutgruppenverteilung eines Volkes Jahrhundert für Jahrhundert gleich bleibt, solange es keine Blutvermischungen mit Völkern anderer Blutgruppen gibt. Tatsächlich könnte man jetzt behaupten, dass z. B. die „Siebenbürger Sachsen", die Deutschland vor siebenhundert Jahren verlassen haben, bis heute dieselbe Blutgruppenverteilung wie die Deutschen in Deutschland haben, die sich von der ihrer rumänischen oder ungarischen Nachbarn unterscheidet! Die Neger in Amerika haben eine Gruppenverteilung, die mit der ihrer Brüder in Afrika vergleichbar ist. Auch die Niederländer in Südafrika und Ostindien haben die gleiche Typologie beibehalten wie ihre Brüder im Mutterland; das Gleiche gilt für die Engländer in Kanada und Australien. Entsprechend ist die Verteilung auch bei den Zigeunern - den echten Zigeunern - sehr auffällig, die nicht mit den Vagabunden verwechselt werden dürfen, die hier und da mit diesen Nomaden verschmolzen sind. Die Gruppeneinteilung der Zigeuner hat nichts mit derjenigen der europäischen Völker zu tun, sondern eher mit derjenigen der Hindus. Die Sprache der Zigeuner besteht jedoch aus Bruchstücken aller Sprachen der Länder, die sie durchqueren, und einige Wörter deuten darauf hin, dass die Zigeuner aus Indien stammen. Die Blutforschung hat die Richtigkeit dieser Auffassung bewiesen, wie aus den folgenden Vergleichen hervorgeht:

Blutgruppen	O	A	B	AB (%)
Gitanos	27-36	21-29	29-39	6-9
Hindus	30-32	20-25	37-42	6-9

Dieses erstaunliche Beispiel zeigt uns, wie wenig sich die Bluttypologie des Zigeunervolkes verändert hat, obwohl es erwiesen ist, dass sie sich seit dem 13 Jahrhundert in zahllosen Horden über ganz Europa verstreut haben, wo sie ihr Leben als Parasiten führten.

Wie andere vererbbare Besonderheiten kann man natürlich auch die Menschen innerhalb eines Volkes durch die Zugehörigkeit zu einer Blutgruppe unterscheiden. So unterscheiden sich West- und Süddeutsche von Ost- und Mitteldeutschen. Die Unterschiede sind jedoch nicht so groß wie zwischen Russen und Deutschen oder zwischen Polen und Niederländern. Trotzdem kann man innerhalb bestimmter Grenzen von gewissen bleibenden Zahlen sprechen, die für die Gesamtheit der Deutschen charakteristisch sind. Abgesehen von einigen lokalen Abweichungen *ist jedes Volk, was die Verteilung der Blutgruppen betrifft, innerhalb bestimmter Regionen homogen, und diese Homogenität ist auch erstaunlich konstant.*

Wir sehen also, dass es durchaus möglich ist, mithilfe der Blutgruppenuntersuchung bestimmte rassische und nationale Prozesse zu erklären.

Die Untersuchung der Eigenschaften der ähnlichen Blutgruppen M, N, P, S und G, die erst kürzlich entdeckt wurden und bis heute noch nicht mit rassenkundlichen Experimenten konfrontiert wurden, wird uns vielleicht in der Zukunft eine neue Methode zur Erklärung der Wechselbeziehung zwischen Blutgruppe und Rasse aufzeigen.

Paul Erich Büttner

HEFT DER SS NR. 3. 1936.

VIERTES BEISPIEL AUS DER ARBEIT DES SIPPENAMTS

Dies kann dem dritten Beispiel aus der Arbeit des Sippenamts in SS-Heft 2 hinzugefügt werden:

In verschiedenen Regionen Bayerns ist es immer noch möglich, den Vater eines unehelichen Kindes ausfindig zu machen. Ein Mann, der eine Frau mit einem unehelichen Kind heiratet, akzeptiert dieses Kind oft als sein eigenes. Häufig findet man in dem „Vertrag über die einheitliche Abstammung", der in den Staatsarchiven aufbewahrt wird, den Erzeuger des Kindes mit Geburtsdatum und -ort angegeben.

1 Woche vom 26. April bis 2. Mai 1936

Bei der Erstellung des Stammbaums kommen die meisten SS-Männer an einen „toten Punkt" und können nicht weitergehen. Anhand eines Beispiels soll gezeigt werden, wie man manchmal aus dieser Situation herauskommen kann.

Ein Mann der SS stellte fest, dass seine Urgroßmutter 1820 in Lüneburg geboren worden war. Der Ururgroßvater war Patron in der örtlichen Saline. Um bis 1800 zurückgehen zu können, benötigte er noch die Taufscheine und die Heiratsurkunde der Ururgroßeltern. Diese waren jedoch in Lüneburg weder getauft noch verheiratet.

Daraufhin wurden folgende Schritte unternommen:

Zunächst wurde nach dem Sterbeeintrag gesucht. Es stellte sich jedoch heraus, dass der Ururgroßvater am 27. September 1865 im Alter von 82 Jahren, 3 Monaten und 10 Tagen gestorben war, sodass der ungefähre Geburtstag, der 17. Juni 1783, bekannt war, nicht aber der Geburtsort. Die Suche nach den Sterbeeintragungen der Ur-Ur-Großeltern ergab keine Ergebnisse.

Da das Todesdatum um das Jahr 1865 herum lag, erkundigte man sich zunächst beim Einwohnermeldeamt nach dem Geburtsort, doch die Listen begannen erst 1868.

Daraufhin wurde der Pfarrer gebeten, das Taufregister durchzusehen. In diesem Register war neben dem Eintrag über die Taufe einer älteren Schwester der Urgroßmutter vermerkt, dass diese Schwester 1815 in Neusalzwerk in der Nähe von Minden geboren worden war. Die Ururgroßeltern waren also wahrscheinlich zwischen 1815 und 1820 von Neusalzwerk nach Lüneburg gezogen.

Man schrieb an das Pfarramt in Neusalzwerk bei Minden. Der Brief wurde jedoch als unmöglich zuzustellen zurückgeschickt.

Was hätte man also tun können?

Alle örtlichen Register wurden durchforstet, jedoch konnte kein Ort mit dem Namen „Neusalzwerk" gefunden werden. Als letzten Ausweg konnte man noch die Gemeindeverwaltung in Minden anschreiben und fragen, ob es diesen Ort gibt und zu welcher Kirchengemeinde er gehört.

Es stellte sich heraus, dass der heutige Kurort Oeynhausen früher Neusalzwerk hieß.

Die Heiratsurkunde und die Taufauszüge konnten daher vom zuständigen Pfarramt ausgestellt werden. Wir erreichen also die Zeit um 1800.

2 Woche vom 3. bis 9. Mai 1936

Warum Erbgesundheitsformeln?

Wenn man mit SS-Leuten darüber diskutiert, wie man die Formulare zur erblichen Gesundheit ausfüllt, hat man oft den Eindruck, dass die meisten von ihnen überhaupt nicht verstanden haben, wie immens wichtig es ist, die geforderten Referenzen gewissenhaft anzugeben. Was bedeutet es also, wenn die Gesundheit vererbt wird? Hier geht es um den bekannten Begriff der Gesundheit, d. h. die Behandlung von Krankheiten, und um etwas völlig Neues, nämlich die Behandlung von Veranlagungen für schwere erbliche Defekte. Viele werden sich nun fragen: Was wird vererbt? Kurz gesagt kann man sagen, alles, was einen Menschen auf körperlicher, geistiger und psychischer Ebene ausmacht. Seine Fähigkeiten stammen von seinen Vorfahren, und er selbst gibt sie an seine Kinder weiter. Es war bereits empirisch bekannt, dass in jeder Familie auffällige körperliche Merkmale im Laufe der Generationen wieder auftauchen, z. B. die besondere Form der Unterlippe im Hause Habsburg oder das große musikalische Talent mancher Familien. Viele Krankheiten werden ebenso weitergegeben wie körperliche Merkmale und geistige Fähigkeiten. Die tragische Welt, die heute in den Anstalten für Geisteskranke und Krüppel herrscht, ist fast ausschließlich auf diese Erbkrankheiten zurückzuführen. Jeder denkende und verantwortungsbewusste Mensch fordert klar und natürlich, dass die schlimmsten Erbkrankheiten reduziert werden.

Die Schwierigkeit beginnt, wenn es darum geht, Kinder und Erbkranke mit gleichem Blut zu diagnostizieren. Häufig handelt es sich um äußerlich gesunde Menschen, die nach den Gesetzen des Atavismus in ihrem Erbgut eine Veranlagung für eine dieser Krankheiten haben können. Wer kein Experte ist, wird überhaupt nicht verstehen können, dass ein scheinbar völlig gesunder Mensch, in dessen nächster Verwandtschaft niemand einen Erbfehler hat und der vielleicht gar nicht weiß, dass ein Vorfahre vor Generationen bereits krank war, diesen Erbfehler in sich tragen kann. Und wenn sein Ehepartner ebenfalls Träger der gleichen Veranlagung ist, wird sich die Krankheit in ihm oder im Kind manifestieren. Jeder Einzelne hat daher aus Verantwortung gegenüber sich selbst und seinen Nachkommen die Pflicht, sich von einem in diesen Fragen erfahrenen Arzt beraten zu lassen. Um dem SS-Mann diese Aufgabe zu erleichtern, wurden die Erbgesundheitsformeln geschaffen, mit denen der untersuchende SS-Arzt seine Kameraden berät. Anhand von Einzelbeispielen soll gezeigt werden, dass es dem Laien unmöglich ist, bei der Beurteilung seiner Erbgesundheit das Wesentliche vom Unwesentlichen in Erbfragen zu unterscheiden. Er hat die Pflicht, dem untersuchenden Arzt offen und wahrheitsgemäß alles mitzuteilen, was er über seine nächsten Verwandten herausgefunden hat. Dieser kann ihm dann mit der größten Wahrscheinlichkeit sagen, ob die Kinder und Enkelkinder gesund sein werden. Wer es unterlässt, den beratenden Behörden Krankheiten, Todesfälle und besondere Ereignisse seiner Vorfahren zu erwähnen, handelt nicht nur kriminell gegenüber seiner zukünftigen Frau, in deren gesunde Familie er die Krankheit bringt, sondern belastet nicht nur sie, sondern auch ihre Kinder und sich selbst mit einem Makel.

Im Gegensatz zur Meinung vieler Mitschüler sind die Anforderungen der RuSHA also nicht überflüssig. Oft führen sie zu gutartigen Daten, aber manchmal decken sie auch Erbschäden auf, von denen der Betreffende nicht einmal etwas ahnte. Nur ein qualifizierter Arzt kann diagnostizieren, ob der Antragsteller unter einem Makel leidet.

3 Woche vom 10. bis 16. Mai 1936

Im Land werden viele Kameraden, die sich um eine Heiratserlaubnis bemühen, schon oft innerlich oder sogar offen gegen RuSHA gewettert haben.

Ein solcher möchte zum Beispiel schnell heiraten. Er schickt also seine Papiere und möchte, dass die Angelegenheit so schnell wie möglich erledigt wird. Um die Sache zu beschleunigen, hat er vielleicht sogar schon viele detaillierte Angaben gemacht, z. B. einen fachärztlichen Bericht über kleine Augenfehler seiner Verlobten oder eine Bescheinigung über eine erforderliche Zahnbehandlung. In dem Glauben, wirklich alles getan zu haben, wartet er zuversichtlich auf die weitere Entwicklung des Falls.

Er ist völlig beruhigt, denn alles ist so gut wie geregelt und in keiner der beiden Familien gibt es irgendwelche Auffälligkeiten. Bei den Eltern ist bekannt, dass dieser Onkel wegen Brandstiftung vor Gericht stand, aber nicht verurteilt wurde und kurz darauf starb.

Der Fall ist also offensichtlich harmlos. Als tatsächlich ein Brief von RuSHA eintrifft, öffnet er ihn freudigen Herzens, denn er soll die erhoffte Heiratsgenehmigung enthalten. Doch dann die große Enttäuschung: „Zur eingehenden Prüfung Ihres Antrags benötigt die RuSHA:

1. einer Bescheinigung über den tödlichen Unfall der Großmutter Ihrer Verlobten;

2. weitere Angaben zu Ihrem Onkel, der wegen eines Brandes vor Gericht erschienen ist. Angabe des Namens, des Geburtsdatums und -orts sowie des amtierenden Gerichts; außerdem können Strafakten verlangt werden.

Zunächst einmal ist die Verärgerung über diesen Brief und seine offensichtlich nebensächlichen Forderungen groß. Fast möchte man einen energischen Brief zurückschicken und alles sagen, was man denkt. Doch schließlich drängt die Sache und man trägt die geforderten Daten wohl oder übel zusammen. Die Schlussfolgerungen sind interessant und erstaunlich für den in medizinischen Fragen der Erbbiologie unerfahrenen SS-Mann und noch viel wichtiger für die medizinischen Spezialisten des RuSHA.

Man stellt nämlich fest, dass die Großmutter, von der die Verlobte nur von ihren Eltern gehört hatte, nicht Opfer eines Unfalls wurde, sondern in Wirklichkeit Selbstmord begangen hat. Sie sei immer eine etwas eigenwillige und individualistische Person gewesen, berichten die Eltern bei dieser Gelegenheit.

Und das Erstaunliche ist, dass seine eigenen Familienmitglieder, die er über den Onkel befragt, etwas völlig Ähnliches erzählen. Sie sagen, er sei ein Original gewesen, dem man nicht trauen konnte, und der oft unverständliche Dinge tat, für die er dann selbst keine Erklärung hatte.

So bringen scheinbar geringfügige Nachforschungen eine Tatsache ans Licht, die den Genossen selbst überrascht, deren Tragweite die Berater des RuSHA jedoch kennen. Aufgrund dieser Hinweise kann man bereits annehmen, dass in beiden Fällen, bei der Großmutter der Verlobten und dem Onkel des Antragstellers, die Symptome derselben erblichen Geisteskrankheit vorliegen. Diese Vermutung wird durch die vorgelegten Strafakten bestätigt. Aus dem gerichtsmedizinischen Bericht geht hervor, dass der Onkel nicht verurteilt wurde, da er eine Geisteskrankheit aufwies. Er wurde nicht wie geplant in eine Irrenanstalt verlegt, weil er zuvor an einer Lungenentzündung gestorben war.

Wir sehen also, dass die blutsverwandten Vorfahren der beiden zukünftigen Ehepartner die gleiche Erbkrankheit aufweisen. Aufgrund der Vererbung dieser Krankheiten ist es also sehr wahrscheinlich, dass die beiden Versprochenen die Veranlagung für diese Krankheit in sich tragen. Selbst wenn man bei ihnen nichts feststellen kann, ist die Gefahr groß, dass sich bei den gemeinsamen Kindern die innere krankhafte Veranlagung beider Elternteile addiert und die Krankheit erneut auftritt.

Was kommt dabei heraus? Man muss den beiden Verlobten von einer Heirat abraten, weil die Gefahr für ihre Kinder zu groß wäre. Aber man kann zustimmen, dass jeder eine andere gesunde Person heiratet, in deren Verwandtschaft die Krankheit nicht vorkommt. Das Kind läuft also nicht mehr Gefahr, die gleiche krankhafte Veranlagung zu erhalten, die durch eine solche Verdoppelung die Krankheit hervorrufen würde. Andere Erbkrankheiten besitzen auch andere Vererbungsmuster, die bei der Diagnose einer möglichen Gefahr für die Kinder berücksichtigt werden müssen. Daher ist es wichtig, genaue Angaben zu den Krankheiten der Clanmitglieder zu haben, damit sich der Arzt ein genaues Bild machen kann.

4 Woche vom 17. bis 23. Mai 1936

Bei der Prüfung eines Heiratsantrags wurde festgestellt, dass ein Onkel des Antragstellers taubstumm war. Weitere Daten ergaben, dass es sich bei diesem Onkel um einen Fall von erblich bedingter Taubheit handelte. Da die Taubheit einen Onkel betraf, ist dieser Makel für den Antragsteller nicht sehr schwerwiegend. Weitere Nachforschungen ergaben außerdem, dass die Mutter der Verlobten taub war. Eine Ablehnung sollte den Fall abschließen, wenn nicht weitere Nachforschungen ergeben hätten, dass die Mutter der Verlobten in ihrer frühen Jugend an Scharlach erkrankt war; der Arzt, der sie in einem Krankenhaus behandelte, berichtete, dass sie ihr Gehör durch eine Scharlachverletzung im Mittelohr verloren hatte. Es handelte sich also nicht um eine vererbte Taubheit, sondern um die Folge einer Infektionskrankheit. Damit änderte sich die Sachlage grundlegend. Man konnte dem Antrag also zustimmen, da der Makel nur auf der einen und nicht auf der anderen Seite lag. Die Kinder aus dieser Ehe werden mit der größten Wahrscheinlichkeit gesund sein.

Die Natur schafft Arten, sie schafft keine Wesen. Die Art ist der Zweck; das Wesen ist nur der Diener dieses Zwecks. Es liegt in der Natur des Individuums, sich über seine Bestimmung zu täuschen und zu glauben, es sei um seiner selbst willen geboren.

René Quinton

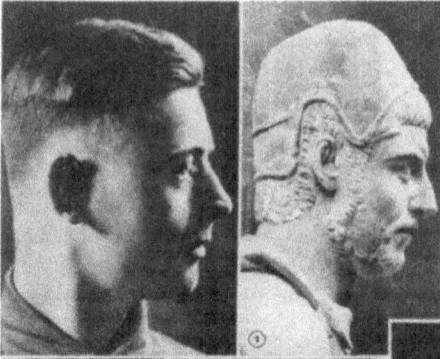

Un même sang traverse l'Europe au cours des millénaires.

1. Guerrier germanique. 2. La reine Octavie. 3. L'empereur Vespasien. 4. Hermès sous les traits d'un noble romain. 5. L'empereur Auguste. 6. Tête d'un boxeur grec.

HEFT DER SS NR. 3. 1944.

OHNE TITEL

Vor dir steht ein Pferd. Gefällt dir das Tier? - ich möchte es gerne glauben. Es ist auch nicht irgendein Pferd. Es ist besonders schön, edel und rassig und gehört zur Rasse der Lipizaner, deren Stammbaum bis in das klassische Altertum zurückreicht.

Warum gefällt dir dieses Tier so gut? Warum freust du dich, wenn du es triffst? Warum bereichert sein Anblick deine Seele?

Seltsame Fragen, denkst du; man muss sich nicht fragen, warum dir ein Pferd, ein so wunderbares Geschöpf, gefällt. Warum gefällt es mir? ganz einfach, weil es schön ist; weil es harmonisch in seiner Größe ist; weil alles an ihm in Harmonie ist, der Rumpf, der Kopf und die Beine; weil sein Fell einfarbig ist, seine Farbe elegant, seine Bewegung geschmeidig und sein Gang stolz.

Das ist alles richtig, aber ich möchte, dass du eine andere Sprache sprichst, dass du mir nicht die Gründe für deine Zufriedenheit beim Anblick dieser Pferde mitteilst, sondern die Gründe, die tief in deinem Inneren bleiben.

Was befähigt dich, die Schönheit eines Pferdes zu empfinden? Welche Eigenschaften in dir ermöglichen das? Ich weiß, dass du diese Frage auch leicht beantworten kannst - Du sagst, es ist dein Sinn für Schönheit, dein Instinkt? Richtig, aber genauer? - Also dein Gefühl für die Rasse!

Siehst du, es ist gar nicht so einfach, sich des Offensichtlichen bewusst zu werden; ich musste viele „dumme Fragen" stellen, um schließlich die treffendste Antwort zu erhalten. So ist es oft mit den einfachsten Dingen. Der Rest erscheint so offensichtlich und leicht. Solch einfache Lösungen werden als Eier des Kolumbus bezeichnet. Auch die Lösung der Rassenfrage ist ein Ei des Kolumbus. Heute kann man sich kaum noch vorstellen, dass unsere Vorfahren sich jahrhundertelang mit dem Anbau von Pflanzen und der Zucht von Tieren beschäftigt haben, zwar mit heiligem Eifer, aber das Offensichtliche, nämlich die Kultivierung und Erhaltung der Reinheit ihrer eigenen Rasse, völlig vergessen haben. Obwohl man sich täglich das Gegenteil einreden kann, wurde die von einem fremden Glauben kolportierte Irrlehre von der Gleichheit aller Menschen jahrhundertelang für wahr gehalten. Es ist immer noch ein Glück, dass unser Volk eine so starke Vitalität besaß, dass die meisten Männer und Frauen gleichwertige Ehepartner gewählt haben. Denn sonst wären wir schon längst auf das Stadium der Franzosen zurückgefallen, die die Rassenvermischung auf völlig unverantwortliche Weise fördern. Es war der Führer, der als Erster die göttliche Notwendigkeit einer Rassenordnung im Bewusstsein des Volkes wieder in Ehren hielt. - im Moment der größten Tragödie, im letzten

Augenblick. Wir müssen immer daran denken. Wir dürfen diese Tatsachen nie vergessen: Der Führer musste seine Doktrin gegen eine feindliche Welt durchsetzen; ein Hans Günther wurde wegen seiner Rassenlehre mit Verachtung und Sarkasmus überschüttet. Und ist der gegenwärtige Krieg nicht hauptsächlich darauf zurückzuführen, dass die gegnerische Welt, die noch unter der Herrschaft der bei uns besiegten Ideologien lebt, die beunruhigende Kraft fürchtet, die dieses Wissen offenbart und uns verschafft?

Du siehst nun das prächtige Pferd erneut, indem du die beiden Sichtweisen gegenüberstellst. SS-Mann, SS-Frau, erfreue dich an der Schöpfung; trinke mit allen Sinnen die Schönheit dieser Welt. Sei dir aber immer der Fragen bewusst, die Gott dir durch seine Manifestationen stellt. Denn in ihnen findest du immer die grundlegende Antwort, die unser Leben bestimmen muss. Fragen zu stellen und Antworten zu finden ist das Merkmal derer, die auf der Schwelle leben. Wir sehen die Jahrhunderte hinter uns, in denen diejenigen, die eine starke Macht über die Seelen ausübten, falsche Antworten gaben und es verboten, sich Fragen zu stellen.

Unser hartes Schicksal ist es, die ultimative Antwort mit dem Blut der Besten zu geben, damit nach uns eine Generation heranwächst, die den richtigen Weg zu gehen weiß, ohne nach dem Warum von Sieg oder Niederlage zu fragen. Der Erfolg hängt von jedem Einzelnen von uns ab, von seinem Leben und seinem Kampf, - und vor allem - von seiner Anerkennung der Gründe, der Notwendigkeiten und seinem Glauben, der in dem Bewusstsein wurzelt, der heiligsten Mission zu dienen.

H. Kl.

Lipizanisches Pferd.

HEFT DER SS NR. 6. 1944.

DIE HALTUNG DES SOLDATEN GEGENÜBER AUSLÄNDISCHEN FRAUEN

Du bist ein SS-Mann, das heißt, du bist kein Söldner. Dieser wurde gegen einen Sold angeworben, um für etwas zu kämpfen, das ihn nichts anging. Als SS-Mann verteidigst du dein Volk und dein Blut. Außerdem verteidigst du die SS, eine Gemeinschaft, einen Orden innerhalb deines Volkes, der es sich zur besonderen Aufgabe gemacht hat, das Blut rein zu halten und den Wert der Rasse zu heben. Wenn du dich also in einem fremden Land mit der Waffe in der Hand befindest, hast du eine doppelte Pflicht: Du musst dein Volk und die SS mit Würde verteidigen.

Du verhältst dich jedoch würdelos, wenn du in der Uniform eines Offiziers mit den Insignien des Deutschen Reichs und der SS mit diesen Mädchen und Frauen durch Cafés und Kneipen schlenderst, denen der Kummer und der Schmerz ihres Volkes egal ist, weil sie kein Herz haben. Du hast Recht, wenn du denkst, dass dies keine ehrlichen jungen Mädchen und Frauen sind. Denn diese jungen Mädchen, deren Brüder, diese Frauen, deren Ehemänner von dir und deinen Kameraden besiegt wurden, werden dir sicherlich nicht mit Freude um den Hals fallen. Du musst dir also völlig im Klaren darüber sein, was dir dieser flatterhafte Umgang bringen wird.

Welches Recht auf Strenge kannst du beanspruchen, wenn du dich gehen lässt? Wie kannst du dir ein gesundes Urteilsvermögen und eine korrekte Körperhaltung bewahren, wenn du die Selbstachtung verlierst? Während dieses Krieges haben viele von Ihnen die Möglichkeit, mehr Verantwortung zu übernehmen, als Sie in Friedenszeiten hätten tun können. Sie werden sich dieser Verantwortung würdig erweisen müssen. Wir wissen, dass Sie im Kampf tapfer sind. Dass Sie alle lernen wollen, stolz, diszipliniert und nüchtern zu sein, auch wenn Sie nicht in der Schlacht aufgestellt sind, ist das, was wir uns alle für die Zukunft unseres Volkes erhoffen.

Ich werde dir auch sagen, was du tun sollst, wenn du diese Zeilen gelesen hast. Du hast einen wachen Blick, ein tapferes Herz und verstehst, was das bedeutet. Vielleicht weißt du auch, dass sich der eine oder andere deiner Mitschüler nicht so verhält, wie er sollte. Bis heute hast du den Kopf weggedreht und gedacht, dass dich das nichts angeht. Glaub mir, es geht dich etwas an, es geht uns alle etwas an. Versuche es zuerst auf dem Weg der wahren Kameradschaft: Nimm deinen Freund beiseite und rede vernünftig mit ihm. Sag ihm, worum es geht. Sag ihm, dass die Stunde des Schicksals für unser ganzes Volk schlägt. Erinnere ihn daran, dass der Führer alle seine Männer braucht.

Denken Sie immer daran, dass Sie sich bis ans Ende Ihrer Tage an die Monate und Jahre erinnern werden, in denen Sie die SS-Runen auf Ihrer

Jacke getragen haben. Für einen Deutschen sind diese Jahre die entscheidendsten seines Lebens. Nicht nur, weil der junge SS-Freiwillige zum Mann wird, seine Brust breiter, sein Schritt kräftiger und sein Blick nach außen offener wird, sondern weil sich auch sein Geist formt und er in der Gemeinschaft der SS das lernt, was er immer in sich bewahren wird: Ordnung, Disziplin, Redlichkeit, Pünktlichkeit, Opfergeist und Solidarität. Verderbe diese Erinnerung nicht durch den Gedanken, dass du dabei nicht deine Pflichten verletzt, wie es dein Volk von dir erwartet. Wenn du diese Dinge vernachlässigst, schadest du dir selbst am meisten.

Es gab eine Zeit, in der das „Recht, über den eigenen Körper zu verfügen" verkündet wurde. Es war die Zeit, in der die Ehe zwischen einem schwarzen Mann und einer weißen Frau oder die Verbindung zwischen einem Deutschen und einer Jüdin gesegnet wurde.

Aber die Champions dieser Zeit, die wir in Deutschland dank des Kampfes des Führers besiegt haben, stehen uns heute an allen Fronten hartnäckig gegenüber.

Wenn du deinem Körper und deinem Blut erlaubst, das zu tun, was dir deine Gelüste befehlen, dann hilfst du den Gegnern unseres Volkes und unserer Ideologie. Wenn du dich selbst beherrschst, wirst du in der Wahrheit sein, denn du wirst die Kraft und den Stolz finden, nach den Gesetzen deines Volkes, deiner SS und denen, die du verteidigst, zu leben.

Wer sein Blut verdirbt, verdirbt auch sein Volk.

HEFT DER SS NR. 2. 1938.

RASSENFRAGEN IN DEN USA

Die Eroberung und Besiedlung der Vereinigten Staaten von Amerika stellt eine Völkerwanderung dar, die alle bisherigen weit übertrifft. So wie die Besiedlung Südamerikas von romanischen Völkern durchgeführt wurde, ist die Besiedlung des nördlichen Kontinents das Werk germanischer Gruppen. Engländer und Deutsche waren die wichtigsten Pioniere in diesem jungen Land. Der französische Anteil sollte nicht unterschätzt werden, aber er hat rein historischen Charakter und bleibt ohne Einfluss auf die Entwicklung, die Kultur und die rassische Physiognomie des Landes.

Nachdem der neue Staat seine Unabhängigkeit vom Mutterland erlangt hatte, nahm der Zustrom aus der Alten Welt zu, so die Bilanz der eigentlichen Kolonialisierung. Von 1820 bis 1935 wanderten 32,5 Millionen Menschen aus Europa und 5,5 Millionen aus anderen Ländern aus. Auch hier war das germanische Element vorherrschend. Die Briten standen mit rund neun Millionen an der Spitze, die Deutschen folgten ihnen mit sechs

Millionen. Zu dieser Zeit machten die überwiegend nordischen Völker insgesamt etwa zwei Drittel der europäischen Einwanderer aus.

An diese Tatsachen sollten wir uns erinnern, wenn wir von einem Amerika der nordischen Rasse sprechen. Wir denken an unser eigenes Blut, das in dieser Nation fließt, und an das Blut anderer Völker, die der gleichen Rasse angehören wie wir. Es kann uns also nicht gleichgültig sein, wie sich Nordamerika entwickelt und ob das rassische Erbe erhalten oder verschleudert wird.

Die großen nordischen Völker Amerikas sind am stärksten gefährdet, in erster Linie durch die farbigen Rassen, die sie in ihre Mitte aufgenommen haben; außerdem spielt die Kernisierung durch die Völker Ost- und Westeuropas eine Rolle, die in den vergangenen Jahrzehnten außerordentlich zugenommen hat und dazu beiträgt, das ursprüngliche Rassenbild zu verändern.

Jeder weiß heute, dass die Negerfrage das entscheidende Problem für die Vereinigten Staaten darstellt. Zwölf Millionen Neger und Negermischlinge stehen einer Gesamtbevölkerung von rund einhundertdreiundachtzig Millionen gegenüber (Zahlen von 1930). Das ist ein Zehntel der Bevölkerung. Mischlinge wurden in der Volkszählung von 1930 ebenfalls als „Neger" betrachtet, einschließlich derjenigen, die nur einen kleinen Teil Negerblut haben, die sogenannten „near whites", sowie Mischlinge aus Negern und Indianern; es sei denn, das indianische Blut überwiegt, dann werden sie allgemein als Indianer betrachtet. Nach sicheren Schätzungen machen die Mischlinge etwa drei Viertel der gesamten negroiden Bevölkerung aus, und nur ein Viertel sind reinrassige Neger. Gerade diese große Zahl an Mischlingen gefährdet die Existenz der Weißen, da die weiße Rasse in erster Linie ihnen und nicht den reinen Negern ein dauerhaftes Erbgut vererbt. Außerdem bringen sie buntes Blut in das weiße Volk.

Zum ersten Mal wurden 1619 zwanzig Negersklaven von der Westküste Afrikas nach Virginia gebracht. Nordamerika folgte damit dem Beispiel des Südens, der bereits 100 Jahre zuvor diese billige Arbeitskraft auf Plantagen und in Bergwerken eingesetzt hatte, da die Indianer als Arbeitstiere zu schwach waren. So begann die Vermischung der weißen und der schwarzen Rasse im Süden. Die Niederländer herrschten in Guyana - übrigens verhielten sie sich auch in Niederländisch-Indien und Südafrika ähnlich - und die Franzosen in Haiti. Die weißen Diener, die anfangs zahlreicher waren als die Sklaven und meist vertraglich verpflichtet wurden, jahrelang zu arbeiten oder die Überfahrten mit Arbeit zu bezahlen, hatten zunächst Affären mit den Negern. Daher kam es häufiger zu Ehen zwischen weißen Frauen der untersten Klassen und Negern. Auch heute noch finden die meisten schwarz-weißen Vermischungen zwischen weißen Frauen und Negern oder Mulatten statt. Bald folgte auch die Aristokratie der Pflanzer dem Beispiel dieser niedrigen Gesellschaftsschicht. Während die weißen Diener aus

Selbsterhaltungstrieb mit der Zeit gezwungen waren, die Distanz zwischen sich und den Sklaven zu vergrößern, konnte der allmächtige Sklavenbesitzer in aller Ruhe Beziehungen zu farbigen Dienstmädchen unterhalten, ohne befürchten zu müssen, dass sein Rang oder die Disziplin auf der Plantage darunter leiden würden. „Viele Sklavenbesitzer waren die Väter oder Großväter eines Teils ihrer Sklaven", sagte Reuter.[1] Später, als eine Klasse von Mischlingen mit einem überwiegenden Anteil an weißem Blut entstand - die Quarterons und Octavons (ein Viertel und ein Achtel Negerblut), die oft wohlhabend und durch die westliche Zivilisation gebleicht waren -, weitete sich die Zahl der unehelichen Verbindungen zwischen Weißen und freien Mulattinnen in den Großstädten beträchtlich aus.

Die politischen und sozialen Forderungen der schwarzen Bevölkerung wuchsen proportional zu ihrer Zunahme nach der Abschaffung der Sklaverei - man darf nicht vergessen, dass ihre Zahl von einer Million im Jahr 1800 auf zwölf Millionen heute gestiegen ist und jedes Jahrzehnt um eine Million wächst. Aber die Verteidigung der Weißen etablierte sich proportional. Die Südstaaten waren die eifrigsten Verfechter der „color line" (Farbgrenze) und errichteten als erste eine soziale und rassische Barriere zwischen Weißen und Farbigen.

Bevor wir auf die Maßnahmen zur Verteidigung der Staaten gegen Rassenmischlinge eingehen, müssen wir noch einen Blick auf die soziologischen und rassischen Beziehungen zwischen den „Schwarzen" werfen. Es wurde bereits erwähnt, dass die reinen Neger nur ein Viertel ausmachen und die Mehrheit aus Mischlingen aller Schattierungen vom Halbneger bis zum Oktavaner besteht. Entsprechend unterschiedlich sind auch das Bildungsniveau, die soziale Lage und die politischen Forderungen.

Der reine Neger befindet sich kulturell und sozial auf der untersten Stufe. Bei Mischlingen steigt die kulturelle und soziale Stellung ebenfalls mit dem höheren Anteil an weißem Blut - und der Ablehnung der Schwarzen. Je mehr weißes Erbgut ein Mestize besitzt, desto radikaler entfernt er sich von seinen rassischen Mitbürgern. Er schaut sie verächtlich an, fühlt sich besser als diese „Nigger" und bemüht sich um eine Frau, die am besten noch weißer ist als er. Er findet sich zwischen den Rassen wieder, indem er die minderwertige Rasse verleugnet und von der überlegenen nicht zugelassen wird. Von Zeit zu Zeit gelingt es ihm, in die weiße Rasse einzudringen, und wenn ihm das nicht gelingt, dann vielleicht seinen Kindern. So dringt trotz aller Barrieren Negerblut in den weißen Volkskörper ein, selbst wenn es verdünnt ist. Ein leichter Eintritt wird dort möglich sein, wo das Rassenbild bereits durch mediterrane oder orientalische Typen gefärbt ist.

Der Mischling strebt nicht immer danach, in die weiße Rasse aufgenommen zu werden. Eine Reihe von intelligenten Mulatten hat sich auf die Seite der Neger geschlagen und ist zu ihren Führern geworden. So wie

---

[1] Reuter, *Das amerikanische Rassenproblem.*

die ersten ihr Negerblut verleugnen, verleugnen sie auch ihr Erbe des weißen Blutes. Sie wollen Neger sein, predigen das Rassenbewusstsein des schwarzen Mannes und schreiben dem Neger die gleiche Intelligenz zu, die sie selbst besitzen - freilich aufgrund ihrer weißen Herkunft. Das ist ihr Trumpf: Sie behaupten, dass der Neger bei spirituellen Leistungen die gleichen Dinge vollbringen kann wie der Mischling. Es ist unbestritten, dass mehr als vier Fünftel aller wichtigen „Neger" nur wenig Negerblut hatten und daher der Erbanteil des weißen Blutes in der schwarzen Führungsschicht dominiert.

Ein großer Teil der Neger wanderte schon sehr früh in den Norden und in die großen Städte aus. Im Jahr 1930 betrug ihr Anteil bereits 43 Prozent. So beherbergt New York etwa 330.000, Chicago über 230.000 Angehörige und Nachkommen der schwarzen Rasse. Die Lebensbedingungen sind für den Neger im Norden günstiger. Er ist nicht wie im Süden der sozialen Verbannung und der Einschränkung der Ausübung seiner politischen Rechte ausgesetzt (Seit dem Bürgerkrieg ist er auf dem Papier ein gleichberechtigter Bürger!). Sein Leben ist im Norden auch sicherer als im Süden. Von 1885 bis 1924 wurden 3.165 Neger gelyncht, mehr als neun Zehntel davon in den Südstaaten. Trotz der Auswanderung in den Norden ist der Süden auch heute noch extrem vernachlässigt. An der Spitze steht der Bundesstaat Mississippi. Mehr als die Hälfte seiner Bevölkerung (50,2 % gegenüber 58,5 % im Jahr 1900) ist von Negerblut. Danach folgen South Carolina mit 45,6 Prozent und die drei Staaten Georgia, Alabama und Louisiana mit durchschnittlich 30 bis 40 Prozent Negern oder Mulatten. Kein Bundesstaat ist ohne Nigger. Auch nicht der Nordosten und der mittlere Norden, die noch immer die gesündesten Beziehungen aufweisen.

Die USA machen Front gegen die Rassenmischung. Sie wollten nicht, wie in Südamerika, die Neger aufsaugen und einen „Schmelztiegel" der Rassen bilden. In den am gefährlichsten bedrohten Südstaaten wurden schon früh Maßnahmen ergriffen. Hier soll nicht auf die historische Entwicklung der Rassengesetzgebung eingegangen werden, sondern nur auf das heute geltende Recht.[2] Vergleiche mit der fortschrittlichen Rassengesetzgebung der Deutschen liegen auf der Hand.

Zunächst muss gesagt werden, dass es sich nicht um eine Rassengesetzgebung im deutschen Sinne handelte, die die Geburt von Mischlingen und damit die Vergrößerung der Gruppe der Mischlinge in jedem Fall verhindert. Die geltenden Verbote richteten sich nicht nur gegen *eheliche Verbindungen zwischen Weißen und Farbigen*. Illegitime sexuelle Beziehungen - die häufigste, weil am schwersten kontrollierbare Rassenbefleckung - waren rechtlich nicht verboten. (Als Gegenbeispiel sei erwähnt: Italien verbietet sexuelle Beziehungen zwischen Italienern und

---

[2] Eine ausgezeichnete Forschungsarbeit wird von Krieger vorgestellt: *Rassenrecht in den Vereinigten Staaten.*

Einheimischen, während Mischehen aus Rücksicht auf die Kurie nicht unter Strafe gestellt werden.) Ebenso sind die Ehe und natürlich auch illegitime Beziehungen zwischen Mischlingen und den verschiedenen farbigen Rassen nicht verboten. Einige Indianerstämme stellen eine Ausnahme dar, da man sie vor der Vermischung mit Negern schützen will.

Es gibt auch kein einheitliches Rassenrecht für die gesamte Union. Nur 30 der 48 Bundesstaaten haben Verbote für Mischehen erlassen. Dies sind vor allem die Staaten im Süden und Westen. Der Nordosten bleibt in diesem Bereich passiv.

Wenn wir die Beziehung zwischen der schwarzen Bevölkerung in jedem Staat und der Rassengesetzgebung sorgfältig untersuchen, können wir dann Folgendes feststellen:

Von achtzehn Staaten, in denen die Zahl der Neger über 5 % liegt, haben siebzehn die Mischehe verboten (Ausnahme: New Jersey). Man kann also sagen, dass hier die rassisch-biologische Notwendigkeit berücksichtigt wurde. In den verbleibenden Staaten mit einem Negeranteil von weniger als 5 % ist diese Tendenz nicht zu erkennen.

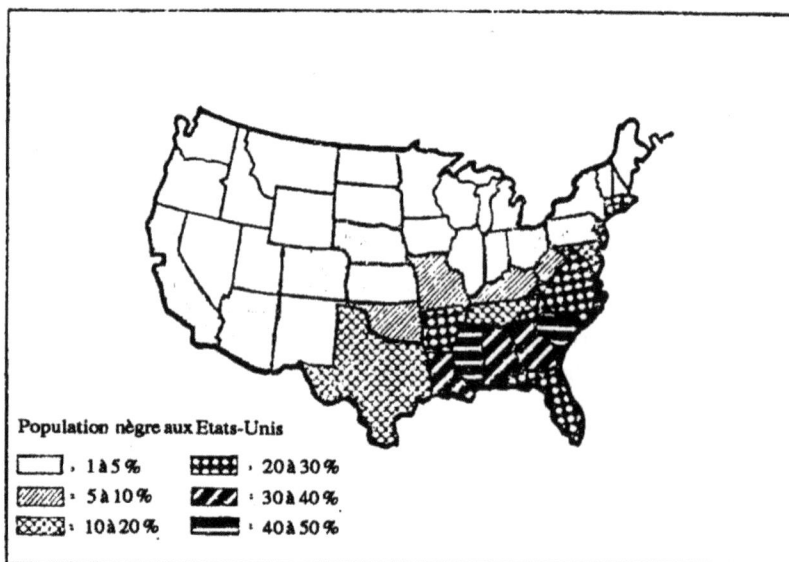

Population nègre aux Etats-Unis

☐ : 1 à 5 %   ▦ : 20 à 30 %
▨ : 5 à 10 %   ▨ : 30 à 40 %
▨ : 10 à 20 %   ▬ : 40 à 50 %

Von den insgesamt vierzehn Staaten mit einer Negerbevölkerung von 1-5% verbieten nur fünf die Mischehe, die restlichen neun scheinen nicht von der Notwendigkeit einer solchen Maßnahme überzeugt zu sein.

Im Gegensatz dazu sprachen sich acht von sechzehn Staaten, in denen der Anteil der Neger unter 1 % liegt, gegen Mischehen aus.

Dieser Mangel an Einheitlichkeit in Bezug auf die Hauptauffassung zur Rassenfrage zeigte sich auch, als es darum ging, den Begriff „Neger" im Sinne des Eherechts zu definieren. In einem Fall gelten auch Mischlinge bis zum Quarteron als Neger, in zehn Fällen Mischlinge bis zum Achtelblut, in drei Fällen der Nachweis einer Spur von Negerblut und in sechzehn Fällen wird allgemein von Personen „afrikanischer Herkunft" oder „farbiger Rasse" gesprochen - die Grenzziehung liegt im Ermessen der Justiz.

Ein Octavon kann also in dem Staat, in dem die Grenze zwischen Weiß und Schwarz bis zum Quarteron reicht, einen weißen Partner heiraten, und schließlich können in Staaten, die keine Rassengesetze kennen, Mischehen zwischen Weißen und Farbigen aller Art geschlossen werden. Dies zeigt, dass auch diese Barriere eine legitime Rassenmischung erschweren kann, sie aber nicht verhindern kann.

Fassen wir noch einmal zusammen:

Es gibt keine rechtliche Möglichkeit, die Rassenmischung zu verhindern, die sich durch *illegitime* Beziehungen zwischen dem weißen zivilisierten Volk und den Negriden vollzieht. Ebenso wenig gibt es eine Möglichkeit, das Anwachsen der Mulattenbevölkerung durch legitime oder illegitime Verbindungen innerhalb der Mulatten und mit anderen farbigen Rassen zu unterbinden. Auch die Heiratsverbotsgesetze einer Reihe von Staaten gewähren keinen ausreichenden Schutz vor Rassenkreuzungen.

Nordamerika wird das Negerproblem mit den derzeit geltenden Maßnahmen nicht lösen können. Die gemischtrassige Bevölkerung wird von Jahr zu Jahr zunehmen. Erstens aus ihrer eigenen Substanz heraus und zweitens durch die ständige Möglichkeit bestehender und zukünftiger Beziehungen zwischen Weißen und Farbigen. Hinzu kommt die erschwerende Tatsache, dass die weiße Führungsschicht, wie auch anderswo, unter Geburtenmangel leidet. Eine Lösung zu finden, wird schwierig sein. Der alte Plan, die Neger in ihre afrikanische Heimat zurückzuschicken, taucht immer wieder auf: Aber zwölf Millionen Menschen lassen sich nicht so einfach aus einer zivilisierten Umgebung, die für sie zur Heimat geworden ist, in diejenige zurückholen, aus der ihre Vorfahren vor dreihundert Jahren herausgerissen wurden. Und die erfolglose Erfahrung in Liberia ermutigt nicht gerade zu einer Wiederholung. Hinzu kommt, dass die Transplantation, die „Reparatur" gegen den Willen der großen Mehrheit der Negerbevölkerung durchgeführt werden müsste. Hinzu kommt der Einfluss, den in Afrika selbst die Einheimischen und die Inhaber von Kolonien und Mandaten ausüben.

Man kann den Negern auch nicht den von ihnen überfallenen Süden der Union überlassen und sich weiter nördlich in einer defensiven Position niederlassen. Aber man kann - als vorübergehende Maßnahme - eine wirklich allgemeine Rassengesetzgebung schaffen, die sowohl dem enthusiastischsten weißen Demokraten als auch dem unwissendsten Neger zeigt, dass es nicht ratsam ist, die von der Natur geschaffenen Schranken zu durchbrechen. Und gegen das Anwachsen der Neger- und

Mischlingsbevölkerung kann man zumindest den Willen und die Vitalität der weißen Rasse mobilisieren.

Neben den Negern leben in den Vereinigten Staaten noch weitere Rassengruppen. Dazu gehören die alten Herren des Landes, die Indianer, von denen es 330.000 gibt; außerdem 1.400.000 Mexikaner, 140.000 Japaner, 75.000 Chinesen, etwa 50.000 Filipinos und einige Tausend Hindus und Malaien.

Das Schicksal der Indianer ist bekannt. Ihre fast vollständige Ausrottung ist ein trübes Kapitel in der Geschichte der weißen Eroberer. Zwar ist ihre Zahl heute wieder auf über 330.000 gestiegen, doch sind nicht alle reine Indianer und es gibt eine Reihe von Mischlingen. Die Hauptverbreitungsgebiete der Indianer sind die südwestlichen Staaten wie Arizona, New Mexico und Nevada, wo sie zwischen 5 und 10 % der Gesamtbevölkerung ausmachen. Die geringere Zahl der Indianer und ihrer Nachkommen, der radikal geringere Abstand zwischen Weißen und Indianern und die ehrerbietige Haltung der Weißen gegenüber den nordamerikanischen Indianern, die auf deren mutiges Verhalten zur Zeit der Eroberung zurückzuführen ist, haben nicht zu Rassengegensätzen und rassistischen Maßnahmen geführt, wie es bei den Negern der Fall war.

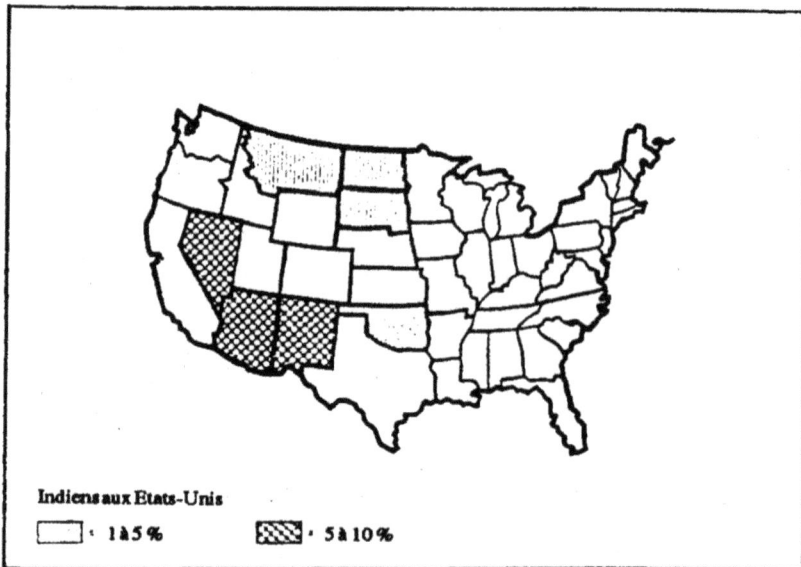

Indiens aux Etats-Unis
☐ < 1 à 5 %   ▨ 5 à 10 %

Dort verbieten nur sieben Staaten Mischehen zwischen Weißen und Indianern sowie deren Nachkommen. In der Anzahl gibt es einen Teil der Südstaaten, die weniger als 1% indianische Bevölkerung haben, also relativ wenig, während die Staaten mit einem Indianeranteil von 1-10% - mit Ausnahme von Arizona - keine Mischehen verboten haben. Die Haltung der

Südstaaten erklärt sich durch die unangenehmen Erfahrungen, die sie mit Negern gemacht haben. Sie treffen in jedem Fall Vorsichtsmaßnahmen. In einem bestimmten Staat dürfen nur Indianer und Halbindianer keine Ehe eingehen, in zwei anderen Staaten Indianer und Mischlinge, einschließlich Oktaven, in den übrigen Staaten reicht eine Spur indianischen Blutes für den Ausschluss aus, und in der Regel spricht man von Indianern und Nachkommen von Indianern, und die Entscheidung liegt dann bei den Gerichten.

Ein besonderes Kapitel wäre den Juden in Nordamerika zu widmen. In den Vereinigten Staaten leben etwa viereinhalb Millionen Juden - und ihnen geht es ausgezeichnet. Nirgendwo sonst auf der Welt genießen die Juden eine so dominante Stellung wie in diesem demokratischen Land. Sie waren nicht an seiner Entdeckung beteiligt, sie kamen später, als das Zeitalter der Kämpfe vorbei war und durch das Zeitalter des Kapitals ersetzt wurde. Früher wäre es für sie schwierig gewesen, sich in die herrschenden Klassen zu integrieren, aber als eine neue Weltordnung entstand, die die Menschen nach ihrem Geld einteilte, verschwand die ursprünglich zurückhaltende Haltung der „Gesellschaft" völlig. Die verderbte Hasskampagne, die ungehindert gegen das nationalsozialistische Deutschland geführt werden konnte (und noch immer geführt wird), zeigt, wie stark der Einfluss des jüdischen Elements auf der anderen Seite des Ozeans ist. Aus diesem Grund wird niemand erwarten, rassistische Maßnahmen gegen das allogene Judentum zu finden. Auch im Einwanderungsgesetz unterliegen sie keinen Beschränkungen. Sie sind als Gastgeber Mitglieder ihrer ehemaligen Nation, als „Deutsche", „Engländer" und „Franzosen" eingetragen!

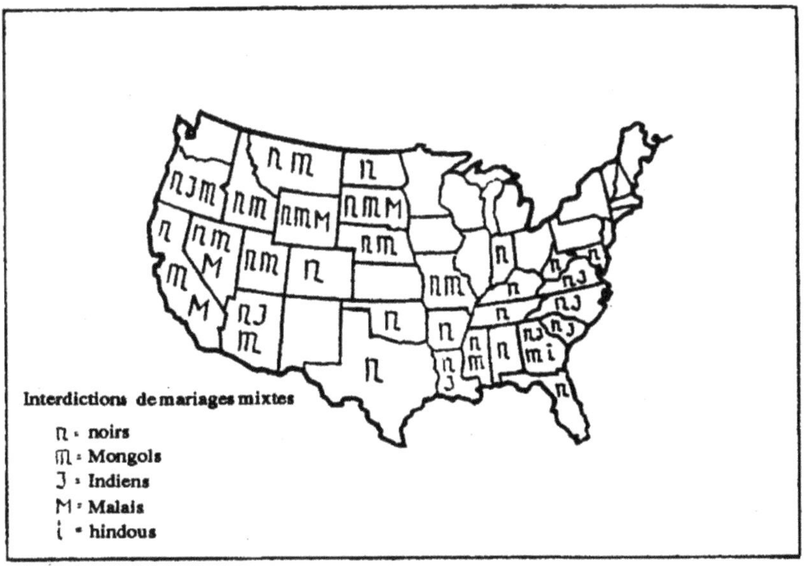
Interdictions de mariages mixtes
n = noirs
m = Mongols
J = Indiens
M = Malais
i = hindous

Abschließend noch ein Wort zur selektiven Wirkung, die Einwanderungsgesetze auf europäische Bewerber ausüben. Die aktuellen Verordnungen (Quotengesetz von 1924) wollen den Zustrom von Elementen aus Süd- und Osteuropa bremsen. Das bedeutet eine Rückkehr der indo-germanischen Kräfte, die den nördlichen Kontinent geschaffen haben und auf die in Zukunft nicht verzichtet werden kann. Amerika darf die Gruppe der großen nordischen Völker nicht verlassen. Aus dem eben Gelesenen ergibt sich, dass die heutigen Amerikaner rassisch nicht mehr das gleiche Volk sind wie vor hundert Jahren oder früher. Madison Grant, der Vorkämpfer der nordischen Idee in Amerika, schätzt den heutigen Anteil der nordischen Rasse in den Vereinigten Staaten auf 70 Prozent, während er zur Zeit der Revolution bei 90 Prozent lag. Man kann dies als übertrieben ansehen, da er den Anteil des nordischen Blutes im deutschen Volk unterschätzt. Aber es geht nicht um Zahlen, sondern um eine Idee. Es geht darum, die Bedeutung der Rasse für das Leben eines Volkes festzustellen. Und es ist erfreulich zu sehen, dass Stimmen, die unsere Weltanschauung bestätigen, die Ozeane überqueren.

SS-Ustuf. Dr. Karl

HEFT DER SS NR. 4. 1938.

RÖMISCHE KIRCHE UND RAZIOLOGIE

In Italien findet derzeit eine außerordentlich interessante Diskussion statt. Zum ersten Mal seit Bestehen der faschistischen Partei wird über die Notwendigkeit gesprochen, nationale und historische Fragen auf rassische Weise zu betrachten.

Das Umfeld, das diesen Impuls und diese Forderung hervorbrachte, bestand aus einer Reihe prominenter italienischer Universitätsprofessoren. Somit hatte diese innovative ideologische Vision bereits einige Anerkennung gefunden. Sie konnte nicht ignoriert werden und wurde es auch nicht. Ihre Bedeutung wurde sofort erkannt, denn sie ermöglichte es, das faschistische Grundbild vom Staat zu verändern oder zumindest die wesentlichen Gesichtspunkte zu erweitern. Während im Nationalsozialismus von Anfang an die Ideologie, insbesondere die Rassenideologie, die treibende Kraft war, vertrat der Faschismus zunächst nur staatliche Ziele und Forderungen. Die große italienische Vergangenheit, vor allem die Antike, übte einen großen Einfluss auf seine geistige Vision aus. Abgesehen davon ließ er der religiösen Aktivität des römischen Katholizismus, der in Italien eine vorherrschende Stellung einnahm, viel Raum. So gesehen bedeutet die jüngste Stellungnahme des Faschismus für die italienische Rasse und die arische Rassengemeinschaft einen revolutionären Vorstoß, dessen historische Auswirkungen noch nicht abzusehen sind.

Die römische Kirche reagierte schneller auf die faschistischen Äußerungen, als es die Gepflogenheiten der vatikanischen Politik vermuten ließen - denn eines ihrer Grundprinzipien in der Politik ist es, abwarten zu können. Der Papst selbst nutzte eine Audienz für Schüler der Missionskongregation an seinem Sommersitz in Castel Gandolfo, um sich kategorisch gegen jegliche rassistische Äußerungen auszusprechen. Es wird oft vergessen, dass er unter anderem sagte, dass das *gesamte Menschengeschlecht eine große, universelle menschliche Rasse bildet.* Er ging sogar so weit, den Faschismus zu verdächtigen, die deutsche Rassenkunde zu imitieren.

„Man muss sich fragen", so heißt es wörtlich in seiner Rede, „warum Italien unglücklicherweise das Bedürfnis hatte, Deutschland nachzuahmen".

Die Antwort auf diese aggressive Warnung konnte nicht ausbleiben. Während *Starace*, der Parteisekretär, vor Universitätsprofessoren die Berechtigung der rassischen Forderungen zugegeben hatte, stimmte niemand geringeres als *Mussolini* selbst ihrer Berücksichtigung zu. Seine kurze und lapidare Antwort an den Papst wurde in Deutschland schnell bekannt:

„Jeder sollte wissen, dass auch wir in die Zukunft marschieren werden, indem wir den Standpunkt der Rassenfrage einnehmen. Zu sagen, dass der Faschismus irgendjemanden oder irgendetwas nachgeahmt hat, ist schlichtweg absurd".

Die Diskussion in Italien ist also noch nicht abgeschlossen, wird aber dennoch streng und direkt geführt, weil die Kirche den Kampf gegen die Raziologie verdeckt fortsetzt; mit verstärkten Anstrengungen, weil kein Thema für die römische Kirche, für ihren Kredit, ihren Einfluss und ihre Existenz als religiöse Gesellschaft so gefährlich zu sein scheint wie die Raziologie, wie wir noch sehen werden.

Da diese Fragen eine besonders aktuelle Dimension angenommen haben, scheint es durchaus berechtigt, durch eingehende Untersuchungen die Frage zu stellen, welches Verhältnis die römische Kirche zur Raziologie hat. Diese Haltung ist keineswegs so eindeutig, wie es auf den ersten Blick scheint, wenn man die durchaus authentischen Äußerungen des Papstes betrachtet. Die kirchlichen Stellungnahmen zur Raziologie offenbaren sogar einen ziemlich verwirrenden Standpunkt.

Zweifellos bringt die Kirche damit ihren beständigen biblischen Auftrag zum Ausdruck, allen Völkern das Christentum zu predigen. Dieser Auftrag stellt die Grundlage für den universellen Machtanspruch der römischen Kirche dar, die unter keinen Umständen einen rassischen Unterschied zwischen den Völkern, insbesondere im religiösen Empfinden, und einen Unterschied in der rassischen *Wertigkeit* tolerieren kann. Andererseits sind die Ergebnisse der deutschen rassenkundlichen Forschung von so hohem wissenschaftlichem Wert, dass eine bedingungslose Ablehnung durch die römische Kirche zu einem erheblichen Prestigeverlust für die Kirche in Deutschland führen dürfte.

Auch Kopernikus musste die religiösen Dogmen durch seine wissenschaftlichen Ergebnisse widerlegen. Es war Kopernikus und nicht die Kirche, die vor der Geschichte Recht behielt. Durch ihren erbitterten Kampf gegen die Raziologie läuft die römische Kirche heute Gefahr, eines Tages auch in dieser Frage den Ton zu senken.

Sie steht also vor der Wahl, sich vor der Geschichte lächerlich zu machen, indem sie die Ratiologie ablehnt, oder mit der Anerkennung der Ratiologie eine der wichtigsten Voraussetzungen für ihre internationale Wirksamkeit aufzugeben. Die *weltweite* römische Kirche hat sich vorläufig für die erste Wahl entschieden, was nur möglich war, solange die Rassenkunde und ihre praktische Anwendung mehr oder weniger nur auf den deutschen Raum beschränkt blieben. Die Römische Kirche in *Deutschland* hat sich für einen anderen Weg entschieden.

Doch bevor wir uns mit den bischöflichen und damit kirchlichen Stellungnahmen befassen, sei die Veröffentlichung des römischen Priesters und Universitätsprofessors Wilhelm *Schmidt* erwähnt, dessen Versuch, die Raziologie aus wissenschaftlicher Sicht zu „widerlegen", in vielerlei Hinsicht interessant ist. Schmidt ist der römische Wissenschaftler, der sich besonders ausführlich, wenn auch nur oberflächlich, mit der Raziologie beschäftigt hat.

Die Ergebnisse, zu denen er in seinem Buch *Rasse und Volk* gelangt, entsprechen jedoch nicht denen der rassenkundlichen Wissenschaft und auch nicht den Grundprinzipien der nationalsozialistischen Weltanschauung. Die Methode, derer er sich bedient hat, ist zwar äußerst einfach, wissenschaftlich nicht nur kritikwürdig, sondern vollkommen verwerflich. Insbesondere versucht er - zugegebenermaßen auf perfide Weise -, jeden Vertreter der Rassenkunde gegeneinander auszuspielen. Auf diese Weise gelangt er zu den Ergebnissen, die er für seine religiöse Überzeugung benötigt.

Auf Seite 33 kommt er zu der Feststellung, dass sich „körperliche Eigenschaften nicht als eindeutige Rassenmerkmale erwiesen haben", und zieht daraus den Schluss, dass „dennoch die Rassenlehre, die alles Geistige als „rassenbestimmt" definiert und auf körperlichen Eigenschaften beruht, völlig zusammenbricht".

Bei der Betrachtung der Beziehung zwischen moralischen Eigenschaften und Rasse wird Schmidt noch wesentlich oberflächlicher, wenn er sich einfach auf die Lehre der Kirche beruft, die besagt: „Die Seele ist eine eigene, autonome Substanz, die ihrerseits in keiner erblichen Beziehung steht, nicht nur zu keinem Körper, sondern auch zu keiner anderen Seele, auch nicht zu den Seelen der Eltern, sondern jedes Mal von Gott für jedes Individuum neu geschaffen wird" (S.41).

So schließt Schmidt diesen Abschnitt seines Buches mit der simplistischsten Aussage ab:

„Die Seele als solche ist an keine Rasse gebunden, so wie sie auch keine irdische Heimat hat."

Da es in Schmidts Augen also keine Vererbung von psychischen und physischen Eigenschaften gibt, hätte er sich die Mühe sparen können, diese Erklärungen abzugeben. Stattdessen enthüllte er durch seine zitierten, teilweise äußerst klaren Argumentationen, welche speziellen Punkte der Rassenkunde der römischen Kirche Probleme bereiten. Schmidt wehrt sich dagegen, „dass die Rasse *jede* menschliche Erfahrung bestimmt; es könnte sein, dass sie nur bestimmte Bereiche umfasst, und es könnte sogar ein Rassenunterschied bestehen, der sich in bestimmten Bereichen der einen wie der anderen Rasse ausdrückt" (S. 53).

Und auf Seite 56 heißt es:

„So wie es Wahrheiten gibt, die von Menschen aller Arten anerkannt werden, so gibt es auch allgemeine menschliche Normen der Moral, die sich aus der menschlichen Natur ergeben und nur mit der Menschheit selbst verschwinden können" (S. 56).

Diese Positionen sind aufschlussreich, denn sie zeigen deutlich, welche Breschen die römische Kirche als Bedrohung für ihre eigene Lehre ansieht. Wenn es, wie die Rassenkunde zusammen mit der Ethnologie, Protogeschichte, Germanistik usw. behauptet, richtig sein sollte, dass jede Rasse nur eine ihrer Natur angepasste Moral haben kann, dass z. B. die nordische Rasse nicht die gleichen moralischen Gesetze beachten kann wie die jüdische Rasse, wenn sie zu den größten Schöpfungen fähig ist, dann gibt es keinen Platz und keine Rechtfertigung „für allgemeine menschliche Normen der Sittlichkeit, die sich aus der menschlichen Natur selbst ergeben". Mit allgemeinen menschlichen Normen der Moral meint Schmidt insbesondere die Moral der römisch-christlichen Doktrin.

Schmidt ist sich der Unmöglichkeit bewusst, die Raziologie wirklich ernsthaft widerlegen zu wollen. Und so ist sein eigentliches Ziel keineswegs, die Rassenkunde zu verneinen, sondern ihr die Krallen zu ziehen, um sie unschädlich zu machen. Anlässlich eines Vortrags in Wien hat er sich dazu klar geäußert:

„Rasse und Volk können ihren Wert nur im deistischen Glauben an den einen Schöpfer erlangen, der alle Menschen aus einem Ursprung heraus geschaffen hat. Sie werden beide noch mehr verklärt, gereinigt und gestärkt in der christlich-katholischen Religion, die die zahlreichen Pflichten, die sich aus der Zugehörigkeit zu einer Rasse, und einem Volk ergeben, voll und ganz anerkennt, ihnen den moralischen Charakter verleiht und den Menschen die Kraft und den Willen verleiht, sie zu erfüllen."

Dies ist der Klang der Melodie, die in Übereinstimmung mit allen kirchlichen Erklärungen in Deutschland angestimmt wird. Das bedeutet, dass die Kirche vorgibt, die Werte der Rasse, des Volkes, der Nation und der Liebe bewusst als die höchsten „natürlichen", von Gott gewollten Werte anzuerkennen. Aber über diesen bloß „natürlichen" Werten würden sich die „übernatürlichen" Werte der göttlichen Gnade usw. erheben, die dazu berufen sind, die Vereinfachungen und Übertreibungen der natürlichen Werte zu verringern, zu polieren und somit perfekt zu machen. Ein praktisches Beispiel für diese Ansicht findet sich in den „Katholischen Missionen", wo es im Heft Nr. 3 vom März 1938 heißt:

„Sie (die Kirche) lässt den Menschen, so wie er ist, mit seiner Rasse, seinem Volk, seiner Nation, seinem Staat in der Region zu, in der Gottes schöpferischer Wille ihn wachsen lässt, billigt also alle diese schöpferischen Kräfte, die aus dem Blut und dem Boden hervorgehen. Aber eines können und wollen wir nicht vergessen. Der Mensch von heute, vor allem der erlöste Mensch, lebt nicht mehr in der „reinen Natur". Die Erlösung und die Übernatur sind eine Realität, und durch diese Realität ist die Natur in eine neue Ordnung eingetreten. Die Folge der Erbsünde ist, dass die Menschen die natürlichen Werte übertreiben und verteidigen. Ob Menschlichkeit, Freiheit, Recht oder Rasse; Die Kirche wird diese Eskalationen immer an dem Platz eingrenzen, den sie in der göttlichen und absoluten Werteordnung einnehmen. Sie sind daher in keiner Weise verpönt; sie erhalten lediglich einen genauen Platz in allem, was einen Wert hat."

Ihnen ihren richtigen Platz zuzuweisen, ist die Parole, die der Kirche den größten Erfolg beschert, wo sie über die größte, beste, geschickteste und bewährteste Erfahrung verfügt. Als es der Kirche in allen Epochen nicht gelang, diese ihrem Wesen fremden oder sogar feindlichen Strömungen geistig zu unterdrücken, weil sie den richtigen Zeitpunkt übersah oder nicht die Kraft dazu hatte, behielt sie noch ein Mittel, das ihr fast immer zum Triumph verhalf: die Assimilation. Sie akzeptiert einfach die ihr fremden Werte, kehrt sie um und verfälscht sie, bis sie in ihr eigenes System passen, verleiht ihnen einen Platz in ihrer Werteskala und macht sie unschädlich, während sie sie dann als ihr geistiges Eigentum verbreiten kann. Ein Manifest des „Bayerischen Klerikerblattes" vom 23. Januar 1935 bietet ein Zeugnis, das von einer unübertroffenen Intuition zeugt:

„Das Zusammentreffen von Offenbarung und Rasse gehört genau zu dem attraktivsten Kapitel der Kirchengeschichte. Die Rasse war das Instrument, die Offenbarung war die Melodie, Christus war der Künstler. Und so hatte die von der Offenbarung entflammte Kirche zu allen Zeiten den feinsten Riecher für alle wirklichen biologischen Werte."

(Nur ihr derzeitiger Papst scheint dieses Gespür verloren zu haben!) Nachdem wir das gelesen haben, können wir nur noch staunen!

Wir wollen diese Zeugnisse nicht schließen, ohne wenigstens noch eine bischöfliche Äußerung zitiert zu haben. Anlässlich der Gedenkrede für Bischof Bares in der Hedwigskirche zu Berlin legte Bischof Machsen von Hildesheim über die genaue Stellung der Raziologie folgendes dar:

„Es ist für einen katholischen Bischof absolut unmöglich, alles zu leugnen, was mit den Begriffen Volk und Vaterland zusammenhängt, alle Werte des Blutes und des Bodens. Religiöses Wissen gibt uns die Gewissheit, dass das Fleisch aufersteht, und verleiht damit unserem Körper und seinen Werten eine Würde, die sie dem Göttlichen näher bringt. Nach der Lehre der Kirche ist die Natur die Grundlage des Glaubens - und so legen wir ausgehend von der Übernatur die Grundlagen nicht nur für biologische und ethnographische, sondern auch für soziale Fragen... Dieser Standpunkt des Glaubens verschafft uns somit einen genauen Einblick in den Adel und die Würde der menschlichen Natur. Die Begriffe Blut und Boden finden einen hierarchisch geordneten Platz und haben so die Möglichkeit, sich organisch zu entfalten."

All diese Beispiele zeigen deutlich, dass die römische Kirche nicht in der Lage ist, sich dem Einfluss der Raciologie in Deutschland zu entziehen. Außerhalb Deutschlands, in einer Welt, in der entweder die Kirche selbst oder der Liberalismus, der zumindest in diesem Punkt mit seiner egalitären Doktrin verwandt ist, oder der Marxismus dominieren, ist die Ablehnung der Rassenkunde bis hin zu übersteigerten Hassbekundungen zu hören, die von einer nachtragenden Hilflosigkeit zeugen.

Wir verzichten darauf, Artikel aus antideutschen katholischen Einwandererzeitungen zu zitieren, sondern geben stattdessen zwei Beispiele aus einem 1935 in der Schweiz erschienenen Buch, in dem, ohne sich um irgendwelche Fakten zu kümmern, eine rein politische Demagogie zum Ausdruck kommt, obwohl unter den Mitarbeitern auch römische Bischöfe sind. In diesem Artikel fordert der Bischof von Debreczen die Rassentheorie auf, „in den engen Grenzen ihrer kindlichen Natur zu bleiben", und im Artikel von N. Berdiajev heißt es:

„Die Rassen- und die Klassentheorie bedeuten beide das Eindringen eines Polytheismus in das gesellschaftliche Leben; sie - die Rassentheorie in höherem Maße als die Klassentheorie (!) - sind mit der christlichen Lehre unvereinbar und führen zur Konfrontation mit dem Christentum. Beide Theorien sind keine wissenschaftlichen Hypothesen, sondern Götzenmythen in einer atheistischen und gottlosen Welt."

Wir zitieren die folgende Passage aus diesem Werk vor allem wegen ihrer unsäglichen Dummheit und Unbeholfenheit, ihrer angenehmen humoristischen Wirkung und weniger wegen ihrer praktischen Bedeutung. Der Autor zieht die haarsträubende Schlussfolgerung aus der falschen Behauptung, Zarathustra sei ein orientalischer Prophet gewesen, den Nietzsche in seinem gleichnamigen Werk das berühmte Wort „Ich beschwöre euch, Brüder, bleibt der Erde treu..." sagen lässt.:

„Rassentheorien stellen daher (!!!) nur eine Phase des Orientalismus dar; sie müssen als ein Angriff auf das Herz der westlichen Kultur, auf den Glauben an die Macht des Geistes über den Körper, betrachtet und bekämpft werden."

Angesichts solcher Ungeheuerlichkeiten, die man nur als politisch interpretieren kann und die von Seiten der römischen Anhänger verständlich sind, muss man mit Erstaunen feststellen, dass selbst die vatikanischen Ämter, die normalerweise ein wenig Geschick, Gewandtheit und diplomatische Flexibilität an den Tag legen, sobald sie sich veranlasst sehen, sich zur Raziologie zu äußern, einen Tonfall anschlagen, der sich kaum von dem ihrer außerhalb Deutschlands emigrierten Kollegen unterscheidet.

Der Kardinal und Staatssekretär des Papstes hatte 1935 zweimal die Gelegenheit, sich zur Rassenkunde zu äußern, einmal in seiner Abschlussrede zu den Feierlichkeiten in Lourdes, einem französischen Pilgerort, und einmal in seiner Gratulation an Kardinal Schulte zu dessen 25-jährigem Bischofsjubiläum. In Lourdes stellte Pacelli Folgendes aus:

„Mit ihrem Anspruch, eine neue Weisheit zu verkünden, sind sie in Wirklichkeit nur beklagenswerte Plagiatoren, die alte Irrtümer mit neuen Kleidern versehen... Ob sie nun vom Aberglauben an Blut oder Rasse besessen sind, beide Philosophien beruhen jedoch auf Grundsätzen, die dem christlichen Glauben zuwiderlaufen."

Und in der Gratulation an Kardinal Schulte heißt es:

„Wenn falsche Propheten mit luziferischem Stolz auftauchen, die vorgeben, Träger eines neuen Glaubens und eines neuen Evangeliums zu sein, das nicht das Evangelium Christi ist, dann ist die Stunde gekommen, in der der Bischof, weder Hirte noch Söldner, gestärkt durch sein Amt und seinen Eid, der ihn seit dem Tag seiner Segnung mit den treuen Seelen verbindet, seine Stimme erheben und furchtlos und unerbittlich das Wort des Apostels vor dem Hohen Rat wiederholen muss:

„Urteilt selbst, ob es richtig ist, euch selbst mehr zu gehorchen als Gott!"

Dieser Tonfall verrät eine Nervosität, die einen Charakterzug widerspiegelt, der auch in der zuvor zitierten Rede des Papstes zu finden ist; diese Nervosität rührt daher, dass die Kirche vermutet, dass die rassische Weltanschauung das Bild der Welt und der Geschichte noch stärker und radikaler verändern kann als früher durch die Ergebnisse der Forschungen von Kopernikus. Auf jeden Fall wird sie dadurch schwerer und tiefgreifender getroffen.

In einem Brief der Kongregation für das Seminar und die Universitäten der römischen Kurie in Rom, der an die Rektoren der ihr unterstellten katholischen Institute geschickt wurde, findet der Vatikan zwar zu seinem alten gerichtlichen und doktrinären Ton zurück, bleibt aber in dieser Sache absolut unnachgiebig. In diesem Schreiben, das eine Verordnung ist, die zum Kampf gegen alle Lehren der Raziologie und ihre Anwendungen auffordert, heißt es:

„Was unseren Heiligen Vater äußerst schmerzlich berührt, ist die Tatsache, dass man unverschämte Gotteslästerungen berichtet, um diese Ungerechtigkeit zu entschuldigen, und dass man durch die Verbreitung sehr verderblicher Lehren, die als Wissenschaft ausgegeben werden, obwohl sie fälschlicherweise diesen Namen tragen, versucht, die Geister zu verwirren und die wahre Religion aus den Seelen auszurotten."

Hier sind die zitierten Prinzipien, die besonders zu verurteilen sind:

2. Die Stärke der Rasse und die Reinheit des Blutes müssen auf jede erdenkliche Weise bewahrt und gepflegt werden; alles, was zu diesem Ziel führt, ist daher gut und wertvoll.

3. Das Blut, das den Rassentyp enthält, liefert dem Menschen als Hauptquelle alle geistigen und moralischen Eigenschaften.

6. Die erste Quelle und der absolute Maßstab für jede Rechtsregel ist der Rasseninstinkt.

Das Werk stammt aus dem April dieses Jahres. Das Glaubensbekenntnis des Faschismus zur Rassenkunde hat an dieser Stellungnahme noch nichts ändern können. Die Kirche versucht immer noch, ihre alte Position aufrechtzuerhalten. Sie wird versuchen, sie verzweifelt aufrechtzuerhalten, bis sie einen Platz nach unten rutschen muss. Aber es ist nicht zu bezweifeln, dass sie eines Tages auf der ganzen Linie zurückstecken muss.

SS-Schaf. Horst Pabel

IV. BAUERN, WIRTSCHAFT, BESIEDLUNG

HEFT DER SS NR. 3. 1939.

DIE GROßE FRAGE AN DIE DEUTSCHE JUGEND

Es ist eine Tatsache, dass alle Errungenschaften eines Volkes, seine Kultur und seine Werke ihm nur dann zugutekommen und eigen bleiben, wenn die historischen Schöpfer dieser Errungenschaften fortbestehen. Kunstwerke einer großen Zivilisation können immer noch existieren: Man erinnere sich nur an die Geschichte Ägyptens. Es ist dann nur eine Frage des Zufalls, ob man diese historischen Dokumente einige Jahrhunderte später wiederfindet. Selbst wenn das Volk, um das es in diesen Kunstwerken geht, nicht mehr lebt, weil sein Blut versiegt ist, können Menschen, die das Land bevölkern und sich als seine Erben fühlen, immer noch unter seinem Namen existieren. Sie sind jedoch nicht die physischen Nachkommen der damaligen Schöpfer, sondern bestenfalls Träger eines Namens; sie besitzen nicht mehr die schöpferische Kraft des ursprünglichen Blutes und sind daher oft nicht mehr in der Lage, ihre Traditionen zu verwalten, geschweige denn zu verstehen und fortzuführen.

Die Hellenen sind ein gutes Beispiel dafür. Natürlich kennen wir sie auch heute noch durch ihre Kunstwerke. Dank dieser wissen wir, dass das Volk der Hellenen einst existierte, aber trotz perfekter staatlicher Institutionen konnten sie nicht verhindern, dass ihr Blut versiegte: Die Hellenen der klassischen Zeit gibt es heute nicht mehr, ihr Blut ist verschwunden oder mit fremdem Blut verschmolzen. Da die Hellenen begannen, die Fortpflanzung zu verachten, haben sie heute keine Nachkommen mehr, die von den Taten ihrer fleischlichen Vorfahren zeugen. Nur das verwandte Blut aus der deutsch-deutschen Sphäre hat die kulturellen Dokumente der Hellenen wiederentdeckt und ihre antike Bedeutung verstanden. *Ohne das Bruderblut der deutschen Zivilisation wäre Hella längst in Vergessenheit geraten.*

Das chinesische Volk gibt uns das gegenteilige Beispiel. *Die Religion dieses Volkes schreibt ihm vor, sein Blut durch zahlreiche Nachkommen zu erhalten:* Sie ist die eigentliche Grundlage seiner Religiosität. Trotz aller nationalen und natürlichen Katastrophen überdauert das chinesische Volk die Jahrtausende und widerlegt durch seine bloße Existenz alle intellektuellen Überlegungen des Westens über die Entstehung oder den Untergang einer Nation. Jede Vorstellung von einem fatalen Verfall im Sinne Oswald Spenglers zerbricht an der chinesischen Tatsache und ihrer Vitalität.

Vielleicht lässt sich der Gegensatz in der Entwicklung dieser beiden Völker, des chinesischen und des hellenischen, besser erklären, wenn man sich vergegenwärtigt, dass Lykurg, ein zwar mythischer, aber dennoch genialer Schöpfer einer der perfektesten hellenischen Gesetzgebungen, des spartanischen Staates, Sparta nicht retten und bis heute bestehen lassen konnte, weil das spartanische Blut inzwischen versiegt war. Im Gegensatz dazu *leben die Nachfahren von Konfuzius noch heute,* und man kann ihn als *Zeitgenossen von Lykurg* betrachten; er hat die geistige und moralische Haltung der Chinesen entscheidend beeinflusst. Diese leben heute am selben Ort, am selben Hof, an dem Konfuzius zu seiner Zeit lebte und arbeitete. In der 77[e] Generation zeugt der Nachkomme von Konfuzius noch immer von den Heldentaten seines genialen Vorfahren, während Nicht-Hellenen - deutsche Forscher - in feinfühliger und sorgfältiger Arbeit versuchen, die Gesetzgebung eines Lykurg und die Überbleibsel davon nachzubilden. *Konfuzius verstand zwar nichts vom Aufbau eines Staates, aber er flößte der Seele seines Volkes den Willen zum ewigen Leben ein, indem er verkündete, dass die Erfüllung seines religiösen Glaubens im Kind liege und die Ewigkeit ihm gehöre, nicht nur in seinen Werken, sondern in seiner lebendigen Identität und seinen Nachkommen:* Lykurgos baute zwar den in der Geschichte einzigartigen Staat Sparta auf, vergaß aber, seinem Volk den Willen zum ewigen Leben durch Nachkommen aufzuerlegen und als Folge dieses Lebensgesetzes die Gründung seines Staates durch die Fortdauer des Blutes zu verewigen.

Die Frage nach dem Überleben eines Volkes durch die Gesetze des Lebens ist im Wesentlichen die Frage, ob ein Volk „den Willen hat, für immer zu überleben, indem es einer neuen Generation und in ihren zukünftigen Nachkommen das Leben schenkt; es geht auch darum, ob das Volk sich diesem Lebensgesetz des Blutes unterwirft oder ob es nicht mehr die geistige, moralische oder physische Kraft dazu hat.

Es ist bemerkenswert, aber historisch unwiderlegbar und beweiskräftig, dass alle Völker mit indogermanischem oder germanischem Charakter nur insoweit überlebt haben, als sie neben ihrer Kenntnis der Blutgesetze auch ihre Zugehörigkeit zu ihrem eigenen Land und Grundbesitz nicht vernachlässigt haben, und dass sie nur so lange überlebt haben, wie sie Bauern bleiben konnten und sich selbst als solche erkannten.

Die Germanen treten als Bauern in die europäische Geschichte ein, und ihre bäuerliche Lebensweise ist so charakteristisch, dass sie es vermieden, die römischen Städte zu besiedeln, und sich stattdessen außerhalb der Städte auf dem offenen Land niederließen. In der atheistischen Welt des dekadenten Römischen Reiches, das vollständig unter die Herrschaft einer verjudeten Plutokratie gefallen war, schufen die Germanen ein neues Bodenrecht nach bäuerlichem Muster. Wenn etwas in der Lage ist, den bäuerlichen Ursprung der Germanen zu beweisen, dann ist es dieses germanische Bodenrecht innerhalb des Römischen Reiches.

Diese Überlegungen und Feststellungen zeigen uns unsere heutige Aufgabe. Wir Deutschen sind unter der Ägide der germanischen Gesetze in die Geschichte eingetreten. Dementsprechend müssen wir die Lebensgesetze des germanischen Blutes respektieren, wenn wir überleben und uns nicht selbst zum Tode verurteilen wollen. Doch die Legitimität des Germanentums hat ihre Wurzeln im Bauernstand. In der Morgendämmerung der Geschichte wurde das Germanentum aus dem Bauernstand geboren, und aus dem Bauernstand schöpfte es die heilige Kraft des ewigen Lebens. Das ist das Grundgesetz der germanischen Legitimität.

Wenn wir heute mit dem Problem der Landflucht konfrontiert sind, *ist das nicht so sehr eine Frage unserer Ernährungspolitik*. Es ist auch keine Frage der Landwirtschaft. Die *Landflucht* ist ganz einfach ein Problem *der Existenz und des Schicksals unserer Nation*. Denn zum ersten Mal in seiner Geschichte muss sich unser Volk entscheiden, ob es sich von seiner Bauernschaft trennen oder sich zu ihr bekennen will. Das Problem der Bauernschaft ist kein soziales oder gar korporatives Problem, wie viele meinen, sondern eine Frage des Blutes und damit des Fortbestands und der Zukunft unseres Volkes. Nur die Jugend kann dieses Problem lösen, denn nur sie wird sich ihm stellen und muss wissen, ob sie die gegenwärtigen historischen Jahre nur genießen oder ihre treue Verwalterin sein will. *Die deutsche Jugend muss sich klar entscheiden, was sie unter diesen Umständen tun will und kann. Sie muss mit unnachgiebiger Strenge und Entschlossenheit auf einem klar definierten Weg voranschreiten. Aber Adolf Hitlers nationalsozialistische Jugend war es bislang gewohnt, ihm in anderen Fragen unserer nationalen politischen Existenz zu folgen.* Das ist alles, was man der deutschen Jugend in Bezug auf die Verödung der ländlichen Gebiete sagen kann, wenn man noch auf ihre Seele und ihre Tatkraft vertrauen will.

(Mit freundlicher Genehmigung der Redaktion von *Wille und Macht*, Heft 6 vom 15. März 1939).

SS-Obergruppenführer R. Walther Darré

HEFT DER SS NR. 3. 1939.

DAS GRUNDGESETZ DER DEUTSCHEN BAUERNSCHAFT

„Den durch den Nationalsozialismus erweckten Grundgedanken der nationalen Politik, der in der Theorie von 'Blut und Boden' seinen Ausdruck findet, zu verwirklichen, wird die tiefste revolutionäre Umwälzung bedeuten, die es je gegeben hat!" Dies waren die Worte des Führers wenige Wochen vor dem entscheidenden Sieg der nationalsozialistischen Befreiungsbewegung am 3. Januar 1933 in seiner Rede auf dem agrarpolitischen Kongress der NSDAP. Den Auftakt dazu bildete die Inkraftsetzung des Erbgutgesetzes am Erntedankfest des durch den Nationalsozialismus wiedervereinigten deutschen Volkes. Die Arbeit war bereits in der Zeit des Machtkampfes von R. Walther Darré und seinen Mitarbeitern in der Landesstelle für Agrarpolitik der NSDAP in groben und feinen Zügen vorbereitet worden. Nur so war es möglich, dass nur zwei Monate nach Darrés Ernennung zum Minister neben den grundlegenden Entwürfen zur Marktordnung auch das Gesetz über das Erbgut dem Führer vorgelegt werden konnte.

Der Tag, an dem dieses Gesetz in Kraft trat, ist wichtiger, als man vielleicht denken mag. An diesem Tag erklärte der Führer vor einer Bauerndelegation in Berlin: „Der deutsche Bauernstand ist für uns nicht nur ein Beruf, sondern die Darstellung der deutschen Vitalität und damit auch der deutschen Zukunft". Diese Worte sind der Schlüssel zum Verständnis des Gesetzes über das Erbgut. Um allen, die sich mit diesem grundlegenden Agrargesetz befassen, ein klares Bild von seinen Zielen und Leitgedanken zu vermitteln, hat die Reichsregierung dem Gesetz ein Vorwort vorangestellt, das so eindrucksvoll ist, dass es jede Zusammenfassung oder Exegese übertrifft. Es lautet wie folgt:

„Um die alten Erbtraditionen zu schützen, will die Reichsregierung den Bauernstand als rassischen Ursprung des deutschen Volkes erhalten.

Die Farmen müssen vor Verschuldung und Aufteilung durch Erbschaft geschützt werden, damit sie immer das Erbe des Clans in den Händen freier Bauern bleiben.

Es wird eine gerechte Aufteilung der großen Ländereien geben müssen, denn eine große Anzahl lebensfähiger kleiner oder mittlerer Farmen, die möglichst über das ganze Land verteilt sind, wird die beste Verteidigung für die Gesundheit des Volkes und des Staates sein.

Die Reichsregierung erließ daher das folgende Gesetz. Hier ist sein Hauptgedanke:

Ein land- oder forstwirtschaftliches Anwesen von der Größe eines Morgens und weniger als 125 Hektar ist eine Erbfarm, wenn es sich im Besitz eines professionellen Landwirts befindet.

Der Besitzer eines Erbguts wird Bauer genannt.

Nur ein deutscher Staatsbürger (deutscher oder gleichwertiger Rasse) mit guten Sitten darf Bauer sein.

Das Erbgut wird ungeteilt an den Haupterben vererbt. Die Rechte der Miterben sind auf die anderen Güter des Bauern beschränkt.

Privilegierte Nachkommen, die keine Erben sind, erhalten eine Berufsausbildung und eine Ausstattung, die im Verhältnis zur Größe des Hofes stehen. Sollten sie ungerechtfertigterweise Opfer des Schicksals werden, würde der Staat ihnen zu Hilfe kommen.

Das Erstgeburtsrecht darf wegen des Todes nicht aufgehoben oder eingeschränkt werden.

Der Familienhof ist grundsätzlich unveräußerlich und kann nicht mit Hypotheken belastet werden".

Dieses Vorwort sowie das bemerkenswerte, sehr klare und verständliche Einführungsschreiben von Dr. Harald Hipfinger (Reichnährstand-Verlag, Berlin 1938) *Das bäuerliche Erbrecht im* Deutschen Reich sind wichtiger als eine Programmverkündigung. Nach einer genauen Formulierung des Gesetzes über das landwirtschaftliche Vermögen und wenn Zweifel an der Anwendung dieses Gesetzes bestehen, sollen sie als Richtschnur für das Verhalten bei wichtigen Entscheidungen dienen.

Aus dem Vorwort geht klar hervor, dass die Führer des nationalsozialistischen Staates das Gesetz über das landwirtschaftliche Reichsvermögen bewusst auf der Grundlage des alten Erbrechts, das seinen Ursprung im odalischen Recht hat, gestaltet haben. R. Walther Darré hat in seinem grundlegenden Werk *Der Bauernstand als Lebensquell der nordischen Rasse* nachgewiesen, dass dieses uralte Erbrecht der nordischen Rasse eine lebenswichtige Verbindung zwischen Blut und Boden sicherstellte, dass es immer das Gesetz der bäuerlichen Völker des Nordens war und dass seine Verletzung auf Dauer den Tod der Nation bedeutete. Diese Wahrheit bewahrte die nationalsozialistische Regierung davor, sich lediglich damit zu begnügen, die in vielen Bezirken Deutschlands noch bestehenden Erbschaftsbräuche zu verallgemeinern. Das wäre eine gefährliche Halbheit gewesen, denn diese Bräuche bedeuteten in einem entscheidenden Bereich bereits eine kapitalistische Abänderung des angestammten Erbrechts.

Die Grundidee des Erbrechts, dass der Bauernhof als Grundlage der Bauernfamilie von Generation zu Generation weitergegeben wird, wurde in den Erbgewohnheiten oft nur willkürlich beibehalten. Vielmehr wurde der Hof als Kapital im Erbe betrachtet und unter den Erben so aufgeteilt, dass der Haupterbe, der den Hof übernahm, den anderen Erben erhebliche Entschädigungen zahlen oder seinen Hof mit einer hohen Hypothek belasten musste. Es ist bezeichnend, dass in Gegenden, in denen ein bevorzugter Erbe üblich war, mehr als ein Drittel der landwirtschaftlichen Schulden auf Verbindlichkeiten aus Erbstreitigkeiten zurückzuführen waren. Es gab nicht wenige Fälle, in denen eine Schlichtung nicht möglich war, weil die Miterben zum Zeitpunkt des Erbfalls zu hohe Ansprüche stellten und der Hof dadurch überbewertet werden musste. Die Bauernschaft versuchte an anderen Orten, die zerstörerischen Auswirkungen dieser Entfremdung von Boden zu Kapital zu vermeiden, indem sie immer häufiger zum System der doppelten Nachkommenschaft oder sogar des Einzelkindes zurückkehrte. Das Reichserbhofgesetz räumte mit dieser Möglichkeit auf, indem es dem privilegierten Erben eine unbelastete, vollständige Erbschaft zusicherte und die anderen Kinder daran hinderte, eine Entschädigung in Form von Land, Hypotheken oder Geld zu verlangen.

Die Entschiedenheit dieser jeden Kompromiss ausschließenden Lösung wurde von jenen, die den tieferen Sinn des Reichsgesetzes über die Domänenerbfolge nicht verstanden, als ungerechte Härte gegenüber den Miterben interpretiert: die notwendige Sicherung eines grundlegenden, starken und unantastbaren Lebensgrundes für die Bauernschaft als rassische Quelle der Nation. Eine kurze Prüfung zeigt, dass diese Kritik falsch ist. Zunächst muss anerkannt werden, dass die anderen Kinder in keinem Fall gegenüber dem Haupterben rechtlos sind, wie diese Kritiker behaupten. Das Reichsagrargesetz räumt ihnen vielmehr ausdrücklich die folgenden wichtigen Rechte ein:

1. Recht auf eine angemessene Erziehung und Versorgung auf dem Bauernhof bis zur Volljährigkeit.

2. Recht auf eine Berufsausbildung in der Fachrichtung des Bauernhofs.

3. Anspruch auf Möbel, die zum Zeitpunkt ihrer Niederlassung bereitgestellt werden, insbesondere für weibliche Nachkommen anlässlich ihrer Heirat.

4. Recht, sich im Falle einer unverschuldeten Notlage an die Nation zu wenden.

Diese Anforderungen werden natürlich durch die Größe und die Produktionskapazität des geerbten Landgutes begrenzt und hängen daher in keiner Weise von der Willkür des Haupterben ab. In der Regel ist es nicht er, sondern der Vater selbst, der diese Anforderungen erfüllt. Der große Fortschritt des landwirtschaftlichen Erbrechts im Vergleich zur früheren Gesetzgebung besteht gerade darin, dass das Fehlen jeglicher finanzieller Belastung im Nachlass es dem Bauern ermöglicht, schon in den ersten Jahren seiner Tätigkeit für seine Kinder zu arbeiten. Er ist nicht mehr wie früher gezwungen, seine besten schöpferischen Jahre für die Begleichung von Schulden zu verwenden, die im Zuge des Erbfalls entstanden sind. Seine gesamte Energie wird frei für das Wohl seiner Kinder eingesetzt. Die Behauptung, die man auch heute noch manchmal hört, dass das Gesetz über die Agrarerbschaft wegen der angeblichen Benachteiligung der Miterben dazu führt, dass der arme Bauer ein einziges Kind haben muss, ist unsinnig oder böswillig. Das Gegenteil ist der Fall: Nur das agrarische Erbrecht garantiert dem Bauernstand die volle Entfaltung seiner Lebensenergie.

Ebenso abwegig ist die gelegentlich auftauchende Behauptung, das Reichsagrargesetz verhindere, dass der Hof an den verdienstvollsten der Erben vergeben wird. Dieses Gesetz ist keineswegs eine starre und schematische Regelung. Es berücksichtigt bewusst die verschiedenen alten Bräuche des Landes. In keinem Fall wird die Entscheidungsbefugnis des Bauern ausgeschlossen, wenn er nach reiflicher Überlegung zu der Überzeugung gelangt ist, dass ein anderer Sohn besser geeignet wäre, den Hof zu übernehmen, als der gesetzliche Erbe. In Regionen, in denen aufgrund alter Bräuche das Erstgeburtsrecht oder das Recht des jüngeren Sohnes gilt, muss der Bauer auf jeden Fall die Zustimmung des Nachlassgerichts einholen, wenn er einen anderen Sohn als den Haupterben einsetzen will. Wenn sein Vorhaben auf feststehenden Tatsachen beruht, wird er die volle Zustimmung des Gerichts erhalten, da dieses aus Richtern besteht, die wie er selbst Bauern sind.

Auch die anderen höheren staatlichen Behörden, die Erbschaftsangelegenheiten regeln, sind Bauerngerichte. Somit liegt die Anwendung des landwirtschaftlichen Erbrechts weitgehend in der Hand der Bauern selbst, zumal die Agrarführer bewusst in den Prozess eingebunden wurden. So ist sichergestellt, dass die praktische Anwendung des Erbrechts dem Gerechtigkeitsempfinden der Bauern entspricht und die Kontingenzen des bäuerlichen Lebens berücksichtigt. Dies ist umso wichtiger, als das Erbschaftsgesetz keine starre Ansammlung von Paragraphen ist, sondern lediglich die Grundlagen schafft, nach denen die Agrarrichter das Recht definieren, formen und so zur Schaffung eines realistischen Bauernstatus beitragen. Dieses Gesetz bedeutet in dieser Hinsicht also die Wiedergeburt der alten deutschen Rechtsauffassung, die die Herrschaft des toten Buchstabens beseitigte und den Richter voll und ganz für die buchstabengetreue Anwendung des Gesetzes verantwortlich machte.

Die Tatsache, dass die Agrargerichte in Abstimmung mit den Agrarführern dafür sorgen, dass pflichtvergessene oder unfähige Bauern auf den rechten Weg zurückgeführt oder verurteilt werden, zeigt, wie sehr sich die Bauernrichter ihrer Verantwortung bewusst sind. Die Stahlfestigkeit des Erbrechts gerade in diesem Punkt ist charakteristisch für die nationalsozialistische Auffassung von Eigentum. Das Erbrecht ergreift jede erdenkliche Maßnahme, um das bäuerliche Eigentum zu schützen. Deshalb muss es, wenn es nicht in die Gewährung von Privilegien ausarten soll, den Rechtsgrundsatz mit aller Entschiedenheit durchsetzen. Der Besitz bringt eine doppelte Verpflichtung mit sich: die Erhaltung des Erbgutes als ausreichenden Lebensunterhalt für eine zahlreiche Familie, sowie seine bestmögliche Nutzung als Quelle der Versorgung des deutschen Volkes. Ein Bauer, der sich schuldig macht, seinen Hof aufzugeben und verkommen zu lassen, ist sowohl seinem Clan als auch seinem Volk gegenüber untreu.

Diese Tatsache wird nicht nur von denjenigen übersehen, die sich über die durch das Agrargesetz verursachte Einschränkung des Eigentums beschweren, sondern auch von denjenigen, die im Gegenteil von einem Privileg sprechen, das dem Bauernstand gewährt wird. Im deutschen Verständnis von Gerechtigkeit bedingen sich Recht und Pflicht gegenseitig, so dass das bäuerliche Recht ohne sein Korrelat, die bäuerliche Pflicht, nicht denkbar ist. Das Erbrecht wurde mit Rücksicht auf die vitale Bedeutung des Bauernstandes als rassische Quelle der Nation errichtet. Aus diesem Grund wurde ein starker Schutz der Erbgüter als Grundlage gesunder Bauernfamilien geschaffen. Ein pflichtvergessener oder unfähiger Bauer gefährdet dieses Ziel, schadet seiner Familie und seinem Volk. Dass er gleichzeitig seine Pflicht, die Nation zu ernähren, vernachlässigt, macht seine Schuld noch schlimmer. Wenn der Nationalsozialismus also sein Ziel, die landwirtschaftliche Rassenquelle zu schützen, nicht gefährden will, muss er sich in solchen Fällen von Pflichtverletzungen mit der Wiederherstellung des Rechts- und Pflichtbegriffs befassen. Die Wirkungsweise des Erbrechts deutet darauf hin, dass es mit seinen Strafmaßnahmen Verteidigung und Schöpfung miteinander zu verbinden wusste.

So scheint das Gesetz über das Domänenerbgut in jeder Hinsicht das Grundgesetz der deutschen Bauernschaft zu sein. Die Kritik, die bei seiner Einführung aufkam, ist sehr leise geworden. Der gesunde Menschenverstand des Bauernstandes hat längst begriffen, was das Domänenerbschaftsgesetz für ihn bedeutete. Es wäre außerdem sehr verwunderlich gewesen, wenn die immer noch vorhandene eingeschränkte Sicht und das Unverständnis nicht gegen ein so umwälzendes und grundlegendes Gesetz wie dieses Gesetz über die landwirtschaftliche Erbfolge Streit gesucht hätten. Immerhin hat der Chor der Kritiker, wenn auch unbeabsichtigt, die Bedeutung dieses Gesetzes noch einmal hervorgehoben. „Der solide klein- und mittelbäuerliche Fonds ist noch zu allen Zeiten der beste Schutz gegen soziale Krankheiten gewesen." So spricht der Führer in seinem Werk „Mein Kampf". Das Erbrecht legte den Grundsatz für die Entwicklung der bäuerlichen Kraft fest, deren Charakteristik Walther Darré mit den treffenden Worten hervorhob: „Bauer ist, wer, erblich mit dem Boden verwurzelt, sein Land bebaut und seine Tätigkeit als eine Pflicht gegenüber seiner Generation und seinem Volk ansieht.

Günther Pacyna

HEFT DER SS NR. 5. 1942

BAUERN

Auch wenn sich der Bauer äußerlich wie ein Stadtbewohner verhält, jeden Tag weiße Wäsche trägt, ein Klavier und Möbel in einem schönen Zimmer hat, ändert das nicht viel an seiner innersten Natur. Dennoch bleibt er ein Bauer, er denkt wie ein Bauer und handelt wie ein Bauer. Auch wenn er Beziehungen zu Stadtbewohnern pflegt, Verwandte und Freunde in der Stadt hat, betrachtet er sie alle als Menschen einer anderen Art, einer anderen Natur, nicht als seine Nächsten. Diese Vorstellung bezieht sich nur auf Menschen, die sich auf demselben Boden befinden, die wie er denken und leben. Im besten Fall wird er zu einem guten Freund, so wie wir es mit einem besonders vornehmeren Vertreter einer fremden Rasse sein können. Aber zwischen ihm und all den Mitbürgern, die nicht mit der Pflugschar die Erde aufbrechen und die Weizenhalme mähen, steht immer noch eine Mauer, die nicht eingerissen werden kann. Selbst dort, wo, wie in der Umgebung der Großstädte, Bauern und Stadtbewohner in den Dörfern bunt durcheinander wohnen, gibt es keine Beziehung zwischen den beiden. Der bäuerliche Stolz ist zu groß; selbst der Knecht ist stolzer als der Städter, der in einer bunten Villa wohnt und ein Gespann und ein Auto besitzt.

Dieser Stolz ist gut begründet, denn der Bauer bildet das Volk; er ist der Träger der Zivilisation und der Hüter der Rasse. Bevor es die Stadt mit ihrem Firnis gab, war der Bauer schon da. Sein Stammbaum reicht bis in die Zeit zurück, als die Steinhacke den Boden auflockerte. Der Bauer ließ die erste Kultur sprießen und etablierte seine Bräuche dort, wo bis dahin halbwilde Horden von Jägern und Fischern ein Dasein führten, das mit dem von Wolf und Otter vergleichbar war.

Dann kam der Bauer mit seinen Weiden, zeichnete den Platz für das Haus ab, rammte Pfähle in den Boden, deckte es ab und verband es mit festen Mauern. Während er die Flammen der drei heiligen Hölzer auf der steinernen Feuerstelle zündete, nahm er das Land im Namen der Zivilisation in Besitz. Denn es war zuerst der Bauer, der das schuf, was wir so nennen. Die Fischer, Jäger und umherziehenden Hirten haben keine - oder nur eine dünne - Kultur. Gerade er war der Träger der Zivilisation. Die Edda, Tacitus und der reiche Höhepunkt der Architektur zur Zeit der großen Invasionen lehren uns, wie groß seine Zivilisation war. Auch das Mobiliar der Vorfahren, das einst den Haushalt des deutschen Bauern schmückte und sich jetzt in Museen ansammelt, ist eine Spur davon. Die Grundlage jeder Kultur liegt im Bauernstand.

Der Bauer weiß das sehr wohl, zwar nicht auf individueller Ebene, aber als Gemeinschaft. Denn der Einzelne hat nicht nur ein Gedächtnis; ganze Volksschichten besitzen auch ein Erinnerungsvermögen, das unfehlbar ist, treuer und fester als leblose Gegenstände wie Stein, Pergament und Papier. Die Stärke dieses Gedächtnisses besagt:

„Bevor ihr hier wart, ihr Leute aus der Stadt, ob reich oder arm, groß oder klein, war ich da. Ich brach die Erde auf, ich säte das Korn, ich schuf das Feld, auf dem ihr leben und wachsen könnt, mit eurer Tätigkeit, eurem Handel, eurer Industrie, euren Beziehungen. Ich habe das Recht erfunden, ich habe Gesetze erlassen, ich habe den Feind abgewehrt, ich habe Jahrtausende lang Lasten getragen. Ich bin der Baum und ihr seid die Blätter, ich bin die Quelle und ihr seid der Strom, ich bin das Feuer und ihr seid das Leuchten". Das waren seine Gedanken, die er zu Recht äußern konnte.

Wo wären wir, wenn der Bauer nicht starke Knochen, starke Nerven und reines Blut gehabt hätte? Hunger, Pest und Krieg hätten uns vernichtet. Niemals hätten wir uns vom Dreißigjährigen Krieg erholt. Und wer würde unser tiefstes Wesen bewahren..., hätte der deutsche Geist ohne die Strohdächer der Dörfer überlebt?

Hermann Löns

HEFT DER SS NR. 8. 1939.

DER KONVOI IN DEN TOD

Wer die Zeichen der Zeit zu deuten weiß, kann sich die Abwanderung aus dem ländlichen Raum nur als „Zug in den Tod" vorstellen. Ein deutscher Schriftsteller benutzte diese treffende Formulierung bereits vor einem Jahrhundert, um die sogenannte „Landflucht" treffend zu beschreiben, auf die der Landwirtschaftsminister, SS-Obergruppenführer R. Walther *Darré, vor kurzem die* Aufmerksamkeit des *gesamten* deutschen Volkes gelenkt hat. In seiner großen Rede auf dem Reichsbauerntag wandte er sich zu Recht an *alle* deutschen Landarbeiter. Keinesfalls sei der rein landwirtschaftliche Sektor der deutschen politischen Wirtschaft allein von dieser Migration betroffen. Vielmehr *handele* es sich, das muss hier ganz klar gesagt werden, *um ein Problem, das über das Schicksal von ganz Europa entscheiden werde.*

Was genau ist eine „Landflucht"?

Die Wissenschaft hat sich seit langem mit diesem Problem befasst, Experten für Agrarpolitik haben darüber gesprochen und auch geschrieben. Auf die Frage, was Landflucht eigentlich ist, gab es die unterschiedlichsten Antworten. Die einen sahen darin eine Migration, die anderen nur ein *Problem mit landwirtschaftlichen Arbeitskräften.* Der Minister bezog entschieden Stellung gegen die letztere Meinung und erinnerte daran, dass man sehen müsse, dass „das Problem ebenso sehr die Söhne und Töchter der Bauern betraf". Zwischen 1885 und 1910 waren von einer Migration von 3 578 000 Bauern 2 019 000, d. h. 56,4 %, Selbstständige, während nur 43,6 % (1 559 000) Landarbeiter waren.

Der Behauptung, dass nicht *jede* Migration als Landflucht betrachtet werden kann, muss man vor allem den Auftrag entgegenhalten, der dem Bauernstand erteilt wurde, die Quelle des deutschen Blutes zu sein. Wir wissen nämlich seit langem, dass die Städte ohne den ununterbrochenen Strom der Bevölkerung vom Land zum Tode verurteilt sind. Berlin liefert nur 43% der für sein Überleben notwendigen Geburten. Der Durchschnitt für deutsche Städte liegt bei 58% und selbst in kleinen und mittelgroßen Städten sind es nur 69%. Auf dem Land wurden noch vor zehn Jahren 13% *mehr* Kinder geboren, als für die natürliche Erneuerung benötigt wurden. Nur das Land verzeichnet also ein echtes Wachstum, und nur der Strom, der von dort kommt, bewahrt die Städte vor dem Verfall und dem Tod. Bekannt ist Burgdorfers Berechnung, dass von den 4.000.000 Einwohnern Berlins nach der fünften Generation kaum 100.000 in der Reichshauptstadt verbleiben würden. Weniger bekannt ist die Berechnung, dass nach fünf Generationen von 750.000 Einwohnern nur noch 20.400 übrig bleiben würden. Das Beispiel Wien lehrt uns nichts anderes. In den letzten fünf Jahren (1933-1937) wurden dort 58.000 Kinder geboren, *aber* 122.000

Einwohner sind gestorben. Solange man also die Städte in Bezug auf ihr Überleben nicht ihrem eigenen Schicksal überlassen will, muss man eine gewisse Migration vom Land aus zulassen.

Man sollte sich übrigens vor dieser Idee der „Flucht", die das Wort Exodus beinhaltet, hüten, denn der Exodus wird als eine ungeordnete, ziellose Flucht verstanden, die eine Niederlage herbeiführen soll. Niemals darf die überbordende Kraft des ländlichen Geburtenüberschusses als verhängnisvoll angesehen werden. Als Landflucht, die sowohl für die politische als auch für die ländliche Wirtschaft schädlich und für das ganze Volk schädlich ist, darf nur eine *übergroße* Wanderung der Bevölkerung vom Land in die Stadt angesehen werden, solange es sich nicht um den Abfluss des natürlichen *Überflusses der* Landbevölkerung handelt, sondern um eine anhaltende Amputation dieser Bevölkerung.

Eine tausendjährige Geschichte

Im Übrigen ist die Landflucht keineswegs ein Produkt der Neuzeit. Schon früher, in Rom, gab es Landflucht. Auch das Mittelalter hatte mehrfach darunter zu leiden. Jedenfalls gibt es keine Region auf deutschem Boden, in der die „Wüstung", d. h. die allmähliche Aufgabe von Gütern, nicht von einer echten Abwanderung des Bauernstandes vom Ende des 14 bis zum Anfang des 16 Jahrhunderts zeugt. In Hessen, um nur ein Beispiel zu nennen, verschwanden etwa 40% der ländlichen Ortschaften. Andererseits gingen die gepflügten Flächen und das Getreideland zugunsten von Wiesen und Wäldern zurück. Der Experte, selbst wenn er nicht spezialisiert ist, weiß, dass die „mangelnde Rentabilität" der Landwirtschaft, die höheren Steuern und der Preisunterschied zwischen Agrar- und Industrieprodukten (heute würde man sagen: die Unterbewertung der Landwirtschaft) die Ursache für die ländliche Not in dieser Zeit waren. Auch in den folgenden Jahrhunderten kam es zu einer Landflucht. So wird in den Registern der preußischen Landwirtschaftskammern immer wieder der Mangel an Landarbeitern erwähnt.

Im Mecklenburg des XVII und XVIII Jahrhunderts hörte man immer wieder von der Notwendigkeit von Arbeitskräften. In der Mitte des letzten Jahrhunderts nahm die Landflucht jedoch ein beunruhigendes Ausmaß an.

Die tiefen Wurzeln

Wir müssen hier die tieferen Ursachen der Landflucht in Deutschland benennen, die seither nie aufgehört hat: die Abänderung der Steiner Agrargesetzgebung durch den Freimaurer und Judenfreund Hardenberg, eine Abänderung, die eine große Menge von Bauern dem Boden entriss und aus ihnen eine Klasse von land- und besitzlosen Landarbeitern machte; die Aufteilung des Gemeinguts, die vielen Kleinbauern die zusätzliche Existenzgrundlage nahm; die Umwandlung des Anteils des Landwirts in eine Natural- oder Geldentlohnung, die nicht mit dem allgemeinen Aufschwung des Handels konkurrieren konnte; die neuen Techniken der landwirtschaftlichen Nutzung, der Anbau von Zuckerrüben, die

Dreschmaschine etc., die die landwirtschaftliche Arbeit noch stärker saisonabhängig machten; die Beschäftigung ausländischer Arbeiter (1914 waren es 437.000), die ganze Landstriche überschwemmten und das Niveau des Anbaus und der Entlohnung der deutschen Landarbeiter senkten. Mecklenburg arbeitete zu zwei Dritteln mit ihnen zusammen! Vor allem aber waren der kapitalistische Geist, das liberale Bodenrecht, die Zersplitterung und die daraus folgende schlechte Verteilung des Grundbesitzes in bestimmten Regionen die Hauptursache für die Landflucht. Die Notlage der Landwirtschaft, die oft auf ihre Abwertung zurückzuführen war, und der (tatsächliche oder nur scheinbare) Wohlstand der Industrie haben immer eine starke Landflucht ausgelöst, da in diesen Fällen die Nachfrage nach Industriearbeitern die landwirtschaftliche Arbeiterklasse verschlingt und andererseits die Entwicklung der Fabriken der Großindustrie die Bauern zwingt, ihr Land zu verlassen. In allen Epochen waren also zahlreiche Bedingungen, die je nach Ort und Zeit unterschiedlich waren, oder auch die Migranten selbst, für die Abwanderung verantwortlich. 50 % der befragten Migranten gaben einmal niedrige Löhne als Grund für die Abwanderung an, wobei die Ursache häufig im Geldmangel der Arbeitgeber zu suchen war. Der Rest der Befragten machte fehlende Aufstiegsmöglichkeiten, die zunehmende Schwierigkeit, eine Familie zu gründen, was häufig zum erzwungenen Zölibat führt, lange und unregelmäßige Arbeitszeiten und die harte Arbeit auf den Feldern für den Auszug verantwortlich. Letztendlich haben die den Großstädten eigenen Vergnügungen hier und da ihre Anziehungskraft unter Beweis gestellt. Bismarck hatte es auf den Punkt gebracht: „Es ist das Café-Concert, das die Erde zerfrisst".

Millionen gehen verloren

Nachdem wir ein wenig Licht auf die Natur der Landflucht selbst geworfen haben, können wir nun ein numerisches Bild davon zeichnen. Es gibt keine wirklich unwiderlegbaren Zahlen, weder für die Vergangenheit noch für die Gegenwart. Tatsache ist jedoch, dass *Millionen von Menschen das Land verlassen haben,* seit diese verheerende Menschenflut die Bauern erreicht hat. Schon ein Vergleich zwischen den 15,9 Millionen Bauern im Jahr 1882 und den 13,6 Millionen bei der Machtergreifung 1933 ergibt für dieses halbe Jahrhundert einen *Gesamtverlust von 2,25 Millionen, der* in Wirklichkeit viel höher ist, da das natürliche Bevölkerungswachstum nicht berücksichtigt wird. Nach einer anderen Schätzung sind seit 1907 1,5 Millionen Landarbeiter in die Städte abgewandert. Das ist mehr als die Einwohnerzahl von ganz Thüringen. Da Industrieregionen immer noch sehr attraktiv sind und sich die Industrie in Nordostdeutschland im Allgemeinen nur wenig entwickelt hat, stellt sich die Landflucht oft als *Ost-West-Wanderung dar,* was in Bezug auf die gelegentlichen Zahlen über diese Abwanderung bedeutsam ist. Der Osten Deutschlands wurde zwischen 1840 und 1910 um 3,5 Millionen Menschen verkleinert: 730.000

Ostpreußen, 600.000 Westpreußen, 750.000 Pommern, 675.000 Schlesier, 880.000 Einwohner Posnaniens. Schlesien verlor in dieser Zeit mehr als 20%, Ostpreußen sogar mehr als 50% seines Geburtenüberschusses und der Verlust durch die Landflucht in Ostpommern betrug 378.000 Personen.

Auch ein Vergleich des prozentualen Anteils unserer städtischen und ländlichen Bevölkerung an der Gesamtbevölkerung vermittelt ein erschütterndes Bild. Die Ausbreitung der „Stadt als sterile Maschine" zeigt besser als jede Phraseologie, wohin uns die Landflucht unseres Volkes geführt hat und noch führen wird. Vom Mittelalter bis in die Neuzeit lebten nämlich 90% und noch 1816 rund 70% des deutschen Volkes auf dem Land; die Stadtbevölkerung hingegen machte 1871 mit 14,8 Millionen fast 36% und 1934 sogar 76,5% unserer Bevölkerung aus! Die Zahl der Einwohner von Großstädten stieg von 1871 bis 1932 von 5,5% auf 30,4%. 1871 lebte jeder zwanzigste Deutsche in einer Großstadt, 1933 dagegen fast jeder dritte.

Landflucht seit der Machtübernahme

Der Landwirtschaftsminister betonte in seiner Rede in Goslar erneut, dass die Landflucht trotz aller Maßnahmen zu ihrer Bekämpfung anhielt; er stellte anhand der Zahlen aus den Statistiken der Arbeiterbücher fest: „1938 gab es 400 000 weniger verfügbare landwirtschaftliche Arbeitskräfte als 1933". Unter Berücksichtigung der Tatsache, dass Darré die in der Statistik nicht erfassten Arbeiterfamilien sowie den durch das Bevölkerungswachstum bedingten Überschuss nur auf 300.000 Personen schätzte, kam er zu einer Schätzung von *700.000 bis 800.000 Personen, was die für die Landwirtschaft verlorenen Arbeitskräfte* betraf. Der letzte Bürger kann also durchaus verstehen, was Landflucht bedeutet, wenn man sich die Folgen ansehen will.

Auswirkungen auf den Warenkorb

Entsprechend den beiden Aufgaben, die dem Bauernstand zugewiesen wurden, lassen sich die Folgen dieser Landflucht in zwei große Kategorien einteilen. Da der Bauernstand einst die Aufgabe erhalten hat, unser Volk zu ernähren, drohen uns durch diese Abwanderung Gefahren im Bereich der Ernährungspolitik. Gefahren, die der Bauernstand bislang im Wesentlichen dank der unvorstellbaren Bereitschaft des Landvolks, das seine Kräfte zur Erfüllung dieser Aufgabe verschlissen hat, abwenden konnte. Allein für den „Anbau mit der Hacke" wurden in den letzten zwei Jahren 21 Millionen zusätzliche Arbeitstage geleistet, obwohl die Zahl der Arbeitskräfte abgenommen hat. Einem vernünftigen Menschen wird jedoch klar sein, dass es hier vom Schicksal gesetzte Grenzen gibt. Jeder Rückschlag im Bereich der „Sicherung der deutschen Versorgung" muss jeden Städter im Magen packen und ihn aufgrund des fehlenden Brotes zum Frühstück an die Existenz der Landflucht erinnern, selbst wenn sein eigener Industriebetrieb und damit seine Arbeitskraft „intensiviert" wird. Denn „ohne die Arbeit auf den Feldern verhungert das Volk schließlich". Oder, wie es der Vertreter des Bezirks Hannover-Ost so treffend ausdrückte: „Jeder Bürger, und sei er

Millionär, wird verhungern, wenn niemand da ist, der pflügt, sät und erntet". Wenn man, wie oben betont, die Auswirkungen der Landflucht auf den Warenkorb des Städters annimmt, beschwört der Rückgang der Arbeitskräfte in der Landwirtschaft das „Gespenst des Rückgangs der landwirtschaftlichen Produktion" herauf. Der mittlerweile spürbare Rückgang der Milchproduktion hat zum Beispiel die schädliche Kraft der Landflucht gezeigt. Darré hat die Aufmerksamkeit seiner Zuhörer in Goslar jedenfalls ausreichend auf sich gezogen, als er sagte: „Sollte das Stammpersonal der Viehzüchter eines Tages durch die Landflucht anderswohin gezogen werden, wird es schwierig werden, selbst mit den verfügbaren Freiwilligen neues qualifiziertes Personal auszubilden".

Irreparabler Schaden?

Man möge uns verzeihen, dass wir nicht weiter auf die Folgen im Bereich der Ernährung eingehen, die eine Landflucht mit sich bringen würde. Ihre Zunahme würde vor allem verhindern, dass die Bauern die Lebensgrundlage der Nation bilden. Die großen Städte sind die Friedhöfe des Volkes und jede Migration in diese Richtung ist im Grunde ein Zug in den Tod. Eine Familie, die in der Stadt lebt, stirbt im Durchschnitt innerhalb von drei Generationen. Während die Landflucht in den Städten indirekt die Lebensgrundlage der Bauern versiegen lässt, stellt sie darüber hinaus eine direkte Gefahr für die Bauern dar. Der Landwirtschaftsminister machte offen deutlich, was wir meinten: „Die Lage der Landarbeiter, insbesondere der Mangel an weiblichen Arbeitskräften auf dem Bauernhof, nimmt heute dem deutschen Bauernstand durch die Mehrarbeit jede Möglichkeit, viele Kinder zu bekommen. Obwohl das Land und insbesondere der Bauernstand bei der Zahl der Geburten immer noch vor der Stadt liegt, hat die durch die Überlastung der Bäuerin geschaffene Situation dazu geführt, dass das eigentliche Ziel unserer Agrargesetzgebung, das viele Geburten auf dem Land garantieren will, kaum noch erreichbar ist. Es muss mit aller Schärfe gezeigt werden, dass die Lage auf dem Lande in diesem Bereich eine Richtung nimmt, die dem ganzen Volk irreparablen Schaden zufügen kann.

So wie die Auswirkungen der Landflucht aus Sicht der nationalen Biologie eine kaum zu überschätzende Gefahr darstellen, so ist es auch mit Blick auf eine nationale Politik für die Grenzregionen. Denn eine Fremdbestimmung findet nur dort statt, wo der menschliche Schutzwall der Bauern zu bröckeln beginnt. Die große Gefahr, die von einem Rückfluss der Deutschen aus den Grenzgebieten ausgeht, geht aus der Tatsache hervor, dass beispielsweise die Polen in den Minderheitsdörfern der ehemaligen Mark Posen in Westpreußen zwischen 1913 und 1937 um 7,9% zunahmen. Andererseits wurde errechnet, dass fünf Kantone dieser ehemaligen Provinz durch Auswanderung einen Verlust von etwa 12 000 Personen erlitten hatten. Dort zählte man in den ländlichen Gemeinden einen Bevölkerungsrückgang von 15%. Für die Migranten selbst hat die Abwanderung negative Folgen: Der scheinbar höhere Lohn in der Stadt reicht oft nicht für die gleichen Bedingungen 'Ernährung und wird zum großen Teil für Ausgaben verschwendet, die dem Landarbeiter unbekannt sind (Reisen, Unterhaltung, Wohnungen usw.).

Was muss getan werden, um diese Abwanderung zu bekämpfen?

Es würde den Rahmen unserer Studie sprengen, wenn wir alle Maßnahmen aufzählen würden, die die nationalsozialistische Agrarpolitik gegen die Landflucht ergriff. Die tiefen Wurzeln dieser Art von Landflucht wurden durch die Konsolidierung des ländlichen Erbes (Erbhofgesetz) und die Modernisierung der Bauernschaft ausgerottet. Da man zudem den Zusammenhang zwischen dem Problem des Landarbeiters und dem der Landflucht erkannt hatte, wurden bei der Modernisierung der deutschen Landwirtschaft gerade die Landarbeiter stark begünstigt, indem 45% der neu geschaffenen Höfe an sie verteilt wurden. Die Verbesserung der Lebensbedingungen durch den Bau gesünderer Arbeiterwohnungen, die Regelung ihrer Arbeitszeiten und ihres Mindestlohns, die Schaffung von Aufstiegsmöglichkeiten, die Ausweitung der „Saisonbeschäftigung" - diese Einrichtungen trugen auch dazu bei, die Landflucht zu bekämpfen. Das Landwirtschaftsjahr, der nationale Landwirtschaftsdienst sowie die Anhebung des kulturellen Lebensstandards trugen dazu bei, der Landflucht entgegenzuwirken. Dass der Ruf der Stadt dennoch am stärksten war, ist keinesfalls auf die nationalsozialistische Agrarpolitik zurückzuführen. Sie ist auf die oben genannten Gründe zurückzuführen, die SS-Gruppenführer Dr. Reischle in der kurzen Formel zusammenfasste, dass die Landflucht durch die gegenwärtige Entwertung der landwirtschaftlichen Arbeit ausgelöst worden sei.

Landflucht als Feind der Partei

Eines ist sicher, und auch hier wies uns der Landwirtschaftsminister den Weg: „Die Landflucht kann nicht allein durch wirtschaftliche oder gesetzgeberische Maßnahmen eingedämmt werden, sondern wird nur dann eingedämmt werden, wenn die NSDAP aufgrund ihrer Kenntnis von Blut und Rasse unerschütterlich beschließt, sie unter allen Umständen zu bekämpfen!" Darré erklärte weiter, dass der Sieg über die Landflucht „eine entscheidende Prüfung für die NSDAP sein würde", und indem er die Behördenleiter als „die wahren Protagonisten des Endes der Idee der Landflucht selbst" bezeichnete, brandmarkte er die Landflucht als „Feind der Partei", dessen Niederlage nicht länger eine Sache der Klasse oder der ständigen Organisation sein könne. Dieser Kampf gegen die Landflucht ist, wie der oben zitierte Gauleiter von Osthannover sagte, eine Angelegenheit der Partei und muss von ihr mit großer Energie geführt werden. Damit wird die Forderung des Führers erfüllt, die er auf der Veranstaltung des Parteivorstandes am 6. März 1930 stellte: „Der Staat hat die Pflicht, das wirtschaftliche und kulturelle Niveau des Bauerntums auf einen Grad zu heben, der seiner Bedeutung für das ganze Volk entspricht, und damit eine der Hauptursachen der Landflucht zu beseitigen". Jeder SS-Mann ist aufgerufen, entsprechend seinen Möglichkeiten in diesem Sinne zu kämpfen!

Jost Fritz

HEFT DER SS NR. 2. 1938.

WIRTSCHAFT UND IDEOLOGIE

Die Wirtschaft hat die Aufgabe, den Staat in seinem Kampf für die Wahrung der Lebensprinzipien des Volkes zu unterstützen.

Im liberalen Zeitalter hat sich kein Lebensbereich so weit von unserer Ideologie entfernt wie die Wirtschaft. Da diese aber aus menschlichen Handlungen und Ergebnissen besteht und jede wertvolle Handlung nur das Ergebnis einer starken Ideologie und eines verantwortungsbewussten Lebensstils ist, muss auch die wirtschaftliche Tätigkeit ein Zeichen einer bestimmten Ideologie und eines bestimmten Lebensstils sein. Auch heute noch wird diese Forderung von vielen „Praktikern" belächelt. Sie halten sie für „schwülstigen Idealismus" oder „Romantik", wenn sie Harmonie zwischen Wirtschaft und Ideologie fordern und behaupten, dass die Wirtschaft ihrem „inneren Gesetz" folgt, das mit der Ideologie nur sehr wenig zu tun hat.

Das „innere Gesetz" der Wirtschaft

Der Nationalsozialismus lehnt solche Ideen ab, weil er ständig und überall das Wohl des gesamten Volkes im Auge hat. Er hat klar erkannt, dass der Ausdruck „inneres Gesetz der Wirtschaft" nur den Zweck hat, die politische Bewältigung der wirtschaftlichen Aufgaben unserer Zeit als „ungerechtfertigte Einmischung des Staates in die Wirtschaft" zu verhindern. *Man darf jedoch nicht vergessen, dass dieses Gesetz das Fehlen einer politischen Autorität, den Zusammenbruch der internationalen Wirtschaft, das Elend der Bauernschaft, die Geißel der Arbeitslosigkeit und eine Vernichtung der Kaufkraft des Volkes zur Folge hatte, also die völlige Zerstörung der Wirtschaft.*

Als der Nationalsozialismus umgekehrt die notwendige politische Autorität und die Beherrschung der Wirtschaft zu den Grundprinzipien jeder Wirtschaftspolitik erklärte, räumte er mit dem Hirngespinst eines inneren Gesetzes *der Wirtschaft auf. Auch die Wirtschaft kann nur ein einziges Gesetz kennen: dem Wohl des Volkes zu dienen. Je mehr sie diesem Gesetz* folgt, desto besser ordnet sie sich den Lebensnotwendigkeiten des Volkes unter, und das macht es umso leichter, eine Übereinstimmung zwischen Ideologie und Wirtschaft herzustellen. *Denn dem Volk zu dienen ist das oberste Gesetz unserer Ideologie.*

Wenn wir versuchen, in wenigen Worten unsere gesamte Ideologie zu skizzieren, ergeben sich folgende Grundsätze: *Wir glauben an das Gesetz von Boden und Blut, an das Gesetz von Pflicht und Ehre und an das Gesetz von Volk und Gemeinschaft.* Wenn wir die vergangene Wirtschaftsform betrachten und sie mit einigen unserer Grundgesetze vergleichen, müssen wir zustimmen, dass die Wirtschaftspraxis und die Wirtschaftswissenschaft diese Gesetze nicht anerkannt haben. Der vorherrschende Wirtschaftsliberalismus entsprach viel eher dem englischen Denken des 18. und 19. Jahrhunderts. Der wirtschaftliche Begründer dieser Sichtweise war *Adam Smith.* Diese Ideen hatten in Deutschland eine ebenso zerstörerische Wirkung wie die aus dem Westen kommenden Ideen der Französischen Revolution. Entsprechend wird diese englische Doktrin in Deutschland auch heute noch sehr oft als „klassisch" bezeichnet, was in etwa dasselbe bedeutet, wie wenn man die parlamentarische Demokratie als „klassische" Verfassungsform bezeichnen würde. Heute kann diese Auffassung eigentlich keine brauchbaren Ergebnisse mehr hervorbringen. Leider werden die Ideen der englischen Schule auch heute noch im Bereich der Wirtschaftswissenschaften angewandt.

Die Pioniere einer deutschen Nationalökonomie

Damals wurde völlig vergessen, dass auch in Deutschland eine nationale und besondere Wirtschaftsauffassung entstanden war. Friedrich List hatte Adam Smith auf das Schärfste missbilligt. Gustav Ruhland hatte die zerstörerischen Folgen der kapitalistischen Ausbeuterwirtschaft in seinem *System der politischen Ökonomie, das* zuvor von R. Walther Darré herausgegeben worden war, gegeißelt. Ruhland wurde jedoch mit Schweigen übergangen. List wurde zwar vorteilhaft zitiert, aber seine Widerlegung der englischen Doktrin wurde nicht ernst genommen. Schließlich wurde auch der große deutsche Philosoph Fichte nicht berücksichtigt, der in seinen *Reden an die deutsche Nation die* Grundlagen für die patriotische Befreiung gelegt und in seinem „Autarken Handelsstaat" wichtige wirtschaftspolitische Vorschläge unterbreitet hatte.

Ein falscher Lebensstil entwickelt sich jedoch zwangsläufig aus einer falschen Doktrin. *Fremde Ideen können niemals eine Lebensform/einen Lebensstil hervorbringen, der dem Volk nützt.* Das zeigt die wirtschaftliche Entwicklung vor 1933.

Der Niedergang der deutschen Wirtschaft

Gerade in der Wirtschaft hatte die Assimilation der Juden die verhängnisvollsten Folgen. Während man als Ziel, Stolz und Pflicht die Grundlagen jeder wirklich charakteristischen Lebens- und auch Wirtschaftsform haben muss, wurde der Typus des ehrbaren Kaufmanns durch den des gerissenen Händlers verdrängt. Der Bauer, dessen Arbeit das Volk ernährt und somit die Grundlage jeder Wirtschaft darstellt, wurde als minderwertig bezeichnet und verachtet. Die soziale Lage der Arbeiter, die immer mehr die Idee des Klassenkampfes annahmen, verschlechterte sich von Tag zu Tag. Sie wurde von den Palästen der großen Banken und Kaufhäuser erdrückt. Das Kapital, dessen Aufgabe es sein sollte, der Wirtschaft zu dienen, wurde seinen Herren anvertraut und die Verwaltung des Kapitals selbst wurde anonymen Mächten übergeben. Man sprach von der „unendlichen Ausdehnung der Wirtschaft" und vernachlässigte die großen Mietshäuser und die Elendsviertel der Großstädte, die sie hervorgebracht hatten. Man sprach von „internationaler Wirtschaft" und übersah, dass die internen Grundlagen der Wirtschaft, der Bauernschaft und der Arbeiterklasse auf wirtschaftlicher Ebene schrecklich beeinträchtigt waren. Die Grundlagen der deutschen Lebensmittel- und Rohstoffwirtschaft im Ausland hatten sich verändert, weil der Import und Export nicht mehr nach nationalen Gesichtspunkten erfolgte, sondern der Willkür des Einzelnen unterworfen blieb. Die Tatsache, dass die internationalen Mächte die wichtigsten Rohstoffe in ihre Hände bekommen hatten, wurde übersehen. Aber auch die des Wirtschaftskriegs gegen Deutschland, der 1914 begonnen hatte - und in veränderter Form fortgesetzt wurde - wurde übersehen. Die Tributzahlungen Deutschlands auf der Grundlage des Dawe- und-Young-Plans, die private Verschuldung dieses Landes durch eine Politik der Auslandskredite und der plötzliche Abzug kurzfristiger Auslandskredite im Jahr 1931 ließen das gesamte Scheinsystem zusammenbrechen. Der Boykott Deutschlands, aber gleichzeitig der Zufluss ausländischen Kapitals, stellen in Wahrheit den gewaltigsten Wirtschaftskampf aller Zeiten dar.

Der Nationalsozialismus als Grundlage einer neuen Ordnung

Indem der Führer durch den ersten Vierjahresplan die Bauernschaft und die Arbeiterschaft rettete, legte er damit den Grundstein für eine neue deutsche Wirtschaftsordnung, die nur auf deutschem Boden durch deutsche Arbeit geschaffen werden konnte. Der zweite Vierjahresplan setzt diese schöpferische Arbeit logisch fort: Steigerung des Ertrags in allen Bereichen der Wirtschaft, Lenkung der Außenwirtschaft, Organisation der Arbeit nach nationalen Zielen, Schutz und Verbesserung der Kaufkraft und damit der nationalen Macht durch die verantwortliche Lenkung der Preisgestaltung. All diese Maßnahmen sind für das Volk und zum Schutz des Landes konzipiert. Der zweite Vierjahresplan spornt das Volk zur Arbeit an und bringt seine Entschlossenheit zum Ausdruck, setzt große Ziele, die den moralischen Willen des Einzelnen und die Kreativität der Gemeinschaft im Dienste der Nation wecken, und zeigt so, dass der Kampf der Ursprung von allem ist, was existiert.

Auch im wirtschaftlichen Bereich beginnt sich in Deutschland eine neue Haltung herauszubilden, die das Ergebnis einer neuen Weltanschauung ist.

SS-Hstuf. Dr. Merkel

HEFT DER SS NR. 2. 1939.

UNTERBEWERTUNG DES LANDWIRTSCHAFTLICHEN ERGEBNISSES - EINE GEFAHR FÜR DAS VOLK!

Die Rolle und der Geist der SS besteht darin, zu allen entscheidenden Problemen, die die Zukunft des Volkes betreffen, klar und deutlich Stellung zu beziehen. Diese Haltung ist notwendig, auch wenn es vielleicht bequem wäre, „den Kopf in den Sand zu stecken" und alles zu ignorieren. Die Aufgabe eines jeden SS-Mannes besteht nicht nur darin, sich dieser Stellungnahme bewusst zu sein, sondern auch bei jeder Gelegenheit von seiner Seite aus zu argumentieren.

Als der Propagandachef und Parteigenosse Goebbels darauf hinweist, dass es eine der dringendsten Aufgaben der Partei sei, sich klar für den Kampf gegen die „Landflucht" und die „Unterschätzung der Bedeutung des landwirtschaftlichen Ergebnisses" einzusetzen, erhält die SS damit das Signal zum Angriff!

Die Frage der Landflucht wurde bereits untersucht. Maßnahmen wie das Abkommen des Reichsführers SS und des Reichsjugendführers zur Förderung *der Ansiedlung von Bauernsoldaten,* die Durchführung des *landwirtschaftlichen Dienstes der HJ,* die Ausweitung des *weiblichen Arbeitsdienstes,* die Aufrufe der *Gauleiter* von Sachsen und Brandenburg an die Industrie usw. sind Anfänge im Kampf gegen die Landflucht, deren Ergebnis man nach und nach sehen wird. Langfristig *wird auch die ideologische Erziehung des deutschen Volkes, insbesondere der jungen Truppe,* dazu beitragen, *dass die Jugend in Deutschland die Arbeit auf dem Land als einen edlen und sehr wichtigen Dienst für die Nation betrachtet.*

Die „*Unterbewertung der Bedeutung des landwirtschaftlichen Ergebnisses" zu beenden, ist natürlich die Voraussetzung dafür, dass das Problem der Landflucht auf natürliche und angemessene Weise gelöst werden kann.*

Bereits seit Mitte des letzten Jahrhunderts, also mit der zunehmenden Industrialisierung Deutschlands, hatte die Landwirtschaft mit einer Unterbewertung der Bedeutung ihrer Ergebnisse zu kämpfen. Natürlich ohne Erfolg. Man war es gewohnt, den liberalen „Wirtschaftsprinzipien" folgend, „*die Bedeutung der Landwirtschaft für die Volkswirtschaft rechnerisch abzuschätzen"*! Nach dieser Methode musste die deutsche Landwirtschaft natürlich zugrunde gehen, da das Ausland, begünstigt durch ein besseres Klima, niedrigere Löhne und Bodenpreise, Nahrungsmittel zu konkurrenzlos günstigen Preisen liefern konnte! Aber darüber hinaus hatte sich lange vor dem Ersten Weltkrieg durch maßgebliche Gutachten die Meinung gebildet, dass die Ernährung des deutschen Volkes innerhalb der eigenen Grenzen nicht unbedingt gesichert werden müsse. Der bekannte Ausspruch des Münchner „Nationalen Agrarwissenschaftlers" Lujo Brentano: „Unsere Kühe weiden am La Plata", ist typisch für die frühere unverantwortliche Haltung gegenüber der heimischen Landwirtschaft und damit auch gegenüber *einer der wichtigsten Lebensfragen des deutschen Volkes!* Aufgrund der billigen Importmöglichkeiten von Lebensmitteln aus dem Ausland war man bereit, die deutsche Bauernschaft den Exportinteressen der Industrie zu opfern. Bei *Ausbruch des Ersten Weltkriegs war die fatale Folge dieser Auslandsabhängigkeit eine völlig unzureichende ernährungswirtschaftliche Vorbereitung, die das deutsche Volk mehr als 750.000 Bürger kostete, die während des Krieges an den Folgen der Unterernährung starben, und letztlich den Endsieg!*

Indem man sich weigerte, die legitimen Forderungen des *Bauernstandes*, die auf der *Sicherung der* deutschen *Ernährung* beruhten, in Betracht zu ziehen, sah man überhaupt nicht *die politische Bedeutung* eines zahlenmäßig starken und leistungsfähigen Bauernstandes *für die Besiedlung.*

Es ist daher nicht außergewöhnlich, dass die nationalsozialistische Regierung, ausgehend von dem Wissen, dass *ohne einen gesunden Bauernstand die nationale Zukunft ernsthaft gefährdet ist,* das Problem der Unterbewertung umfassend untersuchte und dazu Stellung nehmen musste.

Betrachtet man dies als den Begriff „Unterbewertung der Bedeutung von landwirtschaftlichen Ergebnissen"?

Wenn man es ganz nüchtern betrachtet, ist die Preisfestsetzung für landwirtschaftliche Produkte in Verbindung mit der Sicherung der Arbeit und der Kosten, die die Produktion der Landwirtschaft erforderte, unzureichend.

Diese Unterschätzung, die sich in einer unzureichenden Vergütung der landwirtschaftlichen Leistung niederschlägt, wird auch durch Berechnungen aufgezeigt. Wenn man eine Art von *Produktionsbilanz* wählt, die auf aktuellen merkantilen Gesichtspunkten beruht, ergibt sich folgendes Bild:

Produktionsbilanz der Landwirtschaft von 1936/37
(in Millionen RM)

Geldzuweisungen:

Persönlicher Gebrauch (Haushalt, Dienstleistungen und andere)	3 033
Löhne und Gehälter in Form von Sachleistungen	1 572
Sozialversicherung (Arbeitgeberanteil)	136
Entschädigung des Betriebsinhabers mit Personal	4 200
De-facto-Wirtschaftsausgabe	3 438
Pauschaltarif für Gemeinkosten	450
Berufliche Vertretung	68
Steuern	480
Schuldendienst	630
Zahlung von Eigenkapitalzinsen	2 440
	16 447

Produktionen

Gesamtproduktion: 11.894

Defizit	4 553

Die „Zinszahlung des Eigenkapitals" der Landwirtschaft (rund 54,3 Milliarden RM) mit einem Prozentsatz von 4½% entspricht der im Land üblichen Steuer. Sie ist auch wichtig, da der Bauer daraus die notwendigen Mittel für die Entwicklung des Landgutes (Kampf um den Ertrag!) für die Ausstattung und Ausbildung der Kinder, für die Sicherung der Altersrente usw. beziehen muss. Der den Richtlinien der Steuergesetzgebung entsprechende „Lohn für die Arbeit des Betriebsinhabers mit seiner Familie" mit 700 RM im Jahr für gute Arbeitskräfte ist nicht zu hoch. Die Landwirtschaft verzichtete auf eine Verzinsung des Eigenkapitals - eine im Übrigen ungerechte Forderung, die jeden Gewerbebetrieb wegen „nicht vorhandener Rentabilität" zur Schließung veranlassen konnte - so belief sich das Defizit auf rund zwei Milliarden RM.

Wenn man von denselben Grundlagen ausgeht und die Produktionsbilanz der deutschen Landwirtschaft für den Zeitraum 1929/30 bis 1937/38 berechnet, kommt man zu dem folgenden Produkt:

Die Produktionsentwicklung der deutschen Landwirtschaft 1928-1938 (in Millionen RM)

Jahr	Defizit
1929/30	4 894
1930/31	5 336
1931/32	5 853
1932/33	6 180
1933/34	5 252
1934/35	4 405
1935/36	4 481
1936/37	4 545
1937/38	4 372

Deutlich zu erkennen sind sowohl die schlimmsten Jahre der Agrarkrise vor der *Machtergreifung* als auch *die Wirksamkeit der agrarpolitischen Maßnahmen des III Reiches.* Man sieht auch die Folge der guten Ernte von 1937/38, aber auch die Tatsache, dass die Landwirtschaft aufgrund der Förderung des Industriesektors, die zur Sicherung des deutschen Lebensraums notwendig war, und *trotz erheblicher Mehrproduktionen, die im Kampf um die Erträge erzielt wurden,* wieder ins Hintertreffen gerät.

Dies geht auch aus der folgenden Aufschlüsselung des *jährlichen Pro-Kopf-Einkommens der landwirtschaftlichen und nichtlandwirtschaftlichen Bevölkerung* hervor sowie aus der auf anderen Berechnungsgrundlagen beruhenden Arbeit des „Instituts für Konjunkturforschung" zum Thema „Landwirtschaft und Volkseinkommen", die Ende März dieses Jahres veröffentlicht wurde.

	Jährliches Pro-Kopf-Einkommen Landwirtschaftliche Pop. In RM	Nicht-landwirtschaftliche Pop. In RM	In %
1913/14	1 191	1 665	139,7
1924/25	813	1 953	240,2
1925/26	846	2 006	273,1
1926/27	976	2 058	210,8
1927/28	1 024	2 313	225,8
1928/29	1 171	2 404	205,2
1929/30	1 147	2 404	209,6
1930/31	1 021	2 206	216,0
1931/32	907	1 772	195,4
1932/33	782	1 364	174,4
1933/34	912	1 358	148,9
1934/35	1 084	1 510	139,3
1935/36	1 103	1 687	152,9
1936/37	1 136	1 871	164,7
1937/38	1 172	2 048	174,7

Bereits auf dem *Reichsbauerntag 1938 in Goslar* machte der Reichsbauernführer und SS-Obergruppenführer R. Walther *Darré* auf diese Tatsachen aufmerksam. Er war sich seiner Pflicht gegenüber dem deutschen Volk bewusst und wies auf die Gefahren hin, die bereits eingetreten waren oder noch eintreten könnten, wenn der deutschen Landwirtschaft nicht kurzfristig entscheidende Hilfe zuteil würde.

Diese Gefahren sind sowohl wirtschaftlicher und ernährungstechnischer Natur als auch bevölkerungspolitischer Natur. So lässt sich zum Beispiel ein beginnender *Rückgang der landwirtschaftlichen Produktion,* wie er bereits heute vereinzelt zu beobachten ist, nicht verhindern. Es wird für die Landwirtschaft immer schwieriger werden, aus eigener Kraft die für die Ertragssteigerung notwendigen *technischen Verbesserungen* (Bau von Silos zur Vergärung des Futters, Kauf von Traktoren) vorzunehmen, die ihre Produktionskapazität in nicht nennenswerter Weise erhöhen würden. Die angespannte wirtschaftliche Lage der Betriebe sowie die Unmöglichkeit, so hohe Löhne zu zahlen, wie sie zum Teil von *der Industrie* gezahlt werden *(die Entwertung des üblichen Naturallohns spielt in der Landwirtschaft eine bemerkenswerte Rolle!),* fördert die Landflucht. Das Ergebnis ist also, dass es neben der Überlastung, der insbesondere die *Landfrauen ausgesetzt sind und die* aus gesundheitlicher und geburtenpolitischer Sicht nicht zu vernachlässigen ist, auch zu einer *Entvölkerung der ländlichen Gebiete kommt.*

Diese *Schwächung der Nahrungsressourcen* und die *Bedrohung der Blutquelle* unseres Volkes zwingt es dazu, seine ganze Aufmerksamkeit nicht nur dem Problem der Landflucht, sondern auch der Abwertung der Landwirtschaft zu widmen.

Es geht hier nicht darum, zu untersuchen, wie diese Gefahrenquelle für das Volk beseitigt werden kann. *Eine Vielzahl von Maßnahmen wurde sowohl* vom Reich als auch von der Partei und dem Reichsnährstand bereits durchgeführt oder ist in Vorbereitung (z. B. Anreize zum Bau von Landarbeiterwohnungen, Gär- und Düngersilos, Bereitstellung von staatlichen Zuwendungen und Krediten für die verschiedensten Zwecke, Steuerbefreiung, erhebliche finanzielle Unterstützung des Landarbeiters bei der Heirat als Zeichen der Anerkennung für jahrelange treue Arbeit usw.). Dies sind zugegebenermaßen nur Teilmaßnahmen. *Aber in ihrer Gesamtheit tragen sie zum Endergebnis bei, das natürlich nur durch eine umfassende und systematische Aktion der beteiligten Stellen und letztlich des ganzen Volkes erreicht werden kann!*

Es ist verständlich, dass die Agrarwirtschaft ihre Konsolidierung durch das *Erbhofgesetz der Agrarmarktregulierung* und den anderen agrarpolitischen Maßnahmen des Dritten Reiches verdankt. Sie weiß auch, *dass sie dadurch vor dem drohenden totalen Zusammenbruch vor dem drohenden Chaos von 1932 bewahrt wurde.* Es ist auch verständlich, dass die Agrarwirtschaft auch erkennt, dass in einer Zeit, die von übergeordneten politischen Gesichtspunkten nationaler Natur bestimmt wird, kaum Soforthilfe geleistet werden kann. *Aber die Tatsache, dass wichtige Stellen das Bestehen der Probleme festgestellt und dazu Stellung genommen haben, gibt ihr den berechtigten Glauben, dass der Führer und seine Beauftragten im richtigen Augenblick handeln werden.* Die deutsche Landwirtschaft befindet sich heute in der Position des Frontsoldaten, der unter dem schrecklichen Trommelfeuer des Großen Krieges ein extremes Vertrauen in die Autorität bewahrte und auch die Kameradschaft pflegte!

Für den 1 Mai 1936
„1 Mai Frühlingstag der Nation!
Tag der Solidarität eines Volkes in der Arbeit!
Dieser Tag soll symbolisch zum Ausdruck bringen, dass wir nicht die Bürger einer Stadt und eines Landes sind, dass wir nicht Arbeiter, Angestellte, Handwerker, Bauern, Studenten, Bürger oder irgendwelche Anhänger irgendwelcher Ideologien sind, sondern dass wir Angehörige eines Volkes sind.

Das Größte, was Gott mir hier auf Erden gegeben hat, ist mein Volk. In ihm liegt mein Glaube. Ich diene ihm freiwillig und gebe ihm mein Leben. Dies sei unser heiligster gemeinsamer Schwur an diesem Tag der deutschen Arbeit, der mit Recht der Tag der deutschen Nation ist."

Adolf Hitler, am 1 Mai 1935

HEFT DER SS NR. 2B. 1941.

IM OSTEN WÄCHST EIN NEUES VOLK IN EINEM NEUEN LAND HERAN

Transplantation und Installation gemeinsam durchgeführt

Unter all den aktuellen historischen Ereignissen lässt sich ein Prozess von besonderem Charakter ausmachen: das große Umsiedlungs- und Kolonisierungswerk des Führers! Eineinhalb Jahre sind vergangen, seit Adolf Hitler es in seiner Rede im Reichstag am 6. Oktober 1939 angekündigt hat. Eine halbe Million Deutsche kehrten in ihre Heimat zurück. Es handelte sich dabei nicht um eine *Völkerwanderung*, sondern vielmehr um Gruppen und kleine Siedlungen, deren Situation unhaltbar wurde und die wieder an den deutschen Volkskörper und Boden angeschlossen wurden. Der Besitz eines neuen Raumes bildete die Voraussetzung für diese Rückführung. Er eröffnete sich uns durch die Rückgewinnung von ehemaligem deutschem Bevölkerungs- und Kulturland. Wir nahmen also die zukünftigen Siedlungsgebiete in Besitz, die für Hunderttausende von neuen Siedlern aus dem alten Reich bestimmt waren.

Platzmangel führt immer zum Elend der Menschen!

Im Laufe der Jahrhunderte wurde unser Schicksal immer wieder dadurch bestimmt, dass der zu enge Lebensraum Tausende von Deutschen dazu veranlasste, ins Ausland auszuwandern. Der Mangel an Raum war ständig die Ursache für das Elend des Volkes!

Schon seit einem Jahrtausend zogen Menschen unseres Blutes in die weiten Gebiete des Ostens, um sich durch harte Pionierarbeit einen neuen Lebensraum zu erobern.

Ihr Schicksal lehrt uns, dass ein großes, von Deutschen bevölkertes Land nur dank einer gesunden Bodenbewirtschaftung durch eine starke, kinderreiche Bauernschaft bestehen kann.

In Zukunft gilt es, den zurückgewonnenen deutschen Lebensraum im Osten zu sichern - zunächst durch den Zuzug deutscher Volksgruppen aus dem Ausland, dann durch die Besiedlung mit Reichsdeutschen. Diese Arbeit kann nur zentral und durch eine umfassende Planung geleistet werden, die eine vollständige Neuordnung der neuen Lebensräume nach nationalsozialistischen Grundsätzen zum Ziel hat.

Als der Führer diese Aufgabe dem Reichsführer SS übertrug, der zum Kommissar für die Festigung des Deutschtums ernannt wurde, sah sich die SS mit einer neuen Aufgabe betraut. Ihre rassisch und natalistisch orientierte Erziehung bot so besondere Voraussetzungen und Möglichkeiten, dass es vor allem SS-Offiziere und -Trupps waren, die zusammen mit Kameraden anderer Verbände und Mitarbeitern der verschiedenen Partei- und Staatsstellen an der Verwirklichung dieser Aufgabe arbeiteten.

Modell eines Bauernhofs für deutsche Einwanderer im Osten.

SS-Männer leisten ihren Dienst in der Landwirtschaft ab, indem sie auf den Feldern arbeiten.
Bauern, der neue Adel des Blutes und des Bodens.

Während die Rückgewinnung der Bevölkerung trotz des Krieges stattfindet, beginnt die Kolonisierung und Organisation der neuen Siedlungsräume im Osten erst nach Kriegsende gemäß dem Befehl des Führers. Der heimgekehrte deutsche Soldat muss dabei mithelfen und

Autorität ausüben. Der Ruf des Ostens richtet sich an die Besten, um durch ihre Arbeit und ihr Eingreifen das zu sichern und zu verbessern, was uns von Rechts wegen aus einem alten Erbe zusteht. Gemäß den Lehren der Geschichte wird der wichtigste Punkt diesmal durch eine Politik der ländlichen Entwicklung erreicht. Die Festigung und Steigerung des Deutschtums hat die Schlüsselgewalt in dieser Organisation, ebenso wie in der allgemeinen Organisationspolitik im Osten. Die Rassentrennung und -selektion sowie die Entstehung eines starken und gesunden Bauernstandes stehen daher im Mittelpunkt dieses Ziels. In territorialer Hinsicht soll eine gesunde Bodenverteilung dafür sorgen, dass möglichst viele Deutsche an das Land gebunden werden. Familienbetriebe werden durch ihre Struktur, Größe und Lage eine sichere Grundlage für das Leben und die Entwicklung von kinderreichen Bauernfamilien bieten.

Die Ansiedlung der heimgekehrten Volksdeutschen wurde nach diesen Grundsätzen sorgfältig geplant. Während die allgemeine Organisation von der Obersten Stabsstelle des Kommissars für die Festigung des Deutschtums durchgeführt wird, wurden für die Arbeit auf individueller Ebene und für die praktische Untersuchung der Ansiedlung besondere Stäbe eingerichtet, über die der Beauftragte des Kommissars in den östlichen Gebieten verfügt.

Es stimmt, dass wir für die Entwicklung eines Arbeitsplans gründliche Daten benötigen. Man muss wissen, wie viel Land, wie viele Farmen, wie viele Dörfer es gibt, wie die allgemeine und regionale Struktur des Landes aussieht. Ist das Land gut, durchschnittlich oder schlecht? Wie sehen die Bauernhöfe, die Dörfer aus? Wie groß sind sie im Durchschnitt? Können Deutsche dort angesiedelt werden? Welche Bezirke kommen für die Ansiedlung deutscher Bauern in Frage? Welche Verkehrsmöglichkeiten gibt es, in welchem Zustand sind die Straßen? Dies sind nur einige der vielen Fragen, die auftauchen. Die Beantwortung war oft schwierig, da sich das Land unter polnischer Herrschaft befunden hatte. Entweder fanden sich ohnehin keine Informationen oder sie waren unbrauchbar. Neue Daten mussten erstellt werden - das war eine enorme Arbeit! Ebenso musste ein Plan für die Ansiedlung, Verteilung und den Transport der Siedlergruppen erstellt werden. Die Bauern aus dem Tiefland kehrten in das flache Land zurück, die Bergleute in die Berge, die deutschen Bergleute aus Galizien kamen in die oberschlesischen Beskiden.

Kolonialisierung ist eine Herzensangelegenheit!

Da „transplantieren" „neu pflanzen" bedeutet, müssen bei einer organisierten Planungsarbeit verschiedene Dinge berücksichtigt werden. Es sollte jedoch angestrebt werden, für die umgesiedelten Menschen ähnliche oder gleichwertige Lebensbedingungen wie in der alten Heimat zu schaffen! Die Gemeinschaftsstruktur sowie die größeren Dörfer müssen unbedingt erhalten bleiben. Die Nachbarschaftsprobleme werden daher in den Gesamtstudien berücksichtigt. Pferdezüchter erhalten je nach Möglichkeit von Wiesen umgebene Höfe, Gärtner werden auf geeignetes Land in der Nähe der Städte gebracht.

Jeder zukünftige Bauernhof muss ausgewählt werden, ebenso wie jedes Dorf. Der passende Bauer kann für jeden verfügbaren Hof ausgewählt werden, basierend auf Umfragen in der alten Heimat des Migranten, die zeigen, wie sein Hof ausgesehen hat, und der EWZ-Karte (Auswahlergebnis der Einwandererzentrale).

Wenn diese detaillierte Planung abgeschlossen ist, werden die Gruppen zusammengestellt, die sich in den zu besiedelnden Dörfern niederlassen sollen. Im Rahmen der Transportplanung muss dann eine Frist für die Abreise und die zu befolgende Route festgelegt werden, um den reibungslosen Ablauf der praktischen Ansiedlung zu gewährleisten. Die auf dem Papier zusammengestellten Gruppen sollten in Lagern im Osten konzentriert, erneut überprüft und Transportlisten erstellt werden; die Farmnummern sollten zugewiesen, der Einwanderer mit seinem Gepäck an Bord genommen, sicher in einem neuen Heim untergebracht und schließlich gemäß den Dorfplänen zu einer neuen Farm gebracht werden.

Sobald dieser Service eingerichtet ist, brechen täglich 180 Familien zum ultimativen Abenteuer auf!

In den ersten zehn Monaten wurden etwa 20.000 Höfe an Bauern aus Wolynien und Galizien vergeben, vor allem im Wartheland sowie in der Umgebung von Cholm und Lublin.

Parallel zu dieser Ansiedlung, die sich auch in den Städten vollzog (die Baltendeutschen stellten auch in den städtischen Berufen die Mehrheit), begann die deutsche Verwaltung mit ihrem allgemeinen Wiederaufbauunternehmen. Das Bild des Landes, das der Soldat aus dem Polenfeldzug kennt, hat sich völlig gewandelt: Das ungebildete Chaos und die polnische Wirtschaft weichen strenger Ordnung, Würde und einem immer stärker werdenden wirtschaftlichen und kulturellen Leben. Der Osten hat nicht mehr das Aussehen, das er während des Polenfeldzugs hatte, nämlich das Spiegelbild eines degenerierten, zusammenbrechenden Staates und der Unfähigkeit der Polen. Es gibt sicherlich noch viel zu tun, um das polnische Erbe endgültig zu überwinden und in jedem Wahlkreis ein neues, gesundes und schönes Leben zu entfachen. Überall ist der Schwung und das Tempo der deutschen Arbeit, des energischen schöpferischen Willens zu spüren. Um ein Beispiel zu nennen: Die Arbeit, die allein im Bereich des Straßen- und Brückenbaus geleistet wurde, übertrifft heute die zwanzigjährige Tätigkeit des polnischen Staates. In den Städten wurden und werden neue Gebäude errichtet, und die Zahl der deutschen Kulturstätten steigt. Die Juden wurden in großem Umfang aus den Dörfern und Städten vertrieben und dort, wo sie sich noch in großer Zahl befanden, wurden ihnen eigene Wohnviertel zugewiesen.

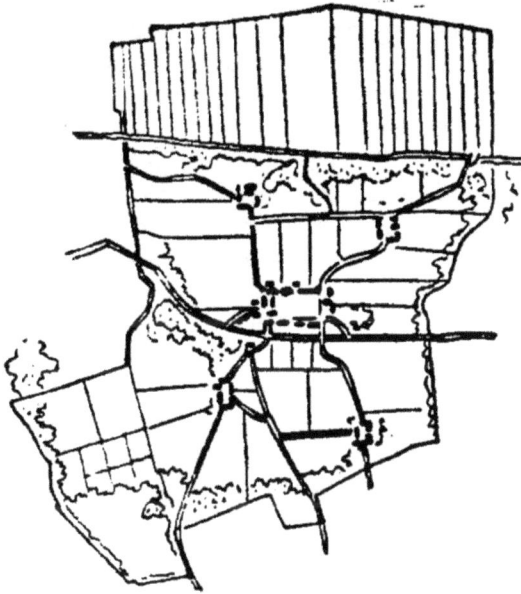

Ein Dorf im neuen Stil
Abweichend vom üblichen Bild unserer im Deutschen Reich gelegenen Dörfer besteht diese
Struktur aus einem Dorfzentrum, das von mehreren Weilern umgeben ist, wie die Skizze zeigt.
Der Vorteil ist, dass jeder Bauer auf seinem eigenen Land wohnt. Der Weg zum Zentrum ist
nur wenige Gehminuten entfernt.

Die während des Krieges begonnene schöpferische Arbeit wird nach dem Frieden mit einer großen Umstrukturierung fortgesetzt. Das Siedlungsgebiet wurde nach einem Plan, der durch sorgfältige wissenschaftliche Arbeit erstellt werden musste, völlig neu gestaltet. Fragen wie die der Harmonisierung von Stadt und Land, der Verkehrsanbindung und der Industriezentren müssen ebenso organisch gelöst werden wie das Problem der intelligenten Einfügung der neuen Dörfer in das Gesamtprogramm - Es macht keinen Sinn, nur die Folgen der im Osten herrschenden Anarchie „flicken" zu wollen. Das Land muss als Neuland betrachtet werden. Zum ersten Mal seit der Zeit der großen Invasionen haben wir die Gelegenheit, eine echte deutsche Planung für das Land im Osten vorzunehmen, diesmal nach den Konzepten von 1941. Die Dörfer, die entstehen und entstehen werden, werden neue Standorte haben, die nicht zufällig, sondern durch eine bewusste Auswahl unter Berücksichtigung aller wissenschaftlichen Gesetze bestimmt werden.

Diese Aufgabe lässt sich am besten erfüllen, indem man einer Gruppe von Dörfern ein Hauptdorf hinzufügt, das leicht zu Fuß zu erreichen ist. Während jedes Dorf (300-400 Einwohner) mit Gemeindezentren ausgestattet sein sollte, die sich um das politische, kulturelle und wirtschaftliche Leben kümmern, wird das Hauptdorf Gemeinde- und Verwaltungseinrichtungen umfassen, die eine größere Zusammenarbeit erfordern. Jedes Dorf wird daher ein Parteihaus besitzen, das zusätzlich einen kleinen Raum für Zeremonien und Verwaltungsunterlagen der Partei und ihrer Vereinigungen enthält, und einen Kindergarten und ein Gesundheitsamt betreiben. Bildungs- und Körpertrainingsgebäude, ein Gasthaus mit einem Saal sowie Gebäude für wirtschaftliche und gemeinschaftliche Zwecke gibt es bereits in jedem Dorf. Größere Einrichtungen, Hallen und Festplätze, Stadien, Lagerhäuser, Reparaturwerkstätten und ein Arbeitsdienstlager müssen hingegen im Hauptdorf errichtet werden. Jedes Dorf muss darüber hinaus einen schönen Glockenturm besitzen.

Die Form und Struktur des Dorfes sollte seiner Größe und seiner Lage in der Provinz entsprechen. Die Gestaltung der Gärten und das Aussehen, das die Landschaft durch das Anpflanzen von Bäumen, Sträuchern und Hecken sowie durch Aufforstung erhält, sollten einen hohen Stellenwert einnehmen. Aufgabe und Ziel ist es, die Dörfer in allen Bereichen ständig mit deutschem Geist zu prägen, den Deutschen eine schöne Heimat in einer gesunden, deutschen Kulturlandschaft zu verschaffen und Schönheit und Wirtschaftlichkeit miteinander zu verbinden.

Entsprechend sollten die Höfe nicht nur praktische Anforderungen im Osten erfüllen, sondern auch ein sichtbares Zeichen einer neuen deutschen Bauernkultur sein. Bei ihrem Bau wird die modernste arbeitssparende Technik eingesetzt und sie werden mit den besten Baumaterialien errichtet, die ihnen eine hohe Festigkeit verleihen. Das bedeutet nicht, dass man gedankenlos baut, aber es ist eine Leistung, die sich der Landschaft und der Natur ihrer Menschen anpasst.

Es wird auch - und das ist neu - besonders auf die Situation der Landarbeiter und Dorfhandwerker geachtet. Die Verteilung von Stellen für Landarbeiter muss sorgfältig geprüft werden und man muss ihnen eine nachhaltige Zukunft sichern. Sie stellen auch Formen des sozialen Aufstiegs bis hin zum bäuerlichen Eigentümer dar, aber der Kandidat muss grundsätzlich eine mehrjährige Tätigkeit in einem ausländischen Betrieb als Knecht und verheirateter Landarbeiter absolvieren:

Das untrennbar mit der bäuerlichen Funktion verbundene Dorfhandwerk ist umso stärker mit dem Dorf verbunden, je stärker der Handwerker durch eine entsprechende Landzuteilung und ein Erbgut in der Dorfgemeinschaft verwurzelt ist. Für die Dorfgemeinschaft notwendige Handwerkerstellen sollten in diesem allgemeinen Arbeitsgeist geschaffen werden.

All diese Fragen, die die Breite und Tiefe der uns gestellten Aufgaben im Osten offenbaren, machen die Natur dieses hohen Ziels verständlich. Zunächst geht es darum, die Auswanderer organisch und gefühlsmäßig mit dem alten deutschen Volks- und Kulturleben zu verbinden. Ihre Energie, ihr

Fleiß und ihre Fähigkeiten, die in den Dienst des deutschen Landes gestellt werden, werden in so hohem Maße in Anspruch genommen, dass eine gesicherte Zukunft garantiert ist. Ihre Arbeit wird wieder unserem Volk und unserem Land zugute kommen und nicht mehr einem fremden Volk.

Es bleibt jedoch eine höhere Aufgabe, diesen Raum in der Zukunft durch ein umfassendes Siedlungs- und Aufbauwerk zu sichern, das zum ersten Mal zentral und mit dem klaren Ziel der Stärkung und Vermehrung des deutschen Volkes durchgeführt wird. Was deutsche Pioniere seit Jahrhunderten erlangt und aufgebaut haben, was das deutsche Schwert errungen hat, wird nun der Pflug endgültig erobern!

HEFT DER SS NR. 1. 1944.

ALTE UND NEUE DÖRFER

...Wie werden die neuen Dörfer und Bauernhöfe aussehen, von denen in letzter Zeit so oft die Rede ist; wie groß werden die Orte sein und auf welche Weise wird die Arbeit beginnen?

Diese Fragen stellte mir der Bauer, dem ich letztes Jahr bei der Ernte geholfen hatte. Ich sagte ihm, dass wir zunächst versuchen zu verstehen, was der Ursprung unserer alten Dörfer und Bauernhöfe war. Bei diesen Nachforschungen stellten wir fest, dass sie immer von den örtlichen Gegebenheiten beeinflusst wurden und sich allmählich entwickelten. Der Stamm, die Bodenbeschaffenheit, der Raum und das Klima haben immer eine Bedeutung, die ihre Form beeinflusst. Wo z. B. die Bedingungen für gutes Weideland gegeben waren, entstanden einzelne, selbstständige Höfe, Gruppen von Höfen und seltene Dörfer. Bergtäler hingegen erlaubten nur eine Entwicklung in die Länge und dort, wo größere Flächen gepflügt werden konnten, entstanden zunächst nur Einzelgehöfte. Später jedoch ermöglichte die Ausweitung der Anbauflächen die Entstehung von Gruppen von Bauernhöfen und schließlich von Dörfern ohne Bäume, wie wir sie heute so gut kennen. Andererseits gibt es immer noch Dörfer mit den unterschiedlichsten Formen, nämlich die auf ebenem Gelände. Wasser oder andere Bedingungen spielen dabei eine große Rolle. Auch wenn viele dieser Dorfstrukturen heute noch vorhanden sind, haben sich viele Bedingungen seit ihrer Entstehung geändert, sodass eine Erneuerung notwendig ist.

In Preußen beispielsweise musste derselbe Boden eine Bevölkerung ernähren, die sich in 75 Jahren (1815 bis 1898) im Vergleich zum 18. Jahrhundert verdoppelt hatte. Es mussten Wege gefunden werden, um die Bodenproduktion zu steigern, damit die Versorgung der Bevölkerung nicht von ausländischen Importen abhing. Wir waren an einem Punkt erfolgreich, der früher unmöglich erschien. Ein 80 Hektar großer pommerscher Betrieb mit vier Landarbeitern lieferte z. B. im XVI Jahrhundert: 9 große

Vieheinheiten und 21,6 Tonnen Getreide (die Produkte der Hackfrucht werden in den Getreidewert umgerechnet).

Im Gegensatz dazu liefert heute ein Betrieb von nur 15 Hektar im selben Dorf ebenfalls 9 große Vieheinheiten und 35 Tonnen Getreide.

Neben den wachsenden Anforderungen, die in den letzten Jahrhunderten an die Agrarwirtschaft gestellt wurden, kam es auch durch andere Umstände zu großen Veränderungen. Neue Industrien und Transportmittel beanspruchten große Flächen, hatten aufgrund von Missmanagement und nicht rechtzeitig vorhergesehenen Entwicklungen negative Nebenwirkungen auf ganze Landstriche und verschlechterten insbesondere die soziale Ordnung.

Die Bauern und Bäuerinnen wenden ein, dass es heute aufgrund des Mangels an qualifizierten Arbeitskräften schwierig ist, die notwendigen Arbeiten auf dem Bauernhof zu erledigen. Eine regelmäßige Arbeitszeit, die mit der eines städtischen Betriebs vergleichbar ist, reicht nicht aus, und daher ist die landwirtschaftliche Arbeit im Allgemeinen nicht mehr so begehrt wie früher. Ich weise darauf hin, dass seit dem Einsatz von Maschinen die rein mechanische Arbeitskraft so stark zugenommen hat, dass es im (weltweiten) Durchschnitt fünfzehnmal mehr Maschinen als Handarbeiter gibt.

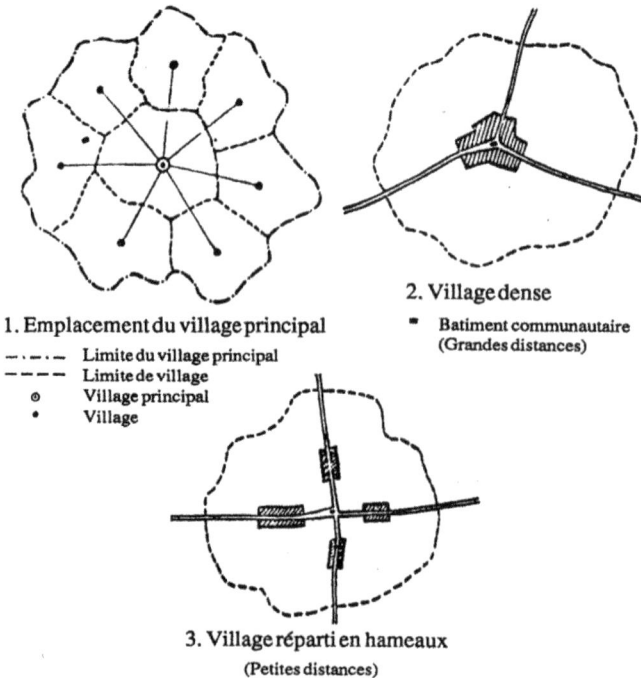

1. Emplacement du village principal

— · — · —　Limite du village principal
— — — —　Limite de village
　◉　　Village principal
　•　　Village

2. Village dense

■　Batiment communautaire
(Grandes distances)

3. Village réparti en hameaux
(Petites distances)

Dieser Vergleich zeigt besonders deutlich, dass alle Betriebe, die viele schwere körperliche Arbeiten ausführen müssen, im Vergleich zu stärker mechanisierten Werkstätten benachteiligt sind. Diese haben die Möglichkeit, Arbeit und Projekte relativ unabhängig durchzuführen. Bäuerliche Betriebe müssen z. B. mit der Zeit rechnen und die Arbeitszeit entsprechend einteilen.

Wenn man bedenkt, dass 70% der gesamten bäuerlichen Arbeit auf dem Hof verrichtet wird, ist es vorrangig, Gebäude zu bauen und Werkzeuge zu entwickeln, die unnötige Arbeit weitestgehend vermeiden.

Aber auch die Felder müssen in Bezug auf die Farm gut gelegen sein. Umwege und Hindernisse aller Art wie Höhenunterschiede, schlechte Grenzverläufe, Transportwege usw. zwischen dem Bauernhof und dem Land müssen beseitigt werden.

Auch unsere neuen Bauernhöfe und Dörfer sind mit zwei wichtigen Anforderungen konfrontiert:

1. Ansiedlung von Verwaltungsgebäuden, die neben den verschiedensten Anforderungen auch den Transport schwerer Lasten erleichtern (kurze Wege für den Transport von Dünger und Futter, Anordnung von Greifern usw.).

2. Neuordnung des Bodens durch Neugestaltung der Felder mit dem Ziel, die Bewirtschaftungswege zu verkürzen.

Die Grundrisse müssen so geplant werden, dass sie eine gute Arbeit mit den Maschinen erleichtern. Das alte, zu dicht bebaute Dorf muss daher weiter auseinander liegen und das neue Dorf so gebaut werden, dass unter Berücksichtigung aller Gegebenheiten die bestmögliche Verteilung des Bodens erreicht wird.

Der Bauer fragt, auf welche Weise diese Neuorganisation vollzogen werden soll.

Wie bei den Städten wurden auch hier Wirtschafts- und Stadtpläne erstellt. Es müssen auch Dorfpläne erstellt werden, die Grundstücksgrenzen festlegen und alle Verbesserungen berücksichtigen, die die Dorfgemeinschaft, die Landnutzung, den Verkehr und andere Dinge betreffen. Die Gestaltung der Landschaft ist eine besonders sorgfältige Arbeit. Sie erfordert die Berücksichtigung der verschiedenen Beziehungen zwischen Boden, Wasser, Luft, Pflanzenwachstum und der Tierwelt. An besonderen Aufgabenteilen soll untersucht werden:

Die Wiederaufforstung schlechter Böden und steiler Hänge, I Verbesserung des Wassermanagements, z. B. durch die Speicherung von Wasser aus der Schneeschmelze, die Schaffung von Schneefanghecken, die Gestaltung der Ufer von Grundwasservorkommen, die Beseitigung kalter und feuchter Zonen und vieles mehr. Der Schutz von Plantagen durch das Anlegen von Waldhecken und Büschen ist in den neuen östlichen Bezirken besonders wichtig. Sie bieten Schutz vor Wind, indem sie ihn aufhalten, schützen vor aufgetürmtem Schnee und bekämpfen die übermäßige

Verdunstung von Feldern und Wiesen, verhindern die Verarmung des Bodens und seine Verbreitung durch den Wind. Sie sollen uns aber auch mit Holz und Früchten versorgen, der Tierwelt Schutz bieten und dazu dienen, Unkraut zu konzentrieren und zu vernichten. Schutzpflanzungen sind für die kahlen östlichen Regionen von großer Bedeutung. Neben klimatischen Verbesserungen bieten sie uns eine große Vielfalt an Landschaften und formen so das Gesicht einer neuen Heimat. Für die Planer liegt der Reiz der Gründung neuer Dörfer im Osten darin, dass sie alle Erfahrungen und Kenntnisse nutzen können, ohne durch lähmende Situationen behindert zu werden.

Ich weise auf die Richtlinien des Reichsführers SS, Kommissar für die Festigung des Deutschtums, über die Größe neuer Dörfer hin. Sie legen die Ausführungsbestimmungen bezüglich ihrer Errichtung in den neuen Ostbezirken fest. Man sollte etwa 400 bis 500 Einwohner für ein Dorf mit einer Fläche von 10 bis 15 km rechnen[2].Man erhält einen Umkreis von etwa einer Stunde Fußweg. Ein Dorf sollte aus 30 bis 40 Bauernhöfen unterschiedlicher Größe bestehen, wobei es sich hauptsächlich um Familienbetriebe oder -farmen handeln wird. Diese umfassen etwa 25 bis 40 Hektar auf leichtem bis mittlerem Boden. Es wird davon ausgegangen, dass auf jedem Hof eine Familie von Landarbeitern untergebracht werden kann. Etwa acht bis zehn Dörfer bilden zusammen mit dem Hauptdorf ein zentrales Dorfgebiet. Im Hauptdorf sollten alle Gemeinschafts- und Verwaltungseinrichtungen vorhanden sein, die in den einzelnen kleinen Dörfern nicht existieren können, z. B. die neue große Schule (siehe Abb. 1).

Die Bäuerin fragt sich, ob das Dorf einen Glockenturm mit einer Uhr haben wird, die die Stunden schlägt.

Jedes Dorf hat in seiner Mitte die Gemeinschaftsgebäude, die von allen Stadtteilen aus gut sichtbar und leicht zugänglich sind: das Dorfhaus mit Gemeinschaftsräumen, Schule, Kindergarten und einem Glockenturm, die Wirtschaftsgebäude der Gemeinschaft mit einer Wäscherei, Maschinen, die sich die Bauern nicht leisten können, einer kleinen Werkstatt für mechanische Reparaturen und anderen Einrichtungen. In der Mitte des Dorfes befinden sich auch die Geschäfte und Läden der Handwerker. Wenn man alle notwendigen Bedingungen für die Bewirtschaftung der Betriebe und die Gestaltung der Landschaft untersucht, ist das neue Dorf besser organisiert als das vorherige. Boden, Klima und andere Dinge bestimmen natürlich wesentlich die Form des Dorfes, und man kann das folgende Schema skizzieren (siehe Abb. 2):

Die stark gegliederte Struktur des neuen Dorfes erleichtert eine gute gegenseitige Anordnung von Bauernhöfen und Feldern; sie erlaubt eine leichte Erweiterung und ermöglicht trotz der weit auseinander liegenden Anordnung eine sehr reiche Beziehung zu den Gemeinschaftsgebäuden im Zentrum. Die Aufteilung entspricht auch der methodischen Entwicklung und unserer heutigen Raumvorstellung, die dazu anregt, stärkere Kontraste zwischen gebauten und abgegrenzten Weilern, offenen Feldern mit schützender Bepflanzung und dem Dorfzentrum zu schaffen. Wenn sich der Standort auf einer Anhöhe befindet, wird seine Bedeutung noch stärker wahrgenommen. Auch der Friedhof muss gut gelegen und in der Landschaft sichtbar sein.

Zum Abschluss unserer Diskussion fragen sich der Bauer und die Bäuerin, ob die geplante Norm für Bauernhäuser nicht unbeabsichtigt dazu beitragen wird, eine monotone und langweilige Ähnlichkeit im Dorf zu schaffen. Ich stelle fest, dass zu allen Zeiten und in verschiedenen Regionen die verschiedenen Haustypen, die wir so gut kennen und die uns so lieb geworden sind, durch die Ähnlichkeit der Funktionen entstanden sind: z. B. das niedersächsische Bauernhaus, der alpenländische oder fränkische Bauernhof und andere bäuerliche Hausstile. Man muss auch bedenken, dass wir heute in unserer Heimat, die sich über die alten und unzähligen ethnischen Grenzen hinweg erstreckt, vielleicht weniger verschiedene Stile hervorbringen werden. Es wäre sogar ein Fehler, architektonische Formen, die ihre Berechtigung haben, ändern zu wollen, nur um zu riskieren, dass dadurch vielleicht noch unpassendere Gebäude entstehen. Vielmehr sollte sich die Vielfalt in der Verbesserung des handwerklichen Schaffens in einem typischen Geist niederschlagen, der bereits Dinge von unbestreitbarem Wert hervorgebracht hat.

Alfred Roth

HEFT DER SS NR. 9. 1944.

STÄDTE, FESTUNGEN DES REICHES

Ein altes Sprichwort besagt: „Nichts als Mauern trennt die Bürger von den Bauern". In diesem Satz steckt zweifellos eine tiefe Weisheit. Der Charakter einer Verteidigungsfestung wird durch ihre Mauern bestimmt. Sie ist eines der Grundmerkmale der Stadt. Die andere Grundlage der deutschen Stadt ist sowohl der bäuerliche Grundcharakter, der sich in einem sehr großen Teil des landwirtschaftlichen Bürgertums manifestiert, als auch die korporative Geisteshaltung, die von den bäuerlichen Regionen ausgeht.

Die Germanen konnten sich nicht in die Städte des Römischen Reiches integrieren, wie Tacitus berichtet. Es spielte keine Rolle, wie unterschiedlich der römische Charakter dieser damaligen Städte am Rhein und an der Donau war. Sie alle trugen die grundlegenden Züge dieses städtischen Lebensstils, der den bäuerlichen Siedlungen von Natur aus fremd war und von diesem besonderen Klassengeist hervorgebracht wurde. Das Erbe des griechischen Stadtstaates wirkte sich auch auf die Schwesterstädte Roms aus. So wurden selbst die zwölf großen Städte, die den germanischen Stämmen als koloniale Überbleibsel entlang der alten römischen Grenzen von Köln bis Regensburg in die Hände fielen, nach neuen Plänen und mit einer neuen Geisteshaltung wiederaufgebaut. Diese ersten stadtähnlichen Bauten auf deutschem Boden, die von deutschen Kaufmannsgilden gemeinsam genutzt wurden, hatten einen größeren Aktionsradius. An Elbe und Ems sowie an der Ostgrenze des deutschen Staates entstand dann eine Kette von Städten und Festungen anderer Herkunft. Sie beherbergten zwar eine Händlerzunft, aber wichtiger war die bäuerliche Garnison, die in den großen Festungen lebte, die ein Bollwerk gegen feindliche Angriffe aus dem Osten bildeten. Dieses Rückgrat des Verteidigungsgürtels, der gegen die Reiterhorden errichtet wurde, war gleichzeitig der Ausgangspunkt für das Eindringen der Deutschen in die nächstgelegenen unorganisierten Länder.

Die Gründungsgeschichte dieser deutschen Städte ist besonders mit der Persönlichkeit von König Heinrich I. verbunden. Unter allen Gründungen ist Magdeburg die strahlendste; Lübeck, Nürnberg und Wien machten sich später daran, Gebiete im Osten zu erschließen. Innerhalb von zwei Jahrhunderten gelang es den sächsischen und salischen Kaisern, diese bürgerlichen Gemeinden auszubauen und ein Stadtrecht auf deutschem Boden einzuführen, das aus dem deutschen Bauernstand hervorgegangen zu sein scheint, aber an andere Gebräuche angepasst wurde. Dieses deutsche Stadtrecht des Mittelalters war eine der wirksamsten Kräfte, die die Ansiedlung deutscher Bürger während der mittelalterlichen Ostwanderung schützte.

„Wisset, dass die Deutschen freie Leute sind", sagte der Herzog von Böhmen in der Charta der deutschen bürgerlichen Gemeinde in Prag inmitten der böhmischen Umwelt. Das Magdeburger, Nürnberger und Lübecker Stadtrecht, das in den Hansestädten entlang der Ostseeküste galt, und das Wiener Stadtrecht im Südosten waren die Grundlage für ausgeklügelte Rechtsbeziehungen. Dieses Recht schuf auch jene Ordnung, dank derer nicht nur Bauern- und Bergarbeitergebiete auf dem ehemaligen Land der ostgermanischen Stämme aufblühten, sondern auch die Slawen und andere Völker eine staatliche Struktur erlangten.

„Die Städte wurden zu den am stärksten befestigten Ortschaften der Vorzeit und zu Repräsentanten der Reichsidee." Von Anfang an nahm der Reichsführer SS als Innenminister diese Position ein, um seine Unterstützung gegenüber den Bürgermeistern zu zeigen. Betrachten wir das enorme Ergebnis der Hanse und die Auswirkungen dieser Ansiedlungen im Ostseeraum oder die großartige Arbeit der kaiserlichen Kaufleute, die zur Zeit Kaiser Maximilians I. geleistet wurde dank der süddeutschen Städte. Der kaiserliche Adler war durchgehend das Wappentier, auf dessen Flügeln die verschiedenen Verordnungen aufbewahrt wurden. Die Fugger in Ungarn, ebenso wie in Spanien, wurden zu den Männern des Reiches. Neben Bauernführern und Rittern vom Schlage eines Hutten und Sickingen waren es Bürger wie Tilman Riemenschneider in Würzburg, Albrecht Dürer in Nürnberg und Veit StoB in Krakau, die den Glauben an die Reichsidee vermittelten. Unzählige Bürgermeister wurden aus Treue zum Reich gegen die Fürsten zu Rebellen.

In den Jahrhunderten, in denen die deutsche Fürstenklasse nach und nach die königlichen Rechte des Reiches an sich riss, um daraus Privilegien zu ziehen, verwandelten sich die deutschen Städte nicht in irgendwelche Stadtstaaten, sondern in Reichsstädte im höchsten Sinne des Wortes. Während der Angriffe der Hussiten und Türken sowie später im Dreißigjährigen Krieg erwiesen sich die deutschen Städte bis zum heutigen Tag als bewaffnete Hüter des deutschen Bodens und des deutschen Reichsrechts. Befreit von den alten Grenzen und den fürstlichen Fesseln unterdrückerischer Kleinstaaten erfüllten sie ihre Mission und erschienen als Träger der deutschen Reichsidee.

„Während die Stände, die geistlichen und weltlichen Fürsten einen regionalen oder dynastischen Egoismus repräsentierten und ihr Möglichstes taten, um das Reich im Laufe der Jahrhunderte nach und nach zu zerschlagen, leider mit Erfolg, waren die deutschen Städte - von bestimmten Ausnahmen abgesehen - das Bollwerk der kaiserlichen Idee und die Repräsentanten der Reichstreue. Aus den Reihen der deutschen Bürgermeister gingen unzählige große Männer hervor, die in vielen Fällen unter Einsatz ihres Blutes und ihres Lebens zu Vorkämpfern und Verteidigern der Einheit und Größe des Reiches wurden."

Um es mit den Worten des Reichsführers SS zu sagen: Diese „reiche und ruhmreiche Tradition" der deutschen Städte ist die Grundlage für den Widerstandswillen, der den Kampf im Herzen des Vaterlandes unterstützt. Gerade weil die Städte der Kitt der alten Reichsstruktur waren und nicht die Produkte engstirniger nationalistischer Pläne, besitzen sie heute diese einigende Kraft. Weder Wohnhäuser noch Fabriken und Werkstätten überleben heute den Hagel der Bomben. Es ist nur diese tief verwurzelte Verbundenheit mit der Stadt, die sich bewährt hat. Als angegriffene und verteidigte Repräsentanten des Imperiums finden die innerlich gesund gebliebenen Städte ihr Schicksal in diesem Krieg, indem sie ihre neuen Aufgaben für das Imperium erfüllen.

V. ALLGEMEINE POLITIK

„ D'ESTOC ET DE TAILLE „ (D'ESTOC ET DE TAILLE), VON GUNTHER D'ALQUEN, 1937.

DIE IDEE, DIE DEM SYSTEM ENTGEGENGESETZT IST

Seit dem deutschen Aufstand unter dem Zeichen des Hakenkreuzes erscheint der Begriff der Revolution in einem völlig neuen Licht.

Alle Revolutionen der Neuzeit, die Französische Revolution von 1789, die Pariser Julirevolution von 1830, die Aufstände von 1848, die Tage des Terrors der Pariser Kommunarden von März bis Mai 1871, schließlich die Russische Revolution im März und Oktober 1917 und der deutsche Novemberaufstand, aber auch alle Revolutionen der vorangegangenen Jahrhunderte zeigen im Allgemeinen das gleiche entstellte Gesicht; sie enden immer mit einer zerstörerischen und nicht mit einer schöpferischen Logik. Sie sind sozialrevolutionäre Manifestationen, die nur von rein sozialen oder wirtschaftlichen Tendenzen getrieben werden und aus einer erdfernen und damit lebensfeindlichen Doktrin hervorgegangen sind.

In all diesen Revolutionen lehnt sich ein kaltes System gegen das Leben auf. Sie stützen sich nicht auf die mit der Erde verbundenen Klassen, sondern auf die städtischen Massen und auf jene geistige Dekadenz, die sich bereits jedem echten Leben widersetzt.

Der Pöbel und eine entwurzelte Intelligenz! Das sind die Gruppen mit verdorbenem Blut, die sich um die Fahne der Zerstörung scharen. Der Hass dieser Degenerierten richtet sich nicht nur gegen diesen Staat und die bestehende Gesellschaftsordnung, sondern gegen das Leben selbst. Daraus erklären sich auch die Orgien dieser blutigen Raserei, in denen sich diese Revoluzzer befleckten, denn ihr eigentlicher Sinn lag in diesem törichten Blutvergießen: das Leben einer doktrinären Idee zu opfern.

Die Größe der deutschen Revolution kann nur vor diesem düsteren Hintergrund begriffen werden. Sie unterscheidet sich von allen Revolutionen der Weltgeschichte nicht nur durch die extreme Disziplin ihres äußeren Ablaufs, sondern noch tiefer durch ihre innere Form, die nicht das Produkt eines trägen Denkschemas, sondern einer lebendigen Idee ist.

Sie beschränkt sich nicht darauf, soziale und wirtschaftliche Ziele zu erreichen. Sie strebt nicht nur danach, eine Revolution zu machen, sondern will die *neue Revolution* einer ganzen Welt schaffen. Die deutsche Erneuerung hat nicht zufällig das alte nordische Sonnensymbol als Emblem gewählt. Es ist, weil das Leben selbst unter seinen Fahnen marschiert. Es ist das Blut aus allen Tiefen der Erde, das hier dröhnt und das alle Systeme abschaffen will, um in Staat, Recht, Wissenschaft, Kunst und allen Bereichen des Wirtschaftslebens Formen zu schaffen, die seiner Seele eigen sind.

Es ist kein Wunder, dass diese Revolution des Blutes und des Bodens die besten rassischen Kräfte anzog, die wie eine Welle roten Blutes ihre Fahnen über dem Land wehen lassen.

Sie sind ein Symbol, aber kein System; sie schütteln und klappern wie alles, was lebt. Es darf nicht mehr vorkommen, dass in diesem Volk das Leben in ein System umgewandelt wird.

Wir wollen als Rebellen der deutschen Erde alle Doktrinen dem Leben opfern.

Wer der Meinung ist, dass der deutsche Aufschwung den Gesetzen der Logik folgt, hat nichts verstanden. Eine innere Revolution kann sich nur nach den Gesetzen der Evolution des Lebens vollziehen. Denn wie das Scheitern aller doktrinären Versuche lehrt, lässt sich das Leben nicht unter Zwang organisieren, und Blut rächt sich immer.

Einst führte die Bewegung ihren Kampf legal nach dieser großen Ordnung der organischen Gesetze; sie reinigte sich von den Barrikaden-Doktrinären und blieb auf legalen Wegen, bis die innere Entwicklung des deutschen Lebens zu einem historischen Wendepunkt herangereift war.

Und als die Verfolgung den Schrei nach blutiger Vergeltung den unterdrückten Herzen entlockte, wurde verziehen und vergessen. Doch eine solche moralische Stärke ist dem Sieger eigen, der die Kerker und Gräber der Helden als ein letztlich notwendiges Schicksal betrachtet. Wie könnte es gute Schwerter geben, wenn sie nicht von Feuer und Hammerschlägen gehärtet wären?

Aber selbst die Harmonie der großen Gesetze des Lebens spiegelt sich in der maßvollen Art und Weise wider, mit der die siegreiche Wiederaufrichtung der Nation den Weg des Aufbaus beschreitet. Die Umwälzung war an sich schon reich. Während der Revolutionen vergangener Epochen wirkte diese nur auf räumlicher Ebene. Und während alles zerstört wurde, um auf dem Reißbrett ein neues System aufzubauen, fällt die Anstrengung auf, die unternommen wurde, um die Dinge geschehen zu lassen und Früchte zu tragen. Denn wie jede Ernte erfolgt auch die Schöpfung nicht auf einen Schlag, sondern wird nach und nach eingefahren.

Nichts geschieht in Eile, nichts geschieht durch Künstlichkeit. Der Führer hatte die große Weisheit, nur die Probleme anzugehen, die eine Lösung beinhalteten, wie eine reife Frucht.

Nur ein Narr würde darauf hinweisen, dass die Banken und Kaufhäuser nicht vollständig verstaatlicht wurden, dass es immer noch Reste der alten Welt gibt und dass viele Fragen sicherlich nicht gelöst wurden. Welcher Mensch würde den Weizen im Frühling schneiden und im Sommer ernten wollen, wenn man dies im Herbst tut? Die Doktrinäre sind ungeduldig. Sie essen die grünen Früchte - und sterben daran.

Der Nationalsozialismus drückt sich nicht in der schematischen Ausführung eines Programms aus, sondern ist vielmehr bestrebt, uns an den Erfahrungen des blühenden Lebens teilhaben zu lassen. Gegenwärtig liegen die Endziele noch weit außerhalb des Gesichtsfeldes, jedenfalls sind sie unerreichbar; nur durch eine allmähliche Entwicklung wird man sich ihnen nach und nach nähern.

Auf dem Gebiet der Innenpolitik war die Entwicklung so weit fortgeschritten, dass der deutsche Aufschwung, als er seine Zeit erkannte, die große Schlacht des historischen Durchbruchs schlug. Er konnte und musste also hart zuschlagen, wie mit der Sense in den reifen Weizen. Es blieben nur die Stoppeln übrig. Und wer könnte bestreiten, dass die Arbeit getan war, dass veraltete Erinnerungen verflogen und ein hohes Ziel radikal erreicht worden war? Die Ernte war eingebracht, und man blickte bereits auf die nächste.

Was heute und morgen getan werden kann, erfordert keine Schnellschüsse. Doktrinäre Maßnahmen und Interventionen führen zu nichts, auch wenn sie im Moment für viele Menschen wünschenswert erscheinen. Heute kann es nur zwei Ziele geben: Freiheit nach außen und Brot und konstruktive Arbeit im Inneren des Landes. Denn der akademische Streit um Währungen und das Wirtschaftssystem ist nicht wichtig; nur das Leben ist heilig und 67 Millionen Menschen müssen ihr Leben gesichert und Brot auf ihrem Tisch haben.

Der Weizen ist nun aufgegangen, aber es ist noch nicht die Zeit gekommen, ihn zu schneiden. Der Bauer schärft seine Sense für die Ernte; er hat es nicht eilig, er beobachtet und wartet. Wenn die Zeit gekommen ist, wird der Weizen fallen, aber bis dahin muss noch Zeit vergehen. Dann wird er pflügen, eggen und säen. Dann kommt der Winter und wieder der Frühling, wie eine Flut, die kommt und geht.

Selig ist das Volk, das die Kraft der Erde erkennt! Selig ist der Mensch, der im richtigen Moment handelt und sich entscheidet. Er ehrt das ewige Gesetz des Lebens.

„D'ESTOC ET DE TAILLE" (D'ESTOC ET DE TAILLE), VON GUNTHER D'ALQUEN, 1937.

GEMEINSCHAFT ODER KOLLEKTIV?

Wenn sich alte Nationalsozialisten an die ersten Jahre ihres Kampfes erinnern, sehen sie das großartige Bild einer echten Gemeinschaft vor sich. Ohne jeglichen Zwang hatten sich die Männer dieser Zeit, die einen Geist bildeten, zusammengefunden und eine Gemeinschaft geschaffen, wie sie die Welt selten gesehen hat. Trotz des geringen Mangels an äußerer Organisation bildeten diese Männer eine unglaublich starke Kraft.

Sie vollbrachten große Taten, die eine fast mystische Dimension annahmen, die die Treue der germanischen Truppe zum Ausdruck brachte und im höchsten Opfer gipfelte. Wir stellen fest, dass diese Stärke der Bewegung direkt aus dieser freiwilligen Verschmelzung herrührt, die jedoch den Einzelnen als Persönlichkeit bestehen lässt und ihm so ermöglicht, ein unabhängiger Kämpfer zu sein.

Diese Gemeinschaft von Kämpfern war die erste, die der Bewegung Kraft verlieh. Es gilt, sie in der Zukunft zu pflegen und dafür zu sorgen, dass in einer Zeit, in der die Bewegung Gewalt anwenden müsste, niemals die Gefahr besteht, dass die Gemeinschaft zum Kollektiv degeneriert. Denn niemals kann die organisierte Massenversammlung, indem sie die Werte der Persönlichkeit im natürlichen Menschen zerstört, ihre Kräfte vergrößern.

Im Gegenteil, es bedarf einer gehörigen Portion Gewalt, um eine solche von Grund auf undeutsche Formation zusammenzuhalten. Alles, was die Persönlichkeit zugunsten einer Masse zerstört, ist undeutsch, und wer nur über die Masse denkt, tut dies auf bolschewistische Weise und muss schließlich zu der Einsicht gelangen, die ein Marxist einmal ausdrückte, als er lieber „mit der Masse irren als als als Individuum recht haben" wollte.

Aber jedes Gemeinwesen beruht geistig auf dem alten marxistischen Irrtum der Gleichheit aller Menschen. Dies ist in der Natur nicht der Fall. Im Gegenteil, die Menschen sind ungleich. Der eine ist tüchtig, der andere untauglich, der eine ist ehrlich, der andere unehrlich, ebenso wie der eine groß und der andere klein, dick oder dünn ist. Die geistigen Verteidiger des Gemeinwesens sahen sich zu allen Zeiten einem verzweifelten Kampf gegenüber, der umso schwieriger war, als sie die offensichtliche Realität ständig verleugnen mussten.

Es besteht kein Zweifel daran, dass abgesehen von denjenigen, die als bewusste Feinde des Nationalsozialismus den alten Irrtum der Gleichheit verteidigen, alle, die aufgrund ihrer Natur und ihres Charakters den Nationalsozialismus nicht analog verstehen können, Gefahr laufen, unbewusst im kollektivistischen Geist zu handeln.

Dieser Typ Mensch ist gefährlich und komisch zugleich, wenn er zur Verteidigung der alten egalitären marxistischen Theorie den nationalsozialistischen Begriff der Gemeinschaft einführt und jeden, der feststellt, dass es in einem Volk kluge Menschen und deren Gegenteil gibt, verdächtigt, sich zum Klassenkampf zu bekennen.

Nein, das hat nichts mit einer Spaltung des Volkes zu tun, denn es handelt sich dabei lediglich um natürliche Tatsachen. Aber unsere alte nationalsozialistische Ansicht von der „entscheidenden Minderheit" ist ebenso eine politische Übersetzung dieser natürlichen Tatsachen wie die Forderung „Jedem das Seine", die den Nationalsozialismus seit jeher gegen die marxistische Parole „Alle sind gleich" aufgebracht hat.

Eine grundlegende Unterscheidung zwischen Gemeinschaft und Kollektiv zeigt sich auch bei der Führung. Eine Gemeinschaft hat natürlich und notwendigerweise einen Anführer, der die Macht über die Seelen und Herzen seiner Mitmenschen innehat. Der Despot eines Kollektivs ist der oberste Herrscher über die Körper der Individuen. Seine Position beruht auf Angst, während der Anführer einer Gemeinschaft von der Liebe zu den Menschen, die ihm freiwillig folgen, angetrieben wird.

Es ist daher kein Zufall, dass sich echte Führungsnaturen aufgrund ihrer Weisheit und des Gefühls ihrer menschlichen Überlegenheit als Diener ihrer Gemeinschaft betrachten. Friedrich der Große betrachtete sich als „erster Diener des Staates". Adolf Hitler sieht sich als „Beauftragter der Nation", und der Vertreter des Führers macht die politischen Leiter bei der Vereidigung auf ihre Aufgabe aufmerksam, Diener der Volksgemeinschaft zu sein. Wir stellen also fest, dass die Anhänger der Volksgemeinschaft ihr Ideal in der „Herrschaft" sehen. Durch ihr Gefühl der menschlichen Unzulänglichkeit verfallen sie in den anderen Exzess und sind gegenüber ihren Untergebenen ebenso despotisch wie sie gegenüber den höheren Rängen Unterwürfigkeit vortäuschen. Sie wissen nicht, dass der Führer eine höhere Auffassungsgabe haben muss, aber vor allem jene Überlegenheit der Seele und jene Stärke des Herzens, von denen Fichte sagt, dass sie es sind, die den Sieg erringen.

Darüber hinaus ist noch festzustellen, dass der Leiter einer Gemeinschaft die fähigsten und qualifiziertesten Männer zu sich ruft, und dass der Leiter eines Kollektivs natürlich keine unabhängigen Mitarbeiter braucht, sondern nur Kreaturen, die seine blinden Werkzeuge sind und ihn ständig von seinem Wert überzeugen müssen. So wird deutlich, welche ungeheuerliche Gefahr, die aus dem kollektivistischen Denken entspringt, unser Volk in der Zeit seiner Wiedergeburt direkt bedrohen könnte.

Auch hier hat die nationalsozialistische Bewegung der Nation ein Prinzip von unschätzbarem Wert geschenkt, indem sie in beispielhafter Form den Begriff der Gemeinschaft treuer Wertgefährten erahnte. Damit hat sie für immer ein Beispiel für die wahre Bündelung der Kräfte gegeben und allen kollektivistischen Ideen eine klare Absage erteilt.

Aber die alten Soldaten der Bewegung werden niemals zugeben, dass die mächtigen Menschenmassen unserer Veranstaltungen und Organisationen fälschlicherweise als Herrschaft des Massenmenschen angesehen werden könnten und dass der nationalsozialistische Begriff der Gemeinschaft dadurch bewusst oder unbewusst verfälscht und in ein Kollektiv verwandelt wird.

Die Krönung jedes Opfergeistes liegt in der Hingabe des eigenen Lebens für die Existenz der Gemeinschaft.

Adolf Hitler

„D'ESTOC ET DE TAILLE" (D'ESTOC ET DE TAILLE), VON GUNTHER D'ALQUEN. 1937.

ÜBERLEGUNGEN ZUM FÜHRERPRINZIP

Je größer die Aufgaben sind, die eine Epoche den Menschen stellt, desto deutlicher tritt die Gruppe derjenigen hervor, die nur dem Anschein nach für diese Aufgaben qualifiziert sind. Wo die höchsten Werte gelten, werden die Unterlegenen immer versuchen, sich mit dem Schein zu drapieren und die Haltung der höheren Männer der Elite anzunehmen.

Stellen wir uns einen braven, völlig unbedeutenden Mitbürger vor, dessen sehnlichster Wunsch es ist, eines Tages das Kommando zu übernehmen. Er möchte nicht warten, bis er endlich einen Auftrag erhält, der ihm eine große Verantwortung auferlegt. Denn er kann wahrscheinlich lange warten; er hat zwar keine Fähigkeiten, aber einen unbändigen Ehrgeiz, und nur das würde ihn daran hindern, sein Ziel zu erreichen. Nehmen wir an: Aus dem kleinen Moritz mit seinen Machtkomplexen wird ein großer Moritz, und das Unglück will es, dass er zuerst lernt, nicht vorhandene Fähigkeiten zu simulieren.

Unser Freund wird Chef in irgendeiner Funktion. Er weiß, dass die Bedeutung seiner Persönlichkeit nun (nur für eine gewisse Zeit) anerkannt wird. Die Kameraden von früher, die nicht aufgestiegen sind, stellen sich vor, dass sie unter der oben genannten Persönlichkeit stehen. In emphatischen Reden werden die Mitbürger von der Autorität des großen Moritz überzeugt. In seinem neuen Büro werden die Telefonanlagen umgebaut. Im Zimmer des Chefs wird ein Abhörtisch aufgestellt, um „das Vertrauen zu vertiefen", die Posten werden umorganisiert und ein erstes Rundschreiben stellt etablierte Kompetenzen in Frage.

Leider erweist sich die Bewältigung der Arbeit als nicht so einfach. Der frischgebackene Vorgesetzte zeigt nicht gerne, dass er noch nicht ganz qualifiziert ist und sich beraten lassen muss. Er sieht seine Autorität ins Wanken geraten und möchte nicht die gleichen kleinen Schwächen wie alle anderen oder auch seine fehlende Grunderfahrung zeigen. Die fehlende innere Sicherheit muss durch eine umso größere äußere Sicherheit ausgeglichen werden. Die Distanz zu den ehemaligen Mitschülern wächst zusehends. Wer ist nun ihr Favorit?

Der „Untergebene" ist sein Liebling, weil er ihm gerne und oft öffentlich bestätigt, dass er, der „Vorgesetzte", ein besonders verdientes Individuum ist. In seiner Dummheit merkt er sicherlich nicht, dass der „Untergebene" hinter seinem Rücken genau das Gegenteil sagt. Aber wenn er hier und da realistische Einwände von einem dieser „Untergebenen" oder sogar Gegenvorschläge zu irgendeiner Frage bemerken würde, dann würde der „Chef" unfehlbar sehen, dass er einen gefährlichen Gegner vor sich hat. Also macht man ihn nieder und intrigiert, wenn nötig, heimlich gegen ihn, da man von seinem unbestreitbaren Wert und der Unfähigkeit des anderen überzeugt ist.

Aber dieser Mann befindet sich immer am Rande des Abgrunds. Wehe ihm, wenn der Moment kommt, in dem er darauf angewiesen ist, dass seine Mitarbeiter seine Arbeit korrigieren, in freudiger Zusammenarbeit, mit einem Sinn für absolute und entschlossene Hingabe an ihren Chef! Diese Prüfung kann jeden Tag zufällig eintreten, wenn ein Fehler, eine absolute Aufgabe sie erfordert. Eine schmerzhafte Situation entsteht, wenn der Vorgesetzte nicht mehr das Vertrauen seiner Männer genießt. Sein Sturz ist daher sicher. Das Schicksal erfüllt sich mit eiserner Logik.

Abgesehen von den wild gewordenen Ehrgeizlingen, den taschenformatgroßen Tyrannen, gibt es noch eine andere Art: die der peniblen Bürokraten. Sie verfügen oft über ein unbestreitbares Wissen. Aber was sie von echten Chefs unterscheidet, ist die Tatsache, dass sie absolut nicht bereit sind, Verantwortung zu übernehmen. Sie nehmen alles geduldig hin und führen Vorschriften und Befehle buchstabengetreu aus. Sie sehen nur den Apparat, die Organisation und ihre Zellen. Die Handlungsweise eines York in den Unabhängigkeitskriegen ist ihnen ein Gräuel. Sie würden nicht einem Hitler, sondern einem Kahr folgen.

In beiden Fällen handelt es sich um karikaturistische Verzerrungen der Natur des Anführers. Der erste sieht nur die Menschen. Er sieht in der Führung ausschließlich eine Vorrangstellung von Personen. Das Jahrhundert der Demokratien.und des Parlamentarismus hatte sich mit vollem Erfolg gegen diese Herrschaft von Menschen über Menschen gewehrt und hatte völlig Recht gegenüber diesen Führern, die in ihren Rechten nur ein persönliches Übergewicht sehen.

Die alte Autorität hatte ihre innere Legitimität verloren. Selbstsüchtige und ehrgeizige Prinzen hatten kein Recht mehr auf Macht, da sie sich nicht mehr als Diener des Staates sahen, sondern diesen als Werkzeug für ihre persönliche Macht betrachteten. Als diese falsche Autorität zur Regel und zum System wurde, war die Zeit für eine strukturiertere Organisation des Volkes gekommen. So kommt es, dass bei uns die falsche Autorität in einer inneren Logik zerstört wird, während Bildung und Auswahl eine echte Elite hervorbringen, die sich auf natürliche Weise entwickelt. Wir wollen diese Aufgabe nicht dem nächsten Jahrtausend überlassen, denn die Schaffung einer neuen Klasse von Führern war in der Geschichte nie eine

Angelegenheit von wenigen Jahren. Was zählt, ist der Gang unseres Volkes durch diese Geschichte, und nicht die kleinen Denunzianten und undisziplinierten Charaktere. Im Grunde nützen oder schaden sie nichts; unsere Kraft liegt in der Tat, im Schaffen und in der Zukunft. Aufrichtige Kämpfer im Dienste eines Ideals bauen immer Geschichte.

Aus dem Charakter wurde die Tat geboren.

Darré

HEFT DER SS NR. 10. 1937.

SS-STAF. KINKELIN: DER NATIONALSOZIALISMUS SCHAFFT EINE NEUE WELT AUS EINEM NEUEN GLAUBEN HERAUS

Mit dem Nationalsozialismus hat uns der Führer eine neue Weltanschauung gegeben. Das bedeutet, dass der Nationalsozialist, der die Doktrin des Führers lehrt, sich selbst und die Welt in einem anderen Licht sieht. Jetzt hat er *seine eigene Art zu sehen* und blickt nicht mehr durch die verzerrende Brille, die ihm von anderen Mächten, die eine fremde Ideologie vertreten, aufgesetzt wurde.

Der Nationalsozialismus wirft ein neues Licht auf das alte System von Werten und Machtverhältnissen, das die Welt regiert. Wenn er die jüngste Vergangenheit betrachtet, sieht er, dass er selbst - aber auch sein Volk - nicht nur seines geistigen Reichtums beraubt und ins Abseits gedrängt, sondern auch zu Schachfiguren auf dem Schachbrett fremder Mächte degradiert wurde. Gegenwärtig lernt er, sich von anderen zu unterscheiden, indem er definiert, was sein Wesen ausmacht und was fremd ist. Er konfrontiert die alten Werte, die man ihm beigebracht hat, mit den neuen, völlig anderen und unbekannten Werten, die sich zeigen, wenn er seiner *eigenen* Regel folgt. Der Deutsche hat gelernt, zwischen dem *Eigenen und dem* Fremden zu unterscheiden, weil er sich zuerst seiner inneren Natur bewusst wurde, etwas, das ihm bisher verwehrt worden war. Früher betrachtete man ihn nur als eines von vielen Schafen, die in einem großen Pferch lebten. Er brach daraus aus. So erlangte er seine Freiheit zurück, indem er sich selbst fand. Zuvor waren er und sein Volk nur Bestandteile einer kulturellen Welt, eines geistigen Universums, dessen Quelle, Geist und Leitlinie dem deutschen Volk fremd sind.

Es ist also klar, dass der Nationalsozialist die weite Welt, sich selbst und sein Volk, sein Schicksal mit einem völlig neuen, verjüngten Blick betrachtet. Seitdem sieht er sich mit einer völlig anderen Welt konfrontiert, die schon lange nicht mehr die seine war, zu der er nicht mehr gehörte und der er nicht mehr angehören konnte.

Er entdeckt ein neues Wertesystem und macht es sich zu eigen, um umso leichter die alten Werte, die eben die Werte der anderen sind, zu verwerfen, abzuschaffen, weil sie ihm überhaupt nicht mehr passen. Er weiß, dass er zu einer mächtigen Gruppe gehört, zu einer großen Gemeinschaft, deren Ausdehnung keine Grenzen kennt: *Er lebt endlich sein Volk.* Und er spürt, dass er ein *Element,* ein Glied in dieser riesigen Kette, der Mitbürgerschaft, der nationalen Gemeinschaft, darstellt.

Tausend Bande verbinden ihn mit dieser Gemeinschaft und binden ihn an sie. Seine Zukunft ist untrennbar mit dem mächtigen Blutstrom seines Volkes verbunden. Zum ersten Mal begreift er sein Volk als eine riesige *Rassengemeinschaft.* Früher wurde ihm gesagt, dass die Sprache, die Nationalität, die christliche Religion usw. die Zugehörigkeit zu einer Gemeinschaft bestimmen. Jetzt weiß er, dass diese alten Überlegungen alle hinfällig sind, denn er sieht in seiner Heimat Menschen, die nicht zu seinem Volk gehören, und auf der anderen Seite dieser alten Grenzen Menschen, die genauso wie er zu seinem Volk gehören. Die alten Barrieren fallen, die alten Grenzen, die alten Mauern haben keinen Wert mehr. Wohin er auch blickt, überall sieht er eine gewaltige Erneuerung im Gange.

Aus dem Zusammenbruch der alten Systeme ist eine neue, große Einheit entstanden: *das deutsche Volk.* Alte Verderber versuchen, es abzuwerben, aber sie haben keine Macht mehr über es. Gebete und Drohungen haben keine Wirkung mehr. Der nationalsozialistische Deutsche ist ihnen entkommen, er hat sich mit Leichtigkeit, Freiheit und Natürlichkeit ihres Drucks entledigt wie eines alten Kleidungsstücks. Man schlägt den Rückruf! Zu Tausenden, zu Millionen schließen sie sich ihrem Volk an.

So erlebte der deutsche Bürger das *Geheimnis des Blutes.* Aber nicht nur das. Er betrachtet das Blut als Träger seines innersten Wesens. Er erkennt im Blut das wertvollste Erbe, das ihm seine entferntesten Vorfahren vererbt haben und das ihn unauflöslich mit ihnen verbindet. Man kann sich kaum vorstellen, wie sehr man ihn in der Vergangenheit gelehrt hat, das Blut zu verachten, zu verschmähen und zu verhöhnen! wie sehr man ihn dazu erzogen hat, die Vorfahren zu verachten und zu verleugnen, anstatt sie zu verehren! Viele Scheuklappen fielen ihm aus den Augen. Die Feinde des Volkes waren sogar gezwungen, die Blutdoktrin zu verteufeln, damit sie diese gefährliche Vorstellung umso leichter beherrschen und zerstören konnten. Doch jetzt haben Druck und Drohungen keinen Erfolg mehr.

Da der Deutsche im Herzen seines Volkes lebt, hat er andere Gefühle: Er fühlt sich als Teil des Volkes und als aktiver Bestandteil davon. Die früheren Einteilungen in Klassen und soziale Schichten sind verschwunden. Es ist eine lebendige, riesige, geordnete und sinnvoll strukturierte Einheit, eine riesige Armee freier Menschen: *das Volk;* ein lebendiges Ganzes, *das* auf Pflichten und Rechten beruht. Dieses aktive, inbrünstige Bekenntnis zum Volk geht heute über die Ebene eines intellektuellen Bewusstseins, einer ungebundenen Lehre und eines egoistischen Reichtumsgefühls hinaus. „*Was meinem Volk nicht dient, schadet ihm!*"

Ausgestattet mit dieser neuen Werteskala, die er durch das Hören der Botschaft des Blutes erlangt hat, interessiert sich der Deutsche nun für alle Aspekte des Lebens. Er ist fest entschlossen, jeden Wert zu ignorieren, der nicht der seine ist, der nicht die Vision seiner Welt birgt, nicht mehr auf Dinge Wert zu legen, die er selbst nicht für wichtig hält. Kein Bereich ist vor dieser Umkehrung der Werte und neuen Betrachtungen sicher. Der nationalsozialistische Deutsche strukturiert daher seine gesamte Welt um.

Dieser bewusste, wache Deutsche wendet seinen Blick in sich selbst. *Ein neuer Glaube* lebt in ihm. Daraus schöpft er seine größte Kraft. Aber dieser Glaube ist kein Dogma, es ist keine Doktrin fremden Ursprungs; er ist die Frucht seines alten biologischen Erbes. Der Nationalsozialismus findet sich in Harmonie mit der inneren Welt seiner Väter wieder und verbindet sich *direkt* mit dem Göttlichen.

Unser Glaube ist der Ursprung und das Maß aller Dinge: Alle geistigen Schöpfungen gehen von ihm aus und kehren zu ihm zurück. Daher ist es verständlich, dass wir eine Generalprüfung vornehmen, um zu sehen, ob alles, was aus den geistig-schöpferischen Bereichen unseres Volkes hervorgeht - Philosophie, Kunst, Wissenschaft usw. -, mit unserer neuen Ideologie, unserem neuen Glauben, übereinstimmt oder nicht. Je strenger und konsequenter wir sind, desto klarer wird unsere Sicht der Dinge. Es besteht kein Zweifel daran, dass wir eine große Reinigung vornehmen werden! Wir sind fest entschlossen, keinen Aspekt des Lebens unberührt zu lassen. Wir untersuchen jedes noch so kleine Element aus der alten Welt mit größter Sorgfalt. Zu unserer Überraschung stellen wir fest, dass viele davon uns gehören, die das alte System unter dem Vorwand, es sei sein Eigentum, für sich beansprucht hat. Wir integrieren sie daher wieder in unser System. Wenn wir die alten Elemente überhaupt noch brauchen, behalten wir sie, aber um unseren eigenen Ersatz zu schaffen. Wir räumen alles Fremde aus und werfen es sogar in den Müll. Wir sind entschlossen, aus unserem Blut und allem, was damit zusammenhängt, eine neue Welt unter dem siegreichen Zeichen des Hakenkreuzes zu errichten.

Früher betrachtete man uns als intellektuell unmündig und verwaltete auf anmaßende Weise unser gesamtes geistiges Vermögen. Jetzt lassen wir alle feindlichen Mächte wissen, dass *das deutsche Volk erwachsen geworden ist und* beabsichtigt, alle seine geistigen Güter ausnahmslos selbst zu verwalten. Wir verlangen, dass man uns unser angestammtes Erbe zurückgibt, das von unwürdigen und ungetreuen Bevollmächtigten angeeignet wurde. Auch in diesem Bereich muss ein Vierjahresplan in Kraft gesetzt werden, um den Geist des Volkes wieder aufzubauen.

Nichts kann uns daran hindern, ein neues Recht, eine neue Moral oder eine andere Regel für das nationale Leben zu entwerfen. Unsere Weltanschauung sieht die Wirtschaft als Teil der neuen Ordnung, die dem Volk dienen und es nicht versklaven soll.

Ebenso wie die Wirtschaft unterliegen auch viele andere alte Götzen dem Gesetz der Erneuerung und der nationalsozialistischen Ordnung. Kein Werk, egal wie bedrohlich, monströs oder respektabel es auch erscheinen mag, versetzt uns in Angst und Schrecken. Auch wenn die besiegte Epoche weiterhin bedrohliche Warnungen an uns richtet, versetzen diese Gesetzestafeln keinen Nationalsozialisten mehr in Angst und Schrecken. Sie wurden exorziert. Nicht etwa, weil ein Nationalsozialist nichts respektieren würde, wie gerne bigott beleidigt beklagt wird. Sondern einfach, weil er einen neuen Glauben erworben hat, eine neue Werteskala, die definiert, was ihm heilig ist und was nicht, was göttlich ist und was arrogante, fremde Idole darstellt. Eine neue Grundlage, ein extremer Sinn für das Göttliche, der in seinem Volk, in seinem Blut spürbar ist, verleiht ihm Selbstvertrauen und Unbesiegbarkeit. Das göttliche Erfassen des eigenen Volkes, des eigenen Blutes und dieses neuen Glaubens entwickelte im Nationalsozialisten einen Sinn für das Heilige, der ihn zu Ehrfurcht veranlasste. Wir wissen heute, dass unser Blut, unser Land in unseren Augen heilig sind, weil diese beiden Namen göttlichen Wesens sind.

In Anbetracht dieser Tatsache erscheint das Gerede von „Neuheidentum" oder gar „Atheismus" kleinlich, falsch, irreführend und stellt letztlich eine gefährliche Illusion für unsere Gegner dar. Sie werden lernen, dass es unser Glaube ist, der es uns ermöglicht, die alte Welt niederzureißen und eine neue, schönere Welt zu errichten.

Das deutsche Volk hat sich politisch von all seinen Fesseln befreit, von der Wirtschaftsdiktatur, und es hat seine Rasse von der Invasion gereinigt. In der Zukunft wird es auch diese Bevormundung, Oberherrschaft und geistliche Autorität beenden, die dem Volk fremd sind und ihm nicht dienen. Das deutsche Volk wird bald seine Freiheit in allen Bereichen zurückerobern. Im Dienste des Volkes zu stehen, um dem göttlichen Gesetz zu folgen, zu den ursprünglichen Prinzipien unseres Blutes und der göttlichen Welt zurückzukehren, das ist der Sinn des Nationalsozialismus.

Derjenige, der ist, kümmert sich nicht um den Schein.

Rückert

HEFT DER SS NR. 5. 1943.

UNSERE REVOLUTIONÄRE MISSION

Wir Deutschen haben immer eine besondere Rolle in der Welt gespielt. Wir waren das unruhige und geplagte Element unter den Völkern. Selbst in den Zeiten unseres größten wirtschaftlichen Wohlstands waren wir mit unserem Schicksal unzufrieden. Der Ausbruch des Ersten Weltkriegs wurde als Befreiung empfunden. Die Ursache dafür lag nicht in einem kriegerischen und fanatischen Überschwang, der uns so oft von unseren Feinden unterstellt wurde, sondern in dem befreienden Gefühl, eine neue, entscheidende Berufung zu haben. Der Deutsche kann sich nicht mit einem Leben als Ladenhüter abfinden. Der Zustand der Ruhe und der Sättigung widerspricht seiner Natur. Er fühlt sich zu höheren Aufgaben berufen, als einen lukrativen Handel mit landwirtschaftlichen oder industriellen Produkten zu betreiben. Diese Art des Seins wurde als faustische Eigenschaft des Deutschen beschrieben. Man kann sie als Glück oder als Fluch interpretieren; auf jeden Fall bestimmt sie im Guten wie im Schlechten den Ruf des Germanentums. Es war das ursprüngliche Schicksal der gesamten germanischen Welt. Ohne diesen Zwang, sich fortzubewegen, wären die Germanen nur ein unbedeutendes Volk nordeuropäischer Bauern gewesen. Sie vergossen ihr Blut im gesamten Abendland in ständigen Kämpfen, aber sie prägten auch das Gesicht dieser Ecke der Welt. Auch heute noch scheinen sie dazu berufen, das Schicksal dieses Jahrhunderts zu erfüllen.

* * *

Die gigantischen Schlachten dieses Zweiten Weltkriegs markieren das Ende einer der großen Epochen der Menschheit. Die Herrschaft des Goldes wird gestoppt, die Völker erhalten ihre Rechte zurück, der Mensch misst wieder den Wert der Dinge. Dieser Krieg wird aus anderen Gründen als der Veränderung von Grenzen oder Interessensphären geführt. Es geht um das Schicksal einer jahrtausendealten Kultur, die der Welt die großartigen Ausdrucksformen des menschlichen Genies geschenkt hat. Die größte Revolution aller Zeiten vollzieht sich im Sturm der Schlachten: die Revolte der Bauern gegen die Händler, der Arbeit gegen die Macht des Goldes. Der gleiche Prozess, den wir vor Jahren im Kampf um die Macht in Deutschland erlebt haben, wiederholt sich heute weltweit und wir stehen den gleichen Gegnern gegenüber. Wir kennen ihre Kampfmethoden zu gut, um noch darüber staunen zu können. Wir befinden uns nun im Zentrum des Kampfes und dieser Krieg wird nicht enden, bis der Kontinent von seinen Henkern befreit ist. Was auch immer die Zukunft bringen mag, es ist unsere Pflicht, für unsere gefallenen Kameraden Widerstand zu leisten, unaufhörlich anzugreifen, bis die feindliche Streitmacht vernichtet ist. In diesem Kampf darf es keine Kompromisse geben, denn eine Fortsetzung der bisherigen Situation würde zu schrecklichen Umwälzungen führen, die letztlich den Westen vernichten würden. Deutschland ist zum Bollwerk der Freiheit Europas geworden. Die Feinde unseres Landes sind auch die Feinde Europas. Es handelt sich nicht mehr um einen Streit zwischen Völkern und Staaten, sondern um verschiedene Gestaltungsprinzipien, deren endgültige Verwirklichung über Tod oder Leben entscheidet. Damit geht unser Kampf über die Sphäre der Macht und der Interessen hinaus und erreicht die Sphäre des Geistes. Es geht nicht in erster Linie um Ölquellen oder Erzvorkommen, sondern um die Erhaltung aller geistigen Werte, die es der menschlichen Präsenz ermöglichen, sich auf wunderbare Weise zu verwirklichen. Was haben die amerikanischen Eisenbahnmagnaten und die bolschewistischen Despoten mit Europa und seiner Jahrtausende alten Kultur zu tun? England hat sich schon lange seinen überseeischen Besitzungen zugewandt und betrachtet den Kontinent nur als Spielball seiner Interessen. Deutschland hingegen ist mit dem westlichen Schicksal verbunden geblieben, so schmerzhaft dies auch sein mag. Es gibt jetzt keine Wahlmöglichkeit mehr für die europäischen Völker, wenn sie an ihr Schicksal glauben wollen. Die Fronten sind schärfer als je zuvor, die Gottheit selbst beurteilt die Nationen nach ihrer Stärke und ihrem Wert.

Der Krieg erweist sich wieder, wie einst, als ein Gericht Gottes. Im Schlachtengetümmel unserer Zeit wird das Aussehen der Welt neu geformt und niemand wird sein altes Gesicht wiedererkennen. Wie auch immer der Kampf ausgeht, von der Welt von einst wird nichts übrig bleiben. Die alten Urkräfte des Lebens sind in Bewegung und werden nicht eher ruhen, bis die Mächte der Degeneration und der Zerstörung endlich zerschlagen sind. Seit dreißig Jahren entwickelt sich der gigantischste Transmutationsprozess, den die Weltgeschichte je erlebt hat. Die lebendigen Kräfte fordern ihre Rechte ein. Die Völker drängen aus der grauenhaften Enge ihres Lebensraums hinaus ins Licht und in die Sonne. Eine neue Völkerwanderung ist im Gange. Mit den alten Mächten bricht eine ganze geistige Welt zusammen, die Europa zweitausend Jahre lang gezügelt hat. Das Bündnis der Demokratien mit dem Kreml hat die letzten Zweifel an der Notwendigkeit unseres Kampfes beseitigt. Die Wahrheit, die Gerechtigkeit und das Leben sind mit uns.

* * *

Der Westen befindet sich noch immer in einem entscheidenden Kampf um seine Zukunft. Der Horizont scheint oft durch schreckliche Ereignisse verdunkelt zu sein, doch in der größten Gefahr bewährt sich die Kraft des menschlichen Herzens. Es gibt immer noch große Teile Europas, die sich in einer ruhigen Kontemplation befinden und sich nicht um den bedrohlichen Ernst ihrer Lage kümmern. Verblendete Wahnsinnige wenden sich gegen die einzige Macht, die sie vor Zerstörung und Vernichtung schützen kann. Solche Dinge berühren uns nicht mehr. Wir sind es gewohnt, allein zu kämpfen, umgeben von Hass und Verachtung, weil wir uns unserer Mission bewusst sind. Das Schicksal der Welt erfüllt sich durch unser Handeln und durch den Willen der Gottheit. Selbst wenn Tausende von Menschen sterben, Zehntausende als Krüppel zurückkehren, wird die Idee so lange leben, wie in Deutschland Menschen geboren werden. Wir sind unbesiegbar, weil wir einen unerschütterlichen Glauben haben. Dieser Glaube hat uns durch alle Umstände unseres Lebens getragen; er hat uns die kostbaren Augenblicke des Triumphs geschenkt und uns durch Kummer und Elend begleitet; er wird uns eines Tages zum Sieg führen. Die Götter verschenken ihre Gnade nicht; sie gewähren ihre Gunst nur den Tapferen, die sich jeder Gewalt widersetzen. Das Schicksal hat uns mit besonderen Aufgaben betraut. Es liegt an uns, sie zu erfüllen. Ein Volk ist in Gottes Augen nur ein Werkzeug seines allmächtigen Willens. Er lässt das, was sich als untauglich erweist, gnadenlos verlieren. Wir stehen und kämpfen, denn das Reich, die Kraft und die Pracht sind unser.

Hans Henning Festge

Der Mensch ist der Materie überlegen, wenn er mit der Notwendigkeit einer großen Haltung konfrontiert wird, und man kann sich keine äußere Macht, welcher Art auch immer, vorstellen, der die spirituelle Kraft nicht überlegen ist. Wer also dazu in der Lage ist, kann den Schluss ziehen, dass im Menschen, im wirklichen Menschen, Werte leben, die weder durch Geschosse noch durch Berge von Sprengstoff zerstört werden können.

Ernst Jünger

HEFT DER SS NR. 7. 1943.

IDEE UND ASPEKT DES IMPERIUMS

Die Idee des nationalistischen Staates muss überwunden werden

So klar der Kampf zur Verteidigung unseres Vaterlandes gegen den Ansturm aus dem Osten ist, so klar sind auch die Umrisse einer neuen Organisation Europas zu erkennen, jene Umrisse, die nicht mehr den Grenzen folgen, die ihnen eine nationalistische Auffassung zuwies. Was heute in Europa Millionen von Menschen zu den Waffen ruft, ist nicht mehr nur der Kampf um Rohstoffe und Lebensraum, sondern auch der Wille zu einer radikalen Neuordnung dieses Kontinents, für die es sich zu leben und zu sterben lohnt. Die Tatsache, dass Tausende von Norwegern, Niederländern, Flamen und Wallonen an der Ostfront in den Reihen der Waffen-SS kämpfen, kann nur als Symptom eines Erwachens der Energie in germanischen Völkern betrachtet werden, die über die Grenzen der politischen Ordnung, in der sie bisher gelebt haben, hinaus nach dem Weg in eine neue Zukunft suchen. Es kann kein Zweifel mehr daran bestehen, dass unsere Vorstellung von dem, was Europa einmal sein wird, wenn dieses harte und unerbittliche Handgemenge ein Ende gefunden hat, uns bereits weit über die Grenzen der alten nationalistischen Auffassung hinausführt. Kein besonnener Geist in Europa glaubt, dass am Ende dieses erbitterten Kampfes, wie es das Schicksal für immer entscheiden wird, die alte politische Ordnung wiederhergestellt werden kann. Ebenso legitimieren die Opfer des gegenwärtigen Krieges nach seinem Ende die Schaffung einer Ordnung, die dem Ausmaß und der Tiefe der im Herzen des Kontinents vollzogenen nationalsozialistischen Revolution gerecht wird. Diese neue Ordnung kann nur auf der Idee der *Rasse* errichtet werden. Die Niederländer, Flamen, Wallonen und Skandinavier, die heute neben uns in den Reihen der Waffen-SS kämpfen, verteidigen nicht nur ihre Heimat gegen die asiatische Welle, sie sind auch die Vorkämpfer für eine *Neuordnung Europas auf der Grundlage der germanischen Idee. So vollzieht sich auf dem Gebiet Europas ein ähnlicher Prozess wie der, der vor siebzig Jahren zur Gründung von Bismarcks Reich führte.*

Links: junger dänischer Freiwilliger, dessen Gesicht noch das eines Kindes ist. Rechts: Heinrich Himmler besucht 1941 seine SS an der Ostfront.

Die SS vereint unter ihrem Runenemblem viele verschiedene europäische Nationalitäten.

Damals schlossen sich die deutschen Fürstentümer unter dem Einfluss des nationalistischen Prinzips zu einem Kaiserreich zusammen. Die nationalsozialistische Revolution resorbierte die nationalistische Idee und ersetzte sie durch die Idee der Rasse. Deshalb muss am Ende dieses Krieges eine neue europäische Ordnung auf der Grundlage der germanischen Solidarität errichtet werden. Die nationalistische Idee blühte im Reich Bismarcks auf. In dem Moment, in dem die unzähligen Ströme Asiens die europäischen Grenzen stürmen, blickt der Kontinent auf jenes große historische Konstrukt zurück, das er Jahrhunderte zuvor schon damals auf dem Fundament des Germanentums errichtet hatte. Wir sind an einem Punkt der Evolution angelangt, an dem das Konzept der Rasse beginnt, eine historische und politische Realität zu werden. Das Volk und die Nation erscheinen zunehmend als besondere Ausprägungen dieses Konzepts. Die Revolution des politischen Denkens, die sich zunächst innerhalb unseres Reiches vollzog, dehnte ihre Auswirkungen bald über die Grenzen des ehemaligen Deutschen Reiches hinaus aus. Sie ist nicht mehr aufzuhalten, sie fegt die alten Irrtümer der alten liberalen Doktrin mit derselben unnachgiebigen Strenge hinweg, mit der sie die künstlichen Kleinstaaten, die durch die englische Gleichgewichtspolitik geschaffen wurden, umstürzt. Die Bewährungsprobe, die der Krieg gegen den asiatischen Feind darstellt, lässt das Überleben des Staatssystems, das in Versailles entstanden ist, nicht mehr zu. Und nun stehen wir in der Stunde des *Kampfes* und der Gefahr vor einer neuen europäischen Organisation; wir erleben die *Geburt eines Rassenimperiums.*

Das ist das Ziel unseres Kampfes. Aufgerufen sind alle, die in ihrer Haltung von einem identischen Blut beeinflusst werden. Der Deutsche fühlt sich natürlich als das Herz dieses Reiches, das den gesamten Bereich unserer Rasse umfassen soll. Aber er darf dieses Reich nicht als eine Erweiterung der nationalistischen Idee betrachten. Die deutsche nationalistische Idee hat 1938 eine neue Dimension erreicht. *Unsere Gegner wollen die Völker Europas von der Idee überzeugen, dass alles, was danach kam, nur die Folge eines deutschen Imperialismus war.* Auch in diesem Punkt haben sie die nationalsozialistische Revolution nicht verstanden. Sie kann nicht zu einem Imperialismus führen, sondern muss nach ihren Grundsätzen den Nationalstaat der Deutschen in ein riesiges germanisches Reich integrieren. Alle Versuche, in juristisch-politischen Begriffen das Verhältnis zu definieren, in dem sich die germanischen Staaten in Zukunft in Bezug auf das Reich befinden werden, müssen scheitern, weil die bestehenden Konzepte wie Föderation, föderales System, Föderalismus dem Bereich der Vergangenheit angehören und die Revolution, die in unserem Denken durch das Konzept der Rasse bewirkt wurde, übersehen. Die deutsche Revolution ist auf dem besten Weg, eine germanische Revolution zu werden. Auf den Schlachtfeldern des schrecklichsten Krieges, der je gegen eine feindliche Welt geführt wurde, die versuchte, den Keim einer neuen Lebensordnung zu ersticken, die durch die deutsche Revolution erreicht wurde, ertönt ein mächtiger Aufruf an die germanischen Völker, *ein germanisches* Reich zu gründen, das ihr eigenes sein soll.

DAS EWIGE IMPERIUM

Die Idee eines nordischen Reiches ist kein Produkt unserer Zeit. Sie begleitet unsere gesamte historische Existenz als Bild einer geordneten Welt, die den Menschen unserer Rasse aufgrund seiner künstlerischen Schaffenskraft, seiner Erfindungsgabe und seiner Fähigkeiten einlädt, ein organisches, zusammenhängendes System nach dem Vorbild des Kaiserreichs zu gründen. Die stolzen Jahrhunderte der Geschichte des Deutschen Reiches sind uns noch nahe genug, um uns daran zu erinnern, dass alle Staaten ihre Gründung der Energie nordischer Führer verdanken: der Staat des Cheruskers Armin, des Bataver Civilis, des Marbod, der Staat der Burgunder, der Vandalen, Theoderichs und Karls des Großen, des Schöpfers des germanischen Westens, der Staat der Waräger, der sich von der Ostsee bis zum Schwarzen Meer erstreckte, der Staat der Wikinger und der Staat der Normannen. Die Geschichte dieser germanischen Völker ist unsere eigene Geschichte. Wir können heute diese Tatsache erleben, dass es in den Reihen der Waffen-SS herausragende Vertreter der germanischen Volksgruppe gibt, die jahrhundertelang einen schwierigen und solidarischen Kampf gegen die Kräfte des Auslands geführt haben, und die vom Reich als einer Idee sprechen, die sie mit Waffengewalt verteidigt und bewahrt haben. Dies ist ein Beweis für den immer noch aktiven Einfluss der historischen Strukturen der Vergangenheit und zeugt davon, dass die Idee des Reiches außerhalb des deutschen Staates lebendig geblieben ist. Es geht jetzt darum, dieses Geschichtsbild, das feindliche Propaganda und falsche Schulbildung bei der germanischen Bevölkerung im Westen und Norden hervorgerufen haben, zu revidieren und historische Verhältnisse wiederherzustellen, wie sie den Niederländern, Flamen, Wallonen und Skandinaviern während der Jahrhunderte, in denen sie Mitglieder des Deutschen Reiches waren, ein zivilisiertes, freies und blühendes Leben zugestanden haben. Wir müssen in Jahrhunderten denken. Die feindliche Propaganda hat das ursprüngliche Gesicht dieser Länder tiefgreifend verändert. Die staatlichen Organisationen, die die Französische Revolution und die englische Gleichgewichtspolitik mit so viel Kunstfertigkeit und Hartnäckigkeit aufgebaut haben, werden durch das eherne Gesetz der Geschichte verurteilt. Die politischen Schöpfungen des 19. Jahrhunderts fallen heute endgültig in sich zusammen. Die Reichsidee hingegen steigt wie Phönix aus der Asche wieder auf; sie wird in allen Völkern wiedergeboren, die germanischen Blutes sind und nicht mehr an die Möglichkeit einer vom Reich getrennten, wenn nicht gar gegen es gerichteten politischen Existenz glauben. Die Idee des Reiches ist die stärkste Tradition des Kontinents und damit die entscheidende reale Kraft für eine dauerhafte historische Ordnung.

DAS KAISERREICH UND EUROPA

Wir stimmen heute darin überein, dass die politischen Schöpfungen der Germanen in der Vergangenheit nur kurzlebig sein konnten, da die Energie der Rasse, ein Gefühl von unerschöpflichem Reichtum in einer fremden Ethnie verdünnt wurde. Die Idee der Rasse macht es uns vor der Zukunft zur Pflicht, *unsere Energie auf strengste Weise zu bewahren und zu bündeln.* Aus ihrer Zersplitterung und einem oft mangelhaften oder zu engen Bewusstsein entstand die tragische Spaltung, die das Reich des Mittelalters beherrschte. Dies allein erklärt, warum das damalige Europa, das bereits nach dem germanischen Prinzip strukturiert war, *dem Universalismus des kaiserlichen Roms und des Christentums erlag* und kostbares Blut für Ideen vergossen wurde, die im Widerspruch zu seiner Geschichte und seiner Denkweise standen; Es ist notwendig, die Fehler der Vergangenheit einzugestehen, wenn die Zukunft Gestalt annehmen soll. Daher muss klargestellt werden, dass eine dauerhafte Ordnung in Europa nur durch das Kaiserreich geschaffen werden kann. Das Schicksal Europas wird in der

Zukunft wie in der Vergangenheit durch das Schicksal des Kaiserreichs bestimmt werden. Europa bildete eine Einheit, das Zentrum der menschlichen Zivilisation, solange das Kaiserreich groß und mächtig war. Zu der Zeit, als es den Höhepunkt seiner Macht erreichte, betrachteten sich die Könige von England und Frankreich als Vasallen des Deutschen Reiches. Doch als das Reich zerfiel, wurde Europa beunruhigt und der Aggression von Mächten ausgeliefert, die nicht zu seinem Areal gehörten. Wir müssen uns daran erinnern, dass sowohl der Name als auch die historische Realität, die wir mit dem Wort „Europa" meinen, eine Schöpfung der nordischen Rasse sind. Deshalb ist das Kaiserreich auch in Zukunft das *Herz und der Brückenkopf Europas,* das magnetische Zentrum, das die germanischen Völker anzieht und zusammenhält. Unsere Aufgabe ist es nicht, die *Modalitäten der politischen Struktur zu* definieren, die die Zukunft für die Gemeinschaft der europäischen Völker bereithält. Die Antwort auf die Frage, die sich aus der Stellung der Niederländer, Wallonen und Skandinavier im Verhältnis zum Reich ergibt, kann erst nach Kriegsende und unter Berücksichtigung der Entscheidung des Führers gegeben werden. Sie wird sich sicherlich aus einer Prüfung der Beteiligung dieser Völker am Kampf für die Regeneration dieses Kontinents ergeben. Sie wird auf keinen Fall nach einem festen, für alle gültigen Schema entstehen und auch nicht mit den Methoden und dem Vokabular liberaler nationalistischer und juristischer Theorien arbeiten. Was entstehen wird, ist eine *echte Gemeinschaftsordnung,* in der jeder seinen Platz und seinen Rang hat, je nach *den Ergebnissen und Opfern, die für das Ganze erbracht werden,* und der Besonderheit und Eigenart seines eigenen Wesens. Die Stellung der einen oder anderen germanischen Volkseinheit innerhalb dieses Reiches wird entsprechend der politischen und geistigen Energie, die von ihr ausgeht, festgelegt werden. Die letzte Entscheidung wird nicht an einem Konferenztisch getroffen, sondern auf den Schlachtfeldern, wo die germanischen Völker unter deutscher Führung als gleichberechtigte Mitglieder des künftigen Reiches um ihre Zukunft kämpfen. Die Waffen-SS hat vom Führer den Auftrag erhalten, die germanische Idee zu pflegen. Es ist ihre unmittelbare Pflicht, dem neuen Reich, für das in ihren Reihen Angehörige aller germanischen Völker kämpfen und sterben, den Weg zu bereiten.

Jedes Reich, das gespalten ist, wird geschwächt. Daher geht kein Reich unter, wenn es nicht intern geteilt ist. Der Bau eines Hauses und die Gründung eines Reiches erfordern die gleiche Einheit.

Paracelsus

HEFT DER SS NR. 9/10. 1943.

DIE GERMANISCHE SOLIDARITÄT EUROPAS

Eine Stimme aus Holland

Wenn man über ein Thema nachdenkt oder darüber schreiben will, muss man sich darüber im Klaren sein, welches Ziel man verfolgt. Und vielleicht stellt man dann fest, dass man nicht die richtige Frage gestellt hat und vom ursprünglichen Ziel abgewichen ist.

So erging es mir mit diesem Artikel. Ich hatte bereits den Titel gewählt; ich wusste, wohin ich gehen wollte, und doch geht das, was ich ausdrücken möchte, über bloße Solidarität hinaus.

Es ist immer hilfreich, eine genaue Definition eines Wortes zu geben. Wenn wir zum Beispiel im Sprachbrockhaus die Seite mit dem Wort „Solidarität" aufschlagen, finden wir: „Gefühl der Zusammengehörigkeit". Sollen wir dem, was das höchste anzustrebende Ideal darstellt, einen fremden Namen geben? Gibt es denn kein germanisches Wort? Wir brauchen nicht lange zu suchen: „Einheit"! Aber was bedeutet „Einheit"? Der Brockhaus sagt: „Etwas fest Zusammengefügtes, Untrennbares". Der Unterschied ist also nicht groß, und doch klingt das Fremdwort in unseren Ohren anders und hat daher auch einen anderen Inhalt. Denken wir nun an die Alltagssprache. Wir sprechen von einer organischen Einheit, von der Einheit Deutschlands. Ein Lebewesen stellt eine Einheit dar, eine feste Einheit; es besteht aus Organen, aber diese Organe, so unterschiedlich sie auch sein mögen, sind nicht „solidarisch", sondern bilden gerade eine Einheit. Eine „organische Solidarität" ist absurd. Wir nähern uns also dem Sinn unserer Frage.

Wir spüren deutlich, dass wir Deutschland nicht nur als bloße Einheit betrachten können. Das Wort Solidarität passt auf Europa. Es ist ein Ganzes, hat gemeinsame Feinde und kann nur existieren, wenn es ein Gefühl der Zusammengehörigkeit gibt und es beginnt, solidarisch zu werden. Die Rassenzusammensetzung in Südeuropa unterscheidet sich von der in Nordeuropa. Andererseits ist die gegenseitige Bereicherung alt, wir können sogar sagen, so alt wie die europäische Zivilisation, und eine Einheit ist aufgrund der geografischen Lage und der Geschichte entstanden. Die Einheit Deutschlands stellt jedoch etwas anderes dar. Es handelt sich wirklich um eine organische Einheit, eine Form, die auch eine rassische Einheit ist, weil die nordische Rasse das Ganze seit den frühesten Zeiten durchdringt und ihm ihren Stempel aufdrückt.

Wir sind also genau dort angekommen, wo wir hinwollten. Wenn Deutschland etwas „fest Zusammengefügtes, Untrennbares" ist, weil es rassisch homogen ist, dann können wir sagen, dass die Einheit aller europäischen Völker auch auf diesem Prinzip beruhen sollte. Wir Germanen, die wir nicht zum deutschen Volk gehören, können aus diesem Grund ein anderes Verhältnis zu Deutschland haben als das der Solidarität. Und diese andere Beziehung, diese organische Einheit, die für uns das Höchste und Absolute darstellt, nennen wir „Kaiserreich".

Ist dieser Titel unzutreffend? Ja und nein. Ja, wenn wir an eine Solidarität des Jeder-gegen-Jeden aller Völker Europas denken, zu denen auch wir, die germanischen Völker, gehören. Nein, wenn wir verstehen, dass die Einheit Germaniens mit der Einheit des restlichen Europas solidarisch ist. Dies kommt in der Politik deutlich zum Ausdruck. Es gibt viele Menschen in den angrenzenden germanischen Regionen, die verstehen und loyal denken, dass Solidarität notwendig ist. Sie sprechen auch gerne von einem „Europa". Sie denken „europäisch" und fühlen sich „nationalistisch", was durchaus vereinbar ist. Für sie stellt diese Solidarität den Ausgangspunkt und das Ziel all ihrer Überlegungen dar. Es gibt andere, die selten von „Europa" sprechen, die nicht einmal im engsten Sinne des Wortes nationalistisch sind! Wenn ich dies sage, bin ich mir bewusst, dass ich damit einigen Missverständnissen Tür und Tor öffne.

Es ist falsch zu sagen, dass diese Menschen nicht stark an ihrem Volk, seinen Sitten und seiner Kunst, seinem Land und seiner Lebensweise hängen; aber sie sehnen sich nach etwas, das höher ist als diese Heimat, das nicht einfach das Produkt eines vulgären Solidaritätsgefühls ist, sondern eine tiefere Ursache hat: das große germanische Erwachen, das Bewusstsein der Rassenbindung, die Erfahrung dessen, was wir „das Reich" nennen. Wenn wir vom Reich sprechen, denken wir nicht primär oder sekundär an Solidarität. Das Imperium stellt für uns das Bewusstsein einer organischen Einheit dar, die einfach vorhanden ist, aber aus dem Horizont, aus dem Bewusstsein unseres Volkes verschwunden war und darauf wartet, Gestalt anzunehmen. Wir sind zwar „nationalistisch", aber auf eine andere Art und Weise als die anderen.

Alles, was eine organische Einheit werden will, muss Zeit zum Wachsen haben und kann nicht verordnet werden. Wir können die Idee des Kaiserreichs nicht ohne ideologischen Hintergrund bekennen und eine Weltanschauung kann nicht! Sache von Verordnungen sein. Nur diese geschaffene Einheit kann als „fest zusammenhängend und unauflöslich" definiert werden.

Der Weg dorthin ist lang. Wir wollen der Solidarität nicht den Charakter eines Zusammengehörigkeitsgefühls absprechen. Sie kann auch zum Kaiserreich führen, aber wir müssen klar erkennen, dass es einen großen Unterschied gibt.

Die SS war die erste Organisation, die sich bewusst darum bemühte, die Idee eines „Reiches" zu verwirklichen, das auf dieser Bedeutung der Einheit beruhte, nicht auf Solidarität, sondern auf einem inneren Rassenbewusstsein.

Wir *haben den Glauben* an das Imperium. Wir wollen für es kämpfen.

Wir wissen, dass er mehr als nur ein Staatskonstrukt darstellt, dass er die gesamte germanische Zivilisation verkörpert, die im Rahmen einer äußeren Staatsform zusammengefasst wurde.

Derjenige, der das schwerste Opfer bringt, soll die Führungsposition haben, aber nicht aus „nationalistischen" Gefühlen heraus, denn „das Imperium" wird überall dort existieren, wo es bewusst als über allen kleinen Nationalismen stehend erlebt wird, auch wenn diese an sich noch so wertvoll sein könnten.

Nach einer langen historischen Teilung ist die Entstehung des Reiches schwierig. Wir können bereits sagen, dass es nie existiert hat, da germanische Länder nie dazu gehörten. Das Reich ist also keine Übernahme der Vergangenheit, sondern ein *Werden,* sowohl für den zentralen Raum als auch für die angrenzenden Völker.

J. C. Nachenius, Holland

Als Nationalsozialisten wollen wir die anderen germanischen Völker mit der Kraft unseres Herzens vereinen und sie zu unseren Brüdern machen.

Heinrich Himmler
(vor den Junkern in Braunschweig am 12. Dezember 1940)

HEFT DER SS NR. 9. 1944.

DAS ERWACHEN UNSERER RASSE

geschrieben von einem Niederländer

Der Auftrag, den die Geschichte den germanischen Völkern erteilt hat, ist heute unnachgiebig. Die westliche Welt der Ideen, in der wir so lange gelebt haben, ist untergegangen. Neue Kräfte treten gegeneinander an. Europa wird heute von Mächten herausgefordert, die es in den Zustand einer Kolonie versetzen wollen. Dieses Europa kann seine Autonomie, seinen Raum und seine Hochkultur nur behaupten, wenn es dafür vereint kämpft. Aus diesem kontinentalen Denken, aus dem Bewusstsein des gemeinsamen Charakters der germanischen Gemeinschaften, entstanden die ersten politischen Bündnisse. Die politischen Konsequenzen folgten dem Erwachen der Rasse. Alle germanischen Länder sammelten eine Auswahl ihrer Jugend im SS-Orden.

Dass Deutschland uns bei der Erfüllung seiner Mission, der nordischen Rasse und dem nordischen Geist wieder politische Kraft zu verleihen, voraus ist, ergibt sich aus der Tatsache, dass wir germanischen Völker zu lange im Schatten Englands geschlummert haben.

Norwegen hat seine Flotte, die Niederlande haben ihre Kolonien, Litauen, Estland und Lettland, die mit Hilfe Deutschlands und Englands befreit wurden, schwanken zwischen den beiden. Nun ist die Sache für uns alle ernst. Es wird oft allzu leichtfertig gesagt, dass wir in einer der größten Revolutionen der Weltgeschichte leben, einer Epoche am Ende vieler Jahrhunderte. Im Allgemeinen ist man sich der Dimension dieser Epoche, in der es nicht um einen einfachen Wechsel des Regierungsregimes geht, überhaupt nicht bewusst. Die Umwälzung erstreckt sich über ein Jahrhundert, und was wir heute erleben, ist die Ablösung der Französischen Revolution durch die nationalsozialistische Revolution. Es ist der Beginn einer Epoche, in der nicht mehr die Ideale einer sogenannten Demokratie dominieren, die vom internationalen Großkapital beherrscht wird, sondern ein Wendepunkt der Geschichte, an dem die Erneuerung unseres Blutes, die Revolte unserer Rasse unser Leben beeinflussen. Nur so kann man die übermenschliche Leistung verstehen, die seit vier oder fünf Jahren von den Soldaten deutschen Blutes erbracht wird. Die Männer und Frauen hätten die schrecklichen Bombenangriffe auf die Städte nicht mit einer solchen Seelengröße ertragen, wenn sie nicht gewusst hätten, dass ihre Existenz auf dem Spiel stand. All diese Millionen von Menschen handelten, kämpften und starben in einem neuen religiösen Aufschwung. Aus ihrem Blut ist ein neuer Glaube entstanden, der die natürlichen und gesunden Kräfte des Lebens bereichert. Dieses Gesetz des Blutes ist zugleich das Gesetz der gleichen Rasse. Wer sein Blut verrät, verrät sich selbst. Jede Vermischung führt zur Zerstörung. Wenn eine Rasse überleben will, müssen die Männer für die Erhaltung der Art kämpfen und die Frauen bereit sein, durch ihre Kinder das Überleben dieser Art über Generationen hinweg zu sichern.

Wir kämpfen als Nationalsozialisten und Männer der SS für ein artgerechtes Leben, gegen jedes fremde psychische Eindringen und gegen die Vermischung der Rassen. Wir streben danach, zu den Quellen unseres Lebens und unserer Art zurückzukehren. Das Gesetz, dass sich das Blut verwandter Völker anzieht, verlangt den Kampf gegen alle Mächte, die uns verderben und zerstückeln wollen. Es sind die gleichen Mächte, für die Völker und Rassen in ihrem Plan zur Weltherrschaft nur Ziele sind, die es auszubeuten gilt. Sie sind es auch, die verhindern wollen, dass sich Menschen gleichen Blutes zusammenschließen. Es ist die bolschewistisch-plutokratische Macht mit ihren neuen Agenten in der ganzen Welt, das internationale Großkapital, die Macht des Judentums, der internationalen Freimaurerei und als dritte Macht die politisierte christliche Kirche mit ihrem Streben nach politischer Macht. Auf der anderen Seite steht die Parole, die die Wiedervereinigung der germanischen Welt will: der Kampf für das Großdeutsche Reich.

Wir kämpfen heute, während wir von unseren eigenen Landsleuten oft nicht verstanden und als Verräter an unserem Vaterland bezeichnet werden. Es scheint, als hätten diese Leute die Rolle der Juden und Freimaurer in den 1930er Jahren übernommen und würden an ihrer Stelle handeln. Völker und Rassen sterben nicht in Kriegen aus, wenn sie ihrem Blut treu bleiben, sondern durch innere Zersetzung im Laufe eines langen Friedens.

Kriege sind immer nur Prüfungen, die die Geschichte den Völkern auferlegt. Wir ehren in Adolf Hitler den Führer aller Germanen, und wenn wir als germanische Freiwillige von Germanien sprechen, dann deshalb, weil wir glauben, dass in der Zukunft unser eigenes Überleben nur in der Gesamtheit der Interessen der germanischen Welt garantiert ist.

Die kleinen germanischen Länder am Rande des großdeutschen Reiches wollen an einem europäischen Gesamtkonzept arbeiten. Blut ruft nach Blut. Wir müssen unsere Kraft und unseren Willen in ein großes deutsches Reich einbringen, denn mehr als Deutschland sind wir der Uneinigkeit und der Fremdherrschaft verfallen. Selbst wenn es in der Geschichte kein Deutsches Reich gegeben hätte, wäre es immer noch an der Zeit, eines zu errichten. Dann würden wir nicht nur einem Naturgesetz folgen, sondern auch unser Überleben und unsere Freiheit, die von der Sowjetunion, den USA und den Briten bedroht werden, sichern.

Wir müssen dieser zukünftigen Gemeinschaft aller germanischen Völker mit gleichen Rechten beitreten, aber von gleichen Rechten kann man nur sprechen, wenn man auch gleiche Pflichten erfüllt hat. Das ist, ein nationalsozialistischer Grundsatz für das Zusammenleben der Völker. Gleiche Rechte setzen gleiche Pflichten und Leistungen voraus. Wir sind überzeugt, dass in zehn, zwanzig oder dreißig Jahren diese große germanische Gemeinschaft Wirklichkeit sein wird und dass in der Regierung dieses großen Germaniens Männer aus den verschiedenen germanischen Regionen sitzen werden, die heute in der SS kämpfen. So wie heute die Männer der Niederlande, Norwegens, Dänemarks und Schwedens gemeinsam kämpfen, so werden sie in der neuen Völkergemeinschaft, gestützt auf die Treue ihrer Mitbürger, für die gesamte Nation arbeiten. Die kleinen Missverständnisse, die von Zeit zu Zeit aufgetreten sind, können dieses große Fresko, diese hoffnungsvolle Öffnung für die Zukunft, nicht zerstören. Adolf Hitler ist der Führer und Garant.

Lassen Sie uns noch eine wichtige Klammer zum Thema Deutsches Reich öffnen. Mein Vater diente in der niederländischen Armee, musste aber nie sein Leben riskieren, ebenso wenig wie mein Großvater oder mein Urgroßvater. Und dann stehe ich plötzlich selbst als Soldat an der Front und dieses friedliche, bürgerliche Clanleben wird zum ersten Mal durch meinen Aufstieg an die Front unterbrochen. Diese Tat ist ein wichtiger Beitrag zur Entstehung des späteren Deutschen Reiches. Außerdem wird mein Sohn zum ersten Mal in unserem Clan einen Vater haben, der als Soldat an der

Front war. Auf diese Weise erhalten wir Zugang zur heroischen Tradition, wie sie in Deutschland lebt.

Diese neu entstehende Tradition umfasst darüber hinaus eine stolze Generation von Soldatenfrauen. So sind wir für die Zukunft gewappnet, denn der Nationalsozialismus in seiner kriegerischen Ausprägung kann sich nur auf Frontsoldaten stützen.

In einer seiner letzten Reden sagte der Führer: „Kein bürgerlicher Staat wird diesen Krieg überleben". Dies war für viele Arbeiter von großer Bedeutung, muss aber auch für uns von großer Bedeutung sein. Kein bürgerlicher Staat wird diesen Krieg überleben; das bedeutet, dass eine völlig revolutionäre Gesellschaft entstehen wird. Der Kampf wird mit unserem Sieg nicht enden, und die Frontmänner aller germanischen Länder werden auch nach dem Krieg an die Arbeit gehen müssen, um den Nationalsozialismus Wirklichkeit werden zu lassen. Die SS muss die treibende Kraft der nationalsozialistischen Revolution sein. Die SS ist nicht die Partei, sondern nur die Sturmtruppe der nationalsozialistischen Ideologie.

Sie ist darüber hinaus eine Ordensgemeinschaft, deren Ziel es ist, nach dem Kampf das ideologische Erbe nahtlos von Generation zu Generation weiterzugeben.

Wie wir sehen, gibt es fast nichts, was einen Niederländer von einem Deutschen oder Norweger trennt. Die Größe, die wir alle gemeinsam haben, ist das erhabene Erbe der nordischen Rasse und der Nationalsozialismus als eine unserer Art entsprechende Ideologie. Wir betrachten die Kombination dieser beiden Dinge als das Wichtigste und werden kleine Meinungsverschiedenheiten überwinden. Im Glauben an unsere historische Mission wollen wir gemeinsam mit allen germanischen Männern das neue Europa aufbauen. Wir sind nicht nur Soldaten, sondern auch Pioniere und als solche die Garanten der Rasse und der Zukunft Europas.

Die Realität des heroischen Einsatzes einer Elite der germanischen Völker an allen Fronten Europas beweist auf eindrucksvolle Weise den Wert des nordischen Blutes im Allgemeinen.

„ZU DEN WAFFEN FÜR EUROPA".
REDE VON SS-STURMBANNFÜHRER LÉON DEGRELLE, GEHALTEN AM 5. MÄRZ 1944 IM PALAIS DE CHAILLOT IN PARIS.

DIE GESUNDHEIT DES VOLKES

Die Einheit dort wird gemacht, und es ist die einzige Einheit, die triumphieren wird. Europa wird nicht nur gemacht, weil es in Gefahr ist, sondern weil es eine Seele hat. Wir sind nicht nur durch etwas Negatives vereint, etwa um unsere Haut zu retten. Es geht auf der Erde nicht so sehr darum, zu leben, sondern gut zu leben. Es geht nicht darum, fünfzig Jahre lang untätig herumzuliegen, sondern ein Jahr lang, acht Tage lang ein stolzes und triumphierendes Leben geführt zu haben.

Intellektuelle können ihre Theorien entwickeln. Man braucht sie einfach. Das sind unschuldige Spiele, oft auch Spiele der Dekadenz. Wie viele Franzosen schwelgen in diesen Feinheiten! *Wie viele Franzosen glauben, dass sie die Revolution gemacht haben, wenn sie einen schönen Artikel über die Revolution geschrieben haben!* Europa ist das alte Land der Intelligenz, und die großen Gesetze der Vernunft sind für die europäische Harmonie unerlässlich. Aber immerhin, unser Jahrhundert bedeutet etwas anderes als das Erwachen der Kräfte der Intelligenz allein. Es hat so viele intelligente Menschen gegeben, die unfruchtbare Wesen waren. Indem man alle knurrenden Instinktkräfte des Menschen weckt, indem man daran erinnert, dass es eine Schönheit des Körpers und eine Harmonie gibt, dass man die Völker nicht mit Zwergen, Mürrischen und missgestalteten Wesen führt, indem er daran erinnert, dass es keine Tat ohne Freude und keine Freude ohne Gesundheit gibt, bringt der Rassismus, indem er diese großen Kräfte weckt, die aus der Tiefe der Welt kommen, eine gesunde und unbeugsame Jugend an die Spitze Europas zurück, eine Jugend, die liebt, eine Jugend, die Appetit hat. Wenn wir also in die Welt blicken, dann nicht mehr, um sie zu analysieren, sondern um sie zu nehmen!

Deutschland hat einem dekadenten Europa den unschätzbaren Dienst erwiesen, ihm die Gesundheit gebracht zu haben. Wenn wir auf das Vorkriegseuropa zurückblickten, wenn wir in diese Menagerien gingen, die die parlamentarischen Versammlungen waren, wenn wir all diese grinsenden Gesichter sahen, all diese verblödeten alten Herren, ihre hängenden Bäuche, als ob diese Männer zu viele Schwangerschaften gehabt hätten, ihre müden Gesichter, ihre trüben Augen, dann fragten wir uns: „Ist das unser Volk?". Das französische Volk wusste noch, wie man einen Witz macht, der im Grunde eine Form des Kicherns und der Revolte war, aber es hatte nicht mehr diese große, unschuldige Freude an der Kraft, während Deutschland dieses grenzenlose Reservoir an Kräften besaß. Was erstaunte Sie, Männer und Frauen in Frankreich, als Sie sie 1940 kommen sahen? Es war, dass sie schön wie Götter waren, mit harmonischen und geschmeidigen Körpern, es war, dass sie sauber waren. Sie haben nie einen jungen Krieger gesehen, Sie sehen ihn zu dieser Stunde noch nicht in Russland, mit einem demokratischen Bart. All das ist sauber, all das hat Ausstrahlung, Rasse und Maul.

Mit dem Rassismus, mit diesem Erwachen der gesunden Kraft, hat Deutschland zuerst seinem Volk und dann ganz Europa die Gesundheit zurückgegeben. Als wir nach Russland gingen, sagte man uns: „Ach, ihr werdet dort leiden, ihr werdet vorzeitig gealterte Männer sein". Als wir von der Front zurückkehrten und die anderen betrachteten, waren wir es, die sie alle für alte Rollen hielten, während wir in unseren Adern eine Kraft spürten, die durch nichts aufzuhalten war.

Revolution des Volkes

Überall in Europa waren die Menschen unglücklich, überall war das Glück von einigen Dutzend anonymen Monstern monopolisiert - materielles Glück eingeschlossen in den Tresoren der Banken, geistiges Glück erstickt durch alle Formen der Korruption. Europa war alt, weil es nicht glücklich war; die Völker lächelten nicht mehr, weil sie sich nicht mehr lebendig fühlten.

Was geschieht in diesem Augenblick noch? Ob man nun nach Paris oder Brüssel schaut, in den Vororten findet man das gleiche gedemütigte Volk, mit Hungerlöhnen, mit der Versorgung von Aussätzigen. Man kommt auf die Boulevards und findet diese dicken, trägen Paschas, die mit Beefsteak und Tausenderscheinen gespickt sind und die einem sagen: „Das ist praktisch der Krieg: Vor dem Krieg haben wir gewonnen, während des Krieges gewinnen wir, nach dem Krieg werden wir gewinnen. Sie werden unsere Maschinengewehrsalven gewinnen, sie werden den Strick der Erhängten gewinnen!

Denn was uns am meisten am Krieg interessiert, ist die Revolution, die darauf folgen wird; es geht darum, diesen Millionen von Arbeiterfamilien die Freude am Leben zurückzugeben; es geht darum, dass sich die Millionen europäischer Arbeiter als freie, stolze und geachtete Wesen fühlen; es geht darum, dass das Kapital in ganz Europa aufhört, ein Instrument zur Beherrschung der Völker zu sein, und zu einem Instrument im Dienste des Glücks der Völker wird.

Der Krieg kann nicht beendet werden ohne den Triumph der sozialistischen Revolution, ohne dass die Arbeiter in den Fabriken und auf den Feldern von der revolutionären Jugend gerettet werden. Es ist das Volk, das zahlt, es ist das Volk, das leidet. Die große Erfahrung der russischen Front beweist dies erneut. Das Volk hat gezeigt, dass es in der Lage ist, seine Revolution ohne die Intellektuellen durchzuführen. In unseren Reihen sind achtzig Prozent unserer Freiwilligen Arbeiter. Sie haben gezeigt, dass sie einen klareren Kopf haben und weiter denken als Tausende von Intellektuellen, die nur noch Tinte im Federhalter, nichts mehr im Kopf und vor allem nichts mehr im Herzen haben, Intellektuelle, die behaupten, die Elite zu sein. All das ist längst vorbei.

Die wahren Eliten bilden sich an der Front, eine Ritterschaft entsteht an der Front, junge Anführer werden an der Front geboren. Die wahre Elite von morgen ist dort, weit weg vom Klatsch und Tratsch der Großstädte, weit weg von der Heuchelei und Sterilität der Massen, die nicht mehr verstehen. Sie entsteht während grandioser und tragischer Kämpfe, wie denen in Tscherkassy. Es war für uns eine souveräne Freude, dort unter jungen Menschen aus allen Teilen Europas zu sein. Da waren Tausende von Deutschen aus dem alten Deutschland, Männer aus dem Baltikum - insbesondere das Narva-Bataillon mit Letten -, große blonde Jungs aus

Skandinavien, Dänen, Holländer, unsere Waffenbrüder, die Flamen, Ungarn, Rumänen. *Es gab auch einige Franzosen, die Sie in diesem Getümmel vertraten, während so viele Ihrer Landsleute in anderen Teilen der Ostfront eingesetzt waren. Und hier entstand zwischen uns allen eine vollständige Brüderlichkeit, denn seit dem Krieg hat sich alles verändert. Aber wenn wir einen jungen Revolutionär aus Deutschland oder von anderswo sehen, halten wir ihn für einen Angehörigen unseres Vaterlandes, denn wir sind mit der Jugend und mit der Revolution.*

Wir sind politische Soldaten, das Abzeichen der SS zeigt Europa, wo die politische Wahrheit liegt, wo die soziale Wahrheit liegt, und indem wir uns von überall her dieser politischen Armee des Führers anschließen, bereiten wir die politischen Kader der Nachkriegszeit vor. Europa wird morgen Eliten haben, wie es sie noch nie zuvor gesehen hat. Eine Armee von jungen Aposteln, mystischen jungen Männern, die von einem Glauben angetrieben werden, der durch nichts aufzuhalten ist, wird eines Tages aus diesem großen Frontseminar hervorgehen. *Auch dort, Franzosen, gilt es, präsent zu sein.*

Jedes Volk muss sich seinen Platz verdienen

In den nationalen Parteien gibt es jetzt in Frankreich Männer, die verstanden haben, dass man mit ganz Europa zusammenarbeiten muss, die vor allem verstanden haben, dass die revolutionäre Einheit Europas die SS ist. Als erste hatte die SS den Mut, geradeaus zu gehen, hart zuzuschlagen und die wahre sozialistische Revolution zu wollen. Seit ein oder zwei Jahren, an der Front, haben wir Frankreich gesehen. Und jetzt im Inneren sieht man Frankreich: das Frankreich der de Brinon, der Déat, der Doriot, der Darnand, und vor allem das Frankreich der Jugend. Man sieht dort etwas anderes als kleine Typen an den Ecken der Bars, mit der herunterfallenden Zigarette und dem Pernod, der bereit ist, verschluckt zu werden. Man sieht große, gut gebaute Jungen, die in der Lage sind, die Revolution zu machen und sich danach ein schönes Mädchen in Frankreich auszusuchen, um ihr kräftige Kinder zu schenken.

Sie haben seit Jahren im Verhältnis dreimal weniger Kinder gezeugt als die Russen und zweimal weniger als die Deutschen. Man fragt sich, warum das in diesem Land der Liebe so ist. Die Liebe kann nicht ohne Kinder sein! Sind sie nicht die Poesie und die Wiederauferstehung der Liebe?

Diese Geburtenrate war eines der Symptome der allgemeinen Ohnmacht der demokratischen Völker, der Ohnmacht, weit zu denken, der Ohnmacht, Kühnheit zu besitzen, der Ohnmacht gegenüber revolutionärem Eifer und der Ohnmacht gegenüber Entbehrungen, ja sogar gegenüber Leiden. Man muss euch sagen, Franzosen, dass ihr fünfzig Jahre in einem Europa der Soldaten verloren habt, das kämpft, das seinen Mut zeigt, das heroisch sein muss, aber eine soziale Revolution und moralische Grundlagen für jedes Volk vorbereitet. Es ist nicht mehr möglich, dass diese Hunderttausende von Männern gestorben sind, getragen von den erhabensten Tugenden, um dann in den Misthaufen der Mittelmäßigkeit, der

Niedertracht und der Willfährigkeit zurückzukehren. Die Front hat nicht nur auf militärischem Gebiet rettende Kräfte geschaffen, revolutionäre Kräfte, die morgen durch alles hindurchgehen werden, sondern sie bereitet auch die Revolution vor, die Europa am dringendsten braucht: die geistige Revolution. Wir brauchen aufrechte und reine Männer, die wissen, dass die höchsten Freuden des Menschen in der Seele liegen. Wir werden die Mittelmäßigkeit der Seelen nicht mehr zulassen, wir werden nicht mehr zulassen, dass die Menschen für schmutzige Freuden, für ihren Egoismus, in einer engen Atmosphäre leben. Wir wollen die Völker erheben, ihnen ihren Appetit und ihre Größe zurückgeben. Wir wollen, dass die Völker diese souveränen Freuden haben, sich über das alltägliche Leben zu erheben.

Deshalb, liebe Genossinnen und Genossen, müssen wir geeint sein. Europa, das sich gegen den Kommunismus erhoben hat, um unsere Zivilisation, unser geistiges Erbe und unsere alten Städte zu verteidigen, muss vereint sein, und *jedes Volk muss seinen Platz verdienen, nicht indem es die Vergangenheit aufzählt, sondern indem es das Blut gibt, das wäscht und reinigt. Europa muss vereint sein, um unter dem Zeichen der SS die nationalsozialistische Revolution zu verwirklichen und den Seelen die Revolution der Seelen zu bringen.*

Man bettelt nicht um ein Recht.
Wir kämpfen für ihn.

Adolf Hitler

Heft der SS Nr. 6. 1943.

Respekt vor der Person

Die Bewegung muss mit allen Mitteln für die Achtung der Person sorgen; sie darf nie vergessen, dass der Wert alles Menschlichen in der persönlichen Qualität liegt, dass jede Idee und jedes Ergebnis das Ergebnis der schöpferischen Kraft eines Menschen ist und dass das Bewundern der Größe dieses Menschen nicht nur ein Recht darstellt, das ihm zusteht, sondern ihn auch mit denen verbindet, die davon profitieren.

Die Person ist unersetzlich. Sie muss es sein, weil sie das schöpferische kulturelle Element nicht-mechanischer Natur verkörpert. So wie ein berühmter Meister nicht durch einen anderen ersetzt werden kann, der sein unvollendetes Gemälde fortsetzt, so sind auch ein großer Dichter und Denker, ein großer Militär und ein großer Staatsmann einzigartig. Denn ihre Tätigkeit liegt immer im Bereich der Kunst; sie kann nicht mechanisch eingetrichtert werden und stellt eine angeborene göttliche Gnade dar.

Die größten Umwälzungen und Eroberungen dieser Erde, ihre größten kulturellen Ergebnisse, die unsterblichen Taten im Bereich der Staatskunst usw. sind untrennbar mit einem Namen verbunden, der für sie steht. Auf die Ehrung eines großen Geistes zu verzichten, bedeutet, eine immense Kraft zu verlieren, die von den Namen aller großen Männer und Frauen ausgeht.

Aus Adolf Hitlers *Mein Kampf*

HEFT DER SS NR. 8. 1938.

DAS BUCH, DIESES SCHWERT DES GEISTES

Zweifellos gab es in Deutschland eine Zeit, in der die Bedeutung des Buches überbewertet wurde.

Die zunehmend entwurzelte und intellektualisierte Bourgeoisie entging nicht der Gefahr, es als Fetisch zu betrachten, den man anbeten musste, als magischen Schlüssel, der alle Türen öffnete, insbesondere die zu einer schnellen und erfolgreichen Karriere. Es war die Zeit, in der schlaksige Teenager mit Brille, die nichts mit ihren zehn Fingern anzufangen wussten, Tag und Nacht Bücher verschlangen und wegen ihrer schulischen Leistungen gehätschelt und verehrt wurden. Die Haltung der Eltern blieb unverändert, obwohl die meisten dieser hochgebildeten Primaten wimmernd vor der Härte des Lebens flohen. Die Mehrheit der Menschen lässt die Tatsache außer Acht, dass eine häusliche und blasse Generation heranwuchs, die mit ununterbrochener Lektüre gestillt wurde, dass der Geist erfüllt wurde und dass die Stärken und Qualitäten des Körpers vernachlässigt wurden. Die deutsche Jugend lief zunehmend Gefahr, nicht zu wissen, was das Leben wirklich war, und sich ein Bild aus zweiter Hand zu machen - durch Instrumente oder, was noch schädlicher war, durch Schriftsteller, durch gelebte Leben in literarischen Werken oder durch Scheinleben in oberflächlichen Romanen.

Der allgemeine Wandel der Dinge betrifft auch diesen Bereich. Die Gefahr, das Buch überzubewerten, besteht nicht mehr. Der Geist hält sich an seine Grenzen und der Körper gewinnt sein Recht zurück Das Buch und das Buchwissen stellen nicht mehr ein absolutes Ziel dar. Sie müssen der Wiedergeburt unseres deutschen Volkes durch die harmonische Bildung des Individuums, durch die Definition und Umsetzung der allgemeinen Aufgaben dienen.

Da die Entwicklung aber nie einer geraden Linie folgt, schlägt das Pendel des Ereignisses mit umso größerer Kraft in die andere Richtung zurück. Und so wurde die vorherige Gefahr durch ihr Gegenteil ersetzt. Eine Überbewertung ist derzeit nicht mehr zu befürchten. Vielmehr gilt es, eine Unterbewertung des Buches zu verhindern.

Das wertvolle Buch definiert am besten, was die Realität des Lebens ist; es hat die Aufgabe, denjenigen, die dazu bereit sind, durch die spirituelle Vision, die es in ihnen weckt, und die Emotionen, die aus seiner Kunst hervorgehen, neue Erfahrungen zu vermitteln. Ein Buch, das diesen Namen wirklich verdient, sollte den Menschen nicht von dem ablenken, was ihm eigen ist, sondern sein tiefstes Inneres aufdecken, wenn er die magische Kraft besitzt, seinen Willen in Taten umzusetzen. Ein solches Buch überdauert den flüchtigen Augenblick und bildet heute das Ferment, einen äußerst wichtigen Denkanstoß.

Nachdem das Buch also jahrelang überschätzt wurde, muss in Zeiten einer echten Gefahr mit allen Mitteln verhindert werden, dass es ins Abseits gedrängt wird. In dieser Hinsicht stellt die Woche des Buches usw. eine bemerkenswerte Hilfe dar. Die wichtigste Handlung ist jedoch, dass der Einzelne ein Buch aus seiner Bibliothek nimmt und seine Erfahrung den anderen Mitgliedern der Gemeinschaft mitteilt. Gemeinsam mit ihnen möchte er das Gelesene in die Tat umsetzen und das finden, was alle wichtigen Bücher inspirieren: ein beispielhaft gelebtes, bodenständiges, reiches Leben.

Hans Franck

„ D'ESTOC ET DE TAILLE „ (D'ESTOC ET DE TAILLE), VON GUNTHER D'ALQUEN, 1937.

HUMOR IST EIN MUSS!

Wehe dem Volk, das keinen Humor hat!

Wehe dem, der nicht herzhaft lachen kann, bis ihm die Tränen in die Augen schießen. Wehe dem, der den Humor fürchtet, ihn in jedem misstrauischen Gehirn mit Argusaugen aufspürt und aus Mangel an innerer Sicherheit und Selbstbeherrschung keine spontane Haltung einnehmen kann. Wehe, dreimal wehe, denn er zeigt, dass er schwach und pharisäerhaft ist.

Uns werden viele, hunderte Briefe geschrieben, die große Freude ausdrücken und uns davon berichten, wie wir mit den verschiedenen Problemen des täglichen Lebens umgehen oder mit Fragen, die keine sind. Und die täglich immer größer werdende Masse an Post zeigt uns, dass unser Volk begeistert versteht, dass wir nicht mit hochgezogenen Augenbrauen die gelegentlichen kleinen Sandkörner beobachten sollten, die die Riesenmaschinerie unseres Staates leicht zum Quietschen bringen.

Wir betrachten sie mit einem Lächeln von oben und vergrößern sie nicht so sehr, dass man denken könnte, kleine Sandkörner könnten die Maschine aufhalten.

Ein guter Freund gibt uns den Rat, nicht mit Kanonen auf Spatzen zu schießen. Wir „arbeiten" mit schweren Waffen nur in sehr seltenen Fällen, die dies erfordern. Die Spatzen halten das bedrohliche Gelächter für Sperrfeuer und rümpfen schon beträchtlich die Nase, außer wenn sie bemerken, dass wir sie nicht für Steinadler halten! Wir schießen nicht mit Kanonen auf die Spatzen, sondern mit Armbrüsten, weil wir die Fassaden unserer Gebäude nicht beschmutzen wollen - also eher aus ästhetischen Gründen als aus Angst, dass die Grundfesten des Nationalsozialismus ins Wanken geraten könnten.

Niemand kann uns zwingen, mit ernster Miene zu den Waffen zu greifen, selbst wenn es sich um kleine, unbedeutende Dinge handelt. Aber wir dulden es nicht, wenn Flecken ein schönes Kristallglas beschmutzen. Es ist wahr, dass ein einfaches Wischen genügt, um es wieder zum Glänzen zu bringen!

Für uns ist der Humor zu einer der wichtigsten Waffen im Kampf um die Macht geworden. Er muss eine Waffe bleiben. Wir machten uns mit schallendem Gelächter über ein ganzes System lustig, nahmen jeden einzelnen Verantwortlichen der November-Clique mit furchtbarem Humor unter die Lupe und nahmen ihm die falsche Nase seiner „Würde" ab. Der spitze Bleistift von Mjölnir (ein berühmter Karikaturist der SS-Zeitung *Das schwarze Korps) machte sich* über sie lustig und verhöhnte ein schlechtes und gefährliches Polizeisystem. Wir alle, die wir Mjölnir kennen, schätzen und ehren ihn für seinen Humor als einen ernsthaften Künstler, der diese Waffe in den Dienst des Kampfes stellt.

Je zuversichtlicher unser Lachen war, desto härter wurde der Kampf. In den schlimmsten Momenten zeigten die lachenden Gesichter unserer Mitstreiter dem Führer, dass seine Truppe intakt und von einem unbezwingbaren Glauben an den Sieg durchdrungen war. Denn Skeptiker lachen nie.

Sollten wir Trauermienen aufsetzen, wenn wir heute an der Macht sind und der Nationalsozialismus seine uneinnehmbare Position erobert hat, weil das Volk ihm vertraut?

Der Nationalsozialismus ist keine mittelalterliche Institution. Er hat die Herzen der deutschen Jugend erobert. Diese Jugend, die mit ihrer unbändigen und überschäumenden Kraft freudig in die Zukunft blickt, hat das neue Reich verkörpert. Diese bewusste und stolze Zuversicht weckt einen freudigen, glücklichen Optimismus. Sie ist eine unerschöpfliche Quelle des kontemplativen Humors.

Eines Tages würden wir gerne „Radau machen" und die Unzufriedenheit der einen oder anderen Seite provozieren. Aber wir werden nichts anderes tun, als die staubigen Räume der asthmatischen Bourgeoisie häufig zu lüften.

Es ist nicht unser Staub, den die Betroffenen einatmen. Denn wer fühlt sich schon beleidigt, wenn man auf den schwarzen Punkt auf seiner Nase aufmerksam macht?! Nur Kleinbürger und Pharisäer, die glauben, dass die Stunde der deutschen Evolution stillsteht, weil sie Scheuklappen haben, dumm sind und nichts sehen wollen.

Aber die Zeit schreitet unaufhörlich voran. Wir können nichts daran ändern. Ein bisschen mehr Humor fegt die ernsten Gedanken weg und Lachen erleichtert und befreit. Jeden Tag ein bisschen mehr Humor! Sonst werdet ihr verbissen, alt und grau und könnt nicht einmal mehr euch selbst ertragen.

Aber wir...

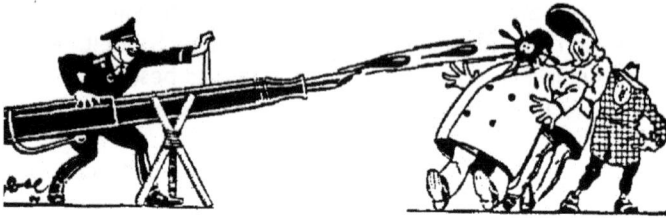

HEFT DER SS NR. 9. 1944.

SAG ES ALLEN

Jeder soll zu sich selbst sagen
tief in seinem Herzen,
in jeder Minute:
Wenn ich schwach bin, ist auch mein Volk schwach.
Wenn ich scheinheilig bin, ist mein Volk scheinheilig.
Wenn ich versage, versagt auch mein Volk.
Wenn ich mein Volk verlasse, verlasse ich mich selbst.
Wenn ich mich gegen mein Volk stelle, stelle ich mich gegen mich selbst.
Mut und Unternehmungsgeist verlieren
bedeutet, das Leben zu verlieren,
bedeutet, seinen Vater und seine Mutter, seine Kinder und seine Enkel
zu verraten.

Es gibt nur einen Weg
gegen den Krieg: Krieg!
gegen die Waffen: die Waffen!
gegen die feindliche Tapferkeit: die eigene Tapferkeit!
und gegen das Unglück: der Geist der Aufopferung.
Gegen den Hass der Welt die einzige Hilfe,

ist die Liebe zu unserem Volk,
zu allen Opfern bereit.

Die Schwäche des Herzens verschlingt alles um sich herum
wie die Fäulnis,
wie unter den Früchten,
wo ein Apfel die anderen verdirbt.
Was du dir erlaubst, erlaubt sich auch dein Nachbar.
Wenn du betrügst, betrügt er auch.
Wenn du dich beschwerst, beschwert er sich auch.
Wenn du plapperst, plappert er auch über dich.
Und wenn einer von uns schließlich Verrat begeht,
jeder verrät sich selbst.

Wir appellieren an die Gerechtigkeit.
Aber man muss sich sein Schicksal auch verdienen.
Wer unwürdig ist, erntet Unwürdigkeit,
der, der mutig ist, den Mut,
die Besten das Beste.
Und selbst dann, wenn die Götter ihre Hilfe verweigern,
der rechte Mann erhält trotzdem ihren Segen.

Jedes Leben ist gefährlich.
Man stirbt nicht nur im Feuer.
Jede Mutter riskiert ihr Blut für das Leben ihres Kindes,
und verewigte so sein Volk.

Um das Leben zu bewahren
alle riskieren ihre Existenz,
die einen für sich selbst, ihren Hunger
ihre eigene Notwendigkeit,
die anderen für viele,
und ein Mann für alle:
der Held auf dem Schlachtfeld
Er gewährt allen das Leben. Er lebt in ihnen.
Durch seinen Tod
ewige Lorbeeren krönen seinen Schlaf
überlebt das Vaterland.

Was stattgefunden hat, bleibt aktiv,
das Gute wie das Schlechte.
Niemand soll glauben
dass er etwas verbergen könnte,
und heimlich Böses tun.

Das Gesunde bringt das Gesunde hervor,
das Verrottete die Fäulnis

Nichts kann uns verraten - außer unserem eigenen Mund.
Nichts kann uns verlieren - außer unserem eigenen Herzen.
Nichts kann uns treffen - außer unserer eigenen Hand.
Niemand kann uns erlösen - außer wir selbst.

Wil Vesper

KAPITEL II

I. GESCHICHTE

HEFT DER SS NR. 8. 1938.

DER EID DER ATHENISCHEN EPHEBEN

„Was auch immer unser Ziel sein mag, ich will die heiligen Waffen nicht beschmutzen und meine Kameraden im Stich lassen. Ich will für das kämpfen, was groß und heilig ist, allein oder mit vielen anderen. Ich will mein Vaterland nicht für irgendeinen Vorteil verraten. Ich muss ständig auf die Anführer hören und die aktuellen und zukünftigen Gesetze befolgen, denn das Volk schafft sie. Und wenn jemand es unternimmt, die Gesetze abzuschaffen oder nicht zu gehorchen, kann ich das nicht zulassen, ohne einzugreifen, allein oder mit allen zusammen. Ich muss die Überzeugungen der Väter ehren. Mögen die Götter das bezeugen!"[3]

HEFT DER SS NR. 2. 1944.

DIE ENTSTEHUNG DES GERMANISCHEN EUROPAS UM 500 N. CHR.

Als die germanischen Völker im 5. Jahrhundert n. Chr. in Italien, Gallien und Spanien heftige Schläge austeilten, die das Römische Reich in Europa zerfallen ließen, schufen sie gleichzeitig die Grundlage für das heutige Europa. Mit ihnen begann eine neue Epoche. Das Imperium Romanum befand sich bereits in einem Zustand des inneren Verfalls, als in jenen Januartagen des Jahres 406 die germanischen Heere seine Grenzen am Rhein und in Frankreich endgültig niederrissen. Sie vergrößerten nicht nur das germanische Gebiet durch unaufhörliche Kolonisation, sondern gründeten auch Städte auf kühnen Eroberungszügen. Einige Jahrzehnte später berichtet ein Römer:
„Die Beamten, nicht nur in den Städten, sondern auch in den ländlichen Gemeinden und Dörfern, sind allesamt Tyrannen. Den Armen wird alles genommen, die Witwen stöhnen, die Waisen werden mit Füßen getreten.

---

[3] Aus dem „Brevier des Soldaten", herausgegeben von Bruno Brehm.

Der Druck der Steuern und Erpressungen lastet auf allen in schrecklicher Weise. Viele, auch Männer von edler Herkunft und freie Menschen, fliehen zu den Germanen, um nicht der Verfolgung durch die Staatsmacht zum Opfer zu fallen und von ihr niedergemetzelt zu werden. Sie suchen also bei den Barbaren eine römische Menschlichkeit, weil sie die barbarische Unmenschlichkeit der Römer nicht mehr ertragen können. Sie ziehen es vor, unter dem Anschein der Knechtschaft frei zu sein, als unter dem Anschein der Freiheit ein Sklavenleben zu führen. Und selbst die Römer, die unter der Herrschaft von Goten, Vandalen und Franken leben, haben nur einen Wunsch: Sie wollen nie wieder zurückkehren und unter der römischen Gesetzgebung leben. Das gesamte römische Volk fleht den Himmel an, weiterhin bei den Germanen leben zu dürfen".

Wo die Germanen ihre Herrschaft errichteten, traten Recht und Ordnung an die Stelle des Despotismus der Großgrundbesitzer und Großfinanziers.

Diese neuen germanischen Staaten, die sich auf dem Boden des Imperiums niederließen, hatten ein wechselvolles Schicksal. Es waren vor allem ostgermanische Stämme, die sich dort im Süden niederließen. Sie waren um die Zeitenwende aus Schweden und Dänemark gekommen und hatten sich zwischen Oder und Weichsel niedergelassen - die Goten, Vandalen und Burgunder, aber auch viele andere wie die Rugier, Heruler oder Gepiden. Sie nahmen die Heimat der Bastarnen und Skiren, die sich tausend Jahre zuvor an der pommerschen Küste niedergelassen hatten. Seit dem 2. Jahrhundert gingen die Eroberungszüge der Ostgermanen von diesem ostdeutschen Raum aus. Während ein Teil der Vandalen Ungarn eroberte, gründeten die Goten ein mächtiges Reich im Süden Russlands und in Rumänien. Ab dem 3. Jahrhundert unternahmen sie gleichzeitig ständig kriegerische Expeditionen gegen das römische Imperium. Die einst so stolzen Römer konnten sich nur mühsam gegen die anstürmenden Truppen verteidigen und in diesem Fall nur mithilfe der germanischen Hilfstruppen, die in der römischen Armee vorhanden waren. Als jedoch um 370 die Hunnen aus Asien kamen und das Gotenreich in Russland besiegten, verließen die Westgoten ihre Heimat. Sie verwüsteten den Balkan, betraten 410 unter der Führung ihres Königs Alarich Italien, eroberten Rom und festigten ihre Herrschaft nach dem Tod ihres glorreichen Königs in Südfrankreich, von wo aus sie um 460 nach Spanien gelangten.

In ähnlicher Weise hatten die Vandalen und Sueben im Jahr 406 den Rhein erreicht und entlang der Donau angegriffen; sie hatten Gallien überquert und Spanien erobert. Während die Sueben im Nordwesten der Halbinsel blieben, zogen die Vandalen etwas später nach Nordafrika und unterwarfen diese reiche Provinz. Ihre kriegerische Kraft schwand jedoch bald unter dem aufweichenden Klima des Mittelmeers. Und ihre zahlenmäßige Stärke reichte nicht aus, um eine dauerhafte Vorherrschaft über die aus anderen Völkern stammenden Bewohner des Landes zu errichten - das gesamte Volk der Vandalen bestand nur aus 85.000 Männern. Es blieb keine Spur von ihm übrig, als es ein Jahrhundert später von den Armeen des Kaisers von Byzanz vernichtet wurde.

Offenbar war das Schicksal der Ostgoten in Italien ähnlich. Sie waren um 470 unter ihrem Großkönig Theoderich aus Ungarn aufgebrochen - wo sie seit dem Zusammenbruch ihres südrussischen Reiches lebten - und hatten in kürzester Zeit mit ihren Schwertern die italienische Halbinsel erobert. Theoderich übertraf an Macht, Ruhm und Einfluss alle anderen germanischen Könige seiner Zeit. Und doch war auch sein Volk nicht zahlreich und stark genug, um die Macht behalten zu können. Nach zwanzig Jahren des Kampfes mussten sie sich schließlich im Jahr 553 der Übermacht des Oströmischen Reiches geschlagen geben. Die in Oberitalien verbliebenen Reste des Volkes assimilierten sich an die Langobarden, die ihr Erbe antraten und in Nord- und Mittelitalien eine starke Macht errichteten, die die Jahrhunderte überdauerte.

So war in Südeuropa ein Gebiet entstanden, in dem germanische Stämme die römische Bevölkerung beherrschten - in Spanien die Westgoten und Burgunder, später auch die Franken, in Italien die Ostgoten und später die Langobarden.

In all diesen Ländern hatten sich die germanischen Migranten mit Frauen, Kindern, Knechten und Mägden als kämpfender Adel niedergelassen, der die Macht über die von ihnen besiegten Einheimischen ausübte. Diese mussten einen Teil ihres Besitzes und ihrer Sklaven an die neuen Herrscher abtreten, damit jede germanische Familie ihr eigenes Landgut besitzen konnte. Die germanischen Männer waren also sowohl Bauern als auch Krieger. In Friedenszeiten lebten die meisten von ihnen als Bauern über das ganze Land verstreut, während viele der Jüngeren das Gefolge des Königs an seinem Hof bildeten oder in Gruppenverbänden kämpften, die als Garnisonen in Grenzburgen und Städten dienten, um den Frieden mit der Waffe in der Hand zu sichern. Bei Gefahr schlossen sie sich jedoch wieder den alten Militäreinheiten an und griffen mit freudigem Herzen zum Schwert.

Die Beschreibung eines Zeitgenossen über die in Spanien herrschenden Goten enthüllt, wie die germanischen Eroberer beschaffen waren: „Die Goten haben flinke und starke Körper, einen scharfen Geist und sind voller Selbstvertrauen. Sie sind von großer und schlanker Gestalt, voller Würde in Haltung und Gestik, schnell in der Tat und unempfindlich gegen Verletzungen. Sie prahlen sogar mit ihren Verletzungen und verachten den Tod".

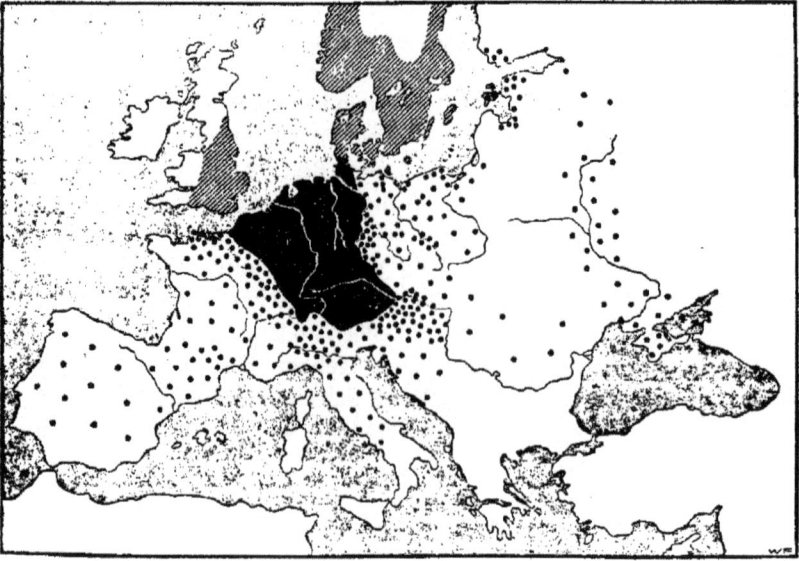

Das germanische Europa um 900.

Im deutschen Raum, dem Herzen Europas, entstand das Lebenszentrum des germanischen Europas. Die Nordgermanen, die in Südeuropa Staaten gründeten, sorgten auch dafür, dass sich das germanische Blut bei den römischen Völkern durchsetzen konnte. Um das Jahr 1000 wurden die Nordgermanen auch zu einem Bestandteil der kontinentalen germanischen Kultur, deren reinster Ausdruck das Deutsche Reich war. So vereinigte sich das germanische Blut aller europäischen Völker und brachte die gemeinsamen Grundzüge ihrer Kultur hervor, und das zu einer Zeit, als das Deutsche Reich die führende Macht in Europa war.

Auf Dauer konnten sich die vielen zahlenmäßig schwachen Stämme jedoch nicht von den beherrschten Völkern fernhalten. Im Laufe der Jahrhunderte mussten sie immer enger mit ihnen verschmelzen. Zunächst gelangten die Häuptlinge der Einheimischen in Führungspositionen, und bald lernten auch die germanischen Herrscher die Sprache ihrer Untertanen und trugen südländische Trachten. Sie verloren allmählich ihren germanischen Charakter und verschmolzen so nach und nach mit den einheimischen Völkern. Man mag es bedauern, dass so viel germanisches Blut verloren ging. Andererseits bedingte dies jedoch die Entstehung eines homogenen Europas. Denn noch Jahrhunderte lang, sogar bis in die Neuzeit, überlebte das Erbe des germanischen Blutes in den herrschenden Klassen dieser römischen Völker.

Der Einfluss hielt lange an, sogar bis ins Mittelalter. Die Schlüsselfigur des Mittelalters, der Ritter, war in seiner Haltung völlig vom germanischen Geist beseelt. Es war also auch das Erbe des germanischen Blutes, das sich in den großen Werken dieser Völker in den folgenden Jahrhunderten niederschlug. Das germanische Erbe lebte in den spanischen Adligen weiter, die ab dem 12. Jahrhundert die Araber aus Spanien vertrieben und als

Eroberer nach Amerika zogen. Er lebte in den provenzalischen Rittern weiter, die dazu beitrugen, Europa an der Front des östlichen Mittelmeers vor dem Ansturm des Islam zu schützen. Ebenso kam er in einem Leonardo da Vinci und anderen Größen der Renaissance zum Ausdruck, die um 1500 die kulturellen Errungenschaften schufen, ohne die unser heutiges Leben nicht denkbar wäre.

Der Anschluss Südeuropas an die germanische Völkergemeinschaft, die Schaffung einer vorgeschobenen Basis im Süden des germanischen Lebensraums, war von größter Bedeutung für die globale Zukunft Europas. Nur dank der germanisch geprägten Führungsschicht konnten diese Völker an der ritterlichen Zivilisation des Mittelalters mitwirken - in der sich das erste Europa, wie wir es heute kennen, offenbarte.

Doch dieses „unser" Europa wurde erst von jenem Teil des germanischen Volkes wirklich gegründet, der Mitteleuropa, das deutsche Kernland, - einschließlich der Niederlande, Belgiens und Nordfrankreichs - zu einem ethnisch germanischen Territorium machte. Die Errungenschaften der Franken bildeten die Grundlage dafür. Im achten Jahrhundert konnten sie zu Recht und im klaren Bewusstsein ihrer historischen Bedeutung sagen, dass Europa das Land des Fränkischen Reiches ist. Kurz vor der christlichen Zeitrechnung hatten die germanischen Völker ihr altes Siedlungsgebiet verlassen und waren nach Süden und Westen gezogen, wo sie ganz Deutschland bis zur Donau, den Vogesen und der Maas besiedelt hatten. Das deutsche Gebiet war zu „Germanien" geworden. Jahrhundertelang hatte das römische Imperium diese Völker - hauptsächlich die Franken am Niederrhein, die Alemannen am Oberrhein und an der Donau sowie die Bayern in Böhmen - im Zaum gehalten, auch wenn es nicht verhindern konnte, dass sich immer mehr dieser germanischen Siedler westlich des Rheins niederließen. Nach dem Zusammenbruch des Imperiums kurz nach 400 kamen aber auch diese Völker voran; sie unterwarfen jedoch nur das Land, das sie vollständig besiedeln konnten. So wurde Deutschland bis zum Alpenkamm einschließlich der Schweiz und des Elsass germanisch, während die Franken den Rhein von der Mosel bis zur Mündung überquerten und innerhalb eines Jahrhunderts das gesamte Land bis zur Seine-Region (etwas nördlich von Paris) mit dichten germanischen Siedlungen eroberten. Gleichzeitig hatten Friesen und Sachsen die Niederlande nördlich der Rheinmündung besetzt. Weiter im Norden begannen die Angeln und Sachsen, England von der Elbmündung aus zu besiedeln.

So war der germanische Lebensraum im Zentrum Europas zu einem mächtigen Block geworden, der sich westlich und östlich des Rheins bis zum Ärmelkanal und bis zur Oder erstreckte. Dort lebte nun der größte Teil der Germanen, die sich in den folgenden Jahrhunderten zum Volk der Deutschen vereinigen sollten. Und von hier aus entwickelte sich das Zentrum des germanischen Europas.

Die Franken vollbrachten ein großes Werk, indem sie mit den bis dahin unabhängigen Stämmen der Bayern, Alemannen, Sachsen und Thüringer eine homogene politische Macht schufen. Über Jahrhunderte hinweg waren sie das einzige wirklich herrschende Volk in Europa. Ihr König Chlodwig gründete diesen Staat bei seiner Machtergreifung um 500. Zunächst verschweißte er die verschiedenen fränkischen Regionen zu einem mächtigen fränkischen Staat. Durch diese Vereinigung wurden die Franken so mächtig, dass es Chlodwig und seinen Söhnen gelang, die anderen Stämme - die Alemannen, Thüringer und Bayern - in den fränkischen Staat zu integrieren und so einen großen germanischen Block in der Mitte Europas zu schaffen. Er sollte später von Karl dem Großen vollendet werden, der die Sachsen und Bayern noch an das Reich anschloss. Karl vollendete also das Werk Chlodwigs, der nach seinem Triumph über die Westgoten und Burgunder bereits mit der Angliederung Südfrankreichs begonnen hatte: So wurden nach der Unterwerfung des langobardischen Italiens - mit Ausnahme der Spanier - die von einer germanischen Autorität geführten römischen Völker politisch eng mit dem mächtigen germanischen Zentralreich verbunden.

So wie König Chlodwig mit eiserner Hand seine Macht ausgeweitet hatte, schuf Karl der Große auch die zukünftige Grundlage für die innere Struktur Frankreichs. Er brach jeden Widerstand, der sich ihm entgegenstellte, und festigte und erweiterte seine königliche Macht. Er stattete Regional- und Stammesführer sowie Richter mit Sondervollmachten aus, die von ihm abhängig waren und seine Entscheidungen und nicht die der Volksversammlungen umsetzen mussten. Auf diese Weise eroberte der König die Macht, das Volk zu führen und den Staat nach seinem Willen zu lenken.

Dank seiner Kapitularien konnte unter seinen Nachfolgern allmählich eine Klasse fränkischer Führer entstehen, die durch die germanische Regel der Truppentreue an den König gebunden waren und deren Werte Ehre und Treue ihr Handeln bestimmten. Die Sorge um ihre Untergebenen, um diejenigen, die sie schützen mussten, und die gerechte Anwendung des Rechts waren ihr oberstes Gesetz. Sie hielten im Namen des Königs Recht und Ordnung aufrecht.

Das Frankenreich ermöglichte somit die Schaffung einer nationalen Binnenstruktur, die mit der späteren deutschen Kaiserzeit vergleichbar war, in der die Werte der germanischen Seele das Leben des gesamten Volkes sowie jedes Einzelnen bestimmten.

Durch die Prägung der Grundzüge des nationalen Lebens entstand das Prinzip des germanischen Europas, da dieses Reich den größten Teil der germanischen Völker umfasste und zu einer europäischen politischen Realität wurde.

Dieses Europa vereinte das germanische Volk zwischen dem Ärmelkanal und der Oder in seinem Inneren. Die germanischen Führungsschichten in den römischen Völkern Italiens, Frankreichs und auch Spaniens wurden mit ihm verbunden. Die germanische Kultur der mittelalterlichen Kaiserzeit konnte sich entfalten und auch die germanischen Völker im Norden und in England durchdringen. So war die germanische Bluteinheit der europäischen Völker, zu der um das Jahr 500 die germanischen Stämme den Anstoß gegeben hatten, der Ursprung der Entwicklung des heutigen Europas und seiner Kultur.

Hans fürg Boecker

HEFT DER SS NR. 8. 1939.

MODERNE ANTIJÜDISCHE GESETZE, DIE ES SCHON ZUR ZEIT DER GERMANEN GAB!

Jüdische Vermögensabgabe vor 1300 Jahren

Es ist heute allgemein bekannt, dass sich die Judenfrage nicht erst seit der Entstehung des Nationalsozialismus stellt, sondern dass sich bereits im Mittelalter deutsche Bauern und Städter gegen das völkerzerstörende Judentum wehren mussten. Doch nur wenige wissen, dass ein *germanischer* Stamm vor über 1300 Jahren einen Kampf auf Leben und Tod gegen das internationale Judentum führen musste.

Leider gibt es nur wenige Aufzeichnungen, die über den Konflikt zwischen Germanen und Juden berichten. Diese reichen jedoch aus, um uns ein Bild von den Ereignissen im spanischen Reich der *Westgoten* zu machen. Wir stellen mit Erstaunen fest, dass die Gesetze und Verordnungen gegen die Juden den antijüdischen Gesetzen und Verordnungen des Dritten Reiches auffallend ähnlich sind - insbesondere die zuletzt erlassenen Gesetze zur Vermögensabgabe.

Wie kam es dazu, dass die Westgoten diese antijüdischen Gesetze erließen? Zu Zeiten des Römischen Reiches war Spanien eine Zitadelle für die Juden gewesen. Die jüdische Krake hatte ihre Saugnäpfe an alle Handelszentren, Verkehrswege und öffentlichen Ämter geheftet. Diese Vorherrschaft war mit der Gründung des Gotenreichs in Spanien abgeschafft worden. Die Westgoten selbst betrachteten die Juden zunächst nur als ein Volk unter vielen anderen, die damals auf der iberischen Halbinsel lebten. Die Juden wurden daher anfangs mit großer Freundlichkeit behandelt. Die westgotischen Könige mussten jedoch bald feststellen, dass sie es hier mit einer ganz besonderen Rasse von Menschen zu tun hatten, die sich nicht nur durch ihren Glauben, sondern vor allem durch ihre kriminelle Veranlagung von der übrigen Bevölkerung unterschied. Aus diesem Grund erließ der *Westgotenkönig Rekkared I* im Jahr 590 als erster ein Gesetz, das es Juden verbot, Sklaven zu besitzen, öffentliche Ämter zu bekleiden und Mischehen mit Nichtjuden einzugehen. Sein Nachfolger *Sisibut* war noch strenger. Natürlich geschah dies nicht, wie Juden und Christen behaupten, aus christlich-religiösem Eifer, sondern weil dieser weitsichtige Germanenführer, der von seinen Zeitgenossen als außergewöhnlich gelehrt, großzügig und tolerant beschrieben wurde, insbesondere was die Behandlung von Kriegsgefangenen betraf, von der Gefahr, die von den Juden ausging, und von ihrer Schädlichkeit überzeugt war. Sisibut erließ zwei antijüdische Dekrete, von denen wir im Folgenden die wichtigsten Bestimmungen wiedergeben:

1. Juden dürfen keine Hausangestellten oder Mägde mehr einstellen. Wenn sie noch welche haben, müssen diese nach einer gesetzlich vorgeschriebenen Frist entlassen werden.
2. Juden dürfen nur jüdische Mitarbeiter beschäftigen.
3. Ehen zwischen Juden und Christen werden auf der Stelle aufgelöst.
4. Christen, die zum Judentum konvertieren, werden schwer bestraft.
5. Juden ist jede politische oder öffentliche Aktivität untersagt.
6. Jeder Jude, der reisen möchte, muss sich einen Passierschein besorgen, den er in allen Städten, in denen er sich aufgehalten hat, von einem Geistlichen abstempeln lässt und den er bei seiner Rückkehr nach Hause zurückgeben muss.
7. Es ist jedem Christen untersagt, bei einem Juden ein Medikament zu kaufen oder sich von einem jüdischen Arzt behandeln zu lassen.

Zum Abschluss dieses Gesetzes fügte Sisibut, der König der Westgoten, hinzu: Meine Nachfolger auf dem Goten-Thron, die diese Verbote aufheben, sollen zusammen mit den schuldigen Juden zur ewigen Verdammnis verurteilt werden.

Sisibut regierte nur acht Jahre. *Er starb plötzlich im Jahr 620 - vergiftet von einem Unbekannten!*

Sein Sohn *Rekkared Er* verschärfte die antijüdischen Gesetze seines Vaters noch weiter. Er regierte nur vierzehn Monate, denn am 16. April 621 wurde auch er *vergiftet* aufgefunden! Wir, die wir die Ermordung von Wilhelm Gustloff, Ernest von Rath, Codréanu und anderen Gegnern des Judentums miterlebt haben, ahnen, wer die Drahtzieher hinter der Ermordung dieser beiden Westgotenkönige waren. *Svintila*, der nach Rekkared II. den Thron bestieg, schaffte jedoch die antijüdischen Gesetze von Sisibut ab!

Es stimmt, dass einige der nachfolgenden Westgotenkönige strenge Maßnahmen gegen die Juden ergriffen, insbesondere gegen diejenigen, die getauft waren. Es scheint jedoch, dass diese Vorschriften von dem mit ihrer Durchsetzung betrauten niederen Klerus nicht mit der nötigen Strenge befolgt wurden. Tatsächlich ließ der demoralisierende Einfluss des Judentums nicht nach, sondern verstärkte sich im Gegenteil in den folgenden Jahren. Während der inneren Unruhen, die das Westgotenreich erschütterten und die Autorität des Königreichs zum Nachteil des katholischen Klerus schwächten, waren die Juden in der Lage, ihre subversiven Aktivitäten wieder aufzunehmen. Der Widerstand gegen die Juden nahm jedoch auch unter der Herrschaft der besten westgotischen Könige zu: König *Egika* (687-702) forderte 693 auf dem Konzil von Toledo, das er persönlich besuchte, die *vollständige Ausrottung des Judentums!* Außerdem forderte er ein neues Gesetz, *das es Juden verbot, Häfen zu betreten, um mit Christen Handel zu treiben.* Auf einem anderen Konzil (Toledo 694) enthüllte er den *hochverräterischen Plan der Juden gegen das Westgotenreich: Die Juden des Westgotenreichs waren mit den Juden in Nordafrika in Verbindung getreten. Der von den Juden angezettelte Aufstand sollte im Jahr 694 ausbrechen. Die nordafrikanischen Juden würden in Spanien landen und das wäre das Signal für den Angriff auf die kleine Gesellschaftsschicht der germanischen Westgoten!* Nachdem diese jüdische Intrige, die die Stabilität des Königreichs bedrohte, aufgedeckt worden war, nahm König Egika die Schlussfolgerungen des Konzils an: *Die Juden sollten mit ihren Frauen, Kindern und all ihrem Besitz als Teil des Staatsschatzes betrachtet, ihrer Wohnungen und Behausungen beraubt und einzeln als Diener des Königs in den Dienst der Christen gestellt werden.*

Wir sehen hier mit erschütternder Genauigkeit, wie unverändert die Methoden und Ziele der Juden blieben, aber auch, mit welchem Scharfsinn dieser deutsche König die jüdischen Pläne durchschaut und in voller Kenntnis der Sachlage Maßnahmen ergriffen hatte, von denen uns heute viele banal erscheinen.

Das Problem des Westgotenreichs bestand darin, dass sich die subversive Agitation der Juden in einem desorganisierten Staat zu weit ausgebreitet hatte und dass es dem König an Autorität fehlte, um seine Gesetze wirklich durchzusetzen. Das Schicksal dieses Staates war tragisch und unvermeidlich. Die Juden begannen nun mit ihrem Rachewerk gegen das Deutsche Reich, das es gewagt hatte, seine Hand gegen das „auserwählte Volk" zu erheben. Der erste Plan des Hochverrats war von Egika selbst aufgedeckt worden. Der zweite Plan zur Vernichtung des germanischen Reiches der Westgoten war erfolgreich: *Die Juden riefen die nordafrikanischen Araber nach Spanien.* Sie schmeichelten ihnen, indem sie ihnen versprachen, zum Islam überzutreten. Da die Araber skeptisch blieben, zitierten sie ihnen alte Prophezeiungen, in denen zu lesen war, dass die Juden genau zu dieser Zeit zum Islam zurückkehren sollten. *Die Araber landeten in Spanien und die Juden öffneten ihnen die Tore zu den Festungen. Selbst die Hauptstadt Toledo fiel durch Verrat in die Hände der Araber.* Überall begrüßten die Juden den Feind als Befreier. Der Feind zeigte sich dankbar und überließ ihnen die Städte Córdoba, Sevilla, Toledo und Gharnatta „als Wächter". Mit Hilfe der spanischen Juden landete der muslimische General Tarik in Andalusien und besiegte mit seiner Armee in einer siebentägigen Schlacht bei Jerez de la Frontera im Jahr 711 Roderich, den antisemitischen König der Westgoten. Das Reich der Westgoten brach zusammen und die letzten Westgoten flüchteten in die Berge Asturiens.

Eine Passage aus einem Werk des Juden Rosenstock aus dem Jahr 1879 zeigt uns, mit welchem Jubel die Juden die „Heldentaten" ihrer Väter begrüßen: „Die Grausamkeit der Verfolgungen nahm unter Erwig und Egika zu, nicht weniger jedoch als der Widerstand der Juden und der Falschbekehrten (d. h. der getauften Juden), und die westgotische Herrschaft brach schließlich zusammen, als die Juden die arabischen Invasoren unter Tarik als Befreier begrüßten, mit ihnen gemeinsame Sache machten und ihnen halfen, das ganze Land zu erobern. Sie kämpften für die Eroberung der Macht der einen wie für den Sturz der anderen". Der Fall der Westgoten machte Spanien zu einem Paradies für Juden, die bald die höchsten Ämter am Hof und in der öffentlichen Verwaltung bekleideten.

SS-Uscha. Büttner

HEFT DER SS NR. 6B. 1941.

DAS GERMANISCHE SCHWARZMEERREICH

Diskussionen unter dem Himmel der Krim

Eine milde Septembersonne strahlt von einem wolkenlosen Himmel. Unter ihr erstreckt sich die weite Steppe des Schwarzen Meeres, die endlos mit kleinen Hügeln übersät ist. Auch unsere marschierenden Kolonnen scheinen endlos zu sein und erreichen, sich in die Ferne erstreckend, den nahen Übergang über den Fluss. Kurz zuvor hatten die geschickten Hände der Pioniere einen behelfsmäßigen Übergang gebaut. Jetzt türmten sich die grauen, staubbedeckten Säulen... Maschinengewehre und Flakgeschütze überfluteten den Weg. Nach den Gewaltmärschen der letzten Tage war eine kurze, aber doppelt willkommene Pause angesagt.

„Wie bei den großen Invasionen..., nur dass wir statt Speeren Maschinengewehre tragen..., denkt ein junger, schlanker Soldat laut.

- Denkst du noch an deine Germanen, insbesondere an deine geliebten Vandalen?", neckt ihn sein rheinischer Freund.

- Diesmal eher an die Goten", rief der Apostroph. Sie hatten hier in der Ukraine vor fast zweitausend Jahren ein mächtiges Reich errichtet.

- Aber, so mischte sich ein junger Rottenführer in die Diskussion ein, die Goten lebten doch unter dem großen Theoderich in Italien und versanken nach zwanzig Jahren heldenhafter Kämpfe in Dekadenz.

- Natürlich hast du das von deinem Friedrich Dahn, *Kampf um Rom!*", entgegnete man ihm.

- Lassen wir unseren „Troubadour der Vorgeschichte" - so lautet der Spitzname unseres Schlesiers in seiner Gesellschaft - sprechen", sagt der Rheinländer amüsiert und klopft dem Jungen auf die Schultern. Bald kommen noch ein paar weitere interessierte Mitschüler an die Gruppe heran, um ebenfalls zuzuhören.

- Ich habe Ihnen schon oft erzählt", beginnt der Schlesier, „dass lange vor der Gründung Roms (753 v. Chr.) unsere eigenen Vorfahren, die Germanen, ein Niveau von großem kulturellem Wohlstand erreicht hatten, das über tausend Jahre zurückreicht. Doch gegen Ende dieser Ära (ca. 800 v. Chr.) kam es in unserer Heimat zu einem so abrupten Klimawandel, dass sich Stämme zunehmend gezwungen sahen, ihr Heimatland zu verlassen und nach günstigerem Land zu suchen. Sie erlebten die gleiche Katastrophe wie wir heute: ein Volk ohne Territorium!

Natürlich waren die Bauern im hohen Norden besonders betroffen. Aus diesem Grund war die enorme Auswanderung, die über viele Jahrhunderte hinweg das Land eroberte, vor allem das Werk der skandinavischen Völker. Sie wurden auch als „Ostgermanen" bezeichnet, weil sie sich anfangs in den östlichen deutschen Gebieten und in den Grenzregionen der Ostsee niederließen. Die bekanntesten unter ihnen sind die bereits erwähnten *Vandalen, die Burgunder, die* später ihr Reich in der Nähe von Worms am Rhein errichteten - ihr kennt sie alle aus unserem Nibelungenlied! - und die *Rugier, die* unserem schönen Rugien seinen Namen gaben.

Um den Beginn unserer Zeitrechnung kamen die *Goten* zuletzt über die Ostsee aus Schweden. Dort heißen die schwedischen Provinzen noch heute nach ihnen Ost- und Westgotland sowie die Insel Gotland. Sie nahmen das Gebiet an der Weichselmündung in Besitz, dehnten sich bald über ganz Westpreußen bis nach Pommern und im Osten bis nach Ermland und Samland aus. Handel und Transportwesen blühten dank ihnen so sehr auf, dass sie bald das gesamte Baltikum beherrschten. Unser Führer nannte das befreite Gdingen daher zu ihren Ehren und zu Recht „Gotenhafen". Erinnern sich einige von Ihnen noch an unseren gefährlichen Feldzug durch den Tucheler? Dort habe ich euch die Kreidefelsen und Hügelgräber bei Odry gezeigt, alte Gotenstätten aus dem ersten Jahrhundert unserer Zeitrechnung.

Ein Reisekonvoi, der vor 2000 Jahren aufbrach

Aber auch die Weichselregion wurde bald zu eng für die Ausbreitung des Gotenvolkes. Ihre Stammeslegende, die später in Italien niedergeschrieben wurde, erzählt, dass sich unter König Filimer (II Jahrhundert) eine große Anzahl von ihnen erneut auf den Weg machte, um weiter südöstlich Land zu erobern. Diese gothische Legende beschreibt auch sehr genau die Schwierigkeiten, mit denen die Auswanderer zu kämpfen hatten. Wir Soldaten können sie sehr gut nachvollziehen. Auch sie mussten die schrecklichen Pripet-Sümpfe durchqueren, Brücken schlagen und Bohlenwege anlegen. Und wenn es nur Männer und Soldaten gewesen wären! Aber nein! Ähnlich wie unsere Volksdeutschen, die Russlanddeutschen, zogen die gothischen Bauern mit Säcken und Paketen, mit Frauen und Kindern, mit Karren, Geschirren und allem, was sie brauchten, los. Trotz allem waren sie schöpferisch tätig. Diese verdammten Goten haben mehr geleistet, als wir ihnen zugetraut hätten. Sie wissen selbst, welche Bildung und Disziplin nötig sind, um solche Ergebnisse zu erzielen, aber auch, was für ein Führungs- und Organisationstalent sie haben.

- Aber was soll das heißen? Die Bauern wanderten doch nicht blindlings mit ihrem ganzen Pferdegeschirr aus? Woher kannten die Goten diese südlichen Länder? Hatten sie nicht zufällig Landkarten?

- Natürlich nicht! - Auch die Goten zogen nicht zufällig los. Aber drei oder vier Jahrhunderte vor ihnen waren bereits andere Ostgermanen, die Bastarner und Skiren, bis ans Schwarze Meer gelangt. Diese standen natürlich noch in Verbindung mit ihrer alten Heimat im Norden. Durch sie erfuhren die Goten von der Existenz der fruchtbaren Ukraine. Viele Handels- und Bernsteinrouten führten ebenfalls in den Süden. Als es dann wieder zu viele Menschen gab, ließen sich einige von ihnen systematisch auf den reichen Feldern im Südosten nieder.

- Aber sag mal, wie kann man das alles so genau wissen? Überall gibt es viele alte Legenden.

- Sag das nicht. Sie sind authentisch. Was die Goten und ihre Südost-Expedition betrifft, so haben unsere Forscher durch ihre unermüdliche Freilegungsarbeit in Hunderten von Ausgrabungen ihre Echtheit bewiesen. Schade, dass unsere Offensive nicht bis nach Kowel vorgedrungen ist! In der Nähe wurde eine prächtige Speerspitze mit einer Runeninschrift und einer Hakenkreuz-Verzierung entdeckt. Sie wurde wahrscheinlich von einem Gotenanführer verloren. Sie ist ein eindeutiger Beweis für den Weg, den unsere „Vorläufer" in der Ukraine genommen haben.

- Was ist das? War das alles einst deutsches Land?

- Nein, nicht genau. Die Goten ließen sich in dieser Region nur als eine ziemlich verstreute Herrschaftsklasse nieder. Sie wurde jedoch so mächtig, dass sie um das Jahr 200 n. Chr. einen richtigen Staat gründen konnten. Ihr damaliger Herrscher war der legendäre König Ostrogotha. Er war der letzte Anführer des gesamten Volkes der Goten. Im Westen erstreckte sich sein Reich bis nach Rumänien und Ungarn, über das gesamte heutige Bessarabien, Moldawien, die Walachei und Transsylvanien, im Osten noch über die Ukraine hinaus bis zum Don.

- Auf Dauer hatte dieses Riesenreich Schwierigkeiten, sich zu halten, da es nur spärlich von Goten bevölkert wurde. Die Legende besagt, dass Ostrogotha selbst sein Volk unter den Westgoten oder Terwingen (Westgoten) zwischen dem Dnjestr und der Donau und den Ostgoten oder Greutungen (Ostgoten) zwischen dem Dnjestr und dem Don verstreut hatte, wodurch die Ukraine entstand. Noch unter seiner Herrschaft wurde auch die Halbinsel Krim im Schwarzen Meer dem gotischen Siedlungsgebiet angegliedert.

- Aber sag mir, war das wirklich so einfach? Das Land war doch nicht entvölkert?

- Natürlich wurde Gothien während des 3. Jahrhunderts immer noch von Unruhen erschüttert. Es gab immer wieder Zusammenstöße mit dem mächtigen südlichen Nachbarn, dem Römischen Reich. Die neuen Herrscher mussten sich auch gegenüber den Einheimischen durchsetzen. Ab dem vierten Jahrhundert war der Höhepunkt erreicht.

Unter der Führung seines Königs Ermanarich aus dem ruhmreichen Geschlecht der Amelungen, das fast eine Generation lang bestand, umfasste das Ostgotenreich nicht nur das riesige Gebiet im Süden Russlands. Die slawischen Länder im Norden und Osten, sogar Aestis und Finnen hatten sich bereits zuvor unterworfen, sodass die Herrschaft der Goten schließlich das riesige Gebiet vom Schwarzen Meer bis zur Ostsee umfasste. Der gotische Historiograph Jordanes berichtet stolz, dass Ermanarich mehrfach mit Alexander dem Großen verglichen wurde.

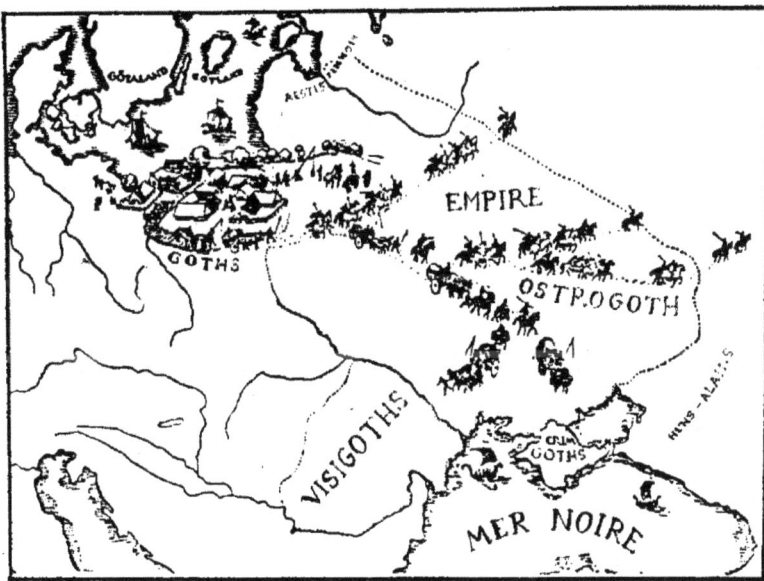

Aus dem Norden kommend, von ihren Wohnorten in Schweden, überquerten die Goten die Ostsee und ließen sich in den Gebieten an der Weichsel nieder. Sie wanderten aber auch in Konvois nach Osten und Südosten aus. Sie gründeten ein stolzes Reich in den Gebieten, in denen heute gekämpft wird.

Doch diese politische Machtentfaltung ging natürlich mit der kulturellen Expansion der Goten einher. Die einst berühmten griechischen Handels- und Industriezentren an den Mündungen von Dnjestr und Dnepr, Tyras und

Olbia, waren in ihre Hände gefallen. Beide Orte erlebten einen neuen und stetigen Aufschwung, da sich das Kunsthandwerk der Goten in voller Blüte befand. Die Goten erwiesen sich auch als unvergleichliche Meister der Metallurgie und insbesondere der Goldschmiedekunst. Angeregt durch den Kontakt mit den arischen Brudervölkern der Griechen und Skythen entwickelten sie in Südrussland einen neuartigen Kunststil, der sogar einen sehr starken Einfluss auf das übrige Germanien und auch auf die dortige dekorative Kunst ausübte. Die Kreationen dieses „bunten Stils", einer oft komplizierten Gold-Cloisonné-Technik mit bunten Steineinlagen, sind das Schönste, was der menschliche Geist je geschaffen hat. Wunderschön geformte Kleiderspangen und diverse andere Schmuckstücke entstanden unter ihren geschickten Händen.

Gotische Kunst- Beweis der Zivilisation!

Die Gothic-Adlerschnallen, die von Frauen getragenen Gürtelverschlüsse mit Beschlagplatten, die in einem Adlerkopf enden, sind ganz originell. Diese Schnallen wurden elegant kunstvoll verziert und auch mit bunten Steinen geschmückt. Eine der prächtigsten stammt aus Nokopol am Dnepr. In Wahrheit stammen diese Adlerschnallen aus einer schon etwas späteren Zeit, etwa aus dem VI, VII Jahrhundert.

Die technisch so berühmt gewordene Krone von Kertsch auf der Krim hingegen scheint noch zu Lebzeiten des alten Ermanarich hergestellt worden zu sein. Es handelt sich um ein bandförmiges, reich mit Steineinlagen verziertes Golddiadem mit einer bogenförmigen Mittelgarnitur, die offenbar zwei Adlerköpfe bilden, die diesmal einander gegenüberliegen. - Der Adler spielte früher eine wichtige Rolle im Kunsthandwerk der Goths. Sogar Schwertknäufe wurden mit ihm verziert, und später wurden sogar prächtige Gewandschnallen in Adlerform hergestellt. Wir müssen also in letzterem das Wappentier der Goten erkennen, das heute auch das Symbol unserer eigenen imperialen Einheit ist. Die Goten müssen diesen Königsvogel in den großen Steppen ihres Reiches gesehen und gejagt haben- auch heute noch ist dies ein häufiges Schauspiel in diesen Ländern.

Die einzigartigen kulturellen Ergebnisse der Goten in Südrussland haben umso mehr Gewicht, als die Entdeckungen der bisherigen Ausgrabungen mehr oder weniger dem Zufall zuzuschreiben sind. Methodische Arbeiten wurden immer seltener. Sie wurden von deutschen Forschern vor allem in der Dnepr-Schleife und auf der Krim geleistet. Dabei wurden vor allem Stadtmauern und Grabstätten freigelegt. Sie zeigen erneut, dass die Gotenfürsten auch fremde Einflüsse aufnehmen konnten, ohne jemals ihre eigene Schaffenskraft und Unabhängigkeit zu verleugnen.

Zum ersten Mal in der Geschichte erweckten die Goten im bis dahin undurchdringlichen und unberührten Osten Europas eine organisierende Kraft von höchstem Niveau. Diese friedliche und glückliche Entwicklung wurde jedoch - wie so oft im Laufe der Jahrhunderte - von einer brutalen Katastrophe aus dem Osten heimgesucht: dem Angriff der Hunnen (375).

Diese Reiterhorden aus den asiatischen Steppen überschwemmten das Gotenreich, brachten Mord und Brand und zerstörten es schließlich. Der Legende nach überlebte der alte Ermanarich das Unglück seines Volkes nicht und beging Selbstmord, nachdem er in der Schlacht schwer verwundet worden war. Spätere germanische Sänger verfassten daraufhin ein Lied über einen tragischen Clankampf, das zum wertvollen Schatz der alten gesungenen isländischen Edda (Hamaismal) gezählt wird.

Die Germanen-einst schon das Bollwerk Europas!

Der Zusammenbruch des glänzenden Gotenreichs in Russland hatte internationale historische Folgen. Das mächtige, weit nach Osten reichende Bollwerk, das eine reiche und große, blühende Kultur geschützt hatte, wurde niedergerissen. Europa lag dem Angriff der Asiaten ausgesetzt. Wir, die Zeitgenossen Adolf Hitlers, sind besonders gut in der Lage, zu wissen, was das bedeutet!

Fast ein Jahrhundert lang verwüsteten die Hunnen mit ihren Plünderungszügen und Verwüstungen selbst das entfernte Westeuropa und verbreiteten überall Schrecken und Entsetzen. Natürlich versuchten die am schwersten betroffenen ostgermanischen Stämme, ihnen auszuweichen. Europa erlebte also einen verhängnisvollen Wendepunkt in seinem Schicksal. Aufgrund des folgenden Verfalls des römischen Imperiums wurde der Weg der erobernden Germanen vom Osten in den Süden und Westen unseres Kontinents umgeleitet.

Zwar belegen die Funde der bereits erwähnten Adlerschnallen noch für lange Zeit die Anwesenheit beträchtlicher ostgotischer Überreste in der Ukraine. Der Großteil ihrer Armee war jedoch abgewandert. Größere Gruppen müssen sogar an die Weichsel und nach Ostpreußen zurückgekehrt sein, wie die in der Gegend von Sensburg gefundene Adlerschnalle beweist.

Auf der geschlossenen Halbinsel Krim hingegen existierte noch weit über tausend Jahre lang eine gotische Bevölkerung. Die ausgegrabenen Artefakte reichen bis ins Jahr 1000 zurück. Mündliche und schriftliche Überlieferungen bestehen noch bis ins XV und XVI Jahrhundert, dann verliert sich der Name Goth endgültig, hier in Südrussland, so wie er ein Jahrtausend zuvor in Italien und Spanien verschwand, oft nach heroischen Kämpfen gegen die Übermacht...".

Ein Kamerad wollte noch ein paar Fragen stellen, doch dann ertönten die Befehle. Die Kolonnen formierten sich und machten sich bereit, das gegenüberliegende Ufer zu erreichen. Doch in mehr als einem Herzen vibrierten diese Worte. Unwillkürlich versteiften sich die Büsten der Männer, die sich bewusst waren, ein Erbe anzutreten und eine große deutsch-deutsche Mission in Europa zu erfüllen.

G.M.

HEFT DER SS NR. 2. 1943.

DER DEUTSCHE ORDEN IN PREUßEN

Am 14. September 1772 öffneten sich die Tore von Marienburg für den preußischen General Thadden, der die Festung an der Spitze des Sydow-Regiments in Besitz nahm. Damit war eine mehr als dreihundertjährige Fremdherrschaft zu Ende gegangen. Das Aussehen der Festung hatte sich jedoch stark verändert! Der helle Backstein war unter grauem Putz verborgen, die von den Jesuiten vorgenommene Überladung mit aufdringlichem Barock störte die ernste Feierlichkeit und die strenge Reinheit des alten Ordensgebäudes; zu seinen Füßen drängten sich schmutzige Baracken. Die Polen hatten zwischen den Pfeilern der Burg dünne Mauern errichtet, weil sie an der Kühnheit des Gewölbes zweifelten. Sogar die sterblichen Überreste der Jesuiten hatten die der Meister in ihren Gräbern ersetzt!

Mit der Ankunft des preußischen Regiments wurde jedoch eine neue Regel eingeführt. Nach den Unabhängigkeitskriegen begann man mit der Restaurierung der alten Burg: Die Arbeiten dauerten ein Jahrhundert lang. Heute erstrahlt sie wieder in ihrer unsterblichen Schönheit, als einzigartiges Zeugnis jenes Ordensgeistes, der dieses Land zu einem deutschen Land machte.

Es ist bemerkenswert, mit welcher Gewissheit das Preußen Friedrich Wilhelms I und Friedrichs des Großen sah, dass sein Schicksal in der *Ostmission* lag! Bereits der Kurfürst des damaligen Preußen, das das heutige Ostpreußen nicht vollständig umfasste, hatte das polnische Joch besiegt. Friedrich Wilhelm führte eine politische und wirtschaftliche Sanierung durch, und der Großkönig vereinigte das Land unter Einbeziehung Ostpreußens. Preußen demonstrierte seine deutsche Berufung sowohl durch diese Übernahme der alten deutschen Ostpolitik als auch durch seine Überwachungsaufgabe am Rhein! Wir wissen, dass der junge Friedrich sich sehr um das Schicksal des Ordens sorgte und dass ihn der Niedergang des teutonischen Staates verärgerte. Nicht ohne Grund verlangte der Marienburger Treueorden bedingungslose Treue zur wiederhergestellten Autorität!

Rittersaal der Marienburg.

Der Deutsche Orden bildete eine der großen historischen Referenzen der SS. Oben: Hermann von Salza, Großmeister des Deutschen Ordens.

Die Rolle der SS bestand auch darin, die Symbole des Imperiums zu bewachen.

Selten hat man bei der Betrachtung der deutschen Geschichte eine so tiefe Befriedigung empfunden wie bei dem Anblick der Rückeroberung des preußischen Landes für das deutsche Volk! Denn wie die Geschichte des teutonischen Staates während der dreihundert Jahre seines Bestehens bewiesen hat, war dies eine endgültige Errungenschaft! Und wie der Name des Ordenslandes, so drückte auch der Geist des teutonischen Staates der deutsch gewordenen Großmacht, wie Brandenburg-Preußen, seinen Stempel auf. Vom Preußen der Hohenzollern wurde treffend gesagt, dass es der Hammer oder der Amboss sein sollte; das heißt, es musste zuschlagen, um sich durchzusetzen, oder aber zerschlagen werden. Der preußische König musste also ein Soldatenkönig sein; denn das Glück seines Volkes lag in der Spitze seines Schwertes. Der Orden hatte sich also ebenfalls für das kriegerische Lebensideal entschieden und wurde vom *Gesetz des Kampfes beherrscht.*

Bereits im Westen hatte sich die Bruderschaft, die sich die Pflege von Kranken zum Ziel gesetzt hatte, in einen Ritterorden verwandelt. Das war im Jahr 1198, in jenem tragischen Jahr, in dem der deutsche Kaiser Heinrich IV. ums Leben kam und damit seine Macht verlor. Im Jahr 1230 unternahm der Landesmeister Hermann Balk mit sieben Brüdern eine Reise in die

Wildnis Preußens und begann damit das große Kapitel in der Geschichte des Ordens, das nur mit Blut geschrieben werden konnte. Kaum waren die Preußen besiegt und dem neuen teutonischen Staat angegliedert, stieß der Orden auf die Litauer, die ihm den Weg nach Livland versperrten. Ein ähnlicher Orden, der Orden der Schwertträger, hatte sich dort die Souveränität erkämpft, doch 1237 ging dieser Orden im Deutschen Orden auf. Somit reichte der Herrschaftsanspruch des Ordens nun auch bis nach Narva. Die Litauer drangen jedoch zwischen den westlichen und östlichen Teilen des Ordensgebiets vor, und das gesamte 14. Jahrhundert ist voll von kriegerischen Vorstößen nach Schamaiten und Memel, die ins Herz von Litauen führen. Auch der Zweig an der Weichsel konnte nicht innerhalb der westlichen Grenzen bleiben. Ostpommern und Danzig mussten an den Orden zurückfallen. Bei der Eroberung Ostpommerns wurde klar, dass der Orden nicht die Idee eines antiheidnischen Kampfes verfolgte, sondern für *spezifische, vollkommen legitime Ansprüche* kämpfte. Ostpommern war als Brückenkopf zum westlichen deutschen Zentralraum von großer Bedeutung. Zum ersten Mal geriet der Orden ernsthaft in Konflikt mit der polnischen Politik, die erst 1386 mit der Vereinigung von Polen und Litauen gefährlich werden sollte. Im XIV Jahrhundert lieferte sich der Orden an der Seite der Hanse einen Wettstreit mit Dänemark, damit die Ostsee ein deutsches Meer bleiben konnte. Damit wurde der Orden auch zu einer Seemacht. Im Jahr 1398 nahm er im Kampf gegen die Vitalienbrüder die Insel Gottland in Besitz.

Das XV Jahrhundert besteht nur aus Kämpfen und Rückzügen angesichts der polnisch-litauischen Umarmung. Vom Kaiser und vom Reich im Stich gelassen, verlor der Orden 1410 die große Schlacht von Tannenberg gegen die Polen und nach 1466, im zweiten Frieden von Thorn, völlig verlassen, kämpfte er bis zur letzten Schlacht 1519 einen verzweifelten Kampf um den Erhalt seines Reststaates. Die letzten Ritter unter der Führung eines Brandenburgers stellten sich noch einmal den Polen entgegen. Hans, der Sohn von Franz von Sickingen, stellte ihnen auf Befehl seines Vaters eine kleine Armee zur Verfügung, aber auch das half ihnen nicht viel. Der Verlust dieser Schlacht führte dazu, dass der teutonische Staat in ein westliches Herzogtum umgewandelt wurde.

Es ist bewundernswert, wie viele Lösungen der Orden für seine militärischen Probleme gefunden hat. Erstaunlich ist auch, dass die Eroberung Preußens mit geringen Mitteln, durch methodischen Schwung und rechtzeitiges Handeln erreicht wurde. Mit einzigartiger Weitsicht und Kühnheit übte der Orden seine begrenzte Macht im Dienste einer souveränen Großmachtpolitik aus. Er verteidigte sich hartnäckig und verbissen gegen die Übermacht zahlreicher Gegner sowohl von außen als auch von innen! Nur eine deutsche Elite war dazu in der Lage. Es ist völlig falsch zu sagen, dass *der Orden das Gesetz des Kampfes verriet* und Opfer der internen Nachlässigkeit wurde, auch wenn sich einige Männer trotz des

Paktes einiger mit den Polen profilieren wollten, 'was Heinrich von Plauen abrupt stoppte.

Der Kampfgeist des Ordens war überlegen, ebenso wie sein *Sinn für staatliche Autorität*. Und letzteres war es, das das neue Preußen mit dem alten verband. Dieser teutonische Staat zeichnete sich durch eine meisterhaft geführte Verwaltung aus, die bis ins kleinste Detail durchdacht und kontrolliert war. Während auf der einen Seite alle Kräfte des Landes für gemeinsame Ziele arbeiteten, wurden auf der anderen Seite die Steuern so flexibel auf den Einzelnen verteilt, dass sich alle Klassen im Land harmonisch entfalten konnten. In ihrer Strenge und Gerechtigkeit ist die Verwaltung des teutonischen Staates eine der schönsten Schöpfungen des willensstarken und strukturierten Geistes der Nordländer. Wir können noch immer die Konten des Ordens prüfen, da alle Unterlagen seiner Finanzverwaltung bis heute erhalten geblieben sind. Und wir stellen fest, dass es bis zum Ende des 15. Jahrhunderts keine Veruntreuung gegeben hat! Das kann nur durch einen Orden ausgewählter Männer geschehen sein. Die Regel, dass die Brüder ihre Schränke nicht abschließen durften, ist ein Beispiel dafür. Das Leben dieser kämpferischen Gemeinschaft nordischer Männer basiert auf bedingungslosem gegenseitigem Vertrauen.

Eine dritte Idee vereinte die Männer des Ordens, die Könige und Staatsmänner des neuen Preußen: der *Wille zur Kolonisierung*. Wo die Banner des Ordens wehten, wurden Sümpfe trockengelegt, fast undurchdringliche Wälder abgeholzt, Deiche gebaut, Straßen angelegt und saftige Felder und Wiesen entstanden, wo zuvor Wüsten und Sümpfe geherrscht hatten. Das Land des Ordens wurde zu einem Land der deutschen Bauern. Sein größter Erfolg war es, deutsche Bauern ins Land zu holen. Damit verlieh er seiner Eroberung Stabilität und historischen Wert. Dann folgten den deutschen Bauern Handwerker und Kaufleute und es entstanden Städte, die von den Festungen des Ordens geschützt wurden. Bis 1410 gründete der Orden 1400 Dörfer und 93 Städte! Diese durch die Kolonisierung erreichte Arbeit ist die einzig mögliche, aber offensichtliche Rechtfertigung für die deutsche Intervention im Osten!

Die Erschließung des preußischen Bodens für die deutsche Kultur ist also das Werk des Deutschen Ordens, ein Gemeinschaftswerk im besten Sinne des Wortes. Der Orden hatte sicherlich eine ganze Reihe großer Geister in seinen Reihen: Außergewöhnliche Persönlichkeiten waren zumeist Ordensbrüder. Doch die Geschichte erinnert sich nur an einige wenige Namen. Jeder kennt Hermann von Salza, den Berater und Freund von Friedrich II, der den Orden nach Osten führte und die deutsche Zukunft beeinflusste. Vielleicht hat man auch von Winrich von Kniproche gehört, der als Großmeister den Orden zu seinem Höhepunkt führte und unter dem Marienburg fertiggestellt wurde. Vielleicht kennt man auch Heinrich von Plauen, der nach der Niederlage von Tannenberg mit dem Rest des Ordens nach Marienburg zog und es siegreich verteidigte. Abgesehen von diesen drei großen Namen ist es jedoch eine Frage der Gelehrsamkeit, die anderen zu kennen. Niemand kennt die Namen der vielen Ritter des Ordens, die in harten Winterkämpfen auf sich allein gestellt waren und die vorgeschobenen Stützpunkte in preußischem Land, armselige Verschanzungen aus Holz und Erde, gegen die hereinbrechende Flut des angreifenden Preußens hielten und oft monatelang kämpften. Doch sie alle trugen zu der im Licht der Geschichte vollzogenen Vereinigung der Kräfte bei, und die Gesamtheit der von ihrem Orden geleisteten Arbeit machte sie unsterblich. Es liegt in der Natur eines Ordens, dass die *Gemeinschaft vom Ruhm profitiert und nicht der Einzelne.*

Lassen Sie uns noch kurz nach den *Gründen für den Verfall* fragen. Der erste ist, dass das ideologische Ziel des Ordens durch *die Idee der Christianisierung* bedingt war. Als diese Idee durch die freiwillige Bekehrung Polens und Litauens an Kraft verlor, sah sich der Orden mit einer völlig neuen Situation konfrontiert. Aber wir zweifeln nicht daran, dass er diese überwunden hätte - Ansätze waren vorhanden -, wenn nicht der zweite Grund hinzugekommen wäre, der in *seiner/ihrer monastischen Lebensform* bestand. Und als verhängnisvolle Folge des Keuschheitsgelübdes beschloss der Orden, seine Lücken durch Einwanderung von außerhalb des Reiches zu füllen. Mit jedem teutonischen Ritter, der starb, verschwand eine edle Frucht des großen Baumes, der das deutsche Volk repräsentierte und der auf dieser Erde keimen sollte. Der Orden konnte also nicht aus eigener Kraft überleben, da er keine Söhne mehr hatte. Es wurden auch keine geheimen Söhne anerkannt, die geboren wurden, wenn das Keuschheitsgelübde gebrochen wurde, und auch dem preußischen Adel wurde die Aufnahme in den Orden verweigert. Ein dritter Grund war, dass der Orden in *der Zeit des Verfalls des Kaiserreichs in* der Geschichte auftauchte. Der Kaiser und der König hatten die Gründung des Ordens gesponsert, doch die päpstliche Kirche gab ihn bald auf, da er zu unabhängig war. Schließlich kam es sogar zu einer Verbindung mit Polen. Nach dem Tod von Friedrich II. interessierte sich kein Kaiser mehr für den Orden. Die Interessen der Politik des habsburgischen Hauses reichten bis in den Nordosten des Reiches und dort gab es niemanden, mit dem man sich hätte verbünden können. Der Orden stellte sich daher allein dem litauisch-polnischen Angriff, während die Wellen des Ständekampfes - auch eine Folge des Zusammenbruchs des Reiches - seine Fundamente untergruben. Hätte der Orden Söhne gehabt, hätte er seine Bande ohne den Kaiser und ohne das Kaiserreich zerbrochen.

Obwohl der Orden untergegangen ist, sind seine Errungenschaften Teil der deutschen Geschichte. Nach einer langen Fremdherrschaft lebte er im Preußen Friedrichs des Großen wieder auf. Der Kaiser verlieh dem Großmeister *den schwarzen* Reichsadler als Wappen, als Fürst des Reiches, den Preußen bis heute beibehalten hat. Und als die Hohenzollern Könige wurden, erhielten sie den schwarzen Adler, während der habsburgische

Adler rot geworden war. Der schwarze Adler wurde auch zur Verbindung mit dem Preußen Friedrichs des Großen als Wappentier des neuen Deutschen Reichs. Könnten wir darin ein Symbol für die Tatsache sehen, dass das vollbrachte authentische Werk unsterblich ist?

Heinrich Gaese

Heft der SS Nr. 10. 1938.

Die deutsche Universität im Kampf gegen die Gegenreform

(Ein Kapitel über die spirituelle Tragödie
der römisch-katholischen Kirche)

Wenn wir heute auch nicht mehr die religiöse Revolution erleben können, die die Reformation gegen die geistige Knechtschaft Roms auslöste, so bleibt doch der historische Gewinn, den *Luther* brachte, als er die Menschen dazu anhielt, sich von der geistigen Umklammerung Roms zu befreien. Luthers Aufruf stieß bei den Deutschen auf ein mächtiges Echo, denn kurz darauf befreiten sich große Gebiete von der päpstlichen Vormundschaft, die jedoch später wieder teilweise verloren gingen. *Die Geschichte der deutschen Universität* zeigt uns auch, mit welch klugem Vorsatz der Versuch der Rückgewinnung mittels der Gegenreformation unternommen wurde.

Im Spätmittelalter konzentrierte sich das geistige Leben in Deutschland auf die Universitäten. Die kirchlichen und klösterlichen Schulen hatten an Bedeutung verloren und die Burgen - einst Träger der mittelalterlichen Kultur - waren größtenteils verfallen; auf der anderen Seite waren die Städte wohlhabend geworden und beherbergten die neuen Zentren des geistigen Lebens, die Universitäten.

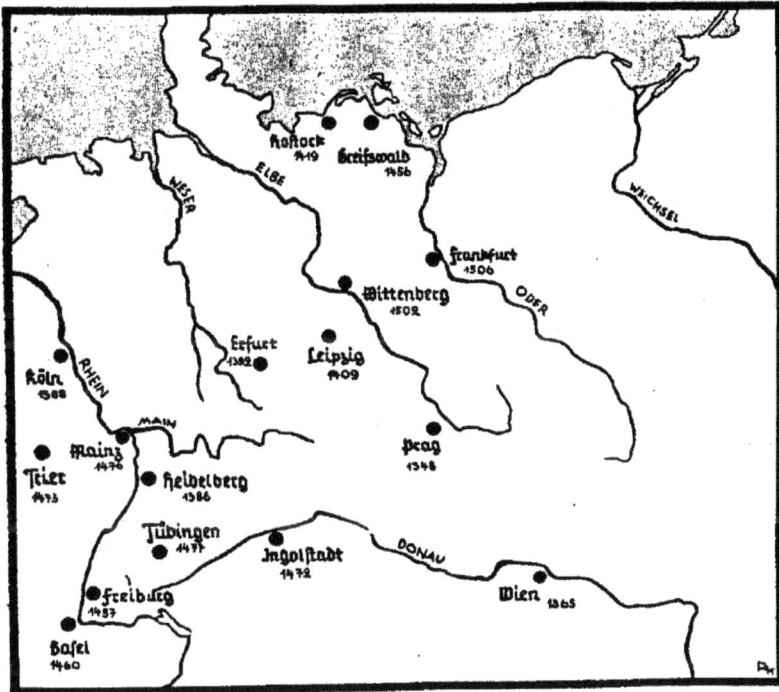

Die deutschen Universitäten bis zur Reformation

Von Anfang an waren die deutschen Universitäten, auch wenn sie noch der päpstlichen Zustimmung bedurften, von einem deutsch-deutschen Geist beseelt, der sich gegen den französischen romanischen Typus richtete, für den die Sorbonne in Paris das Paradebeispiel war. Dort herrschte noch die Scholastik, jene Philosophie, die ihre Aufgabe darin sieht, ein Werkzeug für die Theologie zu sein. Zwar konnten sich die ersten deutschen Universitäten anfangs noch nicht vom Einfluss der Scholastik befreien. Während die Sorbonne noch jahrhundertelang dem alten Schema folgte, folgten die deutschen Universitäten ihrer eigenen Entwicklung und befreiten sich nach Luthers Aufruf fast alle vom römischen geistigen Joch und bezeugten damit die großartige Weigerung der deutschen Seele, sich versklaven zu lassen. Der wichtigste Punkt bei der Gründung der deutschen Universitäten war jedoch, dass durch die Entstehung dieser geistigen Zentren die Wissenschaft die alten kirchlichen und klösterlichen Schulen, die in scholastischem Kleinkram und geistiger Unfruchtbarkeit erstarrt waren, verließ und an diese neuen Universitäten ging.

Zu Beginn der Reformation sehen wir eine Reihe von Universitäten, die über Deutschland verstreut sind (s. Karte 1). Wenn man bedenkt, dass zwischen der Gründung der ersten deutschen Universität (Prag 1348) und der Reformation nur eineinhalb Jahrhunderte liegen, wird die Bedeutung dieses Datums deutlich. Die Reformation selbst war der Auslöser für eine ganze Reihe weiterer neuer Institutionen, wie Marburg (1529), Königsberg (1544), Jena (1558), Helmstedt (1576) und Altdorf (1578). Marburg war die erste Reformuniversität, die gegründet wurde, ebenso wie das erste deutsche Institut, das nicht mehr die päpstliche Zustimmung und schon gar nicht die des Kaisers einholte, sondern anfing, Vorlesungen zu halten. Übrigens ließ die Zustimmung des Kaisers zwölf Jahre auf sich warten. Die Tatsache, dass die Universität in dieser Zeit einen großen Aufschwung nahm, wirft jedoch ein bezeichnendes Licht auf die reduzierte Autorität des Reiches.

Neben diesen neuen protestantischen Zentren gingen auch die meisten der bereits bestehenden Universitäten zur Reformation über, allen voran das von Luther geleitete Wittenberg. Diese sich zur Reformation bekennenden Institute wurden nun zu den wichtigsten Ausstrahlungszentren der nicht-römischen Lehre.

Die Jesuiten erkannten diese Gefahr deutlich und nahmen den Kampf gegen die „protestantische Dekadenz Roms" auf. Casinius, der intelligenteste und bedeutendste Jesuit, versuchte, mit einem „Sperrplan", der typisch für die raffinierte Strategie der Jesuiten war, auf diese Brennpunkte „häretischen" Denkens einzuwirken.

Schlag auf Schlag entstanden neben den zur Reformation übergegangenen Gebieten gegnerische katholische Zentren (s. Karte 2). Ein hufeisenförmiger Gürtel von Jesuitenuniversitäten umgab den protestantisch gewordenen Teil Deutschlands, der von Olmütz (1573) im Osten, Graz (1585), Innsbrück (1606), Würzburg (1582), Paderborn (1614) bis nach Osnabrück (1630) reichte. Das 1636 in Breslau gegründete Jesuitenkolleg wurde 1702 zur Universität und damit zu einem Eckpfeiler des Jesuitenangriffs.

Der Kreis hätte sich nicht geschlossen, wenn man Dillingen (in der Nähe von Augsburg) vergessen hätte, wo das erste Institut der Gegenreformation bereits 1554 - also noch vor dem Auftreten der Jesuiten in Deutschland - gegründet wurde.

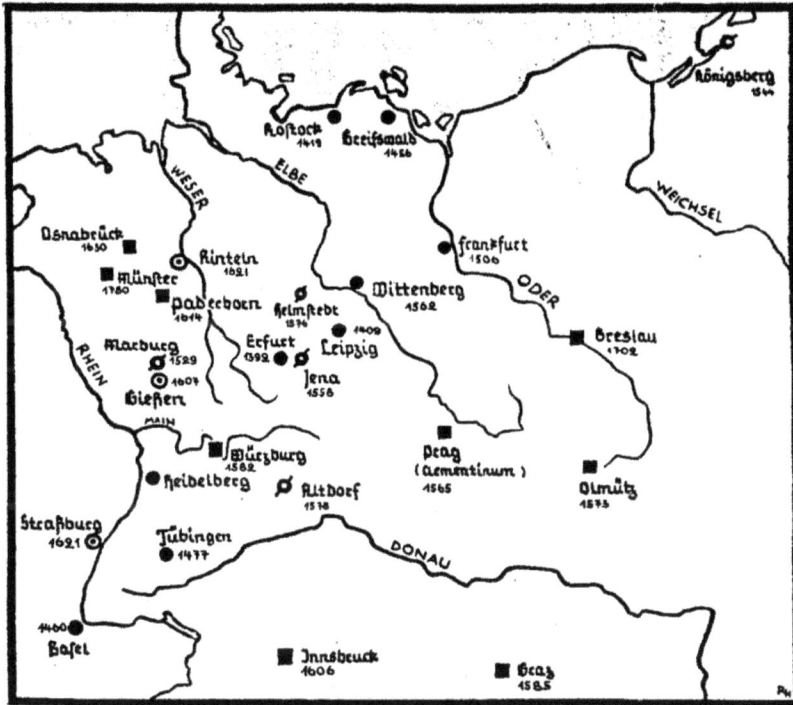

●· Fondations antérieures à la Réforme
ø· Fondations protestantes avant la Contre-réforme
■· Fondations adverses jésuitiques
⊙· Fondations adverses protestantes

Die deutschen Universitäten im Kampf für die Reformation.
Das Schema zeigt, wie die zur Reformation übergegangene Region methodisch von einer Linie gegnerischer jesuitischer Zentren eingekreist wurde; man folgt der Linie der durch ein Quadrat gekennzeichneten Universitäten von Osnabrück über Münster, Paderborn, Würzburg, Innsbruck, Graz, Prag und Olmütz bis nach Breslau! Hinzu kamen noch Freiburg, Dillingen und Wien, die von Casinius zugunsten der jesuitischen Gegenreformation übernommen wurden. Die protestantischen Gründungen in Rinteln, Gießen, Straßburg und in gewisser Hinsicht auch Altdorf zogen ihre politische Bedeutung aus dem Kontext der jesuitischen Sperr- und Einkreisungspolitik zurück: Sie stellten Durchbrüche in dieser „geistigen Barriere" dar.

Es gibt noch ein Ereignis, das in diesem Zusammenhang nicht übersehen werden darf! In Prag, dessen erste deutsche Universität an der Spitze des Kampfes für Forschungs- und Gewissensfreiheit stand, konterten die Jesuiten auf eine Weise, deren Auswirkungen bis heute spürbar sind und die das geistige Leben dieser Stadt zerstörte. Seit 1565 begann die klerikale Akademie in Prag begünstigt zu werden. Im Jahr 1618 gingen die Jesuiten als Sieger aus dem Streit hervor, der durch diese Rechtsanmaßung ausgelöst worden war, und besetzten die theologische und philosophische Fakultät. Heute wissen wir, dass sich hinter dem Streit der Nationen ein Kampf der

Ideologien verbirgt, die *von der Rasse* bestimmt werden. In dieser Hinsicht liefert uns gerade Prag ein lehrreiches Beispiel für den fortwährenden Kampf des deutsch-deutschen Geistes gegen fremdländische imperialistische Ansprüche.

Dieser umhüllende Angriff auf das durch die Reformation befreite intellektuelle und spirituelle Leben musste abgewehrt werden. Dies gelang durch den verstärkten Kampf der alten Universitäten und auch der neuen Zentren, die auf die protestantische Seite gewechselt waren und sich den jesuitischen Gründungen widersetzten. Die Universitäten in Gießen (1607), Straßburg (1621) und Rinteln (1621) verdanken ihre Entstehung dieser Initiative.

Als diese letzten protestantischen Zentren als Antwort auf die jesuitische Sperrpolitik entstanden, rumorte der Dreißigjährige Krieg bereits seit drei Jahren in Deutschland. Der Kampf wurde nicht mehr mit geistlichen Waffen ausgetragen. Deutschland sollte in einem Krieg auf die Knie gezwungen werden; die Saat der Jesuiten ging schrecklich auf! Zwei Drittel der deutschen Bevölkerung sollten ihr Leben lassen. Der Vertrag von Osnabrück besiegelte damals die Teilung und die Ohnmacht Deutschlands.

Die heutige katholische Universität in Salzburg beweist, dass die „geistigen Aktionen" der Jesuiten, die an der Basis ergriffen wurden, immer die gleichen blieben. Auch hier soll ein Zentrum des geistlichen Widerstands, eine katholische Hochburg an der direkten Grenze zum Deutschen Reich entstehen. Ein Blick in die Geschichte erklärt die Tragweite, die Rom von dieser neuen „gegnerischen jesuitischen Niederlassung" gegen eine deutsche Befreiung vom römischen geistlichen Joch erwartet.

Dr. H. W. Hagen

HEFT DER SS NR. 10. 1936.

SS-OSTUF. DR. WALTER BOHM:
DER GLAUBE AN HEXEN

Obwohl die Inquisition in Deutschland keinen allzu großen Schaden anrichten konnte - der schlimmste Förderer von Autodafés, der heilige Konrad von Marburg, wurde von unseren Vorfahren rechtzeitig getötet -, war die Kirche dennoch für ein anderes großes Unglück in Deutschland verantwortlich, das schlimmer, viel schlimmer als das Autodafé war: die Hexenverfolgung. Die peremptorische Lehre der Kirche, der katholischen wie der lutherischen, besagt, dass der Teufel existiert. Er verführt Mann und Frau, um mit ihnen Unzucht zu treiben, und verleiht ihnen dann zum Dank die Natur einer Hexe für Frauen und eines Zauberers für Männer. Über solche Dummheiten darf man nicht lächeln.

Hunderttausende von Menschen besten Blutes, vor allem Frauen und Mädchen, starben während der Renaissance, nicht im „dunklen" Mittelalter, auf den Holzkohlenmeilern. Der heilige Augustinus, ein Afrikaner, und der heilige Thomas von Aquin verbreiteten den Hexenglauben für die Katholiken; für die Lutheraner war es Martin Luther, der sich auf die Bibel stützte. Er predigte auf der Kanzel der Schlosskirche in Wittenberg: „Man muss die Hexen töten, weil sie allerlei Unheil anrichten. Man soll sie nicht nur töten, weil sie Schaden anrichten, sondern in erster Linie, weil sie mit dem Teufel Handel treiben (das heißt: Wollust üben)."

So wie das Konzil, also der neue Papst, in den Augen der Katholiken die höchste Wahrheit besitzt, so besitzt die Bibel sie für die Lutheraner. Weder der Papst noch Luther erkennen die Glaubensfreiheit an. Die Bibel lehrt, dass die Frau minderwertig ist, dass ihr Schoß unersättlich ist (Sprüche 30,15-16) und dass sie sich mit dem Teufel vergeht (1. Mose 6,1-7). Die Kirche lehrt, dass sich der Teufel, um den Mann zu verführen, auch in eine schöne Frau verwandeln kann. Martin Luther gab seine Vorstellungen aus seiner Zeit im Kloster und seinen wörtlichen Glauben an die Bibel nie auf.

Die Inquisition führte die Hexenprozesse durch. Der Folterbock erpresste jedes Geständnis, das lüsterne Kalotins - man denke nur an die ständigen Sittlichkeitsprozesse, die in unserer Zeit gegen die Franziskaner geführt werden - den armen Opfern in den Mund legten. Die Folge war Feuer. Bei Hexenprozessen war es unmöglich, eine Begnadigung zu erhalten, die wie bei Ketzern in eine Einmauerung oder eine Galeerenstrafe umgewandelt wurde. Ein Körper, der sich dem Teufel hingegeben hatte, musste verbrannt werden. Nur die Seele konnte gerettet werden. Jesuiten und lutherische Geistliche sorgten sich dann eifrig um die ewige Glückseligkeit des Opfers.

Die Hexenverfolgungen begannen um 1454, als zum ersten Mal behauptet wurde, es gäbe eine „Hexensekte", also Menschen, die sich als Verbündete des Teufels im Kampf gegen die Lehren der Kirche erwiesen und deshalb als „Ketzer" betrachtet wurden, die als solche verfolgt werden sollten. Sprenger und Institor tauchen in Deutschland als päpstliche Inquisitoren auf, um diese Ketzer zu unterdrücken. Überall stoßen sie auf Widerstand, da das Volk ihre Behauptungen und Verdächtigungen nicht versteht und die weltlichen Behörden es nicht dulden, dass sie Prozesse führen oder auch nur einleiten. Insbesondere wird behauptet, dass der Bischof von Brixen sie aus seiner Diözese auswies und die Meinung vertrat, dass sie verrückt seien.

Im Jahr 1484 besorgten sie sich von Papst Innozenz VIII. die „Hexenbulle", die auch als Bulle Summis Desiderantes (erste Worte dieser Bulle) bekannt ist. In der Bulle wird behauptet, dass es in einigen Teilen Deutschlands noch immer Hexen gibt - es werden nähere Angaben gemacht -, dass aber der Klerus und die weltliche Macht den Inquisitoren Schwierigkeiten bereiteten. Den Inquisitoren wurde vorgeschrieben, alle ihnen geeignet erscheinenden Mittel anzuwenden, insbesondere in allen Pfarrkirchen von der Kanzel zu predigen. Niemand durfte sie bei der Ausübung dieser Lehre oder ihrer Anwendung behindern, da sonst die Exkommunikation und schwere Strafen drohten. Ein kaiserliches Edikt von Maximilian I verlieh dieser Bulle volle Gültigkeit gegenüber den weltlichen Behörden.

1487 erschien Sprengers und Institors *Hexenhammer*, der bis 1500 in neun aufeinanderfolgenden Ausgaben erschien, dann weitere Ausgaben in den Jahren 1511, 1519, 1520, dann gab es eine Pause im Jahr 1580 und danach in kurzen Abständen weitere Ausgaben.

Um dem *Hexenhammer* bei seiner Erstveröffentlichung Kredit zu verleihen, ersuchten Sprenger und Institor um einen Bericht der theologischen Fakultät in Köln, den sie jedoch nicht in der erhofften Form erhielten. Sie erhielten nur einen sehr zurückhaltenden Text von nur vier Professoren. Sie lassen nur Auszüge aus diesem Bericht veröffentlichen, die sich auf die Kölner Ausgabe beziehen. Was die außerhalb von Köln verbreiteten Auszüge betrifft, ist der Bericht so stark verfälscht, dass er die päpstlichen Magistrate zufriedenstellt und - so verfälscht - die schriftliche Zustimmung der gesamten Fakultät erhält.

Im Jahr 1487 fand die erste große Hexenverbrennung in Straßburg statt, wo bereits ein Jahrhundert zuvor unter Konrad von Marburg die ersten Ketzerverbrennungen entstanden waren (80-100 Opfer). Um den Widerstand der Gesetzeshüter und der weltlichen Behörden zu brechen, übertrugen Sprenger und Institor die Durchführung der Hexenprozesse den örtlichen Gerichten, damit die Männer der Justiz die Verantwortung für den Prozess tragen konnten. Da das gesamte Vermögen der Verurteilten beschlagnahmt wird, stellen die Hexenprozesse für die örtlichen Behörden unverhoffte Einnahmequellen dar, was zum großen Teil ihr Ausmaß erklärt: Ganze Landstriche werden gebrannt, damit der gesamte Grundbesitz an die Ortsherren zurückfällt! Die Zahl der Hexen, die 1489 in Straßburg verbrannt wurden, beläuft sich auf neunundachtzig.

Ihren durchschlagendsten „Erfolg" hatten Sprenger und Institor jedoch, als sie diesen Glauben durch ihren *Hexenhammer unter* dem Volk verbreiteten und so die Hexenverfolgung erleichterten. Ab 1515 brannten die Scheiterhaufen jeden Tag: In den folgenden 20 Jahren wurden allein an diesem Ort 5000 Menschen verbrannt. Die gleichen Ereignisse wiederholten sich dort, wo der *Hexenhammer* sein Werk begann. Wir stellen also fest, dass die Hexenprozesse zur selben Zeit begannen, als Kolumbus Amerika entdeckte (1492) und Dr. Martin Luther versuchte, die Kirche zu reformieren (1516). Die Hexenprozesse waren also keine Besonderheit des Mittelalters, sondern begannen zu Beginn der Epoche, die wir gewöhnlich als Renaissance bezeichnen! Die Pest richtete schreckliche Verwüstungen an! Die Zahl der Opfer in Straßburg sagt schon genug: 5 000 Menschen in zwanzig Jahren. Dasselbe galt für andere kirchliche Gebiete: Für die Region Trier werden keine offiziellen Zahlen genannt, aber aus der *gesta Trevisorum* (Geschichte von Trier) erfahren wir zum Beispiel, dass 1588 in zwei Orten nur noch zwei Frauen übrig waren, weil die anderen alle als Hexen verbrannt worden waren. Mit „Frauen" sind alle Personen weiblichen Geschlechts über acht Jahre gemeint. „Es gab keine Bauern und keine Weinbauern mehr. Keine Pest, kein grimmiger Feind hatte die treverische Region so sehr verwüstet wie die schreckliche Inquisition. Nicht einer der Angeklagten entging dem Tod; die Kinder der Hingerichteten wurden verbrannt, die Ländereien annektiert...". Im Fürstbistum Breslau, dem Fürstentum Neiße, wurden in neun Jahren über 1.000 Menschen verbrannt - darunter auch Kinder im Alter von 1 bis 6 Jahren, weil ihre Mütter auf dem Marterbock „gestanden" hatten, dass ihre Kinder vom Teufel gezeugt worden waren. Im Jahr 1539 wurden allein in Zuchmantel, Freiwaldau, Niklasdorf, Ziegendals und Neiße 242 Hexen verbrannt, und 1551 besaß die religiöse Stiftung in Zuchmantel acht aktive Henker. In der Diözese Bamberg starben zwischen 1625 und 1630 - also hundert Jahre nach der Reformation - sechshundert Menschen durch Feuer, 1659 waren es eintausendzweihundert. Die Diözese hatte damals nur 100.000 Einwohner, 1659 fielen also mehr als ein Prozent der Bevölkerung dem Hexenglauben zum Opfer. In der Diözese Würzburg, in Gerolzhofen, stieg die Zahl 1616 auf neunundneunzig, 1617 auf achtundachtzig, 1623 auf neunzig, von 1627 bis 1629 wurden allein in der Stadt Würzburg einhundertsiebenundfünfzig Hexen verbrannt.

Es wäre jedoch ein Fehler zu glauben, dass dieser Schrecken nur von den katholischen Behörden begangen worden wäre. Auch protestantische Gebiete blieben nicht verschont. Unter den Augen Luthers wurden in Wittenberg Hexenverbrennungen errichtet. Luther gab der Hexenverfolgung durch seine Behandlung der Hexenfrage einen besonderen Anstoß, indem er lehrte, dass es ein gerechtes Gesetz sei, sie zu töten. In Mecklenburg begannen die Hexenverfolgungen 1532 mit der Einäscherung einer Frau und eines Mannes, die angeblich Magie betrieben hatten, um die Ausbreitung der Reformation zu vereiteln! Es gab einen solchen Anstieg - leider können nur wenige Daten verifiziert werden -, dass laut zeitgenössischen Historikern ganze Dörfer entvölkert wurden, weil alle Bewohner auf dem Scheiterhaufen landeten. Das lutherische Kloster Quedlinburg ließ ab 1569 etwa sechzig Hexen verbrennen. 1570 waren es vierzig, 1574 vierzig, 1589 hundertdreiunddreißig, und das bei einer Einwohnerzahl von etwa 11.000 bis 12.000 Seelen. Auch hier wurden also in einem Jahr mehr als ein Prozent der Bevölkerung wegen dieses Wahnsinns ermordet. Von 1589 bis 1613 erlangte der Herzog von Braunschweig-Wolfenbüttel als Hexenjäger traurige Berühmtheit: Er pflegte den Folterungen beizuwohnen und ließ oft an einem einzigen Tag mehr als zehn Hexen verbrennen. Schließlich waren die Scheiterhaufen am Ort der Folter, der gegenüber dem Löchelnwald lag, so zahlreich, dass man glaubte, einen Wald vor sich zu haben. Nur in Genf ließ Calvin zwischen 1512 und 1546 etwa neunhundert Personen wegen Hexerei verhaften. Ihr Schicksal bleibt ein Rätsel, aber es besteht kein Zweifel daran, dass die meisten von ihnen verbrannt wurden. Am schlimmsten war es jedoch in der Ursprungsregion der Reformation selbst, in Ostsachsen. Auch Kurfürst August war an den Folterungen beteiligt. Er erließ ein Gesetz, das an Wahnsinn noch über das hinausging, was bereits existierte: Todesstrafe auch für teuflische Bündnisse, die niemandem geschadet hatten! In Ostsachsen lebte der „brillanteste" Hexenrichter, der berühmte Jurist Carpzow, der bis zu seinem Tod im Jahr 1666 etwa zwanzigtausend Todesurteile aussprach oder beglaubigt bestätigte.

Die Hexenverbrennungen waren bis zum 18. Jahrhundert weit verbreitet. Danach nahmen sie nicht ab, weil die Kirche oder ihre Priester und Prediger dies verlangten, sondern weil die absoluten Herrscher auf Dauer nicht mehr zulassen konnten, dass Männer, die sie als Soldaten brauchten, oder Frauen und Mädchen, die sie zur Welt brachten, getötet wurden. Die letzte offizielle Hexenverbrennung durch Gerichtsverfahren und trotz des Protests der Regierung - fünf Hexen - fand am 20. August 1877 - also vor knapp sechzig Jahren - in San Jacob (Mexiko) statt, und bis heute gibt es in diesem Land Hexenverbrennungen. Auch heute noch sind illegale Hexenverbrennungen bekannt, die z. B. in Italien und Irland begangen wurden. Folglich kann man nicht behaupten, dass die Hexenverfolgung mit Sicherheit beendet ist.

Weite Teile Deutschlands wurden durch die Scheiterhaufen massakriert und entvölkert.

Aber seit jeher hält die Kirche an ihrer missionarischen Berufung fest, die die Kreuzzüge hervorbrachte, an ihrer religiösen Diktatur, aus der die Inquisition hervorging, an ihrem Glauben an den Teufel und an Hexen, für den bis einschließlich des 20. Jahrhunderts Millionen von Menschen auf der ganzen Welt geopfert wurden.

HEFT DER SS NR. 5. 1938.

DIE LANDSKNECHTE

Fast das gesamte Mittelalter wurde von der schwerttragenden Ritterschaft beherrscht. Die Infanterie spielte auf allgemeiner Ebene eine untergeordnete Rolle: Der Adel und seine gepanzerten Reitertruppen dominierten auf den Schlachtfeldern und beanspruchten die Ehre, allein die Waffen tragen zu dürfen.

Georg von Frundsberg.
Schöpfer und Organisator der deutschen Landsknechte. 1473-1528.

Mit dem Beginn der Renaissance um das 16 Jahrhundert wurde ihre Vorherrschaft auf den Schlachtfeldern endgültig gebrochen. Die ritterliche Romantik endete nicht nur wegen der Erfindung des Schießpulvers im Westen durch den Mönch Berthold Schwarz, sondern auch wegen des Aufbaus einer Armee aus Bauern und Handwerkern, die sich bereits bewusst waren, dass sie sich erfolgreich gegen die Übergriffe einiger herrschsüchtiger Despoten wehren konnten.

Da diese endgültige Umstrukturierung genau zu einer Zeit stattfand, in der geniale Künstler mit der Antike flirteten und damit eine Epoche einleiteten, die wir Renaissance nennen, konnte man auch von einer kriegerischen Renaissance sprechen. Tatsächlich wurde die römische Infanterie mit einigen Variationen als Beispiel herangezogen und bewies in vielen Schlachten erneut den großen Wert der Infanteristen, um der Kavallerie den Weg zu bahnen.

Verschiedene Arten von Landsknechten. Landsknecht mit einer „Estramaçon", rechts mit einer Hellebarde, in der Mitte mit einer Flöte, einer Trommel und einem Fahnenträger (Zeichnung von Daniel Hopfer, Mitte des 16. Jahrhunderts).

Obwohl die Kunst, vor allem in der Malerei, fast an die der Antike heranreichte, gelang dies den neu geschaffenen Armeen in ihrem Bereich nicht; die Disziplin, die die römischen Legionen unbesiegbar gemacht hatte, fehlte fast überall. Die Schlagkraft der Infanterie, die in vielen Schlachten entscheidend war, blieb nur erhalten, weil jeden Soldaten eine glühende Liebe zum Vaterland beseelte; auf diese Weise wurde das Fehlen der militärischen Disziplin durch Kampfgeist kompensiert.

Die taktische Klugheit beim Aufstellen von Truppen zeigte sich vor allem in den Quadratabteilungen. 5000 bis 8000 Mann wurden zu einem kompakten Quadrat zusammengefasst, in dessen vordersten Reihen sich bereits erprobte Kämpfer befanden. Meterlange Piken bildeten die Hauptwaffen, die gegen den Feind erhoben wurden und vor denen die Ritter kapitulierten, da sie nicht in der Lage waren, diese „Igel" zu durchschlagen. In der Schlacht von *Granson* im Jahr 1476 erlangte der Ritter *Chateauguyon* unsterblichen Ruhm, weil er sein Pferd waghalsig in einen Schweizer „Igel" trieb und die kämpfende Formation besiegte. Seine Kühnheit hatte jedoch keinen wesentlichen Einfluss auf den Verlauf des Kampfes. Er selbst kam unter den Schlägen der Infanterie ums Leben. Dies war der letzte erfolgreiche „kühne Streich" des Spätmittelalters.

Kampf der Landsknechte. Aus Frondsbergs Kriegsbuch von 1565.
Holzschnitt des Schweizer Graveurs Jost Amman.

Die erste von den Schweizern verwendete Kampfform wurde schnell von den Spaniern und Deutschen übernommen. In Italien versuchte man zur gleichen Zeit, die Infanterie *in getrennten Linien* vorrücken zu lassen, bei denen Gräben, Mauern und Hecken als Deckung genutzt wurden, was die Annahme, die Infanterielinie sei eine Erfindung des letzten Jahrhunderts, ad absurdum führt.

Die ständigen Kriege der alten Zeit hatten zur Folge, dass viele Männer aus Freude an der Kriegskunst ihren Beruf, sofern sie einen hatten, aufgaben und sich ganz diesem neuen Wirtschaftszweig widmeten. So *entstand das Söldnerheer*, von dem wir heute jeden einzelnen *lansquenet*, (d. h. Diener des Landes) nennen. Es war nicht nur die Gier, die Aussicht auf reiche Beute durch die Plünderung von Städten, die die Haupttriebfeder für den Eintritt in diese gefürchteten Einheiten waren. Die Abenteuerlust, die Freude, sich in offenen Kämpfen mit dem Gegner zu messen, und das freie und abwechslungsreiche Leben reichten aus, um Tausende von Männern dazu zu bringen, den verschiedenen Kriegsherren zu folgen.

Umzug einer Armee von Landsknechten auf dem Marsch. Landsknechte hatten die Angewohnheit, sich von ihren Frauen und Kindern begleiten zu lassen. Ein besonderer Beamter musste die verschiedenen Unterkünfte in Ordnung halten. (Aus Frondsbergs Kriegsbuch von 1565.) Stich von Jost Amman.

Der renommierteste Landsknechtsführer war zweifellos *Georg von Frundsberg*. Erfahrene Krieger traten mit Stolz in seine Heeresabteilung ein, standen in so manchem Kampf mit der mächtigen Estramaçon an vorderster Front und schlugen mit herkulischer Kraft Hiebe, die die stachelige, stachelige Stirn ihrer Feinde eindrückten. Frundsberg bevorzugte Leute, die sich bereits in einigen Schlachten bewährt hatten, und ließ jeden, der sich rekrutieren lassen wollte, eine Waffenprüfung ablegen.

Es war auch Frundsberg, der zu seiner Zeit versuchte, das Problem, feindliche Abteilungen zu zerschlagen, auf eine neue Art und Weise zu lösen.

Er hatte schnell erkannt, dass der Sieg im Kampf allein von den ersten sechs Reihen des „Igels" abhing und der Rest des Vierecks nichts anderes tat, als die erste kämpfende Reihe voranzutreiben. Dadurch verloren die Landsknechte, die sich im Kampf befanden, ihre Bewegungsfreiheit und wurden so außerstande gesetzt, die Lanzenhiebe abzuwehren, die normalerweise von der dritten Reihe ausgeteilt wurden. Wenn zwei „Igel" ineinandergelaufen waren, begann ein gewaltiger Stoß, der die gegnerische Truppe zertrümmern sollte.

Frundsberg erweiterte das strenge Quadrat auf Kosten der Tiefe, um dem Feind eine *größere Front* präsentieren zu können. Dadurch ergab sich die Möglichkeit, die Flanken des Feindes früher zu gewinnen, aber gleichzeitig auch die Gefahr zu bannen, ausgerechnet einem Flankenangriff zum Opfer zu fallen. Er platzierte die wenigen vorhandenen Feuerwaffenträger an diesem empfindlichen Punkt, da es ihm nicht gerade gelang, durch Bewegungen mit seinen Landsknechten die Front schnell zu verändern. Der mutige Frundsberg konnte seine Lieblingsideen von langen Fronten mit nur wenigen Reihen nicht verwirklichen, weil es in seiner Armee *an der notwendigen Disziplin* und *dem individuellen Training fehlte,* zwei Voraussetzungen, die es erst modernen Soldaten ermöglichten, mit verteilten Truppenlinien Erfolge zu erzielen.

Der kämpferische Wert der Landsknechte lag also vor allem in ihrer Risikobereitschaft und ihrem Ehrgeiz, in der ersten Reihe renommierter militärischer Abteilungen kämpfen zu können. Da sie keine Waffenhandhabung ausführen mussten, verfügten sie über viel Freizeit, wenn sie nicht direkt ins Feld zogen. Ihr Lebensstil war in gewissem Maße erzwungene Untätigkeit, da sie sich nie lange an einem Ort aufhalten konnten, der kurze Zeit später von den Frundsbergern dem Erdboden gleichgemacht wurde, da dieser nicht in der Lage war, den notwendigen Nachschub für die Truppen weiterzuleiten. Hinzu kam, dass die Löhne der Soldaten allzu oft auf sich warten ließen. Aus diesem Grund erlaubten die damaligen Machthaber den Soldaten auch zu plündern, um ihre Aufstände zu besänftigen.

Die Armee selbst stellte jedoch nicht die größte Gefahr für die durchquerten Gebiete dar; weitaus gefährlicher war *der Zug der Mannschaften,* der ihr folgte. Er bestand nicht nur aus den Frauen der Landsknechte, die für ihre Männer kochten, die Kleidung in Ordnung hielten und darüber hinaus über eine Familie wachten, die von Natur aus nomadisch war. Die abwertende Bedeutung, die das Wort „Adjutant" in der Volkssprache angenommen hat, rührt von seiner Rolle als Aufseher über den Zug der Mannschaften her.

Der Landsknecht selbst hatte das Gefühl, ein Herr im Land zu sein. Er war es, der in der Mode den richtigen Ton angab, den die Bürger nachahmten, der vorgab, wie der Purpur zu schneiden war und wie die Federn auf der Mütze zu tragen waren. Radikale Veränderungen im Schnitt des Anzugs kamen jedoch nicht immer von den Launen des Geschmacks der Söldner. Strumpfhosen wurden sogar an einem einzigen Tag unmodern.

Als unter der Regierung von Kaiser Maximilian die Festung *Stuhlweißenburg* von Landsknechten gestürmt wurde, gelang es ihnen nicht, die hohen Mauern zu erklimmen, da ihre enge Kleidung sie daran hinderte. Ohne zu zögern, schnitten sie mit ihren Messern die Hosen an den Knien und die Hosenröcke an den Ellenbogen auf, um den Gliedern die nötige Bewegungsfreiheit zu verschaffen. Und als der Angriff stattfand, steckten die Angreifer mit stolzer Genugtuung safrangelbe Seide an die geschlitzten Stellen ihrer Anzüge und legten damit den Grundstein für die Mode der „Ausgehöhlten", die bald ganz Deutschland beherrschte.

Landsknechte, die von der Lust verführt und vom Tod bedroht werden. Holzschnitt des Schweizer Kupferstechers Urs Graf um 1520.

Allerdings wurden auch auf militärischer Ebene Fortschritte gemacht und echte Sturmtruppen gebildet. Die Kriegserfahrung hatte sich auf allen Seiten gleichermaßen verbessert und es wurde immer schwieriger, den „gegnerischen Igel" zu durchbrechen. Auch hier war es Frundsbergs strategische Wissenschaft, die eine für die damalige Zeit umwälzende Veränderung in der Art und Weise des Kämpfens bewirkte.

Er teilte seinen Verband in eine „verlorene" und eine „Reserve"-Abteilung und schöpfte damit - außer bei technischen Neuerungen - die Angriffsmöglichkeiten der Infanterie aus, die im Laufe der Jahrhunderte die Kampfart ihrer Vorfahren aufgegeben hatte. Während des Großen Krieges wurde sie jedoch wieder angenommen und bot die einzige Möglichkeit, Angriffe mit geringen Verlusten an menschlichem Material erfolgreich durchzuführen.

Die „verlorene Abteilung", deren Söldner *„Schlagabtauscher"* hießen, waren mit kurzen Schwertern und kräftigen Stöcken bewaffnet und hatten die Aufgabe, den feindlichen „Igel" zu stürmen, sich unter den Speeren hindurchzuschieben und im Nahkampf zu ermöglichen, dass mehrere Kameraden mit Knüppeln die unhandlichen Speere auf beiden Seiten auseinandertrieben. Wenn dieser Trick gelang, kam das Gros der „Reserveabteilung", die durch die so entstandene Lücke in das feindliche Quadrat eindrang und es auflöste.

Nach dem Sieg zeigte sich die schreckliche Gefahr, der eine disziplinlose Truppe ausgesetzt ist. Unfähig, sich in kurzer Zeit neu zu formieren oder einen geordneten Rückzugskampf zu absolvieren, nahmen alle die Beine in die Hand, wurden von der leichten Kavallerie verfolgt und schließlich niedergeschossen.

Die Erfahrung von zwei Jahren Krieg wäre nicht nötig gewesen, um die Bedeutung von Sturmtruppen zu verstehen, wenn man etwas aus der Geschichte der Landsknechte gelernt hätte. Tausende der besten Deutschen Österreichs würden nicht in den einsamen Steppen Russlands begraben liegen, weil sie versucht hatten, den Widerstand des Feindes durch selbstmörderische Massenangriffe zu brechen. Oder waren unsere tapferen Stoßtruppler vielleicht etwas anderes als „Schlagabtauscher", die im Mittelalter in das Loch des Gegners eindrangen, mit der „modernen Technik" von Angriffsmassen und Dolchen ausgerüstet waren und in einem Handgemenge die gefürchteten Feldspaten dem Gewehr vorzogen? Auch die Kompanie folgte ihnen nach erfolgreichen Überraschungen - das „Reservedetachement" -, das angriff und die eroberte Stellung vollständig hielt.

Die Landsknechte waren harte Gesellen; mehr als eine Stadt wurde von ihnen geplündert und mehr als ein Bauer gefoltert. Ihre Anführer waren für die meisten dieser Exzesse verantwortlich, da sie mehr Söldner anstellten, als ihr Geldbeutel verkraften konnte, und als Ausgleich dafür ganze Landstriche aufgaben. Aber sie waren alle tapfere Männer und kämpften gut, wenn es hart auf hart kam, und setzten ihre Ehre dafür ein, dass ihnen das Schicksal einer Schlacht anvertraut wurde, auch wenn sie seit Monaten keinen Sold mehr erhalten hatten.

V. J. Schuster

HEFT DER SS NR. 2. 1939.

DAS GELOBTE LAND

Die Schatten sind in diesem Land markant: Es gibt überhaupt keinen Zwischenzustand zwischen blendender Helligkeit und tiefer Dunkelheit; der

Tag bricht nicht an, sondern bricht herein, plötzlich, strahlend. Der Abend fällt nicht langsam und sanft wie dort in Deutschland; der Feuerball senkt sich rasch hinter den kahlen Felsbergen herab, die Wüste und die ausgetrockneten Steppen tauchen in purpur-blaue Farbtöne, die Nacht taucht plötzlich über der dunklen Landschaft auf und erstreckt sich in die Ferne.

Das ist also das Gelobte Land, das versprochene Land! Kaiser Friedrich II. blickt in die tiefe Nacht, über die sich der Sternenhimmel im Süden in funkelnder Vielfalt erstreckt. Nur Hermann von Salza, der treue und verschwiegene Mann, der Herr des deutschen Hofes, befand sich in seiner Nähe. Der Kaiser hat ernste Gedanken. Schließlich spricht er, ruhig und besonnen: „Ich vertraue dem ägyptischen Sultan: Er spielt ein ehrliches Spiel. Er und ich sind ein einsames Paar in dieser Welt. Wir haben verstanden, dass man niemanden zwingen kann, einen Glauben anzunehmen, der ihm nicht eigen ist. Er will mir Jerusalem und das Grab, den freien Zugang und die Pilgerroute überlassen. Was wollen wir mehr? Wenn ich diese Errungenschaften nach Deutschland zurückbringe, wird es keine Kreuzzüge mehr geben. Der Heilige Römische Stuhl wird endlich aufhören, jedes Jahr Tausende von Kriegsleuten in dieses Land zu schicken, die Fürsten zu zwingen, ihre wichtigen Aufgaben aufzugeben und zu versuchen, ein Grab zu befreien, das in Wirklichkeit niemand gestört hat."

Hermann von Salza nickte: „Ich glaube, es würde dem Papst gar nicht gefallen, wenn es eines Tages keinen Grund mehr für Kreuzzüge in Palästina gäbe. Wir Deutschen würden unsere Kraft nicht mehr in diesem fremden Land vergeuden, sondern im Norden und Osten ein großes Reich errichten, das viel größer ist, als die Papisten es wollen. Ich habe Nachrichten, dass der Tempelorden und der johannitische Orden alles daran setzen wollen, dass dieses imperiale Projekt scheitert und der Vertrag mit dem ägyptischen Sultan nicht zustande kommt."

Der Kaiser sagt nichts; er späht in die Nacht. In der Ferne ertönen leise die Geräusche von Pferdehufen. Die Gestalt eines Reiters nähert sich dem Lager und durchbricht die Linien der Vorposten. Zwei Kriegsleute führen den Reiter auf seinem kleinen Pferd zum Zelt des Kaisers. Der Araber springt, faltet die Hände über der Brust und berührt mit der rechten Hand die Stirn und den Boden. Er ist ein gut aussehender, schlanker, junger Mann mit einer feinen Nase und sehr großen, mandelförmigen Augen. Er zieht aus seiner bunt bestickten Jacke eine Pergamentrolle hervor und reicht sie dem Kaiser mit einer gemessenen Verbeugung, dann bleibt er stumm. Friedrich erwiderte den Gruß, formell, höflich, aber dennoch mit der Haltung dessen, der in einem höheren Rang steht, wie es im Osten üblich ist. Er öffnet die Schriftrolle - sie enthält einen Brief in arabischer Sprache, spannt einen zweiten Brief in lateinischen Buchstaben auf.

Der Kaiser liest zuerst den arabischen Text, dann den lateinischen Buchstaben, greift spontan an seiner Seite nach dem mit Juwelen besetzten

Dolch und reicht ihn dem arabischen Reiter: „Überreiche Sultan Malik al Kamal meinen kaiserlichen Dank - möge der Ewige ihm hundert Jahre lang das Leben schenken! Er hat sich mir gegenüber wie ein ritterlicher Gegner verhalten. Nimm diesen Dolch von mir als Andenken mit, denn die Botschaft, die du mir überbracht hast, hat mir vielleicht das Leben gerettet."

Der Bote verbeugt sich. Zwei der jüngsten deutschen Ritter führen ihn zu einem Zelt, wo er seinen Durst löschen kann.

Doch Friedrich II. sprach abgehackt und in tiefer Erregung und ergriff die Hand des Rittermeisters des deutschen Hauses: „Hermann-weißt du, was das ist? Die Oberen des Tempelordens und der Johanniter haben gemeinsam an den Sultan geschrieben und ihm mitgeteilt, dass ich beabsichtige, am Sonntag zum Jordan zu reiten, um die übliche Pilgerfahrt zu dem Wasser zu unternehmen, in dem der Herr Jesus Christus getauft wurde. Sie rieten dem Sultan, mich auf dieser Pilgerfahrt zu beseitigen und mich dem Tod zu überlassen. Der Sultan schickt mir den Brief und warnt mich persönlich Dies ist das Ergebnis dessen, was Papst Gregor gegen mich ausgeheckt hat!"

Die alte Karawanserei ist überfüllt mit deutschen Pilgern, die nach Jerusalem reisen. Der Sultan hat dem Kaiser einen Besuch abgestattet. Mit nur wenigen Beratern sitzen beide schon seit vier Stunden in dem großen, mit Teppichen geschmückten Raum - aber draußen warten die deutschen Ritter, und da sind die Begleiter des Sultans, seine riesigen Neger, unbeweglich in ihren persischen Rüstungen, elegante arabische Herren mit kleinen, spitzen Helmen, runden Schilden und langen weißen Gewändern, kurdische Kavallerieführer in ihren dunklen Anzügen mit langen, herabhängenden, rot gefärbten Schnurrbärten, Scheichs mit grünen Turbanen, die sie als entfernte Nachfahren des Propheten auszeichnen, und ehrwürdigen Bärten. Der General des Sultans, Emir Said, den sie „Rukned Din", „Säule des Gesetzes", nennen, ist schlank, elfenbeinfarben, mit einem kurzen, spitzen, rabenschwarzen Bart und großen, mandelförmigen Augen.

Die Kriegsleute der beiden Fürsten kamen schnell zusammen. Einer der deutschen Ritter hat auf einer alten Steinplatte mit Sand den Grundriss einer Burg skizziert, und nun wird Belagerung gespielt; es wird überlegt, wie man die Türme zerstören, Feuer unter den Mauern und Gegenpässe legen könnte. Der große Emir beobachtet interessiert.

Ab und zu schaut der eine oder andere nach oben zum Fenster, wo der Kaiser mit dem Sultan verhandelt.

Als ein alter Araber mit weißem Kopf herunterkommt, hält der Emir ihn an:

„ Soll ich nach oben gehen?

- Deine Anwesenheit ist nicht mehr erforderlich. Der Vertrag ist seit zwei Stunden fertig. Der Kaiser erhält Jerusalem ohne die Moschee und den darin befindlichen Pilgerweg. Die Stadt bleibt unbefestigt. Der Kaiser wird keine Kriegsleute in der Stadt stationieren.

Inzwischen fragt einer der deutschen Ritter linkisch auf Arabisch: Wenn der Vertrag schon fertig ist - was machen die da oben dann noch?

Der Scheich lacht ein wenig, teils aus Höflichkeit, teils aus Freude darüber, dass er die Geheimnisse der großen Männer entschlüsselt hat: Du wirst es nicht glauben. Sie sprechen über Mathematik und die tiefere Bedeutung von Zahlen".

Der teutonische Ritter schüttelt den Kopf.

In diesem Moment kommt Bewegung an der Tür auf; Patriarch Gerold von Jerusalem tritt ein, umgeben von seinen Kirchenleuten und einigen bewaffneten Männern. Das Gespräch endet dann wie auf ein Signal hin. Es ist, als ob ein Geist käme, der Zwietracht sät. Der Patriarch, ein großer Mann, geht unter die Männer und verteilt hier und da seinen Segen. Ein Teil der Ritter verneigt sich, der andere tut so, als ob er den Segen nicht sehen würde. Sie sind die Vasallen des Kaisers und der Patriarch ist der Vertreter des Papstes, der diesen verbannt hat. Die Araber stehen regungslos da; nur einer von ihnen, ein Mann mit langem Bart und einem von Narben zerfurchten Gesicht, macht beim Segen des Patriarchen das Abwehrzeichen gegen den „bösen Blick" und flüstert: „Ich rufe den einen Gott an angesichts der Lügen derer, die den drei Göttern dienen!" Ohne dass der Patriarch ein Wort gesagt hatte, war es, als würde der Geist des religiösen Hasses, der hier auf Erden schon so viel Blut getrunken hat, verkörpert durch die Reihen marschieren. Der Patriarch ging durch den engen, gewölbten Eingang des Hauses, in dem der Kaiser noch mit dem Sultan diskutierte. Nur zwei seiner Priester folgten ihm, die anderen standen dicht gedrängt am Eingang. Im Hof sind die Diskussionen verstummt, auch die der Ritter über das Spiel. Oben hört man die Stimmen lauter werden - und dann erscheint die Silhouette des Patriarchen an einem der Fenster. Er hat sich an die Rundung des offenen Fensters gelehnt, er spricht mit dem Kaiser, aber so laut, dass alle im Hof ihn hören können Folgendes sagt er:

„... Dieser Friede, Kaiser, ist ein Verrat an der gesamten Christenheit, ein beleidigender Kompromiss, aber was noch schlimmer ist, ist ein Verkauf der Grabeskirche an die Ungläubigen. Du hast gleichgültig geduldet, dass diese Stadt ungeschützt bleibt. Ohne Mauern, ohne Garnisonen, nur auf das Wort eines ungläubigen Sultans hin, willst du diese Stadt für das lächerliche Geschenk dieses trügerischen Besitzes annehmen, dich freikaufen lassen von dem heiligen Privileg der Christenheit, mit dem Schwert für die Grabeskirche zu kämpfen und den Namen Christi im Blut der Heiden zu verherrlichen!"

Der Patriarch geht weiter, während der Kaiser ihm bereits verächtlich den Rücken zuwendet: „Im Namen des Heiligen Vaters der Christenheit erhebe ich den Bann über Jerusalem, keine Glocke soll läuten, keine heilige Messe soll stattfinden, wo der Fuß dieses verbannten Kaisers sich niedergelassen hat, der einen beleidigenden Vertrag mit den Ungläubigen geschlossen hat, der die Kirche ihres erlauchten Privilegs beraubt hat, zum Kampf gegen die Ungläubigen um das Heilige Grab aufzurufen! Verflucht sei, wer an der Seite des verstoßenen Kaisers steht, verflucht sei jeder seiner Schritte, verflucht sei seine Freundschaft mit den Ungläubigen, mit ihrem falschen Propheten!"

Die durchdringende Stimme hallt bis in den Hof. Es ist die Stimme des Hasses, der dieses Land seit mehr als einem Jahrhundert verwüstet hat. All die schrecklichen Bilder der Kämpfe der Völker um dieses Grabmal tauchen wieder auf. Arabische Emire und Krieger haben die schreckliche, von Generation zu Generation weitergegebene Erinnerung an die erste Kreuzfahrerarmee, die Jerusalem angriff und die islamische Bevölkerung so sehr massakrierte, dass das Blut in den Gassen bis zu den Gelenken der Pferdebeine reichte. In den Kreuzfahrern wurden all die erschreckenden Dinge wach, die ihnen über die Grausamkeit der Mohammedaner erzählt wurden, die geheimen Verliese, in denen Gefangene gefoltert wurden, und die blutige Barbarei der Türken. Natürlich trennten sich die beiden Gruppen. Als der Patriarch seine giftige und scharfsinnige Diskussion beendet hatte, brüllte einer der kurdischen Kavallerieführer einen der vulgärsten arabischen Flüche, die Eseltreiber und Kameltreiber verwenden, zum Fenster hinaus. Hier und da werden bereits die Hände zu den Waffen gegriffen. Als der Patriarch, gefolgt von seinen Geistlichen, zum Hoftor schreitet, bilden die Krieger des Westens und des Ostens wie eine Hecke, die einen zu seiner Linken, die anderen zu seiner Rechten. Doch der Patriarch erhebt angesichts der Krieger des Kaisers das Kreuz auf seiner Brust: „Gesegnet sind die, die nicht aufhören, ihr Schwert gegen die Ungläubigen zu erheben!"

Ein winziger Funke würde in diesem Moment ausreichen, um die beiden Truppen aufeinander loszulassen. Als einer der Diener des Kaisers unbewaffnet in seinem bunten Seidengewand und nur mit einem kleinen, leichten Dolch an der Seite ankommt. Fast unwillkürlich richten sich alle Blicke auf ihn. Ein Araber, der junge Bote, der dem Kaiser den Brief überbracht hatte, geht auf ihn zu. Die beiden Männer begrüßen sich, der Deutsche etwas unbeholfener als der andere, der im Klima des Orients aufgewachsen ist: „Erinnerst du dich, dass du mir in eurem Zelt Brot und Wasser gegeben hast, als ich zu eurem Kaiser ritt!

- Es war nicht viel, aber möge es ein Zeichen des Friedens sein!", sagte der andere und fand schnell seine Sprachkenntnisse wieder.

Die Spannung ist also weg. Die Hände verlassen die Lieben - als ob sich der Geist der beiden Männer, die sich dort oben unterhalten oder vielleicht schon längst in ein freundliches, tiefes Gespräch vertieft sind, auf die Truppe überträgt.

Großemir Said ging ebenfalls auf den Diener zu: „Ich möchte dir auch dafür danken, dass du meinen Sohn als Gast empfangen hast. Mein Haus ist dein Haus, es steht dir für immer offen.

- Ich würde mich freuen, sie sehen zu können - I Kaiser sagt, wir können uns auf Ihre Freundschaft verlassen, trotz der Glaubensunterschiede."

Der Emir hebt ein wenig die Augenbrauen, vielleicht ist er überrascht, dass der junge Mann so ernste Fragen mit ihm bespricht. Dann winkt er einem der ältesten teutonischen Ritter zu und sagt: „Dieser Mann aus deiner Armee sagt auch, dass der Kaiser die Glaubenskämpfe beenden will!"

Der grauhaarige Deutsche neigt den Kopf: „Natürlich unbeschadet der Wahrheit unseres Glaubens, die uns durch Jesus Christus offenbart wurde.

Der Emir betrachtet ihn, denkt einen Moment nach: Du weißt, dass auch uns unser Glaube offenbart wurde, wenn auch erst Jahrhunderte nach eurem Christus.

- Sie wissen", sagte der Deutsche, „dass wir das Wort Gottes besitzen, das in der Bibel geschrieben steht.

Der Emir lächelte leicht: Sie wissen, dass wir das Wort Gottes im Koran schriftlich besitzen - wie wollen Sie beweisen, dass Ihre Offenbarungen und Ihre Botschaft richtig sind?

- Wir glauben das, Emir! Wir glauben, dass wir die genaue Botschaft Gottes besitzen!

- Wir glauben das auch, nur ist unsere göttliche Botschaft jüngeren Datums. Du hast lange genug in diesem Land gelebt und weißt, dass alles, was eure Priester über unseren Propheten erzählen, Lügen sind, dass er vielmehr ein angesehener Mann war, der in seiner Lebenszeit wirklich davon überzeugt war, dass Gott zu ihm spricht. Wie willst du beweisen, dass wir nicht das richtige Wort haben?"

Der alte Ritter betrachtete ihn nachdenklich. Ja, das war richtig - und man konnte diesen Einwand nicht einfach mit einer lauten Abfuhr über „falsche Propheten" abwehren, wie es die Prediger gerne taten, vielleicht hatte er auch Recht? Hätte Gott also zweimal gesprochen? Schließlich riss sich der alte Ritter zusammen: „Dann muss Gott tatsächlich gesprochen haben, denn du rufst Gott an und ich auch, und jeder von uns hat ein eigenes heiliges Buch und eine eigene Offenbarung.

- Gott hat zu meiner Art, die Dinge zu empfinden, gesprochen", sagte der Emir. Du kennst dieses Land. Wenn ein Mensch allein in der Wüste ist, dann hört er Stimmen im Sand und im Wind, dann hört er sie in sich selbst. Und wenn ein Mensch auserwählt ist, dann ruft Gott ihn in sein Blickfeld und spricht zu ihm von der Einsamkeit der Wüste und lässt ihn an ihren Geheimnissen teilhaben, die er sonst nicht entdecken kann. Denn siehst du, der Mensch ist winzig klein vor Gott, ein Staubkorn in der Hand des Herrn. Er kann nicht wissen, was richtig oder falsch ist. Aber in der Einsamkeit der Wüste, in der großen Abgeschiedenheit, ruft Gott ihn zu sich, ihn, der ein wahrer Prophet ist. Und so gab er seine Wahrheit aus Barmherzigkeit auch einem Mohammedaner - gelobt sei sein Name -, der ein Mensch wie wir war. Er hat ihm offenbart, was der Mensch nicht wissen konnte; denn niemand ist groß außer Gott".

Es gab viel begeistertes Kopfnicken im Kreis der arabischen Kriegsherren, als hätte der hochgewachsene Emir das ausgesprochen, was alle fühlten.

Die beiden Männer betrachten sich, der junge Araber hat einen bewegten Gesichtsausdruck.

Der alte Ritter überlegte: „Wir empfinden es nicht so. Wir haben keine Wüste und hören auch keine Stimmen darin; wir haben keinen toten Sand, keinen toten Wind. Alles lebt bei uns. Der Samen lebt in der Erde, noch unter dem Schnee, im Frühling ist der Wald grün dort in Deutschland, das Feld ist grün, alle Blumen blühen; im Sommer zittern die Weizenfelder, im Herbst ist der Wald dunkelrot, aber alles lebt immer in uns. Gott ist auch in den kleinsten Samenkörnern zu finden. Gott ist im Wald und im Jahr, er ist in allen Dingen, die das Leben tragen. Gott ist auch in uns. Siehst du, ich bin nicht einmal ein Priester, ich sage nur, was ich denke. In jedem Menschen befindet sich ein kleiner Funke Gottes. Der Mensch ist also überhaupt nicht klein, sondern klein und groß zugleich. Er ist ein Teil von Gott... Aber wie kann ich dir das erklären? - Gott ist eben alles, was lebt, er ist in unserem Bewusstsein, in unserem Herzen.

Der Emir betrachtet ihn sehr nachdenklich: Gott ist der Schöpfer aller Dinge, so könnte ich deine Gedanken zusammenfassen. Aber ich weiß, dass ich dir damit schaden würde. Weiter im Norden, in Persien, habe ich viele Männer getroffen, die sich zum Glauben unseres Propheten bekennen und dennoch so denken wie du. Es waren viele Blonde unter ihnen; vielleicht denken die Völker mit hellem Haar alle so wie du. Aber steht alles, was du mir erzählt hast, in der Bibel, und was lehren die Priester in Bezug darauf?

Der alte Ritter schaut ihn erstaunt, überrascht und ein wenig verunsichert an. Ich habe nur ausgedrückt, wie ich mir Gott vorstelle und wie ich ihn empfinde - nein, unsere Priester sagen nicht viel dazu!

- Dann habt ihr also zweimal - einerseits seid ihr Christen; aber wenn ihr euch selbst treu bleiben wollt, müsst ihr ganz anders denken und habt einen zweiten Glauben. Seht, das ist der Unterschied zwischen euch und uns. Ihr seid ausgezogen, um die Grabeskirche zu erobern, und habt im Kampf immer daran glauben wollen - aber euer Herz hat sich immer dem anderen Glauben angenähert. Wir haben einen Glauben, der vom besten Mann unseres Volkes stammt, in dem Gott wirklich zu uns spricht, so wie wir Ihn fühlen und verstehen; aus diesem Grund waren all eure Armeen nicht in der Lage, uns dieses Land wegzunehmen. Man kann nur mit seinem eigenen Gott überzeugen".

In diesem Moment kommen der Kaiser und der Sultan durch die Tür des Hauses - die Diskussionen hören auf und die Krieger grüßen sie.

Von den Gesichtern der beiden Herrscher geht ein Licht aus. Als Friedrich II. den Sultan zum Tor begleitet, sagt er noch einmal: „In der Mathematik steckt mehr Frömmigkeit als in allen Patriarchen von Jerusalem und den Derwischen, die jetzt gegen dich wettern werden. Die Mathematik ist ewig und gilt für alle Völker - aber dennoch spricht Gott zu jedem Volk in seiner Sprache.

Der Sultan schüttelt den Kopf: Darf ich etwas sagen und fragen, ob es dich nicht verletzt? Warum sprechen deine Priester zu deinem Volk auf Latein und warum kann der Papst niemals ein Ghibelline sein?

Der Kaiser lächelt: Ja, es ist eine verkehrte Welt. Die Priester sollten den Frieden Gottes suchen und predigen den Religionskrieg, aber die Herrscher, die die Religionskriege führen sollten, schließen an ihrer Stelle Frieden, beschäftigen sich mit Mathematik und wundern sich, warum es so viele verschiedene Vorstellungen von Gott gibt."

Aber in seinem Zimmer setzt sich der Patriarch hin und schreibt an den Papst: „Und aus einer solchen blasphemischen Beziehung zu den Sarrazinen kann nichts anderes als Zweifel hervorgehen. Es ist bereits so weit - es ist schrecklich, das zu sagen! - dass die Männer, die auszogen, um das Heilige Grab zu befreien, sich heute fragen, ob die Offenbarung Mohammeds nicht besser ist als die von Christus, oder sogar, ob beide Offenbarungen richtig oder falsch sind, oder sogar der größte Horror - in den Kämpfen appellieren sie an die Vernunft und lassen sie entscheiden, welche Religion die bessere ist. Heiliger Vater, ich sehe mit Schrecken ein Nest der Ketzerei aus diesem Land aufsteigen, ich kann mir nur mit Furcht vorstellen, was mit Dir, Deiner Macht und Deinen Einkünften geschehen wird, wenn dieser Ruf nach Vernunft verbreitet wird, und sogar die schreckliche Irrlehre, dass jedes Volk seinen Gott auf seine Weise lebt...".

Eine Rasse ist eine Einheit von Körper und Seele, von körperlichen und geistigen Eigenschaften. Das tiefste religiöse Gefühl eines Menschen wird letztlich durch seine Rasse bedingt. Aus diesem Grund kann man den Wert von Religionen für Angehörige verschiedener Rassen überhaupt nicht bestreiten. Es ist lediglich erforderlich, dass jedes Volk in Übereinstimmung mit seiner Art lebt. Die Gefahr besteht lediglich darin, dass eine universalistische Religion die Macht beansprucht, Menschen verschiedener Rassen geistig zu vergewaltigen und einen ehrgeizigen Klerus für oftmals sehr weltliche Zwecke zu fanatisieren.

SS-Stubaf. Dr. Johann v. Leers

HEFT DER SS NR. 1. 1944.

DIE KOSAKEN

Germanische Überreste im Osten

Die Geschichte der Russen ist oft voller Lücken, weil die Historiker an die Befehle und Vorgaben entweder der zaristischen Herren oder der sowjetischen Tyrannen gebunden waren. So behaupteten russische Historiker, dass die Ostgoten nach dem Tod Ermanerichs nach Westen gezogen seien. Sie wissen nichts von den drei Schlachten der Goten und Kolcher gegen die Hunnen in der Region Kolchis, Tatsache ist, dass ein Großteil der Goten noch weit entfernt in der nördlichen Kaukasusregion und im Kaukasus selbst verblieb. Sie waren so geschwächt, dass sie keinen Staat mehr gründeten. In einer Erinnerung der Kolcher heißt es, dass später ein Gote Bischof der orthodoxen Kirche von Kolchis wurde. Melanchton berichtet auch, dass ihm Zeugen erzählt hätten, dass die Türken bei der Eroberung der Krim in der Umgebung von Kolchus eine Gothi gefunden hätten. Weiterhin sagt er, dass die Bewohner dieses Landes eine germanische Sprache sprechen. Somit ist bewiesen, dass die Goten nach Ermanerichs Tod nur in geringer Zahl nach Westen gezogen sind.

Die Waräger und Wikinger gründeten das Kiewer Reich. Um das Jahr 1000 ging ein Teil von ihnen nach Südosten und gründete wahrscheinlich das *Fürstentum Tumtarakan* am Schwarzen Meer. Diese Nordmänner drangen gewaltsam in das Byzantinische Reich ein. Von Fürst Mistislav von Tumtarakan erfahren wir, dass er um 1022 die Kosoggen (Kosaken) unterwarf und dass sich die Kosaken mit den Bewohnern von Tumtarakan vermischten. Zu dieser Zeit existierte auch das Reich der Kasaren in der Region östlich des Schwarzen Meeres. In den weiten Gebieten, in denen die Völker des mongolischen Ostens oft gegen den arischen Westen kämpften, in denen die nordische und die dinarische Rasse aufeinander trafen, glaubte der Russe, alle Spuren der germanischen Völker wie Baskarier, Skiren, Rugier, Goten und Normannen ausgelöscht zu haben. Das war nicht der Fall.

Im II Jahrhundert tauchten die Kosaken in der Region Saporogje und am Don auf. Wer waren ihre Vorfahren? Das wissen wir nicht. Russische Historiografen behaupten manchmal, dass es sich um einen reinen slawischen Stamm handelt, oder dass sie Nachkommen der Hunnen oder Petschenegen sind - aber die äußeren Rassenmerkmale zeigen uns, dass wir es hier mit einem Mischvolk aus Nordischen und Dinarischen zu tun haben. Es ist sicher, dass sich diese Reste germanischer Völker, die in der Steppe verschwanden, mit den slawischen Tschetschenen und anderen kaukasischen arischen Völkern vermischten. Dieses kämpfende Reitervolk der Steppe, das alle Eindringlinge zurückschlägt, unternimmt auch gerne Raubzüge in andere Länder.

Die Kosaken mussten nach dem Angriff der Mongolen harte Vergeltungsmaßnahmen über sich ergehen lassen. Ein Teil von ihnen floh in die Berge, ein anderer Teil ging zu den Großherzögen nach Moskau, wo sie in Festungen (Gorodnoje)oder als freie Kosaken (Wolnje) lebten.

Ein genuesischer Autor berichtet, dass die Kosaken, die von den Türken Brodnikis genannt wurden, im 15. Jahrhundert eine gemischte Sprache sprachen. Dies deckt sich nicht mit der Tatsache, dass sie schon immer Ukrainisch oder Russisch gesprochen hätten. In den Streitigkeiten zwischen Polen, Moskau und der Türkei sind sie mal auf der Seite Moskaus, mal auf der Seite Polens zu finden. Es kommt auch vor, dass sie allein gegen die Türken kämpfen.

Im Jahr 1654 gelang es dem Zaren, die Donkosaken durch einen Freundschaftsvertrag für sich zu gewinnen. Sie erhielten besondere Rechte und Privilegien und führten seither ein Leben, das viel Ähnlichkeit mit dem des germanischen Bauernsoldaten hatte. Diese freien Bauernsoldaten aus der Steppe übernahmen nicht nur mehr als eine Eigenschaft von der westlichen Ritterschaft, sondern auch von den arischen Fürsten des Kaukasus. Sie kämpften stets gegen die eindringenden Völker aus dem Osten Innerasiens und schützten Westeuropa in einer Zeit, in der es selbst in den religiösen Kämpfen (Kreuzzüge, Reformation, Gegenreformation) geschwächt wurde.

Neben den Saporogern und den Donkosaken gibt es noch die Kuban-, Terek-, Berg-, Orenburg-, Semir-, Sibier-, Saheikul-, Jenissei-, Ussur- und Amurkosaken.

Die Kosaken leben in geschlossenen Siedlungen und nennen sie Staniza. Eine kleine Siedlung wird Chuter genannt, mehrere Chuter können sich zu einer Staniza zusammenschließen. An der Spitze einer Staniza steht der Ataman. Er wird aus einer Versammlung von Männern gewählt. Als Zeichen seines Ranges trägt er bei feierlichen Anlässen ein silbernes Zepter, auf dem ein Totenkopf geschnitzt ist. In der Zarenzeit wurden folgende Worte in das Zepter eingraviert: „Für Gott, den Zaren und das Vaterland!". Sobald der Ataman bei einer Versammlung sein Zepter erhob, gab er damit zu verstehen, dass Ruhe herrschen sollte. Die Kosaken gehorchten diesem gewählten Ataman aus freien Stücken. Die großen Entscheidungen, die den Stamm betreffen, werden bei den Volksversammlungen der Männer getroffen. Es wird über Krieg und Frieden diskutiert, über die Vergabe von Land, aber es werden auch Urteile gefällt. Drei Kosaken stehen als Berater, Sekretär und Schatzmeister an der Seite des Ataman, und zehn bewaffnete Kosaken bilden die Polizei. Er übernimmt auch die Aufgabe, über harmlose Vergehen zu urteilen. Ehre und Treue sind die Grundprinzipien, die nicht nur in der Familie gelehrt werden, sondern auch dem jungen Soldaten.

Diebe werden aus der Gemeinschaft ausgeschlossen. Frauen haben keinen Zugang zu Volksversammlungen.

Die Frauen kümmern sich um den Haushalt und genießen ein hohes Ansehen. Bei der Wahl der Ehefrau wird eine strenge Auswahl getroffen. Wenn ein Kosak heiraten will, darf er nur eine Kosakin heiraten, oder er muss hübsche junge Mädchen von einem benachbarten kaukasischen Volk stehlen. Wenn er eine Kosakin nimmt, muss der Vater des Mädchens seine Zustimmung zur Heirat geben. Es gab keine Scheidungen. Wenn eine Frau untreu war, wurde sie von ihrem eigenen Ehemann bestraft. In diesem Fall hatte er das Recht, sie zu schlagen. Der Kosak durfte keine Ehe mit Mongolen, später aber auch nicht mit Jüdinnen eingehen. Bei Festen wie Hochzeiten durfte tagelang getrunken werden. In der Regel wurde das Paar von den Kameraden zu Pferd zur Kirche begleitet.

Nach ihrer Bekehrung traten sie der orthodoxen Kirche bei. Sie leben streng nach den Regeln ihres Glaubens; an den Weihnachts- und Osterfeiertagen fasten sie, d. h. sie essen über einen längeren Zeitraum weder Milch noch Fleisch. Sie sind die Verteidiger der Kirche. Im Alter von 19 Jahren wurden die Saporoger, Don- und Terek-Kosaken in einem Militärlager auf einer Insel zusammengezogen. Dort herrschte eine strenge Ordnung und Disziplin. Die Saporoger Kosaken hatten ihr Militärlager auf der Insel Kortiza, die Don-Kosaken auf der Don-Insel in der Nähe der Stadt Nowotscherkask; die Terek-Kosaken auf der Insel Tschetschen (Mündung des Terek in die Wolga). Auch die normannischen Waräger fanden sich in diesen Militärlagern wieder. Die Familienarmee der Kosaken ist ebenfalls germanisch.

Zur Zeit des Zaren meldete sich der 19-jährige Kosak zum Militärdienst. Bei der Inspektion wurde er je nach seiner Eignung entweder zur Kavallerie, Artillerie oder Infanterie eingeteilt. Er nahm an einer neunmonatigen Ausbildung teil. Im Dezember desselben Jahres trat der junge, reiche Kosak mit einem Pferd, einem Sattel und einem Schwert in sein Regiment ein. Er musste sie auf eigene Kosten beschaffen. Der arme Kosak trat entweder in die Infanterie oder in ein Kavallerieregiment mit einem Schwert ein. Dort erhielt er auch ein Pferd und einen Sattel, einen Mantel, zwei Uniformen, drei Wäschesortimente, eine Mütze, ein Gewehr, eine Pistole und einen Degen.

Die Ausrüstung wurde immer von Militärkommissionen überprüft. Der aktive Dienst dauerte drei oder vier Jahre. Das Regiment war in Zenturien (germanische Zenturien) unterteilt. Sie wurden nach den Farben der Tiere zusammengestellt. Auf Disziplin und Kameradschaft wurde großer Wert gelegt. Für Leistungen im Reiten und Schießen wurden Preise vergeben. Die Verdienstvollsten besuchten die Offiziersschulen. Nach der Zeit des aktiven Dienstes kehrte der Soldat nach Hause zurück. Nach fünf Jahren in der Reserve, wo er oft mit seiner Ausrüstung antreten musste, ging er in die zweite Reserve. Dann durfte er sein Pferd verkaufen.

Nach dem Militärdienst durfte er bei Versammlungen der Männer bewaffnet auftreten und auch wählen. Er hatte auch das Recht, sich um Land zu bewerben und wurde so zu einem unabhängigen Bauern. Über seine überschüssigen Einkünfte konnte er nach Belieben verfügen. Bei Volksversammlungen musste der Ataman über den gemeinsamen Besitz der Dorfgemeinschaft berichten. Wie bei den germanischen Stämmen gab es auch hier ein Gemeinschaftseigentum:-Weiden, Hengst, Dorfstier, Fischfang und Jagd.

Sie hatten auch eine gemeinsame Schule. Kinder von fremden Völkern durften nicht in die Kosakenschule gehen. Das gemeinsame Eigentum wurde vom Ataman verwaltet. In seiner Freizeit beschäftigte sich der Kosak gerne mit Jagen und Fischen.

Wie bereits weiter oben erwähnt, hatten die Saporoger Kosaken ihr Militärlager auf der Insel Kortiza. Aus politischen Gründen wurden sie von Katharina II. umgesiedelt und am Schwarzen Meer angesiedelt, wo sie seitdem Schwarzmeer- oder Kuban-Kosaken genannt werden. Aus Rücksicht auf die große Zarin gründeten sie die Stadt Jekatherinenburg (heute Krasnodar), wo sie ihr zu Ehren ein Denkmal errichteten. Die Kosaken erhielten vom Zaren nicht nur wirtschaftliche, sondern auch militärische Privilegien. Sie stellten die Leibwache des Zaren dar. Für diese Einheit wurden die größten, stärksten und schönsten Männer ausgewählt. Einer dieser Getreuen erhielt auch den Auftrag, die Kinder des Zaren zu hüten. Noch heute zeigen die Kosaken voller Stolz das Foto eines Kuban-Kosaken mit dem ehemaligen Sohn des Zaren.

Die Don-Kosaken hatten ihr Militärlager auf der Don-Insel. Erst 1624 schloss der Zar Freundschaftsverträge mit den Donkosaken und später auch mit den anderen Kosaken, die tatsächlich freie Bauern und Krieger waren. Sie wurden zu den treuesten Verteidigern des Zarenreichs.

Die Terek-Kosaken lebten auf dem Terek und hatten ihre militärische Festung auf der Insel Tschetschen. Sie wollten sich Zar Iwan Net nicht unterwerfen und wurden deshalb von ihm auf ihrer Insel angegriffen. Nach harten Kämpfen mussten sie sich der Übermacht des Gegners geschlagen geben. Die Überlebenden flohen in die Berge und nannten sich daher Bergkosaken. Kurze Zeit später erkannten sie den Zaren, der sie in den Kampf gegen die Tataren schickte. Nach einem Sieg über diese gab er ihnen die Erlaubnis, sich wieder in den Ebenen niederzulassen. Um ihre Zahl zu erhöhen, ließ er tausend Kosakenfamilien vom Don und fünfhundert Familien aus den Wolga-Regionen am Terek ansiedeln.

Es gibt keine sehr großen Unterschiede zwischen den Sitten und Gebräuchen und der Lebensweise der einzelnen Stämme. Die Bräuche werden an die Besonderheiten der Provinzen angepasst. Als Charaktereigenschaften kann man Mut, Tapferkeit, ein großes Ehrgefühl und Stolz nennen. Maßlosigkeit und Inkonsequenz sind die Schwächen der Kosaken. Eine große Gastfreundschaft ist eine bemerkenswerte

Besonderheit bei ihnen. Niemand wird vor die Tür gesetzt. Wenn ein Besucher einen außergewöhnlich schönen Gegenstand findet, dann wird er ihm geschenkt. Die Kosaken in den Bergen und im Ural haben sich an die Lebensbedingungen in den Bergen angepasst. Alle Stämme der Kosaken stammen von den Don-, Kuban- und Terek-Kosaken ab. Die Zaren siedelten überall dort Kosaken an, wo das Reich von Feinden bedroht wurde oder Eroberungen durchgeführt werden mussten. Die Kosaken waren maßgeblich an der Eroberung Ost- und Westasiens beteiligt. Als Schocktruppen fielen sie in feindliche Länder ein, ließen sich dort nieder, gründeten kleine Festungen, die „Ostrogi", und befriedeten anschließend das Land. Diese Schocktruppen waren zwischen fünfzig und hundert Mann stark und nannten sich Zenturie. Die Führung des fremden Volkes wurde abgesetzt, der Rest der Bevölkerung besiegt und politisch in die Schranken verwiesen. Abgesehen von ihrem kriegerischen Charakter ließen die Kosaken ihre landwirtschaftliche Arbeit von Leibeigenen erledigen, die sie vom Zaren erhalten hatten. Auf dem Höhepunkt der Leibeigenschaft nahmen sie einen Zustrom von Bauern auf, die aus allen Teilen des Reiches geflohen waren. Diese wurden nach der Ableistung eines Eides in die Gemeinschaft des Stammes aufgenommen. Bei der Stanize-Versammlung wurde ihnen auch Land zugeteilt. Der Zar ließ pensionierte Soldaten in den Kosakengebieten ansiedeln, um die Ansiedlung der Kosaken zu stärken. 1835 sahen sich die Donkosaken gezwungen, den Zaren um einen Ukas zu bitten, der das Verbot einer weiteren Besiedlung der Donkosakenregion verkündete.

Nach dem Zusammenbruch des Zarenreichs kämpften die Kosaken für eine freie Republik. Im Jahr 1917 riefen sie diese im nördlichen Kaukasus aus. Die Bolschewisten versuchten mit allen Mitteln, das neu gegründete Kaiserreich zu zerstören. Nach vier Jahren Kampf konnten die Kosaken von den Bolschewisten besiegt wurden. Sie berichten, dass die jüdischen Kommissare das Volk grausam behandelt hätten. Diejenigen, die überlebten, wurden ins Landesinnere oder ins Zuchthaus geschickt. 1929 erhoben sich die Kosaken erneut und wurden zu Konterrevolutionären. Sie lehnten die Kulakisierung ab. Der Aufstand wurde niedergeschlagen. Sie mussten ihre Unabhängigkeit und ihre Eigenheiten an den bolschewistischen Staat abgeben. Der Ausbruch des Krieges im Jahr 1941 veranlasste die Bolschewisten, den Kosaken ihre Unabhängigkeit zurückzugeben. Von nun an durften sie wieder ihre Trachten und Waffen tragen und hatten eine nationale Persönlichkeit. Man hoffte, auf diese Weise die mutigen Krieger für sich gewinnen zu können. Doch der Großteil der Kosakenregimenter nutzte die erste Gelegenheit, um auf die Seite der Deutschen überzulaufen, in der Hoffnung, gemeinsam mit ihnen den Sieg zu erringen. Sie träumten auch davon, dass es ihnen nach dem Krieg erlaubt sein würde, einen unabhängigen Staat unter deutscher Führung aufzubauen.

Es war tatsächlich das germanische Blut, das die freiheitsliebenden Bauernsoldaten zu diesem Schritt motivierte.

Ich habe nie vom slawischen Matriarchatsrecht oder von slawischen oder gar hunnischen Bräuchen bei den Kosaken gehört. In keiner Erzählung findet man ausländische Eigenheiten.

Gibt es keine Analogie zwischen der Beschreibung der germanischen Pussy und den Kosaken, wenn Tacitus über sie sagt: „Bei dieser Nation härtere Körper, nervöse Glieder, bedrohliches Gesicht und größere Seelenstärke. Für Germanen viel Vernunft und Geschicklichkeit: Elitemänner als Führer nehmen, auf ihre Führer hören, ihre Reihen halten, Gelegenheiten erkennen, Angriffe aufschieben, ihre Tage ordnen, ihre Nächte stärken, das Glück für ungewiss, die Tugend für sicher halten, schließlich, was sehr selten ist und nur der römischen Disziplin zugestanden wurde: vom Führer mehr erwarten als von der Armee."

ANNALEN NR. 1. JANUAR 1944.
AUSGABE DER SS-BRIGADE WALLONIEN.

DIE STÄBE AUS BURGUND

Lange vor ihrer Ankunft in den Niederlanden hatten die Herzöge von Burgund gekreuzte Stäbe in Form des Andreaskreuzes als Emblem. Die Wahl eines solchen Kreuzes war nicht leichtfertig getroffen worden, sondern stand im Gegensatz zu den Kreuzen der Könige von Frankreich und der Engländer, dem Kreuz von Saint-Denis und dem von Saint-Georges.

Ein Heiliger war der Schutzpatron der Herzöge von Burgund: der Heilige Andreas. War dies ein Beweis für Klerikalismus? Nein. Denn jedes Land hat seinen eigenen Schutzpatron.

Unter Philipp dem Kühnen sahen wir zum ersten Mal die Burgunderstäbe in unseren Provinzen, die unter Johann ohne Furcht zu knorrigen Stäben wurden. Seitdem blieben sie das Symbol der westlichen Provinzen, vor allem während des Kaiserreichs. Unsere ersten beiden Illustrationsseiten sind ein Beispiel dafür, wie die knorrigen Stöcke angesehen wurden. Diese Seiten aus dem prächtigen Manuskript des Goldenen Vlieses, das sich im Besitz von Herrn Léon Degrelle befindet, zeigen das Wappen Karls V., in dem viermal die knorrigen Stäbe und die Feuerzeuge des Goldenen Vlieses zu erkennen sind, sowie ein Porträt desselben Kaisers. Auf seinem Prunkgewand trägt er die gestickten Stäbe; sein Kragen ist mit einer Girlande aus Feuerzeugen und dem Goldenen Vlies geschmückt.

Es ist bekannt, dass die wallonischen Städte nie leicht zu regieren waren, und oft mussten die Herzöge von Burgund hart gegen sie vorgehen. Dennoch schrieben sie aus freien Stücken die knorrigen Stäbe auf ihre Denkmäler. Wir können kein schöneres Beispiel nennen als das, das man in

Lüttich, der widerspenstigen Stadt par excellence, betrachten kann. In den alten Kamin des Rathauses wurde stolz das alte Emblem der Herzöge von Burgund eingemeißelt.

Während des Kaiserreichs traten viele Wallonen in den bewaffneten Dienst des Kaisers. Prinz Eugen, der durch mehr als eine Schlacht ruhmreich geworden war, war nicht wenig stolz darauf, mit den Militärfahnen mit dem Burgunderkreuz an seiner Seite zu kämpfen, gemischt mit den Fahnen, die den Adler trugen. Die Wallonen hatten immer die knorrigen Stäbe auf ihren Militärfahnen, und man kann im Anschluss an Seite 84 der in Den Haag herausgegebenen Schlachten des Prinzen Eugen eine große Tafel sehen, die den Prinzen im Kampf neben einer Fahne mit dem Burgunderkreuz in der Schlacht von Audebarde zeigt.

Andererseits wurden die für die westlichen Provinzen geprägten Reichsmünzen von Karl V. bis Joseph II. regelmäßig mit den knorrigen Stäben zusammen mit dem Adler geprägt.

Während der Französischen Revolution erhoben sich Tausende von Germanen aus unseren Provinzen aus Treue zum Kaiserreich gegen das jakobinische Frankreich. Ihre Standarten trugen das rote Burgunderkreuz auf weißem Grund.

So leisteten also die letzten wallonischen Soldaten, die der Deutschen Gemeinschaft treu geblieben waren, unter den Falten der alten Fahnen mit den knorrigen Stäben heldenhaft Widerstand gegen die französische Invasion.

Nie zuvor hatten unsere Provinzen ein anderes Symbol. Es bedurfte der intensiven Bemühungen der französischen Propaganda, um die knorrigen Stöcke zu vergessen und ein neues Emblem zu schaffen: den Hahn als Symbol für Frankreichs Annexionsbestrebungen in der Wallonie. Der Hahn erschien übrigens erst um 1913 als antiflämisches und antideutsches Abzeichen.

Auch jetzt ist es im Zeichen der knorrigen Stäbe Burgunds, dass die besten der Söhne Walloniens an der Seite der germanischen Adler kämpfen.

Dp.

II. KULTURELLE GESCHICHTE

HEFT DER SS NR. 10. 1937.

BILDUNG EINER ARBEITSGRUPPE FÜR NATIONALE ETHNOLOGIE

Die Reichsleiter Darré, Hierl, Himmler, Rosenberg und v. Schirach bildeten Anfang Januar eine Arbeitsgruppe zur deutschen nationalen Ethnologie.

Welche Ziele werden mit der Bildung der Arbeitsgruppe für nationale Ethnologie verfolgt?

Auch heute noch versuchen unsere ideologischen Gegner in den verschiedenen Lagern der Reaktion und der Kirchen, unsere Arbeit potenziell und tatsächlich zu zerstören und zu verunglimpfen, so wie die Feinde des Volkes im letzten Jahrtausend sein heiligstes Erbe angriffen.

Diese Arbeitsgruppe muss mit der größten Energie handeln, um diese Feinde unschädlich zu machen. Darüber hinaus muss sie dafür sorgen, dass die ethnologische Arbeit aufgrund ihrer großen Bedeutung für die Erziehung und Bildung innerhalb der Partei und ihrer Verbände Anwendung findet.

Was bedeutet nationale Ethnologie?

Nationale Ethnologie ist „die Wissenschaft, die untersucht, was das Volk ausmacht". Die Lebensweise des deutschen Volkes steht daher im Mittelpunkt des Interesses der wissenschaftlichen Volkskunde, z. B. Volksglaube, Lieder, Tänze, Sprache, Bräuche, Symbole, die Gesamtheit der Erzählungen (Märchen, Sagen, lustige Geschichten, Rätsel, Sprichwörter usw.) Handwerk, Kleidung (Trachten), Möbel, Bauen, Wohnen.

Die neuere nationalsozialistische Wissenschaft, die Volkskunde, stützt die Frühgeschichte unseres Volkes auf die Erkenntnisse der Rassenkunde und der Rassenpsychologie. Sie sieht es als eine ihrer Hauptaufgaben an, das traditionelle Erbe den fremden Einflüssen zu entziehen, die im letzten Jahrtausend eingeführt wurden.

Welche Bedeutung hat die nationale Ethnologie für uns?

Im Gegensatz zur „objektiven" und „absoluten" Wissenschaft der Vergangenheit betrachten wir die Volkskunde nicht als Ziel an sich und um ihrer selbst willen, sondern im Hinblick auf die nationalsozialistische Weltanschauung, die dem Volk dienen soll. Die Auswertung der wissenschaftlichen Ergebnisse dient der ideologischen Erziehung desselben, da das traditionelle Volksgut die unserem Blut eigene Weltanschauung perfekt zum Ausdruck bringt und verdeutlicht.

Die germanische Religiosität und der Glaube an den nordischen Gott sind in der traditionellen Welt der Märchen, Legenden und Lieder ebenso verstreut wie in der Welt der Bräuche. Man kann sie in den heiligen Zeichen und Symbolen unterscheiden, die wir überall in unseren Bauernhäusern und in den Schöpfungen unserer Handwerkskunst finden.

Es geht keineswegs darum, durch voreilige Interpretationen aus diesen Überresten einer früheren Weltanschauung ein religiöses System zu entwickeln. Das wäre ein unorganischer Prozess, der zur Entstehung eines neuen Dogmatismus führen würde. Aber die Geschichte der wechselvollen Entwicklung der traditionellen spirituellen und materiellen Welt unserer Vorfahren zu kennen, kann unsere Sinne schärfen und uns in die Lage versetzen, Eigenes von Fremdem zu unterscheiden. Auf diese Weise erfassen wir besser die Wechselwirkungen und Auswirkungen der spirituellen Kräfte unseres Volkes, die durch die Nacht der Zeiten hindurchgegangen sind und heute in den Festen der Kampforganisationen der Bewegung und in den großen Festen der Nation ihren reinen Ausdruck finden. Diese bringen die neue Einheit zum Ausdruck, die unser Volk wiedererlangt hat.

Das große Wort von Ernst Moritz Arndt drückt diesen Willen zur Konkretisierung aus: „Ein Volk zu sein, das ist die Religion unserer Zeit; durch diesen Glauben soll es geeint und stark sein und durch ihn den Teufel und die Hölle besiegen. Gebt alle kleinen Religionen auf und folgt der großen Botschaft dessen, der dem Papst und Luther überlegen ist, vereinigt euch in ihm zu einem neuen Glauben."

Die praktischen Aufgaben einer deutschen nationalen Ethnologie.

Sie betreffen vor allem die Gestaltung von Festen und den täglichen Lebensstil. Die Feste, die das Leben, das Jahr und die großen Feiertage der Nation rhythmisieren, stellen vor allem ein weites Betätigungsfeld für eine Wissenschaft dar, die sich der Bedeutung ihrer nationalsozialistischen Arbeit bewusst ist. Die Untersuchung der Vorbereitung der Festabende in allen großen Organisationen der Bewegung und des Staates wirft viele Fragen für die nationale Ethnologie auf. Sie trägt daher eine grundlegende Verantwortung und muss die Bereiche Architektur, Bekleidung und handwerkliches Schaffen untersuchen.

SS-Ostuf. Ziegler,
Leiter des Fachbüros des Arbeitsausschusses.
SS-Hstuf. Strobel,
Leiterin der Bildungsabteilung des Büros.

HEFT DER SS NR. 3. 1944.

GEBURT UND ENDE DER WELT
IM ARISCHEN MYTHOS

Woher kommen die Welten, die Götter, die Menschen und alle Dinge, die sich zwischen Himmel und Erde befinden? Und was ist ihr Schicksal, vor allem das der Götter und Welten, auch wenn sie das irdische Leben des Menschen überleben und einem großen kosmischen Gesetz unterworfen sind?

Dies sind die ewigen Fragen, die sich die Menschen zu allen Zeiten und bei allen Völkern immer wieder gestellt haben. Die vergleichende Untersuchung von Mythen und Legenden zeigt eine erstaunliche Übereinstimmung, sowohl in den Fragen als auch in den Antworten. Es geht jedoch nicht nur darum, einen Rassenunterschied bei der Untersuchung von Mythen festzustellen. Dennoch gibt es sie; der arische Mythos von der Entstehung der Welt unterscheidet sich prinzipiell von den chinesischen, babylonischen oder aztekischen Mythen. Obwohl die Vorstellungen von einer kosmischen Ordnung im arischen Rassengebiet auf den ersten Blick so unterschiedlich zu sein scheinen, gibt es trotz der räumlichen und zeitlichen Unterschiede eine gemeinsame Grundstruktur, die man erkennt. Man unterscheidet die Existenz desselben Wissens um ein ewiges universelles Gesetz in der aufkeimenden Erfahrung des germanischen Nordens, in der der Denker des vedischen Indiens und in den Gebeten des großen mystischen Ariers Zarathustra.

Der Rig-Veda und die Edda liefern die prächtigsten Zeugnisse der Mythen von der Entstehung der Welt, die uns aus der arischen Rassensphäre überliefert sind. Fast zweitausend Jahre bevor die philosophische Wahrnehmung der Welt in Griechenland begann, erreichte die indische arische Weisheit die Grenzen des menschlichen Wissens, jenseits derer Unwissenheit herrscht. Heute können wir nicht umhin, großen Respekt vor der zwingenden Reinheit der arischen Weisheit zu haben, die ihre ganze Tiefe im zehnten Buch des Rig-Veda, Kapitel 129, offenbart:

1. „Früher gab es weder das Nichtsein noch das Sein. Es gab keinen Raum und keinen Himmel darüber. Was bewegte sich? Wohin bewegte es sich? In welcher Ausdehnung? War das Wasser von unergründlicher Tiefe?

2. In früheren Zeiten gab es keinen Tod und keine Unsterblichkeit, keinen Unterschied zwischen Tag und Nacht. Der Eine atmete windlos aus eigener Kraft; es gab nichts anderes als das.

6. Wer weiß mit Sicherheit, wer kann hier verkünden, wo sie entstanden ist, wo sie herkommt, diese Schöpfung? Die Götter sind auf dieser Seite der Schöpfung des Universums. Aber wer weiß, woher sie kommt?

7. Woher ist sie gekommen, diese Schöpfung; ob sie erschaffen oder nicht erschaffen ist. Derjenige, der vom Himmel aus über sie wacht. Dieser weiß es wohl! oder weiß er es nicht besser?

In den Augen des christlichen Denkens könnte diese letzte Frage wie eine schwere Beleidigung und eine Verleugnung der göttlichen Allmacht erscheinen. Der arische Geist Indiens kennt keine derartigen Fesseln und auch keine absolute göttliche Offenbarung, die jede diesbezügliche menschliche Idee von vornherein verflucht. Wie die Griechen Homers und die Germanen in den Heldenliedern der Edda tritt der Inder mit stolzem Selbstbewusstsein und einer fast heiteren Ruhe vor seine Götter. Er weiß auch, dass die Götter „diesseits der Schöpfung des Universums" sind und dass sie wie der Mensch einer höheren Weltordnung unterworfen sind. Und um diese letzte Ursache der Welt wortwörtlich zu verstehen, investiert er ganz in sich selbst, isoliert in den anziehenden und vielversprechenden Feldern des Geistes. Er war auch nicht in der Lage, das zu definieren, was zunächst nicht existierte. Doch wie ein Wanderer, der nichts mehr erklären kann, suchte und kämpfte er um Wissen, erforschte das Wort in seinen tiefsten Grundlagen und fand lange vor einem Platon und einem Aristoteles den absoluten Grundbegriff: Atman und Brahman - das Eine und das Ganze - Sat und âsat - Sein und Nichtsein. So veranschaulicht unser Text beispielhaft die Tatsache, dass das arische Indien die vielfältige und bildhafte Schöpfung der poetischen Erfahrung in eine reflektierende Vernunft, in einen abstrakten Begriff verwandelt hat.

In der Edda blieb das Schicksal der Welten ein authentischer, strukturierter Mythos der tiefgründigen Vorhersagen der Nornen und der weisen Seherinnen mit ihren von Mysterien durchdrungenen Gesichtern. Wo Indien bereits die Heiligkeit eines abstrakten Gedankens manifestiert, umhüllt die Vorhersage der germanischen Volva das nordische Land mit ihrem flüsternden Gesang, in dem jedes Wort die irdische Umgebung widerspiegelt.

Es gibt sicherlich viele Fragen und Antworten, doch das „Gesicht der Seherin" wirkt wie eine mächtige Musik, die in tödlichen Akkorden brüllt, dann wieder flüstert und leise über ewige Dinge spricht - während im arischen Indien nur die nackte, rohe Sprache explizit ist.

Die Edda beginnt mit der Vorhersage der Seherin. Darin lässt sich bereits die Bedeutung erkennen, die man ihr früher beimaß. Die Versuche, in diesem Gedicht über das Schicksal der Welten einen religiösen Zweck fremder Natur zu finden, sind stets gescheitert. Die Vorhersage der Wolva ist keine Religion und will es auch nicht sein. Sie ist eine stilvolle, mythische Vision einer Epoche, die es noch verstand, aus dem Studium der Außenwelt eine Lehre zu ziehen, die sich darauf verstand, die vielfältigen Geheimnisse der Wälder und Meere zu erspähen.

Die Seherin drückt ihre geheimnisvolle Wissenschaft mit einer Stimme aus, die alle Geräusche zum Schweigen bringt und eine feierliche Stille erzwingt:

Schweigen ich bitte alle
Heilige Wesen,
Klein und groß
Sohn von Heimdall;
Du willst, Valfüdr, dass ich
Ich offenbare
Die alten Erzählungen der Menschen,
Die entlegensten, an die ich mich erinnern kann,

Ich erinnere mich an die Riesen
Ursprünglich geboren,
Sie, die vor langer Zeit
Mich geboren haben;
Ich erinnere mich an neun Welten,
Neun riesige Weiten
Und der glorreiche Baum der Welt
Unter der Erde begraben.

Es war im ersten Zeitalter
Wo es nichts gab,
Weder Sand noch Meer
Noch kalte Wellen;
Es gab keine Erde
Auch keinen hohen Himmel,
Die Leere war groß
Und Gras nirgends

Welch ein Abgrund zwischen dem „Sein und Nichtsein" des Rig-Veda und dem „Weder Sand noch Meer/ noch kalte Wellen" unseres Gedichts! Dort die Grenzen der einsamen Reflexionen des Geistes, hier die gelebten Züge des nordischen Landes! Auf der einen Seite drückt sich der erste große Versuch des Ariertums, das dieser Umgebung immer fremd geblieben ist, aus, die Dinge rein rational zu verstehen; auf der anderen Seite wird das Gesehene und Erlebte in mythische und auch poetische Worte umgesetzt, was eine äußerst lebendige Beziehung zu dieser Umgebung offenbart. Man erkennt die besonders krassen Verwerfungen, die den arischen Geist im Laufe der Evolution verschiedene Wege gehen ließen.

Der germanische Mythos von der Entstehung der Welt ist ein unsterbliches Zeugnis für die lebendige Wechselwirkung, die zwischen Erfahrung und Schöpfung besteht. Und wenn die Seherin zuerst die alten

Zeiten der mythischen Erinnerung heraufbeschwört, entfaltet sie unmittelbar danach vor unseren Augen ein großartiges Bild der Welt, das Vergangenheit, Gegenwart und Zukunft mit unnachgiebiger Notwendigkeit zusammenführt. Götter und Menschen werden geboren, es ist eine Schöpfung, ein Aufbau, und „kam auch der Krieg in die Welt", eine Tatsache, der man sich heldenhaft stellen muss.

Man hat den Eindruck, einem Prozess der Weltentwicklung beizuwohnen, der wie eine große Symphonie in Dur dargestellt wird, aber die Seherin verflucht bald die ersten Moll-Akkorde. Sie ahnt das Unheil, das niemand abwenden kann. Die Dämmerung der Götter und Welten zeichnet sich ab. Die Götter bereiten sich vor und die Menschen auch. Auf unvermeidliche Weise deutet die Volva die unfehlbaren Zeichen des nahenden Endes:

> Die Brüder werden sich gegenseitig schlagen
> Und sich selbst zu Tode bringen,
> Die Eltern werden beschmutzen
> Ihre eigene Schicht;
> Raues Wetter in der Welt,
> Universeller Ehebruch,
> Zeit der Äxte, Zeit der Schwerter,
> Die Schilde sind gespalten,
> Zeit der Stürme, Zeit der Wölfe
> Bevor die Welt zusammenbricht;
> Person
> Verschont niemanden.

> Die Sonne verdunkelt sich,
> Das Land versinkt im Meer,
> Die schimmernden Sterne
> Flackern am Himmel;
> Ragt der Rauch,
> Die Flammen schwellen an.
> Eine intensive Glut
> Spielt bis zum Himmel.

Die Götter- und Weltendämmerung - dies ist der kühnste arische Gedanke. Er schließt den Mythos von der Entstehung der Welten ab, und der grandiose Anfang endet in einem ebenso gewaltigen Ende. Der arische Geist kennt keine perfekte Welt, die geboren wird und dann zusammenbricht, ebenso wenig wie ein Jüngstes Gericht. Die Welt stellt vielmehr „ein sich um sich selbst drehendes Rad" dar, das durch das Hakenkreuz symbolisiert wird. In den vedischen Texten wird die kosmische Ordnung oft als „das große Rad des Werdens" bezeichnet, das unwiderstehlich dem Schicksal folgend rollt. Auch der Verfall der Götter und der Welt ist nicht das ultimative Ende, das sich mit einem Leben in einem ewigen Jenseits fortsetzt.

Seit Nietzsche ist der Begriff der „ewigen Wiederkehr aller Dinge" Ausdruck eines großen, sich entwickelnden Gedankens. Die Lehre von der Wiederkehr findet ihre erhabenste Form in der Völuspa. Ja, die Götterdämmerung ist ohne einen neuen Morgen der Welten aus germanischer Sicht völlig absurd. Die siegreiche Verwandlung der Bösen in Gute wird sich vollziehen, wenn „die Bösen besser werden und Baldr zurückkehrt". Die heiligste arische Gewissheit besagt, dass das Licht schließlich über die Finsternis, das Gute über das Böse triumphieren wird. Sie fand ihre zeitlose Manifestation in der Lehre des großen arischen Persers Zarathustra während einer illustren Epoche.

Fritz Reich

HEFT DER SS NR. 3. 1938.

GERMANISCHE VISION DES HIMMELS

Seit Jahrtausenden dreht sich die Erde um die Sonne, die Sterne und trägt die Menschheit, die sich ihrer eigenen Existenz bewusst geworden ist. Doch erst seit knapp einer Million Jahren richten sich die Augen der Menschen bewusst auf die Sonne und die Sterne, die „ihrem Himmel" am nächsten sind.

Abgesehen von der Annahme einer extrem einfachen Lebensweise wissen wir nichts über die ersten menschlichen Linien, die sich vor Hunderttausenden von Jahren entwickelten. Erst um 100.000 v. Chr. werden die Spuren ihrer Landwanderung deutlich, und um 30.000, 20.000 Jahre vor unserer Zeitrechnung beginnen wir, einige Details zu finden. Doch erst vor etwa 10 000 Jahren erscheint der *Mensch im Licht der Geschichte*, und ab dieser Zeit beginnen wir, ihn, sein tägliches und geistiges Leben und auch seine Beziehung zu den Gestirnen besser kennen zu lernen. Denn nach der Sicherung der täglichen Bedürfnisse gibt es nichts, mit dem der Mensch inniger und ursprünglicher verbunden wäre als mit der Sonne und den Sternen. Die Dichter, die das Volksbewusstsein zum Ausdruck bringen, singen und sprechen immer von den Sternen. Der Mensch lernte sie immer besser kennen und schuf sich sein Bild von der Welt, sein *Bild vom Himmel*.

Astronomen beschreiben uns diese irdischen und himmlischen Visionen der Völker - seien es die Griechen, die Römer, die Ägypter oder die Babylonier. Wir finden sehr detaillierte astronomische Werke aus den letzten fünfzig Jahren -I' auch die Astronomie der Araber fehlt nicht - nur über die Himmelsvision der Germanen ist nichts zu finden! Allenfalls ein paar Bemerkungen zu *Stonehenge,* weil ein englischer Astronom etwas darüber geschrieben hat - aber auch hier waren sich die Gelehrten nicht lange einig.

In der Fachliteratur findet man eine neue, sehr gründliche Geschichte der Astronomie, die auf sechshundertfünfzig Seiten sieben Seiten der Astronomie der Germanen widmet. Der Autor stellt darin Behauptungen auf wie: „Die Germanen lernten von den Römern den Gebrauch des Monats und der Siebentagewoche", und liefert ansonsten vorsichtig nur einige dürftige Informationen. Werke von jungen Forschern widersprechen ihnen, aber man kommt nicht weit, wenn zum Beispiel einer von ihnen folgende Ansicht vertritt:

„In den Herkunftsgebieten der Germanen, in Norddeutschland, Dänemark und Südschweden, hat sich das Wetter im Vergleich zur Bronzezeit, Eisenzeit und später kaum verändert. Meistens ist es wegen des bedeckten Himmels und der häufigen Regenfälle außergewöhnlich, jede Nacht den Himmel und seine Erscheinungen zu beobachten und Veränderungen festzustellen, außer bei einem so klaren und hellen Himmelskörper wie dem Mond."

Nein, diese Meinung kann nicht bestätigt werden, weil der Himmel der Kupferzeit (ca. 5000 bis 2000 v. Chr.) und der Bronzezeit (ca. 2000 bis 500 v. Chr.) anders aussah als der Himmel der Eisenzeit (von -500 bis heute, wo das Leichtmetallzeitalter bereits begonnen hat). Denn eine sonnigere und weniger regenreiche Warmzeit wurde seit -3000 allmählich von einem kälteren und regenreicheren Klima abgelöst.

Gerade in der frühen Eisenzeit verschwanden die Klimaveränderungen und es entstand die Situation, die wir heute noch kennen. Diese Tatsache kann nicht ignoriert werden. Während der Bronzezeit und lange davor herrschte im deutschen Raum zu Beginn des Neolithikums ein wesentlich günstigeres Klima, vor allem für die Himmelsbeobachtung.

Die Felszeichnungen in Südschweden beschreiben uns die Niederschlagsmenge während dieser gesamten Epoche.

Diese Gravuren beziehen sich hauptsächlich auf die Beobachtung der Sonne und die Sonnenfeste. Ihr Reichtum zeigt, dass eine sorgfältige und beständige Untersuchung des Himmels stattfand, die sich nicht nur auf die Tageszeit bezog. Man kann sich nicht für das Sonnenjahr und seine Ursachen interessieren und den Nachthimmel ignorieren! Tatsächlich bestätigen uns die Spuren astronomischen Wissens aus dieser Zeit dies voll und ganz.

Wenn wir elf Jahrhunderte zurückgehen, können wir das Gebet aus dem Kloster von Wessobrunn lesen:

Dat gafregin ih mit firahim firiwizzö meistä,
da ëro ni was noh ufhimil...

Dies schien mir die tiefste Weisheit der Menschen zu sein,

Dass es früher weder die Erde noch den Himmel darüber gab,
Noch keine Bäume, keine Berge,
Kein schimmernder Stern und keine strahlende Sonne
Der Mond schien nicht, das Meer gab es nicht.
Es herrschte das Nichts - es gab kein Ende und kein Werden...

Gravur aus dem Mittelalter
„Dass ich die Welt in ihrer innersten Natur kenne".
Goethe

Es folgen noch drei weitere Verse, in denen „der allmächtige Gott der gnädigste der Menschen genannt wird" - eine rein germanische und völlig unchristliche Einstellung zu Gott! Daraufhin endet das eigentliche Gebet mit Prosa. Trotz der christlichen Umarbeitung am Ende des Gebets leuchtet in diesem ersten Teil eine Spur von Tradition durch die spirituelle Beschreibung, die einen stutzig macht. Dies wird noch auffälliger, wenn man einen Vergleich mit *der Edda* und ihrer um drei Jahrhunderte jüngeren *Völuspa* anstellt:

Es war im ersten Zeitalter
Wo es nichts gab
Weder Sand noch Meer
Noch kalte Wellen;
Es gab keine Erde
Auch keinen hohen Himmel,
Die Leere war groß
Und Gras nirgends.

In beiden Gedichten ist die Beschreibung äquivalent, also dass es früher „keine Erde gab und keinen Himmel darüber". Außerdem finden wir das Gleiche auch in Wessobrunns Gebet, wenn sie sagt, dass es keine Bäume gab, während die Völuspa berichtet, dass das Grün - wörtlich das Gras - nirgendwo war. Sowohl die Edda als auch das Gebet von Wessobrunn wurden von christlicher Hand abgeschrieben, und man könnte allgemein annehmen, dass diese Übereinstimmung vielleicht von einer christlichen Vorstellung herrührt. Wir haben jedoch noch andere indogermanische Quellen, die wesentlich älter sind - fast 3000 Jahre. So heißt es im Rig-Veda:

Einst war es (das Universum),
Weder Nichtsein noch Sein;
Es gab keinen Raum
Auch kein Himmel darüber

In der zweiten Hälfte der Zeilen des Rig-Veda ist eine fast wörtliche Übereinstimmung mit den beiden anderen Texten zu erkennen. Man erkennt also das germanische Heidentum. Die Rig-Veda-Worte von Sein und Nichtsein sind vollkommen gleichwertig und analog zu den zuletzt zitierten Zeilen aus dem Wessobrunner Gebet.

Dieses Gebet wurde um 800 in einem bayerischen Kloster geschrieben, und die Edda stammt aus dem X Jahrhundert. Der Übergang von der gemeinsamen germanischen Weltanschauung entspricht jedoch der germanischen Epoche und reicht, wie uns der Rig-Veda beweist, Jahrtausende zurück. Aber auch die im Rig-Veda niedergeschriebene Überlieferung wurde aus der ursprünglichen Heimat nach Indien gebracht und scheint in Germanien nicht unmittelbar vor dem Aufbruch der Migranten nach Indien entstanden zu sein. Die Idee der Erschaffung der Welt ist also sicherlich noch älter.

So stellten sich unsere Vorfahren den Urzustand und die Entstehung des Universums und der Erde vor. Im Anschluss daran kann man auch die spätere Schöpfungsgeschichte in der Edda erwähnen. Hier sei eine Strophe aus dem *Wafthrudnismal* zitiert, die das Schicksal des Urriesen *Ymir* erzählt. Er war von *Odin* und seinen Brüdern, den Söhnen *Burrs*, getötet worden, und weiter heißt es:

Aus dem Fleisch Ymirs
Die Erde wurde geformt,
Und aus seinen Knochen die Berge,
Der Himmel, vom Schädel
Frostkalter Riese,
Und aus seinem Blut lamer.

So liefert der arme Ymir mit seinem Körper das Rohmaterial für den Aufbau der Welt. Kehren wir noch einmal zur Völuspa zurück:

Dann wecken die Söhne Burrs das Festland,
Sie, die das glorreiche Midgard schufen;
Aus dem Süden schien die Sonne
Auf dem Pflaster des Saals,
Dann bedeckte sich die Erde
Grüne Blätter.

Die Sonne des Südens,
Der Begleiter des Mondes
Streckt die Rechtshändigkeit aus
Zum Rand des Himmels;
Die Sonne wusste nicht
Wo er seinen Platz hatte,
Der Mond wusste nicht
Welche Kraft sie hatte,
Die Sterne wussten nicht
Wo sie ihren Standort hatten.

Dann stiegen alle Götter auf
Auf den Sitzen des Urteils,
Höchste Gottheiten,
Und berieten sich;
An die Nacht und die Abwesenheit des Mondes
Sie gaben einen Namen, sie gaben den Morgen
Und die Mitte des Tages,
Die Frische und die Braune
Und zählten die Zeit nach Jahren.

Die Schöpfung ist also vollendet und enthält ihre Gesetze. Es ist klar, dass die Einführung dieser mythischen Gesetzgebung erst erfolgen konnte, nachdem der Mensch diese Naturgesetze genauestens beobachtet hatte. Dies ist ein weiterer Beweis dafür, wie alt das astronomische Wissen der Germanen war.

Nach dem Zeugnis von Felszeichnungen in Südschweden kannten unsere Vorfahren den Jahreslauf genau, und zwar nicht nur während der Bronzezeit, sondern schon lange vorher, in *der Steinzeit*. Das beweisen uns auch ihre Steinbauten, diese riesigen Sonnenkultstätten, die aus dieser Zeit stammen. Es besteht kein Zweifel daran, dass solches Wissen nicht in zwei Jahrzehnten oder gar Jahrhunderten angehäuft wurde, sondern einen viel längeren Zeitraum erforderte.

Außerdem wissen wir, dass der Erwerb dieses Wissens kein reiner Zufall war, sondern dass unsere Vorfahren absolut systematisch vorgegangen sind, *weil sie in diesen fernen Zeiten bereits Bauern waren!* All dieses Wissen erblühte aus der Arbeit des Bauern, der sein Feld bestellte, ursprünglich vielleicht mit einer Hacke auf fruchtbarer Erde.

HEFT DER SS NR. 6. 1944.

BAUM DES LEBENS UND BAUM DER WELT

Verwandlung eines arischen Symbols

In verschiedenen Regionen Deutschlands gibt es steinerne Grabdenkmäler aus dem 17. Jahrhundert, deren Machart den Tod des Liegenden auf charakteristische und bedeutsame Weise materialisiert.

Im Basrelief der Totenplatte ist beispielsweise ein Strauß schöner, großer Rosen zu sehen. Der Tod, der durch ein Skelett dargestellt wird, sitzt lässig da und pflückt ironischerweise die schönsten von ihnen. Niemand kann sich über die Bedeutung dieses Bildes täuschen: Da die Blume plötzlich abgeschnitten wird, fließt keine Lebensflüssigkeit mehr in sie oder in den Strauß; das war das Schicksal des Toten in diesem Grab.

Die sanfte Melancholie und der subtile Ton, die von dieser Illustration ausgehen, sind auf anderen Grabdenkmälern einer wilden, hochmütigen, fast brutalen Gewalt gewichen. Hier sieht man, wie der Tod, der immer noch durch ein schreckliches Skelett dargestellt wird, mit einer einzigen, weit ausholenden Geste einen Baum fällt. Die Kerbe ist bereits tief; das blitzartige Ergebnis ist deutlich zu erkennen.

In anderen Darstellungen ist der Baum bereits unter seinen Schlägen gefallen; manchmal schießt ein zerstörerischer Blitz aus den Wolken. Überall aber hört man die Worte mit dem eindeutigen Wortlaut: „Wie der Baum fällt, so wirst auch du fallen, Menschenkind!" Es besteht also kein Zweifel daran, dass der Baum den Lebensbaum des Toten darstellt, dass sein Leben das Leben des Menschen symbolisiert.

Der Mensch und der Baum werden hier in einer tiefen inneren Symbiose dargestellt. Der Baum ist kein Abbild der Realität, kein Spiegelbild der Natur und auch kein Kunstwerk, das ästhetisch gewürdigt werden muss. Darin liegt für den Bildhauer des 17. Jahrhunderts eine zweifellos unbewusste Bedeutung, die in der Tiefe unseres Glaubens verwurzelt ist. Wir können hier nur andeuten, in welchem Umfang dieser „Baum des Lebens" verwendet wurde. Die Mythologie der Esche hat ihre Wurzeln in den Anfängen unserer indo-arischen Tradition. Der Baum lebt in den Legenden als Hausbaum, als Schutzbaum und als Baum, der für ein Neugeborenes gepflanzt wird, weiter. Man kann ihn in Märchen wie dem vom

Machandelboom oder dem Märchen von den Äpfeln des Lebens erahnen. Man findet ihn in den Liedern und Bräuchen des Maibaums und des Weihnachtsbaums, der an die Spitze der Häuser genagelt und ein Jahr lang aufbewahrt wird. Überall ist das Leben eines Menschen oder einer Familie insgeheim mit der guten Gesundheit dieses Baumes verbunden. Er ist also wirklich ein „Baum des Lebens".

Es wäre eine Illusion zu glauben, dass diese Darstellungen eines gefällten Baumes im 17. Jahrhundert entstanden wären, diesem so traurigen und schmerzhaften Jahrhundert, das so oft und so hart von der Axt des Todes gezeichnet wurde. Dies ist jedoch nicht der Fall. Die Vorstellung, dass der Tod den Baum mit der Axt fällt, taucht schon viel früher auf. Ein Druck in den Gesängen von Sebastian Brant, die um das Jahr 1500 veröffentlicht wurden, zeigt bereits ein vergleichbares Bild. Bedeutender ist jedoch die Tatsache, dass es sich hier nicht um einen einzelnen Mann handelt, sondern um mehrere, die in dem Baum sitzen, der in eine Grube fällt, bevor er gefällt wird.

Noch charakteristischer ist die Schlussszene in Nicolas Manuel Berners „Tanz des Todes". In dem mit Äxten angegriffenen Baum sind viele Menschen zu sehen, die der Tod mit Pfeilen niederstreckt. Wie bereits angedeutet, handelt es sich hier nicht um den Lebensbaum eines einzelnen Menschen, sondern um den Lebensbaum der gesamten Menschheit. Noch deutlicher wird dies in einem Stich des Meisters aus einem Werk aus den 1470er Jahren: Der Baum des Lebens ist wirklich ein Weltenbaum, denn man sieht die Menschen in guter Ordnung und in drei Reihen, was ein Symbol für eine gut strukturierte Welt ist.

Darüber sehen wir den Klerus, darunter die Herren, Kaiser, Könige, Prinzen und Grafen, und dann, weiter unten, die Bürger und Bauern. In der Zeit des untergehenden Mittelalters stellen wir die Existenz dieser alten Unterteilung der Menschheit in drei verschiedene Klassen fest, die aus der Dichtung und Philosophie der Indogermanen bekannt ist. Der Baum ist jedoch nicht eingekerbt, sondern wird Tag und Nacht von zwei Bestien angenagt und in ein Boot gelegt, das auf den Wellen segelt - ein Symbol für die verrinnende Zeit. Der Tod hebt seinen Bogen und schießt seinen Pfeil auf die Menschen, die im Baum sitzen.

Als Individuen sind wir nichts anderes als die Blätter am Baum; heute sind sie grün, ein Blatt ist größer, das andere kleiner. Das eine wird verwelken, dann das andere. All das ist unwichtig, solange der Baum am Leben bleibt.

Adolf Hitler

Dieser Baum ist also viel mehr als ein Lebensbaum, auch mehr als ein „Klassenbaum", wie er fälschlicherweise genannt wurde; er ist in Wahrheit der Weltenbaum, der alle Menschen in einer bestimmten Ordnung umfasst. Wir können uns auf die nordische Esche beziehen, die in ihren Ästen Götter und Menschen beherbergt, und auch auf andere Bäume der indogermanischen Welt. Sie bieten nicht nur Schutz, sondern spenden auch Freude und Glück. Wir können heute nur ahnen, was dieser große Mythos aus den Tiefen unserer Rasse im fernen Dunkel der Vergangenheit war. Wir können seine Entwicklung jedoch anhand der wenigen Zeugnisse, die wir hier aufgeführt haben, nachvollziehen.

In diesem spätmittelalterlichen Stich leben noch einige Spuren der nordischen Größe auf, und man spürt die mythische Kosmologie, die von der Darstellung des heiligen Baumes ausgeht. Die späteren Formen in Sebastian Brants Buch wie auch in Berners Totentanz sind einfacher, krasser, roher, aber immer noch voller Symbolik. In dieser Zeit ändert sich die Bedeutung stark. Das Allgemeine weicht dem Besonderen, das im Mittelalter nur selten in den Darstellungen von Lebensbäumen zu finden ist. Aufgrund dieses Partikularismus werden die Bilder einfacher und verständlicher; sie verlieren ihre verborgene Bedeutung und ihre mythische

Größe; sie werden empfindsam, ja sogar sentimental und wecken Emotionen, Melancholie und Mitleid.

Doch schließlich verschwindet der symbolische Gehalt und der Leser betrachtet diese Bilder nur noch als Allegorien oder Kunstwerke, deren Schönheit und ästhetische Wirksamkeit er bewundert. Damit ist die Entwicklung des alten Symbols des Weltenbaums und des Lebensbaums abgeschlossen. Es bleibt uns nichts anderes übrig, als durch die Vermittlung von Zeugnissen vorsichtig in die Tiefe der Vergangenheit zu blicken und dieses Zeichen der Erhabenheit zu spüren.

HEFT DER SS NR. 4. 1942.

HÜGELGRÄBER UND FELSZEICHNUNGEN

Ein Beitrag zum germanischen Glauben

Im Ursprungsgebiet des germanischen Volkes haben sich die eindrucksvollsten Kulturdenkmäler seiner fernen Vergangenheit bis in unsere Zeit erhalten - Dolmen und Felszeichnungen. Vor fast 4000 Jahren ehrte ein starkes Bauernvolk in Norddeutschland und Skandinavien seine Toten durch die Errichtung monumentaler Grabanlagen, an die sich noch heute für das christliche Denken fremdartige Sagen und prähistorische Bräuche knüpfen. Die Gräber zeugen von der moralischen Stärke dieser Menschen und ihrem ausgeprägten Gemeinschaftsgefühl. In einer so alten Zeit begegnen wir bereits, nicht ohne Emotionen, dem Familiengedanken, der eine große Bedeutung hinsichtlich der Vorstellung von der Pflicht der Lebenden gegenüber den Toten erlangte. Sie hatte den ewigen, unveränderlichen Lebensrhythmus von Geburt und Tod geheiligt. Sie erlebten ihn im unfassbaren Lauf der Gestirne und fühlten sich als Bauern mit ihm verbunden. Sie hatten ein inneres Gespür für die Mächte des Lebens. So entstand ihr Pflichtgefühl gegenüber dem Leben, ihre moralische Welt. Es war eine absolute und homogene Welt, die man nur auf spirituelle Weise begreifen konnte.

Der Tote verlässt das diesseitige Leben, dennoch lebt er weiter, nicht körperlich auf irdische Weise, sondern in einer körperähnlichen Einheit von Seele und Geist, wie die Nachkommen seines Clans. Er brauchte sogar seine Waffen, Essen und Trinken, das Gedenken und die Fürsorge der Menschen. Er wurde zu einem Vorbild und sicherlich auch zu einem Beschützer seines Klans.

Für unsere heidnischen Vorfahren drückten Steine und Bäume die Macht und Weisheit der Götter aus.

Die Grabkammer in Kivik.

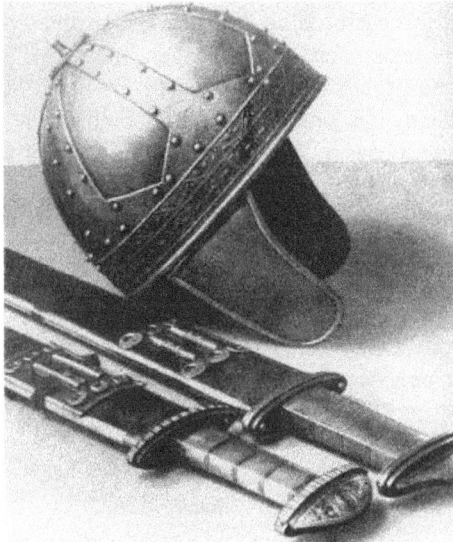

Alemannische Waffen aus dem Friedhof von Gültlingen.

Unter diesem strengen Äußeren stand er in Verbindung mit den Mächten des Schicksals und beeinflusste das Leben der Lebenden.

Die Menschen dieser mystischen Zeit der Dolmen übersetzten ihre religiösen Gefühle in Symbole, genauso wie der Deutsche heute. Wir finden auf Grabplatten das Sonnenrad und das Zeichen der Axt als Zeichen der lebensspendenden Mächte eingemeißelt. Wir finden die Axt unter dem Herd des Hauses versteckt. Das war keine Magie, sondern nur der Glaube an die Kraft der Mächte, die der Mensch brauchte.

Symbolische Darstellungen der Mächte des Lebens (links) und der religiösen Bräuche der Ahnenverehrung (rechts) auf den Grabplatten von Kiviks Grab.

Die religiöse Welt und auch die Moralgesetze der nordischen Bauern waren in dieser Welt verwurzelt. Die Mächte waren ihren gesunden religiösen Gefühlen zugänglich, da sie auf das Leben einwirkten und sich nicht in ein „substanzloses Jenseits" zurückzogen.

In Kiwik-sur-Schonen (Südschweden) wurde 1748 ein Steingrab unter einem Dolmen entdeckt, das uns einen neuen Einblick in die Welt der religiösen Vorstellungen unserer Vorfahren gibt. Es stammt aus der frühen Bronzezeit (ca. 1800 v. Chr.) und ist eine perfektionierte Form eines Grabhügels. Die Innenwände der Kammerplatten sind unterschiedlich kunstvoll und ornamental verziert, teils mit symbolischen Zeichen, teils mit illustrierten Szenen, die sicherlich von kulturellen Ereignissen berichten sollen. Die Beziehung zu den Lebenskräften, der Sonne (das Sonnenrad), dem Blitz (die Axt), der Erde (das Zickzackband als vereinfachtes Zeichen für die Schlange) mit der Ahnenverehrung ist hier ganz klar. Sie werden immer als eine Einheit begriffen - als der große, unergründliche Kosmos.

Rechts:
Symbolische Darstellungen der religiösen Bräuche unserer germanischen Vorfahren.
Oben: Sonnenradträger, von Pferden gezogene Sonnenboote, die Schlange im Boot. Mitte: Der Gott mit der Axt und dem Speer, Symbol der Lebenskräfte. Der Jahreslauf des Gottes mit der Axt gegen den Bogenschützen. Der Baum des Lebens als Symbol für das ewige Leben. Unten: Der heilige Pflug, der von Ochsen gezogen wird. Der Gott mit der Axt, der die lebensspendende Kraft in sich trägt (das Sonnenrad).

Die skandinavischen Felsbilder sprechen auf noch eindringlichere Weise von den religiösen Vorstellungen unserer germanischen Vorfahren. Auf nackten Felsvorsprüngen eingeritzt, befinden sie sich inmitten von fruchtbarem Ackerland. Auch ein seltsamer prähistorischer Brauch hat sich bis in unsere Zeit erhalten. Dabei handelt es sich um Symbole des Glaubens und Darstellungen religiöser Bräuche. Die Menschen legten überhaupt keinen Wert auf eine hyperrealistische Darstellung dessen, was den Kern ihrer Vorstellungen enthielt. Wir haben es hier also mit Gottheiten in vielfältiger, personifizierter oder abstrakter Form zu tun: die Sonne durch das Symbol des Kreuzes im Rad oder den speertragenden Gott, der als mysteriöser Wotan-Odin bis in die christliche Zeit überlebte, der Blitz als Gott mit der Axt, der gleichzeitig als Spender von Leben und Fruchtbarkeit galt und in der Gestalt des spätgermanischen Gottes Thor-Donar auftritt. Die Erde, wahrscheinlich auch das Wasser, werden ebenfalls durch eine Schlange oder ein Zickzackmuster symbolisiert. Insgesamt illustrieren die Felsbilder die kultischen Feste des Jahreswechsels. Auf einem von Pferden gezogenen Wagen oder auf einem Schiff durchquert die Sonne das Universum und befruchtet die Erde mit ihren Strahlen. Sie ist das Zentrum des bäuerlichen Denkens. Nach dem Ende des Winters im Norden wurde der Tag ihrer Rückkehr mit religiösen Festen gefeiert. Das Land wurde mit dem heiligen Pflug, der das Symbol der Sonne enthielt, urbar gemacht.

Das Leben bezieht sich auf die Welt der irdischen Repräsentation und verliert sich nicht in „transzendentalen Spekulationen".

Hinter diesen Symbolen der Grundmächte des Lebens verbirgt sich das Bewusstsein für das Wesen der Welt. Das Bewusstsein des deutschen Menschen brauchte lange, um diesen langen Weg zu gehen. Aber das ist nicht das, was wichtig ist. Es kommt allein auf die Einstellung zum Leben an. Die Wurzeln der moralischen Kraft des alten Germanentums sind weder Magie noch irgendeine andere primitive Form des Geistes oder der Seele, sondern Glaube und Gottesdienst.

Werner Mahling

Ein Volk lebt glücklich in der Gegenwart und in der Zukunft, solange es sich seiner Vergangenheit und der Größe seiner Vorfahren bewusst ist.

Heinrich Himmler

HEFT DER SS NR. 4. 1942.

VOM RELIGIÖSEN URSPRUNG DER RUNEN

Nur wenige Menschen können sich vorstellen, dass die Sprache, die wir täglich sprechen, nicht nur ein Kommunikationsmittel in den Beziehungen zwischen den Menschen ist, sondern dass sie die Seele in ihren tiefsten Wurzeln zum Ausdruck bringt. Die Sprache des Dichters drückt die größten Geheimnisse aus und er beeinflusst immer die Sprachschöpfung. Der Klang eines Wortes, seine Nuance, sein musikalischer Inhalt drücken oft mehr aus als logische Konzepte. Letztendlich haben Sprache und Schrift ebenso wie die Kunst einen religiösen Ursprung. Unsere Vorfahren waren sich dessen bewusst. Im Edda-Lied über das Erwachen der Walküre wird die Erschaffung der Runen, also der Zeichen, die unsere Vorfahren in kleine Buchstaben ritzten, Odin zugeschrieben: „Les interpréta/ Les grava/ Les conçut Hopt" (Sie interpretierten/ Sie gravierten/ Sie entwarfen Hopt). In der

Wikingerzeit war Odin jedoch der Gott der Krieger und Skalden und damit auch der Besitzer der geheimnisvollen Urweisheit. Der Mythos vom Wesen der Runen wird uns in zwei Strophen der Edda überliefert. Darin spricht Odin von sich selbst:

> Ich weiß, dass ich hänge
> Al 'windgepeitschter Baum
> Neun volle Nächte,
> Ein Speer tut mir leid
> Und an Odin gegeben,
> Ich selbst an mich selbst gegeben,
> ...
> Ich schaute nach unten,
> Ich sammelte die Runen ein,
> Ich heulte und hob sie auf,
> Von dort fiel ich zurück.

In seiner äußersten Not befreite sich Odin, indem er die Runenschriftzeichen aufhob. In dem erhabenen Edda-Gedicht „Die Vorhersage der Seherin" findet sich der Vers „Die Asen versammeln sich.../ Erinnern sich/ An die großen Ereignisse/ Und die alten Runen/ Von Fimbultyr". Fimbultyr ist Odin.

Der Stein von Nobely aus der Zeit um 600 belegt dieselbe Vorstellung vom Ursprung der Runen durch die Inschrift: „Ich malte die Runen vom Ratgeber" (Odin). Für die Germanen sind die Runen ein Teil der Schöpfung, der Macht, die die Welt lenkt.

Das Wort „Runen" erinnert nicht nur an die Schriftzeichen der Runenschrift, sondern an heilige, geheimnisvolle Kraftzeichen, die göttliche Gnade verleihen, vor allen Gefahren schützen, die Körper und Seele bedrohen, aber auch schaden und zerstören können. Der Volksglaube an die immense Kraft der Runenzeichen hielt sich in den nördlichen Ländern bis in die Neuzeit, vor allem bei Krankheit oder enttäuschter Liebe. Aber auch im alten Deutschland lebte und herrschte sie. Dies lehrt uns das Verb „becheren" (ein Geschenk machen). Seine ursprüngliche Bedeutung war: durch das Schneiden von Runen etwas für jemanden erschaffen oder herstellen. Auch der Name der magischen, mit geheimnisvollen Kräften ausgestatteten Alraunwurzel (Alraun) ist damit in Verbindung zu bringen. Der Schlüssel zum Verständnis dieses germanischen Volksglaubens liegt in der Befragung des Schicksals durch das Werfen von kleinen Holzstücken, von dem Tacitus berichtet. Da die durch den Zauber eingekerbten Zeichen so mächtig waren, dass selbst die Götter ihnen unterworfen waren, mussten sie also mächtig und heilig sein und eben von den Mächten des Schicksals stammen.

Die alten Runen, die von den alten germanischen Stämmen verwendet wurden.

ᚠ	f	bétail, richesse	ᛈ	p	
ᚢ	ur	Auroch	ᛉ	z	élan, défense
ᚦ	th	Thurse, géant	ᛋ	s	Soleil
ᚨ	a	Ase, dieu	↑	t	Tiu, dieu de la victoire, la rune de la victoire la plus ancienne
ᚱ	r	course, mouvement continu	ᛒ	b	branche de bouleau, nouvelle vie
ᚲ	k	maladie	ᛖ	e	cheval (ehwaz nordique original)
ᚷ	g	cadeau	ᛗ	m	homme
ᚹ	w	joie, pâturage	ᛚ	l	poireau, prospérité
ᚺ	h	Hagel, corruption subite	ᛜ	ng	
ᚾ	n	nécessité	ᛟ	o	Odal
ᛁ	i	glace, corruption sournoise	ᛞ	d	jour

Diese Schriftzeichen werden bereits aufgrund ihres hohen Alters Respekt einflößen. Denn die Forschung des letzten Jahrzehnts hat wahrscheinlich herausgefunden, dass von den Runen des gemeinsamen germanischen Futhark mindestens ein Viertel, wenn nicht sogar die Hälfte, auf ausgestorbene prähistorische Symbole zurückgehen.

Die Zeichen des zitierten Futhark leiteten sich von Namen ab, die die gesamte Begriffswelt der Germanen umfassten: Sie spiegelten die Welt der germanischen Bauern im germanisch-nordischen Siedlungsgebiet wider. Jedes Zeichen entsprach also einem bestimmten Wort, z. B. die vierte Rune dem Wort „anz", d. h. Ase. Bei der Auslosung wurden drei kleine Stöcke eingesammelt und aus den Zeichenwörtern, die die Antwort des Schicksals darstellten, wurde von Hand ein Vers geschrieben. Dies konnte man jedoch nur tun, wenn das Zeichen gleichzeitig als Zeichen mit Anfangslaut, also als Schriftzeichen, galt, dessen Anfangslaut „anz" beispielsweise als Buchstabe „a" diente. Dieser doppelte Aspekt der Runen wurde erst im letzten Jahrzehnt deutlich wahrgenommen.

Die Germanen besaßen mit ihren Wahrsagezeichen auch eine Reihe von Buchstaben, die sie zur schriftlichen Kommunikation nutzen konnten. Wer die kreative Idee für diese Verwendung hatte und wo sie stattfand, sind derzeit noch unbeantwortete Fragen. Einige Hinweise römischer Autoren lassen darauf schließen, dass diese Kunst schon sehr früh von den geistlichen Führern der germanischen Stämme praktiziert wurde.

Aus all dem geht jedoch hervor, dass sich unsere Vorfahren des religiösen Ursprungs der Runenschrift und damit auch der Sprache bewusst waren. Im Jahr 1938 führten die Forschungen zu einer zweifellos begründeten Meinung: „Ursprünglich waren die Runen mehr als nur ein Kommunikationsmittel. Ihre Gravur hat eine religiöse Grundlage und einen Zweck, der den alten Höhlenzeichnungen ähnlich ist: stärken und verewigen."

Edmund Weber

HEFT DER SS NR. 2. 1939.

DEUTSCH-DEUTSCHE BEHÖRDE

Das Schicksal eines Volkes ist an die Größe und den Wert seiner herrschenden Klasse gebunden. In ihr drückt sich die revolutionäre Kraft des Mutes, des Willens und der Bestrebungen aus. Die Gesetze, von denen sie abhängt und die ihr Handeln bestimmen, sind zeitlos und ewig gültig. Nur Männer, die das Risiko und die Gefahr lieben, sind zu Führern berufen; ihre unermüdlichen Förderer geben sich nie mit einfachen Zielen zufrieden; sie verlieren nie das kreative Fieber, setzen nach jedem Sieg ihren Helm auf und suchen in neuen Kämpfen ständig nach schwierigeren und verlockenderen Prüfungen. In der Vergangenheit wurde die Geschichte unserer Nation von diesen Kräften geformt. Es gab Zeiten der Schwäche und der historischen Leere für unser Volk, als sie und mit ihnen dieser mutige Geist fehlten. Doch nach diesem Verfall und lange bevor die Kraft des Volkes in einer trostlosen Selbstaufgabe verkümmerte, wurde die Nation von einem starken Führer wieder in die Hand genommen und von einem neuen Willen aufgerichtet. Die Geschichte unseres Volkes ist die Geschichte seiner Führer. Wer sie verstehen und aus ihr lernen will, muss zu ihren Wurzeln zurückgehen.

Die Vereinigung aller Volkskräfte und ihr Zusammenschluss mit dem Ziel, einer höheren Gemeinschaft zu dienen, die auf der Idee der herrschenden Klasse und der Truppe beruht, sind keine Erfindungen der nationalsozialistischen Ideologie, die nach der Periode der politischen Ohnmacht und inneren Zersplitterung der Nachkriegszeit auftauchten. Sie hat sie vielmehr wieder zum Leben erweckt. Denn der Begriff des Führers ist ein wesentlicher Bestandteil der Natur des deutsch-deutschen Menschen. Sie ist sozusagen ein dem Blut innewohnendes Gesetz, ein mit dem rassischen Wesen verbundener Lebensausdruck, der danach strebt, eine Ordnung innerhalb der Gemeinschaft zu schaffen, und dem innersten Bedürfnis entspricht, sein Leben für eine Sache oder ein Werk einzusetzen. Sie gibt dem Leben des Einzelnen nur innerhalb der Gruppe einen Sinn und ermöglicht es ihm, als Teil der Gemeinschaft die nationalen Werte in einem schöpferischen Sinne zu nutzen. Ohne die organische Einheit von Führer und Truppe wäre von den germanischen Männern keine nationale und soziale Verwirklichung zu erwarten, die schon früher bestanden hätte. Alle Epochen der nationalen Expansion fanden an ihrer Spitze jene Gestalten, auf die wir mit Stolz und Bewunderung blicken können. Aber ihr Ergebnis beruhte immer auf einer freiwilligen und treuen Anerkennung ihrer Fähigkeit, die Gemeinschaft zu führen.

Elite der Köche

Jede echte Führungsschicht im deutsch-deutschen Geist ist von unten, vom Volk, zu den Höhen aufgestiegen, und zwar durch die Kraft der Persönlichkeit, durch ihre Veranlagung und ihren Wert. Dieser natürliche selektive Prozess reicht weit in die jüngere Geschichte unseres Volkes zurück und entspricht dem politischen Konzept des germanischen Bauern, das den Einzelnen und seine Wirtschaft bis zur Gemeinde umfasst und sich in immer weiteren Kreisen bis zu den Völkern und Volksgruppen ausdehnt. Die Intelligenz eines organischen Zusammenspiels aller Kräfte innerhalb der organisierten Gemeinschaftsblöcke, die aus den täglichen Bedürfnissen entstanden, wurde durch die Besonderheit des bäuerlichen Betriebs geweckt, in dem alle Mitglieder gemeinsam arbeiteten. Wie der Bauer, der den Betrieb leitet, der Teil eines Ganzen ist, stand ein Anführer an der Spitze größerer Gemeinschaften und Volksgruppen, der alle Einheiten auf der Grundlage freiwilliger Unterordnung konzentrierte. Der Wille des Führers hatte jedoch keinen Einfluss auf die Gemeinschaftsordnung; allein die Autonomie der freien Mitglieder war ausschlaggebend. Das Volk besaß alle Rechte, der Häuptling hatte keine eigene Rechtsmacht. Er war lediglich der Delegierte des Volkes und hatte seiner Gruppe gegenüber Pflichten zu erfüllen.

Die Wahl oder Akzeptanz des germanischen Anführers erfolgte auf der Grundlage seiner Herkunft und seines persönlichen Wertes. Der Germane war der Ansicht, dass seine Eignung zur Führung der Gemeinschaft von der Qualität des Blutes, der Sippe, aus der der Mann stammte, herrührte. Zu dieser rassischen Auswahl kam die Beurteilung der Persönlichkeit hinzu: Was die rassische Herkunft an Tugend, Charakter und Wert des Einzelnen versprach, wurde in seinen Leistungen geschätzt und seine Anerkennung erfolgte durch den Clan und die Gemeinschaft. Nach diesen beiden Prinzipien kooptierten die germanischen Männer ihre Führer. Man hat zu Recht gesagt, dass das germanische Leben eine „Menschenbewertung" war, bei der die Eignung und die Taten gegenseitig beurteilt wurden, um die Besten der Gemeinschaft zu ermitteln. Nur der Beste, Edelste, Tapferste und Stärkste konnte zum Häuptling, dem ersten von allen, gewählt werden.

Der Anführer und die Truppe

Der germanische Herrscher herrschte nicht über Untertanen. Seine Beziehung beruhte auf einem treuen Bündnis und einem Beistandspakt zwischen freien und gleichberechtigten Menschen; dieser Pakt wurde durch ein freiwilliges Gefühl, Würde, Freiheitsliebe, Stolz und Verantwortungsbewusstsein begründet. Alle Rechte und Pflichten zwischen dem Anführer und der Truppe waren gegenseitig und wurden von rein praktischen, rechtlichen, wirtschaftlichen und politischen Aspekten des Lebens bestimmt, wodurch eine hohe Moral hervorgerufen wurde. Der Anführer betrachtete das Recht seiner Truppe als das seine, ihre Not als die seine, sie sah auch ihre Ehre, ihren Ruhm als den ihren, und ihre Beleidigung oder Schmähung wurde als die der ganzen Truppe empfunden. „Auf dem Schlachtfeld", schreibt der römische Schriftsteller Tacitus in seiner Germania, „ist es eine Schande für den Anführer, wenn er an Mut besiegt wird, eine Schande für die Kameraden, wenn sie dem Mut des Anführers nicht ebenbürtig sind. Vor allem aber ist es ein Makel für das ganze Leben und eine Schande, aus einer Schlacht zurückgekehrt zu sein, in der der Anführer gefallen ist; ihn zu verteidigen, ihn zu retten, seine eigenen Heldentaten zu seinem Ruhm zu bringen, das ist das Wesen ihres Engagements: Die Anführer kämpfen für den Sieg, die Gefährten für ihren Anführer."

Die Sippe besaß die Quelle des Landlebens, die durch die unauflöslich mit der Abstammung verbundene erbliche Stellung gespeist wurde. Der Ertrag des Feldes, das Odal, bildete die Lebensgrundlage jedes rechtmäßigen Germanen, des Häuptlings ebenso wie des Mannschaftsmitglieds. Da die ethnischen Gemeinschaften nur aus Bauern bestanden, waren die bäuerlichen Häuptlinge auch Häuptlinge von Völkern. Weder die Konfrontation mit der römischen Welt und die Wirren der großen Völkerwanderungen, noch der Ruhm und die Freude am Kampf zerstörten die bäuerlichen Wurzeln der Germanen. Ihr Ziel war es, die Freiheit von Heim und Land um jeden Preis zu bewahren und die bäuerliche Arbeit und Anstrengung zu schützen. Als Bojokal, der Anführer der Angrivarier, mit den römischen Monarchen zusammentraf, um Land zu finden, ergoss er sich in Worte, während er mit erhobenen Armen zur Sonne blickte: „Wie der Himmel den Göttern, so ist auch die Erde dem Menschengeschlecht gegeben, und jedes verlassene Land muss jemandes Besitz werden." Der römische Legat täuschte sich über die legitime Forderung der Angrivarier; er wollte das Ackerland nur ihrem Häuptling geben, in der Absicht, ihn als Verbündeten zu gewinnen. Bojokal lehnte einen solchen Unsinn jedoch „als Unterpfand des Verrats" mit den Worten ab: „Das Land mag uns zum Leben fehlen, aber nicht zum Sterben." Die Treue des in guten wie in schlechten Zeiten an seine Truppe gebundenen germanischen Häuptlings kam in dieser Haltung zum Ausdruck, und er zog den Tod vor, anstatt einen Vorteil anzunehmen, der seinem Volk vorenthalten werden sollte.

Gefühl der Freiheit

Die Namen der großen germanischen Häuptlinge und ihre politischen Taten sind unvergessen. Die Worte von Hermann dem Cherusker drücken aus, wie stark ihr ethnisches Bewusstsein war: „Wenn sie (die Germanen) das Vaterland, die Ahnen und die alten Bräuche den Despoten und den neuen römischen Kolonien vorzogen, dann sollten sie ihm als Anführer folgen, um Ruhm und Freiheit zu erlangen." Und als er später seinen Bruder Flavus (der Blonde) traf, der bei den Römern angeheuert hatte, machte er sich über „die niedrige Belohnung für seine Knechtschaft" lustig und sprach von „den heiligen Rechten des Vaterlandes, die sie von ihren Vorfahren geerbt hatten". Die Würde und staatsmännische Haltung, mit der der Germanenführer Ariovist dem Oberbefehlshaber Caesar gegenübertrat, ist beispielhaft: „Ich schreibe dem römischen Volk nicht vor, wie es von seinem Recht Gebrauch machen soll. Ich muss daher auch nicht vom römischen Volk in der Ausübung meiner Rechte behindert werden... Wenn Cäsar the erklärt, dass er die Feindseligkeit der Eduaner nicht tatenlos hinnehmen wird, dann muss er wissen: Bisher hat noch niemand mit mir gekämpft, ohne zu fallen. Wenn Cäsar Lust dazu hat, kann er kämpfen: Er wird sehen, dass die unbesiegbaren Germanen Helden sind." Diese Worte drücken denselben nationalistischen Stolz aus wie die Rede des Führers in Wilhelmshaven über die unverschämte Einmischungspolitik der Engländer in Fragen, die das Leben und das Territorium Deutschlands betreffen.

Obwohl der germanischen Staatsidee ein fester äußerer Rahmen - das Konzept der Grenzen - fehlte und sie somit keine einheitliche Schlagkraft besaß, zeichnete sie sich durch eine ausgefeilte Justiz und eine gute Struktur aus. Die Ausweitung der Gemeinschaftsordnung auf mehrere Stämme und Völker hing noch mehr von der Fähigkeit der einzelnen Häuptlinge ab, einen Staat zu gründen, als vom Gefühl der Verwandtschaft. So berichtet der römische Historiograph Velleius Paterculus, dass Marbod, der Anführer der Markomannen, „die Macht unter seinen Landsleuten nicht durch einen Gewaltstreich oder die Gunst des Schicksals gewann; nachdem er sein Reich stark gefestigt hatte, übernahm er die königliche Macht und führte anschließend sein Volk aus dem römischen Einflussbereich heraus. Da einige Völker der Überlegenheit der Waffen nachgegeben hatten, entschied er sich stattdessen, dorthin vorzudringen, wo er seine persönliche Macht erhöhen konnte. Er nahm die... vom hercynischen Wald umgebenen Felder... in Besitz und unterwarf die gesamte Nachbarschaft durch Krieg oder Verträge. Unter seiner Herrschaft erreichte die Masse derer, die sein Reich beschützten und die durch ständiges Training beinahe die starke Struktur der römischen Militärdisziplin erworben hatten, in kurzer Zeit eine große Entwicklungsstufe, die für unser (römisches) Reich gefährlich war".

Doch als Marbod sich von einem ethnischen und bäuerlichen Anführer zu einem eigensinnigen Herrscher entwickelte und sich mit den Römern verbündete, „um ihre Tyrannei zu vergrößern", zog sein stolzes markomannisches Reich in den Krieg gegen die Cherusker, die „für ihren alten Ruhm und die früh wiedererlangte Freiheit" kämpften. Tacitus berichtet darüber (Annalen II): „Die Stärke der beiden Völker und der Wert ihrer Anführer waren gleichwertig, aber der Königstitel machte die von Marbod verächtlich, während Armin (Hermann) als Freiheitskämpfer alle Gunst gewann. Der Widerstand des Volkes richtete sich nicht gegen das Königtum an sich, das eine germanische Ausdrucksform ist, sondern nur gegen den Missbrauch der königlichen Macht, und aus diesem Grund gingen die meisten von Marbods Truppen zu seinem Feind Hermann über, um unter seinem Kommando für ihr altes Recht und die Freiheit zu kämpfen. Während der gesamten germanischen Periode bis ins Mittelalter hinein kam es zu Aufstandsbewegungen, die von der mit dem Volk vereinten herrschenden Klasse gegen die Herrscher angeführt wurden, die als entartet galten, weil sie nicht mehr Führer des Volkes, die ersten von allen, sein wollten, sondern Herren der Untertanen und damit die alte Ordnung und Freiheit mundtot machen wollten. Julius Civilis, der Anführer der Bataver, übersetzte dieses germanische Freiheitsgefühl mit folgenden Worten: „Mögen Syrien, Kleinasien und der vom König erworbene Osten in ihrer Knechtschaft bleiben: In Gallien leben noch viele Menschen, die geboren wurden, bevor dem Land ein Tribut auferlegt wurde... Die Natur verleiht den stummen Tieren den Sinn für die Freiheit. Dem Menschengeschlecht hingegen ist die männliche Tugend eigen. Und die Götter sind demjenigen wohlgesonnen, der den größten Mut besitzt". (Josephus, Bell. Jud. IV).

Beispiel und Haltung

Der Rahmen der germanischen Gemeinschaftsordnung trat nur bei außergewöhnlichen Ereignissen in Erscheinung. Am deutlichsten zeigte er sich bei externen politischen Ereignissen, bei Kolonialisierungen und kriegerischen Expeditionen. Die Aufgaben des Anführers gingen dann weit über die des Alltags hinaus und erforderten neben Mut und Tapferkeit auch besondere politische Begabung, Intelligenz und Umsicht. In den Nationalversammlungen wurde der wertvollste der unzähligen kleinen Stammeshäuptlinge auf den Pavillon gehoben. „Könige wählt man nach ihrem Adel, Häuptlinge nach ihrem Mut", berichtet Tacitus, „aber die Macht der Könige ist weder unbegrenzt noch willkürlich, und Häuptlinge, mehr durch das Beispiel als durch Autorität, wenn sie Entschlusskraft besitzen, die Blicke auf sich ziehen, vor der Front kämpfen, setzen sich durch Bewunderung durch."

Im Krieg wie im Frieden war der germanische Führer ein Beispiel für Tapferkeit und Tatkraft. Wenn seine Kompetenz in unruhigen und kampfreichen Zeiten auf die Probe gestellt wurde, schloss die Truppe die Reihen um ihn und verlangte, dass er sein Pflichtbewusstsein rückhaltlos bis zum Tod zum Ausdruck brachte. Die souveräne Macht des Anführers war jedoch nicht unbegrenzt; ein höheres Recht bedeutete nur größere

Pflichten. Der Mann der Truppe schuldete seinem Anführer weniger Gehorsam als vielmehr Treue. Diese war das Band, die Grundlage für das Verhältnis der gegenseitigen Verantwortung. Wenn der Führer Verrat beging, verlor er das Recht auf Gehorsam seiner Truppe, denn der deutsch-deutsche Mann schuldet nur so lange Gehorsam, wie es die Treue erfordert. Despotismus und blinder Gehorsam sind ihm fremd.

Die rein menschliche Beziehung zwischen Führer und Truppe ist nur dann gesund und natürlich, wenn sie von Freundschaft und Kameradschaft bestimmt wird und nicht gegen die natürliche Distanz verstößt, die durch den Wert und dessen Achtung bedingt ist. Es wäre jedoch ein Fehler, wenn man diese Distanz, die jeder echte Anführer gegenüber der Truppe einnimmt, mit einem Mangel an Kameradschaft verwechselt. Fehlende Distanz und grobe Vertrautheit schließen auch jeden Begriff von Autorität aus; wer sich in dieser Position befindet, ist ein Individuum unter anderen. Der Anführer muss in guten wie in schlechten Zeiten Freud und Leid mit seiner Truppe teilen, in guten wie in schlechten Zeiten eins mit ihr sein. Er muss jedoch stets seine Würde wahren, im besten Sinne ein Vorbild sein, Exzesse und Ausschweifungen verhindern, Maß halten und die guten Sitten respektieren. Diese Eigenschaften sind eine Manifestation der Natur des deutsch-deutschen Menschen, hauptsächlich des Bauern, der nur durch Distanz, Macht und Würde seine Autorität über die Mitglieder und Untergebenen, mit denen er eng unter einem Dach zusammenlebt, bewahren kann. Bei einer echten Führungsschicht ist das Gefühl der Distanz Ausdruck des lebendigen Erbes des germanischen Blutes. Es darf unter keinen Umständen verloren gehen und verbietet sogar das Zeigen von Emotionen vor der Truppe.

Jede echte deutsch-deutsche Rechtsgemeinschaft ist gekennzeichnet durch die Teilnahme des gesamten freien Volkes am politischen Leben und durch die geringe soziale Kluft, die zwischen den Führern und dem Volk besteht. Die Erweiterung dieses elementaren Prinzips zeigt sich gegenwärtig in der Natürlichkeit unseres nationalsozialistischen Staatssystems, dessen innere Struktur auf der klaren Anerkennung unserer Eigenart beruht. Wenn der nordische Bauer Aki seinem König in der Heimskringla entgegnet: „Wenn ich dein Mann bin, König, dann bist du auch mein Mann", drückt er dasselbe aus, was wir auch heute noch empfinden, nämlich dass das Verhältnis zwischen Führer und Truppe auf der gegenseitigen Pflicht zu Treue und Beistand beruht.

Friedliche Missionen
Die germanische Führungsschicht nahm nicht nur effektiv an Krieg und Kampf teil, sondern beeinflusste auch den Frieden, der in der Heimat herrschte, Recht und Bürgerlichkeit, Ehre, Ruhe, Ordnung und Wohlstand. Zu dieser Zeit fehlte es noch an einem äußeren Rahmen, denn „während des Friedens", so Cäsar (B. G. VI), „gibt es keine gemeinsame Autorität,

sondern die Stammesführer der Provinzen und Bezirke diskutieren mit ihren Leuten, über Recht und harmlose Streitigkeiten...". Die Tatsache, dass diese Häuptlinge kleinerer Gemeinschaften adligen Rassengemeinschaften angehörten oder freie Großbauern waren, bestimmt wesentlich ihre Besonderheiten und Aufgaben. In den alten nordischen Texten werden sie alle allgemein als Stammes- oder Klanführer, „die Ersten der Region" oder diejenigen, die „die Führung der Provinz innehaben", bezeichnet, im Gegensatz zu ihrer als „Thing-Leute" bezeichneten Truppe. Solche Thing-Gemeinschaften bildeten rechtliche und administrative Einheiten; ihre Anführer wurden aufgrund ihrer Herkunft, ihrer Leistungen und ihrer Ehrenhaftigkeit als „die Ersten von allen" angesehen und bildeten den tragenden Pfeiler der politischen Ordnung und der Gemeinschaftsstruktur. Diese Beziehung zwischen dem Thing und der herrschenden Klasse, die die politische Ordnung der Gemeinschaft begründet, kann im besten Sinne als glückliche Verbindung zwischen einem demokratischen (Volkssouveränität) und einem aristokratischen (adlige Souveränität) Prinzip definiert werden.

Neben dieser militärischen Autorität, die im Kriegsfall handelte, erstreckten sich die Aufgaben des germanischen Häuptlings auf die Ausübung des religiösen Glaubens, die Wahrung des Rechts und die Verwaltung. Als Anführer war der Häuptling auch am ehesten befugt, religiöse Zeremonien in der Öffentlichkeit und in der Gemeinschaft durchzuführen und großen kulturellen Festen vorzustehen. Denn die Führungsschicht berührte alle Bereiche des Lebens, die noch ein Ganzes bildeten, wie Glaube, Sitten und Recht. Das Wissen um das Heilige wurde nicht von Zauberern monopolisiert, sondern war Gemeingut aller, und die Weihehandlungen wurden sowohl von jedem Bauern in seiner Herrschaftsgemeinschaft als auch vom Thingführer durchgeführt.

In Bezug auf die Wahrung des Rechts besaß der Anführer nur die Befugnis, das Versammlungsrecht auszuüben, die Thing-Versammlung einzuberufen und abzuhalten. Er hatte nur wenig Einfluss auf die Rechtsprechung an sich, denn das Aussprechen, Erlassen von Recht und das Beschließen von Gesetzen war Sache der Thingversammlung. „Der König oder der Häuptling", so Tacitus, „ein jeder nach seinem Alter, nach seinem Adel, nach dem Ruhm seiner Feldzüge, nach seiner Beredsamkeit, verschaffte sich eher durch die Macht der Überzeugung Gehör als durch seine Befehlsgewalt. Wenn ihnen die Meinung missfiel, weisen sie sie durch Murren zurück; wenn sie ihnen gefiel, winken sie mit ihren Framées: Die ehrenvollste Zustimmung ist das Lob durch die Waffen." Nur durch sein großes Rechtswissen konnte sich der Häuptling durchsetzen, das Recht seiner Thingleute wahren und ihren Schutz garantieren. In den alten nordischen Texten wird vor allem das Rechtswissen betont, z. B. in Njala: „Es gab einen Mann namens Mörd... ein mächtiger Stammesführer und großer Rechtsberater, der im Recht so bewandert war, dass kein Urteil als rechtmäßig galt, wenn er nicht anwesend war." „Skapti und sein Vater waren mächtige Stammesführer und große Kenner des Rechts."

Rechtswissen, Hilfsbereitschaft, Rechtschaffenheit und Scharfsinn waren ebenso wertvoll wie kriegerischer Ruhm. In einer Zeit, in der es noch keine Verträge und keine neutrale Gerichtsbarkeit gab, sondern nur Selbstverteidigung und das Recht auf Streit, waren sie das beste Instrument, das dem Häuptling zur Verfügung stand, um Probleme friedlich zu lösen und die Gemeinschaftsordnung durch ehrenhafte Vereinbarungen und Schlichtungen aufrechtzuerhalten. Die Worte des großen nordischen Rechtshäuptlings Njal drücken die Bedeutung aus, die der Erhaltung von Recht und Gesetz für die Sicherung des Friedens beigemessen wurde: „Unser Land wird durch das Gesetz gebaut, aber durch die Gesetzlosigkeit verwüstet."

Die Germanen stellten sich freiwillig unter den Schutz und die Autorität des Häuptlings; sie erwarteten von ihm freundliche Hilfe, nicht nur in Form von Worten und Ratschlägen, sondern auch energische soziale Unterstützung, wenn sie unter den Auswirkungen von Missernten und alten Ärgernissen litten. In den nordischen Sagas wird der großzügige Häuptling als „der beliebteste Mann der Region" oder als „einer der edelsten Menschen der heidnischen Zeit" bezeichnet. Die menschliche Beziehung zwischen dem Häuptling und der Truppe entsprach einem Beistandspakt, der von einem echten Kameradschaftsgeist beseelt war und dem ersten Mann der Gemeinschaft das Gefühl auferlegte, helfen zu müssen, wenn die Not zuschlug. „Es ist üblich", so Tacitus, „dass die Städte durch freiwillige und individuelle Beiträge den Häuptlingen Großvieh und Weizen schenken, der, als Huldigung empfangen, für ihren Unterhalt sorgt." Der Häuptling erhielt so viel, wie er gab; die ihm gemachten Geschenke wurden als genossenschaftliches Kapital für die Hilfeleistungen betrachtet, die er auf patriarchalische Weise verteilte. Für den Mann der Truppe waren seine Beiträge freiwillig, er lieferte dem Anführer keine auferlegten Dienste oder Beiträge, sondern freundschaftliche Hilfe und Geschenke, wie es unter freien und gleichen Männern üblich ist.

Das Gesetz der Ehre

Die germanische Führungsschicht befasste sich nicht nur mit der „Führung der Provinz", der Rechtsordnung und der Verwaltung auf einer externen Ebene, sondern auch mit der Festlegung der guten Sitten. Gesetze, die allgemein als moralische Werte anerkannt waren, stellten die Grundlage dar. Das höchste Sittengesetz war das „Leben in Ehre", dem der Häuptling noch stärker als jeder andere unterworfen war. Für den Menschen der alten germanischen Zeit war die Ehre von entscheidender Bedeutung, sie ermöglichte ihm, den Wert seines Lebens und seines Charakters zu beurteilen. Auf der Ebene des öffentlichen Urteils lieferte die Ehre auch den Beweis für seine Eignung und seinen Wert für die Gemeinschaft. Von der

Ehre hing die Selbstachtung und das Engagement des Einzelnen ab, das Bewusstsein des eigenen Wertes. Sie legte seine Autorität ebenso fest wie seine politische und soziale Position. Sie war sowohl mit persönlichem Stolz als auch mit öffentlichem Urteil verbunden und wurde allgemein als das anerkannte Gesetz betrachtet, das das Leben der Menschen regelt und nach dem das Urteil gefällt wird.

Die Gemeinschaft fühlte sich als Richter beauftragt, das Gesetz der Ehre in Bezug auf den Anführer anzuwenden. Dieser musste seine Ehrenhaftigkeit unter Beweis stellen und sie verteidigen. Denn die Ehre des Anführers war auch die Ehre der Truppe. Wenn die Ehre eines Bürgers oder seine eigene verletzt wurde, dann wurde auch die Ehre der gesamten Gemeinschaft verletzt, und alle hatten die Pflicht, sie reinzuwaschen. Der Anführer demonstrierte Ehrgefühl, extreme Tugendhaftigkeit vor der Truppe und übte seinen moralischen Einfluss auf die Gemeinschaft aus. Zu diesen moralischen Werten gehörten eine heroische Haltung, Tapferkeit und der Wille zur Selbstbestätigung, ein Gefühl der Würde, individuelle und gemeinschaftliche Verantwortung und die bedingungslose Pflichterfüllung gegenüber der Gemeinschaft, die sich auf ihn verließ. Daneben wurden auch andere besondere Tugenden des Anführers gefeiert, wie Großmut, Großzügigkeit, Weitherzigkeit und die ständige Hingabe, mit der er diejenigen, die Hilfe brauchen, mit Worten und Taten unterstützt.

All diese Eigenschaften und Tugenden eines Anführers sind nicht das Vorrecht einer bestimmten Epoche. Sie kennzeichnen nicht nur die innere Gemeinschaftsstruktur unserer germanischen Vorfahren, sondern bestimmen durchgehend die Wesenszüge der echten Führungsschicht, vor allem des nordischen Typs. Es fehlt immer an Führern, an Menschen, die nicht ohne Ziel und Kampf, ohne Tatendrang und Tatendrang leben können, an Menschen, die von einer schöpferischen Kraft beseelt sind und die durch ihre Selbstbeherrschung dazu berufen sind, andere zu führen.

Unsere Generation ist in der flüchtigen Gegenwart allein. Wir müssen die für unsere Volksexistenz charakteristischsten Lebensgesetze wieder kennenlernen, was uns auf dem direkten Weg der natürlichen Überlieferung verwehrt wurde. Die jüngste Vergangenheit bis zum Ausbruch des Großen Krieges zeigt uns nur zufriedene und verweichlichte Generationen, die ihre eigene Unkultur demonstrierten und aus der Ferne am Kampf teilnahmen. Aus der Leere ihrer Existenz können wir keine Kraft schöpfen, denn wir stehen heute an der Schwelle zu einer neuen Welt. Wir müssen einen unberührten Pfad suchen und mutig in das Halbdunkel der Zukunft treten. Wir müssen unsere eigene Werteskala in der ungetrübten Quelle unserer Geschichte, in der altgermanischen Geschichte, finden und die Vorbilder ihrer Kämpfer und Führer wählen, um unsere gefährliche Existenz zu leiten. Wir sind eine wache und schöpferische Generation, die ohne ihre historischen Bindungen und Brüder aus der Vergangenheit nicht leben kann.

Wer heute den Anspruch erhebt zu führen, muss wissen, was in der Geschichte der Ursprung der herrschenden Klasse war, muss sich der großen Pflichten bewusst sein, die er auf allen Ebenen, gegenüber der Vergangenheit und der Zukunft erfüllen muss. Er muss sich vor dem Geist der Selbstzufriedenheit hüten und von einem flammenden germanischen Stolz erfüllt sein, der alle Hindernisse überwindet und niederreißt.

SS-Hstuf. Ernst Schaper

HEFT DER SS NR. 11. 1943.

DIE EHRE DER GERMANISCHEN FRAU

Zu Recht hat man als Achse der germanischen Moral und des germanischen Lebens den Sinn und das Bewusstsein der Ehre angesehen. Für den altgermanischen Menschen ist die Ehre das Gesetz, das seine Existenz regelt, die Werteskala, mit der er sich selbst beurteilen kann. Sie ist aber auch - sofern er ständig dem Urteil von außen unterworfen ist - der Prüfstein für seine Bestätigung, sein Verdienst und seinen Wert für die Gemeinschaft. Die soziale und politische Stellung hängt auch davon ab, wie wichtig es dem Einzelnen ist, sich an das Gesetz der Ehre zu halten.

Ehre impliziert persönlichen Stolz und innere Dynamik sowie persönlichen und gemeinschaftlichen Wert. Das Gefühl der Ehre ist proportional zum Selbstwertgefühl des Einzelnen. Ehre bedeutet aber auch Ansehen und soziale Stellung. Durch ihren zweiseitigen Charakter, der sowohl mit dem Stolz als auch mit dem Urteil der Umgebung verbunden ist, erweist sich die Ehre als das allgemein anerkannte Gesetz, dem sich das germanische Menschenleben unterwirft und das als Bezugspunkt auf rechtlicher Ebene fungiert. Das bedeutet aber nichts anderes, als dass sich der germanische Mensch einer Idee, einem übermateriellen, geistigen Wert, den der germanische Geist aufgestellt hat, vollständig unterordnet. Die Ehre ist das höchste Gut des Menschen. Sie ist das, was ihm zunächst Autorität verleiht, was ihn sozusagen zum Menschen macht. Der Mann ohne Ehre zählt in der germanischen Gemeinschaft nichts. Die Ehre hat einen höheren Stellenwert als das Leben, das der Bauer doch so sehr schätzt. „ Lieber in Ehre sterben als in Schande leben." „ Lieber verliere ich dich, als einen entehrten Sohn zu haben." „Ich kenne nur eine Sache, die niemals vergeht: den Ruhm, den der Tote erlangt hat."

Die enge Verbindung aller biologischen Eltern, die Pflichten und Rechte mit sich bringt, will, dass das, was den Einzelnen betrifft, auch den Clan betrifft und umgekehrt. In seinem Prinzip erhält es den Charakter eines allgemeinen Gesetzes. Die Ehre des Einzelnen wird zur Ehre des Clans, ebenso wie die Ehre des Clans auch die Ehre des Einzelnen ist. Wenn die

Ehre eines Clanmitglieds verletzt wird, wird auch die Ehre der anderen verletzt, und alle haben die Pflicht, sich zu entlasten. Auch die Frau, die ebenso wie der Mann als Mitglied des Clans anerkannt und deren Persönlichkeit geachtet wird, ist ein integraler Bestandteil dieses großen Erbes des germanischen Mannes. Wir können uns jedoch nicht mit dieser allgemeinen Feststellung begnügen, die für den in der alten germanischen Welt lebenden Menschen offensichtlich, für den von einer östlichen Weltanschauung behinderten Menschen jedoch unverständlich ist. Uns interessiert vor allem die Frage, inwieweit die Frau zur Ausarbeitung dieses germanischen Lebensgesetzes und des Prinzips aller Sittlichkeit beigetragen hat, wie sie es während ihrer Existenz konkretisiert, verteidigt und fortgeführt hat; wie sie die Ehre gelebt hat.

EHRE IST DAS GEMEINSAME IDEAL VON FRAU UND MANN

Unsere Texte sprechen sowohl von der Bedeutung der Ehre der Frau als auch von der des Mannes. Bezeichnenderweise wird für eine ehrbewusste Frau derselbe Begriff verwendet wie für den Mann, so dass auch hier kein Unterschied zwischen der Ehre des Mannes und der Ehre der Frau gemacht wird. Der Mann und die Frau werden mit dem „drengr-godr", der „Ehre des Mannes" (wörtlich: ein aufrechtes und stolzes Individuum) des alten Nordens bezeichnet. Wir stellen also fest, dass das Drengrgodr-Ideal tiefere Wurzeln hat als die Überbewertung so genannter „männlicher Qualitäten". Vor allem aber scheint es uns wichtig, dass dieses Ideal des Ehrgefühls, das für beide Geschlechter notwendige Sein-im-Besitz-der-Ehre, in den beiden Individuen verkörpert wird, die es zur Geltung gebracht haben. Uns, die wir uns bemühen, die allogene Etikette, die alle Lebensäußerungen in „männlich" oder „weiblich" einteilt, aus unserem Sprachgebrauch und unserem Denken zu entfernen, scheint diese Formulierung zumindest gefährlich zu sein. Es ist unsere Pflicht, ernsthaft zu handeln und mit dieser Auffassung aufzuräumen, die Tapferkeit, Disziplin, Auswahl und Ehre als „männliche" Tugenden betrachtet. Nur östliche und westliche Denkgewohnheiten haben uns diese eingeschränkte Sichtweise eingetrichtert. *Das germanische Altertum zeigt, dass die germanischen Bäuerinnen den gleichen Mut, die gleiche Tapferkeit, die gleiche Freiheitsliebe und die gleiche Selbstdisziplin wie ihre Männer besaßen und* dass sie auch bereit waren, für diese Werte ihr Leben einzusetzen.

Nicht nur die Frauen der Kimbern und Teutonen, der Ambrores und Tipurinier, deren unerschrockene Tapferkeit in den römischen Kriegen, eine wilde Freiheitsliebe und ein glühendes Ehrgefühl selbst von feindlicher Hand für immer verewigt wurden, lieferten den Beweis für ihre „männlichen" Qualitäten. Die germanischen Bäuerinnen, die im Schatten der großen politischen Ereignisse blieben, befanden sich in der gleichen

Situation; ihr Lebensstil, die unauflösliche Bindung an die Gemeinschaft und die Sippe, die keine kriegerischen Atempausen kannte, trieb sie dazu, mit Tapferkeit und Entschlossenheit für die Sippe zu denken und zu handeln. Sie sollten nur das Wohl des Clans anstreben und sich an die Disziplin halten. Wir werden nicht behaupten, dass Tapferkeit, Disziplin und Ehrgefühl männliche oder weibliche Tugenden sind, da sie bei beiden Geschlechtern stark ausgeprägt sind. Wir werden auch unseren alten Müttern nicht die Ehre erweisen und sagen, dass sie nicht weiblich sind, wenn sie diese „männlichen" Tugenden besitzen. Aber wir können auch nicht jene Behauptungen bestätigen, die den Drengrgodr-Geist ausschließlich dem Mann zuschreiben. Wenn man die germanische Weltanschauung, die Struktur der Gemeinschaft und die Bewertung der Persönlichkeit unabhängig vom Geschlecht kennt, ist es nicht verwunderlich, dass germanische Bäuerinnen ständig neben Männern stehen, die für die Ehre sterben, und von demselben Ehrgefühl beseelt sind. Es ist nur natürlich, dass ein Volk, das seine Frauen als „heilig und geheimnisvoll" betrachtet, ihnen nicht das streitig macht, was in germanischen Augen voll und ganz menschlich macht, nämlich die Ehre. Stattdessen erscheint es uns wichtig festzustellen, dass im Laufe der Evolution eine orientalische Weltanschauung den germanischen Charakter des Ehrgefühls der Frau nach und nach unterdrückt oder durch einen anderen Inhalt ersetzt hat. Die weibliche Ehre wird - entsprechend einer orientalischen Lebensweise - ausschließlich und allein zu einer körperlich-sexuellen Angelegenheit und bedeutet letztlich nur noch körperliche Jungfräulichkeit und Reinheit. Hier werden die Begriffe vertauscht.

DIE GRÖßTE EHRE DER FRAU LIEGT IN DER MUTTERSCHAFT

Auch in Germanien ist Keuschheit natürlich vorgeschrieben; diese Forderung bezieht sich aber erstens auf beide Geschlechter und hat zweitens eine andere Motivation als die östliche Lebensregel: „Vor Erreichen des zwanzigsten Lebensjahres mit einer Frau Verkehr zu haben, galt als äußerst schändlich... Diejenigen, die sehr lange keusch geblieben sind, erhalten das größte Lob unter ihren eigenen Leuten; sie glauben, dass dadurch eine gute Statur gefördert wird und dass dies die Kräfte und das Verlangen steigert."

Caesars Text macht deutlich, dass der Nordmann der Keuschheit einen Wert beimaß, um die Gefahr sexueller Exzesse zu vermeiden - denen die östliche Mentalität stärker unterworfen ist als die zurückhaltende Natur des Nordens - und sie darüber hinaus nicht mit dem Gedanken der Ehre verwechselte. Das Fehlen von Keuschheit ab einem bestimmten Alter, oder genauer gesagt, zu früher Geschlechtsverkehr, wird in Germanien als Gefahr für die Psyche und die Physis des Menschen angesehen. Sie bedeuten eine Störung des Ideals der Vollkommenheit des Menschen und eine Bedrohung für andere germanische Lebensprinzipien. Die Forderung nach sexueller Reinheit des körperlich und geistig unreifen jungen Mannes gründet sich einerseits auf den Wunsch, die Reinheit des Blutes nicht zu gefährden, und beinhaltet andererseits das allgemeine moralische Prinzip der Selbstdisziplin, das das gesamte Leben des Germanen bestimmt.

In Germanien wird von unreifen Männern Keuschheit verlangt, um das Blut, das man unversehrt an den Nachkommen weitergeben muss, und aus Pflichtgefühl gegenüber sich selbst vor seinem auf Selbstliebe und Würde beruhenden Wert zu bewahren. Ist der germanische Mann hingegen körperlich und sittlich voll erwachsen geworden, so ist es nur natürlich, dass er nicht aufgrund einer krankhaften Verkehrung durch verzerrte Geister gegen das Gesetz der Schöpfung und die ihm von der Natur gegebenen Anlagen verstößt, indem er seine Fruchtbarkeit und seinen Fortpflanzungswillen durch eine zu lange Keuschheit behindert. Der Germane lebt nicht gegen die Natur und ihre Gesetze, sondern in Harmonie mit ihr. Er lässt die Gaben, die sie ihm zum Denken gegeben hat, nicht durch menschliche Entwürdigung verkümmern, sondern ist der Ansicht, dass der Mensch sich selbst erfüllt, wenn er sie zur Geltung bringt; dass die Natur Männer und Frauen will und keine geschlechtslosen und neutralen Wesen. Also sind die Forderung nach zu langer Keuschheit, die Entscheidung für ein zölibatäres und enthaltsames Leben, das eine „höhere" Menschheit hervorbringt, in Germanien keineswegs natürlich. Sie werden sogar als Widerspruch und Beleidigung des Gesetzes des ewigen Lebens selbst angesehen. Für die Germanen ist die Keuschheit daher nur eine durch die Lebensregel bedingte Notwendigkeit und kein absoluter moralischer Wert, der das Verhalten des Menschen unnachgiebig reglementiert. *Die Jungfrau und der Mönch sind keine germanischen Vorbilder oder höhere Wesen, sondern eher das Gegenteil, da sie die in ihnen vorhandenen Kräfte nicht vollständig zur Geltung gebracht haben.*

In Germanien galt diese Auffassung vom genauen Wert der Keuschheit, die nur dem unreifen Wesen auferlegt wurde, sowohl für den Mann als auch für die Frau. Die Verordnungen, die Strafen für Konkubinat und Frauenmord vorschreiben, zeigen eindrucksvoll, dass die Jungfräulichkeit, die Reinheit der Frau absolut nicht grundlegend sind, ja nicht einmal in Betracht gezogen werden, um den Wert der freien Germanin zu beurteilen. Das schwäbische Volksrecht schreibt vor, dass das Konkubinat mit einer verheirateten Frau (mulier) doppelt so streng zu bestrafen ist wie das mit einer Jungfrau (virgo). Es ist also nicht die Jungfräulichkeit, Keuschheit und Reinheit, die den Wert bestimmt. Die salischen, ripuarischen und thüringischen Rechtsbücher schreiben vor, dass die Strafe für die Tötung einer gebärfähigen Frau oder einer Frau, die bereits Kinder geboren hat, dreimal so hoch ist wie die Strafe für eine Jungfrau, die noch keine Kinder hat. Diese Art von Recht, das einen Unterschied zwischen Jungfrau und Frau (virgo et mulier) markiert, zeigt deutlich, dass der Begriff der Jungfräulichkeit für die Beurteilung des Wertes einer Frau nicht grundlegend ist. Er wird schlichtweg ignoriert, da der Mord an einer Frau als dreimal so schwerwiegend angesehen wird wie der an einer Jungfrau! Es ist nicht die Keuschheit, sondern der biologische Wert, der im Gegensatz zum Zustand der Jungfrau mit der Erfüllung der Mutterschaft verbunden ist und grundlegend für die Beurteilung der Frau ist. Die germanische Vorstellung von einem Wert, der allein durch Keuschheit bestimmt wird, kann nicht deutlicher sein als hier. Die gebärende Frau, die Mutter, deren Empfängnis niemals eine Befleckung ist, genießt in Germanien ein höheres Ansehen, da sie dem Gesetz des Lebens folgt, sowohl auf individueller Ebene als auch im Bewusstsein des Volkes. Doch der Wert der Frau hängt, wie bereits erwähnt, von ihren Qualitäten, ihren Errungenschaften, der Seele und dem Herzen, dem Geist und dem Charakter ab.

Wie kam es dazu, dass Keuschheit als moralisches Konzept betrachtet wurde? Wie konnte Reinheit in der moralischen Konzeption mit der „Ehre der Frau" gleichgesetzt werden? Wir erinnern uns, dass das germanische Frauenideal, die „germanische Heilige", immer von den Müttern, den Urmüttern (Frigg, Frau Holle) repräsentiert wurde; dass nach germanischem Empfinden Empfängnis kein Makel, keine Beschmutzung und keine Erniedrigung war. Im Gegenteil, eine solche Vorstellung wäre als Beleidigung der germanischen Mütter angesehen worden. In den Sagas sehen wir hunderte Male, dass Witwen genauso begehrt sind wie Jungfrauen, und kein Germane würde denken, dass eine Witwe minderwertig ist, weil sie nicht mehr rein ist.

Im Gegensatz dazu betrachtet der jüdisch-orientalische Geist die Jungfrau als begehrenswerter als die Frau: Das Wort „begehrenswert" wurde absichtlich gewählt, da es bei der Bewertung der Jungfrau durch den orientalischen Geist kaum um eine moralische Bewertung der Keuschheit geht. Wenn das heilige Buch des Islam, der Koran, dem orthodoxen Muslim im Paradiesgarten „junge Frauen, die noch kein Geist und kein Mann berührt hat", als Belohnung für seinen persönlichen Gebrauch verspricht, wird deutlich, dass die weibliche Keuschheit für den Orientalen tatsächlich einen besonderen Wert haben muss, da sie sozusagen eine Belohnung und eine paradiesische Freude darstellt.

Die Jungfräulichkeit und Reinheit, die im „Wonnegarten Eden" herrschte, konnte absolut keinen moralischen Wert beinhalten, dafür aber einen sinnlichen. Denn die Keuschheit der Frau hat nur dann einen Sinn, wenn sie dem Mann versprochen wird, der sie in diesem paradiesischen Leben zerstört. Der Besitz der „Jungfrau mit Augen, die schwarz sind wie die Perlen einer Muschel", die Gottesliebe der Anhänger des Paradieses, offenbaren deutlich, dass die Keuschheit der orientalischen Frau nur zum größten Vergnügen des Mannes gefordert wird.

Wir haben also gesehen, welche Rasse der Reinheit der Frau eine so offensichtliche Rolle zuweist und was sich wirklich hinter der Forderung nach Keuschheit verbirgt. Der Germane hätte sich keine jungfräuliche Mutter vorstellen können und hätte ihr auch keinen höheren Wert beigemessen. Seine Göttinnen und die Frauen, die ihm am Herzen lagen, wiesen mütterliche Züge auf und waren Mütter. Die Mutterschaft ist ihnen von Natur aus eigen. Dann ersetzte die Jungfrau und Mutter Gottes die mütterliche Gottheit Germaniens aufgrund des Eindringens eines fremden Wertesystems. Nonnen wurden gegenüber den germanischen Sippenmüttern bevorzugt und eine größere Achtung vor der Jungfräulichkeit statt der Mutterschaft wurde in den Schädel des germanischen Mannes getrieben, bis er sie als Teil seiner moralischen Vorstellungen akzeptierte. Wir können also ermessen, wie tief die gewaltsame Umwälzung war, die das germanische Weltbild betraf, und wie enorm die Erschütterung war, die der Instinkt des Germanen erfuhr. Die jungen Mädchen eines ganzen Dorfes waren der Beweis dafür. Sie hatten alle den Schleier genommen und offenbarten, wie sehr diese Idee ihr Wesen gestört hatte, indem sie ihnen die Gelassenheit ihrer gesunden und frommen Weltanschauung raubte.

DIE VORSTELLUNG VON EHRE LEBT IN DER BÄUERLICHEN MORAL WEITER

Die ländliche Bauernmoral ähnelt auch heute noch nicht dem, was sich die neue Lehre vielleicht wünscht. Noch heute sind manche Bräuche von einer uralten Kraft beseelt. Ein moralischer Sinn hatte sie eingesetzt, der der späteren ausländischen Lehre nicht mehr entsprach. Trotz der Drohungen mit Höllenqualen und Fegefeuer hat das „Rendezvous am Fenster" bei den süddeutschen Stämmen als anerkanntes Recht der jungen Männer überlebt, und niemand wäre auf die Idee gekommen, es als Sünde zu betrachten. Selbst die öffentlichen Behörden, die sich für die Hüter und Richter der guten Sitten zuständig fühlen, drücken hilflos ein Auge zu, obwohl sie sich dagegen sträuben. Obwohl das Christentum ein absolutes Gebot der Keuschheit festschreibt, das der Mutterschaft feindlich gegenübersteht, ist es nicht ungewöhnlich, dass junge Bauernfrauen ihrem zukünftigen Ehemann bereits vor dem christlichen Segen und der Hochzeit ein Kind schenken. Sie werden jedoch von den Bauern, bei denen sie leben, nicht mit Scham und Schande belegt und die vorehelichen Kinder werden nicht als mit einem Makel behaftete Kinder der Sünde betrachtet. Dies geschieht nur, wenn ein Mädchen eine Charakterschwäche zeigt und vom moralischen Geist der Gemeinschaft abgelehnt wird, aber überhaupt nicht, wenn sie den Vater ihres Kindes direkt nach dessen Geburt heiratet. Die fremde, orientalische Bewertung der Keuschheit spielt dabei kaum eine Rolle, sondern eher das alte germanische Sittengesetz der

Blutkonservierung und der inneren Disziplin. Noch heute wird der Verlust der Keuschheit nicht als Verlust der Ehre angesehen, genauso wenig wie es im alten Germanien der Fall war. In Germanien ist die Forderung nach Keuschheit ein Wert an sich, der die Ehre ergänzt, ein Gut, dessen Verlust die Frau unter bestimmten Umständen zwar abwerten kann, aber niemals dem Verlust ihrer Ehre gleichkommt. Wer wäre auf die Idee gekommen, eine Tochter von Thordis Sur zu tadeln, weil sie sich entehrt hatte! Das Urteil der germanischen Gemeinschaft ist nicht so dogmatisch, sondern hängt von besonderen Umständen ab. Dies belegen auch die Rechtsbücher, wenn sie die Strafen für Konkubinat nur dann festsetzen, wenn eine Frau mit vier oder fünf Männern verkehrt hat und damit ihre moralische Schwäche bewiesen ist. In diesem Sinne kann man auch feststellen, dass die Jungfräulichkeit in der alten Zeit nie als Ideal angesehen wurde, nicht einmal als Konzept, da es kein Wort für ihre Definition gibt. Dies ist ein weiterer Beweis für die Bedeutung, die einem weiblichen Leben beigemessen wurde, das sich in der Mutterschaft verwirklicht, die als Aufgabe und Ideal angesehen wurde. Vor allem ist klar, dass die Keuschheit des unreifen Mannes einen der vielen Werte bildet, die in Germanien gelten, aber die Ehre ist das absolute Gesetz des Lebens.

Keuschheit ist nicht die Ehre der Frau. Diese Einschränkung, die eine Folge eines fremden und für die germanische Weiblichkeit schädlichen Wertegefühls ist, bringt jene erschütternden Visionen von Prügelstrafen durch Ehemänner hervor, die in den alten Texten des Mittelalters herumgeistern. Aber es hilft auch, die Zeichen der Dekadenz zu verstehen, die das Frauenleben in der Neuzeit aufweist. Denn was bleibt von der Frau, wenn ihre Persönlichkeit von vornherein abgewertet wird, wenn sie als Anstifterin zur Sünde, als chamelle und materielle Verkörperung des bösen Prinzips dem guten, spirituellen männlichen Pol gegenübergestellt wird!!! Was bleibt ihr, wenn man sie darüber hinaus aus dem Rahmen des vereinten Clans entfernt und ihr Ego für Sünden schuldig spricht oder sie dem Mann unterwirft, der als ihr „Meister" angesehen wird?! Ist sie sich noch ihrer selbst, ihrer Freiheit und ihrer Verantwortung bewusst, die die ersten Voraussetzungen für jede Moral sind?!

Der Satz „Er soll dein Herr sein" bedeutet nichts anderes als die Zerstörung jedes germanischen weiblichen Wertes, jeder Möglichkeit zur ständigen Mitarbeit an der Arbeit der Gemeinschaft und impliziert eine pathologische Veränderung der Gemeinschaft, sofern die Frau der andere Bestandteil derselben ist. Das bedeutet insbesondere, dass der Mann auch das Monopol auf die Moral für sich beansprucht, sozusagen der Herr der Moral wird. Er hat in der Tat ein entscheidendes Gewicht in moralischen und ethischen Fragen, oder wie man früher sagte, er „lehrt" sie nach schriftlichen dogmatischen Grundsätzen. Während man bei der Frau die Sicherheit ihres Sinns für Gut und Böse unterdrückt, sie mehr oder weniger von ihrer Minderwertigkeit überzeugt und ihre an das Blut gebundene Moral als schlecht bezeichnet hat, ist es natürlich nicht mehr sehr schwierig, sie von Fragen der Moral auszuschließen.

Margarete Schaper-Haeckel

HEFT DER SS NR. 8. 1943.

LIEBE UND EHE

„Als junge Frau wurde ich Njal geschenkt, und ich versprach ihm: Wir müssen ein vergleichbares Schicksal erleben."

Die Bäuerin Bergthora

Wenn wir über Liebe und Ehe sprechen wollen, müssen wir dem Geist der Großstädte entfliehen und uns in den Norden begeben, in die Berge voller gesunder und reiner Luft, wo unter Eichen und Eschen die alten Blutlinien leben. Aus der Heimat der Bäuerin Bergthora blicken wir auf das weite Land, alt und ehrwürdig, würdig und blühend, in dem die Jugend wieder die alten Liebeslieder anstimmt:

Dein Herz willst du mir geben
dann geschieht dies im Geheimen,
und unser gemeinsames Denken
niemand kann sie erraten
und
Ein treues Herz kennenlernen,
ist den größten Schatz wert.
Er ist glücklich zu begrüßen,
Der, der ein treues Herz kennt.

Es ist unser Vaterland, das, oft befleckt, in den herrlichen Werken seiner Kunst ständig von der Reinheit der Liebe und der Ehe spricht. Wir sehen Njal und Bergthora in Heinrich und Mathilde von Braunschweig wieder. Aber auch unsere Eltern zu Hause geben uns bereits ein Beispiel für ein würdiges Leben.

In diesem schönen Land, dessen „Tugend und reine höfische Liebe" Walther von der Vogelweide einst besang, führt das Volk noch heute seinen Kampf gegen das seit Jahrzehnten wirkende Gift der jüdisch-liberalen Schamlosigkeit, die Liebe und Ehe entwürdigt. In diesem Bereich hat sich eine nationale Ethik auf öffentlicher Ebene überhaupt nicht durchgesetzt. Nicht Würde und Haltung oder das lebendige Bewusstsein, eine heilige

Pflicht gegenüber unseren Vorfahren und der Zukunft unseres Volkes zu haben, beeinflussen das Liebesleben, sondern vielmehr die Stimme der „leichten Muse". Wir werden immer sehen, wie sich oberflächliche Sinne und heißes Blut ausdrücken. Aber wir bemerken nicht, dass der Jude sie einsetzen kann, um unser Volk zu beeinflussen und uns so in unserer Substanz zu treffen.

Liebe und Ehe sind die Quelle des kulturellen und volkstümlichen Lebens unserer Nation. Die Liebe zwischen den Geschlechtern bringt nicht nur das Leben hervor, sondern auch die Kunst, das wahre Wissen, die Religion und die Ordnung der Gesellschaft (Moral). Wenn aber alles aus der Liebe entspringt, hängt das Schicksal eines Volkes auch von der Liebesethik ab, die in seinem Staat herrscht.

Betrachten wir zwei Aspekte in der Liebe und Ehe: *Die Liebeserfahrung* und das *Naturgesetz,* das die Liebe regiert.

Worin besteht die Erfahrung der Liebe? Beide Geschlechter ziehen sich gegenseitig an, bewegen sich, entflammen sich gegenseitig und fühlen sich durch eine Hingabe, wie sie sonst nirgends im Leben anzutreffen ist, füreinander muskulös. Diese Liebeserfahrung ist allgemein. Aber abgesehen davon fragen wir uns nach dem Wie. Wie liebt der Deutsche, wie liebt der nordische Mensch? Welchen Wert misst er der Liebe bei? Oder: Was verleiht der Liebe in seinen Augen Wert? Jedes Mal hängt dies eng mit dem Selbstwert desjenigen zusammen, der die Liebe sucht, oder mit dem Liebenden selbst. Auch seine Natur beeinflusst seine Art zu lieben. Manchmal kann er seine Herkunft völlig vergessen, die jüdisch-amerikanische Zivilisation des Tangos (heute würden wir sagen: des Rocks) als eine nordische Kulturschöpfung betrachten und nicht bemerken, in welche Hände er gefallen ist. Es kann ihm aber auch gelingen, seinen persönlichen rassischen Wert durch seine Liebe vollständig zu manifestieren. Der Wert einer Persönlichkeit offenbart sich in ihrer Denkweise, in ihrer Neigung und damit in ihren Gefühlen. Jeder Mensch bringt seinen wahren Charakter in der Liebe zum Ausdruck, wenn er sich „gehen lässt", wenn er sich mitreißen lässt, wird er zum Gefangenen der elementaren sexuellen Triebe und betrachtet die Liebesverbindung nur noch als Befriedigung der sinnlichen Lust. Andererseits kann sein Charakter in der Liebe seine Würde bewahren. Er verehrt dann den persönlichen Wert des geliebten Partners. Er kann auch den religiösen Aspekt des Liebesereignisses suchen, die Erfahrung eines göttlichen Schöpfungswillens. Dann ist er in der Lage, über die Freude und das Glück der Liebesverbindung den göttlichen Wunsch nach vielen Kindern zu empfinden. Außerdem steht das Ehrgefühl bei manchen Menschen auch in Verbindung mit der Liebe. Wenn das Gefühl der Ehre mit dem Gefühl der Identität verbunden ist, dann wird der edle Mensch in seiner Liebe ein starkes Ehrgefühl empfinden, denn die Liebe ist nicht diese „heimliche Sünde", sondern eine persönliche Beziehung, die aus gegenseitiger Ehre besteht. Über den Bereich des

Liebeslebens hinaus muss sich die männliche Ehre auch bewusst sein, dass sie die Würde und die Kultur der Liebe im gesamten Volk durchsetzen muss. Es sind nicht die Frauen, die schuldig sind, wenn ihr Charme und ihre Anmut entwürdigt und schamlos gemacht werden. Nicht die Tänzerinnen sind schuldig, wenn sie bei einer Aufführung ihre Beine zur Schau stellen, sondern der Mann, dem es obliegt, die Gemeinschaft zu führen, in der das Liebesleben von Bedeutung ist.

Wenn man die Verbindung zwischen den Geschlechtern, die von Wert und nicht von sinnlicher Torheit bestimmt ist, die sich in Kindern verkörpern will und daher tugendhaft ist, als *Ehe bezeichnet*, dann kann man sagen: Die „Liebe" einiger verdient den Namen nicht; umso weniger kann sie als Vereinigung angesehen werden, selbst wenn sie von zehn Priestern gefeiert worden wäre. Aber die Liebe der anderen ist im wahrsten Sinne des Wortes eine solche und stellt eine Vereinigung dar, selbst wenn sie nie gesegnet und geweiht worden wäre. Eine Scheidung stellt dann ein großes Unglück dar.

Stellen wir uns nun die Frage nach dem Naturgesetz, das die Liebe regelt. Die Ursache für das, was wir als Liebe empfinden, die Anziehungskraft der Geschlechter, ist sehr subtil. Dieses Gesetz lässt die Liebe nur zwischen bestimmten Wesen entstehen. Wir sagen dann, dass die Ehepartner gleichberechtigt sind. Verliebte Eheleute umarmen sich in einem schöpferischen Akt. Im befruchteten Ei entsteht ein neues Leben, in dem sich der mütterliche und der väterliche Teil im Embryo „paaren". Sie lieben sich bis in ihre gegenseitigen Vorlieben hinein. Diejenigen, die nach Liebe suchen, haben also eine Wahl. Sie suchen nach dem, was ihre Augen, ihr Gefühl und ihren kritischen Geist befriedigt. Für den Mann - nur ein bestimmtes Verhältnis von körperlichen Proportionen bei der Frau und ein bestimmter Typ von Formen wird ihm gefallen. Wir alle haben eine ausgeprägte Vorliebe für eine bestimmte Gangart, eine bestimmte Gestik. Der Blick, die Stärke der Gesichtszüge, die Krümmung der Linien von Mund, Nase und Augen, Kinn, Ohren, Schläfen und Stirn tragen dazu bei, sich eine Meinung zu bilden. Bereits in diesem Stadium spürt man, dass Affinität oder Antipathie entsteht. Entscheidend sind jedoch zunächst die Charaktereigenschaften, die sich nicht in der reinen Erscheinung zeigen, sondern nur durch die genaue Kenntnis der Person in verschiedenen Lebensumständen oder in der Geschichte der Clans: ihr Sinn für das Schöne und Gute, ihre Urteile zu wichtigen Fragen, ihre Würde, ihre Konsequenz, ihre Hilfsbereitschaft und ihr Temperament, der Beweis ihres unerschütterlichen Vertrauens in einen Gott, ihr Glaube und eine reine und selbstlose Liebe zu Gott. Die Werte, denen Menschen, die nach Liebe suchen, „einen Preis beimessen", offenbaren meist, wie schon früher gesagt wurde, etwas Wertschätzenswertes. Wir alle fühlen uns jedoch mehr oder weniger von dem angezogen, was einen unbestreitbaren Wert hat, was rein ist, auch wenn wir es nicht wert sind. Die meisten Menschen werden eine griechische Venus, eine weibliche Kolbe-Statue sowie ihre lebenden Inkarnationen mit Ehrfurcht bewundern. Mehr als einer von uns wünscht sich, ein Wesen zu lieben, das der Vollkommenheit nahe ist, obwohl es ihm dennoch unterlegen ist. Er wünscht es sich sogar für den Fall, dass es sich irren sollte und nicht geliebt wird. Die Natur selbst sorgt dafür, dass die Liebe nicht auf Gegenseitigkeit beruht. Abgesehen davon beeinflusst der Klan noch die eheliche Wahl seiner Jugend. Eine echte Liebesbeziehung entsteht nur dort, wo entscheidende charakterbildende Eigenschaften bei anderen Menschen ihre Entsprechung finden. Wer sich also „ähnlich" ist, „liebt" sich.

Wir müssen auch sehen, dass dieses Naturgesetz der Liebe dasjenige ist, das die Ehe regelt, denn die Ehe zielt ja gerade auf die Zeugung erbgesunder Kinder und eine gute Erziehung ab, die ein starkes Familiengefühl zwischen ähnlichen Charakteren hervorruft. Dementsprechend wird angestrebt, dass die Nachkommen immer gerne zusammenkommen. So entsteht der Geist der Blutlinie.

Heutzutage wird die Liebe (meist verwechselt mit dem Sexualleben, das nur der organische Aspekt der Liebe ist) als etwas Angenehmes betrachtet („Liebe bringt große Freude, und jeder weiß das..."), im Gegensatz zur erbarmungswürdigen Ehe („Ehe = Schlinge um den Hals"). Dies ist auf die allgemeine Unkenntnis der tiefen Natur der Liebe zurückzuführen, die aus der künstlichen, egoistischen und genusshungrigen Geisteshaltung der heutigen Menschen resultiert. Das Problem „Liebe und Ehe" löst sich auch, wenn man weiß, was das ultimative Ziel der Liebe ist. Jede echte Liebe strebt nach der Ehe. Ehen, die das Naturgesetz respektieren, sind Ehen aus Liebe, die durch ein gutes Erbgut gefestigt werden. Man kann wirklich vom Paradies auf Erden sprechen. Die Zielvereinigung wird auf diese Weise erreicht: *Das erwünschte Fortpflanzungsereignis vereint sich mit dem glücklichen Liebeserlebnis.*

Da einerseits das Glück, der Friede und das Heil des Volkes in möglichst vielen Ehen liegt, es andererseits aber außerordentlich schwierig ist, in unserem modernen Leben und in der Masse des Volkes einen guten Ehepartner zu finden, wird die grundlegende Aufgabe eines ethnistischen Staates darin bestehen, die Bedingungen zu schaffen, die es ermöglichen, einen gesunden Ehepartner zu finden. Dies ist auch das wichtigste praktische Ziel unserer gesamten Kulturarbeit.

J. Mayerhofer

Die absolute Liebe liegt nur in einer absoluten Kraft.

Hölderlin

HEFT DER SS NR. 3. 1943.

SIGURD, DER RITTER GEORG UND DER KAMPF MIT DEM DRACHEN

Der Kampf um das Vaterland zwingt uns alle dazu, zu einer natürlichen Existenz zurückzukehren. Alle, die ihre Bindung an die Erde verloren hatten, spüren wieder den Ruf des Erbes der Vergangenheit, eines bäuerlichen Erbes, das zur Liebe zum Vaterland anspornt.

Draußen schläft die Natur noch. Doch das Tageslicht wächst bereits, der Frühling ist nicht mehr weit. Dieses Wort bewegt alle Herzen, denn es bedeutet das Ende des jährlichen Kampfes um die Wiedergeburt des Lebens.

Der bäuerliche Geist hat wunderbare Allegorien über den Kampf der Jahreszeiten hervorgebracht, die darüber hinaus Symbole einer für die Rasse charakteristischen Weltanschauung sind. Es sind Symbole, die man nicht perfekt mit Worten und Konzepten definieren kann, denn sie umfassen die gesamte Welt des Daseins. Sie sind manchmal neu und verbinden sich doch, wie auch immer sie aussehen mögen, mit einer nahen oder fernen Vergangenheit, mit der germanischen Vergangenheit unseres Volkes. Märchen und Legenden, selbst christliche Legenden, enthalten Symbole für Weisheit und altes Wissen. Welches unserer Kinder würde sich in der harten Winterzeit weigern, Gäste aus dem Land der Legenden zu empfangen? Welches echte Jugendherz würde nicht stolz schlagen, wenn es zum ersten Mal die Erzählung von einem heldenhaften Kampf hört?

Glücklich ist die Welt, in deren Bräuchen und Kunst sich Symbole des Kampfes um das Leben erhalten haben. Vielerorts wird der Winter noch immer in Form eines Drachen getötet, die süße Königin des Frühlings befreit und mit dem Maikönig vereint. Hinter diesen bildhaften Figuren verbirgt sich der antike Mythos von der Erneuerung des Lebens. Nur der ewige Aufbruch besiegt den Tod. Überall stellt sich das Schicksal, der monströse Drache, in den Weg und verwehrt uns den Zugang zum Jungbrunnen, verbietet uns die Eroberung des Lebensgetränks, des „funkelnden Schatzes".

Der Sonnengott Wotan.
Zierplatte auf einem Helm aus Vendel in Schweden.

Die beiden Aspekte des Lebens, Geburt und Tod, Tag und Nacht, Sommer und Winter, begegnen uns in verschiedenen Formen, und unser Volksgut hat sie in seinem Bilderreichtum bewahrt, auch unter dem christlichen Gewand, das die Kraft der germanischen Volksseele nicht anders bezwingen konnte, als sie in den Dienst der Kirche zu stellen. So ist der Ritter St. Georg, der Drachentöter, die germanischste aller Heldengestalten geblieben. Aus der Seelenkraft germanischen Wesens schöpfte Bernd Notke seinen Heiligen Georg. In einem alten Dokument heißt es: „Gerade zu dieser Zeit - Ostern - muss man mit Georg triumphieren, wenn der Winter vom Südwind vertrieben wird, die Erde in ihre Jugendzeit eintritt und Pflanzen und Blumen hervorbringt."

Und wenn wir in der germanischen Vergangenheit nach Symbolen für dieses sichere Leben suchen, sind wir von der Fülle der Zeugnisse und der Offenheit des Ausdrucks überrascht. Schauen wir uns zunächst das erhabene Lebenssymbol der Edda an: „Ich weiß, dass eine Esche steht/ Heißt Yggdrasill/ Der hohe Baum, besprenkelt/ Mit weißen Strudeln/ Von dort kommt der Tau/ Der im Tal fällt/ Ewig grün steht er/ Über dem Brunnen von Urd." Doch in seinem Inneren wohnt Nidhöggr, das schreckliche Schicksal, das den Brunnen mit dem Getränk der Unsterblichkeit bewacht und an den Wurzeln des Lebensbaums nagt. „Es kommt geflogen/ Der finstere Drache/ Die glitzernde Viper, herabgestiegen/ Von Nidafell;/ Er trägt in seinem Gefieder/ - Schwebt über der Ebene-/ Leichen, Nidhögg/ Jetzt wird er verschwinden." Und der Drache sagte von sich: „Ich blies Gift/ Als ich auf dem riesigen Erbe/ Meines Vaters lag/ Stärker als ich allein/ Ich hielt mich für stärker als alle/ Unbekümmert um die Zahl meiner Feinde."

Ornament mit einem Drachen und dem Sonnenrad.
Motiv einer alten isländischen Tür.

Odin und Thor, die großartigen Götter, nehmen selbst am Kampf gegen diesen dunklen Drachen teil, um das Überleben der Welt zu sichern. Ihre göttliche Kraft lebt in Helden wie Sigurd und Dietrich weiter, deren Heldentaten an den germanischen Königshöfen besungen wurden. „O mächtige Schlange, / Du spucktest groß/ Und zischtest mit rauem Herzen; / Hass steigt umso mehr/ Unter den Menschenkindern/ Wenn man diesen Helm auf dem Kopf hat." Das Leben konnte nicht ohne den Tod gewonnen werden: „Ich rate dir nun, Sigurdr/ Und du, merke dir diesen Rat:/ Geh fort von hier! / Das klingende Gold/ Und das braunrote Silber/ Die Ringe, sie werden dich in den Tod bringen."

Diese germanische Einstellung wird bereits durch die ältesten Zeugnisse, die wir besitzen, aus dem 3. Jahrtausend v. Chr. belegt. Auf den gravierten Steinen in Schweden - dem Symbol für alte Bräuche - erscheinen die Midgardschlange, der Lebensbaum und der Kampf zwischen Thor und dem Drachen. Doch vor allem in der Zeit der großen Invasionen, der Zeit des großen politischen Durchbruchs des Germanentums, der bereits in der Bronzezeit bekannt war - beseelten die spirituellen Kräfte, die aus einer intakten Lebensauffassung hervorgingen, das Kunsthandwerk. Mit der Kunst der Wikinger des Nordens fand diese Kraft eine große Wiederbelebung und überlebte bis in die christlichen Epochen.

Sigurds Kampf mit dem Drachen.
Motiv auf einem Türpfosten in Hyllestad, Schweden.

Sicher und selbstbeherrscht reitet der Sonnengott, der auf dem Reiterstein von Homhausen abgebildet ist, durch die Welt, ohne die unheilvollen Mächte des Abgrunds zu fürchten. Das Drachenmotiv taucht in verschiedenen Formen sogar in den Kleiderverzierungen und Holzschnitten der frühen Kirchen im Norden auf. Künstlerhände haben den Kampf Sigurds mit dem Drachen auf dem Tor von Hyllestad dargestellt. Ein Motiv aus Island veranschaulicht auf wunderschöne Weise den Triumph des Lebens über den Tod. In diesem Symbol erscheinen die beiden Aspekte des Universums, das Wesen des mythischen Gottes Odin wird uns erklärt. In all diesen Personifizierungen wird immer wieder deutlich, dass sich das Germanentum bewusst war, dass die göttliche Bestimmung des Lebens in ihm selbst, in seinem Glauben und seiner Tatkraft lag. Zu allen Zeiten wusste seine Macht die göttlichen Herausforderungen zu meistern. Nur der Schwache unterliegt den dunklen Mächten.

Unsere Erzählungen, Märchen und Legenden, unsere Volkskunst sind Symbole für das geistige und moralische Leben der Vorfahren unseres Volkes. Wir dürfen die Einfachheit und Klarheit ihrer psychischen Darstellungen nicht als Naivität missverstehen. Sehnen wir uns nicht ebenso nach der Einheit des Lebens, die von der alten Tradition ausstrahlt und aus der sogar die mittelalterliche Kirche ihre Energie bezog, um ihre fremden

Lehren zu stärken? Sind die moralischen Grundlagen unseres Willens nicht dieselben wie in den alten Zeiten?

Wir kennen noch nicht die tiefen Kräfte, die das Germanentum dazu brachten, ein ihm fremdes christliches Gedankengut anzunehmen. Vielleicht war es in dem gefährlichen Moment, als sie ein neues Bewusstsein für ein höheres Leben gewann. Sie entdeckte verführerische, fast ähnliche Konzepte, die jedoch in der formalen Perspektive eines römisch-christlichen Lebens erstarrt waren.

Das Wissen um unsere Identität hat uns zur göttlichen Ordnung zurückgeführt, von der wir ein Teil sind und von der uns keine spirituelle Transzendenz mehr trennen kann. Körper, Seele und Geist bilden wieder eine Einheit. Der ewige Rhythmus des Lebens schlägt in uns, heute wie damals, und das Leben erscheint als die göttliche Manifestation, die in allen Dingen gegenwärtig ist.

Dr. Mähling

HEFT DER SS NR. 3. 1944.

WIE LOKI UND HEIMDAL UM FREYAS HALSKETTE KÄMPFTEN

In den germanischen Sagen ist viel von dem verloren gegangen, was sie von den Taten und Leiden der Götter erzählten.

In einem berühmten Gedicht besingt der Skalde Ulf Uggissohn Heimdals Duell mit Loki um die schöne, glitzernde Halskette der Göttin Freya. Von dem Gedicht und der Legende, die dieses Duell feierten, sind nur zwei Zeilen übrig geblieben, die uns mitteilen, dass Heimdal den Sieg über den bösen Gefährten der Götter errang. Der isländische Weise Snorri berichtet uns außerdem, dass beide während des Kampfes das Aussehen von Robben hatten.

Gewähren wir dem Dichter die Möglichkeit, aus diesen wenigen Trümmern wieder ein Gesamtbild zusammenzusetzen.

„Einmal flog Loki, der unstete Spross eines Riesen, den die Götter unbedacht in ihre Gemeinschaft aufgenommen hatten, in der Gestalt eines Falken über das Meer, er sah unter der Oberfläche einen großen Fisch, dessen Schuppen und Flossen golden glänzten.

In seiner Gier nach dem Juwel stürzte sich Loki auf die Wellen, doch als seine Klauen ins Wasser tauchten, um den wertvollen Fisch zu fangen, umschlang sie das unsichtbare Netz des Meeresriesen Ran. Mit einer List, die ihm Illusionen vorgaukelte, hatte sie den gierigen Menschen in die Falle gelockt und ihn nun auf den Grund des Meeres in ihr dunkles Reich entführt.

Sie hielt ihn neun Tage lang unter ertrunkenen Seeleuten in trüben Tiefen gefangen, bis er mit dem heiligsten Eid auf das Haupt seiner treuen

Frau Sigrun versprach, Freyas prächtige Halskette als Lösegeld für die schreckliche Herrscherin der Meere zu bringen.

Diese Sternenkette der Göttin, die jede klare Nacht am Himmel erstrahlte, war der Stolz der Götter und das Glück der Menschen. Nie legte Freya sie von ihrem Hals ab. Doch Loki, der äußerst geschickte Sohn des Riesen Laufey, wusste, welche Sprache sie sprechen musste, damit sie ihm den himmlischen Schmuck anvertraute.

Freya, die strahlend schöne Göttin, die die Herzen der Götter und Menschen entflammte und deren Anmut die schwerfälligen Riesen vor Verlangen verglühen ließ, war selbst unglücklich verliebt. Sie hatte ihr Herz einem Mann namens Od geschenkt und ihn geheiratet; er verließ sie jedoch und sie suchte in allen Ländern vergeblich nach seiner Spur. Als Loki nach Asgard in die Burg der Götter zurückgekehrt war, ging er zu Freya und sprach zu ihr: „Ich habe Od gefunden, nach dem du verlangt hast. Ran, die diebische Riesin, hat ihn in ihr tödliches Nest gelockt und hält ihn auf dem Meeresgrund gefangen. Sie ist jedoch bereit, ihn dir zurückzugeben, wenn du ihr deine glitzernde Halskette als Lösegeld gibst."

Freya hätte sich nie von ihrem prächtigen Schmuck getrennt, aber die Liebe verlangte den höchsten Preis. Goldene Freudentränen liefen ihr über das Gesicht. „Nimm das Juwel!", sagte sie. „Kein Juwel ist mir zu kostbar für das Leben von Od, dem Geliebten. Führe den Bräutigam nahe an mein Herz und ich werde dir ewig dankbar sein!".

Jubelnd löste Loki das Juwel von seinem Hals und tauchte in Gestalt einer Robbe in die Tiefen des Meeres, um dem unbarmherzigen Ran den entnommenen Schmuck zu bringen.

Aber jemand hatte die Worte des Betrügers gehört: Heimdal, der große Himmelswächter, dessen Auge Tag und Nacht alles durchleuchtet und nie schläft und dessen Ohr so fein ist, dass er jedes Geräusch wahrnimmt. Er, der bis ins Herz der Erde sehen kann, wusste von Lokis Gefangenschaft bei Ran und durchschaute die Täuschung. Blitzschnell nahm er die Gestalt einer Robbe an und tauchte zu Loki hinunter.

In den Meereswogen entbrannte ein wütender Kampf zwischen Heimdals Stärke und Lokis tückischer List, der immer wieder dem erstickenden Griff des Wächters der Himmelsburg entkam. Ran, die Schreckliche, wollte Loki zu Hilfe eilen, aber die neun Mutterwellen von Heimdal, dem Kind des Meeres, ergriffen sie und hinderten sie daran. Gjalp, die Brüllende, Greip, die Greifende, Eistha, die Angreifende, Eyrgjafa, die Sandschöpferin, Ufrun, die Wölfin, Angeyfa, die Bedrückende, Imd, die Flüsternde, Atal, die Verderbliche, Iarnsasea, die mit dem eisernen Messer, alle, die Heimdal geboren haben, stürzten sich auf die diebische Riesin und hinderten sie daran, in den Kampf einzugreifen.

So rollten die Wellen wütend, so wütend, dass der weiße Schaum in den Himmel flog, die Boote der Menschen an den Meeresfluten zerschellten und sie sogar Land in der Umgebung anhoben.

Schließlich gelang es Heimdal, Loki zu packen und ihm das glänzende Schmuckstück zu entreißen. Der kraftlose Loki versank unter Wasser, doch Heimdal hob ihn hoch und flog in der Gestalt eines Adlers zu den göttlichen Höhen. „Wie konntest du dem Verderber vertrauen?", tadelte er Freya und gab ihr den funkelnden Edelstein zurück. „Du weißt, dass du Od nicht wiedersehen wirst, bis Ragnarök, die Götterdämmerung, eintritt. Du suchst ihn vergeblich bei Ran. Odin allein und ich kennen das Geheimnis, das ihn verbirgt. Aber du wirst ihn am Tag des Kampfes der Welten wiedersehen, bevor die neue Welt unter Tränen und Blut aus den Fluten aufsteigt. Und dann wird Loki seine Strafe erhalten, er, dessen Bosheit uns Göttern so oft Schaden zugefügt hat."

Als der Weiße Ase auf die Himmelsbrücken zurückkehrte und darauf achtete, dass die Riesen nicht vorzeitig die Burg der Götter stürmten, nahm er den gekerbten Holzstab und schlug eine Kerbe neben den vielen anderen, die die Untaten des bösen Loki in Erinnerung hielten. Er, der zu Hause mit einem bitteren Lächeln auf seinem Bett lag, spürte plötzlich einen Schmerz in der Brust und stöhnte in einer Qual, die er geahnt hatte; dennoch tröstete ihn seine Frau, Sigrun, seine treue Gattin."

Hermann Harder

III. BRÄUCHE UND RELIGION

„ D'ESTOC ET DE TAILLE „ (D'ESTOC ET DE TAILLE), VON GUNTHER D'ALQUEN, 1937.

FORM UND INHALT

Eine der wichtigsten Fragen, die sich in unserer Zeit stellen, ist die nach der religiösen Einstellung. Aus moralischer Not in den letzten Jahren, auf der Suche nach einem Weg, der der nationalsozialistischen Auffassung entspricht, nahm sich eine außergewöhnliche Anzahl deutscher Bürger spontan dieses schwierigen Problems an und fand die unterschiedlichsten Lösungen.

Es ist nicht unsere Aufgabe, uns für oder gegen diese oder jene Art von Lösungen zu definieren. Es ist jedoch unsere Pflicht, Klarheit zu schaffen, ohne in allen diesen Fragen Partei zu ergreifen.

Wie immer bei einer solchen Prüfung ist unser Ziel nicht negativ: Eine religiöse Erfahrung darf niemals auf einem Konflikt mit einer anderen religiösen Auffassung beruhen. Eine solche Haltung würde dem Geist des Parteiprogramms und unserer Ethik widersprechen. Wenn wir also das Problem untersuchen, müssen wir wiederholen, dass uns als Nationalsozialisten die Substanz der einen oder anderen Lehre nicht interessieren darf; wichtig ist nur, inwieweit sie dem Prinzip unserer Weltanschauung entspricht, denn Religion ist eine Privatangelegenheit.

Der neue Staat hat in zwei grundlegenden Erklärungen seine Haltung zur Religionsfrage klar definiert. Artikel 24 unseres Programms garantiert: „Die Freiheit aller religiösen Bekenntnisse innerhalb des Staates, soweit sie nicht die Stabilität des Staates gefährden oder gegen das sittliche Empfinden und die guten Sitten der germanischen Rasse verstoßen." Ein Rasseninstinkt wird also zum absoluten Kriterium in Bezug auf die religiöse Auffassung.

Im Gesetz über die sogenannte Gewissensfreiheit hat der nationalsozialistische Staat klar definiert, wie dieses Gefühl zu interpretieren ist: „Zu glauben ist die persönlichste Angelegenheit und man ist dafür nur seinem Gewissen verantwortlich." Daraus ergibt sich Folgendes:

Der nationalsozialistische Staat lehnte jede Einmischung in religiöse Angelegenheiten ab, solange ihre Vertreter nicht in den politischen Bereich eingriffen.

Nur diese Haltung kann es einem Christen, egal ob Katholik oder Protestant, oder einem Anhänger einer anderen Religion ermöglichen, seinen Glauben in der Partei und in Deutschland zu leben, wenn er dies aus Überzeugung und persönlicher Entscheidung tut.

Dies darf jedoch nicht bedeuten, dass diese Freiheit negativ und böswillig interpretiert werden kann.

Der Reichsführer SS hat in einer Rede über die Aufgaben der SS klar gesagt:

„Aber aus diesem Grund lassen wir es nicht zu, dass wir wegen der falschen Verwendung des Wortes heidnisch als Atheisten bezeichnet werden, weil wir als Gemeinschaft nicht von dieser oder jener Konfession oder von irgendeinem Dogma abhängig sind oder von unseren Männern verlangen, dass sie daran festhalten."

Wir streben nach einem Gefühl und einer Erneuerung religiöser Art, und das bedeutet, dass wir nichts mit dieser materialistischen Geschichtsauffassung zu tun haben, die jegliche Religiosität grundsätzlich ablehnt, weil sie die Existenz des Metaphysischen aufgrund seiner Unterwerfung unter die irdische Welt leugnet. Laut dem Reichsführer SS betrachten wir diejenigen, die an nichts glauben, als „anmaßend, größenwahnsinnig und dumm".

Daher hat unsere Position nichts mit jenen zu tun, die keine Religion haben und von spirituellen Bindungen befreit sind. Die Konfessionskirchen haben nicht ganz Unrecht, wenn sie feststellen, dass von diesen Kreisen nicht das geringste Erwachen oder die geringste Erneuerung religiöser Art zu erwarten war, da die Verneinung allein keinen gültigen Boden für das Aufkommen neuer Ideen bildet. Eine gelebte und wirklich originelle religiöse Erfahrung kann nur aus dem Willen zur positiven Konkretisierung hervorgehen, die den Versuch, neue religiöse Inhalte zu schaffen, anspornt.

Ein Mensch, der das Zeug zu einem Reformer oder Propheten haben muss, ohne dass er sich wirklich wie ein solcher verhalten muss.

Wir verstehen auch nicht, warum Deutsche, die aus ideologischen Gründen nichts vom Christentum wissen wollen, weil sie sich weigern, die ihnen fremd erscheinenden Elemente der christlichen Moral als Sittengesetz anzuerkennen, sich nicht in Form einer öffentlichen und legalen Gemeinschaft organisieren sollten.

An sich wäre dies wünschenswert, denn nur so können die Betroffenen und ihre Familien gleich behandelt werden, was notwendig und sogar dringend erforderlich ist.

Aus diesen Gründen glauben wir auch, dass man auf die Dauer von all jenen Mitbürgern, die mit Treue und Überzeugung am Sittengesetz unserer Rasse festhalten, nicht verlangen kann, dass ihren Nachkommen und Verlobten jeder öffentliche Segen und letztlich auch ihren Beerdigungen jede Feierlichkeit vorenthalten wird. Wir wissen aber auch, dass eine neue Form der Religion, wenn sie nicht zur Posse verkommen soll, sich allmählich entwickeln und organisch in alten, echten, noch heute existierenden Bräuchen wurzeln muss und daher nicht plötzlich von irgendeiner Organisation „erschaffen" werden kann.

Vor allem aber sind wir der Meinung, dass diese Bräuche, die allein eine Regelung rechtfertigen, niemals in eine „ideologisch-religiöse Organisation" münden dürfen. Denn auf diesem Gebiet keine Bevormundung irgendwelcher Art oder eine kollektive Auffassung zu dulden, ist das typische Zeichen einer wahrhaft germanischen religiösen Haltung.

Für die Germanen war und blieb die Religion eine Privatangelegenheit. Die Oberhäupter der germanischen Familien fungierten auch als Priester und duldeten keine Priesterklasse.

Was wir brauchen, ist keine vage Begeisterung für die Pseudoreligiosität einer Geheimgesellschaft oder Sekte, sondern eine ehrliche und redliche Übernahme dieser religiösen und „vor allem moralischen" Vorstellungen unserer Vorfahren.

Dies war einer der verhängnisvollsten Fehler, die von den vielen kleinen Ligen begangen wurden, die die Religion unserer Rasse erneuern wollten, indem sie an die lebendige Tradition anknüpften, die die gewaltsame Christianisierung einst mundtot gemacht hatte.

Es ist unmöglich, ein Jahrtausend menschlicher und nationaler Entwicklung auszulöschen und sie als nicht existent zu betrachten.

Wotan und Thor sind tot - und die verträumten Geister, die vor einem Dutzend Jahren ein Pferd auf einem alten Opferstein opferten, waren traurige Narren, die die gute Sache unnötig kompromittierten. Man kann weder den vorchristlichen religiösen Brauch noch die ihm zugrunde liegenden Vorstellungen verwenden. Wenn man versucht, sein eigenes moralisches Bewusstsein in äußeren religiösen Formen auszudrücken, muss man versuchen, auf das heilige Buch unserer Vorfahren, die Edda, zurückzugreifen, so wie es das Christentum mit den Büchern des Alten Testaments getan hat. Wenn man eine Art Moralgesetz schaffen will, muss man sich von den schönen poetischen Passagen inspirieren lassen, insbesondere von denen, die die Weltanschauung zum Ausdruck bringen. Aber wir sollten nicht zu weit gehen.

Religion ist eine spirituelle Angelegenheit und kann sich nur auf das Spirituelle stützen. Unsere Aufgabe besteht lediglich darin, so zu handeln, dass wir einen Deutschen nicht vor den Kopf stoßen, der den östlichen Lehren abgeschworen hat und sich selbst bemüht, das Erbe seiner Vorfahren wieder aufzunehmen.

„ D'ESTOC ET DE TAILLE ,, (D'ESTOC ET DE TAILLE), VON GUNTHER D'ALQUEN, 1937.

DIE SPIRITUELLE KRISE

Wenn die Gegner des Nationalsozialismus begreifen, dass offener oder verdeckter Widerstand auf politischer Ebene aussichtslos ist, hüllen sie sich in ein passendes Gewand und tauchen wieder auf, um zu versuchen, auf eine noch stärker getarnte Weise Front zu machen. Diese Tarnung kann sehr unterschiedlich sein: Sie ist rein religiös oder „wissenschaftlich" gefärbt. Dies lässt uns jedoch nicht aus den Augen verlieren, dass es immer noch dieselben Kreise sind, die wie einst versuchen, den Nationalsozialismus in seiner Entwicklung zu behindern.

„In seinem neuen Werk *Der deutsche Sozialismus* hat Werner Sombart versucht, die gegenwärtige Situation völlig neu zu bewerten und so die Ursachen der Krise zu beleuchten, in die unser Vaterland und die gesamte zivilisierte Welt gestürzt sind. Er sucht zu Recht- die letzten Ursachen des ungeheuren Chaos, das unsere gesamte Existenz erschüttert und bedroht - eher im Bereich der Weltanschauung als in den politischen und wirtschaftlichen Ereignissen."

Mit diesen Worten beginnt die Deutsche *Bergwerkszeitung* in Düsseldorf ihren Leitartikel, wie er deutlicher nicht sein könnte. Wir sind zwar an alle möglichen hasserfüllten Angriffe auf unsere Weltanschauung gewöhnt - aber selten wurde uns mit einer solchen Frechheit erklärt, dass wir nicht nur für die gegenwärtige Schwächung des Christentums, sondern auch für den zukünftigen Verfall der ganzen Welt verantwortlich sind.

Der Autor, der sich Spitama nennt, weiß, wie weit er mit seiner Ansammlung geschickt getarnter Beleidigungen gegen den Nationalsozialismus gehen kann, ohne unter das Gesetz zu fallen. Er vergisst, dass wir nicht über Worte, sondern über den Geist urteilen, und dass wir außerdem nicht so dumm sind, diese „wissenschaftliche Diskussion" nicht als das zu betrachten, was sie ist, nämlich ein politischer Text.

Aber eine autoritäre Reaktion unsererseits würde sowohl Herrn Spitama als auch der *Deutschen Bergwerkszeitung* dienen, die diese unverschämte Missachtung der nationalsozialistischen Vision auf ihren ersten beiden Seiten in acht Spalten zum Ausdruck kommen ließ. Eine angegriffene geistige Sphäre kann nicht mit irgendwelchen Zwangsmaßnahmen saniert werden. Wir wollen diesen deutschen Bürgern, an die sich die *Deutsche Bergwerkszeitung wendet,* unbedingt klar und entschlossen zeigen, dass die „gegenwärtige geistige Krise" sich völlig von dem unterscheidet, was Herr Spitama darstellt, und insbesondere, dass das, was er als „Krankheitsursache" betrachtet, das einzige Heilmittel und der einzige Ausweg für die deutsche Zukunft ist.

Wir wussten überhaupt nicht, dass wir in einem „erschreckenden Chaos leben, das unsere gesamte Existenz bedroht und erschüttert". Wir hatten den Eindruck, dass Bürger, die unser Ideal noch nicht teilen (falls es unter den Lesern der *deutschen Bergwerkszeitung* noch welche gibt*),* mit uns darin übereinstimmen, dass der Nationalsozialismus genau dieses „beängstigende Chaos" beendet und an dessen Stelle eine ebenso produktive wie fruchtbare Ordnung gesetzt hat. Sie gehen davon aus, dass das deutsche Volk immer noch in der Hölle der Zerstörung lebt, die sie - und das ist die wahre

Bedeutung ihres Artikels - als unvermeidliches Ergebnis einer Abkehr vom Christentum darstellen.

Mit Hilfe hochkarätiger objektiver Begründungen weist Herr Spitama in seinem Artikel, den er „die Ursache der Krankheit" nennt, tatsächlich nach, dass der Marxismus sich zum Ziel gesetzt hat, die Religiosität im westlichen Denken zu zerstören. Er belegt mit zahlreichen Zitaten, dass die tatsächliche Abkehr vom Christentum bzw. der christlichen Kirche, insbesondere in der letzten Hälfte des vorigen Jahrhunderts, ein eindeutiges Begleiterscheinungsereignis der materialistischen Weltanschauung war.

Gegen diese Darlegungen, soweit sie in den historischen, religiösen und philosophischen Bereich fallen, wäre wenig einzuwenden, wenn der Sinn des Aufsatzes nicht darauf abzielen würde, dem Nationalsozialismus gerade in diesem Bereich ähnliche Tendenzen zuzuschreiben. Die Weisheit von Herrn Spitama gipfelt nämlich in seiner Schlussfolgerung: „Die Rettung und Erlösung für Deutschland kann nur in der Rückkehr zu dem liegen, der der Weg, die Wahrheit und das Leben ist. (Also Christus!) Nur auf diesem Weg kann der Westen dem vorhergesagten Verfall entgehen."

Da haben wir es also! Der Nationalsozialismus, dem eine eindeutige Feindschaft gegenüber der Kirche nachgesagt wird, ist für den möglichen Untergang des Abendlandes verantwortlich. Denn die Entchristlichung „ist die Krankheit, von der wir befallen sind und an der wir zugrunde gehen müssen, wenn es uns nicht gelingt, sie zu besiegen".

Die Demonstration wird durchgeführt, wobei die ganze Palette klerikaler Argumente zur Unterstützung herangezogen wird. Der naive und verstaubte Professor Sombart wird mit einem etwas obskuren Satz zitiert, den Herr Spitama als „charaktervoll" bezeichnet:

„Was wir erlebt haben, kann nur als das Werk des Teufels erklärt werden. Man kann die Wege, auf denen Satan die Menschen zu sich geführt hat, deutlich erkennen: Er hat den Glauben an eine jenseitige Welt immer weiter untergraben und die Menschen so in das Verderben dieser Welt geschleudert."

Spitama hätte uns, indem er uns als große und kleine Teufel bezeichnete, für die Tatsache verantwortlich gemacht, dass sein tatsächlich verschwundener „Glaube an das Jenseits" heute bei den meisten unserer Mitbürger nicht mehr gilt. Denn wie der Schriftsteller schildert, ist es der schrecklichste aller Schrecken:

Moderne Menschen sind nicht mehr der Furcht vor bedrohlichen Höllen unterworfen, und das Versprechen einer Belohnung im Jenseits tröstet sie nicht mehr über die Unannehmlichkeiten dieser Welt hinweg.

Es war sicherlich nicht nötig, uns eine Falle zu stellen, indem man niemand Geringeren als Heinrich Heine zur Unterstützung dieser Thesen heranzog, als ob das jüdische Denken, also die Retorsion, den Verlauf der Evolution genau vorausgesehen hätte, indem es meinte, man könne den Himmel bereitwillig den Engeln und den kleinen Vögeln überlassen.

Sicherlich ist unsere Religiosität, also unser Glaube an unser Volk und seine Zukunft, fest in der Realität verankert. Aber man darf uns nicht entgegenhalten, dass diese Visionen „den im Bewusstsein vorhandenen Gott zu ersetzen suchten".

Wir dulden nicht, dass unsere heiligste Überzeugung als Pseudoreligion bezeichnet wird, weil unser Glaube angeblich geringer ist als der von konfessionellen Kreisen. Wir glauben genauso an die Ewigkeit wie religiöse Christen. Wir glauben, dass die Kräfte, die es unserem Volk ermöglicht haben, dem Tod zu entkommen, ebenso „religiös" sind wie jene sehr unterschiedlichen Vorstellungen, die, fast begraben unter mittelalterlichen Dogmen, den wahren Kern der heutigen religiösen Doktrin bilden. Wenn wir das können, dann gerade deshalb, weil wir in der Lage sind, die Ewigkeit in dieser Welt zu sehen und zu erleben - eine Fähigkeit, die das Christentum, wo immer es lebte und lebt, kultiviert und gepflegt hat.

„Der Glaube an Gott und das Jenseits ist in Wahrheit die Grundlage der Moral, aus der sie ihre Tatkraft bezieht. Die autonome Moral, die in Gott nicht mehr den Gesetzgeber und Richter sehen will, ist das Produkt intellektueller Überlegungen. Sie kann nicht bestehen und den Angriffen der großen Versuchungen des Lebens standhalten. Die moralische Autonomie, dieses Produkt des modernen Subjektivismus, führt zu einer Anbetung des Menschen". Hier ist er, der hinterhältige Dolchstoß!

Für uns ist diese Moral, die von oben kommt und dem Volk aufgezwungen wird, genauso verwerflich wie jene heuchlerischen Umgangsformen, die zum Beispiel durch das Beichtgeheimnis die verständlichsten Verfehlungen nutzen, um die Geistesschwachen politisch zu beherrschen.

Die abstruse Lehre von der Erbsünde macht eine Erlösung notwendig. Der Sündenfall, ja sogar die Vorstellung von Sünde nach christlichem Verständnis mit Belohnung und Bestrafung im Jenseits, ist für Menschen unserer Rasse unerträglich, weil sie sich nicht mit der unserem Blut eigenen Weltanschauung vereinbaren lassen.

Über alle konfessionellen Kontroversen hinweg - und es kann in Deutschland kaum Debatten über religiöse Probleme geben - halten wir es für die Zukunft unseres Volkes unwiderlegbar für wichtig, dass die Religion im Dienste des Staates neue, geeignete geistige Formen schafft, damit das heroische Lebensideal unserer Rasse verwirklicht werden kann. Dann - und nur dann - könnte das Christentum, das leider immer noch vom Süden beeinflusst wird, wirklich in unserem Volk Fuß fassen, wozu es bekanntlich tausend Jahre nach der Zwangschristianisierung überhaupt nicht in der Lage war.

Deshalb ist es unverschämt, wenn Spitama die dogmatische katholische Form des Christentums genau als „den Glauben unserer Väter" definiert; als ob es nicht Jahrhunderte harter Kämpfe gebraucht hätte, um unseren Vätern mit Schwert und Folter diese Religion der Liebe aufzuzwingen!

Außerdem wissen wir heute, wie stark das religiöse Gefühl des Germanentums das „deutsche" Christentum durchdringt, und dass die Sozialmoral, die die Kirche als ihre grundlegendste Schöpfung betrachten möchte, mehr auf den ethischen Qualitäten unserer Rasse beruht als auf der Kanzel-Lehre der mittelalterlichen Jahrhunderte.

Schließlich dürfen wir nicht vergessen, dass die letzten tausend Jahre in jeder Hinsicht eine Entfremdung vom Prinzip unseres Seins und unserer Spezies darstellten. Wir wollen sie zwar nicht ignorieren oder ganz aus unserem Bewusstsein streichen, aber wir wollen nicht vergessen, dass dieses Jahrtausend nur „ein Tag und eine Nacht im Vergleich zu Gott ist - zu der Ewigkeit, die wir in dieser Welt empfinden", die der Ursprung unseres Seins und unserer Religion ist.

Angesichts der tausendjährigen Existenz unseres Volkes und der zehntausendjährigen Existenz unserer Rasse zählen die hochmütigen Irrtümer einer falschen, volksfremden Doktrin nicht viel. Das sollte denjenigen gesagt werden, die mit bösem Willen und in geliehenen Gewändern meinen, sie könnten ungestraft unser religiöses Empfinden verleumden.

„ D'ESTOC ET DE TAILLE „ (D'ESTOC ET DE TAILLE), VON GUNTHER D'ALQUEN, 1937.

MACHT UND HERZ

Die Dreifaltigkeit von Körper, Geist und Seele bildet bei gesunden Menschen eine harmonische und lebendige Einheit. Man kann diese drei Essenzen, die für uns vollkommen gleichwertig sind, jedoch unterschiedlich bewerten. Im Laufe der Geschichte hat dies den Menschen immer wieder zum Nachteil gereicht.

Wir kennen zum Beispiel die mittelalterliche religiöse Sichtweise, die nur einer sogenannten „Seele" Legitimität verlieh und damit versuchte, die intellektuellen Sphären des Menschen auf das Jenseits zu lenken und dem Körper kein Interesse mehr zu schenken. Wir kennen auch jene Tendenzen, die nur den Geist, die Ratio, berücksichtigten und alles auf einen reinen Mechanismus, eine seelenlose Kausalität zurückführten.

Diese teilweise falschen Positionen sind ungesund, wenn sie frontal mit der reinen Realität zusammenstoßen. Es ist eine Sichtweise, die nicht so stark ist wie die Realität und nicht mit ihr übereinstimmt. Sie ist unpassend und nicht lebensfähig.

Man kann mit Fug und Recht von einer Überbetonung des „moralischen" Aspekts in Bezug auf das Nationalprinzip sprechen. Während der Liberalismus früher nur das Materielle betonte, sehen wir denselben gegenteiligen Irrtum als Reaktion auf den Liberalismus auftauchen, der nur auf der konzeptuellen und ideologischen Ebene exklusiver ist. In diesem Fall werden die nationale Realität, die Rassenidee und alles in allem unsere Liebe zu dieser Welt zu einer unbegründeten Illusion und machen Platz für metaphysische oder scholastische Analysen des Volkes, chimärische Spekulationen und eine Verfälschung der mystischen Bedeutung der nationalen Realität.

Wir sehen diese „nationalistische" Mystik hier und da agieren. Ihre Vertreter sind so kalauernd und intolerant wie die Dominikaner im Mittelalter; ihre Vorstellungen handeln von „Sitte", Runengymnastik und geheimnisvoller Magie. Sie schließen sich in Sekten zusammen und glauben, dass ihnen der Kampf gegen andere Kalottiner ein Alibi verschafft. Sie verabscheuen klare Konzepte. Wissenschaft und Wirtschaft stellen für sie von vornherein nur liberalistische Bereiche und Erfindungen des Teufels dar.

Der Nationalismus betrachtet sich selbst als eine volkstümliche Realität. Er betont die Vorrangstellung der Weltanschauung, ohne jedoch die anderen Aspekte unserer Existenz zu vernachlässigen.

Der Zerfall der gesamten Menschheit und die Entflechtung der physischen, geistigen und moralischen Bereiche zeigten sich auch vom staatlichen Standpunkt aus. Nicht nur der Einzelne irrte oder das Volkswesen wurde verletzt, auch dem Staat und der Autorität fehlte diese authentische Harmonie. Außerdem wurde die Kunst gezwungen, sich auf die politischen Bedürfnisse der Macht zu beschränken, und die Macht besaß nicht mehr jene geistigen und moralischen Werte, die der wahren Menschlichkeit eigen sind.

Deutschland hat also in unserer Gegenwart sowohl die Macht als auch den Geist, die Macht und die Seele gefunden. So wird die Kunst unabhängig und die Macht tut das Gleiche. Der Grund für diese Trennung der beiden Bereiche liegt letztlich in dieser Feindseligkeit und der fremden Natur. Eine Kunst kann ohne politische Macht nicht dauerhaft gedeihen, und ein Staat wird erstarren und reaktionär werden, wenn Geist und Seele ihm kein inneres Leben verleihen.

Wir sind über das Ideal eines rein aktiven Staatsapparats hinausgewachsen, denn das gesamte Volk beeinflusst heute den Staat und damit den Geist und die Seele der Nation. Aus diesem Grund entwickelt sich die deutsche Spiritualität nicht mehr, ohne einen positiven Kontakt mit der Macht zu pflegen. Sie läuft daher nicht mehr Gefahr, wie früher in die Hände der Juden zu fallen. Aber im Gegensatz zu früher betrachtet der Staat den Geist nicht mehr als einen absichtlichen, unerwünschten und verbotenen Feind, sondern als eine vitale Manifestation der Nation.

Unsere Aufgabe ist es, eine Synthese zwischen der Macht und dem Geist herzustellen, der vor langer Zeit herrschte. Die Kunst fand oft Schutz bei kleinen, mächtigen Fürsten, doch die Großen blieben oft stumm. Um dies zu erreichen, müssen Macht und Geist Hand in Hand gehen. Man beschwört die moralischen Daten, über die das deutsche Volk im Überfluss verfügt. So besteht das ernsteste Problem nicht nur darin, eine Harmonie zwischen Macht und Geist herzustellen, sondern eine immerwährende Synthese von Macht und Seele zu schaffen.

Die größte Aufgabe, die unserem Volk heute gegeben wurde, ist es, diese Prinzipien miteinander zu verbinden und kontinuierlich auf diese Weise aufrechtzuerhalten. Dann wird die Macht nicht erstarren; sie wird sich nie in eine Fassade verwandeln und wird immer in enger Verbindung mit den Deutschen stehen.

Aber die deutsche Seele wird auf sich selbst zurückblicken und sich von diesen fremden Träumereien befreien, weil sie die Realität als Ausgangspunkt nimmt.

Sie wird sich stets bemühen, die höchste Realität zu beobachten, die es auf dieser Erde gibt: ein glückliches Volk und dessen Fortbestand.

HEFT DER SS NR. 4. 1942.

GERMANISCHE FRÖMMIGKEIT

Durch ihre Religion ehrten unsere Vorfahren übernatürliche Kräfte, deren Wirken und Macht sie in Feld und Wald, im Himmel und auf der Erde zu spüren glaubten, gewiss, aber vor allem über ihre eigene Existenz. Dies war immer der entscheidende Aspekt. Auch der Mensch ist ein Kind der Natur, aber als sprach- und geistbegabtes Wesen ist seine Verbindung zur Gemeinschaft völlig anders als die des Tieres. Die ursprünglichen Beziehungen zur Familie, zum Clan und zum Volk, in die er hineingeboren wurde, beeinflussen sein Leben auf einer viel größeren Ebene als seine Beziehungen zur „Natur", die das Feld seiner Tätigkeit ist. Die Volksgemeinschaft verschafft ihm auch seine Religion - wie seine Sprache! Durch den Kult und den Mythos, den er lernt, vermittelt sie ihm die Besonderheit seiner Beziehung zur Gottheit. Mehr noch: Er unterscheidet den Willen der Gottheit selbst, der sich im Handeln und in der Motivation dieser Gemeinschaft, in den Gesetzen und Regeln, die sie regeln, und in den moralischen Werten, die ihr innewohnen, ausdrückt. Er erkennt ihn zunächst in der Gemeinschaft, denn diese Regeln und Beziehungen erhalten ihre heilige Kraft dadurch, dass sie nach altem Glauben von den Göttern selbst aufgestellt werden und ihrer Aufsicht und ihrem Schutz unterliegen.

In diesem Zusammenhang sind die isländischen Sagas, die das Opferfest der Norweger beschreiben, besonders aufschlussreich. Dort erfahren wir, dass bei den großen Jahresfesten einerseits „für die Ernte" (oder ein „gutes Jahr") und den „Frieden" geopfert wurde, andererseits für den „Sieg" und die Herrschaft des Königs. Daraus geht hervor, dass das von der Volksgemeinschaft, die durch den Gemeindekult repräsentiert wurde, organisierte Opfer mit dem Leben und dem Schicksal dieser Gemeinschaft verbunden war. Eine gute Ernte und Frieden auf der einen Seite, Sieg und Herrschaft auf der anderen; das sind die beiden Pole, um die sich das Leben eines Volkes bewegt: der natürliche biologische Aspekt und der politisch-historische Aspekt. Auf der einen Seite der Frieden, der die Arbeit des Bauern beinhaltet und in der Ernte gipfelt, auf der anderen Seite der Krieg, der, gekrönt durch den Sieg, Ehre und Macht verschaffte. Wenn man bei Opferfesten die Götter um diese Dinge bittet, zeigt dies, dass man sie als Spender und Beschützer dieser Güter betrachtete, d. h. all dessen, was die Seele und den Daseinszweck der ethnischen Gemeinschaft ausmacht. Der Germane glaubte, dass die Götter sowohl über das Gedeihen seiner friedlichen Arbeit - das Bebauen seines Feldes - als auch über den Sieg im Krieg, der das Überleben des Volkes sicherte, entschieden.

Aber die Formel „til ärs ok fridar" birgt eine größere Lehre als die Übersetzung „für ein (gutes) Jahr und den Frieden"; denn das Wort „Frieden" charakterisiert nicht nur den Zustand des Friedens im Gegensatz zum Krieg, sondern auch die moralische und rechtliche Ordnung, auf der das friedliche Zusammenleben der menschlichen Gemeinschaft beruht. Nichts kann die religiöse Bedeutung dieser alten Formel besser ausdrücken als Schillers Worte:

„Heiliger Orden, himmlischer Sohn, der den Segen bringt, der die ganze Gemeinschaft in Freiheit und Freude vereint." Die Götter sind die Spender des Guten, der Lebensgüter; sie sind die Herren des Krieges, die Herrscher des Sieges und bestimmen somit das Schicksal der Völker. Sie sind auch die Hüter des heiligen Friedens, der sich auf Recht und Gesetz gründet.

Im Vergleich zu den Kenntnissen, die man über den Kult und die Auswirkungen der Religion auf das öffentliche Leben hat, kann man sich die innere religiöse Einstellung des Germanen, seine Frömmigkeit, schwerer vorstellen. Die Heiligkeit und Macht der Gottheit erweckt in den Gläubigen das Gefühl der Abhängigkeit. Für den Germanen war dieses Gefühl der Abhängigkeit von seinem Gott jedoch frei von jeglicher sklavischer Unterwerfung. Stattdessen wurde es von einem starken, mutigen Vertrauen getragen. Im Norden ist trua („Vertrauen") der Ausdruck für den religiösen Glauben und den Gott, auf den sich der Isländer in der Not und den Schwierigkeiten des Lebens vor allem anderen verließ. Er nannte ihn seinen „Fultrui", d. h. denjenigen, der das volle Vertrauen verdient. Wie der Norweger Thorolf Mosterbart suchten viele germanische Männer ihr Heil bei ihrem Gott, wenn sie schwierige Entscheidungen zu treffen hatten, und baten ihn um Rat. Wusste man sich unter dem Schutz des mächtigen Gottes sicher, war es nur eine instinktive Reaktion, in ihm den sicheren „Freund" zu sehen? Wir haben zahlreiche Zeugnisse dafür, dass Thor diese Wertschätzung als Erster genoss. Er wird in der Sage Astvinr („der freundliche Freund") genannt. Eine so schöne und würdige Beziehung schmälert nicht die Kluft zwischen Mensch und Gott, auf der jeder fromme Glaube beruht; daraus resultierte eine Frömmigkeit, die dem Menschen

Zuversicht und Stärke verlieh; dies ist die edelste Eigenschaft, die in der Vorstellung der germanischen Religion vorhanden ist.

Walter Baetke

Der Mensch muss Gott im Herzen der Dinge erfassen.

Meister Eckhart

HEFT DER SS NR. 6. 1942.

KÖRPER UND SEELE

Die antike Auffassung der Spätantike und des Christentums macht einen Wesensunterschied zwischen Körper und Seele aus. Beide haben einen unterschiedlichen Ursprung: Der Körper ist irdischen und materiellen Ursprungs, die Seele göttlichen und spirituellen Wesens. Jeder folgt einem anderen Schicksal: Der Körper stirbt und verfällt, die Seele ist unsterblich und lebt nach dem Tod weiter. Sie haben auch einen sehr gegensätzlichen Wert: Der Körper ist die Quelle von Instinkt, Niedrigkeit, Minderwertigkeit und Niedertracht; die Seele ist der Träger des Großen und Schönen und damit von absolutem Wert. Eine unüberwindbare Kluft trennt sie; feindlich stehen sie einander gegenüber. Der Körper, der profane, ist die Kette, die die Seele auf ihrem immateriellen und göttlichen Flug in die Höhe festhält. Er ist die irdische, unreine Zwangsjacke der Seele.

Unsere Weltanschauung und der Glaube, der unserer Volksgruppe eigen ist, widersprechen diesen Prinzipien einer dekadenten und sterbenden Welt.

Wir wissen, dass uns diese beiden Aspekte, Seele und Körper, vom Schöpfer verliehen wurden. Beide sind für uns die Manifestation der göttlichen Natur, die immer schöpferisch, ewig und wunderbar aktiv ist.

Wir wissen, dass unsere Vorfahren sie uns weitergegeben haben und dass sie in unseren Kindern weiterleben werden. Wir wissen, dass wir selbst für ihr Überleben oder ihren Tod verantwortlich sind. Wir sind uns voll und ganz bewusst, dass es unsere Aufgabe ist, das Werk des Schöpfers fortzuführen und es im Laufe der Zeit aufzuwerten.

Wir wissen, dass der Adel und die Reinheit unseres Körpers auch die unserer Seele ausmachen und umgekehrt Wer seinen Körper verdirbt, verdirbt auch seine Seele. Die Erziehung unserer Seele und die Entwicklung unseres Körpers gehen Hand in Hand.

Wir wissen, dass unser Körper und unsere Seele letztlich eins sind und dass die Ehrung des einen auch die Ehrung des anderen bedeutet.

HEFT DER SS NR. 8A. 1941.

WAS BEDEUTET DIE „SONNENWENDE"?

Die Sonne, Vater des Universums,
schafft Frühling und Winter, Hitze und Kälte

Ein Wachdienst weit im Osten hat, ehrlich gesagt, nichts mit Astronomie zu tun. Dennoch kann ein Soldat, der dort dem Feind gegenübersteht, zu einem „ausgewiesenen Experten in astronomischen Fragen" werden, insbesondere wenn er den Sonnenaufgang beobachtet.

Der Sonnenaufgang über den weiten östlichen Ebenen ist ein unvergessliches Schauspiel für jeden, der einmal dabei war! Ein helles Rot kündigt das Ereignis am Morgenhimmel an, dann erscheinen die Strahlen über dem Horizont; eine blasse Wintersonne geht auf und bereitet einen neuen Tag vor. Dies sind die Dinge, die jedermann jeden Tag sehen kann.

Aber jetzt möchten wir dieses Naturschauspiel aus astronomischer Sicht untersuchen. Wir brauchen weder ein Teleskop noch einen Kompass oder eine Uhr - nur einen Fixpunkt für mehrere Tage und ein paar Stöcke. Jeden Tag, wenn die Sonne aufgeht, markieren wir unsere Markierung am Aufgangspunkt, indem wir einen Stock einige Dutzend Schritte vor uns in den Schnee stecken.

Am nächsten Tag oder ein paar Tage später gehen wir an denselben Ort. Der Sonnenaufgang steht kurz bevor- und das ist der Punkt, an dem die meisten Menschen überrascht sind! Sie erscheint nicht wie früher hinter unserem Stock, sondern etwas weiter südlich, also auf der rechten Seite. Da wir Anfang Dezember mit unseren Beobachtungen begonnen haben, wird die Sonne beim Aufgang jedes Mal weiter nach rechts wandern... bis zum 22. Dezember. Am 21., 22. und 23. Dezember lohnt es sich, auch wenn man nicht im Dienst ist, sich vor dem Sonnenaufgang wecken zu lassen und den Sonnenaufgang im Osten von einem vorher festgelegten Punkt aus zu beobachten.

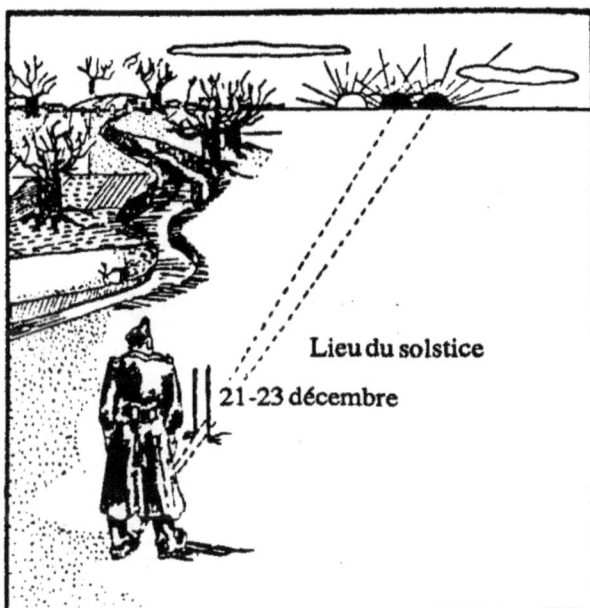

Lieu du solstice
21-23 décembre

Was passiert in diesen drei Tagen? Die Sonne, die am 21. noch vom Ostpunkt aus nach Süden wandert, erreicht am 22. ihren äußersten südlichen Aufgangspunkt und *wandert* am 23. Dezember wieder nach Norden. Die Tatsache, dass wir auf Schlaf verzichtet haben, ermöglicht es uns, den Ablauf der *Sonnenwende* tatsächlich mitzuerleben. Wir sahen dieses Ereignis zweimal im Jahr - mit frommer Bewunderung - wie unsere germanischen Vorfahren, denn sie standen wie jeder Bauer früh auf, und das bestimmte ihre heiligsten Feste. Denn die Veränderung des Sonnenlaufs versprach ihnen - und auch uns - eine zunehmende Tageshelligkeit und Sonneneinstrahlung! Er zeigt auch an, dass der dunkle Winter besiegt ist und es wieder einen Frühling geben wird. Betrachten wir nun unsere Zeichnung, die diese Beobachtung wiedergibt.

Aber man wird sich vielleicht fragen, warum die Wintersonnenwende einen so kurzen Tag ankündigt, während die Sommersonnenwende genau den längsten Tag anzeigt? Für Berlin beträgt der Unterschied in der Tageslänge tatsächlich 7 Stunden im Winter gegenüber 17 Stunden im Sommer.

Unsere zweite Zeichnung wird den Grund dafür erklären. Stellen wir uns vor, wir könnten in einem Stratosphärenballon über die Erde aufsteigen, und nehmen wir außerdem an, dass das, was unsere Augen sehen würden, genau wäre: Die Erdoberfläche hätte die Form einer Scheibe und der Himmel die Form einer halben Kugel... Wir könnten also die Bahn der Sonne auf dieser Halbkugel verfolgen, denn wir würden einen ganzen Tag mit dem

Ballon in dieser Höhe bleiben. Wenn wir genau am 22. Dezember aufsteigen würden, sähen wir die Sonne im Süden erscheinen, den Süden tagsüber in einem Kreisbogen nach Westen rasieren und wieder im Südwesten untergehen. Aber am 21. Juni würden wir den hohen Sonnenaufgang im Nordosten sehen, dann den Bogen, der direkt über dem Himmelsgewölbe nach Westen steigt, und den Sonnenuntergang im Nordwesten. Die Zeichnung enthüllt, dass diese täglichen Bögen unterschiedlich lang sind und dass die Sonneneinstrahlung eine unterschiedliche Dauer haben kann.

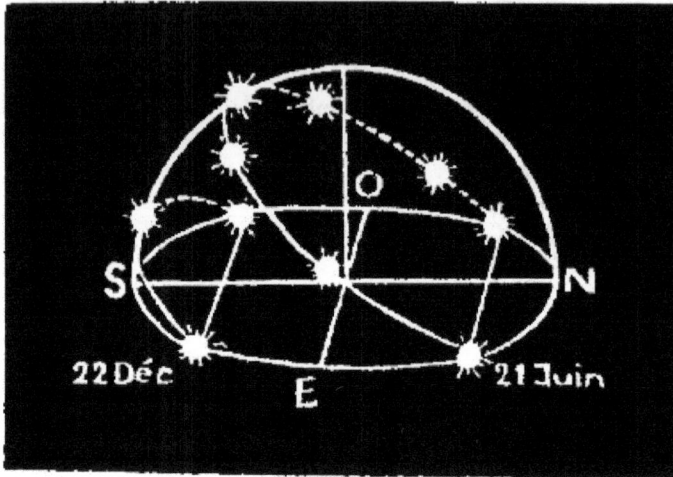

Aber vielleicht ist das immer noch keine Antwort auf unsere Frage. Wir denken zu Recht, dass die Erde keine Scheibe ist und dass sich die Sonne nicht so über den Himmel bewegt. Lassen Sie uns also mit unserem Stratosphärenballon noch ein paar tausend Kilometer weiter in das Universum vordringen und aus dieser enormen Entfernung betrachten, wie Sommer und Winter im Universum aussehen. Wir müssen ein ganzes Jahr unterwegs sein, sonst könnten wir die Unterschiede nicht so deutlich erkennen.

Wenn wir uns weit genug im Weltraum befinden, können wir die Sonne sehen. Dort, wo sie sich tatsächlich befindet: - in der Mitte der Ellipsen, die von den Planeten unseres Sonnensystems beschrieben werden. Zusammen mit Merkur, Venus, Mars und den anderen Planeten umkreist unsere Erde die Sonne, dreht sich täglich um ihre Achse und ein Jahr lang genau einmal um die Sonne. Die eisigen Pole unserer Erde würden uns als helle Kappen erscheinen, doch seltsamerweise befinden sich Nord- und Südpol nicht am höchsten und tiefsten Punkt der Erdkugel, sondern seitlich versetzt, sodass die Erdachse *schräg* im Raum steht.

Diese Neigung der Erdachse oder Ekliptik bewirkt, dass wir in unseren gemäßigten Breitengraden im Sommer milde Wärme, im Winter dagegen

Kälte, im Sommer lange Tage und im Winter kurze Tage empfinden. Die geneigte Erdachse erklärt unsere Jahreszeiten. Unser drittes Bild liefert die Erklärung dafür.

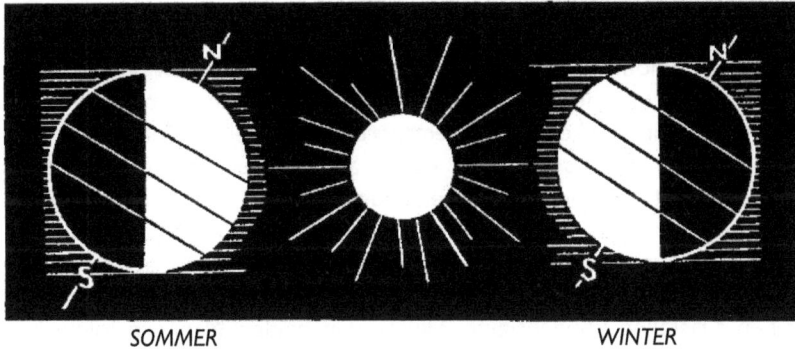

SOMMER   WINTER

In der Mitte befindet sich die strahlende Sonne, rechts und links unsere Erde an diesen beiden Punkten, die den 21. Juni und den 22. Dezember bezeichnen. Nun sollst du mit einer Taschenlampe und einem Apfel oder einer runden Kartoffel, die du schräg mit einem Draht durchstochen hast, diese beiden Positionen nachahmen. Die Erdachse zeigt konstant auf denselben Punkt am Himmel (zum Polarstern), und auch die Sonne bleibt konstant an derselben Stelle. Ihre Strahlen beleuchten daher eine größere Fläche im Norden und sechs Monate später eine größere Fläche im Süden. Wir können das komplette Phänomen mit der Taschenlampe nachvollziehen.

Der mittlere Teil der Erde, das Gebiet in Richtung des Äquators, erhält ständig die gleiche Menge an Licht. Daher ist jeder Tag genau zwölf Stunden lang, und die Sonne verläuft jeden Tag senkrecht über den Köpfen der Menschen, die in den Tropen leben. Aber im Sommer sieht man die Sonne über dem nördlichen Teil der Erdkugel viel heller scheinen. Im hohen Norden geht die Sonne einfach nicht unter und unsere Mitschüler in Narvik erleben sogar die Mitternachtssonne, die das große Wunder dieser Region ist. Weiter im Süden steigt der Sonnenaufgang hoch in den Norden, der Tag ist lang und der Sonnenuntergang findet im Westen statt. Zur gleichen Zeit erlebt die Südhälfte der Erde kürzere Tage und am Südpol herrscht ständig Winternacht. Nach einem Jahr, wenn bei uns die Tage allmählich kürzer werden, erlebt die südliche Erdhälfte genau die umgekehrten Phänomene.

Wir Menschen sind also ebenso wie alle Planeten, die Erde und alle Lebewesen dem großen göttlichen und solaren Gesetz unterworfen. Dies ist auch der Gedanke, der uns am Tag der Sonnenwende durch den Kopf geht.

HEFT DER SS NR. 7. 1938.

SONNENWENDE

Der Bauer ging mit schweren Schritten durch den tiefen Schnee. Seine hohe, breite Silhouette hob sich schwarz vom bläulichen Weiß der Winterlandschaft und dem nächtlichen Sternenhimmel ab. Der Mann, der ihn begleitete, war trocken und abgemagert. Er ließ seinen Pelzmantel im Wind flattern und ging so fröhlich voran, als wäre er gerade erst dem Teenageralter entwachsen. Die schneidende Kälte, die die Heide und den Wald hypnotisiert und versteinert hatte, schien ihm nichts anhaben zu können, denn seine Wollweste war nur angelehnt. Ab und zu kratzte er sich mit der linken Hand an seinem grauen Bart, in dem sein Atem immer wieder zu kleinen Kristallen kondensierte. Hinter den beiden Männern folgte in einem gewissen Abstand, wie es sich für den Respekt vor dem Alter gehört, Eib, der älteste Sohn des Bauern. Er trug, wie auch die anderen, seine Waffen: das Langschwert, den Dolch und den Speer. Seinen Schild hatte er auf den Rücken geworfen und an seiner rechten Hüfte hing ein kunstvoll gearbeitetes Horn, das seit Generationen aufbewahrt und vom Vater an den Sohn weitergegeben worden war.

Die Wanderer überquerten schweigend die Hügel, auf denen ihre Vorfahren begraben waren. Hier sollten Könige und Prinzen schlafen, die einst mächtig gewesen waren und deren kriegerische Tapferkeit in den Liedern gepriesen wurde. Der abgemagerte Älteste vor ihm zur Rechten des Vaters war ebenfalls ein Eingeweihter, der von Hof zu Hof wanderte, Geschichten erzählte und „mehr wusste als sein Brevier". Eib sah, dass der grauhaarige Mann, wenn er an einem großen Grabhügel vorbeikam, ihn mit dem Speer begrüßte. Auf diesem einsamen Marsch führte er zweifellos einen geheimen Dialog mit den Toten?

Der junge Bauer erinnerte sich an die Geschichten, die der schwarzhaarige Händler aus dem Süden vor einigen Monden erzählt hatte. Dort soll es Völker geben, die die Aufenthalte der Toten mieden, weil sie sich vor den Verstorbenen fürchteten. Bei dieser Erinnerung schüttelte Eib den Kopf. Warum sollte man die Toten fürchten, wenn sie trotzdem Teil des Clans waren? Reichten die Bande, die die Generationen verbanden, nicht so weit in die Vergangenheit zurück, dass niemand ihren Ursprung kannte, und würden sie nicht über künftige Generationen in einer Zukunft fortbestehen, deren Ende niemand kannte? Hatten die Toten ihr Erbe nicht als heiliges Vermächtnis an die Lebenden weitergegeben, das nach Respekt verlangte?

Uralte heidnische Symbole wurden von der SS wieder in Ehren gehalten. Hier ist der berühmte Leuchter von ihm zu sehen, der jedem neuen SS-Paar zur Wintersonnenwende geschenkt wurde.

Die SS feiert die Wintersonnenwende, die Nacht, die die Rückkehr der Sonne ankündigt.

Der Mann aus dem Süden hatte von Dämonen und Geistern gesprochen, von unheimlichen Wesen, in deren Körpern die Toten lebten, Wesen, die ein böses Spiel mit den Menschen spielten und nur daran dachten, ihnen zu schaden und ihnen Unglück zu bringen. Sollte der Tod die Väter, die unter diesen Hügeln lagen, so sehr verändert haben? Unglaublich, nein, unmöglich: Der junge Bauer beantwortete seine eigene Frage selbst. Wer im Leben natürlich geblieben war, konnte auch im Tod nicht anders sein. Wer für das Wohl und die Zukunft seines Clans und seines Volkes gearbeitet hatte, konnte nicht, nachdem seine Asche im Schoß der Erde vergraben war, zum Feind seiner eigenen Rasse werden.

Es ist möglich, dass sie bei den südlichen Völkern in einsamen Nächten die Lebenden erschreckten. Die schwarzhaarigen Männer waren von so anderer Natur, von so düsterem Charakter; vielleicht waren ihre Toten anders als unsere. Der junge Bauer beschloss, den grauhaarigen Alten, der seit einigen Tagen bei seinem Vater zu Gast war, darüber zu befragen. Er wusste, dass der hagere Mann schon viele Länder und Völker gesehen hatte.

Die drei Männer hatten nun das zentrale Plateau des Moores erreicht, das das Ziel ihrer Reise war. Die eisige Nacht schien sich aufgeklärt zu haben. Die aus massiven vertikalen Blöcken gebildeten Kreise zeichneten sich deutlich ab und der Bauer und sein Gast kamen ihnen immer näher. Er blieb vor einem Block in der Mitte des Kreises stehen. Dieser Stein hatte eine Sekantenebene, die auf einen Punkt des Himmelsgewölbes gerichtet zu sein schien. Mit einer ruhigen Handbewegung schob der Bauer die Schneedecke auf der Spitze des Steins beiseite.

Er wusste, was er zu tun hatte. War er nicht schon seit Jahren mit seinem Vater an diesen Ort gekommen, immer zur Zeit der Sonnenwende, im Sommer wie im Winter? Er wandte sich nach Norden, ging zwischen zwei Steinkreisen hindurch bis zu einem dritten, in dessen Mitte zwei Blöcke dicht beieinander standen. Er entfernte sorgfältig den Schnee, der sie wie ein Mantel umhüllte, und kehrte zu seinem Vater zurück. Dieser hatte in der Zwischenzeit den Sternenhimmel sorgfältig inspiziert und wandte sich dann nach Südosten, wo ein schwacher Lichtschein den Anbruch eines neuen Tages ankündigte. Der Süden wurde immer heller, während der Norden noch im dunkelsten Blau schlief.

Dann hob der Bauer die Hand. „Die Stunde ist gekommen", sagte er feierlich. „Der Tagesstern (Arktur) neigt sich der Erde zu". Er kniete sich hinter den Menhir, so dass die scharfe Kante der ebenen Fläche vor seinem Auge einen Strich bildete. Dieser Strich schien durch die schmale Lücke zwischen zwei Blöcken des anderen Kreises zu gehen und den hellen Stern zu erreichen, der knapp über dem Horizont funkelte. Dann stand er auf und machte Platz für den Alten, der ebenso sorgfältig durch die Lücke auf den Stern zielte, der immer mehr im Norddampf verschwand, je heller der Himmel im Süden wurde.

„Du hast Recht", stellte der Dünnste fest, „der Tagesstern geht in der Richtung unter, die das Fest ankündigt: In drei Tagen feiern wir die Mitte des Winters."

Der Älteste stand auf und nahm auf ein Zeichen des Vaters das Horn von Eib, setzte es an seine Lippen und gab das traditionelle Signal über die

Heide. Es ertönte dreimal und dreimal erklang der Ruf. Die Männer horchten in den frühen Morgen hinein. Kurz darauf wurde der Ruf beantwortet. In den Dörfern am Rande der Heide hatte man das Horn gut gehört, denn nun schien es, als würden an allen Horizonten die Trompeten erwachen, die den Ruf aufnahmen und von Hof zu Hof weitergaben, um das Fest der Sonnenwende anzukündigen, zu dem sich in drei Tagen die Clans und Dorfbewohner versammeln würden.

(Diese Observatorien, die dazu dienten, die Gestirne zu studieren, um die Festtage, insbesondere die Winter- und Sommersonnenwende, zu bestimmen, waren in den deutschen Ländern sehr zahlreich. Sie wurden von den Mönchen und christlichen Eiferern zerstört. Wir haben jedoch einen von ihnen bewahrt. Es sind die Steinkreise auf der Tucheler Heide in der Nähe der Weichselmündung. Diese Steinkreise mit ihren Visiersteinen sind teils in Nord-Süd- und Ost-West-Richtung, teils zu den beiden Sonnenwenden hin ausgerichtet. Eine fünfte Linie zeigt auf den Untergang des Fixsterns Arktur, der von unseren Vorfahren „Stern des Tages" genannt wurde und durch den die Sonnenwende drei Tage im Voraus angekündigt wurde. Dieses Sternen- und Sonnenobservatorium der alten Germanen wurde von Professor Rolf Müller vom Astrophysikalischen Institut in Potsdam untersucht und wissenschaftlich als Beobachtungsposten zertifiziert).

Nach Clans und Dörfern aufgestellt, die Männer gut bewaffnet, als ob es eine Schlacht wäre, die Frauen in ihren schönsten Kleidern und mit all ihrem Schmuck, umringten sie alle den hohen Thing-Hügel, auf dem ein großes Feuer brannte. Die Flammen schlugen hoch in die Nacht, die das Land umhüllte. Die Clanältesten rückten näher an das Feuer heran und lauschten wie ihre Clangefährten den Worten des ergrauten Greises, der noch einmal den Sinn der Zeremonie erklärte.

Der junge Eib hatte den Vater oft von diesem Stein sprechen hören, aber es schien ihm, als würde er erst jetzt die Bedeutung dieser traditionellen Worte verstehen. Jetzt sprach der Gastgeber des Bauern, den alle Clans verehrten und dessen Weisheit sie anerkannten, von der ewigen Ordnung, die Himmel und Erde, die Sonne und die Sterne, die Bäume, die Tiere und die Menschen beherrscht. Das uralte Symbol dieser ewigen Ordnung ist der Lauf der Sonne. Im Winter sinkt sie immer tiefer in den Schoß der Erde. Sie findet Mutter Erde, die ihr wieder das Leben schenkt, und steigt bis zur Sonnenwende immer höher in den Himmel. Ein ewiger Tod und eine ewige Wiedergeburt.

Er hörte den Alten sprechen: „Der Tod ist nicht das Ende des Lebens: Er ist der Beginn eines neuen Werdens. Die Sonne bringt neues Leben aus dem Schoß der Erde hervor. Das Gras und die Blumen, die Blätter und die Bäume werden wieder grün und blühen. Die junge Saat geht auf, das Vieh stärkt sich auf der Heide, eine neue Generation wächst auf den Bauernhöfen heran. Das Jahr der Menschen vergeht wie das Sonnenjahr des Wachstums.

Der Schnee der Haare lastet auf den alten Menschen, ähnlich dem Schnee auf den Feldern. Doch wie das Licht wiedergeboren wird, so wird auch Generation um Generation wiedergeboren. Die Flamme, die wir als Bild der Sonne ehren und der wir die Körper der Toten anvertrauen, reinigt und erleuchtet. Sie befreit die Seele von dem, was sterblich ist, und führt sie erneut zu einer Wiedergeburt im ewigen Licht. Das, was aus dem Schoß der Mutter kommt, hört nie auf, so wie die Natur nie aufhört, ihren Zyklus zu vollenden, so wie die Sonne".

Eib dachte noch über diese Worte nach, als der Älteste längst verstummt war. Um die helle Feuerstelle herum, die ständig von einigen jungen Männern befeuert wurde, begannen die jungen Mädchen ihren Reigen. Sie würden Mütter werden und das Leben schenken, wie der Schoß der Erde den Pflanzen und Tieren. Drei Frauen lösten sich aus dem Kreis. Sie gingen von Clan zu Clan und überreichten einige Geschenke.

„Weißt du, was diese drei Frauen bedeuten?", hörte Eib ihn bei sich flüstern.

Er sah sich um und betrachtete die klaren Augen des ergrauten alten Mannes.

„Diese drei Frauen sind die Nornen", sagte die Stimme des Ältesten. „Urd, Werdandi und Skuld. Urd, die Älteste, die in der Erde ruht, Werdandi, die Gegenwart, das Blut, das in unseren Arterien schlägt, Skuld, die Pflicht, dieses Schicksal, das jedes Wesen in sich trägt und das sich in Schuld verwandelt, wenn man davon abweicht und ihr nicht gehorcht."

Die Runde der Tänzer war größer geworden, ihre Schritte und Gesten mimten das Spiel von Gut und Recht gegen Böse und Schlechtigkeit. Dann kamen eingemummte Gestalten, die den Kampf zwischen Licht und Finsternis symbolisierten, und hinter ihnen eine lärmende Truppe, die mit jedem Peitschenknall, Lärm und Getöse den Winter vertrieb, damit das Korn zu grünem Gras werde und alle irdischen Geschöpfe gesund blieben.

Die strenge Ordnung der Clans und Dörfer lockerte sich; auf der einen Seite die alten, zurückhaltenden und wortkargen Menschen, auf der anderen die jungen, verspielten, deren erste Paare, die sich in lauen Sommernächten verlobt hatten, sich über die Flammen warfen und sprangen.

Als der Morgen anbrach, stellten sich die Clans wieder auf und entzündeten ihre Fackeln an der Flamme des sterbenden Sonnenwendfeuers, um die toten Herde in ihren Häusern wiederzubeleben. Auch der Bauer drehte sich zu seinen Klanmitgliedern um und achtete sorgfältig auf die heilige Flamme, die er trug.

Eib wusste, dass die Gefährten in der hohen Halle das gut zubereitete Essen vorfinden würden. Er ging hinter den Seinen zurück zum Hof und drückte heimlich den Arm des Mädchens, das er sich vor langer Zeit ausgesucht hatte, mit dem er über die Flammen gesprungen war und das er nun nach altem Brauch zu dem Hof führte, dessen Erbe er eines Tages sein würde. Wie alle Bauern des Nordens war er mit der Natur und der Erde verbunden und hatte sich in dieser Nacht der Mütter mit der Frau vereint, die seine Kinder gebären und den Clan verlängern würde. Was bisher nur ein Symbol war, würde bald Leben sein, so wie es die ewige Ordnung gebot. Eine helle Freude erfüllte sein Herz, wenn er daran dachte, dass sein Heiratsversprechen von den Clanmitgliedern in der großen Halle zu Hause vor dem neuen Feuer der Feuerstelle und unter dem grünen Zweig, dem Symbol des ewigen Lebens und der riesigen Bäume, die in den Himmel ragen, für gültig erklärt werden würde. Die Clangefährten würden sich dem Glück, das die Flamme der Wintersonnenwende bereits gesegnet hatte, nicht widersetzen.

Der Natur verbunden wie unsere Vorfahren, sahen sie in diesem Fest der Wintersonnenwende das göttliche Gesetz von Tod und Geburt.

Die Nacht der Mütter, die heilige Nacht, war mehr als jedes andere Fest das Fest des Clans, wie sie auch heute noch das heiligste und majestätischste Familienfest ist. Wenn wir die Lichter am Baum anzünden, wissen wir dann noch, dass er ein Symbol für das Licht und das Leben ist, das sich ewig erneuert? Wenn wir um die immergrüne Tanne versammelt sind, zweifeln wir noch daran, dass unsere Vorfahren darin einst das Symbol für den Fortbestand unserer Rasse sahen? Wissen wir noch, dass wir den großen Baum vor uns haben, dessen Wurzeln in der Vergangenheit liegen, dessen Stamm das intensive Leben repräsentiert und dessen Äste in den Himmel, in die Zukunft ragen?

Die alten Märchen und Bräuche all unserer arischen Völker zeugen davon, was dieses Fest für unsere Vorfahren bedeutete. Wir müssen schon genau hinhören, um an dieser alten Weisheit teilzuhaben.

Kurt Pasternaci

HEFT DER SS NR. 3A. 1941.

SONNENWENDE IM HEILIGEN KREIS

Steinkreise feiern die Sonne

Sonnenaufgang am Odry-Schrein

In der Nähe des Dorfes Odry in Westpreußen, inmitten der weiten Tucheler Heide, befinden sich etwa zehn Steinkreise, die trotz mehrfacher Verwüstung noch immer eine perfekte Form aufweisen. Zugegeben, die Lage der Kreise scheint uns anarchisch und zufällig gewählt zu sein. Einige sind in eine Richtung ausgerichtet, aber diese Richtungen überschneiden sich entlang von Achsen, deren Bedeutung wir nur schwer erkennen können.

Vielleicht handelt es sich hierbei nur um eine Begräbnisstätte? Wir finden nämlich Grabhügel, die von Steinkreisen umgeben sind. Die Stätten von Odry wurden als Grabfelder von Gotenstämmen bezeichnet, ohne ihnen eine andere Rolle zuzuweisen.

Es gibt nur zwei Tage im Jahr, an denen Odry seine tiefere Bedeutung offenbart: Es ist der Tag der Sommersonnenwende und sein Gegenteil - die Wintersonnenwende.

Wenn wir am 21. Juni den Sonnenaufgang im westlichsten Steinkreis der Nordgruppe beobachten und über die beiden Kreise hinweg zum östlichsten Kreis blicken, der in seiner Mitte zwei massive Findlinge nebeneinander hat, dann reicht unser Blick bis zum Horizont. Wenn die Sonne aufgeht - dies ist ein Moment von großer Intensität -, sehen wir sie genau hinter den beiden Steinen des äußersten Kreises auftauchen. Dort bilden wir in der Mitte des ersten Kreises das „Visier", und die beiden mittleren Steine des letzten Kreises bilden den „Blickpunkt".

Monate später, am 21. Dezember, können wir, in einem anderen Kreis platziert, am Tag der Wintersonnenwende ebenfalls die Sonne in Richtung des südlichsten Kreises beobachten. Wir schließen daraus, dass Odrys Steinkreise nicht zufällig angeordnet, sondern genau auf die Sommer- und Wintersonnenwende „gepeilt" wurden.

Waren die Germanen schlechte Beobachter?

Der kritische Beobachter wird jedoch einwenden, dass die Sonne am Morgen der Sonnenwende in Odry nicht ganz hinter unseren Markierungssteinen aufgeht: Die ersten Sonnenstrahlen sollten genau in der Mitte der Öffnung, dem „doppelten Blickpunkt" der zentralen Steine, erscheinen.

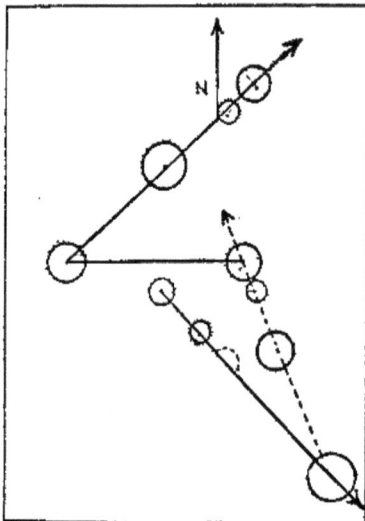

Die Ausrichtung von Odrys Steinkreisen

Die Linien verbinden die Mittelpunkte der Kreise. Die obere Linie nach rechts zeigt genau die Sommersonnenwende an. Die untere Linie nach links die Wintersonnenwende. Die gestrichelte Linie zeigt vielleicht die Richtung eines Sterns an.

Dies ist nicht der Fall. Sie tauchen hinter einem der beiden Steine auf. Und wenn wir den genauen Winkel zur Nordrichtung mit einem Zirkel und einer Zielfernrohrbrille bestimmen, erhalten wir zur Sommersonnenwende einen Winkel von 48,1 Grad, den man in der Astronomie als „Azimut" bezeichnet. Unsere Vorfahren oder die germanischen Erbauer der Steinkreise scheinen hier einen Fehler gemacht zu haben. Oder waren sie vielleicht so schlechte Beobachter, dass sie die Steine nicht genau an der Stelle aufstellen konnten, an der die Sonne aufgeht?

Es ist kaum vorstellbar, dass sie eine „falsche Sichtung" vorgenommen haben. Menschen, die der Natur so nahe standen, vor allem Bauern, wussten, wie man vollkommen genaue Messungen vornimmt. Aber es konnte eine Meinungsverschiedenheit darüber entstehen, was man früher unter „Sonnenaufgang" verstand: Waren es wirklich die ersten Sonnenstrahlen, oder das Erscheinen der gesamten Sonnenscheibe, oder sogar der Moment, in dem die Sonne die Horizontlinie vollständig verlässt? Es ist klar, dass wir auf diese Weise bereits erhebliche Winkelunterschiede erhalten. Wenn wir zum Beispiel bei Odry den Zeitpunkt betrachten, an dem die

Sonne genau den Scheitelpunkt der beiden Markierungssteine erreicht, scheint die Sichtlinie ziemlich genau zu sein.

Aber die Astronomen mischen sich in unsere Diskussion ein und weisen uns darauf hin, dass die Sonne heute an einem anderen Ort aufgeht als zur Sonnenwende vor 2000 oder 3000 Jahren. Sie haben genaue Berechnungen angestellt, und auch wenn die Unterschiede nicht riesig sind, sind sie dennoch messbar. Für Odry zum Beispiel beträgt das „Azimut" für das Jahr 0 47,4 Grad und für das Jahr 1 000 v. Chr. 47,1 Grad. Es ist also nicht mehr verwunderlich, dass unser Blickwinkel nicht übereinstimmt, sondern wir fragen uns vielmehr, welches Datum der genauen Ausrichtung entsprach. So können wir leicht feststellen, wann diese Steingruppen errichtet wurden. Die Sonne liefert die Antwort, wenn sie aufgeht!

Dies wäre sicherlich möglich, wenn wir nur wüssten, wann die Astronomen von Odry ihren Bezugspunkt genommen haben. Wir können aus den verschiedenen Möglichkeiten einen Mittelwert bilden und erhalten ungefähr das Jahr 0 als Datum für die Errichtung des Heiligtums von Odry. Es kann natürlich auch einige hundert Jahre früher gewesen sein und die Ausgrabungen in der Gegend der Steinkreise deuten tatsächlich auf das Jahr 150 v. Chr. hin. Sie wären also das Werk von Gotenstämmen, die einst Ostpreußen bevölkerten.

Stonehenge - Sonnenheiligtum

Aus dem von Odry vermittelten Wissen könnten wir schließen, dass viele - wenn nicht sogar alle - Steinkreise im nordischen Raum nach der Sonne ausgerichtet waren. Aufgrund der Unmöglichkeit, genaue Messungen vorzunehmen, der erwähnten Verwechslungen und der Zerstörung vieler Steinkreise ist es jedoch schwierig, dies zu bestätigen. Die berühmten Externsteine und die Höhle dort mit einem nach Norden gerichteten Wandloch geben der Wissenschaft noch viele Rätsel auf, obwohl es sich hier offensichtlich um ein Heiligtum für den Sonnenkult handelt.

Die Dinge sind völlig klar in Bezug auf die wunderschöne Stätte Stonehenge in England. Der Standort der Steine ist kreisförmig und war außen von Wällen und Gräben mit einem Durchmesser von 100 Metern umgeben. Nach Norden hin führten die Gräben eine 400 Meter lange, geradlinige Straße. Der äußere Kreis des Heiligtums bestand einst aus dreißig riesigen Steinen, die in Säulen angeordnet waren und an der Spitze durch Konsolen verbunden waren. Im Inneren befanden sich fünf Steinpaare in Form eines Hufeisens, das in Richtung der nordöstlichen Fahrbahn geöffnet war.

Die Straße selbst ist künstlich angelegt und dahinter, 33 Kilometer entfernt, befinden sich lange, lineare Landkonstruktionen, die genau in der Verlängerung einer Linie liegen, die vom Zentrum der Steinsiedlung bis zum Zentrum des Steintors reicht und von der Mitte der Straße nach Nordosten verläuft. Die Sonne geht heute zur Sonnenwende auf dieser Linie auf oder variiert zumindest um knapp ein Grad. Das „Azimut" beträgt heute auf dieser Linie 49,34,3 Grad, aber das Azimut im Jahr 1900, als Stonehenge astronomisch untersucht wurde, betrug 50,30,9 Grad. Die Differenz von 56 Minuten und 6 Sekunden ist auf das Alter der Stätte zurückzuführen und zeigt mit einer Schwankung von 200 Jahren nach oben oder unten an, dass sie um 1700 v. Chr. erbaut wurde.

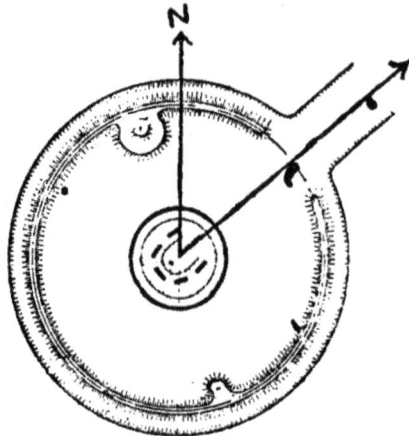

Die Ausrichtung des Sonnenobservatoriums von Stonehenge

Die majestätischen Kreise der Stätte öffnen sich zu einer zentralen Richtung, die sich auch in einer Straße und einem Markierungsstein widerspiegelt: die genaue Richtung der Sommersonnenwende.

Stonehenge ist eine riesige Stätte, die aus Felsen errichtet wurde, die viel Arbeit bedeuteten und über eine Entfernung von hundert Meilen transportiert wurden. Aber auch kleine Stätten wie Odry wurden nicht in zwei Tagen erbaut. Das „steinreiche" Norddeutschland verfügte nicht überall über so große Findlinge, dass zehn Steinkreise mit etwa 178 Steinen von durchschnittlich 80 Zentimetern Höhe gebaut werden konnten. Ein starker Wille und ein noch stärkerer Glaube sind die Grundlage für eine solche Anstrengung. Die Anbetung der universellen Sonne ist auch für uns heutige Menschen etwas ganz Natürliches, genauso wie für unsere Vorfahren, die ihr Heiligtum errichteten...

W.J.

HEFT DER SS NR. 7. 1942.

DIE NACHT DER MÜTTER

Überall dort, wo Deutsche auf der weiten Erde leben und verwurzelt sind, wird zur Wintersonnenwende der Weihnachtsbaum angezündet. Der immergrüne Baum, der im Herzen der heiligen Nacht mit Lichtern erblüht, ist zum Symbol des Deutschtums und zum Archetyp seiner Präsenz geworden. Das Siedlungsgebiet erstreckte sich weit in den Osten und Südosten des Deutschen Reiches. Die pflugtragenden Deutschen brachen in das Chaos fremder Stämme und Völker ein; aber überall, im Böhmerwald, in Zips, in den verstreuten Siedlungen der Karpaten und weit im flammenden Übersee, brannten zu Weihnachten die Lichter auf dem Baum, der zum Baum der Deutschen geworden war.

Wenn ein Volk seinen Lebensraum vergrößert, nimmt es seine Hausgötter mit, um sich selbst treu zu bleiben; das kann die Erde des heiligen Heimatbodens sein, die Säulen der großen Halle oder die feierlichen

Bräuche, die die Volksweisheit bergen. Zahlreiche Vorläufer und viele gleichwertige Traditionen haben das Symbol des Weltenbaums übernommen. Es ist der Wipfelbaum, den die tapferen Wikinger aus ihrer nordischen Heimat nach Island und über die Ozeane hinweg ins ferne Vinland brachten. Die blaue Flamme, die wir heute am Baum für alle nahen und fernen Brüder der Erde entzünden, ist eng verwandt mit der Flamme, die man früher für die „minne" derer entzündete, die auf gefährlichen Seefahrten in der Ferne weilten oder jenseits der Marken nach neuen Ländern suchten, um dort das Licht des Volkslebens zu gebären.

Es ist das gleiche Ereignis, das sich heute wie in alten Zeiten wiederholt. Als fröhliche Boten aus unserer alten Geschichte erzählen uns alte Autoren von den Bräuchen und dem Glauben unserer Vorfahren, was uns alle bewegt, denn über die Jahrtausende hinweg lebt das gleiche Blut, die gleiche Seele. Die germanischen Völker waren weit gereist und hatten mit ihren Schwertern und Pflügen neue Gebiete jenseits der Grenzen des Römischen Reiches erobert. Doch dort bewahrten sie getreulich das, was einst in ihrer Heimat entstanden war. Die Angeln hatten ihre holsteinische Heimat verlassen, waren in Großbritannien sesshaft und schließlich Christen geworden; doch noch um das Jahr 700 beschrieb der christliche Priester Beda ihre Weihnachtsbräuche:

„Sie nannten früher die Nacht, die uns so heilig ist, mit dem heidnischen Wort „Modranicht", das „Nacht der Mütter" bedeutet; wahrscheinlich wegen der Segnungsbräuche, die während der ganzen Nacht gefeiert wurden."

Berührt uns dieser Name „Nacht der Mütter" aus der Jugendzeit unseres Volkes nicht, erinnert er uns doch an unsere eigene Kindheit. Es ist die Nacht, die dem Geheimnis der Mutterschaft gewidmet ist und diese große Erfahrung der Wiedergeburt der Sonne aus dem Abgrund der Welt, aus dem Mutterschoß allen Seins, erahnen lässt. Wenn die Mutter mit dem Kind heute größtenteils den Gegenstand des Festes bildet, so ist dies auch ein altes Erbe, denn das Paar mit dem Kind unter dem Weltenbaum ist eine Darstellung, die sicherlich in engem Zusammenhang mit diesen Bräuchen der Segnung der Mutternacht steht. Aber der Name ist noch bedeutungsvoller: Durch die vielen Werke (unsere Volksbräuche und Legenden zeugen noch heute davon) wissen wir, dass die drei Mütter zu den vertrautesten Figuren unseres lokalen Glaubens gehören. Damals reisten sie als Trägerinnen der weiblichen Weisheit und des mütterlichen Besitzes durch das Land, verteilten Spenden und gaben den Männern guten Rat - vor allem dort, wo ein Kind in einer Wiege schläft.

Schon vor zweitausend Jahren war dieser Gedanke so tief in unserem Volk verankert, dass sogar die Germanen, die zu römischen Angestellten wurden, die den deutschen Rhein regierten, heilige Steine zu Ehren dieser drei Mütter errichten ließen, die die Neugeborenen beschützten. Die Römer machten Platz und neue Germanen kamen. Selbst tausend Jahre später kannten auch sie noch die drei Mütter. Die Hausfrauen machten es sich in den heiligen Nächten zur Pflicht, den Tisch zu decken, Essen und Trinken darauf zu stellen und drei Messer bereitzulegen, damit die drei Schwestern, wie sie genannt wurden, sich stärken konnten. Fromme Eiferer geißelten sie; doch die mütterlichen Schwestern waren im Herzen des Volkes zu stark präsent, und man errichtete ihnen sogar ein Denkmal im Dom zu Worms unter den Namen Einbede, Waebede und Willibede.

In den germanischen Legenden und deutschen Märchen sind ihre Züge noch getreuer erhalten geblieben. Auch die heiligen Nächte, in denen das neue Licht und das neue Jahr geboren werden, sind ihnen geweiht; Elfen nähern sich der Wiege des Neugeborenen und bringen ihm ihre Gaben. In Bayern werden sie „Große Ratgeberinnen" genannt, noch häufiger „Perchten", was so viel wie „die Leuchtenden" bedeutet, weil sie das Licht bei seiner Geburt begleiten. Sie werden von den Menschen eingeladen und erweisen sich als freundlich und hilfsbereit gegenüber denen, die gut sind. Sie tauchen - sicherlich auch anderswo - im Märchen von Dornröschen auf, dem sie das Geschenk des Lebens machen. Trotz des schlechten Einflusses der dreizehnten Fee bleiben sie die Stärksten. In der altnordischen Erzählung vom „Gast der Nornen" entzünden die Nonnen die Lebensflamme des Kindes; hier wird die tiefe Verbindung zu unserem lichtvollen Weihnachtsfest besonders deutlich. Und da sie seit den frühesten Zeiten in der Form des heiligen Ternars auftreten und dem Kind ihre Gaben bringen, voller Weisheit, könnten sie viel von ihrem Charakter an die Weisen des Ostens weitergegeben haben, deren Zahl und Namen unbekannt sind, und sogar der Ursprung der zahllosen Drei-Königsspiele gewesen sein.

Die ursprünglichen Mythen und alterslosen Legenden erzählen uns von den drei Müttern, die am Fuß des Weltenbaums sitzen und alles Werden spinnen. Die Weihnachtsnacht, die wir wie die Vorfahren feiern, ist ihnen gewidmet. Wie ein großer Dichter es ausdrückte, muss man, um diese Mütter zu beschenken, zu sich selbst zurückkehren, zu den lebendigen Wurzeln unserer volkstümlichen Existenz, die heute im strahlenden Weltenbaum ein universelles Symbol gefunden hat.

J.O. Plaßmann

HEFT DER SS NR. 4. 1943.

FRÜHLINGSBRAUCH UND KINDERREICHTUM

Wenn die Frühlingssonne den Himmel erhellt, die Tage länger und wärmer werden, wenn an den Bäumen die Knospen schwellen und die ersten Blumen zaghaft erscheinen, dann ziehen durch die Dörfer fröhliche

Kinderscharen, die Glück und Segen bringen und die Bauern um Geschenke bitten. Zu dieser Zeit ist unser Faschingsdienstag längst vorbei; das Karnevalskleid hängt wieder ruhig im Schrank; die Feuer auf den Bergen sind erloschen; die brennenden Räder mit den sprühenden Funken, die bis ins Tal hinabstürzen, sind nur noch eine vertraute Erinnerung.

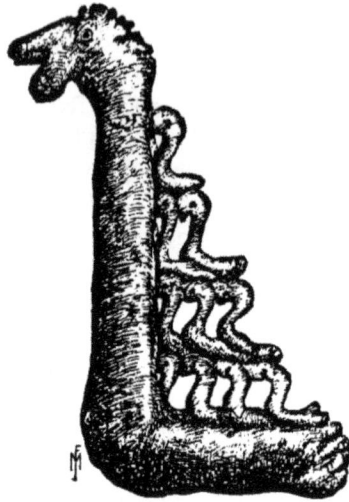

Links, Palmstock aus Meppel in den Niederlanden.
Rechts, Schwan mit Palmen und vielen jungen Menschen, ein Fruchtbarkeitssymbol, das in den Niederlanden zu Ostern gebacken wird.

Aber Ostern steht vor der Tür. Der Zug der Kinder zieht mit einem klingenden Lied und geschmückten Stöcken oder Frühlingssträuchern von Haus zu Haus. Dieser Brauch ist in ganz Mitteldeutschland von Schlesien bis zur Pfalz im Westen und von den Niederlanden nach Süden bis in die Alpenregion anzutreffen. Natürlich hat jede Region ihre eigene Art, ihn auszudrücken; manchmal ist es der Sonntag der Mittfastenzeit, der „Sonntag Laetare" oder ein Sonntag, der diesem nahesteht. Dieser Umzug kann auch nur an Ostern oder in der Woche vor Ostern stattfinden; der Karsonntag ist ebenfalls sehr beliebt, aber es handelt sich immer um denselben Brauch. Tannenspitzen, die mit buntem Papier und Kuchen oder, alten Bräuchen folgend, mit bemalten Schneckenhäusern geschmückt sind, werden als Symbol für den Frühling getragen. Die Stöcke werden mit buntem, plissiertem Papier und frischem Grün geschmückt. Als Zeichen des Segens, des Glücks und der Fruchtbarkeit werden große Brezeln daran aufgehängt. Diese werden oft zart belegt, mit Zöpfen verschönert und liebevoll mit grünen Buchsbaumzweigen befestigt. Auch Äpfel, das antike Symbol für Fruchtbarkeit, dürfen nicht fehlen. Trotz der extremen charakterlichen Unterschiede zwischen den einzelnen Individuen ähneln sich die Palmblätter und offenbaren so ihren authentischen volkstümlichen und nicht christlichen Ursprung. Ob groß oder klein, bescheiden oder reich, sie tragen Gebäck und Grünzeug, bunte Ketten und Fähnchen, Äpfel und eine Reihe von hellem Glitzer. In Niederdeutschland und den Niederlanden sind diese Palmblätter besonders bedeutungsvoll. Wunderbare radförmige Gebäcke, die oft reich und sehr kunstvoll geflochten sind, spielen hier eine wichtige Rolle. Die gebackenen Vögel, die in ihrer Größe stark variieren und die Spitze dieser Palmstöcke zieren und schmücken, fehlen fast nie.

Trotz des Christentums blieben viele heidnische Bräuche in der bäuerlichen Welt erhalten. Oben: Dekoratives Brot.

Links, Fruchtbarkeitssymbol, beim Frühlingsfest in Questenberg im Harz. Rechts: Hagal-Runen auf einem Bauernstuhl.

Tänze für Das Maifest im Bregenzer Wald.

Es sind Hähne oder Schwäne, also Tiere, die aus den Mythen unserer Vorzeit stammen und in diesen Gebäcken, vor allem aber in Märchen und Legenden, ein Echo ihrer tiefen Bedeutung bewahrt haben. Eine Art, das Huhn, hat ein besonders lustiges Aussehen und ist dennoch reich an einer ganz tiefen und delikaten Bedeutung. Der Bäcker setzt diesem Vogel drei, vier, ja sogar acht, neun, zehn junge Teiglinge auf den Rücken, die in einer dichten Menge so hübsch und lebendig sind, dass man meint, sie gackern hören zu können. Gibt es ein schöneres Symbol für die Fülle der Freude, das Jahr voller Reichtum, den großen Frühling voller Fruchtbarkeit als diese Darstellung der Mutter und ihrer Jungen? Der Volksglaube setzt ihr hier ein deutliches Denkmal. Wir sehen das Symbol des Lebens, das der deutsche Mann in sich trägt, zum Ausdruck kommen. Es ist der lebendige Glaube, dass viele Nachkommen ein Glück, ein Reichtum und ein wahrer Segen sind. Fröhliche, lebenslustige und lachende Kinder bringen dieses Glück von Haus zu Haus. Glücklich und lächelnd nehmen sie die Gaben, die an sie verteilt werden, bereitwillig an. Der gute alte Geist unseres Volkes lebt so in diesem bescheidenen Frühlingsbrauch weiter.

Was diese niederländischen Gebäcke in Vogelform andeuten, ist kein Einzelfall, keine Ausnahme oder Seltenheit; andere Gebäcke drücken vergleichbare Ideen aus. In Tirol wird zu Weihnachten hier und da als Eremitage für junge Mädchen ein großes gebackenes Huhn verschenkt, das auf seinen breiten Flügeln wie Küken zahlreiche Schnecken trägt. Es können bis zu dreißig kleine Schneckenhäuser sein. Das Kind ist stolz darauf, diesen Reichtum zu besitzen, den man auch als das Glück und die Chance, viele Kinder zu haben, wahrnimmt. Die Henne symbolisiert durch die treue Fürsorge, die sie ihren Jungen entgegenbringt, perfekt die wahre Mutterschaft. Sie führt ihre Jungen spazieren, beschützt sie vor Gefahren und nimmt sie unter ihre Flügel. In Schweden ist die goldene Henne in der Weihnachtsbäckerei auch von vielen gelben Küken umgeben, die sich wie Kinder um sie versammeln. Dieses Ereignis führt uns weit in die Vergangenheit zurück. Vor mehr als 1300 Jahren ließ die langobardische Königin Theudelinde der Kathedrale von Monza eine goldene Henne mit sieben goldenen Küken schicken. Die kostspielige Goldschmiedearbeit, die dieser pickende Vogel, der uns erhalten geblieben ist, erfordert, hat zweifellos eine tiefe Bedeutung. Noch heute kann man ihn neben einer Weihekrone und anderen Geschenken im Bogen über der Tür der Kathedrale sehen. Wenn man bedenkt, dass der Brauch heute noch in vielen Regionen lebendig ist, ist man sich sicher, dass die Königin etwas Besonderes weitergeben wollte und damit einem germanischen Brauch folgt. Ein weiterer Brauch, der in Sachsen noch heute praktiziert wird, ist, dass die Paten ihrem Patenkind eine Spardose aus Ton in Form eines Huhns schenken, das auf seinem Rücken zahlreiche Küken trägt. Durch eine leicht verständliche Symbolik wird der Wunsch geäußert, dass das Geld reichlich fließt und dauerhaft gedeiht. Der Vogel mit seinen Jungen soll also Glück bringen, wie es auch bei Frühlingsfesten der Fall ist. Viele Kinder zu haben ist ein Zeichen immensen Glücks, das ein ewiges Leben garantiert, eine Knospe im Frühling des Lebens. Dies ist die Bedeutung des fröhlichen Zuges unserer Kinder, die zur Osterzeit vorbeiziehen. Die Bänder flattern im Wind, die Zweige knacken, die Brezeln, die Räder und die Vögel verströmen einen süßen Duft. Doch der aufmerksame Beobachter erkennt hinter diesen Dingen einen tieferen, zeitlosen Sinn.

Friedrich MöBinger

HEFT DER SS NR. 5. 1943.

MAI-BRAUT - MAI-KÖNIGIN

Der sonnige Monat Mai erweckt überall im traditionellen Deutschland eine ganze Reihe schöner Bräuche mit einem sehr tiefen Sinn, der auch heute noch spürbar ist. Der Maibaum ragt in den blauen Himmel, den das wiederauferstandene Reich immer so schön und stark erhält. Bei Einbruch der Dunkelheit lodern in vielen Gegenden die Maifeuer, ein verspäteter Ableger der Frühlingsfeuer, und bringen Glückseligkeit. Umhüllt von dichtem Laub zieht der Maimann durch die stillen Dörfer unserer Berge von der Saar bis zum Böhmerwald und auch ein wenig in Norddeutschland. Er trägt auch andere Namen. Die stolzen Mai- und Pfingstringer und die vielfältigen Spiele dieser Zeit sind seltener geworden. Mit Rascheln und Knacken baumeln die Mai- und Pfingstkränze, an Seilen aufgehängt, in den Straßen der Dörfer und Kleinstädte. Tagsüber nehmen sich die Kinder unter ihrer Bewachung an den Händen und nachts ziehen die Jungen und Mädchen fröhliche Runden, während derer die Alten in der Freude des Heims verweilen und Erinnerungen austauschen.

Es gibt noch immer einen Brauch für kleine Mädchen, der oft vergessen und vernachlässigt wird. Sie versammeln sich lautlos und schmücken eines der Mädchen mit einem Blumenkranz, der eine Vielzahl von leuchtenden und schillernden Farben enthält. Sie stellt die Maibraut dar, die von zwei ähnlich geschmückten Mädchen angeführt und von vielen schmucklosen Kameraden begleitet wird, die einen Rundgang durch das Dorf beginnen. Der Umzug geht von Haus zu Haus. Überall stimmt die Truppe ein fröhliches Lied an, und es werden viele Geschenke verteilt. Oft wird die kleine Maibraut während des Liedes von allen anderen in einem feierlichen Reigen umringt, und wie im Elsass üblich, trägt sie oft einen elegant geschmückten Maibaum, um den dreimal getanzt wird.

Die beiden verantwortlichen Mädchen halten manchmal einen mit vielen Bändern geschmückten Bogen, der über die kleine Braut geknüpft wird, aber sehr oft sitzt die Braut auch in einem kleinen, reich geschmückten Wagen.

Sie ist vollständig unter grünem Laub verborgen; die Prozession nimmt einen feierlichen und geheimnisvollen Charakter an. Es ist mehr als nur ein Kinderspiel. Dies spiegelt sich auch in den Liedern wider. Als Beispiel: In einem Reim aus dem Bas Rhin ist von einem goldenen Wagen und einem silbernen Peitschenstiel die Rede.

Was die Mädchen des Dorfes in aller Einfachheit und Phantasie vollziehen, scheint für den heutigen Betrachter eine fröhliche Ablenkung zu sein, ist aber in Wirklichkeit nur der kümmerliche Rest eines alten, bedeutungsschwangeren Brauchs, der ursprünglich von erwachsenen Jungen und Mädchen praktiziert wurde. Auch heute noch ist die kleine Braut oft nicht allein, sondern wird von einem Jungen begleitet, der der Mai-Bräutigam ist. Früher spielten ein Junge und ein Mädchen die Rolle dieses Maipaares. Die Jugend versammelte sich zu einem großen und reichen Hochzeitszug, der durch das ganze Dorf führte, mit fröhlichen Tänzen, die unter dem Baum fast die ganze Nacht hindurch aufgeführt wurden, und bei dem der Baum mit Lichtern geschmückt wurde, die ihn in wunderbarer Schönheit erstrahlen ließen. Die Maikönigin und der Maikönig, die Gräfin und der Graf dienen oft als Vorbilder für zwei junge Kinder, die durch ihre symbolische Hochzeit den Frühling des Landes, neues Wachstum und Wohlstand und die Wiedergeburt der Natur repräsentieren. So wie die glückliche Vereinigung zweier Wesen viele Kinder hervorbringt, so wird auch die Fülle der Gaben der Natur durch die Vereinigung der beiden Geschlechter bewirkt. Man erhält also einen tiefen und klaren Einblick in die natürlichen Phänomene der Welt und sieht, wie sehr der Mensch in die Natur eingebettet ist, wie alt und verwurzelt diese Vorstellungen sind. Bereits im XII Jahrhundert wird von der Tour einer reich geschmückten Pfingstkönigin berichtet. Tacitus' Bericht über die Reise des Wagens der Göttin Nerthus der Fruchtbarkeit und der Erde entstammt zweifellos demselben Geist. Diese alte Beschreibung und die im Norden verwendete Beschreibung zeigen, dass schon bei den Germanen die gleichen Gedanken die Menschen im Frühling bewegten: die Sorge um die Zukunft, die Kraft des Lebens, die Stärke des Clans und auch des Volkes.

In den meisten Fällen ist es ganz klar, dass unsere Maibräuche, die an unsere Kinder weitergegeben werden, heute nicht mehr diese alte Bedeutung haben, sie, die sie allein weiterführen. Aber wer genau hinschaut, erkennt die Verbindungen, die ihn mit der Vergangenheit und den Überzeugungen seiner Vorfahren verbinden.

Friedrich MöBinger

HEFT DER SS NR. 5. 1942.

ERNTEBRÄUCHE

Das Erntedankfest beginnt auf den Bauernhöfen, wenn im Herbst der Wind über die frischen Stoppelfelder streicht und Strohhalme in die letzten Kartoffelfelder trägt. Mit ihm geht ein arbeitsreiches Jahr zu Ende und die Freude ist groß, denn der Bauer ist sich bewusst, dass er mit seiner Arbeit am großen natürlichen Kreislauf von Leben und Tod, Wachstum und Ernte teilhat.

Diese Gemeinschaft mit dem Naturereignis ist charakteristisch für alle Bräuche der bäuerlichen Feste und Arbeiten. Diese Traditionen zeigen uns, dass der Bauer nicht nur von der Sorge beseelt ist, sich durch den Gewinn aus seiner Arbeit zu ernähren, sondern dass er eng mit dem Land, das er bearbeitet, verbunden ist. Wenn er zu Ostern das Feld mit dem Zweig des Lebens „krönt" und auf einem Pferd um das Feld herumreitet, wünscht er sich, dass die Saat gut ist. Aus diesem Grund wird oft ein geschmückter Strauch, ein „Baum des Lebens", auf das Feld gestellt, und aus demselben Grund sah man früher „Hegelfeuer" leuchten, die Glück auf das Land brachten.

Der Bauer spricht vom blühenden Weizen, sagt, dass er auf dem Feld „wodelt", dass der „Bock" oder der „Eber" durch den Weizen zieht. Diese kuriosen Ausdrücke spiegelten nicht nur das Bild des wogenden Weizenfeldes wider, dessen Ähren vom Wind gejagt werden, sondern verbanden sich mit den göttlichen Kräften, von denen die Fruchtbarkeit des Bodens abhängt.

Der Bauer beginnt die Erntezeit, die Krönung seiner Arbeit, mit demselben Gefühl der Dankbarkeit.

Die Erntehelfer und -helferinnen kommen mit Blumen geschmückt heraus und man beginnt mit der Ernte, indem man einen Spruch oder ein Lied aufsagt. Meistens schneidet der Bauer des Anwesens selbst die ersten Halme ab und verteilt sie dann an die Anwesenden. Manchmal tut dies auch ein Kind und gibt dem Bauern die erste Ähre. Diese ersten Halme werden oft aufbewahrt und - wie die Körner der „letzten Garbe" - mit dem Saatgut für das nächste Jahr vermischt, da sie die Fruchtbarkeit des Bodens symbolisieren. Man füttert damit auch den Hahn des Hauses oder die Vögel, wie in Transsilvanien.

Die nun beginnende schwierige Erntearbeit stellt jedoch eine fröhliche Zeit dar. Die Erntehelfer tauschen oft ihre Stirnbänder und Halstücher aus, bevor das Mähen beginnt, und am Abend, wenn die erste Aufgabe des Tages erledigt ist, finden in Mecklenburg und Pommern ein feierliches Festmahl, die Verkostung des „Kronenbiers" und ein Tanz statt. Der Bauer oder ein anderer Bekannter kommt unerwartet auf das Feld. Er wird dann überraschend „gebunden", heutzutage in der Regel mit grünen Bändern und Schleifen, ursprünglich mit zwei Ähren.

Er wird nur gegen ein Lösegeld freigelassen, das für die Erntehelfer bestimmt ist. Dieser Brauch soll symbolisch Glück bringen, was in mehreren

Sprüchen zum Ausdruck kommt, die vom Mähdrescher-Binder gesprochen werden:

Ich befestige das Ährenband
Die Verbindung, für die sich niemand schämen muss.
Sie müssen ihn nicht lange tragen,
Ich muss Ihnen auch nicht sagen, dass Sie es entfernen sollen.
Jedoch, wie es der alte Brauch verlangt,
Hören Sie sich zunächst den Wunsch an, den ich habe:
Möge der Himmel Ihnen Glück und Freude schenken
Ihr ganzes Leben lang!

Derselbe Gedanke steckt auch hinter dem „Henseln" von Brautpaaren in Hessen, denen eine Ähre an den Armen befestigt wird, oder dem Schmücken von Obstbäumen mit Ähren zu Weihnachten, damit sie im nächsten Jahr schöne Früchte tragen können.

Die Arbeit der folgenden Erntewochen lässt keinen Platz für Feste. Es gibt nur den „Nachtschnitt" in Kärnten, zu dem ein überlasteter Bauer Erntehelfer und Nachleser einlädt und der ebenfalls mit einem Essen und feierlichen Tänzen endet. Dieser Kärntner Brauch fand in Schwaben und in der Schweiz sein ernsteres Pendant in der Tradition der „Nachtjungen", die nachts heimlich bei der Ernte helfen, wenn ein Bauer ein Unglück erlitten hat oder eine Witwe ihre Arbeit nicht bewältigen kann. Dieses Beispiel *verdeutlicht besonders* den Gemeinschaftsgeist der bäuerlichen Welt.

Die Bräuche werden am Ende der Erntezeit reicher und vielfältiger. Da die Ähren auf das letzte Feld fallen, wird der „Wolf" (oder der „Bock", der „Eber" oder der „Hahn") „in die Enge getrieben". Die Garben werden eifrig entfernt und der Mähbinder, der die letzte Garbe vollendet hat, wird als „Braut des Weizens" an diese gebunden. Abgesehen von diesen lustigen Spielen herrscht in anderen Regionen eine große Volksfrömmigkeit, wenn auch heute noch der Schnitter und die Schnitterin um die letzte, besonders große gebundene Garbe, den „Erntebock", den „Erntehahn", die „Alten" oder den „Strohmann" herumtanzen. Sie bringen ihn dann mit der letzten Karre der Ernte zum Bauernhof.

Der letzte Kranz ist geschmückt und mit Kleidung bedeckt. Ein grüner Strauch, ein mit Blumen geschmückter Stab wird hineingesteckt. An seiner Stelle wird manchmal ein geschmückter Baum aufgestellt, in Westfalen ein Walnussbaum, an der Mosel eine kleine Tanne. In vielen Gegenden wird am Ende der Ernte ein Ährenstrauß gebunden und an einem heiligen Ort im Haus oder auf dem Hof aufgestellt.

Oft wird die letzte Garbe auf dem Feld gelassen, manchmal auch der „letzte Weizen", der noch nicht geschnitten wurde, der „Roggen-Waul" wie im Schaumberger Land, wo ein Kind einen mit Blumen oder Bändern geschmückten Stab, den „Ruten-Waul", in den Weizen steckt. Die

Erntehelfer tanzen dann um den Weizen herum und rufen neunmal „Wold" oder „Wauld", oder sie binden ihn zu einem Strauß zusammen und springen darüber hinweg. Nicht nur der Ruf nach Wode oder Wold zeigt, dass dieser Brauch ein Zeichen des Respekts und der Anerkennung der göttlichen Kräfte ist, sondern auch die traditionellen Verse demonstrieren das Gleiche:

Wode, hal dynem Rosse nu voder (Futter),
Nu Distel und Dom,
Thom andern Jahr beter Korn.

(Du Mecklenburg)

Fru Gode, haletju Feuer (Futter)
Dat Jahr upden Wagen,
Dat andre Jahr upde Karr (Karren).

(Aus Niedersachsen)

Aus diesem Grund sagt man auch, dass die letzten Ähren für „Wode's Pferd" (Wotan), für „Frau Gode" oder „Frau Holle", für die „Vöglein des Herrn" oder auch - in religiöser Sprache - „für die armen Seelen" sind. Auch die Früchte und Blumen, die den Altarraum schmücken, sind - derzeit von der Kirche übernommen - nichts anderes als Gaben, die dem Herrn zum Dank gegeben werden.

Die Rückkehr des letzten Wagens stellt jedoch den Höhepunkt und den feierlichen Abschluss der Ernte dar: Pferde und Wagen werden mit Blumen bedeckt, die Erntehelfer fahren singend zum Hof, wo der Bauer oder der Erbe des Anwesens auf sie wartet. Die Bäuerin besprizt den Karren mit Wasser, in Anspielung auf die wohltuenden Kräfte des Wassers des Lebens. An der Spitze des Wagens befindet sich die kunstvoll gefertigte Erntekrone, die mit allen Getreidesorten geschmückt ist. Die Girlande oder der Kranz, den man dem Bauern überreicht, drückt noch einmal den Wunsch nach Glück aus:

Nun wünschen wir dem Bauern Glück
Und bringen ihm die Girlande.
Das ist das Meisterwerk des Schnitters,
Der mehr Wert hat als der Glanz des Goldes.

Auf dem Bauernhof endet die Arbeit der Erntewochen mit einem fröhlichen Fest, das mit einem üppigen Festmahl und dem „Erntebier, von Wodel oder den Alten" beginnt. Wettkämpfe und Spiele, Topf- und Hahnenkämpfe, Wettrennen, Sackhüpfen, Angeln im Buntwater

(Niederdeutschland), Pferdespiele wie der schlesische Goliathspieß oder das Hahnenrennen in der Waldeck wechseln sich mit dem Erntetanz ab, der oft bis zum Morgen dauert. Das auf einem einzelnen Hof gefeierte Fest hat sich zu einem Fest der Dorfgemeinschaft entwickelt, das mit einem fröhlichen Umzug und der Übergabe der Erntekrone an die Bürgermeister der Dörfer beginnt. Im Frühling reiten die Bewohner der Landgemeinde um die Felder herum, und die Bauerngemeinschaften kehren noch einmal auf die Felder zurück, auf denen sie gesät und geerntet haben.

Der Krieg hat all diesen klangvollen Festen ein Ende gesetzt. Aber die Vereinigung des Bauern mit den Mächten ist zu tief, als dass man ihn daran hindern könnte, ihnen zu danken. Das gesamte deutsche Volk vollzieht sie mit ihm. Wie in so vielen anderen Bereichen des Lebens wird der Krieg auch den Erntebrauch reinigen. Nur Dinge, die einen tieferen Sinn tragen, können in den Bräuchen bestehen bleiben. Das Althergebrachte kann durch diesen notwendigen Krieg wieder an Kraft gewinnen, sich neu aktualisieren. Das große Erntedankfest, das vom Führer auf dem Bückeberg feierlich begangen wurde, konkretisiert diese Wiederbelebung, mächtig wie die Volksgemeinschaft, so reich und bunt wie die Blumen und Früchte der deutschen Erde, wie die Eigenheiten der deutschen Volksgruppen und Landschaften.

J. Kern

(Anmerkung des Autors: Die genannten Tiere wie Ziegenbock, Eber und Hahn sind uralte heidnische Fruchtbarkeitssymbole, die von der christlichen Kirche verflucht wurden. Die Begriffe Wode, wauld oder wodelt beziehen sich auf den nordischen Gott Wotan, der die Geschicke der Welt leitete. Hegels Feuer leitet sich von der Hagal-Rune ab, einem Symbol für Glück, Glück und die Ordnung der Welt).

HEFT DER SS NR. 5. 1942.

DAS HEILIGE BROT

Unsere Kindheit wurde von der alten Sage der stolzen Frau Hitt eingelullt, die das Brot verachtete, es verfluchte und zur Strafe in einen riesigen Stein verwandelt wurde. Wie in den meisten deutschen Sagen hat sich auch in dieser ein Mythos aus frühester Zeit erhalten. Das Leben und Heil bringende Brot war in Mitgard, in der von den Göttern geschützten Menschenwelt, heilig. Wer seine Stimme gegen es erhob, musste nach Udgard zurückkehren, der verlassenen Welt der Steinriesen in Geist, den Toten wurde ein wenig Weizen ins Grab gelegt; der Ort im Haus, an dem der Weizen aufbewahrt wurde, war ein heiliger Raum, und die germanischen Markthallen bargen ein Heiligtum, in dem das göttliche Leben selbst wohnte. Sehr alte Mythen von Völkern, die mit uns verwandt sind, erzählen vom Leiden und vom Opfer, das der Inhaber des göttlichen Heils erlebt; eines unserer Märchen handelt von der Königstochter, dem neuen Leben, das durch das ständige Erleiden aller Ungerechtigkeiten befreit werden muss. Die Griechen erzählten, dass Dionysos, der Sohn des Zeus, von den Titanen zerrissen und verschlungen wurde; doch die zerschmetterten Titanen zeugten die Linie der Menschen, die alle Teile von Dionysos in sich tragen. Die Germanen schufen den Brotmythos auf einer ganz ähnlichen Grundlage; Wodan, der noch heute bei unseren Bauern lebt, bringt sich selbst als Opfer dar, ebenso wie er auch das Leben der Menschen nimmt, wenn es nötig ist. Aber er lebt in verschiedenen Formen weiter: im heiligen Brot ebenso wie im berauschenden Getränk, wobei er als dessen Erfinder geehrt wird und durch das er den Geist des Menschen transmutiert und erhebt.

Der alte Geist des Getreides lebt noch heute in unserem Volksglauben durch verschiedene Symbole weiter; sei es der Strohmann, der die Kinder aus dem Korn vertreibt, um die heiligen Früchte zu schützen; sei es der „Roggenhahn" oder das „Roggenschwein", die die Bilder des Lebensgeistes darstellen und auch der letzten Garbe ihren Namen geben. Eine uralte mythische Idee verkörpert sich im Erntehahn, der in vielen deutschen Regionen den letzten Wagen schmückt und als hölzernes Symbol auf dem Scheunentor angeordnet ist.

Brot und alle Kuchen sind also heilig. Schon in archaischen Zeiten wurde das Brot in die Form der Symbole des Kreises, der die heilige Welt repräsentiert, des Jahresgottes oder seiner Opfer, aber vor allem in die Form des Zeichens der ewigen Wiedergeburt und des siegreichen Lebens, des Hakenkreuzes, gebracht. Bei jedem neuen Jahr wurde dieses Gebäck zu Ehren der lebensspendenden Gottheit gegessen. Das Essen des Brotes verkörperte symbolisch die Wiedervereinigung von Gott und Mensch; daher nahmen auch die Toten des Clans und des Volkes daran teil. Noch heute wird am Totenfest das „Brot aller Seelen" verteilt, da auch sie dem großen Gesetz des Universums unterworfen sind.

Der Bauernstand ist also edel und er vollbringt das heiligste Werk: Er ist der Hüter und Beschützer des heiligen Brotes, in dem das Göttliche lebt. Die Achtung vor dem heiligen Brot bedeutet die Achtung vor den Gesetzen des Lebens, die die Quelle der Unsterblichkeit sind.

J.O. Plaßmann

IV. KUNST

HEFT DER SS NR. 6. 1943.

DAS OBERSTE GEBOT IN JEDER KÜNSTLERISCHEN BEURTEILUNG

Nur das, was wirklich groß ist, bleibt ewig erhalten und findet garantiert dauerhafte Beachtung. Die Tatsache, dass es unzählige große Werke gibt, ist nicht einmal ein Nachteil!

Es ist ein Fehler, den großen kulturellen Schöpfungen herausragender Kunsthelden das sehr oft zeitlich bedingte Sperrfeuer herrschender und kurzlebiger Kunstauffassungen entgegenzusetzen. Nur eine für die Kunst völlig unempfängliche Natur kann sich ein solches Verfahren ausdenken. In Wahrheit ist es ein Fehler und eine Respektlosigkeit gegenüber unserer großen Vergangenheit und darüber hinaus eine historische Dummheit. Nur jemand, der respektlos ist, wird Mozarts „Zauberflöte" verurteilen, weil der Text seinen ideologischen Vorstellungen zuwiderläuft. Ebenso wird nur jemand, der unfair ist, Richard Wagners „Ring" ablehnen, weil er nicht mit seiner christlichen Sichtweise übereinstimmt; oder Wagners „Tannhauser", „Lohengrin" und „Parsifal", weil er nicht in der Lage ist, sie aus einem anderen Blickwinkel zu beurteilen. Ein großes Werk beinhaltet einen absoluten Wert an sich. Dieser Wert kann nicht anhand einer Auffassung beurteilt werden, die außerhalb des künstlerischen Werks selbst liegt und von einer Epoche bedingt ist!

Wenn im Übrigen jede Generation das Recht beanspruchen würde, künstlerische Werke aus einer anderen politischen, ideologischen oder religiösen Vergangenheit zu entsorgen, dann würde dies bei jedem politischen Umbruch die Zerstörung der Kultur bedeuten, die dem jeweiligen politischen Umfeld fremd ist.

Aus diesem Grund schreibt das oberste Gebot bei jeder künstlerischen Beurteilung vor, dass man den wahren kulturellen Schöpfungen der Vergangenheit die größte Toleranz entgegenbringen muss. Eine große Epoche kann es sich nur dann leisten, die Arbeit der Vorfahren (die sie auch für sich selbst wünscht) sowohl politisch als auch kulturell zu respektieren, wenn ihre Ära bei den Nachkommen Anerkennung findet.

Adolf Hitler auf dem Reichsparteitag der Arbeit 1937.

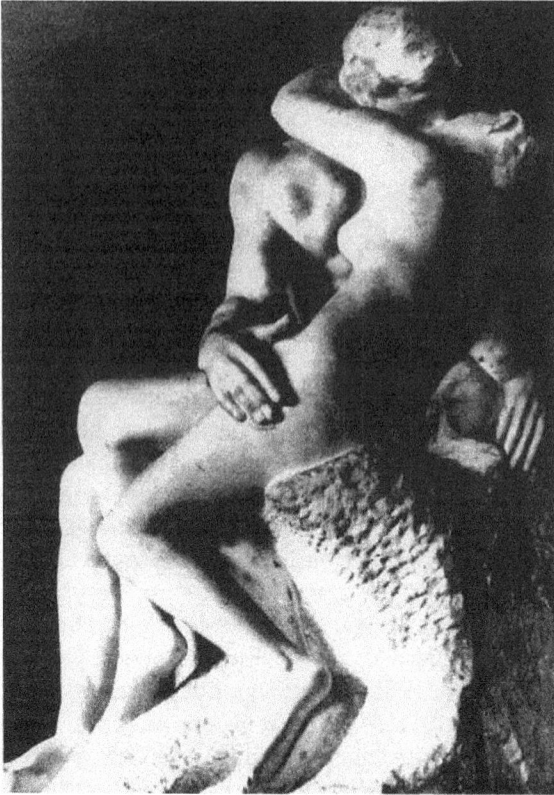

„Der Kuss" von Auguste Rodin.

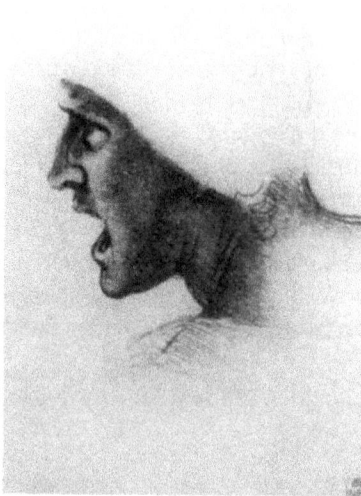

„Heulender Krieger", Rötel von Leonardo da Vinci.

„Meditatives Mädchen" von Schnorr v. Carolsfeld.

Wer etwas erschaffen will, muss fröhlich sein.

Goethe

HEFT DER SS NR. 1. 1943.

KÜNSTLER UND SOLDAT

Jedes Heft der SS wird von einer bestimmten Leitidee beherrscht. Insofern verfolgen wir eine bestimmte Absicht.

Unser Anliegen ist es also nicht nur, die Hefte interessant zu machen. Wer nur Unterhaltung sucht, wird sie in den Heften der SS nicht finden. Der Weg der Leichtigkeit, d. h. mit freundlichen, leicht verdaulichen Artikeln die Zustimmung aller zu fordern, wäre auch viel einfacher und angenehmer. Doch zu diesem Zweck gibt es andere Bücher und Hefte.

In den Heften der SS wollen wir den Leser nicht zerstreuen und ablenken, sondern im Gegenteil seine besten Kräfte bündeln und ihn dazu bringen, über sich selbst, d.h. über seine wahre Substanz nachzudenken. Nur so können wir den Kameraden helfen, sich selbst zu verwirklichen und ihre Aufgabe innerhalb der Sippengemeinschaft der SS und des Volkes zu erfüllen. Wenn wir in Briefen immer wieder denselben Satz in ähnlichen Formulierungen auftauchen sehen: „Für mich sind die SS-Hefte ein Trost vor jedem neuen Kampf", oder wenn ein junger Künstler uns schreibt: „... Dieser Artikel hat mich zum ersten Mal spüren lassen, was ich noch in mir finden muss, um Künstler zu werden", dann zeigen solche Beispiele deutlich, welchen Weg wir gehen.

Das vorliegende Heft wird von der Leitidee „Härte" bestimmt. Der Soldat weiß, dass Härte notwendig ist, um im Kampf durchzuhalten und Rückschläge zu ertragen. Und er spürt auch, dass es die Härte ist, die es ermöglicht, jede Arbeit zu erledigen.

Aber es ist ihm nicht klar, dass man, um die Kunst zu verstehen, auch die Schwelle der Härte überschreiten muss.

Die einen halten alles für Kunst, was ihnen auf den ersten Blick gefällt. Ohne Müdigkeit glauben sie, das Heiligtum bereits betreten zu haben, und berufen sich oft auf die Worte des großen Meisters: „Ernst ist das Leben und fröhlich ist die Kunst". Sie wissen eben nicht, dass eine fröhliche Kunst oft das Ergebnis eines harten Kampfes war, wie zum Beispiel die Kunst, die uns Mozart geschenkt hat.

Die anderen sagen: „Ich verstehe nichts davon", wenn es um Kunst geht. Bevor sie lernen können, welche Bereicherung die Kunst für ihr Leben darstellen könnte, verschließen sie die Tür vor ihren Kräften. Stattdessen geben sie sich mit Ersatzprodukten zufrieden, mit leichter verdaulicher Nahrung, mit faden, oberflächlichen und wertlosen Werken. Sie ziehen eine Fotografie einem Kunstwerk vor, dessen Tiefe sich nicht auf den ersten Blick erschließt. Sie verschlingen Dutzende von Büchern für drei Pfennige, während sie angeblich keine Zeit haben, ein wertvolles Buch zu lesen. Das kann nicht unsere Position sein.

Wer am harten Krieg im Osten teilgenommen hat, weiß auch, dass es Zeiten der Besinnung gibt, in denen man gerade in der Kunst nach Einfachheit sucht und daraus verborgene Kräfte schöpft.

Dennoch sagen viele: „Wie kann man unseren Kampfsinn mit unserem Kunstsinn vergleichen! Kampf bedeutet Arbeit, Müdigkeit, Schmerz und Opferbereitschaft. Von der Kunst aber erwarten wir Entspannung und Zerstreuung".

Sie sagen „Entspannung und Ablenkung"? Warum seid ihr so bescheiden, wo ihr doch das Größte von ihm verlangen könnt? Warum verlangt ihr so wenig von der Kunst? Warum verlangt ihr von ihr keine schöpferische Kraft, kein ewiges Leben und keine göttliche Freude? Wissen Sie nicht, dass die Kunst all dies geben kann? Aber vielleicht kennen Sie die wahre Bedeutung der Kunst nicht. Viel zu lange hat sie ihren rechtmäßigen Platz im Leben verloren. Sie war, wie die Religion, nur ein schönes Accessoire für

Feierabende und Sonntage. Sie war ein bunter Vogel, ein Luxus, auf den man im Notfall verzichten konnte.

Doch was ist wahre Kunst in Wirklichkeit? Sie ist die reinste Verkörperung der Weltanschauung. Durch das Geschenk der Kunst hat Gott den Menschen die Fähigkeit verliehen, sein Gesetz darzustellen.

Ein Beispiel: Durch die Befolgung der Rassengesetze können wir durch die richtige Wahl in der Ehe unsere Rasse dem Bild annähern, das dem göttlichen Willen entspricht. Im Sport können wir den Körper trainieren, um ihm die richtige Form für den Zweck zu geben, der ihm vorherbestimmt wurde. In der Kunst jedoch kann das Genie einen idealen menschlichen Körper formen, der dem Naturgesetz entspricht.

Ein weiteres Beispiel: Ursprünglich spiegeln die Landschaften nur grob den Abdruck des Schöpfers wider. Diejenigen, die von reinen Rassen geformt wurden, kommen dem sehr nahe. Doch das Bild dieser Landschaft in seiner ganzen Pracht widerzuspiegeln, ist eine Gabe, die Gott dem Künstler verliehen hat, d. h. diesem Künstler (ein anderer verdient den Namen nicht), der seinerseits den Schöpfer dazu zwingt, sich ihm zu offenbaren.

Die entscheidende Tatsache ist, dass der Künstler Gott nur durch extreme Arbeit an sich selbst spüren kann. Er gibt sein Bild im menschlichen Körper oder in der Landschaft, die er darstellt, wieder. Dieses Bild in Stein oder auf Leinwand festzuhalten, ist für ihn immer noch ein hartes Stück Arbeit.

Wie schwierig es für einen Schöpfer ist, seine große Aufgabe zu erfüllen, lässt sich nicht auf die übliche Weise beurteilen. Lesen wir die Biografien eines Rembrandt, eines Andreas Schlüter, eines Tilman Riemenschneider, eines Schiller, Mozart oder Beethoven. Sie mussten mit sich selbst kämpfen, um jedes Hindernis, jede äußere oder innere Fessel loszuwerden, um das Werk zu befreien, damit nur die schöpferische Seele übrig bleibt, die frei ist, den göttlichen Auftrag wahrzunehmen und auszuführen. Es gibt nur einen Vergleich, den man anstellen kann: die Härte des Soldaten, der bewusst sein Leben riskiert.

In diesem Bereich sind Soldat und Künstler im Erfolg, der mit glühender Anstrengung erzielt wurde, verwandt.

Haben nicht viele von Ihnen bei extremer Gefahr, wenn alle Schwächen besiegt sind, diesen Moment gespürt, in dem plötzlich Kräfte freigesetzt werden, die vorher unbekannt waren? Es ist, als würde eine Hülle platzen, in der man immer eingesperrt war. Man springt heraus und fühlt sich wie ein Gott oder ein Kind. Es gibt kein Zögern, kein Nachdenken, keine Zweifel, keine Rücksichtnahme mehr. Man handelt frei und richtig und kann alles tun, was im Augenblick getan werden muss. Das ist das Gefühl, das Schiller meinte, als er schrieb: „Wer dem Tod ins Auge blicken kann, der Soldat allein ist der freie Mensch".

Ein junger Dichter unserer Zeit hat die Verwandtschaft zwischen Soldaten und Künstlern in ihrer schöpferischen Natur besonders deutlich gespürt. Er schrieb uns vor kurzem, inmitten der heißesten Kämpfe an der Ostfront: „Ich kann nicht sagen, welche Freude und welchen Stolz ich empfinde. Ich würde gerne eine Legende erzählen, in der ein ganzes Volk geboren wird und über Generationen hinweg lebt. Ich weiß, dass ich eines Tages in der Lage sein werde, das auszudrücken, was mein Herz in dieser Stunde des Krieges in sich birgt. Ich möchte ein Goldsucher in meinem eigenen Herzen werden, alles, was ich erlebe, weitergeben und alle Menschen bereichern."

Natürlich kann Härte *allein* weder dem Soldaten noch dem Künstler Wissen bringen. Es bedarf noch weiterer Tugenden und Gaben. Härte ist jedoch ein nicht zu vernachlässigender Faktor.

Und genau um dieses Thema geht es in meinem Artikel. Gerade dieses Wissen um die Gemeinsamkeit, die zwischen Künstlern und Soldaten besteht, soll Ihnen, Kameraden, den Zugang zu einer neuen Beziehung zur wahren Kunst ermöglichen, die allein Ihrer würdig ist. Der Weg dorthin ist nicht einfach. Aber wer könnte ihn bewältigen, wenn nicht Sie, die Sie die härtesten Kämpfe und die Übermacht der Bolschewisten überwunden haben? Kunst zu verstehen ist natürlich nicht das, was sich viele von Ihnen auch heute noch vorstellen. Es steht jedoch nicht im Widerspruch zu den Erfahrungen, die Sie als Soldaten und Kämpfer gemacht haben. Im Gegenteil, es steht in engem Zusammenhang.

Trotz allem haben Sie es leichter geschafft als die Künstler selbst. Sie gehen Ihnen auf dem Weg voraus; sie suchen den steilen Abhang und zeigen ihn Ihnen. Aber sie selbst müssen ihm folgen. Das kostet Schweiß und Ausdauer.

Im Gegenzug winkt Ihnen die göttliche Belohnung vom höchsten Gipfel zu.

Sie werden sie sicherlich finden, denn sie ist in Ihnen selbst. Einige haben es bereits „durch Zufall" geschafft. Nachdem sie alles aufgebraucht hatten, mussten sie sich aus Verzweiflung dazu durchringen, „ernste Dinge" zu lesen, zunächst widerwillig, dann mit Begeisterung. Am Ende hatten sie verstanden, dass man klassische Lyrik nicht wie einen Roman von Kolbenheyer inhalieren kann, sondern dass ein echtes poetisches Werk mehr Kraft und Lebensfreude verleihen kann als ein Haufen oberflächlicher Literatur. Wer sich dessen in einem Moment der Klarheit bewusst geworden ist, muss auch die Kraft aufbringen, die höheren Prinzipien hervorzuheben.

Er wird eines Tages die fruchtbaren Früchte ernten, nachdem er die schwierigen Augenblicke erlebt hat, in denen er sich bemühte, die große Kunst zu verstehen, die mit den gefährlichsten Momenten eines Kampfes vergleichbar sind. Er wird Schätze finden, die er bis dahin nicht ahnte und an denen er blind vorbeigegangen ist.

Hans Klöcker

HEFT DER SS NR. 5. 1944.

DEUTSCHE KÜNSTLER UND DIE SS

Kunstausstellung in Breslau

Es gab einmal eine Zeit, in der der militärische Geist und die Kunst für unvereinbar gehalten wurden. Damals betrachtete man das eine als eine Angelegenheit von Säbelrasslern und das andere als einen böhmischen Impuls von Mansardenbewohnern. In Wirklichkeit waren diese Ausdrucksformen zweier Welten nur deren Karikaturen. Das wahre Wesen der militärischen und der künstlerischen Welt ist völlig unterschiedlich, denn im Grunde haben sie viel gemeinsam. Sie haben denselben Ursprung, nämlich die Rasse, die aus ihrem Blut die Soldaten und die Künstler hervorbrachte. Der aufmerksame Beobachter wird sich nicht über die Tatsache wundern, dass unsere genialsten Soldaten eine Künstlernatur besaßen und dass unsere größten Künstler auch eine Soldatennatur hatten. Friedrich der Große hat nicht nur Sans-Souci geschaffen, sondern auch alle Künste seiner Zeit mit seinen eigenen Ideen befruchtet. Erwähnt sei auch der große Kaiser Friedrich II. von Hohenstaufen. Prinz Eugen beriet nicht zufällig die größten Künstler und Architekten seiner Zeit, als er Lukas von Hildebrandt und Fischer von Erlach mit dem Bau des Belvedere in Wien beauftragte. Er selbst war Künstler. Leonardo da Vinci, der vielseitigste Künstler aller Zeiten, arbeitete für seine Fürsten sowohl als Architekt, Waffenerfinder und Berater für neue militärische Operationspläne als auch als Künstler. Man kann auch jene zahlreichen Beispiele anführen, bei denen ein militärisches Talent nicht direkt erkennbar war. Wir können uns die Werke von Goethe, Schiller, Lessing und Kleist, die Kriegsszenen enthalten, nicht vorstellen, ohne dass sie von einem lebhaften Interesse und einer echten Vertrautheit mit der Welt des Militärs beseelt gewesen wären. Doch in beiden Fällen, sowohl wenn große Soldaten ein künstlerisches Genie zeigten, als auch wenn große Künstler sich als herausragende Soldaten erwiesen, war dies nie das Ergebnis eines einseitigen Sonderinteresses. Für diese schöpferischen Menschen waren diese beiden Welten lediglich unterschiedliche Ausdrucksformen einer großen Idee. Ideen sind nichts anderes als die Reflexionen der Seele, der Ausdruck einer Essenz. Die große Idee, die das beginnende Jahrtausend beherrschen wird, ist der Nationalsozialismus. Ihr Schöpfer, der Führer Adolf Hitler, ein Soldat und Künstler, hat ihre Umrisse bereits an der Schwelle zum neuen Zeitalter mit einem ehernen Griffel eingemeißelt - der Geist des Militärs und der Kunst. Die SS, der Orden des

Führers, der als Waffen-SS den militärischen Aspekt unserer Weltanschauung repräsentieren soll, fühlt sich auch dazu berufen, aktiv und anregend am künstlerischen Schaffen der zukünftigen Epoche mitzuwirken. Der Grund dafür ist, dass das Wesen des Nationalsozialismus schöpferisch ist, und das der Waffen-SS ist es, die Speerspitze dieser Idee zu sein. Die Ausstellung „Künstler und die SS" in Breslau ist nur ein Anfang. Das Wichtigste ist, dass sie im fünften Kriegsjahr stattfindet. Es wird ein Aufruf an alle gegenwärtigen und zukünftigen Künstler im Reich gerichtet, die Reichsidee und die immer mächtigere Ordnung als Thema für ihre Werke zu wählen, damit der militärische Ausdruck des Reiches an allen Fronten seine Entsprechung in künstlerischer Form findet.

HEFT DER SS NR. 2A. 1941.

SCHÖNHEIT IM ZEICHEN DER SS-RUNEN

Allach, Aufgaben und Ziel

Kein Volk lebt länger als die Dokumente seiner Kultur!

Als Bezugspunkt für alle Fragen kultureller Art, die das deutsche Volk betreffen, bestimmt dieses Wort des Führers den Geist der Porzellanmanufaktur Allach in München.

Viele Menschen werden sich fragen, warum die SS Porzellan herstellt. Die Erklärung ist einfach. Schon seit langem hatte der Reichsführer geplant, die Wirkung des SS-Geistes auf die Kulturarbeit zu intensivieren, was vor der Machtübernahme nicht wirklich möglich war. Daher gründete er 1935 die Allacher Porzellanmanufaktur in München; das Hauptinstrument seines Willens auf diesem Gebiet.

Dem Reichsführer ging es nicht darum, eine neue Porzellanmanufaktur mit dem Ziel zu gründen, wirtschaftliche Werte zu produzieren - also Geld zu verdienen. Von Anfang an hatte Allach zunächst die Aufgabe, aus dem attraktivsten Material, das es gibt, dem Porzellan, künstlerische Werke und Gegenstände des täglichen Gebrauchs zu schaffen, die dem Geist unserer Zeit entsprechen und für kommende Generationen Zeugnis ablegen vom künstlerischen Empfinden und dem Gestaltungswillen unserer Zeit.

Jede Epoche bringt die für sie typischen Ausdrucksformen hervor und passt sie ihrem kulturellen Stil an. So ist es auch in unserer Zeit. Die großen Bauten des Führers lassen uns einen - unseren - neuen Stil entstehen, zu dessen dekorativer Kunst auch die Entwicklung neuer Keramikformen gehört.

In diesem Sinne beauftragte der Reichsführer SS Allach, ein Beispiel in der künstlerischen Gestaltung, der Qualität des Materials, der Ausführung und der Rechnung sowie der Preisgestaltung zu geben.

Ein Rückblick kann zeigen, welcher Geist die Porzellanproduktion beseelte: Früher wurden fast alle Porzellanmanufakturen von Fürsten gegründet (Berlin von Friedrich dem Großen, Meißen von August dem Starken, Sèvres von der Marquise de Pompadour, um nur einige Beispiele zu nennen). Abgesehen von einigen wenigen Ausnahmen hatten sie die Aufgabe, zum Ruhm ihrer Gründer edles Porzellan von hohem künstlerischem Wert herzustellen, und vernachlässigten dabei jeglichen wirtschaftlichen Nutzen. Große Künstler wurden angestellt und konnten ihre Projekte in Ruhe und Abgeschiedenheit, frei von allen materiellen Sorgen, verwirklichen. So entstanden wunderbare Porzellane, die den Geist ihrer Zeit, des Rokoko und des Empire widerspiegelten - künstlerische Werke, die immer ihren Wert behielten und die größte Bewunderung verdienen, weil sie das künstlerische Empfinden ihrer Schöpfer zum Ausdruck bringen.

Einzelexemplare und Massenartikel

Doch die Zeiten änderten sich. Für fast alle Porzellanmanufakturen (man beachte den bedeutungsvollen Namen „Manufaktur" [manu= mit der Hand], für deren Arbeit auch heute noch die Künstlerhand des Menschen erforderlich ist) wurden finanzielle und wirtschaftliche Fragen zunehmend wichtiger. Bald war der Profit ausschlaggebend. Mäzene und fürstliche Kommissionäre machten den Händlern Platz. Allzu oft wurde die Kunst als vernachlässigbarer Wert betrachtet. In dieser Zeit des künstlerischen Niedergangs gelang es einigen renommierten Manufakturen, ihrem Geist treu zu bleiben.

Das repräsentative Arische einer bestimmten Art von Werten wird zum absoluten Maßstab in der Kunst. Porzellan der SS-Manufaktur Allach.

Verschiedenes Porzellan aus Allach: Links, Vase mit frühgeschichtlichen Motiven. Rechts, Kerzenleuchter, der in SS-Familien zur Geburt jedes Kindes überreicht wird.

Amazonas.

Zunächst ist da die Bildhauerei. Oftmals führte sie zu häuslichen Schrecken, weil es an künstlerischem Geist fehlte oder die Arbeit schlampig ausgeführt wurde. Allach sah es daher als seine erste Aufgabe an, den wahren nationalen Kunstsinn zu fördern. Um ehrlich zu sein, war dies nicht einfach und es konnten noch nicht alle Projekte verwirklicht werden. Zunächst mussten Künstler gefunden und eingestellt werden, die mit ihrer genialen Inspiration und ihrem kreativen Talent Kunstwerke schufen.

Aber der Reichsführer sagte: *Die Kunst muss in jedem Haus vorhanden sein, aber vor allem im Haus meiner SS!* Jeder Tisch muss mit elegantem Geschirr gedeckt sein, nicht nur in den Wohnungen, sondern auch - und zuerst - in den Kantinen, damit der deutsche Arbeiter und der Kämpfer in seinen Ruhestunden durch die Harmonie seiner Umgebung neue Kraft schöpfen können. Es ist unbestritten, dass das einfachste Gericht in einem schönen Geschirr besser schmeckt als der teuerste Braten, der in einem Napf serviert wird! Allach will diesem Vorhaben des Reichsführers SS bestmöglich dienen.

In den wenigen Jahren seit der Gründung der Manufaktur in Allach erlangte diese eine herausragende Stellung in der Porzellanproduktion. *Heroische Jünglingsfiguren* aus der Wehrmacht oder den Parteivereinen, erstaunlich wahrheitsgetreue *bäuerliche Folklorefiguren* und vor allem *edle Tierplastiken,* die das Tier in seiner ganzen Schönheit zeigen, wurden dank unseres heutigen Empfindens hergestellt. Es sind Werke, die als Zeugnisse eines natürlich starken künstlerischen Gefühls und eines pflichtbewussten schöpferischen Willens angesehen werden müssen.

Keramiken, Krüge, Vasen und Kerzenständer enthalten eine Schönheit, die jedem deutschen Haushalt zugute kommt. Das Ziel des Reichsführers SS, dass jeder Gebrauchsgegenstand - und sei es der einfachste Wasserkrug - von makelloser Schönheit sein sollte, wurde somit auf wunderbare Weise erreicht. Die großen Kulturschätze, die bei zahlreichen Ausgrabungen entdeckt wurden, lieferten Inspirationen für Design und Dekoration, die in den Stil unserer Zeit übersetzt wurden. So wurde eine Brücke geschlagen, die die natürlichen Schöpfungen unserer Vorfahren mit dem heutigen Kunstgefühl verband.

Es wurden - und werden - Gebrauchsgegenstände geschaffen, die durch ihre Schönheit und Nützlichkeit schon jetzt jede Kritik beiseite fegen. Im Laufe der Zeit müssen schließlich alle hässlichen und unpassenden Formen eliminiert und durch schönes Gebrauchsgeschirr ersetzt werden.

Im Bewusstsein, dass die Umwelt einen enormen Einfluss auf das Wohlbefinden und die Einstellung des Menschen hat, befahl der Reichsführer seiner Porzellanmanufaktur in Allach, in diesem Sinne zu handeln. Der Haushalt eines jeden SS-Mannes oder einfach eines jeden Deutschen sollte nur kunstvolle Gegenstände und Geschirr von bestem Geschmack besitzen. So bietet Allach dem in seiner täglichen Umgebung arbeitenden Menschen die Schönheit, die ihn regeneriert und ihn würdig macht, die großen Aufgaben zu erfüllen, die ihm von unserer heroischen Zeit gestellt werden.

W.

HEFT DER SS NR. 4. 1938.

DAS GESETZ DER SCHÖNHEIT

Alles, was für uns von ewigem Wert ist, unterliegt ehernen Gesetzen. Selbst wenn wir den Lauf der Sterne aufhalten wollten, würden sie ihren Weg nach ewigen Gesetzen fortsetzen, so wie auch die Natur dem rhythmischen Gesetz von Geburt und Tod folgt. Die ewigen Gesetze lehnen Chaos, Zerfall und die Zerstörung aller Werte ab.

Lange bevor der Mensch das Gute in den Dingen erkannte, gehorchte er in seiner schöpferischen Tätigkeit bereits seinem Gesetz. Wer unsere reichen Kunstgalerien mit Andacht durchwandert hat, versteht, warum ihn die klassischen Marmorstatuen der alten Griechen mit ihrem Charme genauso beeindrucken wie die schönsten Werke der Gegenwart. Dreitausend Jahre sind vergangen, ohne dass das Schönheitsideal, das die Griechen beseelte und dem auch wir unsere tiefe Bewunderung entgegenbringen, Schaden genommen hätte.

Es gab eine Zeit, in der es Mode war, Kunst als etwas Totes zu betrachten, was auch heute noch in diesen langweiligen Kreisen, die sich für Dinge „des schönen Geistes" interessieren, kolportiert wird. Sie machen sich große Sorgen um den angeblichen Mangel an neuen kreativen Ideen und versuchen auf diese Weise zu beweisen, dass die Künstler unserer Zeit nur die Antike kopieren können.

Aber kein schöpferischer Künstler kann wirklich etwas schaffen, wenn er vom klassischen Gesetz der Schönheit abweicht. Die unsterblichen Werke eines Michelangelo versuchen nicht, die Werke der großen griechischen Meister Polyklet oder Lysipp nachzuahmen, sondern sind intuitive Schöpfungen, die nach den ewigen Gesetzen der Schönheit geschaffen wurden.

Leonardo da Vinci war der erste, der das Prinzip der Schönheit erkannte. Ihm wird die Formel des „Goldenen Schnitts" zugeschrieben: $a : b = b : (a+b)$. Das bedeutet, dass der menschliche Körper vom Scheitel bis zum Nabel demselben Proportionsverhältnis unterliegt wie die anderen unteren Teile und umgekehrt mit dem gesamten Körper. Die Vernachlässigung der Regel des „Goldenen Schnitts" kann nicht zu einer neuen Kunstform führen, sondern zur Verneinung des Gesetzes der Schönheit und damit zum Chaos.

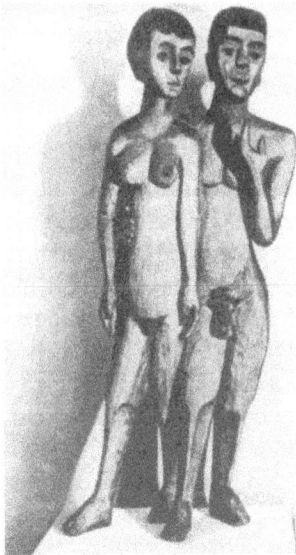

Skulptur aus der Ausstellung „Entartete Kunst".

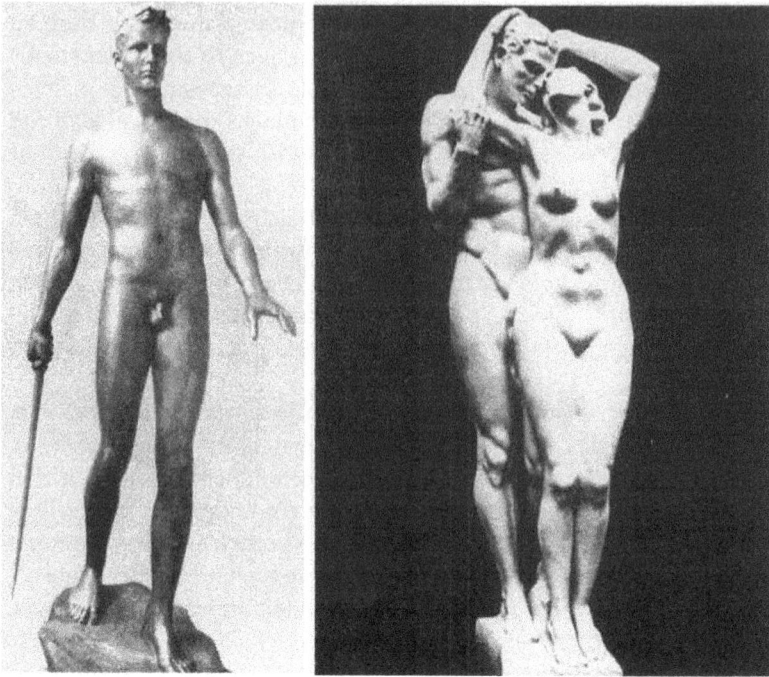

Die künstlerische Sensibilität spiegelt die Unvereinbarkeit bestimmter Menschenbilder wider.
Links, „Junger Knabe" von Fritz von Grävenitz.
Rechts, „Paar" von Josef Thorak.

Erinnern wir uns nur an jene „Revolutionäre", die den „Goldenen Schnitt" gerne negierten. Es waren die dadaistischen Künstler und all jene, die sich zu Recht zu den „Primitiven" zählten und sich für die Vorläufer einer neuen Epoche hielten. Was sie uns hinterlassen haben, sind Ungeheuer und keineswegs menschliche Porträts, deren Anblick uns erheben und nicht entsetzen sollte. Welcher Maler kann ungestraft die Regeln der Perspektive vernachlässigen, ohne Scheinwerke zu produzieren, die wir zu Recht als entartete Kunst betrachten? Der Architekt muss immer zwei grundlegende Elemente berücksichtigen, die tragenden und die tragenden Teile, um sie zu einem harmonischen Ganzen zusammenzufügen.

Auch in der Architektur glaubte man, den klassischen Beispielen widersprechen zu müssen, indem man bemerkte, dass sich die Fassade an die Organisation des Raumes anpassen muss und nicht umgekehrt. Das Gebäude wurde in zwei gegensätzliche und unvereinbare Teile geteilt. Die Kunst der Architektur liegt jedoch darin, diese beiden Elemente harmonisch miteinander zu verbinden. Die Entartung der Goldenen Regeln kommt in diesen Häusern zum Ausdruck, deren Wände asymmetrische und unterschiedlich große Fenster haben, was nur die Unfähigkeit dieses

Architekturstils beweist, der glaubt, die Gesetze der Schönheit auslassen zu können.

Vor nicht allzu langer Zeit wurden unsere Kunstgalerien um ein einzigartiges Stück bereichert, das der Führer erworben hatte: den Diskobolus von Myron. Wir sehen darin die Präsenz aller Gesetze der Schönheit, auch in Bezug auf die perfekte Harmonie des Körpers. Er wird in genau dem Moment dargestellt, in dem er die Scheibe schwingt, um sie anschließend zu werfen. Es ist der Moment, in dem zwei verschiedene Bewegungen einander ablösen; das Schwingen des Arms, der „tote Punkt" vor dem eigentlichen Wurf.

Es ist nicht möglich, einen beliebigen Moment innerhalb der Bewegung zufällig auszuwählen. Ob ein Pferd springt oder ein Mann läuft, es gibt immer einen „toten Punkt" innerhalb der Bewegungen, aus denen sich die Handlung zusammensetzt.

„Sankt Georg", Holzschnitt von Lucas Cranach (1472-1555).

Heute kennen wir die Regel der Schönheit, die künstlerische Werke, ihren Aufbau und die Komposition regelt. Die antiken Künstler wussten zwar nichts über die Formel des „Goldenen Schnitts", aber ein gesundes künstlerisches Gefühl leitete sie.

Lange Zeit glaubte man, dass es kein absolutes und ewiges Gesetz für die Kunst gibt. Man dachte an den Geschmack der jeweiligen Zeit und glaubte, dass jeder sein eigenes Schönheitsideal besaß. Kunst wurde mit Mode verwechselt. Wenn man eine Kunstgalerie besucht, in der die schönsten Werke der letzten Jahrhunderte ausgestellt sind, wird man feststellen, dass es kein einziges Werk gibt, das dem „Geschmack des Publikums" entsprach, also „in Mode" war. Wir werden heute mit solchen Werken konfrontiert, ohne sie zu verstehen, denn der Betrachter soll durch das Kunstwerk das Gefühl spüren, das den Künstler bei seiner Schöpfung beseelte. Denn kein Kunstwerk kann verstanden werden, wenn es zuvor intellektuell erklärt werden muss. Ein Kunstwerk spricht für sich selbst, sonst ist es keines. Und es ist bemerkenswert, dass alle „Künstler", die, um ihre Unfähigkeit zu verbergen, neue Wege gehen und glauben, sich so den Gesetzen der Schönheit entziehen zu können, jeder echten Kunst feindlich gegenüberstehen, die sie für verstaubt halten. Sie versuchen, denjenigen, der die ewigen Gesetze der Schönheit respektiert, als vulgären Nachahmer der Antike ins Abseits zu drängen.

Die Kunst gibt demjenigen, der sich an ihre Gesetze hält, alles. Wenn man heute einen Mann betrachtet, der seinen Körper durch körperliche Übungen härtet und abhärtet, kann er sich dem Ideal annähern und Myrons Diskobolus ähneln.

Schönheit ist ein genau umrissener Begriff, der sich im Laufe der Jahrhunderte als richtig erwiesen hat. Jede Rasse mag ihr eigenes Schönheitsideal besitzen, doch dieses bleibt für die jeweilige Rasse einzigartig und absolut.

Wir sehen also, dass auch der Künstler in seiner kreativen Freiheit an eherne Gesetze gebunden ist, die er nicht umgehen kann, wenn er nicht in Chaos, Zerfall und nihilistischem Kulturbolschewismus versinken will.

SS-Ustuf. V. J. Schuster.

Das Kunstwerk ist materialisierte Religion.

Wagner

HEFT DER SS NR. 3. 1938.

ARCHITEKTUR ALS AUSDRUCK DER GEMEINSCHAFT

Es wird immer wieder versucht, die Architektur in zwei Ausdrucksformen zu unterteilen: sakrale und profane Architektur, wobei der Gegenstand und der Zweck, dem er dienen kann, verwechselt werden. Eine gotische Kathedrale ist nicht deshalb Ausdruck des Wunsches nach christlicher Kultur, weil in ihr Messen abgehalten werden. Sonst würde sich die Gotik nur im Bau von Kirchen ausdrücken. Aber wenn man heute in Deutschland unterwegs ist, betrachtet man mit gleicher Bewunderung gotische Rathäuser und gotische Stadttürme. All diese Gebäude wurden *von der Gemeinde für die Gemeinde* errichtet. *Sie* dienten der Gemeinde als Versammlungs-, Verwaltungs- oder Verteidigungsort. Sie stehen vor uns als Monumente, die von der Größe der Gemeinschaft zeugen.

Wer heute den Tempel der Athene, den Parthenon auf der Akropolis in Athen, betrachtet, empfindet eine tiefe Bewunderung für die Architektur der Griechen und denkt sicherlich nicht an den religiösen Ritus, der die Gemeinschaft in den Hallen versammelte. In vielen Fällen wissen wir überhaupt nicht, zu welchem Zweck ein Denkmal genutzt wurde. Die Gelehrten sind sich noch nicht einig, ob die größte Pyramide von Giseh als *Grabmal* für König *Cheops gedacht war* oder auf seinen Befehl hin errichtet wurde, um den nachfolgenden Generationen *mathematische Formeln und Regeln* in Form eines jahrtausendelangen Monuments zu vermitteln, obwohl die meisten Gelehrten sie für eine riesige Grabstätte halten.

Nur Menschen mit mangelndem Verstand oder spekulativen Absichten sprechen von „christlicher" Architektur und betrachten das kulturelle Gut unseres Volkes, das sich in den Kathedralen ausdrückt, als den Stil, der einer Konfession am meisten innewohnt. Ausgehend von dieser Überlegung hätte der Westen offen gesagt arm an architektonischen Denkmälern sein müssen, bevor sich das Christentum in Europa ausbreitete.

Aber gerade die „ewige Stadt" am Tiber enthält eine große Anzahl „heidnischer" Bauten, und das Kolosseum ist der Peterskirche zumindest an architektonischer Schönheit ebenbürtig; obwohl es nicht angebracht ist, zwei Bauten aus verschiedenen Epochen zu vergleichen, von denen der eine 1500 Jahre später als der andere errichtet wurde.

Wie auch immer, beide Gebäude hatten *nur einen* Zweck: der Volksgemeinschaft als Versammlungsort zu dienen. Doch wenn man von „christlicher Kunst" spricht, stellt man fest, dass diese äußerst primitiv war, wie Ausgrabungen belegen, bei denen aus den „Katakomben" verschiedene Utensilien der ersten Christen geborgen wurden.

Selbst die Päpste, die das Bauen schätzten, waren keine guten Baumeister. *Bramante*, dem der Bau des Petersdoms anvertraut wurde, hatte die griechische Form des Kreuzes geplant, um der mächtigsten Kathedrale der Welt die imposante Masse zu verleihen, die sie auch in der Perspektive haben sollte. Nach dem Tod von Bramante und seinen Nachfolgern übernahm der alte *Michelangelo die* Leitung der Bauarbeiten.

Dieser geniale Mann wollte die Pläne von Bramante verbessern und so dem gewünschten Gesamteindruck mehr Kraft verleihen. Er erhöhte die Kuppel, um sie hervorzuheben, und vereinfachte den Grundriss, indem er die Arme des Kreuzes verkürzte.

Dennoch wurde sein Plan nicht befolgt. Nach seinem Tod verlangte der Papst von *Maderna*, seinem Nachfolger, trotz verschiedener Einwände, dass er den westlichen Arm zu einem langen Schiff verlängerte, das etwas zu sehr an den Grundriss des östlichen Roms, Byzanz, erinnerte.

Das Ergebnis war, dass Michelangelos einzigartiges Design seine ganze Wirkung verlor. Der Architekt Maderna versuchte zwar zu „retten", was noch zu retten war. Aber erst Bernini, der Schöpfer der Kolonnade, verlieh der Fassade ihre volle Bedeutung, und zwar durch einen perspektivischen Effekt, der absichtlich einen ovalen Platz schuf, den der Betrachter für rund hält. Man kann kaum glauben, dass der damalige Papst, sein Geldgeber, sich dieses optischen Kunstgriffs bewusst war. Auf jeden Fall sahen sich drei Generationen von Architekten gezwungen, die architektonischen Wünsche der Päpste durch ursprünglich nicht vorgesehene Bauten zu korrigieren.

Der größte Teil der architektonischen Denkmäler diente und dient „profanen" Zwecken. Das zeigt das Rathaus von Alstadt in Braunschweig: Dieses gotische Gebäude steht in der Tat keiner Kathedrale nach. Die Gemeinde errichtete ein „Verwaltungshaus", das ihrem Selbstverständnis und ihrem kulturellen Willen entsprach. Man muss noch berücksichtigen, dass die Ratsmitglieder keine unbegrenzten Vollmachten besaßen, sondern sozusagen von den Einwohnern durch ihre Vertreter den Auftrag erhalten hatten, ein Rathaus zu errichten, das die Gemeinschaft nach außen hin symbolisieren sollte.

Der Platz reicht hier nicht aus, um auch nur die Namen der zahlreichen Rathäuser, Lagerhäuser, Tuchmacherhäuser, Wiegehäuser usw. zu nennen. Fest steht, dass die Kirchenbauten den öffentlichen Bauten weder in der Baukunst noch in der Art der Ausführung überlegen waren. Im Gegenteil: Man wandte sich nur an „Kathedralenbaumeister", die sich *bereits* durch ihre Werke einen Namen gemacht hatten. Es war also die *nationale Gemeinschaft, die* die Baumeister beschäftigte und dank ihrer Vertreter über genügend Stilgefühl verfügte, um mithilfe von Plänen große Architekturaufträge zu vergeben.

Unter den Erbauern von Kathedralen findet sich kein Mann, der sich nicht schon vorher bewährt hätte, und kein Papst und Baubischof kann die *Entdeckung* eines Architekten für sich beanspruchen.

Michelangelo befand sich auf dem Zenit seines Ruhms, als er mit dem Bau des Petersdoms beauftragt wurde, und Fischer von Erlach wäre ohne die Wiener Karlskirche in die Architekturgeschichte eingegangen, obwohl wir froh sind, dieses barocke Bauwerk zu haben, das zu den schönsten seiner Zeit gehört.

Unter den Denkmälern finden wir auch zahlreiche „Tore". Das sind Befestigungen, „strategische Stützpunkte" in den üblichen Stadtmauern, die nur dazu dienten, die Gemeinschaft zu schützen. Die meisten von ihnen befinden sich heute im Herzen einer Stadt, die über die Grenzen ihrer alten Stadtmauern hinausgewachsen ist und keine neuen mehr errichtet, weil sie in der heutigen Zeit keinen Sinn mehr machen würden(!).

Denn niemals wurde ein Gebäude um seiner selbst willen errichtet, und kaum eines ging in die Geschichte der Architektur ein, weil es nur dem Einzelnen und nicht der Gemeinschaft diente. Wenn man meint, einwenden zu können, dass es Burgen und Schlösser gab, muss man hier anmerken, dass alle Kaiser, Könige, Fürsten und Ritter symbolisch eine Gemeinschaft personifizierten und dass kein stolzes Volk es ertragen hätte, dass sein Repräsentant an einem Ort lebte, der nicht dem entsprach, was die Würde und das kulturelle Niveau des Volkes von ihm verlangten. Und wenn sich die Gemeinschaft zornig gegen einen Herrscher erhob, dann nicht, weil er zu viele „Prunkbauten" für seine Zwecke errichten ließ, sondern weil er nicht *würdig* war, das *Volk zu* repräsentieren.

Es war ein billiges Propagandaargument des Marxismus, die architektonische Pracht der herrschenden Klassen mit den „Kasernenwohnungen" der Arbeiter zu vergleichen. Es waren gerade die Arbeiter, die in der Geschichte der Architektur den Wunsch zeigten, dauerhafte kulturelle Werte zu schaffen; dies fand seinen schönsten Ausdruck in den prächtigen Zunfthäusern in Gent, Brügge und Memel.

Die Schneider, Schmiede, Metzger, Fischhändler und Weber waren jedoch nur *Arbeiter,* die sich in Zünften zusammengeschlossen hatten und den Bau der Zunfthäuser aus eigener Tasche bezahlt hatten. Sie waren das repräsentative Gebäude ihrer Zunft, das Heim ihrer Berufsgemeinschaft, in dem sie sich versammelten, um gemeinsame Abende zu verbringen und die Kameradschaft zu pflegen. In diesen Gebäuden wurde ihr Klassenbewusstsein hervorgehoben, ihr Zusammengehörigkeitsgefühl und ihre Hilfsbereitschaft kannten nur ein Gesetz: „Alle für einen, einer für alle", das ihre Handlungen und ihr Verhalten regelte. Ihr Gemeinschaftsgefühl war so stark, dass sie in Kriegszeiten als *Zunft* an der Schlacht teilnahmen und mehr als einmal den Sieg davontrugen.

Architektur ist nicht nur Musik, die zu Stein geworden ist, sie spiegelt auch den Geist der Volksgemeinschaft wider. Selbst der talentierteste Baumeister kann seine kühnsten Träume nicht ohne die Gemeinschaft verwirklichen, die die Handarbeiter stellt, die seine Pläne umsetzen. Und wenn wir heute ehrfürchtig auf unsere Kathedralen blicken, verdanken wir sie nicht der „christlichen Kunst", sondern der kulturellen Leistung der Tausenden von Händen, die sie geschaffen haben. Die Steinmetze waren übrigens nicht immer „gottesfürchtige Christen", wie viele Wasserspeier noch heute bezeugen, die für die Mönche kompromittierend sind.

Die Städte mit den meisten Kathedralen waren auch nicht „die christlichsten". Es gab sogar eine Zeit, in der reiche Städte, um Rom zu zeigen, dass sie sich nicht aus Neid oder Habgier weigerten, dem Papst Tribut zu zahlen, Bettelmönchen großzügig die Mittel zum Bau von Kirchen zur Verfügung stellten, wie es am Ende des 12. Ein großer Teil der „franziskanischen" Architektur verdankt ihr ihre Entstehung. Wenn der Papst als „Vertreter der Christenheit" bauen wollte, verweigerten ihm die Städte die Mittel dafür, weil sie ihn nicht für würdig hielten, im Namen „ihrer" Christenheit zu sprechen. Selbst Kathedralen sind nichts anderes als der zu Stein gewordene Wille der Volksgemeinschaft.

Die architektonische Geschichte aller zivilisierten Völker lehrt uns, dass die Architektur als Ausdrucksform eines wertschöpfenden Volkes vernachlässigt wurde oder sogar erlosch, als die Gemeinschaft selbst degenerierte und aus der Geschichte verschwand. In Wahrheit haben wir selbst das architektonische Chaos erlebt, als sich die Volksgemeinschaft selbst zerfleischte. Hilflos und ohne Vitalität sah sie also zu, wie allogene Elemente versuchten, die künstlerische Ausdrucksform zu monopolisieren und sie zu einem egoistischen Mittel des Geldverdienens zu machen, ohne sich daran zu beteiligen.

Kunst kann jedoch nur aus der Gemeinschaft und einem das Universum umspannenden Gestaltungsstil hervorgehen. Daher ist die Architektur auch das Spiegelbild eines homogenen Volkes, der Volksgemeinschaft.

SS-Ustuf. V. J. Schuster

HEFT DER SS NR. 2. 1938.

BEMERKUNGEN ZUM STIL

Zwei Männer standen vor einem unserer neuen Gebäude und unterhielten sich nachdenklich über die kulturellen Werte unseres neuen Stils. Sie fragten sich, ob man ihn wirklich als *deutschen Stil* bezeichnen könne, der dem Wesen unseres Volkes entspreche und tiefe Wurzeln in ihm habe.

Es waren zwei Kritiker.

Der Kritiker ist es gewohnt, die Welt offen und mit einer sicheren Meinung zu betrachten. Doch Urteile, die auf den ersten Blick gefällt werden, können nur Vorurteile sein, was der oberflächliche Kritiker entschieden bestreiten wird. Dennoch gibt es kaum einen Bereich in der Kunst und in der Geschichte, der noch nicht von Kritikern beurteilt wurde. Bisher hat noch kein Kritiker die Tatsache beklagt, dass es mehr Kritiker als

Künstler gibt. Hinzu kommt, dass es gerade der schöpferische Künstler ist, der den Kritiker um ein Urteil bittet. Denn es ist eine Tatsache, dass der Kritiker durch seine Tätigkeit das Werk fördert.

Wir sagen nicht, dass man alle erklärenden Argumente, die vorgebracht werden, wortlos hinnehmen sollte. Zweifellos ist es viel schwieriger, ein Werk zu schaffen, als es zu kritisieren. Da Kunst Zeit braucht, ist es eine Tragödie, dass die Kritik nie Zeit hat.

Im Land der „klassischen Kritik", in Paris, erlauben sich Kunstkritiker, Maler in ihrem Atelier zu besuchen, um das Werk zu betrachten, das sie dann in den Salons ausstellen wollen. Der Künstler wird vergeblich einwenden, dass es noch nicht ganz fertig sei. Der Kritiker beruhigt ihn, er gibt sich damit zufrieden und versucht, rational auszudrücken, was das Werk bereits evoziert. Seine Meinung steht fest, als er die Treppe hinuntergeht, auch wenn der Maler noch drei Wochen lang hinter seiner Staffelei arbeitet.

Oben: Rosette des Straßburger Münsters.

Mittelschiff des Klosters von Chorin.

Das Kanzleramt in Berlin. Wenn sich sakrale und profane Kunst in demselben Streben nach Erhabenheit vereinen.

Es soll niemand behaupten, dass dieses Beispiel übertrieben ist. Die beiden Männer, die vor dem neuen Gebäude stehen, tun das Gleiche, als sie nach einem Tag der Analyse nicht in der Lage sind, den Stil als deutsch zu bezeichnen. Ihr Urteil hat sich nicht verbessert, als sie es uns nach drei Monaten des Nachdenkens vorlegen.

Der Barock herrschte vor zweihundert Jahren und wurde von uns als Stil empfunden. Kunstkenner sprechen von barocken Sakral- und Profanbauten, barocken Möbeln, Vasen, Holzschnitzereien, barockem Geschirr und barocken Kamineinsätzen. Es ist unvorstellbar, dass sich damals ein Goldschmied mit der Absicht an seinen Arbeitstisch gesetzt hätte, eine Obstschale im Barockstil zu bearbeiten. Ebenso wenig war ihm bewusst, dass er sich auf einen barocken Stuhl setzte. Der Fachmann, der die Obstschale heute in die Hand nimmt, wird sie jedoch auf die Barockzeit datieren.

Der Stil drückt die geistige Haltung eines Volkes in einer bestimmten Epoche seiner Geschichte aus. Wir stehen erst am Anfang *unserer* neuen Epoche und müssen künftigen Generationen die Möglichkeit geben, die von uns geschaffenen Kulturgüter zu genießen. Der Nationalsozialismus wäre keine Weltanschauung, wenn er glauben würde, mit der Machtübernahme sein Ziel erreicht zu haben. Unsere Aufgabe ist es, für alle Menschen zu kämpfen und ein Volk zu erziehen, das keine ideologische Linie mehr braucht, nur weil es die nationalsozialistische Weltanschauung verinnerlicht hat. Sofern sie sich künstlerisch ausdrücken, werden diese Menschen typisch deutsche und persönliche Werte schaffen, denn das ist ihre Natur und genau das ist ihr Stil.

Wir finden überall die Spuren eines Stils, die ihn einer anderen Kulturepoche zuordnen. Man kann also nicht von einem nennenswerten Einfluss sprechen, wenn er von genialen Baumeistern individuell gestaltet und beeinflusst wird. Es ist daher unmöglich, einen Architekturstil nur nach seinen schöpferischen Werten zu beurteilen, ohne die Kräfte zu berücksichtigen, die hinter ihm stehen. Denn die Geschichte der Völker beweist es uns auf sichtbare Weise: Die großen Epochen der Architektur fallen mit dem Entwicklungsstand der Völker zusammen. *Degenerierende* Völker haben uns keinen Stil hinterlassen. Was ihre Größe ausdrückt, sind die Ergebnisse ihrer Vorfahren, deren Erbe sie verstreut haben.

Die Kunstgeschichte ist untrennbar mit der Weltgeschichte verbunden, die Architektur mit dem mächtigen Aufschwung eines Volkes. In der Antike bestimmten kriegerische Werte das Schicksal und die Zukunft einer Volksgemeinschaft. Wir kennen kein Volk, das uns einen klassischen Architekturstil hinterlassen hat und auf den Schlachtfeldern eine untergeordnete Rolle spielte. Dies ist der beste Beweis dafür, dass Soldatenvölker keineswegs kulturfeindlich sind, sondern vielmehr in der Geschichte als Elemente der Zivilisation auftauchen.

Der Stil ist auch ein Gut, dessen Verwaltung unsere Vorfahren an uns weitergeben. Und wir werden unseren Nachkommen einen architektonischen Stil hinterlassen. Wir müssen die Jugend also in dem Sinne erziehen, dass sie einen neuen Stil hervorbringt. Sie wird ihn pflegen, denn er wird für sie ein Zeichen der Verbundenheit mit ihrem Volk durch die gesamte Geschichte hindurch darstellen.

Autos fahren laut durch die Städte Deutschlands. Seilwinden quietschen und schaben über den Stein. Gebäude werden errichtet, deren Nutzen und Ausmaße nicht nur von den Erfordernissen des Augenblicks diktiert werden, sondern die auch zukünftigen Generationen von unserem Willen zeugen sollen, bleibende Werte zu schaffen, selbst wenn wir ihre Früchte nicht genießen konnten. Später sollte man uns nicht vorwerfen können, dass wir die besten *Absichten hatten,* sie aber nie verwirklichen konnten. Die Nachwelt ist unbarmherzig und akzeptiert nur, was *Bestand hat.* Gute Ratschläge zu erteilen bedeutet nichts anderes, als die Nachkommen für unsere Unterlassungssünden verantwortlich zu machen.

Wir wissen heute selbst, was das bedeutet. Auch die Architektur bleibt davon nicht verschont. Große Straßen sind ein Beweis dafür, was Baumeister entwarfen, als sie nur den Geschmack des *Einzelnen zu* befriedigen versuchten und diese Einfamilienhäuser bauten. Man versuchte nicht, sich anderen aufzudrängen, sondern wollte sich selbst *überraschen.* Nur so lassen sich die Häuserreihen erklären, die in den traurigen Jahren gebaut wurden, in denen das Kaiserreich gegründet wurde. Die Vergänglichkeit dominierte, die „persönliche Note" stand im Vordergrund und man vermied seltsamerweise alles, was wir heute als Stil bezeichnen. Man war eher „modern", „ging mit der Zeit" und stellte sich unschuldig vor, dass auch die nächste Generation diesem Geist folgen würde.

Jetzt reißt diese Generation den seelenlosen Stuck und Putz mit der Spitzhacke ab, und niemand empfindet das als Respektlosigkeit gegenüber unseren Vorfahren. Wir brauchen Raum für die Aufgaben, die uns die Geschichte anvertraut. Was wertvoll ist, weil wir es als wertvoll *empfinden,* bewahren wir als Teil des kulturellen Erbes, zu dem wir eine sentimentale und ideologische Beziehung haben. Und deshalb ist der Mann, der unserem Volk das Bewusstsein einer nationalen Identität einflößt, auch unser erster Baumeister.

V.J. Sch.

„ D'ESTOC ET DE TAILLE „ (D'ESTOC ET DE TAILLE), VON GUNTHER D'ALQUEN, 1937.

HOMOSEXUALITÄT UND KUNST

Dass Homosexualität im deutschen Kunstleben des vergangenen Jahrzehnts eine wichtige Rolle gespielt hat, muss nicht weiter belegt werden. Für diejenigen, die das nicht wissen, reicht es zu sagen, dass es Theaterbühnen gab, auf denen mehr als 50 % der Künstler das „Recht auf diese singuläre Existenz" für sich beanspruchten. Über Frauen hingegen herrscht absolutes Schweigen. Leider waren sie keine Einzelfälle.

Für den Nationalsozialismus werden die Erscheinungsformen des Lebens nicht als eine Problematik mit eigenen Gesetzen betrachtet. Jedes „Problem" der Vergangenheit gelangt durch seine organische Beziehung zur Gemeinschaft in den Bereich der politischen Entscheidung. Der Nationalsozialismus hat der Politik ihre ursprüngliche Bedeutung zurückgegeben; sie ist daher kein in sich eingeschränktes Werk, das neben anderen gleichwertigen oder höheren Werten stehen kann. Daraus muss man in allen Lebensbereichen den Schluss ziehen, dass nur seine Werte Gegenstand der politischen Verwirklichung sind. Jede andere Werteskala kann logischerweise nur zum Begriff des Liberalismus führen, d. h. sie führt zur Anerkennung des anarchistischen Charakters.

Unsere heutige Politik beruht eindeutig auf diesen grundlegenden Erkenntnissen, und die Kunst findet darin ihren angemessenen Platz. Wenn heute die Meute der emigrierten Schriftsteller gegen die angebliche „politische Verletzung der Kunst" in Deutschland wettert, so zeigt dieses Geheul auch den Schwerhörigsten, wie wichtig die neue nationalsozialistische Ausrichtung ist.

Es gibt keinen Grund mehr, sich darüber zu beschweren, dass Polizeieinsätze die Existenz der Kunst bedrohen. Dagegen wird die Zerstörung eines künstlerischen Prinzips von internationaler Bedeutung immer viel mehr Aufsehen erregen. Wir werden die Hysterie der literarischen Barrikadenkämpfer am Kurfürstendamm sicher nicht besänftigen, aber dafür zeigen sie uns, dass wir den richtigen Weg gehen.

Die grundlegenden Feststellungen der nationalsozialistischen Kulturpolitik sind einfach. Sie haben jene zeitlose Einfachheit, die allen Forderungen des Nationalsozialismus eigen ist. Sie führten die Kunst auf einen schöpferischen Prozess zurück und stellten die Künstler wieder in die Legitimität der göttlichen Ordnung, die allein den Sinn des Lebens konkretisiert, ihn bewahrt und in die Zukunft überträgt.

So gesehen findet die Kunst in unserem Volk das wieder, was ihr zu allen Zeiten und in allen Völkern ihre Dynamik verliehen hat, nämlich die natürliche, also göttliche Polarität der Schöpfung.

Wenn der Nationalsozialismus behaupten würde, dieses Grundgesetz entdeckt zu haben, würde er die ewigen Schöpfungen vergangener Generationen leugnen. Nein, sie haben ihm dieses unzerstörbare Gesetz direkt vermittelt. Aber er kann zu Recht behaupten, dass er in ihnen eine künstlerische - man könnte fast sagen: systematische - Entschlossenheit entdeckt hat. Und dank dieser kann er für sich in Anspruch nehmen, alle künstlerischen Schöpfungen einseitig interpretiert und ihren einzigen Wertmaßstab definiert zu haben.

So wurde der ewige Begriff der Freiheit der Kunst durch den Nationalsozialismus gefunden. Denn unsere Kunstauffassung hat die Kunst endgültig befreit. Sie triumphierte über den Begriff der Individualität.

Spätere Generationen werden beurteilen, was dieses Ereignis für das künstlerische Schaffen bedeutet.

Eine Kunst wird vom ursprünglichen Gesetz der Schöpfung bestimmt, aber dieser Impuls darf nicht gebremst werden, indem er sich auf eine individuelle Form oder Bewertung beschränkt. Er darf auch nicht durch die Unbeständigkeit eines individuellen Willens, der sowohl den Zeitgeschmack als auch einen einsamen Charakter vertritt, von einem Bereich echter künstlerischer Verwirklichung oder vom Bereich der nationalen Gemeinschaft, also der göttlichen Ordnung, isoliert werden. Eine solche Kunst bringt die eigene Persönlichkeit des Künstlers in der Schaffung der reinsten ewigen Werte bedingungslos zum Ausdruck. Denn das „Ego" des Künstlers äußert sich in der bedeutsamen (nicht außergewöhnlichen und vorübergehenden) Erfahrung der männlich-weiblichen Schöpferpolarität bei der Interpretation der göttlichen Ordnung, und diese Grunderfahrung wird zum Ausgangspunkt jeder über das Individuum hinausgehenden Gemeinschaftsschöpfung.

So wurde die Kunst von reinen Triebimpulsen, von einer vollkommen sterilen erotischen Problematik und von allen Ideologien der Selbstzufriedenheit und Selbsterlösung gereinigt. Sie gründet sich entschieden auf die Erfahrung der Liebe, die kein Selbstzweck ist, sondern die göttliche Ordnung mit ihren schöpferischen und lebensschützenden Kräften erfasst.

Der Mensch wird durch eine solche Kunst nicht vergewaltigt, auch nicht durch eine lebensfeindliche Ideologie oder durch instinktive, anarchische Formen. Er wird befreit, weil er aufnimmt, was die Erfüllung seines Schicksals in seiner göttlichen Größe bedeutet.

Nur was einen Sinn hat, spricht die Sprache der Ewigkeit. Sinnlosigkeit stellt eine Quelle der Unruhe dar, die von allen asozialen und zerstörerischen Kräften verursacht wird. Der Führer definierte die Grundlagen der Kunst, indem er sagte, dass Gesundheit der einzige Boden ist, der wahre Kunst hervorbringen kann.

Die nationale Gesundheit ist der einzige Garant für das Leben des Volkes. Dies ist das Ziel der nationalsozialistischen Rassenhygiene und

Rassenpolitik. Sie allein kann das Überleben des Volkes durch alle Widrigkeiten der Geschichte hindurch sichern. Dies ist der tiefere Sinn der deutschen Verteidigungspolitik. Den Lebensprinzipien wird durch Wirtschaft und Industrie gedient, nicht durch egoistische Ziele. Dies ist das Erbe, für das jede junge Generation verantwortlich ist und das den größten nationalen Reichtum darstellt, der aus der Vergangenheit hervorgegangen ist.

Die deutsche Kunst ist unverrückbar in dieses Programm eingebunden, das die deutsche Kultur schafft.

Denn sie hat nur dann einen Sinn, wenn sie eine Epoche widerspiegelt, deren Ziel alle zeitlichen Hindernisse der alten politischen Gruppierungen gesprengt hat; aber sie wird nur dann geduldet, wenn sie die Größe dieses Ziels wahrgenommen und in ihren Schöpfungen verwirklicht hat und wenn sie durch ihr moralisches Prinzip einer ewigen Weltordnung dient. Der Sinn der Kunst, der Sinn des kulturellen Schaffens im Neuen Reich drückt den Willen aus, diese Zukunft zu gestalten. Er hat sich daher in eine historische Ablehnung des Individualismus, des Liberalismus und des Internationalismus verwandelt, in eine totale Ablehnung aller lebensfeindlichen Ideologien.

Der oberflächliche Leser, der durch den Titel des Artikels angezogen wurde, wird mit einiger Verwunderung festgestellt haben, dass bisher nur über Kunst und überhaupt nicht über Homosexualität gesprochen wurde, obwohl dies das Thema war.

Doch jetzt sind wir es, denen es peinlich ist, Kritik um der Kritik willen zu üben, aber wir nehmen uns dieses Recht heraus, weil wir der Ansicht sind, dass wir damit alles aus dem Weg räumen können, was unseren Willen und unsere Kreativität behindern könnte. Wir wollen definieren, was Kunst und Kultur für uns bedeuten. Auf diese Weise bekämpfen wir die auflösenden Kräfte, indem wir von dem Standpunkt ausgehen, dass das Wissen um das Wahre die Lüge besser zerstören kann.

Der Leser, der genervt und gelangweilt ist, weil er bereits verstanden hat, dass eine solche Kunst nichts Pathologisches oder Abnormales hervorbringen kann, ist unser bester Freund. Es muss jedoch noch etwas hinzugefügt werden. So wie man die Frage der Homosexualität aus krimineller Sicht, aber vor allem aus politischer Sicht angehen kann, so ist auch die Frage von Homosexualität und Kunst für uns ein klares Problem.

Sie umfasst zwei Aspekte, aus denen die gleiche Schlussfolgerung gezogen wird.

Wenn wir die Entwicklung der Kunst im 19. und 20. Jahrhundert betrachten, können wir sagen, dass das Vordringen von Homosexuellen im Bereich der Kunst und des künstlerischen Schaffens zweifellos zum Kapitel der Judenfrage gehört.

Nachdem die Juden den Bereich der deutschen Kultur übernommen hatten, wurde auch Propaganda für Homosexuelle gemacht. Dies ist ein sehr nützliches Instrument im Rahmen dieser Aktion, da er, sofern er begabte

Menschen umfasst, einen asozialen Charakter darstellt; ebenso wie der Jude im Bereich der deutschen Kultur.

Ein Homosexueller kann niemals ein Schöpfer sein oder eine Kunst vermitteln, die aus kreativen Fähigkeiten hervorgeht, da diesen Menschen einer anderen Spezies die kreative Erfahrung einer reinen biologischen Natur fehlt. Ein Homosexueller ist somit von den ewigen Gesetzen des Lebens ausgeschlossen. Es ist daher kein Zufall, dass das Prinzip „l'art pour l'art" (französisch im Text) und seine Ästhetik zur Domäne von Homosexuellen wird. Es ist auch kein Zufall, dass der Entartete logischerweise die jüdische Ideologie der Lebensvernichtung, den Bolschewismus, annimmt; mehr als ein heutiger Emigrant ist ein lebendiges Zeugnis dafür.

Wir stellen fest, dass die von Homosexuellen vorgenommene Verwaltung der Kunst nur zu einer strikten Ablehnung der natürlichen Lebensgemeinschaft führen kann.

Diese Feststellungen sind in ihrer Wirkung jedoch rein politisch, da sie Konsequenzen aufzeigen, die sich aufgrund der Grundlagen dieser „Kunst" gegen die Gemeinschaft richten. Für unser gesundes Empfinden gibt es leider keine Stufen im Begriff der Staatsfeindlichkeit; alle, die sich auf diesem Gebiet zu äußern beabsichtigen, müssen sich mit den Tatsachen abfinden. Die göttliche Ordnung der unveränderlichen Natur verfährt mit der gleichen Strenge und wir maßen uns nicht an, über den Schöpfer und seine Gesetze zu urteilen.

Gerade weil wir Kunst als Überwindung der Realität und als Ausdruck zeitloser Ideale betrachten, müssen wir Werke von Menschen, die unfähig sind, sich den Gesetzen des Lebens anzupassen, und die dennoch als Kritiker oder Schöpfer die Gesetze des Volkes verletzen wollen, energisch zurückweisen. Sie werden denselben Degenerationsprozess hervorbringen wie die Ergebnisse der jüdischen bolschewistischen Künstler, deren Werke zu den formalen und thematischen Elementen der Zersetzung wurden.

Der andere Aspekt des Problems ist typischerweise individualistisch. Er entspringt dem Geist der Unabhängigkeit des Individuums und äußert sich im Bereich der Homosexualität als bedingungslose Anerkennung der unterschiedlichen Natur.

Man kann ganz einfach sagen, dass es sich um ein Verbrechen des intellektuellen Individualismus handelt, der mit seinen grundlegenden Auffassungen von Homosexualität den besten Anreiz in dieser Richtung produziert hat. Denn von der Forderung nach dem Recht auf ungehinderte Individualität ist der Weg nicht weit, der zum „Anderssein" führt. Es ist daher nicht schwer, die Einführung des Begriffs des „Künstlermenschen" zu verstehen, der die Summe der individualistischen Spezialisierungen darstellt. Den „kollektiven Menschen", der Masse, die in ihrer Legitimität „charakteristisch" ist, wird der Künstler gegenübergestellt, der anders sein muss, um wirklich etwas schaffen zu können. Es wird auffallen, dass viele deutsche Künstler diese Art von zynischer Rede der künstlerischen Meister übernehmen:

„Sind Sie jüdisch, homosexuell oder Wiener (d.h. eine spezielle Sorte jüdischer Künstler)? Was wollen Sie dann im Daitsche-Theater? (Anmerkung des Autors, jiddische Verballhornung von deutsch).

Unsere ideologischen Behauptungen sind damit bewiesen. Das Anderssein, sowohl in Bezug auf die Rasse als auch auf die sexuelle Veranlagung, wird zum Ausgangspunkt der künstlerischen Arbeit. Der starke Geruch der seltsamen Tiere, die das Bestiarium der jüdisch-bolschewistischen Kunstproduktion bilden, reicht aus, um die Neugier der Massen zu wecken.

Der Begriff des Unterschieds verbindet sich mit dem Begriff des Künstlers, um sich schließlich von ihm zu lösen. Die primitiven Instinkte der Jahrmarktsdirektoren, die bucklige Zwerge und eine bärtige Frau zeigen, waren im Bereich des künstlerischen Schaffens vollständig freigesetzt worden. Folglich mussten sich die Attraktionen immer wieder erneuern, um einen positiven Umsatz aufrechtzuerhalten. Denn dieses Artefakt, das jedem Volksempfinden fremd ist.

Was der Gemeinschaft feindlich gegenübersteht, also asozial ist, wurde zum Archetypus! Die Bolschewisierung der Begriffe gipfelte in dem Begriff des „dritten Geschlechts".

Diese direkte Konsequenz beinhaltet jedoch eine zweite, nicht weniger gefährliche Umkehrung. Die Existenz der Frau konnte im Rahmen dieser „politisch-kulturellen" Linie nicht völlig desavouiert werden. Daran zu erinnern, dass dem Homosexuellen die Frau fremd ist, deren Wesen er von Natur aus nicht erfasst, ermöglicht es uns, die Entstehung eines neuen weiblichen Typus und seine Behauptung zu verstehen. Es ist nicht nur die „Lesbe", die dem homosexuellen Geschmack entspricht, sondern all jene weiblichen Naturen, die grundsätzlich unfähig sind, ihrer authentischen Berufung zu folgen. Lassen Sie uns nicht auf diese Kategorie eingehen; wir haben eine klare und eindeutige Vorstellung von der Frau durch den Nationalsozialismus. Ohne Engstirnigkeit und Prüderie zu demonstrieren, müssen wir in diesem Kapitel von der Maskulinisierung der Frau, wie sie in den vergangenen Jahren stattgefunden hat, absehen. Denn die Vorstellung von der Kameradschaft zwischen Mann und Frau wird deutlich, wenn zwischen diesen beiden Wesen ein Kind die ultimative Selbstverleugnung in Liebe, Pflicht und Opferbereitschaft symbolisiert.

Menschliche Schicksale sind daher tragisch, wenn sie sich nicht mit dem Wunsch treffen können oder wollen, ein natürliches Leben zu gründen; wenn diese große Erfahrung dem Paar verwehrt wird.

Das Existenzrecht, das die historische Gemeinschaft unseres Volkes besitzt, erfordert die Absonderung aller Elemente, die diese Gemeinschaft stören. Dies ist die Politik der Hygiene.

Dieses Grundgesetz lässt keinen Bereich unberührt.

Kunst auch nicht!

V. NATURWISSENSCHAFTEN UND PHYSIK

HEFT DER SS NR. 8. 1939.

DIE EWIGEN GESETZE DES LEBENS

Wie der Führer sagte: „Der Nationalsozialismus lehrt in strenger Weise die Wirklichkeit der genauesten wissenschaftlichen Erkenntnisse und bringt sie klar zum Ausdruck. Unsere Frömmigkeit verneigt sich bedingungslos vor der Größe der göttlichen Gesetze des Lebens. Wir haben nur ein Gebet: Die Pflichten, die sich daraus ergeben, mutig zu erfüllen.

Der Nationalsozialismus bezieht seine Wahrheit aus der Beobachtung der Welt. Er ist daher eine echte Philosophie. Eine Philosophie zu besitzen bedeutet aber auch, eine Einstellung zum Leben und zu den Werten des Lebens zu haben, die mit der eigenen Weltanschauung im Einklang steht. Jeder Mensch sieht die Welt durch *seine eigenen* Augen und er erlebt die Welt im Rhythmus *seines eigenen* Blutes. Die Weltanschauung ist daher immer spezifisch für jedes Volk.

Wie sehen wir Deutschen die Welt?

Wenn ein Deutscher an einem schönen Sommertag oder in einer weißen Winternacht auf den Feldern spazieren geht, betrachtet er voller Ehrfurcht die Schönheit der Welt: den klaren blauen Himmel und die Sonne oder die Legion der ewig funkelnden Sterne, den dunklen Lauf der Wolken, um ihn herum die reifende Ernte und die weiten Wiesen mit Gräsern und Blumen, den strahlenden See, den sanften Fall der Schneeflocken. Und wenn er in Herbstnächten das Trommeln des Regens, die Wälder in den Stürmen, den Kampf der Dünen gegen die Wellen am Meer hört, dann versteht er, dass die Welt ein Ort der Schönheit ist, gleichzeitig aber auch das riesige Schlachtfeld des ewigen Kampfes.

Der starke Mann nimmt die Welt, wie sie ist.

Niemals würde im Herzen eines Deutschen der Gedanke aufkommen, dass die Erde nur ein „Tal der Tränen" sein könnte. Die göttliche Schöpfungskraft in dieser Welt ist nach unserem Glauben zu edel und zu reich, um ein „Tal der Tränen" geschaffen zu haben.

Der Deutsche, der im Frühling auf blühenden Wegen spazieren geht und den süßen Gesang eines Vogels hört, der sich im Geäst eingenistet hat, in dem fünf Junge ihrem Schicksal folgen werden, könnte sich niemals vorstellen, dass diese Küken mit dem Fluch der Erbsünde geschlüpft wären. Aber wenn er dem schönen Gesang des Vogels lauscht, spürt er die Freude der Natur, die verkündet, dass Fortpflanzung und Geburt Anwendungen göttlicher Gesetze sind. Befolgt in unserem Volk nicht auch eine Mutter ein göttliches Gesetz, wenn sie der Nation Kinder schenkt? Niemals könnten Eltern glauben, dass das väterliche oder mütterliche Glück mit dem Fluch der Erbsünde behaftet sei. Niemals sind Kinder so befleckt auf die Welt gekommen!

Die Dinge des Lebens entstehen durch Zeugung und Geburt und gehen mit dem Tod. Wenn im Herbst die Blätter fallen, wenn der alte Baum im Wind umfällt, ist das Schicksal. Der Tod des Lebewesens ist jedoch nicht das „Lösegeld für die Sünde".

Die Beobachtung der Welt liefert uns also die Gewissheit, dass die Umgebung, in der wir leben, kein Tal der Tränen ist, sondern das Land unserer Heimat. Fortpflanzung und Geburt sind weder Sünde noch Schuld, sondern Erfüllung des göttlichen Willens. Der Tod ist nicht die Folge der Sünde, sondern Gesetz des Lebens, Notwendigkeit und Schicksal. Der Führer hat einmal gesagt:

„An der Spitze unseres Programms steht keine geheimnisvolle Einsicht, sondern klares Wissen. Es gab Zeiten, in denen Dunkelheit die notwendige Bedingung für die Wirksamkeit bestimmter Doktrinen war; wir leben heute in einer Zeit, in der Licht die Grundlage für den Erfolg unserer Geschäfte ist."

Das Licht der Wissenschaft beleuchtet also die ewigen Wahrheiten der nationalsozialistischen Ideologie. Es ist der Höhepunkt des Kampfes für die Wissenschaft und die Bestätigung unserer besonderen Natur.

Der Kampf für Wissen, für Licht und Wahrheit wurde von der Welt der Obskuranten stets als Ketzerei betrachtet. So litten das Wissen und die Achtung vor den Gesetzen des Universums unter dem Fluch der Priester, und auch heute noch werden sie vom Anathema der Kirche nicht verschont.

Giordano Bruno wurde als Ketzer lebendig verbrannt, weil er mit heroischer Leidenschaft völlig im Sinne unseres Glaubens verkündet hatte: „Wir suchen Gott in dem unveränderlichen und unbeugsamen Gesetz der Natur, in der ehrfürchtigen Harmonie einer Seele, die sich diesem Gesetz unterwirft. Wir suchen Ihn in einem Sonnenstrahl, in der Schönheit der Dinge, die aus dem Schoß unserer Mutter Erde hervorgegangen sind, im wahren Spiegelbild Seiner Schöpfung, in der Betrachtung der unzähligen Sterne, die am weiten Himmel funkeln...".

Von Anfang an hat die deutsche Seele Gott direkt erfasst: Ehrfürchtig und fromm schwelgte diese Seele in den Gesetzen der Erde, im Rauschen der Wälder, im Brausen der Meere und Stürme, in der Betrachtung des Sternenhimmels. Diese Ehrfurcht war es, die sie dazu brachte, die Naturgesetze zu befolgen. Die Naturgesetze zu respektieren, bedeutete, Gott zu bejahen. Die Naturgesetze zu brechen, bedeutete, sich von Gott zu entfernen.

Heute wissen wir wieder, dass das Gesetz der Welt auch das Gesetz unseres Lebens als Menschen ist. So wie die Erde in der Umlaufbahn der Sonne bleibt, so müssen auch wir Menschen den Gesetzen des Lebens treu bleiben. So wie unsere Vorfahren, die den wunderbaren Instinkt unserer Rasse besaßen, im Einklang mit den Naturgesetzen lebten, so können auch wir, bereichert durch Erfahrung und Wissenschaft, unser Leben bewusst in Einklang mit den Gesetzen der Welt bringen.

Die Achtung vor dem Leben bildet immer die Grundlage für einen lebendigen Glauben und wahre Frömmigkeit. Wem die Welt als göttlich erscheint, weil sie von Gott geschaffen wurde, der wird seine Achtung vor dem Leben und seinen Gesetzen nie verlieren. Die Trennung von Gott und der Welt entsteht durch eine fremde Denkweise. Wer den göttlichen Charakter der Natur leugnet, verachtet die Welt und das Leben auf der Erde. Während der primitive Mensch, der sich bewusst ist, dass er göttliches Leben in sich trägt, sich selbst und das Leben achtet, kennt der Mensch, der sich Gott nur im Jenseits vorstellt, keinen wahren Respekt vor sich selbst und auch keinen Respekt vor dem, was auf der Erde wächst und blüht. Er respektiert nur das, was er sich über der Welt und sich selbst vorstellt, nur über den Umweg des Gefühls, ein Geschöpf zu sein, d. h. eine Schöpfung Gottes.

Wir sehen das Paradies in der Schönheit der tausendfach gesegneten und heiligen Erde. Zu Beginn des Jahres sind Millionen von Blumen, das zitternde Gold der Ährenfelder, der Glanz des Schnees und die Reinheit der Flocken an Weihnachten, die Geburt des Lebens im Mutterschoß für uns eine Manifestation des Himmels.

Hier trifft Rosenbergs Wort zu: „Wenn man diese große Verehrung als gottlos und atheistisch betrachtet, kann man dieser unbegründeten Behauptung entgegenhalten, dass, wenn man in der Tat die Existenz eines Schöpfers lehrt und Ihn in Liedern und Gebeten feiert, man dann nicht die Einhaltung und Durchsetzung Seiner Gesetze als frevelhaft und ihre Übertretung als heilige Pflicht betrachten kann."

Die Betrachtung der Geschichte aller Völker der Erde lehrt uns, dass jedes Volk das Schicksal hat, das es verdient. Seitdem die Völker durch den Willen des Lebens entstanden sind, sind sie für ihr Schicksal verantwortlich. Wir sehen also die Richtigkeit des folgenden Sprichworts: Es gibt keinen Gott, der über Recht und Unrecht in der Geschichte entscheidet: Die Völker sind Herren über sich selbst.

Das Ende eines Volkes ist die natürliche Schlussfolgerung aus seiner sorglosen Übertretung der Naturgesetze. Nur die respektvolle Annahme und bewusste Beachtung der göttlichen Gesetze der Existenz sichern den Fortbestand eines Volkes. Das ewige Leben unseres Volkes ist das Ziel unserer Arbeit und all unserer Kämpfe. Denn der „Sieg des Lebens ist der Grund für das Universum".

Wo immer wir das Vorhandensein von Leben feststellen, erkennen wir den Willen, das Wesen der Art zu erhalten und zu bewahren. „Das heilige Gesetz eines jeden Wesens ist es, seinen eigenen Charakter zu bewahren und zu verteidigen" (H. St. Chamberlain). Jeder Organismus kämpft daher um sein Leben und die Welt wird zu einem Ort immerwährender Kämpfe. Der Kampf ist das Mittel, das die Natur einsetzt, um ein kraftvolles Leben aufrechtzuerhalten. Er sichert der Welt ihre „Große Gesundheit", denn was nicht siegen kann, muss zwangsläufig untergehen.

„Für das eingeweihte Auge weist alles auf die Spuren eines Gottes hin".
Schiller

Das „Haus der Natur" in Salzburg hatte die Aufgabe, ein besseres Naturverständnis, das man heute als „ökologisch" bezeichnen würde, zu vermitteln und zu entwickeln. Hier wurden die Entstehung und das Wesen der natürlichen Umwelt in ihren vielfältigen Formen, die Wechselwirkungen im Leben des Menschen, seine Stellung in der Natur und auch ihr gegenüber erforscht.

Die Natur ist der ewige Lehrer der Völker und lehrt immer wieder die Vergänglichkeit des Einzelnen, aber auch die Dauerhaftigkeit der Gruppe und die Ewigkeit der Lebensbeziehungen. Sie zeigt auch, wie man sein Überleben sichern kann.

Die Natur ist unendlich vielfältig und präsentiert sich einzigartig in Millionen verschiedener Aspekte, aber jeder Organismus und jedes Ereignis in der Natur impliziert bestimmte Gesetze. Sie sind notwendig, denn ohne diese Gesetzmäßigkeit wäre die Natur nicht strukturiert. Ordnung ist Teil des Wesens des Lebens. Es ist die Pflicht der Menschen, die Ordnung der Natur zu verstehen und ihre Legitimität anzuerkennen.

Die Ehrfurcht der Germanen vor dem Leben wurde durch den Nationalsozialismus wiederbelebt. Im Kampf um unser eigenes Weltbild wurde uns bewusst, dass wir Gott nur ehren, wenn wir die ewigen Gesetze, die aus seinem Willen hervorgehen und die Welt regieren, respektieren.

SS-Hscha. Dr. Schinke

HEFT DER SS NR. 10. 1938.

KAMERAD AN MEINER SEITE

Wenn man durch den Schnee stapft, empfindet man - je nach Individuum - entweder Mühe beim Gehen oder Freude beim Betrachten der wunderbaren Winterlandschaft.

Wir wissen nicht, dass es auch in der Struktur des Schnees eine Logik gibt. Aber wenn wir Schneeflocken bei starker Vergrößerung betrachten, fällt uns auf, welch große Künstlerin die Natur ist.

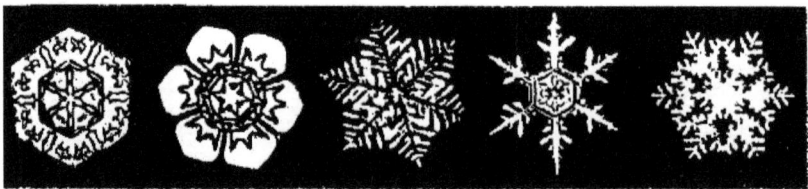

Hier, Genosse, sind einige Illustrationen, die zeigen, wie schön die Schneekristalle verzweigt sind - würdig für ein Stickmuster. Die Struktur ist immer in sechs Teile gegliedert. In allen Illustrationen findet man die Hagal-Rune, die Weltenrune, das Symbol für die Organisation der Welt, das Rad mit sechs Speichen. Diese Kristalle sind so schön, dass man sie als Vorlage für Spitzen, Ornamente usw. nehmen könnte. Stellen Sie sich Schmiedeeisen vor, das der ersten Abbildung ähnelt. Und hat das zweite Bild nicht die Form einer Rose - besteht das dritte Bild nicht aus sechs kleinen Weihnachtsbäumen?

Warum interessieren wir uns für diese Dinge?

Weil du, Genosse, lernen musst, dass eine *göttliche Ordnung, die wir* auch als *Weltgesetz* bezeichnen können, selbst die kleinsten natürlichen Dinge regelt - die wir für so unbedeutend wie eine Schneeflocke halten.

Jedes Ding hat seine Regel. Jedes Ding hat seine Gesetzmäßigkeit, die sein Wesen, seine Existenz bestimmt, - so wie du! Wir erkennen die Größe der Schöpfung durch die Ordnung, den Sinn und die Schönheit der Natur, die uns umgibt.

SS-Standartenführer Dr. J. Caesar

HEFT DER SS NR. 4.1938.

UNSER MODERNES WISSEN
ÜBER DEN AUFBAU DES UNIVERSUMS

Die Wissenschaft, die sich mit dem Aufbau des Universums befasst, ist ein Teilbereich der Astronomie. Es ist dieser Teil, der sich damit beschäftigt, wie die Materie in dem riesigen Raum, den wir Universum nennen, organisiert ist, wo sich die Sterne befinden und wie groß und weit die Himmelskörper voneinander entfernt sind. Im Folgenden wird in knapper Form dargestellt, was wir derzeit über diesen Aufbau des Universums wissen.

Jeder weiß, dass unser enger Lebensraum im kosmischen Raum das *Planetensystem* ist, das aus einem Zentralkörper, der *Sonne,* und neun großen Planeten, die um sie kreisen, besteht: *Merkur, Venus, Erde, Mars, Jupiter, Saturn, Uranus, Neptun und Pluto.*

Der letzte, Pluto, wurde vor kurzem in theoretischen Berechnungen der Amerikaner vermutet und durch sie tatsächlich entdeckt. Merkur ist der Sonne am nächsten, Pluto der am weitesten entfernte der neun Planeten. Letztere haben Größen, die sehr unterschiedlich sind. Die kleinen Planeten, einschließlich Merkur bis Mars, würden weitgehend in die großen Planeten Jupiter bis Neptun passen. Jupiter ist zum Beispiel mehr als zehnmal so groß wie die Erde, die einen Durchmesser von fast 13 000 km hat.

Auch wenn sie durch Technik und Verkehr kleiner geworden ist, ist die Erdkugel für uns Menschen schon eine riesige Figur; dennoch ist sie nichts im Vergleich zum Zentralkörper unseres Systems, der Sonne. Sein Durchmesser beträgt 1,3 Millionen Kilometer. Man kann sich das vorstellen, wenn man bedenkt, dass der Himmelskörper, der unserer Erde am nächsten ist, der Mond, im Durchschnitt 384 500 Kilometer von der Erde entfernt ist. Die Sonne ist so groß, dass das gesamte System Erde-Mond problemlos in sie hineinpassen würde. Wenn man sich die Erde mit dem Mond in die Sonne transponiert vorstellt und der Mittelpunkt der Erde mit dem Mittelpunkt der Sonne zusammenfällt, übersteigt die Fläche der Sonne die Mondumlaufbahn bei weitem. Die Größe unseres Sonnensystems selbst wird dadurch charakterisiert, dass z. B. Neptun, der vorletzte der neun Planeten von der Sonne aus gesehen, im Durchschnitt 4,5 Milliarden Kilometer von unserem Zentralgestirn entfernt ist, während die Erde im Durchschnitt nur 149 Millionen Kilometer von der Sonne entfernt ist.

Wenn wir das Sonnensystem verlassen und in den Weltraum vordringen, reicht die an unseren menschlichen Maßstab angepasste Maßeinheit km bereits nicht mehr aus, um die nähere Umgebung der Sonne zu definieren. Wollte man die dort vorhandenen Dimensionen in Kilometern ausdrücken, entstünde ein unüberwindbares Handicap, das die Vermittlung astronomischer und wissenschaftlicher Informationen aufgrund der Anzahl der Ziffern verhindern würde. Die Astronomen haben daher eine andere Maßeinheit genommen, das Lichtjahr. Wie wir wissen, legt das Licht eine Strecke von 300 000 km pro Sekunde zurück. Ein Lichtjahr bedeutet also die Strecke, die das Licht in einem Jahr mit 300 000 km pro Sekunde zurücklegt. In Kilometern ausgedrückt entspricht ein Lichtjahr einer Strecke von 9,4 Billionen Kilometern (Eine Billion ist eine Million mal eine Million).

Der unserer Sonne am nächsten liegende Fixstern ist vier Lichtjahre entfernt; sein Rauch braucht vier Jahre, um zu uns zu gelangen. Wir können uns eine solche Entfernung vorstellen, indem wir den folgenden Vergleich anstellen. Stellen wir uns alle Entfernungen und Größenverhältnisse im Universum so verkleinert vor, dass der Durchmesser der Sonne, der in Wirklichkeit 1,3 Millionen km beträgt, *40 m beträgt;* in diesem Fall wäre dieser Fixstern noch weiter von der Sonne entfernt als die effektive Entfernung Erde-Mond, d. h. er wäre noch 380 000 km weiter von ihr entfernt. Und das Gleiche gilt für die Fixsterne, die uns am nächsten sind!

Daraus folgt, dass die Sterne so spärlich verteilt sind, dass es für die Sonne praktisch unmöglich ist, auf andere Sterne zu treffen. Dies wird durch die Tatsache bestätigt, dass das, was wir als die „nächste" Umgebung der Sonne bezeichnen, das Stück Universum ist, das das Licht von der Sonne aus in 70 Jahren auf allen Seiten durchläuft, also eine Kugel mit einem Radius von 70 Lichtjahren. *In diesem riesigen Teil des Weltraums befinden sich nur etwa zweihundert Sterne.* Wenn man sich das in verkleinerter Form vorstellt, so dass die Sterne Stecknadelköpfe bilden, wären diese in realen Entfernungen immer noch 60 bis 100 km voneinander entfernt. Die Sterne und die gesamte Materie im Weltraum sind so dünn gesät, dass sie sich als

Stecknadelköpfe über Entfernungen von 60 und 100 km verteilen. Daraus folgt, dass ein Zusammenstoß zwischen zwei Sternen im Universum nur sehr selten oder gar nicht vorkommt.

Die Größe von Sternen, die nichts anderes als ferne Sonnen sind, riesige Kugeln aus Materie in einem extrem hohen Temperaturzustand, variiert stark. Es gibt Sterne, die viel kleiner sind als die Sonne, und andere, in die das gesamte Erde-Sonne-System hineinpasst und die daher so groß sind, dass ihre Fläche ihre Umlaufbahn übersteigt, wenn man ihren Mittelpunkt mit dem der Sonne zur Deckung bringen könnte. Dementsprechend teilen sich die Sterne in *Riesen* und *Zwerge auf*. Trotzdem ist die Sonne im Vergleich zu unserem engen Lebensraum, dem Sonnensystem, schon etwas Riesiges. Sie gehört jedoch zur Gruppe der *Zwergsterne*. Im Universum herrschen völlig andere Dimensionen als in unserem großen Planetensystem, das im Vergleich zur Erde bereits riesig ist.

Unser Sonnensystem und seine oben genannte nähere Umgebung sind selbst nur ein kleiner Teil eines größeren Sternensystems, nämlich *der Milchstraße*. Diese zeigt sich uns indirekt durch das flockige, dunstige Licht, das in klaren Nächten über den Himmel wandert. Dieses Band wird von einer nahezu unendlichen Anzahl von Sternen, also von leuchtenden Sonnen, erzeugt, die so weit voneinander entfernt sind, dass nur das größte Teleskop in der Lage ist, die Wolken der Milchstraße in eine Vielzahl von Lichtpunkten zu zerlegen. Viele Sterne sind im Raum um eine ebene Fläche herum gruppiert und liegen weit voneinander entfernt, deren Licht sich mit dem der Milchstraße addiert, so wie wir sie mit bloßem Auge sehen. Die Gesamtzahl der Sterne in der Milchstraße kann - wobei wir nur Schätzungen vornehmen, da Zählungen das menschliche Verständnis übersteigen - auf zehn Milliarden geschätzt werden, wobei anzumerken ist, dass diese Zahl noch unter der tatsächlichen liegt. Die Ausdehnung unserer Milchstraße beträgt 60.000 Lichtjahre. Das Licht braucht also 60.000 Jahre, um das andere Ende zu erreichen.

Die Grenzen unserer eigenen Milchstraße stellen noch nicht die Grenzen dar, die von der modernen Wissenschaft erreicht werden können. Außerhalb unserer Milchstraße gibt es noch viele andere, die sich wie eine nahezu unendliche Anzahl von Sternen gruppieren. Dieses extragalaktische System - außerhalb der Milchstraße - wird als Nebel bezeichnet, obwohl diese Bezeichnung der wahren Natur des Bildes nicht gerecht wird. Sie stammt noch aus der Zeit, als man noch nicht wusste, dass es sich bei diesen Bildern in Wirklichkeit um *Konglomerate von Sternen* handelt.

Bisher sind ungefähr zwei Millionen Milchstraßen bekannt. Die uns am nächsten liegende *Galaxie* ist *die Andromedagalaxie, die* eine Million Lichtjahre von uns entfernt ist. Extragalaktische Nebel sind sehr unproportional über das Universum verteilt. Es ist noch nicht klar, ob diese Milchstraßensysteme, diese Inseln von Welten, miteinander verbunden sind oder sich zufällig im Weltraum verteilen. Sicher ist, dass der Nebel ein Konglomerat ist. Der entfernteste dieser Nebel, der zugleich die vom menschlichen Geist erreichte Grenze darstellt, ist *180 Millionen Lichtjahre* entfernt. Das Licht, das wir heute wahrnehmen, ging aus, als sich unsere Erde auf dem Höhepunkt des Saurierzeitalters befand und es noch keine Menschen gab.

So sieht das Universum nach unserem derzeitigen Kenntnisstand aus. Versuchen wir es noch einmal mit einer Verkleinerung auf ein menschliches Maß, um es zu konkretisieren. Die Dimensionen sind so klein, dass der Abstand zwischen Sonne und Erde, der in Wirklichkeit 149 Millionen Kilometer beträgt, nur einen Millimeter groß ist. Die Sonne müsste einen Durchmesser von $1/_{100}$ von mm haben, unsere Erde $1/_{10\,000}$. Beide könnten nicht mehr mit bloßem Auge gesehen werden. Wie klein wäre der Mensch in diesem Maßstab! - Das Sonnensystem, unser Lebensraum, wäre nur sechs Zentimeter groß. Der nächste Fixstern wäre 260 m entfernt, die Wolken der Milchstraße zwischen 80 und 100 km (!). Der am weitesten entfernte Punkt unserer eigenen Milchstraße wäre 13.000 km entfernt, d. h. auf der anderen Seite der Erde. Da sich die Milchstraße ganz in unserer Nähe befindet, wäre die oben erwähnte Galaxie über 20 Millionen km entfernt - und das alles in einem Maßstab, in dem die Entfernung zwischen Sonne und Erde nur 1 mm beträgt.

Das ist also unser heutiges Wissen über die Natur des Universums, und es besteht kein Zweifel daran, dass zukünftige Forschungen noch Ungeahntes zutage fördern werden.

Es bleibt uns jedoch nichts anderes übrig, als uns ehrfürchtig vor diesem wunderbaren Werk und seinem Schöpfer zu verneigen.

Joseph Meurers

HEFT DER SS NR. 4. 1943.

KAMPF IN DER NATUR

Neben all den anderen zweifelhaften Geschenken, die die fast zweitausendjährige Unterwerfung des Nahen Ostens mit sich brachte, hat der nordische Mensch auch die erzwungene Darstellung eines imaginären Landes geerbt, das ihm eine Welt namens „Paradies" vorgaukelt, die nie existiert hat und nie existieren wird. Fadheit und Weichheit sind die Hauptakkorde dieses semitischen Ideenkomplexes, der von der Liebe und der Trägheit spricht, die der Schwäche des südlichen Menschen eigen ist, und der wilde Löwen voller Sanftmut und einen geduldigen Esel nebeneinander stehen lässt.

Solche Hirngespinste sind Ausdruck eines fremden und dekadenten Charakters. Niemals hätte der gesunde und lebhafte Verstand eines Deutschen einen solchen Unsinn erfinden können, denn er ist noch zu naturverbunden, steht mit beiden Beinen fest auf dem Boden im Kampf mit - und in - der rohen Wirklichkeit. Wir leben also in einer Zeit, in der wir endgültig mit diesen fremden Lasten aufräumen, die unsere arische Spiritualität behindern, und zu der Wahrheit zurückfinden, die aus unserer Seele kommt.

Auf dieser Erde beruhen alle Ereignisse und Kräfte der Natur auf dem Für und Wider. Jeder Vorstoß trifft auf eine entgegengesetzte Reaktion, jede Entwicklung erfordert einen entsprechenden Niedergang. Das Leben des einen bedeutet oft den Tod des anderen. So war es immer und so wird es immer sein, zumindest solange die Erde Leben in sich trägt. Aufgrund dieses Naturgesetzes muss jedes Lebewesen ständig um seine Existenz kämpfen, egal ob es sich um eine Pflanze, ein Tier oder einen Menschen handelt. Dieser Kampf kann sehr unterschiedlich sein, ebenso wie die Waffen zum Angriff und zur Verteidigung. Man könnte fast sagen, dass es so viele verschiedene Kampfmethoden wie Lebensformen und Arten gibt. Darüber hinaus ist der Lebenskampf einer hochentwickelten Natur härter als der einer einfachen Zelle. Ein wertvoller Mensch hat mehr Gegner als ein unbedeutendes Wesen Es gibt keinen Menschen ohne Feind; andernfalls ist es eine Nichtigkeit, die ins Abseits gestellt werden muss. Daraus folgt: Je größer ein Volk ist, desto zahlreicher sind seine Neider und damit seine Feinde.

Der natürliche Kampf erstreckt sich über alle Phasen des Lebens. Der erste Augenblick im Leben einer Kreatur stellt bereits eine Form des Kampfes um Luft und Nahrung dar. Die Suche nach Nahrung zieht sich durch das ganze Leben bis zum letzten Atemzug. Aber es folgt noch eine ganze Reihe weiterer Kämpfe, die sich sowohl im Angriff als auch in der Verteidigung ausdrücken; der Kampf gegen die Umwelt, gegen das Wetter, gegen Hitze und Kälte, gegen Trockenheit und Feuchtigkeit, gegen Schatten und Licht oder um das Licht. Hinzu kommt der Kampf um den Sexualpartner, um die Fortpflanzung, um das Kind, das Heim, den Lebensraum und schließlich gegen den persönlichen Feind. Die Formen des Kampfes können direkt oder indirekt sein. Sie können in der physischen Kraft und der Form des Körpers liegen, in der Farbe, der Schnelligkeit, der Art der Bewegung, der Ausdauer, der Größe oder Kleinheit, der Anzahl der Nachkommen oder unzähligen Sonderformen, aber auch in den spirituellen Fähigkeiten.

Im Körper jedes Lebewesens, ob einzellige Amöbe oder mehrzellige Pflanze, ob Tier oder Mensch, findet ständig eine Assimilation von Luft; Boden oder Nahrung statt, die in Form von energetischer Materie wieder abgegeben wird. Darüber hinaus ist jedes Lebewesen einem ständigen Entwicklungsprozess unterworfen. Es gibt keine tote Zeit. Es wächst von der Geburt an bis zur Reife; aber es verändert sich auch ständig rückwärts. Es verkümmert, altert, eine Funktion nach der anderen erlischt, bis es schließlich der treibenden Kraft des Lebens keinen nahrhaften Boden mehr bietet und ausstirbt.

Und so verändert sich die Gemeinschaft ständig, genau wie das Individuum. Der einzige große Unterschied besteht darin, dass die Lebenszeit der Gemeinschaft viel länger ist als die des Einzelnen. Ein Volk beispielsweise ist in der Lage, Jahrtausende zu leben, auch wenn seine Mitglieder, die Mitbürger, nur die Zeit ihrer kurzen Existenz überdauern. Da sie aber ständig durch Neuankömmlinge ersetzt werden, ist die Stabilität und Homogenität des Volkes über einen immensen Zeitraum hinweg gewährleistet. Wie lange eine Generation, eine Volksgruppe oder ein Volk lebt, hängt in erster Linie von inneren und äußeren Umständen ab, die zu einem großen Teil mit den Lebensprinzipien zusammenhängen. Ein Volk, das sich der natürlichen menschlichen Bindung klar bewusst ist und seine Möglichkeiten zur zivilisatorischen Entwicklung nicht übermäßig missbraucht, wird niemals alt oder schwach. Sondern durch die genaue Anwendung der Naturgesetze und damit des Blutes und des Bodens erneuert es sich ständig und ist dem Volk, das diese Vorbedingungen nicht erfüllt, an Wert und Lebensdauer weit überlegen. Diese Regel erfordert einen ständigen Kampf, der viele Formen annehmen kann. Er ist vor allem ein Kampf um die Erhaltung der Rasse, um das Territorium und um das Überleben.

Der Kampf um die Fortpflanzung bildet den Höhepunkt des natürlichen Kampfes. Er existiert auch in der Welt der Pflanzen. Die Pracht der Blumen ist ein Teil davon. Eine Blume übertrifft eine andere durch die Schönheit ihrer Farben, ihre bizarre Form oder ihren Duft, um die Befruchtung zu provozieren und so für ihre Vermehrung zu sorgen. Die bunte Familie der Schmetterlinge, aber auch unzählige andere Insekten, erfüllen diese Aufgabe, zwar unfreiwillig, aber aus einem natürlichen Instinkt heraus. In den Tropen sind es auch viele Vögel, vor allem die kleinen Federbälle der Kolibris, die farbenprächtigen Fliegenvögel und viele andere. Auch Säugetiere können Botschafter zwischen männlichen und weiblichen Blumen sein.

Die schönste Form des Liebeskampfes findet jedoch während der Brunft- oder Balzzeit statt, in der es oft zu erbitterten Kämpfen kommt. Sie finden sowohl bei Säugetieren als auch bei Vögeln, Reptilien und sogar Insekten statt. Wir erinnern uns an die Kämpfe zwischen männlichen Lucanen und an die Duelle zwischen Hirschen.

Dieser Kampf ist der deutlichste Ausdruck des mächtigen Fortpflanzungsinstinkts. Wer ihn gehört hat, wird nie das Röhren der Hirsche vergessen, das durch den in Nebel gehüllten Herbstwald schallt. Es ist ein Ruf. Zwei mächtige Krieger treffen aufeinander und überall in der Umgebung hallt das Aufeinanderprallen der mächtigen Geweihe wider. Zwei alte Kämpfer voller Kraft und Erfahrung messen sich in einem ritterlichen Duell. Der Kampf bleibt lange unentschieden, denn das Weibchen hält sich im Hintergrund und verfolgt das männliche Treiben ihrer Verehrer mit scharfen Sinnen. Schließlich kommt es zum Ausgang des Kampfes. Der Besiegte zieht sich zurück und überlässt dem Sieger die Erfüllung seiner höchsten Pflicht. Doch das ist noch nicht alles, denn auch beim Wild gibt es die weibliche Natürlichkeit. Auf den Kampf um das Weibchen folgt der Kampf, um ihre Gefügigkeit zu erlangen. Das Leben der Tiere ist dem des Menschen sehr ähnlich. Das Verhalten der weiblichen Gottesanbeterin nach dem Liebesakt ist verwirrend, aber dennoch bedeutungsvoll. Sie ist eine Cousine unserer Heuschrecke und lebt im Süden, aber auch in einigen wärmeren Gegenden unseres Reiches. Nach ihrer Befruchtung ermordet sie ihr Männchen. Nachdem es seine Fortpflanzungspflicht ausreichend erfüllt und seinen Zweck erfüllt hat, wird es dann von dem größeren Weibchen gepackt und ordnungsgemäß verzehrt. Dies ist ein gutes Beispiel dafür, dass die Natur die Erhaltung der Art und nicht die des Individuums anstrebt.

Das Überleben der Art-abhängig von der Wachstumsrate. Je geringer die Anzahl der Nachkommen ist, desto gefährdeter ist die Existenz der Art. Aus diesem Grund zeugen Tierarten, deren Jungtiere unter besonders gefährlichen Bedingungen leben, eine große Anzahl an Nachkommen. Das gilt nicht nur für Fische, bei denen die Weibchen vieler Arten Hunderttausende, ja sogar über eine Million Eier legen. Dies ist eine Form der Verteidigung gegen die zahllosen Gefahren, die den Nachwuchs im Wasser bedrohen. Auf der anderen Seite gibt es Tiere wie den Bartgeier oder die Bartgeierin, deren Paarungszeit nur alle zwei Jahre stattfindet und aus der nur ein Junges hervorgeht. Bei einer solchen Art ist die Gefahr des Aussterbens natürlich groß, insbesondere wenn eine andere Gefahr im Leben dieses Tieres auftaucht. Dies war beim Bartgeier der Fall, dessen Überleben durch die weitreichenden Gewehre der Menschen bedroht wurde. Die Folge war, dass dieser mächtige Vogel vor etwa fünfzig Jahren leider aus allen Teilen der Alpen verschwand. Der Mensch hat alle Arten von Tieren vernichtet, nicht nur aus Gründen des Naturschutzes oder der Nutzung, sondern oft auch aus Sorglosigkeit. In diesen traurigen Fällen hat der Kampf um das Leben seine natürliche Grenze weit überschritten. Im Übrigen ist der Mensch ständig mit seiner belebten und unbelebten Umwelt konfrontiert. Denken wir nur an den Kampf gegen Schädlinge. Doch die Verbreitung der sogenannten Schädlinge, seien es Mäuse, Ratten oder Insekten aller möglichen Arten, ist in fast allen Fällen die Folge einseitigen menschlichen Handelns. Die meisten Insekten vermehren sich und werden gerade deshalb zu Schädlingen, weil der Mensch ihre nahrhaften Pflanzen auf unnatürliche Weise in geschlossenen Feldern anbaut. Dasselbe gilt für Wühlmäuse, die in Getreidefeldern leben. Stadtmäuse und Ratten hingegen verdanken ihre Überpopulation den menschlichen Nahrungsvorräten. Ratten sind jedoch nicht nur schädlich für die Wirtschaft, sondern tragen auch Bakterien mit sich herum. Der Kampf des Menschen gegen die mikroskopisch kleine Lebewelt ist einfach nur erschreckend. Viele der kleinen, für das bloße Auge unsichtbaren Wesen stellen eine ständige Gefahr für Pflanzen, Tiere und den Menschen dar. Dementsprechend beschäftigen sich viele Forscher ausschließlich mit dem Kampf gegen krankheitserregende Bakterien.

Diese wenigen Beispiele zeigen uns, wie sehr die Existenz vom Kampf abhängt und dass ein Leben ohne Kampf absolut unvorstellbar ist.

HEFT DER SS NR. 8. 1944.

DER WALD ALS LEBENSGEMEINSCHAFT

Die germanischen Völker haben eine starke und tiefe Liebe zum Wald. Wie eine Erinnerung an die alte Waldumgebung, in der ihre Vorfahren lebten, klingt sie noch immer in ihren Liedern und Legenden, Mythen und Märchen nach. Der nordische Mensch hat einen angeborenen Sinn dafür, das Wesen und die Besonderheit der Natur zu erfassen, und auch dafür, das Wunder des Lebens, das sich demjenigen offenbart, dem es gegeben ist, es wahrzunehmen, auf reine und direkte Weise zu begreifen. Wir sehen in ihr ein lebendiges Ganzes, auch wenn wir nicht jeden einzelnen Aspekt der Harmonie mit dieser großen Lebenshymne erkennen. In seinen regionalen und traditionellen Liedern hat der nordische Mensch immer versucht, zu definieren, wie er das Geheimnis des „Waldes" empfindet. Ob er von den „ewig singenden Wäldern" spricht, von seiner „Waldheimat" erzählt oder die „heiligen Wälder und Seen" besingt, „die sich über die Grenzen der stillen Höhen hinaus bis zum grünen Meer erstrecken", stets ist derselbe Ausdruck der charakteristischen Einheit mit der Natur zu erkennen. Nirgendwo erfährt der nordische Mensch das Heilige mehr als in den Wäldern seiner Heimat.

Wer von der Ebene in die Berge zieht oder von den niedrigen Regionen der Erde in die Höhen aufsteigt, wird sich der Natur des Waldes, seiner wechselnden Zusammensetzung und seiner lokalen Struktur bewusst. Der Boden ist im Allgemeinen geeignet, einen Wald zu ernähren. Es gibt zwei besondere Faktoren, die unter natürlichen Umständen zur Entstehung von Wäldern beitragen: Temperatur und Feuchtigkeit. Hitze und Niederschlag haben einen Einfluss auf das Wachstum und das Leben eines Waldes. Als die Erde in den wärmeren Perioden ihrer Geschichte lebte, gab es zwar eine Reihe von Arten, aber die Wälder waren nicht dicht. Das wurde erst der Fall, als es in der Zeit der geschliffenen Steine und der Bronzezeit mit fortschreitendem Wetter kühler und feuchter wurde, was die Entstehung des *nordischen Waldes* begünstigte. Früher gab es Rotbuchen und Hainbuchen, an den höchsten Stellen Tannen und Fichten; sie machten den Wald dichter und undurchdringlicher als zuvor. Der nordische Wald entfaltet seine ganze Kraft und herrliche Schönheit unter einem für ihn günstigen Wetter. So tauchte er in unserer Zeitrechnung erstmals auf.

Der Waldboden verhindert das Abfließen von Regenwasser, pflegt und erhält die Fruchtbarkeit dieser Gebiete, in denen er die natürlichen Pflanzenteppiche bildet. Durch seine Baumkrone fängt der Wald bereits den Regen auf, so dass er spärlich fällt, den Boden nicht wäscht und nicht verschlämmt. Die Baumkronen selbst fördern die Bildung von Tau und Reif. Stürme und Wind werden durch den Wald aufgehalten, ihre austrocknenden und bald landschaftsschädigenden Auswirkungen werden verringert. Der Waldboden trinkt Schmelzwasser, Regen und andere Niederschläge wie ein Schwamm und kann eine enorme Menge davon aufnehmen, ohne dass es oberflächlich abfließt. Das flüssige Wasser kann sowohl abfließen als auch auf der harten Oberfläche des Waldbodens stehen bleiben. Selbst in der Schwebe wird der Wasserfluss im Wald sehr stark gebremst. Der Boden wird ständig von Quellen und Grundwasser durchströmt, mit dem Ziel, Leben zu spenden und Wachstum zu ermöglichen. Die bewässerten oberen Bodenschichten werden vom Wald durch die Wurzeln seiner Pflanzen weit und tief zurückgehalten. Im Sturm bewegt sich der Baum an der Schnittstelle zum Boden: Der Boden hebt und senkt sich durch den großen Hebel, den der Stamm und die Wurzeln bilden. So verrichtet der Wald seine ganz eigene „Bodenarbeit".

Die oberste, von Leben durchdrungene Schicht des Waldbodens, die wir Muttererde oder Humus nennen, wird durch das Laub des Waldes gebildet, das jedes Jahr auf den Boden fällt. Somit ist die Muttererde, die humusreiche und lebendige Schicht, die Lebensquelle des Waldbodens. Wenn der Bauer ein Waldstück in einen Acker verwandelt, wie es in den alten Zeiten in den bäuerlichen Regionen Mitteleuropas üblich war, bringt dieser Humus die Ernte hervor. Der Bauer betrachtet sie als sein Geschenk. In der Regel wird darauf verzichtet, den Wald in ein Feld umzuwandeln, und der Bauer führt die Düngung des Bodens, die früher durch den Wald erfolgte, selbst durch.

Es wird leicht vergessen, dass die überwiegende Mehrheit der landwirtschaftlich genutzten Böden in Deutschland ursprünglich ehemalige Waldböden sind. Nur Schwarz- oder Lössböden sind Getreideböden und nicht vom Waldtyp. Aber auf allen übrigen Böden brachte der Wald einst Mutterboden hervor und verschaffte ihnen so Leben und Fruchtbarkeit. Der Bauer hat dies und alle Lebewesen bis heute respektiert. Wir sind also auch ein Waldvolk!

Gegenwärtig wird der Wald stark aus dem Lebensraum der nordischen Völker verdrängt, meist auf solchen Flächen, die nur durch die Forstwirtschaft rentabel gemacht werden können. Ende des 19 Jahrhunderts wurde kaum darüber nachgedacht, ein Recht für den Wald zu schaffen, mit dem die standortabhängige Charakteristik seines Wesens und seiner Stärke erhalten werden konnte. Es war eine Geldanlage mit geringen Zinsen. So dachte man damals und beendete schweren Herzens die Existenz eines

Waldes - oft, um den erworbenen Erlös in andere Geschäfte zu investieren. Große Landstriche verloren so endgültig ihre Wälder, einschließlich ihrer Fruchtbarkeit und schließlich auch die Lebensmöglichkeit für große menschliche Siedlungen.

Oben: „Der Wald" von Fr. Karl.

Gegenüberliegende Seite: „Escherndorf am Main" von Bodo Zimmermann.

„Deutscher Frühling", Radierung von Hennemann.

Die zutiefst ökologische Haltung des nationalsozialistischen Deutschlands setzte alles daran, die Erhaltung eines gesunden Waldes zu ermöglichen. Die frühere Zeit betrachtete Maßnahmen zur Schaffung und Erneuerung von Wäldern nur mit dem Ziel, Holz zu produzieren, je nachdem, was diese Flächen erwarten ließen, und berücksichtigte nur die Vorteile forstwirtschaftlicher Investitionen. Obwohl die Holzproduktion auch für unsere Wirtschaft und insbesondere für die Kriegswirtschaft unerlässlich ist, ist sie dennoch nur eine Nebenerscheinung im Leben des Waldes. Im natürlichen System hat der Wald nicht nur die Aufgabe, den Menschen mit Holz zu versorgen. Wir brauchen ihn vielmehr, damit er uns ermöglicht, ein reiches und gesundes Leben zu entwickeln und zu pflegen. Ein Wald, der das Land nur teilweise bedeckt, erfüllt diesen Zweck in unseren Breitengraden. Es genügt ein ausgedehntes Netz von Flächen mit gut verteilten Wäldern. Dann wird der Wald und sein Reichtum fortbestehen, fruchtbar und dicht bleiben. Durch ein ausgedehntes Netz von Waldflächen, wie es heute im mitteleuropäischen Raum vorhanden ist, besitzt das Land auch den Charakter einer Waldlandschaft und harmonisiert sich so mit der Natur des nordischen Menschen.

HEFT DER SS NR. 5. 1938.

EWIGER ZYKLUS

Wir stehen am Ufer eines Flusses, beobachten das Spiel der Strudel und freuen uns, wenn sich das Blau des Himmels im Wasser spiegelt. Wir sind stolz darauf, dass der Mensch die Größe der Natur erkannt hat, dass er in der Lage ist, Schiffe auf dem breiten Rücken der Fluten zu steuern, dass seine Kraft Mühlen antreibt. Denken wir an die fernen Zeiten, in denen unsere Vorfahren am Ufer dieses Flusses standen, in dem sie fischten und den sie mit ihren Booten hinauffuhren.

Jahrhunderte, Jahrtausende lang zieht sich dieser Strom durch sein Tal, nimmt hier ein Stück Land mit, dort ein anderes, und verändert sein Gesicht fast von Sekunde zu Sekunde.

Ein ewiger Fluss? - Ja, soweit wir von einer Ewigkeit sprechen können, ist es ein ewiger Fluss. Er leitet sein Wasser flussabwärts in das Meer und verliert sich dort. Dieses gibt das Wasser aber wieder an die Luft ab, die gesättigt wieder über die Meere aufsteigt. Man spricht dann von Wolken am Himmel! Sie nehmen die wasserhaltige Luft über uns mit und ziehen weit ins Land hinein - und erzeugen so Nebel.

Und dann treffen die Wolken irgendwo über der Erde auf kältere Luftschichten, oder sie prallen auf die schneebedeckten Gipfel der Berge. Dann können sie ihre Wasserlast nicht mehr tragen und lassen sie zurück. Und es schneit, wenn im Winter die Luft kalt ist, oder es regnet im Sommer.

Das Wasser, das sich seinen Weg von den hohen Berggipfeln zunächst als kleiner Fluss, dann als Bäche, Flüsse und Ströme und schließlich als Meer bahnte, kehrte zu seinem Ausgangspunkt zurück.

Dies ist *einer* der Wasserkreisläufe.

Ein *anderes* ist bescheidener, aber dennoch genauso wichtig.

Wenn es regnet, trinkt die durstige Erde gierig das Wasser und speichert es in ihrem Inneren. Die Pflanzen nehmen das auf, was sie zum Leben brauchen, und auch der Mensch nimmt es über eine Quelle auf. Dann verteilt sich das Wasser im Körper des Tieres, des Menschen oder der Pflanze. Es bringt die Nährstoffe zu den Blättern der letzteren, verdunstet dann und kehrt in die Atmosphäre zurück, steigt in der warmen Luft auf oder fällt als Tau.

Es fließt unaufhörlich aus allen Poren der Tiere und Pflanzen und kehrt zur Erde zurück. Ohne Wasser könnten wir nicht leben. Ohne den ständigen Kreislauf des Wassers gäbe es bald nur noch einen großen Ozean und unfruchtbares Land wie die Sahara oder andere Gegenden auf der ganzen Welt, in denen es so wenig regnet, dass kein Lebewesen überleben könnte.

Wenn der Mensch diese irdische Ordnung törichterweise stört, kann es nur zu Katastrophen kommen, die unweigerlich alles Leben vernichten. Wer Berge abholzt, deren Bäume das Wasser zurückhalten, darf sich nicht wundern, wenn die Quellen aufhören zu sprudeln. Das Leben erlischt, weil das Wasser die Erde wegspült, an der der Wald einst Halt bot, und die Felsen freilegt. Zur Zeit der Schneeschmelze wird das Flachland von Überschwemmungen heimgesucht. Der Berg ist aus dem Wasserkreislauf verschwunden. Er speichert nicht mehr, gibt nicht mehr langsam ab und ist nur noch ein Niederschlagsgebiet.

Wir schützen also den Bergwald, weil wir nicht den Weg gehen wollen, den andere Völker eingeschlagen haben. Ihr Land ist unfruchtbar geworden, zerstört durch das dumme Eindringen in den Kreislauf des Lebens (der Natur).

Wer die natürliche Ordnung rücksichtslos stört, geht durch die ursprüngliche Macht der Natur zugrunde.

SS-Staf. Dr. Caesar

HEFT DER SS NR. 1. 1943.

DIE GRENZEN DES LEBENS

Bis vor kurzem galten Bakterien noch als die kleinsten bekannten Lebewesen. Da sie aus einer einzigen Zelle bestehen, erreichen sie Größen, die sie für das bloße Auge unsichtbar machen. Nur die Welt des Mikroskops gewährt uns einen Einblick in die Lebensprozesse dieser Mikroorganismen. Die bahnbrechenden Entdeckungen eines Pasteur und eines Robert Koch lieferten den Beweis dafür, dass eine immense Anzahl dieser kleinen Lebewesen schreckliche Epidemien und schwere Krankheiten verursacht. Heute wissen wir jedoch, dass es auch viele nützliche Bakterien gibt, ohne dass ihre Existenz den für die Erhaltung des Lebens notwendigen Prozess beeinträchtigt.

Nach den neuesten Forschungsergebnissen scheinen parallel zu diesen Bakterien noch viel kleinere Lebensformen zu existieren. Daraus lässt sich schließen, dass trotz der großen Erfolge der bakteriologischen Forschung fast alle Krankheiten von Menschen, Tieren und Pflanzen auf diese „Mikroben" zurückzuführen sind. In vielen Fällen wurden jedoch keine positiven Ergebnisse erzielt, obwohl die Ansteckungsfähigkeit der Krankheit unbestreitbar war. So verfestigte sich immer mehr die Annahme, dass nur die unglaubliche Kleinheit dieser Lebewesen der Forschung im Wege steht.

Erst seit einigen Jahren ist es gelungen, ein wenig Licht in die ganze Dunkelheit zu bringen. Die „Mosaikkrankheit" wurde zu einer von den Landwirten gefürchteten Krankheit, da sie viele Pflanzen wie Kartoffeln, Rüben, Tomaten, Tabak usw. befällt. Abgesehen von der enormen Ertragsminderung sind die Blätter der befallenen Pflanzen mosaikartig gefärbt und mit weißen und gelben Flecken bedeckt. Blattläuse erwiesen sich als Vehikel für diese Krankheit. Sie saugen die Mikrobe mit dem Pflanzensaft aus und transportieren sie so auf eine andere gesunde Pflanze. Die Mikrobe, die diese Krankheit verursacht, bleibt unsichtbar. Die Wissenschaft gab ihm den Namen „ultravisible virus", was so viel bedeutet wie „Gift jenseits der Grenzen des Sichtbaren".

In der Zwischenzeit hat sich die Virusforschung innerhalb weniger Jahrzehnte zu einer sehr umfangreichen Wissenschaft entwickelt. Heute kennt man mehr als zweihundert Virusarten.

Vor allem aber erlangt der Forscher durch die Kenntnis der Natur der Mikrobe die Möglichkeit, Mittel und Methoden zur Bekämpfung ihrer zerstörerischen Wirkung, die in einem lebenden Organismus wirkt, zu entdecken. So werden die gefürchtete Poliomyelitis, die Pocken, die Tollwut, die Masern, die Papageienkrankheit und viele andere sehr ernste Krankheiten durch Virusarten verursacht, und der Kampf gegen sie gewinnt jedes Jahr an Boden.

In einigen Fällen gelang es, das Geheimnis der Unsichtbarkeit der Viren zu lüften. Dem deutschen Forscher Paschen gelang es, die Pockenmikrobe zu entdecken, die zu den größten ihrer Art zählt und etwa die Größe von hundertfünfzig Millionstel Millimetern erreicht. Bakterien erscheinen uns riesig, obwohl sie bislang als die kleinsten bekannten Lebenseinheiten galten. Um nur ein Beispiel zu nennen: Die Tuberkulose-Mikrobe erreicht eine Größe von 1,3 bis 3,5 Tausendstel Millimetern. Zum Vergleich: Der Größenunterschied zwischen Viren und Bakterien ist genauso groß wie der zwischen einem Floh und einem Elefanten.

Die Virusarten parasitieren nur in lebenden Zellen. Sie vermehren sich enorm und zerstören bestimmte Gewebe oder verursachen Schwellungen. Es ist sehr schwierig, ein Serum für menschliche Viruserkrankungen zu entwickeln. So gelingt die Behandlung von Poliomyelitis mit einem Serum, das aus menschlichem Blut gewonnen wird, das die Krankheit besiegt hat und folglich den richtigen „Antikörper" besitzt.

Die Virusforschung hat nicht nur völlig neue Überlegungen im Kampf gegen bestimmte Krankheiten angestellt, sondern ist vor allem dabei, unsere Sicht auf die Natur des Lebens grundlegend zu erweitern. Einem Forscher gelang es sogar, die Mikrobe der Monarch-Krankheit in Form von Kristallen zu konservieren. Andere Ergebnisse zeigen, dass wir es bei mehr als einer Virusart mit Formen zu tun haben, die tausendmal kleiner sind als Bakterien. Die alten Vorstellungen, dass die Zelle der kleinste Baustein des Lebens ist, sind daher überholt.

Wie bei vielen anderen Dingen auch, ist der Mensch besonders verlegen, wenn er sich auf der Schwelle vom Unbelebten zum Belebten befindet. Von der Untersuchung einer Ansammlung kleinster Teilchen, den Molekülen, zur Untersuchung des gesamten Organismus überzugehen, hält für uns viele Überraschungen bereit. Sie zeigt uns den Stoffwechsel und die Entwicklung von Lebensformen, von denen wir Menschen kaum etwas ahnen können. Dem menschlichen Geist wird es wohl gelingen, seine Entdeckung der

Geheimnisse der Natur zu erweitern und zu vertiefen. Wenn es ihm jedoch gelingt, durch sein Verständnis des Lebens eines seiner ewigen Gesetze zu überraschen, empfindet er umso mehr Respekt vor der Größe der Schöpfung.

Karl Weiß

HEFT DER SS NR. 11A/B. 1941.

DAS LEBEN IN DER KNOSPE

Ein Kapitel, das sich mit dem Frühlingsanfang befasst

Jedes Jahr wäre es unmöglich, die Ankunft des Frühlings nach dem Kalender vorherzusagen, wenn er so selten wäre wie eine Sonnenfinsternis oder das Erscheinen eines großen Kometen. Die Menschen würden sich versammeln und über dieses Wunder staunen!

Ist das nicht ein Wunder? Durch das Weiß des Schnees und das Schwarz der aufgetauten Erde wachsen grüne Spitzen, die Blütenknospen ans Licht strecken. Aus der leblosen Rinde der Äste strecken sich scheinbar leblose Kugeln, die wir Knospen nennen, nach vielen Monaten in der winterlichen Stille unter hartem Frost und eisigem Wind dem Licht entgegen. Zartes Grün und vielfältige Blätter voller Blüten blühen auf. Aber woher kommt dieses Grün, wo bildet es sich, wie kann es sich so schnell entwickeln, woher kommen die Farben und - eine schwierige Frage - woher weiß der Baum, dass der Winter vorbei ist, wenn im März der Schneesturm tobt?

Für diejenigen, die kartesisch denken und sich nicht ganz im Klaren darüber sind, wie erstaunlich dieser Prozess ist, seien hier einige Zahlen genannt, die unsere Wissenschaftler an blühenden Kirschbäumen ermittelt haben. Ein mittelgroßer Kirschbaum hat an seinen Zweigen etwa 40.000 bis 50.000 Knospen, einige für die Blüten, andere für die Blätter. Der Kirschbaum blüht, bevor sich die Blätter entwickeln, und so können wir etwa 20 000 bis 30 000 Blüten zählen. Die Reifezeit von der Knospe in der geschlossenen Kapsel bis zur strahlenden Blüte dauert im Durchschnitt drei bis vier Tage. Das bedeutet in der Wachstumszeit ein Segment von ca. 2 cm pro Tag, d. h. die Zunahme von Milliarden von Zellen, die sich außerdem während des Wachstums in Stengelzellen, Kelchblätter, Blütenblätter: Staubblätter teilen müssen. Und selbst wenn diese Cartesianer nicht von dem herrlichen Weiß der blühenden Kirschbäume überzeugt sind, werden sie zumindest die Anzahl der Blüten bewundern, die in drei Tagen an dreißigtausend Stellen gleichzeitig entstanden sind: Das sind fast 50 Kilogramm, ein halber Zentner Blüten!

Wie vollbringt der Baum diese Leistung? Die Natur wendet bei Pflanzen die gleichen Verfahren an wie bei Tieren und Menschen, die auch im spirituellen Bereich ihre Auswirkungen haben - die Verfahren der Wertauswahl und der Evolution. Die Knospen, die der Baum langsam und sorgfältig bereits im vorhergehenden Sommer anlegt, sind keine toten Kugeln, sondern eine Ansammlung von Zellen, die zunächst keinen Zweck haben, sich aber entsprechend der Natur der Mutteressenz strukturieren. Diese winzige Einheit ist es, die die Knospe bildet. Im Frühjahr sorgt ein Naturgesetz dafür, dass der Saft in alle Knospen steigt, die dann ihre Entwicklung durchleben: Die Zellen vermehren sich dank des einströmenden, gespeicherten Nährsaftes.

Die Pflanze hat also die schwierige Zeit in unserem Klima durch den Winterschlaf der Knospen überstanden, aber während des Winters nichts von ihrer Kraft und Vitalität eingebüßt. Dies lehrt uns auch, dass wir unsere Wünsche und unseren Tatendrang oft „ruhen" lassen müssen, damit sie sich in günstigeren Zeiten kraftvoll entfalten können.

HEFT DER SS NR. 1. 1944.

DIE ERDE BIRGT DIE KRÄFTE DER ERLÖSUNG UND DES TODES IN SICH

Die Bauern in den kleinen Dörfern auf der Alb in Schwaben hatten immer gedacht, dass ein Bienenstich etwas Harmloses sei. Ein Lehrer, der zwei Bienenstöcke in seinem Garten aufgestellt hatte, wurde oft gestochen, ohne dass ihm etwas passiert wäre. Aber es gab die Geschichte des jungen Stiegele - ein Bienenschwarm hatte sein Auto angegriffen und die Pferde so sehr in Mitleidenschaft gezogen, dass eines von ihnen starb. Einige Bienen stachen auch ihn, und man fand ihn keuchend und von Krämpfen geplagt neben dem umgestürzten Auto am Rand eines Feldes liegend. Als der Arzt kam, stellte er fest, dass er tot war. Eine Atemlähmung hatte sein Leben beendet. -

Die Bauern in der Umgebung schüttelten den Kopf. Wenn Bienen Menschen töten können, müssen wir sie vor ihrem Gift schützen. Konnte die Tatsache, dass der Erbe des Stiegele-Anwesens sein Leben verloren hatte, durch den Nutzen aufgewogen werden, der durch das Befruchten von Blumen und das Sammeln von Nektar gefunden wurde? Was giftig ist, muss abgeschafft werden, sagten die Bauern. Und der Unfall am Vortag hatte ihnen bewiesen, dass Bienen manchmal teuflisch giftig sind.

*

Es gibt noch eine weitere Geschichte aus dem Schwabenland. In langen Reihen sitzen junge Mädchen vor eigens gebauten Bienenstöcken, greifen die Bienen mit einer Pinzette und lassen sie in ein speziell präpariertes Papier stechen. Sie nehmen das Gift auf - dasselbe Gift, das den jungen Bauern auf der Schwäbischen Alb tötete. Mit diesem Gift werden Menschen behandelt, vor allem Rheumatiker. Es ist sowohl nützlich als auch schädlich.

Paracelsus sagte, dass es kein Gift an sich gibt, sondern dass nur die Dosis gefährlich ist. Gilt das nicht auch für Bienen? Der Lehrer in diesem schwäbischen Dorf hatte Rheuma, bevor er sich einen Bienenstock kaufte und gestochen wurde. Jetzt sind sie verschwunden - eine „Dosierung" der gelegentlichen Bienenstiche hatte sich als harmlos erwiesen. Allerdings hatten zwei Bienen den Bauern Stiegele direkt in die Arterien gestochen, wodurch das Gift über den Blutstrom zu den Nerven gelangte. Die Dosis war zu hoch gewesen.

Die Dinge an sich sind nicht gefährlich. Zwei deutsche Gelehrte, Arndt und Schultz, haben vor Jahren ein Gesetz aufgestellt, das die Formel von Paracelsus präzisiert. Sie sagen, dass alle Reize, also auch die Gifte, die Lebenstätigkeit anregen, in mittleren Mengen fördern, in großen Mengen lähmen und in den stärksten Mengen unterbrechen. Zu den Giften ist zu sagen, dass man das Wort Gift im engeren Sinne erst ab einer bestimmten Dosis verwenden sollte.

*

In der Tat ist diese Dosis oft gering. Das Gift, das die Kobra mit ihren Haken in einen Biss injiziert, reicht jedoch aus, um einen Menschen zu töten. Auf einem Umweg kann man das Gift der Schlange zum Wohle des Menschen einsetzen. Leprakranke leiden oft unter schrecklichen Schmerzen, die nur durch Morphium gelindert werden können. Ein Leprakranker wurde vor etwa fünfzehn Jahren von einer tropischen Spinne, der Minenspinne, gebissen. Die bemerkenswerte Folge war, dass die starken Nervenschmerzen des Kranken schnell und für lange Zeit aufhörten. Die Ärzte, die diesen Fall entdeckten, verfolgten den Fall weiter und führten Versuche durch. Man wusste, dass das Gift der Kobra und der Klapperschlange die gleiche Wirkung haben sollte wie das der Minenspinne. Da Schlangen leichter zu beschaffen waren, wurden sie den Spinnen vorgezogen.

Inzwischen wurde in vielen Teilen der Welt Schlangengift gesammelt. Auch in Deutschland beschäftigte man sich damit, und zwar besonders intensiv. Das Schlangengift wurde in sehr geringen Mengen vor allem zur Schmerzlinderung und somit nicht direkt als Heilmittel eingesetzt. Dennoch wurde in jüngster Zeit eine Verbesserung einiger Krankheitszustände festgestellt, ohne dass man daraus genaue Schlüsse ziehen konnte. Der größte Erfolg wurde bisher bei der Bekämpfung von Schmerzzuständen erzielt, z. B. bei der Pott'schen Krankheit (Tabes) und bei einigen Krebsfällen.

Wir können jedoch mit viel mehr Interesse feststellen, dass das Gift der unheimlichen Brillenschlange für einige Kranke ein Segen sein kann. Man setzt eine Brillenschlange in ein Laboratorium, die anstelle des Fleisches des Opfers wütend in ein mit Musselin bedecktes Glas beißt und den tödlichen Saft lange abtropfen lässt. Die Kiefer des Tieres werden vorsichtig gelockert, um die Gifthaken nicht zu zerbrechen, und zur Freude des gemarterten Reptils lässt man es zwei Wochen lang in Ruhe, damit es sein Gift wieder auffüllen kann.

*

Die Apotheken der alten und modernen Epochen sind voll von diesen Giften, die sich dank einer klugen Dosisbeschränkung in Wohltaten verwandelt haben. Der große medizinische Garten der Natur ist reich an heilenden Giften: Tollkirsche, Maiglöckchen, Fingerhut, Bilsenkraut und viele andere. Darunter haben die Heilstoffe für das Herz, die in Fingerhut, Maiglöckchen, Adonisröschen, Oleander, der afrikanischen Riesenzwiebel und vielen anderen zu finden sind, neue Erkenntnisse geliefert. Wir verdanken sie einem Kardiologen, dem IY Karl Fahrenkamp. Durch seine Erkrankungen entdeckte er völlig neuartige Lösungen.

Nachdem er Tausende von Experimenten durchgeführt hatte, wusste er wie alle Kardiologen, welche Wohltat vom Fingerhut ausgehen kann, wenn es darum geht, einen gefährlichen Anfall von Herzschwäche zu verhindern. Der Puls findet zu seinem natürlichen Rhythmus zurück, die Schlagkraft des Herzens reagiert wieder auf die Anforderungen des Körpers. Man sagt, dass das Herz „kompensiert" wird. Dies ist eine alte klinische Erfahrung, auf der unser gesamtes Wissen über den Fingerhut und seine vergleichbar wirkenden Varianten wie Maiglöckchen, die afrikanische Riesenzwiebel und die tropischen Strophantus-Arten beruht. Der Strophantus oder Fingerhut ist zu einem unverzichtbaren Werkzeug des modernen Arztes geworden, mit dem er für unzählige Menschen eine tödliche Gefahr vorübergehend abwenden kann. Doch wie lange dieser Ausgleich, also das Gleichgewicht zwischen Herzkraft und -anstrengung, anhält, ist ungewiss. Man musste sich darauf beschränken, wieder Fingerhut zu nehmen, wenn man einen erneuten Anfall von Herzversagen erlitt. War es nicht möglich, den Anfall zu verhindern? Karl Fahrenkamp verfolgte diesen Weg und nahm sich eines großen, grundlegenden biologischen Problems an. Er experimentierte damit, dass es grundlegende Unterschiede zwischen den Lösungen, die aus der ganzen Pflanze oder ihrem aktiven Teil hergestellt wurden, und dem gereinigten, kristallinen „Gift" gab. In einigen Fällen war das Gift am wirksamsten, in anderen Fällen von Herzkrankheiten war es wieder die Lösung.

Er verabreichte seinen bereits kompensierten Patienten daher vorbeugend bestimmte Lösungen in niedriger Dosierung. Er erzielte gute Ergebnisse und kam zu dem Schluss, dass es sich offensichtlich um einen Mangel handelte, der auf die gleiche Weise behoben werden konnte wie ein Vitamin- oder Hormonmangel. Man glaubte seinen Ergebnissen nicht und so suchte er nach einem Test, einem Beweis. Die Tierversuche, die man bislang mit herzwirksamen Substanzen unternommen hatte, blieben erfolglos. Fahrenkamp begann daraufhin, mit Pflanzen zu experimentieren. Die Ergebnisse, die jetzt nach vielen Jahren hartnäckiger Arbeit erzielt wurden, sind so wichtig, dass sie eine bislang nicht vorhergesehene Verbreitung finden werden. Ihre wahre Bedeutung zeigt sich vor allem, seit die Experimente in den letzten vier Jahren in großem Umfang durchgeführt wurden. Sie liegt in Folgendem:

Wenn im Herbst unzählige Fingerhut-, Maiglöckchen- und Adonisröschenpflanzen vom Regen gewaschen werden und ihre herzaktiven Substanzen an die Erde zurückgeben, ist ihre Karriere noch nicht zu Ende. Im Gegenteil, sie hat gerade erst begonnen. Die verbleibenden Pflanzen, die vom Abfluss der Stoffe betroffen sind, erhalten einen Teil davon und werden aktiviert. Wenn man Gemüse, Blumen und Getreide mit diesen Pflanzensäften künstlich aktiviert, kann man den Unterschied einfach beobachten. Wir haben es hunderte Male auf Feldern und in Versuchsbeeten gesehen: Mit einem Wort, die Pflanzen werden gesünder. Sie vertragen Wind und Wetter besser, sind länger haltbar, bleiben - wie Kartoffeln und Karotten - länger frisch. Viele sind saftiger, andere kräftiger. Kurz gesagt, der Eindruck, den man aus diesen Untersuchungen gewann, war, dass die Substanz, die diese herzaktiven Pflanzen produzieren, die Gesundheit stärkt. Auch einige Tierversuche führten zu denselben Schlussfolgerungen.

Fahrenkamp nannte diese Substanz die Funktion. Er war zu Recht der Meinung, dass sich hier echte Vitalstoffe manifestieren, die maßgeblich am Aufbau des Lebendigen beteiligt sind. Auch der Mensch braucht sie, wie seine Kranken beweisen, damit es nicht zu Kreislaufstörungen kommt. Da diese Pflanzen aber nicht auf intensiv bewirtschafteten Flächen wachsen, müssen wir sie in die Kategorie der Heilpflanzen einordnen. Diese Stoffe haben außerdem die Eigenschaft, den Alterungsprozess zu verlangsamen. Das Ausmaß der weitreichenden Folgen, die sich daraus für die Erhaltung der Frische von Gemüse und Fleisch ergeben können, ist noch nicht vollständig bekannt. Unsere intensive wissenschaftliche Arbeit zeigt, dass dieses umfangreiche Problem inmitten des Krieges mit größerer Intensität und Schärfe untersucht werden wird. Das Wichtigste bleibt jedoch, dass wir im Bereich der nationalen Gesundheit, d. h. ausgehend von den Nahrungsstoffen, vorsichtig vorgehen, bis alle praktischen und theoretischen Vorarbeiten abgeschlossen sind. Dann werden Gifte zu Wohltaten werden.

*

Ein Gift zu beherrschen bedeutet nicht, dass man direkt auf die Gesundheit extrapolieren muss. Die violetten Kelche der Kolchis können auch unerwartete wissenschaftliche Aufgaben erfüllen. Man hat mit diesem Gift an Pflanzen experimentiert, und die Ergebnisse sind bemerkenswert und vielversprechend.

Jede Zelle eines Organismus hat bekanntlich einen Zellkern, der Chromosomen enthält, die ständig in einer bestimmten Anzahl vorhanden sind, die für jede Tier- und Pflanzenart unterschiedlich ist. Beim Menschen sind es 48, bei der Fliege 8. Mithilfe von Colchicin, dem Gift aus der Kolchikpflanze, gelingt es, die Anzahl der Chromosomen bei Pflanzen zu verdoppeln. Dies geht auch mit einem erhöhten Wachstum einher, das nicht selten zu einer Riesenform führen kann. Das bedeutet, dass wir unter Umständen aus Heilpflanzen neue, größere und auch ertragreichere Pflanzen gewinnen können. Praktische Versuche, insbesondere an Bäumen, scheinen sehr vielversprechend zu sein.

Aber auch das Colchicin hat eine andere, zugegebenermaßen vorläufige und noch theoretische Bedeutung erlangt. Diese Forschungen verdanken wir dem Göttinger Krebsforscher Lettré. In einer bestimmten Dosis bremst Colchicin die Zellteilung, die in der Wissenschaft als Mitose bezeichnet wird. Dieser Prozess, der die Zellteilung verzögert, lässt sich in tierischen Gewebekulturen gut nachweisen. Ausgehend von verwandten chemischen Substanzen wurden viele dieser Mitosegifte entdeckt und man suchte nach einem, das nur die Teilung von Krebszellen verhindert. Die universelle Bedeutung einer solchen - eigentlich noch hypothetischen - Entdeckung ist allgemein bekannt.

Angesichts dieser Klarstellungen, die wir über die Rolle der Gifte und ihrer Varianten in der Natur machen konnten, ist es offensichtlich, dass das, was Paracelsus sagt, nämlich dass kein Ding an sich ein Gift ist, eine große Bedeutung für die neue Forschung zu erlangen scheint, die für das Schicksal des Menschengeschlechts von größter Wichtigkeit ist. Der Krieg darf uns nicht dazu zwingen, die Laboratorien zu schließen und auf die Tage des Friedens zu warten. Die allgemeine Gesundheit, die Gegenstand der meisten dieser Forschungen ist, erfordert daher auch vom Forscher einen großen Arbeitseifer inmitten des internationalen Konflikts.

Heinz Graupner

HEFT DER SS NR. 8. 1944.

DER URSPRUNG ALLER DINGE

Unter dem Himmel ruht die blaue Kette der Berge, und die vertraute Heimat liegt auch am Jahresrand. Die Gesichter der Jugend stehen ihr gegenüber, sie strömt aus der Rinde der Ufer.

Die Sterne steigen über den Feldern auf, in den dichten Wäldern atmet noch immer die Legende, aus dem Mund der Quellen sprechen die Geister: Der Pfad endet in einem antiken Zauber.

Die Städte werden dichter, aber über den Bergen donnern die Wellen der Stürme, die Ebenen ruhen reich an träge dahinfließenden Flüssen.

Der Mensch besingt überall seine Wurzeln, aber die Heimat ist sein wertvollster Besitz. Sie ist der Kelch der Jahrhunderte und der Ursprung aller Dinge.

Kurt Heynicke

KAPITEL III

I. BIOGRAFIEN

ZEITSCHRIFT „GESCHICHTE DES DEUTSCHEN REICHES".

KARL DER GROßE, DER GRÜNDER DES REICHES

In dem Chaos der großen Völkerwanderungen hatte nur ein westgermanischer Stamm, die *Franken*, eine eigene staatliche Struktur entwickeln können. Die Franken waren nicht sehr weit ausgewandert und erhielten ständig Verstärkung aus dem Mutterland. Unter *Karl Martell* besaß das Frankenreich noch eine starke nordische Prägung und hatte die großen kulturellen Zentren am Rhein und seinen Nebenflüssen erreicht. In der Schlacht von *Poitiers* im Jahr 732 schützte er das Abendland vor den Angriffen der *Mauren*. Die Schenkung seines Sohnes *Pippin* an den Papst, mit der er diesem den Besitz der *Gebiete* um Rom, Ravenna und Ancona bestätigte, ermöglichte die Gründung der *Kirchenstaaten*, rechtfertigte also den weltlichen Anspruch des Papstes und hatte die verhängnisvollsten Folgen für die deutsche Religionspolitik.

Das fränkische Königreich erreichte den Höhepunkt seiner Macht unter *Karl I*, dem Enkel von Karl Martell. Ihm gelang es, die deutschen Stämme Bayerns, Sachsens, Thüringens und der Alemannen zu vereinen, sie im Fränkischen Reich zu vereinigen und so eine Großmacht zu schaffen. Sein Reich erreichte jedoch keine Einheit zwischen Volk und Territorium. Im Grunde regierte er bereits nicht mehr ein fränkisches Königreich, sondern ein deutsch-französisches Reich, was sich auch in seinem Wohnort Aachen widerspiegelte.

CHARLES UND WIDUKIND

Dennoch sollte dieses Großreich vor allem durch Karls Willen germanische Züge annehmen, und tatsächlich war Karl der Große zum ersten Mal Herrscher über ein Großreich germanischer Prägung. Er organisierte auch die ersten Maßnahmen zur Ostexpansion.

Bei der Verfolgung seiner imperialistischen politischen Pläne schreckte er vor keinem Mittel zurück, um die widerspenstigen Stämme zu zwingen, sich zu versammeln. Und der sächsische Herzog Widukind, Karls größter Widersacher, musste sich diesem harten Schicksal beugen. So sehr wir seine gewalttätigen Methoden missbilligen, so sehr müssen wir anerkennen, dass Karl der Große das damalige Europa zu einer mächtigen Einheit machte. *Widukind*, der Verteidiger der germanischen Seele, und Karl, der große Staatenschöpfer, zeugen von der Größe und der Grausamkeit der frühen germanischen und deutschen Geschichte.

Alle Regionen des karolingischen Reiches, die zusammengefasst und zentral verwaltet wurden, hatten so ein blühendes Leben. Dank seiner herausragenden Persönlichkeit hielt Karl das Reich zusammen und diktierte der Kirche seinen Willen. Unter seinen Nachfolgern setzten sich jedoch immer mehr die Mächte durch, die auf eine Spaltung des Reiches abzielten. Die dem Staat unterworfene Kirche wurde von der politischen römischen Kirche abgelöst und Karls Sohn, Ludwig der „Fromme", wurde zum gefügigen Instrument dieser neuen Macht. Mit der Zeit trennten sich die römischen Teile des Reiches immer mehr von den germanischen Gebieten. Die unfähigen Erben, die auf den Thron gesetzt wurden, verfolgten die schlechteste Politik und es kam zur Teilung des Reiches im Vertrag von Verdun 843 und im Vertrag von Mersen 870.

In Niedersachsenhain bei Verden, von der SS errichtetes Denkmal zur Erinnerung an die 4500 Sachsen, die auf Befehl Karls des Großen enthauptet wurden.

Wachsamer SS-Mann vor dem Grab von König Heinrich I.

Bei der Zeremonie zu Ehren Heinrichs I. legt Reichsführer Himmler einen Kranz auf das Grab von Königin Mathilde nieder.

Rede des Reichsführers SS Himmler im Dom zu Quedlinburg am 2. Juli 1936.

Heinrich I

Oft heißt es in der Geschichte der Völker, dass man die Ahnen, die großen Männer ehren und ihr Vermächtnis nie vergessen soll, doch diese Weisheit wird viel zu selten befolgt. Heute, am 2. Juli 1936, stehen wir vor dem Grab des deutschen Königs Heinrich I., der vor genau tausend Jahren verstarb. Wir können im Voraus sagen, dass er einer der größten Gründer des Deutschen Reiches war und gleichzeitig einer derjenigen, die am meisten vergessen wurden.

Als der 43-jährige Heinrich, Herzog der Sachsen aus dem Bauernadel der Ludolfinger, im Jahr 919 König wurde, trat er das schrecklichste Erbe an, das man sich vorstellen kann. Er wurde König eines Deutschen Reiches, das nur dem Namen nach ein Deutsches Reich war. In den vergangenen drei Jahrhunderten und insbesondere unter dem Jahrzehnt des schwachen Nachfolgers Karls des Großen war der gesamte Osten Deutschlands den Slawen überlassen worden. Die ehemaligen germanischen Siedlungsgebiete, in denen jahrhundertelang die größten germanischen Stämme gelebt hatten, wurden von slawischen Völkern besetzt, die das Deutsche Reich bekämpften und seine Autorität anzweifelten. Der Norden war den Dänen zugefallen. Im Westen hatte sich Elsass-Lothringen vom Reich abgespalten und war dem Westfränkischen Reich angegliedert worden. Eine Generation lang hatten die Herzogtümer Schwaben und Bayern gegen die faulen deutschen Könige - vor allem Ludwig den Faulen und Konrad Ide Franken - gekämpft und sie herausgefordert.

Die Wunden, die durch die brutale und blutige Einführung des Christentums entstanden waren, waren überall noch offen. Das Reich war durch die ewigen Forderungen der Fürstbischöfe und die Einmischung der Kirche in internationale Angelegenheiten von innen heraus geschwächt.

Das historische Ereignis, dass Karl der Große eine kaiserliche Macht schuf, die rivalisierende germanische Stämme vereinte, stand kurz vor dem totalen Scheitern, und zwar aus eigener Schuld, da sich das System dieser rein administrativen und allogenen Zentralmacht moralisch und biologisch nicht mehr auf die germanischen Bauern in Sachsen, Bayern, Schwaben, Thüringen und auch im Frankenreich stützte.

So war die Situation, als Heinrich I. die schwere Bürde auferlegt wurde, König zu werden. Heinrich war der authentische Sohn seiner sächsischen Bauernheimat.

Schon als Herzog hatte er einen hartnäckigen und energischen Charakter bewiesen, aber erst als er König wurde, wurde dies bestätigt.

Bei seiner Amtseinführung als König im Mai 919 in Fritzlar lehnte er - allerdings ohne verletzende Worte - die Salbung durch die Kirche ab und bezeugte damit vor allen Germanen, dass er die politischen Gegebenheiten der Zeit richtig einschätzte und nicht dulden würde, dass sich die kirchliche Macht unter seiner Herrschaft in die politischen Angelegenheiten Deutschlands einmischte.

Im Jahr 919 unterwarf sich der schwäbische Herzog Burkhart König Heinrich und dieser gliederte Schwaben dem Deutschen Reich an.

Im Jahr 921 zog er mit einem Heer nach Bayern und setzte sich auch hier nicht durch die Macht der Waffen, sondern durch die überzeugende Kraft seiner Persönlichkeit durch, und Herzog Heinrich von Bayern erkannte ihn als König der Deutschen an. Bayern und Schwaben, die damals verloren zu gehen drohten, wurden so von König Heinrich dem Deutschen Reich angegliedert und blieben dort bis heute und werden es, davon sind wir überzeugt, auch in Zukunft bleiben.

Das Jahr 921 brachte Heinrich, diesem erfahrenen, umsichtigen und hartnäckigen Politiker, die Anerkennung des westfränkischen, heute französischen Reichs, das noch immer von einem Karolinger regiert wurde. Elsass-Lothringen wurde in den Jahren 923 und 925 wieder in das Reich eingegliedert.

Aber wir dürfen uns nicht einbilden, dass dieser Wiederaufbau Deutschlands leicht und ohne Hindernisse von außen erfolgte. Jedes Jahr seit einer Generation war die bislang schwache deutsche Nation ständig Opfer der Raubzüge und *Überfälle der* fast immer erfolgreichen und siegreichen *Ungarn*. In ganz Deutschland, ich würde sagen in ganz Europa, waren Regionen und Menschen dem Raub durch diese sowohl politisch als auch strategisch bemerkenswert geführten Horden und Reiterheere ausgesetzt. Die Annalen und Chroniken der damaligen Zeit berichten sowohl vom Angriff auf Venedig und der Plünderung Oberitaliens, dem Angriff auf Cambrai, dem Brand von Bremen als auch von der immer wiederkehrenden Zerstörung der bayerischen, fränkischen, thüringischen und auch der sächsischen Gebiete. Als klarer Soldat stellte Heinrich fest, dass die Art der Armee, die bei den germanisch-deutschen Stämmen und Herzogtümern existierte, sowie die damals angewandte Taktik nicht geeignet waren, um sich gegen diese Feinde zu verteidigen oder sie auch nur zu vernichten. Das Glück kam ihm zu Hilfe. Im Jahr 924 gelang es ihm, bei einem Einfall der Ungarn in die sächsischen Gebiete um Werla bei Goslar einen wichtigen ungarischen Heerführer gefangen zu nehmen. Die Ungarn boten sagenhafte Summen an Gold und Schätzen, um ihren Anführer freizukaufen. Trotz der gegenteiligen Meinungen der dummen und engstirnigen Zeitgenossen, von denen es schon damals viele gab, tauschte der stolze König den ungarischen Heerführer gegen einen neunjährigen Waffenstillstand seitens der Ungarn aus, zunächst für Sachsen und dann für das ganze Reich, und verpflichtete sich, in diesen neun Jahren bescheidene Tribute an die Ungarn zu zahlen.

Er hatte den Mut, eine unpopuläre Politik zu verfolgen, da er das Prestige und die Macht besaß, um sie durchzuführen. So begann er sein großes schöpferisches Werk, das darin bestand, eine Armee aufzustellen und das Land in die Lage zu versetzen, sich durch die Schaffung von Festungen und Städten zu verteidigen, die es ermöglichten, einen endgültigen Kampf mit dem bis dahin unbesiegbaren Gegner zu riskieren.

Damals gab es zwei Arten von Militäreinheiten: zum einen den germanischen Bann der Stammesherzogtümer, der in Krisenzeiten einberufen wurde, und zum anderen die erste deutsche Militäreinheit, die aus Berufskriegern und Mobilisierten bestand und von den Karolingern geschaffen worden war. Heinrich I vereinigte diese beiden Einheiten in einer deutschen Militärorganisation. Ausgehend von den Mobilisierten der königlichen und herzoglichen Höfe legte er außerdem fest, dass jeder neunte Mann in die Festungen gehen sollte, um einen Teil einer Garnison zu bilden. Zum ersten Mal in Germanien ließ er die Einheiten seiner Mobilisierten wirklich trainieren und brachte die kriegerischen Kämpfer dazu, ihre Gewohnheiten des isolierten Kampfes zu verlieren. Er organisierte die Kavallerie nach einem taktischen Willen und die Truppenkörper wurden strukturiert und diszipliniert.

In weniger als einem Jahr entstanden an der damaligen deutschen Ostgrenze, entlang der Elbelinie und insbesondere im gesamten Harzgebiet, unzählige kleine und große Festungen, die von Wällen und Gräben umgeben waren, die teils aus Steinmauern und teils aus Palisaden bestanden. Sie enthielten Zeughäuser und Versorgungshäuser, in denen gemäß einem königlichen Befehl ein Drittel der Ernte des Landes gelagert werden musste. Bereits zur Zeit Heinrichs I entstanden aus diesen Festungen die *später berühmten deutschen Städte* Merseburg, Hersfeld, Braunschweig, Gandersheim, Halle, Nordhausen usw. Die *Städte wurden von der Stadtverwaltung in den letzten* Jahren immer weiter ausgebaut.

Nach diesen Vorbereitungen begann Heinrich I damit, die Voraussetzungen für einen endgültigen Kampf mit den Ungarn zu schaffen. Von 928 bis 929 unternahm er *große Expeditionen gegen die Slawen*. Andererseits wollte er den Ungarn ihre Verbündeten und die gegen Deutschland mobilisierten kriegerischen Ressourcen entziehen, um sie zu vernichten.

In diesen zwei Kriegsjahren, in denen er seine junge Armee den härtesten Prüfungen unterziehen konnte, besiegte er die Havolanen, Redarier, Abodriten, Daleminzen, Milzen und Wilzen. Im tiefsten Winter eroberte er die scheinbar uneinnehmbare Siedlung Brennabor, das heutige Brandenburg; nach einer dreiwöchigen Belagerung im Winter eroberte er die Festung Gana und ließ im selben Jahr die Siedlung Meißen errichten, die auch in den folgenden Jahren große strategische Bedeutung behielt.

Im Jahr 932, als der König, der sein Ziel unnachgiebig verfolgte, alle Bedingungen als erfüllt ansah, berief er die *Fürstbischöfe* zu einer *Synode* nach Erfurt und das Volk zu einer Nationalversammlung ein, in denen er sie mit einer überzeugenden Rede dazu aufforderte, sich fortan zu weigern, den Ungarn Tribut zu zahlen, und den Nationalkrieg anzunehmen, um sich endgültig von der ungarischen Gefahr zu befreien.

Im Jahr 933 *griffen* die *Ungarn* an und erlitten bei Riade an der Unstrut aufgrund einer strategisch meisterhaft geführten deutschen Gegenoffensive eine vernichtende Niederlage.

Das Jahr 934 fand Heinrich auf einem Feldzug gegen Dänemark, um die Nordgrenze gegen den Angriff der Dänen und Slawen zu verteidigen und die nördlichen Gebiete, die in der Vergangenheit durch die Schuld seiner Vorgänger verloren gegangen waren, wieder an das Reich anzugliedern. Die damals international bedeutende Handelsstadt Haitabu im damaligen Schleswig wurde dem Reich angegliedert.

Von 935 bis 936 verfasste Heinrich I., der ein berühmter europäischer Herrscher und vor allem in seiner *sächsischen Heimat* äußerst angesehen war, getreu seiner bäuerlichen Natur und mit dem Gefühl, dass sein Ende nahte, sein Testament und empfahl auf dem Reichstag in Erfurt den Herzögen und Großen des Reiches seinen Sohn Otto als Nachfolger.

Am 2. Juli starb er im Alter von 60 Jahren in seinem kaiserlichen Schloss in Memleben im Unstruttal. Er wurde in Quedlinburg in dieser Krypta des heutigen Doms beigesetzt.

Dieses erfüllte Leben ist lehrreich. Viele andere haben länger regiert und können sich nicht rühmen, ein so großes Werk für ihr Land vollbracht zu haben, das mit dem von Heinrich I. vergleichbar ist. Und nun möchten wir, die Menschen des 20. Jahrhunderts, die wir in der Zeit des großen deutschen Wiederaufbaus unter der Führung von Adolf Hitler nach einer Zeit des schrecklichen Zusammenbruchs leben, wissen, was Heinrich I. dazu befähigte, das zu erreichen, was er getan hat. Die Antwort erhalten wir, wenn wir uns bemühen, Heinrich I. als germanische Persönlichkeit kennenzulernen. Wie seine Zeitgenossen berichteten, war er ein Herrscher, der seinen Hofstaat durch Stärke, Größe und Weisheit übertraf. Er führte durch die Kraft seines starken und großzügigen Herzens und der Gehorsam, der ihm entgegengebracht wurde, war absolut aufrichtig. Er führte das alte, aber ewige germanische Prinzip der Treue zwischen dem Herzog und dem Mann der Truppe wieder ein, was in scharfem Gegensatz zu den christlich-religiösen Regierungsmethoden der Karolinger stand. Gegenüber seinen Feinden war er ebenso unnachgiebig wie gegenüber seinen Kameraden und Freunden treu und dankbar.

Er war eine der größten Führungspersönlichkeiten der deutschen Geschichte und wusste genau, dass trotz der Stärke und Schärfe des Schwertes der Sieg größer und nachhaltiger ist, wenn man andere Germanen durch eine offene Diskussion in die Gemeinschaft einbindet, anstatt kleinlich auf Vorurteile zu stoßen und Menschen zu töten, die für das gesamte Germanentum wertvoll sind.

Für ihn waren das gegebene Wort und der Handschlag heilig. Er hielt sich treu an die geschlossenen Verträge und erfreute sich in den langen Jahren seines Lebens der respektvollen Treue seiner dankbaren Anhänger. Er respektierte alles, was anderen Menschen heilig ist, und er kannte die Grundsätze der Kirche, die sogar auf Mord zurückgreift, so gut, dass er eine Einmischung in die Angelegenheiten des Reiches verächtlich ablehnte und sich nicht in religiöse Fragen einmischte. Er zügelte die fromme Neigung seiner geliebten Frau, die ihn sein ganzes Leben lang begleitete, Königin Mathilde, Widukinds Urenkelin. Zu keinem Zeitpunkt seines Lebens vergaß er, dass die Stärke des deutschen Volkes von der Reinheit seines Blutes abhängt und dass die odalische bäuerliche Verwurzelung mit der Freiheit des Bodens verbunden ist. Er wusste, dass das deutsche Volk, wenn es leben wollte, seinen Ursprüngen treu bleiben und seinen Lebensraum vergrößern musste. Er kannte jedoch die Gesetze des Lebens und wusste, dass man nicht erwarten konnte, dass das Oberhaupt eines Herzogtums auf der einen Seite in der Lage sein würde, die gegen die Grenzen des Reiches gerichteten Angriffe abzuwehren, wenn ihm auf der anderen Seite alle Rechte und die Souveränität genommen wurden, wie es die karolingische Verwaltung vorsah. Er dachte groß, baute das Reich auf und vergaß nie, dass in den großen germanischen Stämmen eine Kraft schlummerte, die aus einer tausendjährigen Tradition hervorging.

Er übte seine Autorität auf so kluge Weise aus, dass die natürlichen Eigenschaften der Stämme und Regionen zu treuen und gefügigen Helfern bei der Einigung des Reiches wurden. Er schuf eine mächtige kaiserliche Macht und bewahrte auf intelligente Weise die Unabhängigkeit der Provinzen.

Wir müssen ihm zutiefst dankbar sein, dass er nie den Fehler begangen hat, den deutsche und auch europäische Staatsmänner im Laufe der Jahrhunderte bis in unsere Zeit begangen haben: das Schicksal seines Volkes außerhalb seines Lebensraums - wir sagen heute geopolitischen Raums - zu betrachten. Er ist nie der Versuchung erlegen, die vom Schicksal gezogenen Grenzen der Lebens- und Expansionsräume der Ostsee im Osten, des Mittelmeers im Süden und die Alpen zu überqueren. Wie wir gut vermuten können, verzichtete er damit bewusst auf den klangvollen Titel „Kaiser des Heiligen Römischen Reiches Deutscher Nation".

Er war ein edler Bauer, der aus dem Volk stammte. Dieser wurde immer frei in seinem Haus empfangen und sah sich die Maßnahmen der staatlichen Verwaltung persönlich mit ihm an.

Er war der Erste unter seinesgleichen und ihm wurde größerer menschlicher und aufrichtiger Respekt entgegengebracht als Kaisern, Prinzen und anderen Königen, die das fremde byzantinische Zeremoniell verlangten. Er nannte sich Herzog und König und war vor tausend Jahren ein Anführer.

Ich muss nun eine demütigende und für unser Volk zutiefst traurige Tatsache enthüllen: Die Gebeine des großen deutschen Führers ruhen nicht mehr an ihrem Begräbnisort. Wo sie sich befinden, wissen wir nicht. Wir können nur Vermutungen anstellen. Es mag sein, dass treue Anhänger seinen Leichnam, der ihnen heilig war, an einem sicheren Ort auf würdige, aber geheime Weise beigesetzt haben; es mag sein, dass ein feindlicher Würdenträger, von nachtragendem Hass getrieben, seine Asche in alle Winde verstreut hat. Ebenso wurden die elenden Gebeine der zu Tode gefolterten treuesten Männer am Ausgang dieser Krypta vergraben, was die Ausgrabungen vor der Kathedrale belegen, und wir machen es uns zur Ehrenpflicht, sie in Würde zu bestatten. Heute, vor dem leeren Grab, repräsentieren wir das gesamte deutsche Volk, die Bewegung und den Staat, in Vertretung unseres Führers Adolf Hitler und haben Kränze mitgebracht, Symbole des Respekts und der Erinnerung. Wir legen auch einen Kranz auf das Grab von Königin Mathilde, der edlen Gefährtin des großen Königs, die vor mehr als neuneinhalb Jahrhunderten neben ihrem Gatten beigesetzt wurde. Wir glauben, den großen König auch dadurch zu ehren, dass wir an Königin Mathilde denken, dieses große Beispiel deutscher Frauenwürde.

Auf dem Hügel gelegen, der seit Jahrtausenden von Männern unseres Blutes bewohnt wurde, soll dieses alte Grab mit der prächtigen religiösen Halle germanischer Art ein Ort der Besinnung sein, an den wir Deutschen pilgern, um König Heinrich zu gedenken, sein Andenken zu ehren und uns an diesem heiligen Ort zu verpflichten, den menschlichen Tugenden und Führungsqualitäten zu folgen, mit denen er vor tausend Jahren unser Volk glücklich gemacht hat; und um uns erneut zu verpflichten, auf diese Weise den Mann, der nach tausend Jahren das menschliche und politische Erbe von König Heinrich angetreten hat, unseren Führer Adolf Hitler, bestmöglich zu ehren und ihm in Gedanken, Worten und Taten treu zu dienen, für Deutschland und Germanien.

Der, der sein Volk retten will
kann nur eine heroische Mentalität haben.

Adolf Hitler

HEFT DER SS NR. 4. 1938.

JOHANN GUTENBERG

Die Zeit des großen Umbruchs, in der wir leben, wäre ohne die Funktionsweise des Rundfunks kaum denkbar. Sie ermöglichte es einem einzelnen Menschen, sich an Millionen anderer zu wenden und die großen Ereignisse, die sein Schicksal ausmachen, mit anderen zu teilen. Ohne den Rundfunk wäre uns sicherlich nicht *in so wenigen Jahren* bewusst geworden, dass wir ein Volk sind, und dieses wäre sicherlich nicht so schnell gereift. Andererseits wäre das Radio ein Spielzeug für wohlhabende Leute geblieben, wenn es sich nicht in einer Zeit entwickelt hätte, in der die Völker zu echten Gemeinschaften werden wollten.

Der Fortschritt des menschlichen Geistes ist kein Zufallsprodukt. Die *Notwendigkeit geht* ihm immer voraus. Dann tritt ein begabter Mann - ein Erfinder - aus unserem Volk hervor und erfüllt unsere Wünsche.

„Schwarze Kunst" Druckereiwerkstatt im 17. Jahrhundert.
(Holzschnitt von Abraham von Werbt, 1676).

Benz und Daimler erfanden das Automobil, als die vorhandenen Transportmittel *nicht mehr ausreichten,* um unsere Reiselust zu befriedigen. *Lilienthal erhob* sich in die Lüfte, als sich bereits ganze Generationen am Menschenflug *versucht* hatten. *Marconi schuf* die Grundsätze des Radios, als es bereits eklatant war, dass das Verfahren zur Übermittlung von Nachrichten über Telegrafenkabel die Anforderungen *nicht mehr erfüllte.* Heute *brauchen* wir ein Auto, das sich jeder leisten kann - und der Hersteller *Porsche* schaffte, was gestern noch unmöglich war. Das menschliche Genie ist die beste Motivation für jemanden, der zu sich selbst sagt: *„Ich muss das schaffen, weil mein Volk es verlangt".*

Wir müssen also in jedem Erfinder einen *Vollstrecker des Willens seiner Zeitgenossen* sehen. Nur so können wir ihn verstehen, ebenso wie seinen Kampf, seine übermenschlichen Opfer und die Besessenheit, mit der er sein Ziel verfolgt.

Johann Gutenberg. Schwarze Kreide, XVI Jahrhundert.

Das ist also *Johann Gensfleisch zu Gutenberg*, kürzer Johann Gutenberg genannt, der Erfinder *des Buchdrucks*. Auch er lebte in einer Zeit großer Umwälzungen und musste sich ihren Anforderungen stellen. Im XV Jahrhundert, in dem er in Mainz lebte (er wurde 1400 geboren und starb 1468), verschwand das „dunkle" Mittelalter schnell, da die Kirche das spirituelle Leben argwöhnisch als ihr Monopol betrachtete und sich bemühte, die Völker von ihrer Spiritualität, ihrer Volksidentität und ihrer spezifischen Kultur abzuhalten.

Im 15. Jahrhundert entdeckten kühne *Seefahrer* die Neue Welt und widerlegten damit das Dogma der biblischen Wissenschaft. Im Osten klopft der Islam an die Tür des autokratischen Christentums. Die Menschen zweifeln an der Allmacht des Papstes, an den absoluten Moraldoktrinen und den wissenschaftlichen Visionen der Kirchen. Überall manifestierte sich eine Sehnsucht nach *Wissen* und *dem Austausch von Neuigkeiten und Erkenntnissen*. Die mündliche Überlieferung reichte schon lange nicht mehr aus. Die Menschen sollten Zugang zu Wissen erhalten - was bislang nur einigen Mönchen und hohen Klerikern vorbehalten war. Aber welcher Mensch wird das Lesen nutzen, wenn es *nichts zu lesen gibt* und Fon Bücher und

Broschüren nur in wenigen, natürlich unbezahlbaren handgeschriebenen Exemplaren besitzt?

Johann Fust, der Gutenberg die Früchte seiner genialen Erfindung vorenthält.

Gutenberg, ein kleiner Handwerker, den wir heute als Techniker bezeichnen würden, lebte in dieser Zeit und in der Welt seiner Bedürfnisse. Er machte sich Gedanken über die Entwicklung eines Druckverfahrens, das die Sehnsucht der aus dem spätmittelalterlichen Schlaf erwachenden Deutschen stillen konnte. Er wollte *Bücher* und *Broschüren* drucken - so *viele wie* möglich und so *schnell wie möglich.*

Die Vorstellung vom Drucken existierte bereits. Man schnitzte Illustrationen aus Holztischen, bestrich sie mit Farbe und druckte (presste) sie auf Papier. Man schnitt auch Buchstaben, Wörter, Sätze und ganze Buchseiten aus Holz und fertigte auf diese Weise ganze Bücher an, aber in welcher Zeit und zu welchem Preis! Ein geschickter Holzschnitzer brauchte zwei Wochen, um eine einzige Seite herzustellen! Es war eine Kunst, von der nur wenige Privilegierte profitieren konnten.

Gutenberg hat zwei Aufgaben zu erfüllen - heute würden wir sagen: zwei technische Probleme zu lösen. Erstens: Statt ganzer *Buchseiten* kleine Klötzchen verwenden, die *aus einem einzigen Buchstaben* bestehen und die man dann nach Belieben zusammensetzen kann. Dann diese kleinen Klötzchen so stabil zu machen, dass sie wiederverwendet werden können. Er fand eine Lösung für beide Probleme. Er entwickelte ein Verfahren, um Buchstaben aus *Blei zu* gießen, und er entwickelte eine Druckerpresse mit allen notwendigen Werkzeugen mit einer solchen Perfektion, dass die

Prinzipien seiner „Schwarzen Kunst" über die Jahrhunderte hinweg unverändert blieben und selbst in unserer Zeit unter dem magischen Mantel der modernen Technik noch zu erkennen sind.

Druckereiwerkstatt aus dem Jahr 1440.

Man könnte meinen, dass dies alles sehr einfach ist. Und doch erforderte diese Erfindung Gutenbergs rückhaltlose Selbstlosigkeit, seine ganze Arbeitskraft, seine Lebensfreude und seine Hoffnungen. Wie alle großen Männer und wie die meisten Erfinder stieß er auf das Unverständnis, die Dummheit und die Böswilligkeit seiner Mitmenschen. Ein elender Ladenbesitzer namens Fust, der ihn „finanziert" hatte, frustrierte ihn um die Früchte seiner Arbeit, krönte sich selbst mit dem angeeigneten Ruhm und zwang den Mann, der für die nachfolgenden Generationen *die Waffe der geistigen Befreiung* geschmiedet hatte, bis zu seinem Tod ein armes und elendes Leben zu führen; ein Leben, das er jedoch bis zum letzten Tag der Vervollkommnung seiner Kunst widmete.

Die wahre Größe bedeutender Erfinder offenbart sich in ihrem Schicksal, in ihrer unbeugsamen Hartnäckigkeit, ihrem Glauben an ihre Berufung und ihrer Verachtung für alle materiellen Dinge.

Eine Seite aus der Gutenberg-Bibel mit 42 Zeilen.

Wir sind leicht geneigt, sie nur nach ihren Erfindungen und dem, was sie uns an Gutem und Nützlichem vermittelt haben, zu beurteilen. Aber nicht nur das macht ihre Genialität aus, und wir würden sie unterschätzen, wenn wir nur diesen Aspekt sehen würden. Denn es ist sicher, dass ein Fortschritt, der - wie man so schön sagt - „in der Luft liegt", in jedem Fall erreicht wird, wenn nicht von einem von ihnen, dann von einem anderen. Im XV Jahrhundert wurde der Buchdruck erfunden, weil ein Volk den Wunsch hatte, Wörter in schriftlicher Form wiederzugeben. Und wenn Gutenberg das nicht getan hätte, wäre zwei Jahrzehnte später ein Mann mit einem anderen Namen aufgetaucht. Wir würden auch ohne Benz und Daimler Auto fahren, wir würden ohne Lilienthal fliegen. Und wenn wir uns auf das strikte Ergebnis beschränken wollten, könnten wir mit Recht sagen: Ein Gutenberg, ein Beni, ein Lilienthal taten nur das, was andere an ihrer Stelle getan hätten, wenn sie nicht da gewesen wären!

Doch diese Männer sind besser als ihre Taten, denn sie hatten den Mut, die *Ersten zu sein*. Sie waren visionärer als andere. Sie waren von einer Berufung beseelt, die größer war als die der anderen. Sie folgten nicht den bereits vorgezeichneten Wegen, sondern betraten *Niemandsland. Sie kämpften unter so schwierigen Bedingungen, dass die meisten von ihnen gezwungen waren, sich selbst zugunsten ihrer Arbeit aufzugeben.* Sie opferten ihr Glück und ihre ruhige Existenz ihrem Glauben, damit zukünftige Generationen von ihren Werken leben konnten. Sie wurden also nicht nur durch ihre Taten unsterblich, sondern auf einer höheren Ebene durch die Anerkennung, die das Volk ihnen von Ewigkeit zu Ewigkeit schuldet.

HEFT DER SS NR. 7B. 1941.

ALBRECHT DÜRER, „SPORTBERICHTERSTATTER".

Oder wie der große Künstler das Gesetz des Kampfes aufwertete

Albrecht Dürer - ein Genie, das die Masse der deutschen Künstler übertrifft! Wenn wir seinen Namen aussprechen, sehen wir die herrlichen Gemälde mit ihren edlen, erhabenen Formen zu Ehren der Madonna, der Heiligen oder anderer religiöser Figuren vor unseren Augen. Wir Heutigen, die wir für das Christentum und die Lehre vom Jenseits nicht mehr empfänglich sind, bewundern die edlen Züge in Dürers Werken, die dieser religionsferne Renaissance-Mensch absichtlich zum Ausdruck gebracht hat. Auch in diesem Bereich hat Albrecht Dürer Figuren von unvergesslicher Größe geschaffen.

Wenn wir uns das Leben des Menschen Albrecht Dürer anhand seiner „offiziellen Werke" vorstellen wollten, dann würden wir, wie es die Bücher lehren, in ihm das siegreiche, nach Transzendenz strebende Genie sehen, den Fürsten, den verwöhnten Maler, der, ohne das Elend und die Leiden seines Volkes zu kennen, in einem illustren Kreis von Kaisern, Fürsten, Rittern und Bischöfen lebt und schafft, um ihren Ruhm zu verewigen.

Dennoch berühren uns einige einfache, bescheidene Werke Dürers, die nicht ganz in diesen Rahmen passen, oft mehr als monumentale Schöpfungen. Es sind Aquarelle, die Dürers Heimat, die Umgebung von Nürnberg und die friedlichen Täler Frankens, darstellen. Es sind Zeichnungen wie der „kleine Grashalm", der „Hase" und der „Veilchenstrauß". In der Vergangenheit wurden sie ausgegrenzt, als „Studien" des Malers dargestellt und man betrachtete sie nie als repräsentative Elemente seiner Persönlichkeit.

In Wien wird ein neuer Dürer entdeckt

So vergingen die Jahre und Jahrhunderte. Dürer, der 1471 geboren wurde, blieb in den Herzen der Deutschen als ein Genie präsent, das die religiöse und höfische Kunst beherrschte, aber sie wussten nichts über die wahre Natur des Mannes. Anfang 1800, dreihundert Jahre nach Dürers Zeit, kam es jedoch zu einem Ereignis. Anlässlich von Ausstellungen und Umbauten, die zum Ruhme der Habsburger gemacht wurden, wurden die Archive der Bibliotheken und Ämter auf den Kopf gestellt. In der Bibliothek der Fideikommissverwaltung steigt der Staub in dichten Wolken auf, und zwischen den aufgehäuften Schätzen und Pandekten ziehen die österreichischen Archivräte Karten mit seltsamen alten Zeichnungen hervor - Illustrationen und Zeichnungsreihen von Männern, die mit verschiedenen Arten von Waffen ringen und kämpfen, und auch handschriftliche Texte, die in den charakteristischen geschwungenen Buchstaben der Spätgotik aus der Zeit Dürers geschrieben sind.

In Wien sorgt dies für Verwunderung, aber noch mehr unter Wissenschaftlern und Kunstsachverständigen, die diese Karten aus dem habsburgischen Kulturerbe mit Expertenaugen betrachten. Es wird viel über die Bedeutung dieser Gruppe von Zeichnungen, die Fechter und Ringer darstellen, sowie über die Identität der Auftraggeber und des Schöpfers diskutiert. Denn selbst die leichten Skizzen auf diesen Blättern, die Hunderte von Figuren und Körperhaltungen darstellen, tragen die Handschrift eines Meisters, der selbst ein Experte im Fechten und Ringen war.

Albrecht Dürer - unmöglich! und doch!

Ein Raunen ging durch die Masse der kunstkritischen Zeitungen. Man nahm dies und jenes an, besprach alle Zeichner, die vor und nach 1500 gelebt hatten, und verweilte auch bei Albrecht Dürer. Das Datum und der geniale Bleistiftstrich konnten ihn verraten. Aber war es möglich, dem asketischen Schöpfer, der Madonnen und Jesuskindchen liebte, diese alltäglichen, vulgären, nach Schweiß und Staub der Waffenkammern riechenden Bilder zuzuschreiben? Nein, sich so etwas auch nur vorzustellen, erschien den Herren Kunstkritikern, die vor drei, vier, fünf Jahrzehnten lebten, erniedrigend. Dürer hatte sicherlich nichts mit dem „Volk" gemein, und schon gar nicht mit einem so streitsüchtigen, kämpferischen und prügelnden Volk!

Und doch - Experten und Forscher brachten weitere Waffenbücher aus einer etwas späteren Zeit mit und bewiesen, dass sich schlechte Zeichner und Nachahmer an diesen Wiener Zeichnungen orientiert hatten. Es kamen auch Historiker, die festgestellt hatten, dass Dürers großer Förderer, der

„letzte Ritter", Kaiser Maximilian I., im Jahr 1500 Albrecht Dürer den Auftrag erteilt hatte, eine Reihe von Holzschnitten über die ritterlichen Künste anzufertigen, die der Meister um 1502 im Vertrag von „Freydal" fertigstellte. War es unvorstellbar, dass dieser Kaiser, der letzte Spross einer großen zivilisierten Epoche, auch wollte, dass eine meisterhafte Hand die ritterlichen Künste des Fechtens und Ringens beschrieb? Dürer führte diesen Auftrag aus, aber das Werk machte keinen großen Eindruck; daher wurden die Zeichnungen des Meisters in den Archiven belassen, einige Blätter schienen sogar aus anderen Büchern kopiert worden zu sein.

Aber wie - und das war noch die wichtige Frage - konnte Dürer diese „offensichtlich sportlichen Illustrationen" anfertigen? Er zeigt Menschen seiner Zeit, obwohl man früher die Figuren aus der Bibel in zeitgenössischen Kostümen malte, und nur lebende Modelle konnten ihm Beispiele für die genauen Haltungen beim Ringen liefern. Gab es zu dieser Zeit eine so perfekte Fecht- und Ringkampfkunst?

Auch in dieser Frage hat man sich lange Zeit und bis in die jüngste Zeit hinein völlig verirrt. Das Mittelalter erschien als das dunkle Zeitalter der Religionskriege, der Verfolgung aller weltlichen und vor allem aller körperlichen Dinge. Das dämmrige Licht der gotischen Kirchenfenster schien diese Jahrhunderte und alle Völker des Mittelalters zu überdecken. Erst seit kurzem wissen wir, dass das Christentum und die Kirche von der germanischen Frühzeit bis zur Zeit der Religionskriege nur eine oberflächliche Hülle waren, die einen freien nationalen Lebensstil bedeckte, der tief von der germanisch-nordischen Seele beeinflusst war. Die Körperfeindlichkeit der Kirche konnte sich nie durchsetzen, nicht nur bei den Bauern, die unermüdlich arbeiteten, sondern auch bei den Rittern, die in der Schlacht körperlich kämpfen mussten. So hatten zum Beispiel Spiele, Tanz, Bäder und körperliche Übungen in der deutschen Gesellschaft des Mittelalters - und sogar noch zu Dürers Zeiten - immer ihren Platz.

Es ist durchaus denkbar, dass Kaiser Maximilian ein Handbuch über diese Ritterkünste anfertigen lassen wollte, weil er spürte, dass die bedrohlichen Zeiten der Religionskriege sich als gefährlich erwiesen.

Es ist jedoch möglich, dass Albrecht Dürer selbst in der neuen Stadt Nürnberg und in der aufstrebenden Bürgerschaft die Ausübung dieser ritterlichen Künste beobachtete, die sie zur Verteidigung ihrer Städte einsetzte. In allen deutschen Städten der damaligen Zeit gab es Fechtschulen, Fechtmeister, Palmenhäuser und Badestellen. Albrecht Dürer hatte es also nicht weit, um geeignete Vorlagen für seine Zeichnungen zu finden. Heute haben uns auch andere Quellen bestätigt, dass es Albrecht Dürer war, der diese „Sportlerzeichnungen" schuf.

JIU-JITSU - NICHT NUR EINE JAPANISCHE ERFINDUNG!

Wir freuen uns sehr, heute in diesem Fecht- und Ringerbuch des Großmeisters blättern zu können. Es hält aber auch einige Überraschungen bereit.

Im Fechtsport sind die großen Stemmbrettträger und die gebogenen Schwerter, das kleine Schild, das wir auf vielen Zeichnungen sehen, zwar verschwunden. Aber diese Abbildungen zeigen uns viele Dinge, die in unseren Fechtschulen immer beibehalten wurden. Was wir bisher als Illustrationen von Ringern bezeichnet haben, sind für uns jedoch die überraschendsten.

Es handelt sich nicht um Ringen, wie wir es kennen. Die Griffe in unserem Sport stammen aus der griechisch-römischen Ringerschule und basieren auf klassischen Beispielen. Er nimmt nur den Oberkörper als Angriffspunkt und lehnt „vulgäre" Griffe wie den Armschlüssel und den Beingriff ab.

Gerade letztere sind in Dürers Zeichnungen sehr zahlreich vertreten. Es wird gegriffen, umgeworfen, das Bein wird dazwischengeschoben und der Gegner getäuscht, wie bei allen Griffen, die wir aus dem Jiujitsu kennen. Eine Zeichnung mit einer Beschreibung des Griffs aus Dürers eigener Hand ist in dieser Hinsicht beispielhaft. „Item so du mit einem ringst, so prich aus mit der rechten hant und far zu stunt damit dein arm in sein rechtes elpogen und fas im den arm starck in dein peid hend und flaipf an seinen arm pis an das gelenk und zuck in starck an dich und ker den dein lingke seiten gegen im an seiner rechten seite, als hie stett, und prich im dem arm...". In unserer Sprache bedeutet das etwa so viel wie:

„Wenn du mit jemandem kämpfst, wirf deine rechte Hand heftig weg und wirf dich auf ihn, indem du deinen Arm an seinen rechten Ellenbogen legst. Greife seinen Arm mit beiden Händen fest und ziehe ihn bis zum Schultergelenk, drehe deine linke Seite in der hier gezeigten Weise gegen seine rechte Seite und breche ihm den Arm."

Es handelt sich zweifellos um Jiu-Jitsu, das zur Verteidigung gegen einen gefährlichen Angriff eingesetzt wird. Um eine moderne Sprache zu verwenden: Es ist ein Verteidigungssport, der im äußersten Notfall eingesetzt wird!

Diese Verteidigungskünste wurden erst vor wenigen Jahrzehnten über den Umweg der japanischen Verteidigungskünste Judo und Jiu-Jitsu nach Europa gebracht. Das Erstaunliche daran ist, dass sie von einem Deutschen beschrieben wurden, der vor 400 Jahren lebte, und von einem deutschen Künstler, den man bisher für einen Dichter und Madonnenmaler gehalten hat.

Diese Entdeckung in einem Wiener Abstellraum hatte also eine doppelt positive Folge: Man stellte fest, dass Albrecht Dürer ein solider Bursche war, der in der Gemeinschaft seiner Zeit lebte, und unsere „neuere" Verteidigungskunst entpuppte sich als ein alter deutsch-deutscher Sport, der den „vulgum pecus" nicht betrifft, weil er wichtige Dinge lehrt.

DIE ALTE DEUTSCHE WEHRKUNST NACH DEM LEHRBUCH VON ALBRECHT DÜRER

N° 19

Albrecht Dürer schreibt: Wenn dich jemand gepackt hat, sich umdreht und dich an der Schulter packt, dann beuge dich stark nach vorne, packe ihn mit der linken Hand hinter dem Bein und hebe ihn hoch, wie es die Zeichnung zeigt. Schleudere ihn mit dem Gesicht nach unten oder trete ihn in die Kniebeuge.

N° 20

Dürer schreibt: Wenn du mit jemandem kämpfst, wirf deine rechte Hand heftig weg und wirf dich auf ihn, indem du deinen Arm an seinen rechten Ellbogen legst. Greife seinen Arm mit beiden Händen fest und ziehe ihn bis zum Schultergelenk, drehe deine linke Seite in der hier gezeigten Weise gegen seine rechte Seite und breche ihm den Arm.

N° 21

Dürer beschreibt diesen Griff wie folgt: Wenn du mit jemandem ringen willst, der sehr stark ist, dann greife ihn fröhlich, als wolltest du mit all deiner Kraft mit ihm ringen. Wenn er aber mit seiner Kraft auf dich drückt, stelle deinen Fuß auf seinen Bauch, lass dich auf den Rücken fallen und wirf ihn über dich, indem du ihn fest an den Händen hältst. Er wird dann mit dem Gesicht auf den Boden fallen.

Dies lehrt uns Dürers Fechtbuch. Aber Dürer bestätigt uns auch, dass das körperlich gesunde Volk der Träger einer guten Rasse und eines reinen Blutes ist, auch wenn die Berufe und Berufungen in eine andere Richtung führen, in den Bereich des Geistes und der Kunst. Der Mensch ist nicht nur das, was sein Beruf aus ihm macht - er muss versuchen, das zu werden, was die Rasse und das Volk ihm vermittelt haben und was die Rasse, der Klan und das Volk von ihm verlangen.

HEFT DER SS NR. 2. 1939.

DAS WERK DER BRÜDER GRIMM

„Die Kinder- und Hausmärchen der Brüder Grimm" - eine Zauberformel für jeden Deutschen, dessen Kindheit mit diesem Namen die ersten und reinsten Vorstellungen von Erzählung und Erfahrung verbindet.

In den verschiedenen Regionen unseres Vaterlandes und überall in der weiten Welt, wo ein Mensch unseres Blutes und unserer Sprache lebt, wird der Name der Brüder Grimm geachtet, und das Märchenbuch, das die Sehnsucht und die Träume der deutschen Seele wiedergibt, wird allgemein als ein nationales Werk betrachtet. Es ist charakteristisch und zugleich bezeichnend, dass „ihr internationaler Ruhm und das Interesse vieler Generationen nicht mit dem bloßen künstlerischen oder intellektuellen Produkt zusammenhängen, sondern mit der Liebe, die in die akribische Sammlung und Bewahrung eines diskreten und fast verachteten, anonymen Volksguts gesteckt wurde". Denn das Werk der Brüder Jacob und Wilhelm Grimm stellt mehr als nur eine inbrünstige Zusammenstellung alter deutscher Märchen dar: *Sie erweckten das Wissen des deutschen Volkes* Mit bienenfleißigem Fleiß gingen sie auf die Suche nach den vergessenen, größtenteils vernachlässigten Schätzen, die Märchen und Sagen, Kinderspiele, Volkslieder, Glaubensvorstellungen und das nationale Recht darstellen, weil sie in ihnen die lebendigen und strengen Zeugnisse einer untergegangenen Welt gesehen hatten. Diese vor Jahrhunderten entstandenen Formen, reine Produkte der deutschen Volkskultur und -kunst, sind für sie die authentischen Quellen der Geschichte dieses Volkes, vor allem aber zeugen sie von der Entwicklung, die unsere geliebte deutsche Muttersprache durchgemacht hat.

Jacob Grimm wurde am 4. Januar 1785 und ein Jahr später, am 24. Februar 1786, Wilhelm Grimm in Hanau geboren. In einer Rede, die Jacob kurz nach Wilhelms Tod 1859 hielt, sprach er von dem engen, treuen, inbrünstigen und fruchtbaren Einvernehmen, das zwischen den beiden Brüdern herrschte und das mit dem Tod eines der beiden endete: „Nach den Schuljahren richteten wir uns in einer kleinen Kammer mit einem Bett ein und arbeiteten oft an demselben Tisch. Dann, immer noch mit zwei Arbeitstischen, lebten wir in zwei Zimmern nebeneinander und teilten treu unsere Besitztümer und Bücher, außer wenn wir das gleiche Werk zur Hand haben mussten, das es also in doppelter Ausführung gab. Gewiss werden auch unsere Betten auf der letzten Reise nebeneinander stehen." Vier Jahre später erfüllte sich auch dieser melancholische Wunsch.

Die beiden Brüder widmeten sich aus Respekt vor ihrem Vater, der diesen Beruf ausgeübt hatte, zunächst dem Studium der Rechtswissenschaften. Savigny war ihr Rechtsprofessor in Marburg, und Jacob arbeitete 1805 an der großen Aufgabe mit, *die Geschichte des römischen Rechts* auszuarbeiten, mit der sich Savigny früher beschäftigt hatte. Jacob Grimm selbst berichtet, mit welchem Interesse er das römische Recht studierte: „Ich studierte das Recht zu einer Zeit, als das eintönige Grau der Schmach und Erniedrigung schwer auf dem Himmel über Deutschland lastete. Trotz all seines Reichtums hinterließ das römische Recht eine spürbare Lücke in meinen Hoffnungen, und ich bedauerte, dass das deutsche Recht nicht in dem Maße gelehrt wurde, wie ich es mir gewünscht hätte. Der Reichtum, den es (das römische Recht) barg, war nicht anregend und attraktiv genug, um mich zu unterrichten. Daher suchte ich einen Ausgleich und Trost in der Geschichte der deutschen Literatur und Sprache. Die Tatsache, dass in einfachen, aber unveränderlichen Dingen Qualitäten und Weisheit steckten, die unser Bewusstsein wiederentdecken konnte, war eine unbesiegbare Waffe, die uns vor feindlichem Stolz schützte. Ich gab die Grammatik und ihre armseligen Früchte auf und studierte eingehend die *Poesie, die Legenden und die Bräuche des Landes;* sie konnten mich nur zum *nationalen Recht* führen! Alle Dinge sind durch sichtbare oder unsichtbare Fäden miteinander verbunden, die es uns ermöglichen, sie entweder zu erklären oder zu verstehen. *Das Altertum des Rechts und der Religion* ist noch von den Überresten des Heidentums durchdrungen; die *Sprache* enthält einen noch ausgeprägteren heidnischen Aspekt, den man ohne ihre Vermittlung nicht verstehen kann." Aus diesen Zeilen geht bereits hervor, welches Ziel die Brüder Grimm verfolgten und was ihre Arbeitsmethode ausmachte.

1812 erschien der erste Band der „Kinder- und Hausmärchen", den die Brüder Grimm in dreizehnjähriger Forschungsarbeit aus mündlichen Überlieferungen aus dem Main- und Kinziggebiet, der ehemaligen Grafschaft Hanau, zusammengestellt hatten. Der zweite Band konnte 1815 erscheinen; er enthielt auch alle regionalen Erzählungen aus Hessen. Ursprünglich ging es den Forschern nicht darum, herzliche Gespräche zu transkribieren, um sie für Erwachsene und Kinder verständlich zu machen. Ihre Absicht war höher und zielte tatsächlich darauf ab, die Seele der Volksmärchen und -legenden, die noch lebendig ist, aber zu erlöschen droht, spürbar zu machen, um die Gesetze zu erkennen, die die Entwicklung unseres Volkes steuern.

Tatsächlich wird in der heutigen Volkskunde die Ansicht Wilhelm Grimms nicht mehr berücksichtigt, dass man in den Märchen (zu denen er 1812 und 1815 auch Sagen, Schwänke, Tiergeschichten und Legenden zählte) „wahrnehmbare urdeutsche Mythen entdecken kann, die man tot glaubte, die aber in dieser Form noch fortbestehen". Wie die Wissenschaft gezeigt hat, ist das noch heute in unserem deutschen Volk seit Jahrhunderten überlieferte Märchen „sicher ein Überbleibsel dessen, was es aus seiner germanischen oder indogermanischen Vergangenheit geschaffen oder geerbt hat. Das deutsche Märchengut ist ein Sammelbecken, in das - vor allem in der Zeit der Kreuzzüge im Hochmittelalter - Erzählungen von allen Seiten hineingetragen wurden" (Friedrich Ranke). Und dennoch! „Wenn sie auch zu allen Zeiten aus dem Ausland zu uns gekommen sind, so haben sie doch in Deutschland längst ihren fremden Charakter verloren: Unser Volk hat sie seit Jahrhunderten durch vielfältige Überlieferungen aufgenommen und seiner Anschauungsweise und Auffassung angepasst.

Denn wenn wir früher sagten, dass dieselben Märchen bei den unterschiedlichsten Völkern weitergegeben werden, weiß der Psychologe, dass ein deutsches Märchen anders ist als ein französisches, russisches oder sogar türkisches. *Jedes Volk hat seine eigene Art, Märchen zu erzählen".* Aber selbst wenn man diese Neujustierung der Wissenschaft und ihrer Werteskala berücksichtigt, behält die von den Brüdern Grimm geleistete Arbeit, Märchen und Legenden zu sammeln, für die Zukunft einen Wert von ungeahnter Bedeutung.

Die Märchen im ersten Band (von 1812) stammen hauptsächlich aus mündlichen Überlieferungen aus der hessischen Heimat der Brüder Grimm. Ihre Erzähler sind Mitglieder des Bürgertums - zum Beispiel ein Märchen aus Dortchen Wild: „Die klugen Leute" und aus Marie (Müller) aus dem Hause Wildschen: „Rotkäppchen", „Der Froschkönig", „Brüderchen und Schwesterchen", „Schneewittchen", „Dornröschen", „Der kleine Däumling", „Das Mädchen ohne Hände", „Der diebische Bräutigam", „Die Undine im Teich", „Der goldene Vogel" (Wilhelm Schoof). Im zweiten Band (von 1815) begegnen wir jedoch zum ersten Mal einer „echten" Dorfmärchenerzählerin, der Frau „Viehmannin" aus Zwehren bei Kassel. In der Vorrede zu seinen „Kinder- und Hausmärchen" schreibt Wilhelm Grimm über sie: „Aber es war einer jener glücklichen Zufälle, die uns in dem Dorfe Niederzwehrn bei Kassel die Bekanntschaft einer Bäuerin ermöglichten, die uns den größten Teil der Märchen des zweiten Bandes und auch die schönsten erzählte. Sie behielt die alten Legenden im Gedächtnis und sagte selbst, dass dies nicht jedermanns Sache sei. Sie sprach in einem ruhigen, selbstbewussten Ton, benutzte eine lebhafte Sprache und hatte sichtlich Freude daran. Anfangs ließ sie ihrer Spontaneität freien Lauf, doch wenn man sie darum bat, wiederholte sie langsamer, so dass man mit etwas Übung nach ihrem Diktat schreiben konnte. Viele Geschichten wurden so wortwörtlich bewahrt und verloren nichts von ihrer Authentizität." Unter den neunzehn von der „Viehmannin" zitierten Geschichten befinden sich einige der bekanntesten und schönsten des Ensembles, z. B. „Der treue Johannes", „Die zwölf Brüder", „Der Teufel mit den drei goldenen Haaren", „Die sechs, die mit allem fertig werden", „Die Gänsehirtin", „Der allwissende Doktor", „Der rußbedeckte Teufelsbruder" und „Hans, mein Igel".

Die Brüder Grimm arbeiteten an ihrem Nachschlagewerk mit ständiger Aufmerksamkeit. „Was die Art und Weise betrifft, wie wir bei der Zusammenstellung der Märchen vorgegangen sind, so haben uns vor allem die Kriterien der Treue und der Wahrheit geleitet. Wir haben nichts von unserer Erfindung hinzugefügt und keine Umstände oder Merkmale der Legende ausgeschmückt, sondern uns darauf beschränkt, den Inhalt so wiederzugeben, wie er uns mitgeteilt wurde. Es ist klar, dass der Stil und die Art und Weise, wie Details behandelt werden, größtenteils auf unser Eingreifen zurückzuführen sind, aber wir haben uns bemüht, jedes Detail, auf das wir gestoßen sind, beizubehalten, um den natürlichen Reichtum der Erzählung zu bewahren." Die Märchen der einfachen Ausgabe wurden immer intuitiver und einfacher transkribiert. Dennoch spiegelten sie die Seele des Volkes wider, weil die Brüder Grimm Träger eines nationalen Wissens waren.

In der fernen Zeit der Unabhängigkeitskriege in Hessen wurde der napoleonische Rechtskodex zum absoluten Wert; es handelte sich also um eine Rechtsprechung, die mit der traditionellen Rechtspraxis nichts mehr zu tun hatte. Diese fremde Veränderung des Rechtslebens bestimmte die Brüder Grimm dazu, die juristische Laufbahn endgültig aufzugeben und sich mit umso größerem Enthusiasmus dem Studium der alten Weisheit zuzuwenden, die noch immer die nationalen Volkswerte barg. Jacob Grimm verfasste *Die* Altertümlichkeit *des deutschen Rechts,* indem er sich von der gängigen Buchgelehrsamkeit distanzierte, sich für alles Edle und Große interessierte und die organischen Zusammenhänge des germanischen Rechts vollkommen verstand. Er zeigte, dass die Poesie im Recht vorhanden ist, und betrachtete das „Wunderbare" und „Vertrauenswürdige" als seine Grundlagen.

Während Jacobs Arbeit das Studium des Rechts betraf, galt Wilhelms Energie der Sammlung und Auswahl von Märchen und Legenden; die Mission beider Brüder bestand jedoch darin, *die deutsche Sprache zu erforschen.* Im Rahmen eines einfachen Artikels ist es unmöglich, ihre geniale und unermüdliche Arbeit auf diesem Gebiet zu bewerten. Es sei nur erwähnt, dass ihr Hauptergebnis die „deutsche Grammatik" war, „in der die ganze Kultur des Volkes und seine jahrhundertelange Entwicklung in all ihren verschiedenen Erscheinungsformen wieder lebendig wird", und das „deutsche Wörterbuch", an dem noch heute unermüdlich gearbeitet wird. Die deutsche Sprache allein war jedoch nicht etwas Lebloses, das von toten Theorien und Regeln regiert wurde, sondern eine „lebendige Natur, in der sich die feinsten Bewegungen und Schwingungen des historischen und sittlichen deutschen Volkslebens der vergangenen Jahrhunderte einprägen". Jacob Grimm befragte die Sprache auch in seiner „Deutschen Mythologie". Die Namen der Wochentage, Pflanzen, Tiere, Berge, Orte, Sprichwörter und Legenden sowie Sitten und Aberglauben - aber vor allem auf grammatikalischer Ebene - waren die Träger der Mythologie des deutschen Volkes. Was die nordische Dichtung an Schätzen bewahrt hatte, die einen Einblick in die germanische Religion ermöglichten, wurde zusammen mit einigen schönen Fundstücken aus der deutschen Literatur und Sagenwelt zur „Mythologie" zusammengefasst.

Es war also Jacob Grimm, der zum Vater jener Wissenschaften wurde, die wir heute modern als „Germanistik" oder „Volkskunde" bezeichnen. Darüber hinaus waren sie ein leuchtendes Beispiel: Die Brüder Grimm gehörten zu den unerschrockenen und treuen „Göttinger Sieben", also jenen Universitätsprofessoren, die der reaktionären Verfassungsaktion des Königs von Hannover eine mutige Absage erteilten.

„Alle Deutschen sind frei und der deutsche Boden duldet keine Sklaverei!" (Jacob Grimm).

Will Erich Peuckert hat die Bedeutung der Brüder Grimm für uns Deutsche im 20 Jahrhundert perfekt definiert: „In einer stillen Zeit - und hundert Jahre vor unserer Zeit - waren sie die ersten, die über das deutsche Volk sprachen. Sie schilderten die vergangene Größe dieses Volkes und sahen die gegenwärtige Größe, die nach der Befreiung des Landes rief. Sie zwangen uns nichts auf. Zum ersten Mal entdeckten sie die Schönheit der Dinge wieder, die von den alten Epochen hervorgebracht wurden. *Das werdende Deutschland ist das Deutschland der Brüder Grimm!*

Walther Ohlgart

Heft der SS Nr. 11a/b.1941.

Die Hochzeit des Fürsten Bismarck

Der „eiserne Kanzler" ist auch hier ein Beispiel

Sie können nicht erahnen, was diese Frau aus mir gemacht hat.

Otto von Bismarck

Bismarck ist für uns alle das Symbol des „eisernen Kanzlers". Eisen in seiner Arbeit, Eisen in seiner Entschlossenheit, Eisen in seinen Taten, war er vor allem in seinem Glauben an das Deutsche Reich.

Wir wissen viel über diesen großen Mann, aber so wenig über seine intime Persönlichkeit.

Bismarck baute sein Leben um eine Achse herum auf, vielleicht die unerwartetste, die es uns ermöglichte, seine Handlungen zu beurteilen: Es war seine Ehe!

Bismarck selbst schrieb an seine junge Frau Johanna: „Ich habe dich geheiratet, um dich in Gott zu lieben, aus einem emotionalen Bedürfnis heraus und damit mein Herz in dieser fremden Welt einen Platz findet. Bei dir finde ich die Wärme eines Kaminfeuers, an dem ich stehe, wenn es draußen weht und friert. Ich will meinen Kamin instand halten, Holz hineinlegen, das Feuer anblasen und ihn vor bösen Menschen und Fremden schützen, denn es gibt nach der Barmherzigkeit Gottes nichts, was mir näher ist, was mir lieber, angenehmer und notwendiger ist als deine Liebe und das heimatliche Heim." Mit diesen Worten, die eines großen Dichters würdig sind, zeigt Bismarck, dass seine geniale Natur nach ihrer authentisch weiblichen Ergänzung suchte.

Unser Führer und der Reichsführer SS haben uns gelehrt, aus einer rassischen Perspektive zu denken. Nicht nur auf politischer Ebene, sondern auch in Bezug auf unser persönliches Leben, bei der Wahl der Ehe. In diesem Zusammenhang ist die Untersuchung des Wesens der Bismarckschen Ehe typisch und reich an Aufklärung für uns.

Welche Gründe trugen zum Glück dieser Ehe bei, zu ihrer Harmonie, ihrer Stabilität, die über alle Widrigkeiten triumphierte?

Bismarck und Johanna stammten beide aus derselben Klasse - aus dem preußischen Adel. Ihre Lebensweise offenbarte eine perfekte Übereinstimmung. Obwohl ihr Leben durch seine politische Tätigkeit eine große Wende nahm, blieben sie immer das, was sie waren: einfache, natürliche Menschen aus ihrer ländlichen Heimat, die in einer Umgebung lebten, die leicht von höflichen Sitten geprägt war. Selbst als Kanzler sprach Bismarck mit Vorliebe Niederdeutsch, sobald er sich inmitten der Menschen seines Lebenskreises fühlte. Adolf Willbrandt bezeugte bei einem Besuch auf dem Gut Friedrichsruh: „Alles hier ist wunderbar preußisch. Nichts Protziges, nichts Übertriebenes." Und ein anderer, ein Mann vom Hof, beklagte sich seufzend: „Die Bismarcks werden nie das Aussehen von Provinzadligen mit kleinem Vermögen loswerden!"

Es ist bewundernswert, wie Johanna sich an die Entwicklung der Situation ihres Mannes anzupassen wusste. Als Bismarck 1851 Minister und preußischer Gesandter in Frankfurt wurde, sah sie sich zum ersten Mal mit diesen Notwendigkeiten konfrontiert. Als er sich mit seinen Kindern noch bei seinen Eltern aufhielt, warnte er Johanna in Briefen vor seinen zukünftigen Aufgaben. „Mein armes Kind soll nun steif und ehrbar im Salon sitzen, 'Exzellenz' sagen, klug und weise mit den Exzellenzen umgehen." Johanna war von diesen Verpflichtungen zunächst verwirrt. Ihre natürliche Anpassungsfähigkeit als liebende Frau zeigte sich jedoch erneut. Allerdings war eine andere Frage schwieriger zu lösen als die der äußeren Haltung. Bismarck kannte die Abscheu seiner Frau vor den Franzosen und wusste, wie schwer es ihr fiel, die Sprachen zu lernen. Dennoch musste er sie bitten, Französisch zu lernen. Die Wärme seines Wesens kommt in der Form zum Ausdruck, die sein Versuch annahm: „In erster Linie bist du meine Frau und nicht die anderer Diplomaten, die ebenso gut Deutsch, wie du Französisch lernen können. Nur, wenn du Freizeit hast oder lesen willst, nimm einen französischen Roman. Aber wenn du kein Vergnügen daran findest, vergiss es." Konnte Johanna eine so liebevolle Bitte ablehnen?

„MEIN MANN IST ZWAR IN BÖHMEN... ABER..."

Hier noch eine typische Anekdote: In Petersburg erzählte Bismarck eine Geschichte, und wie bei seinen Reden vor dem Parlament machte er eine absichtliche, wohlüberlegte Pause. Johanna, die sich ständig um ihn kümmerte, machte sich Sorgen. Am Morgen hatte ihr Mann Schmerzen in den Füßen gehabt und sie glaubte, dass die gewollte Pause auf diese Schmerzen zurückzuführen war. „Aber, mein kleiner Otto, warum hast du denn deine Lackstiefel angezogen, wir sind doch unter vier Augen!" Bismarck merkte, dass Johanna ihn nicht verstanden hatte. Dennoch erhellte ein heiteres Leuchten sein Gesicht. Ruhig sagte er: „Du hast recht, meine Liebe, die anderen Schuhe wären besser gewesen." Und er fuhr fort. Wenn man an solche Streitigkeiten zwischen Eheleuten denkt, die durch beißende Worte oder Anspielungen ausgelöst werden, zeigt das die große innere Einheit des Paares.

Johanna gewöhnte sich immer mehr an die Rolle, die ihr das Schicksal zugedacht hatte: die Frau des großen Staatsmannes zu sein, keinen eigenen Ehrgeiz zu haben, sondern alles mit Rücksicht auf seine Größe zu tun. Bismarck genoss das heitere Familienleben, er liebte die Geselligkeit seines kleinen Kreises mehr als alles andere. Auch Johanna schätzte ihn sehr, allerdings erstreckte sich ihre Tätigkeit nur auf die reinen Haushaltpflichten. Sie musste die Zügel im Haushalt und allem, was dazu gehörte, fest in der Hand halten. So dachte sie trotz ihrer Bescheidenheit an nichts anderes als an das gesellschaftliche Leben mit Bismarck.

Dank dieser natürlichen Eigenschaften ergänzten sich der Mann und die Frau sowohl in ihrer Ehe als auch in ihrer Persönlichkeit. Bismarcks große Weitsicht, seine Würde und sein Hang zur Unabhängigkeit gingen Hand in Hand mit der Güte und Liebe seiner Frau. Die Frische und Offenheit ihres Wesens, ihr völliger Mangel an Sentimentalität waren für ihn, den starken Mann, ein Ausgleich, denn er hatte so oft unter Gefühlsschwäche zu leiden und war, wie er sagte, in ein „Meer von Tränen" getaucht. So war die Frau des Premierministers, die „männerlose" und äußerst zarte Frau, während der Kriegsjahre nie schwach. Ein rührendes Abenteuer ist der Beweis dafür: Eines Abends saß sie allein auf einer Bank im Garten. Plötzlich erblickte sie einen dunkel aussehenden Mann, der über die Parkmauer sprang. Kurz darauf griff sie entschlossen nach einem Spaten, der im Beet lag, und schlug den Eindringling mit dieser erhobenen „Waffe" mit den Worten in die Flucht: „Mein Mann ist zwar in Böhmen, aber...". Eine echte Frau hat keinen Grund, sich zu fürchten.

DIE TIEFSTE VERBINDUNG: BISMARCKS KINDER

Eines der stärksten Gefühle, die das Paar verbanden, war jedoch die Liebe zu ihren Kindern. Die Beziehung zu den drei Kindern Maria, Herbert und Wilhelm war rein liebevoll, besonders als sie älter wurden. Bismarck selbst, der aufgrund des frühen Todes seiner Mutter eine traurige Kindheit und eine Erziehung im Internat hinter sich hatte, vertrat den Standpunkt, dass seine Kinder nie genug Liebe und Zuneigung erfahren konnten. Daher beschloss er von Anfang an, eher einen kameradschaftlichen als einen autoritären Ton anzuschlagen. Er hatte keine größere Freude, als seinen ältesten Sohn zu seinem Mitarbeiter zu machen. Johanna erschöpfte sich in ihrer Mutterschaft. Sie sah den Sinn ihres Lebens und Handelns in ihren Kindern, in denen sie die Natur ihres Mannes wiederentdeckte. Ihre natürlichen mütterlichen Kräfte waren so stark, dass sie die härtesten körperlichen Strapazen, die ein Kind erforderte, mit Leichtigkeit überwand. Ihre Tochter Maria war für sie ihre „aufrichtigste Freundin" und ihre Freude über die Heirat wurde stark getrübt, als Maria nach Italien zog.

Beide Eheleute fühlten sich nur dann besonders wohl, wenn die ganze Familie um sie herum versammelt war. Umso mehr litten sie unter den erzwungenen Trennungen innerhalb der Familie. Die Kinder wurden daher zum stärksten natürlichen Band. In seinem Privatleben war der Großkanzler ein fürsorglicher und vorbildlicher Vater. Die Trennungen in seiner Familie empfand er immer als sehr schmerzhaft. Er schrieb ihr zwischen den Sitzungen des Parlaments, zwischen wichtigen Berichten und auf dem Schlachtfeld bewegende Briefe. Als sie während der Militärkampagne von 1870n1 einen ihrer verwundeten Söhne pflegte, beschrieb ein Besucher dies folgendermaßen: „Gräfin Bismarck sprach, wie es die Frauen der Götter tun konnten, wenn das Kriegshorn gegen den Feind erschallte; am Bett ihres Sohnes schien sie mir die alte Sage zu verkörpern: Kriemhild auf dem Feld ihrer Helden."

In diesem Zusammenhang konnte man jedoch eine ihrer Beziehungen nicht ignorieren: die zu Gott und der Religion. Bismarck war von einem tiefen und natürlichen Glauben beseelt, hatte aber wenig Neigung zur Kirche und ihrem Amt. Johanna hingegen stammte aus einem sehr religiösen Elternhaus. Also begann Bismarck gleich nach seiner Verlobung damit, seine zukünftige Frau auf seine Seite zu ziehen. Er tat dies mit Humor, Wissen und Geschick, vergaß dabei nicht, ihren Glauben zu respektieren, und beleidigte nie ihre Frömmigkeit. Er bestärkte sie tatsächlich auf „diplomatische" Weise in dem Gefühl, dass sie ihn, den extravaganten und sorglosen Junker, verändert hatte, während er sie in Wirklichkeit nach ihren Wünschen erzogen hatte.

Daher fand während ihres gesamten Lebens ein ständiger Austausch zwischen ihnen statt. Ihre moralischen Instinkte drückten sich aufgrund ihrer gemeinsamen Herkunft in einem harmonischen Lebensstil aus. Dies ist eine der Ursachen für das „Glück" dieser Ehe. Andererseits ergänzten sich ihre geistigen und psychischen Qualitäten in kleinen wie in großen Dingen so sehr, dass sie *wechselseitig* eine perfekte Harmonie erreichten, ohne es zu wissen.

Bismarck spürte dies sehr genau.

HEFT DER SS NR. 7. 1943.

„ALLE DINGE HABEN EINE ORDNUNG"

Über das Werk und Leben des Arztes und Mystikers Paracelsus

Paracelsus war einer der eifrigsten und genialsten Führer des deutschen Volkes, und gerade deshalb berührt er uns so sehr. Er folgte seinem Schicksal und erlebte abwechselnd Wechselfälle und Größen, Freude und Leid, Kränkung, Verleumdung und Elend, aber auch Macht und Ruhm. Dennoch blieb er einsam. Nirgendwo konnte er ein Zuhause finden, begann schon früh zu reisen und erfüllte so sein Schicksal.

Als Vagabund durchquert er die Welt, durchstreift fast ganz Europa und sucht mit tapferem Herzen nach den letzten Geheimnissen der Natur. Er verlässt sich auf die Meinung des einfachen Volkes: Er belauert das Wissen des Waldbauern, des Köhlers und der alten Frau. Er sitzt bei den Schäfern und Wunderheilern, die ihn so viel lehren. Er entwickelt seine Ideen in Sturm und Hagel. Er durchquert die deutsche Landschaft in Regen und Schnee, ein ruheloser Reisender, der nur von seiner Kunst, der Medizin, begleitet wird. Doch dies war zugleich sein Schicksal und seine Mission. Nur im Tod fand dieser „Landreisende und Vagabund", wie er sich selbst genannt hatte, Ruhe. Der Tod überraschte ihn 1541 in Salzburg im Alter von 48 Jahren und viel zu früh. Die einfachen Leute wollten sich nicht mit dem Gedanken anfreunden, dass dieser große Arzt nicht mehr lebte, dass sie nicht mehr zu ihm kommen konnten, um ihn in ihrer Not und Krankheit um Hilfe zu bitten. Seine Gedanken und Ideen haben jedoch die Jahrhunderte überdauert und sind heute lebendiger denn je.

Die Erkenntnisse, die Paracelsus, der schwäbische Arzt und Mystiker, gewonnen hat, sind vielfältig. Sein entscheidender Grundsatz besagt, dass nur die Natur eine Antwort auf die vielen Fragen geben kann, die das menschliche Herz stellt. Er verachtete Kleinbürger und „vernarrte Doktoren", die ihre Weisheit aus Büchern holten, die vom Staub der Jahrhunderte bedeckt waren. „Die Geschöpfe sind wie Buchstaben, und wer die Natur erforschen will, muss ihre Bücher lesen, während er geht. Wir studieren die Schrift durch das Alphabet, aber die Natur von Region zu Region." Seine klaren Augen sind seine mächtigsten Waffen.

Paracelsus brach mit den alten Methoden der Wissenschaft. Sein Ansatz in der Naturwissenschaft war völlig neu. Bis dahin war Gott der Ursprung aller Schöpfungen gewesen; nun war es die Natur und mit ihr der Mensch. Er war voller Ehrfurcht vor dieser als der alles Leben haltenden Macht. Sie offenbarte sich ihm überall als Maß, Ordnung und Gesetz, und er entdeckte, dass dieselbe göttliche Kraft sowohl in den Steinen des Baches als auch in den Sternen des Himmels, in der Pflanze auf der Wiese als auch im Menschen lebt und wirkt. Der Mensch ist jedoch nichts anderes als die Welt in kleinerer Form, der Mikrokosmos. Daher unterliegt auch er denselben göttlichen und ewigen Gesetzen wie die Natur. Die gleichen Gesetze, die den Lauf der Sterne bestimmen, die Pflanzen wachsen lassen und Tiere um ihr Leben kämpfen lassen, regieren auch die Menschen. Jeder Mensch ist daher den unerbittlichen Analogien und Gesetzen des Lebens unterworfen. Die menschlichen und natürlichen Gesetze sind identisch. Aber wer von diesen ewigen Regeln des Lebens abweicht, geht zugrunde, so wie der Baum zugrunde geht, den der Mensch entwurzelt. Oft suchte Paracelsus, voller Schmerz und Hoffnung, in den Sternen nach Antworten auf seine Fragen. Die Größe und Ewigkeit Gottes drückt sich so deutlich in ihnen aus, den einsamen Reisenden, die weit entfernt von jeglicher Menschlichkeit sind. Er fühlt sich durch das Schicksal mit den Sternen verbunden. Für den mikrokosmischen Menschen wird das Schicksal der Welten auch zu seinem eigenen. Die Gesetze des Universums werden zu den Gesetzen des Egos.

Diese neue Einstellung gegenüber der Natur und dem Kosmos bedingt auch seine Beziehung zur Religion und zu Gott. Das Leben ist reich an Überraschungen für den Geist. Alles ist in Bewegung, alles ist ein ewiger Wandel, weil alles lebt. Aber das Leben ist die schöpferische Tätigkeit Gottes. So ist die Welt das große Geschenk Gottes, und auch diese Erde ist von Gott beseelt. Er verehrt seinen Schöpfer in der Schönheit und Pracht der Natur. Er erfüllt den Gottesdienst, indem er aufgrund dieser Treue zur Natur seine tiefste Bedeutung versteht. Diese drückt sich auf heilige Weise aus und mit ihr der Mensch. Für Paracelsus ist die Natur die absolute und tiefste Regel. Das Gesetz, das Gott in die Natur gelegt hat, hat er auch in den Menschen gelegt, und wer nach diesen Naturgesetzen lebt, lebt auf sittliche Weise. Daher stellt die Treue eine heilige Forderung und Pflicht für uns dar. Dazu gehört, den Reichtum des eigenen inneren Wesens zu verstehen. „Wer sich selbst treu bleibt, wird nicht scheitern". Dies ist das große moralische Gesetz, das Paracelsus uns gegeben hat. Er hatte die instinktive Gewissheit, dass die Stimme des Herzens die Stimme Gottes ist. Er fühlte sich dem Universum eingeschrieben, in Gott und eins mit der Natur.

Im Grunde erlebte Paracelsus seine Weltanschauung als heroisches, positives Aufbäumen der göttlichen Realität, die er in sich trug, die in der Natur und sogar in der ganzen Welt gegenwärtig ist. Gott ist nicht nur der Schöpfer der Welt, er ist auch der Ursprung des Wesens der Welt, die Kraft, die Leben einhaucht und Struktur schafft. „Alle Dinge haben eine Ordnung". Die Welt ist also gut, ebenso der Mensch, und „wir gehen rein und keusch aus dem mütterlichen Leib hervor". Die Erde verdient es nicht, verachtet zu werden, eben weil alles göttlich ist. Daher steht er ständig in scharfem Gegensatz zum Christentum seiner Zeit.

Paracelsus folgt den Gesetzen des Lebens, aber er erkennt auch, dass der Kampf den überall anzutreffenden Egoismus des Lebens widerspiegelt. Was sich dem Leben widersetzt, ist es nicht wert zu leben und muss ständig beseitigt werden. Daher machte er sich auf, die Schwäche und den Verfall zu bekämpfen. Er war der erste, der die christliche Verachtung des Körpers anzweifelte, und machte bereits auf die Gefahr von Erbkrankheiten aufmerksam.

Aber worin liegt für Paracelsus der Sinn des Lebens und was ist die Berufung des Menschen? Niemand ist von Arbeit befreit, niemand wird durch Müßiggang veredelt." „ Die Hände sind zur Arbeit geschaffen worden, nicht zum Segnen." Daher missbilligt er Priester und Mönche. „ Sie predigen um des Geldes willen, sie fasten um des Geldes willen." „ Das Haus des Gebets ist in den Herzen." Er will, dass produktive Arbeit im Dienste des Volkes und des Staates geleistet wird. Paracelsus sieht in der Arbeit den Sinn des Lebens und sucht nach einem konkreten Sozialismus und nicht nach leeren Worten.

Paracelsus beschäftigte sich mit fast allen Bereichen des menschlichen Lebens. Er forderte die Einführung eines Rechts, das im Volk verwurzelt und aus der lebendigen Ordnung hervorgegangen ist.

Er nahm mit scharfen und harten Worten gegen den Zölibat Stellung. Auch die Ehe stellt ein Naturgesetz dar; sie ist auch ein Teil der göttlichen Weltordnung. „Gesegnet ist die Frucht deines Leibes, nicht deine Jungfräulichkeit". Die Ehe ermöglicht es, dass der Wunsch der Gemeinschaft in Erfüllung geht. Wir müssen uns ehrfürchtig vor der Mutterschaft verneigen.

Er machte Front gegen das Judentum, wohl wissend, dass eine fremde Kultur und ein fremder Geist für das Volk schädlich sind, mit der Begründung, dass nur die Verbindung zur Erde fruchtbar ist. Aber was ist die Heimat des Juden?

Was Paracelsus bei seinen großen medizinischen Entdeckungen half, war die Erkenntnis, dass der Mensch eine enge und privilegierte Verbindung zur Natur und zum Kosmos hat. Der Lebensrhythmus des Universums und der des Menschen folgen demselben Verlauf. Wie die Natur hat auch der Mensch jahreszeitliche Rhythmen, er hat auch seine Jahreszeiten im wahrsten Sinne des Wortes. Daher muss jede Krankheit für sich selbst behandelt werden, da sie von einem einzigartigen Charakter ausgeht. Der große Arzt lehnte jede Verallgemeinerung bei der Behandlung von Kranken ab. Die psychischen Kräfte, die menschlichen Beziehungen zwischen Arzt und Kranken und der Wille zur Genesung haben einen entscheidenden Einfluss. Das Wissen um die Krankheit und die Art der Behandlung stehen in engem Zusammenhang nicht nur mit der Struktur des Körpers, der Form und dem Aussehen, sondern auch mit der Umgebung- und zwar nicht nur der irdischen, sondern auch der kosmischen Umgebung -, in der der Kranke lebt. Paracelsus ging sogar so weit, dass er den Ursprung der Krankheit im geistig-seelischen Charakter suchte. Aber die Liebe war für ihn zum besten Mittel geworden, um mit dem Kranken zu kommunizieren und ihn so zu heilen.

Paracelsus blieb bis zu seinem Tod ein Einzelgänger. Er glaubte immer, dass man kleinliche Gemüter durch Großzügigkeit und Wohlwollen beherrschen könne, aber das war nur ein Glaube. Schweigend hielt er seinen Schmerz in seinem Inneren fest. Er ergab sich bereitwillig und demütig in sein Schicksal. Ja, er liebte es, weil er sich im Einklang mit den Gesetzen des Lebens befand, denn Geburt und Tod bilden auch das große Naturgesetz, dem der Mensch unterworfen ist. Er war im Einklang mit der ewigen kosmischen Ordnung, die wollte, dass alle Wesen ihre Ernte und ihren Herbst haben. Der Mensch nimmt erst dann Abschied vom Leben, wenn sein Werk vollbracht ist. „Nichts stirbt, bevor es seine Früchte getragen hat." Das war seine Überzeugung.

Und doch, obwohl seine Existenz aus Einsamkeit, Kampf und Hoffnung bestand, liebte Paracelsus das Leben mit der ganzen Kraft seines großen Herzens. Er befand sich im Herzen des Lebens. Er erkannte sich selbst in diesem schönen, blühenden Land, er akzeptierte es trotz aller Mühen.

Auch Paracelsus war ein Kind seiner Zeit - er konnte sich nicht von dem vielfältigen Aberglauben befreien. Auch er integrierte Magie und Kabbala, Astrologie und Alchemie in sein großes, geordnetes System. Paracelsus war immer ganz, selbst in seinen Widersprüchen. Er lebte und litt für seine Wissenschaft und mit den Menschen seines Jahrhunderts.

Er war kein Zuschauer seiner Zeit; er war ein Kämpfer und ein Schöpfer, und er war Deutscher. Auch hier war er ganz und direkt. Er war der erste Professor, der 1525 an einer Universität auf Deutsch lehrte. Er bekannte stolz: „Ich bin ein deutscher Philosoph mit deutschem Geist". Aber nicht nur sein Bekenntnis war deutsch, sondern auch der faustische Hang zur Wahrheit, der tiefe Durst, die Welt zu erkennen, der Wunsch und das Streben, das Unendliche zu verstehen, und die Leidenschaft, mit der er die Tiefe des Seins durchstreift. Sein Leben und sein Werk waren deutsch, deutsch war der unersättliche Geist, der unaufhörlich reiste, um neue Erfahrungen zu sammeln, deutsch war seine kämpferische Haltung. Er gehörte zu jenen, die durch den Sturm segeln und denen die Ruhe zu schaffen macht.

Die treibenden Kräfte seiner fruchtbaren Schöpfung waren die Achtung vor den ewigen Gesetzen des Lebens, die Liebe zur Natur und zum Menschen.

Wenn wir Paracelsus schon sehr lange vergessen haben, dann werden wir uns fragen, warum dieser einsame „Prediger der Existenz" ein reiches und nostalgisches Leben voller ständiger Kämpfe geführt hat. Was uns bleibt, ist sein Aufruf, sich selbst treu zu bleiben und die Wahrheit der natürlichen Ordnung zu erkennen. Diese Erkenntnis kommt in seinen Worten perfekt zum Ausdruck: „Alles hat eine Ordnung".

Friedrich Oesterle

Gedanken von Paracelsus
Gibt es eine größere Freude als das Gefühl, in Harmonie mit dem
Wissen der Natur zu leben? Gibt es ein anderes Unglück als ein Eindringen
in die natürliche Ordnung? Wir haben unseren Platz in der Natur.

Hippokrates nannte zwei Beispiele, an denen man erkennen kann,
welche Disharmonien es gibt, nämlich: zu viel und zu wenig, die Natur im
Übermaß übertreffen oder im Untermaß übertreffen. Das ist nicht gut,
denn man muss in allem das Maß halten; die Leere muss der Fülle
entsprechen. Wenn das Gleichgewicht gestört ist, schadet man der Natur;
sie duldet das nicht. Denn wenn wir die Natur so betrachten, wie sie in
ihrem Wesen ist, dann müssen wir alle Dinge ordnen, in Zahl, Gewicht,
Maß, Umfang usw., und nichts außerhalb davon, weder weniger noch
mehr. Alles ist eitel, wenn man dies nicht beachtet.

Glücklich und noch glücklicher ist, wer das rechte Maß besitzt und nicht
auf die Hilfe von Menschen angewiesen ist, sondern dem Weg folgt, den
Gott ihm weist.

Die Geschichte der Menschheit ist die Geschichte einiger weniger Männer.
Die anderen nahmen daran ebenso wenig teil wie die Fische im Meer.

René Quinton

HEFT DER SS NR. 5. 1942.

NIETZSCHE, DER PROPHET

Friedrich Nietzsche wurde am 15. Oktober 1844 in Röcken bei Leipzig
geboren und gehörte zu jener Generation, für die die Entfesselung der
Unabhängigkeitskriege nunmehr nur noch eine Kindheitserinnerung war. Doch der
Tod seines Vaters veranlasste den Fünfjährigen, aus dem Pfarrhaus des Dorfes in
die Stadt zu ziehen, und den Vierzehnjährigen, das Heim seiner Mutter und seiner
Schwester zu verlassen und in den Kreis der Schulkameraden in der Dorfschule
von Pforta einzutreten. Seine Jahre an der Universität verbrachte er hauptsächlich
im kulturellen Umfeld von Leipzig und im dortigen Freundeskreis. Vor seiner
Ernennung wurde er im Alter von vierundzwanzig Jahren als Professor für
klassische Philologie an der Universität Basel angenommen, und so wurde die
Schweiz für zehn Jahre seine berufliche Heimat. Am Deutsch-Französischen Krieg
konnte er daher nur als freiwilliger Sanitäter teilnehmen, zumal eine Verletzung
sein erstes Dienstjahr vorzeitig beendet hatte.

Inmitten des Konkurrenzdenkens und der Wertschätzung industrieller Erfolge
durch seine Zeitgenossen begann der achtundzwanzigjährige Junge, fünfzehn

Jahre lang in zunehmender Einsamkeit einen rücksichtslosen Kampf für das Lebensrecht der deutschen Seele zu führen. Nach zehn Jahren überwand schließlich die gemeinsame Front der faltigen Bourgeoisie und des liberalen Materialismus, die seiner Doktrin vom stolzen und gefährlichen Leben entgegenstanden, seinen körperlichen Widerstand. In den Alpen und in Italien meditiert der Einzelgänger, im ständigen Kampf mit dem Schmerz, der 1889 triumphiert. Am 25. August 1900 wird er nach Jahren der geistigen Umnachtung, die er, gepflegt von seiner Mutter und seiner Schwester, verbracht hatte, erlöst.

Als Fremder in einem Jahrhundert, das er verleugnete, als Feind seiner Umgebung, die ihn nicht mochte, weil sie seinen Mangel an Wert erkannte und ihn schonungslos zum Ausdruck brachte, lebte Nietzsche das Leben eines freiwillig Geächteten, der in der Abgeschiedenheit der hohen Berge den Horizont nach besseren Zeiten absuchte. Von seinen Felsen im Engadin, auf die er sich zurückgezogen hatte, beobachtete er mit Sorge den Orkan der Zivilisation, der Demokratie und der materiellen Errungenschaften, in dem Europa unterzugehen drohte. Was seine Zeitgenossen für eine immerwährende Expansion hielten, sah er als zunehmende Dekadenz, die begann, alle edlen Existenzen in den schädlichsten Materialismus aufzulösen. Näher an den Sternen als am Gewimmel der Stadt richtete der Bewohner von Sils Maria seinen visionären Blick auf eine Zukunft mit einem höheren Menschentypus, auf ein Zeitalter, das von einem neuen Ideal und neuen Werten beherrscht wird, was nur durch eine freiwillige Loslösung von den Verirrungen des 19. Jahrhunderts erreicht werden kann. Nietzsche sah das verhängnisvollste Zeichen in der allgemeinen Antriebslosigkeit, der zunehmenden Erschlaffung, der Trägheit der Seele, des Geistes und des Willens, dem Herdenglück des bürgerlichen Wohlstands.

„Ich begrüße alle Zeichen, die auf den Beginn eines männlichen und kriegerischen Zeitalters hinweisen, das die Tapferkeit wieder in Ehren halten wird! Denn es soll den Weg für ein noch größeres Zeitalter ebnen und die Kraft ernten, die dieses Zeitalter brauchen wird - jenes Zeitalter, das Heldentum zum Ausdruck bringt und durch sein kriegerisches Ideal und seine Logik zum Krieg anspornt. Männer, die still, einsam und entschlossen begreifen, dass sie sich selbst verwirklichen müssen, indem sie unauffällig arbeiten. Männer, die sich von Natur aus nach allem sehnen, was eine Prüfung darstellt. Männer, die Feste, Arbeit und Trauertage mit ihrem Geist beleben, die starke Anführer sind und bereit sind, wenn nötig, zu gehorchen, in beiden Fällen stolz und sich selbst gleich: gefährliche, produktive, glückliche Männer. Denn, glaube mir! Das Geheimnis eines wirklich reichen und profitablen Lebens ist es, gefährlich zu leben!".

Kritiker und Prophet zugleich, zeigt Nietzsche seinen vom Rausch des Fortschritts ergriffenen Zeitgenossen den drohenden Verfall, doch gleichzeitig giftet er die Pessimisten an, die sich aufgrund ihrer überwältigenden Resignation verzweifelt dem Glauben an den Niedergang hingeben, während er ihnen seine Zukunftsvision voller leuchtender Farben vor Augen führt. Wir sind nicht die Opfer eines unvermeidlichen Schicksals, sondern allein der Wille entscheidet über Aufschwung oder Niedergang. „Wollen macht frei, denn Wollen ist Schaffen". Die Schaffung einer großen Kultur und die Verwirklichung der Bestrebungen der Menschheit sind die Aufgabe der Deutschen. Auf dieses Ziel hin müssen unsere Anstrengungen darauf gerichtet sein, „die höchste Einheit zwischen der Natur und der Seele unseres Volkes wieder herzustellen. Es ist diese deutsche Einheit, nach der wir streben, sogar noch leidenschaftlicher als nach der politischen Wiedervereinigung: die Einheit des deutschen Geistes und des deutschen Lebens." Nietzsche stellte die bestehenden Lücken in Bismarcks Werk fest. Die innere Einheit des Volkes, die Übereinstimmung zwischen seinen Gedanken und Handlungen, musste wiedergefunden werden. „Bildet in euch ein Bild, das der Zukunft entspricht, und seid nicht länger abergläubische Wesen, Epigonen." Nietzsche sprach das entscheidende Wort aus. Er fordert die Menschen auf, die Angst abzulegen, da sie nur Epigonen sind, schwache Nachkommen einer großen Vergangenheit, die die gesamte Zukunft überschattet, weil sie ein unerreichbares Vorbild ist. Nicht als Epigonen, deren Existenz als Maßstab dient, sondern als Vorläufer, deren Größe erst noch kommen wird, müssen wir leben. Ein neues Zeitalter zu beginnen, ein Zeitalter, in dem Größe und Souveränität herrschen, ohne auf die Vergangenheit zurückzublicken, das ist der Mut. Um dies zu erreichen, bevorzugt Nietzsche den Mut als Quelle aller Tugenden.

„Mut und Abenteuer, die Sehnsucht nach dem Ungewissen, nach dem Risiko, - Mut scheint mir die Vorgeschichte des Menschen zu sein." Der Krieg wird auch von Nietzsche befürwortet. „Der Krieg und der Mut haben größere Dinge getan als die Nächstenliebe. Nicht euer Mitgefühl, sondern eure Tapferkeit rettete die Opfer. Was ist gut?", fragen Sie sich. Mutig zu sein ist gut... Sie müssen Ihren Feinden entgegengehen, Sie müssen Ihren Krieg für Ihre Ideen führen! So leben Sie Ihr Leben im Gehorsam und im Krieg! Was zählt schon ein langes Leben! Welcher Krieger will verschont werden? Ich schone euch nicht.Ich liebe euch von Grund auf, meine Brüder im Krieg!"

Der Anführer geht an der Spitze seiner Krieger in heroischer Selbstverleugnung, sich selbst opfernd. „Es spielt keine Rolle, was der Herr, der Fürst, der Individualist opfert!" Nicht die Gefahr, sondern das, was wir anstreben, soll uns zu einem kriegerischen Volk vereinen, das bis zum Tod für sein Ideal kämpft. „Wir müssen ein Ziel haben, und durch dieses Ziel lieben wir uns gegenseitig! Alle anderen Ziele sind nur dazu gut, aufgegeben zu werden!" Der Geist des Soldaten muss alle Volksklassen, alle Berufe durchdringen, denn er ist es, der die Klassenunterschiede aufhebt und politisches Handeln auf Haltung gründet. „Die Arbeiter müssen lernen, die Dinge wie Soldaten zu empfinden. Honorar, Lohn, aber keine Belohnung. Keine Beziehung zwischen Bezahlung und Ergebnis! Sondern nur den Einzelnen nach dem Höchsten schätzen, was er in seinem Bereich erreichen kann. Eines Tages werden die Arbeiter wie die Bourgeois leben; aber über ihnen, sich durch ihre Bedürfnislosigkeit auszeichnend; die höhere Kaste: also ärmer und einfacher, aber Inhaber der Macht."

Nietzsche präsentiert sich als Bote des Lebens mit einer Begeisterung für alles, was den Menschen lebenswert macht, was ihn stark und stolz macht, das heißt, was ihn aristokratisch macht. In den Händen der Natur ist der Krieg ein Mittel, um die aristokratische Lebensordnung zu erhalten.

„Eine Gesellschaft, die sich und ihren Instinkt für Krieg und Eroberung letztlich verweigert, befindet sich in Dekadenz: Sie ist reif für die Demokratie und die Macht der Boutiquenbesitzer." Auch aus diesem Grund hatte er eine fanatische Abneigung gegen die Demokratie, die sich im westeuropäischen Parlamentarismus ausdrückte. „Die europäische Demokratie ist keine Entfesselung von Kräften. Sie ist vor allem eine Entfesselung von Trägheit, Müdigkeit und Schwäche. Die Demokratie war zu allen Zeiten die dekadente Form der organisierenden Kraft". Nietzsche drückt auf diese Weise aus, was den Zweck des Daseins ausmacht: Der Mensch sucht überhaupt nicht nach seinem Glück - er will etwas völlig anderes. „ Man kann nur Engländer sein, wenn man glaubt, dass der Mensch immer einen Vorteil sucht." Es ist nicht der Liberalismus - die deutsche Massenverblödung, wie Nietzsche sagte, sondern der Krieg, der den Menschen frei macht. „ Denn was ist Freiheit?

Es bedeutet, dass man den Willen hat, Verantwortung zu übernehmen. Dass man die Distanz, die uns trennt, aufrechterhält. Gleichgültigkeit gegenüber der Müdigkeit, der Härte und sogar der Entbehrung des Lebens. Dass man bereit ist, Menschen für seine Ideale zu opfern, sich selbst eingeschlossen. Freiheit bedeutet, dass die männlichen, kriegerischen und siegreichen Instinkte die Oberhand über andere Instinkte haben, zum Beispiel über den Instinkt, nach Glück zu streben. Der frei gewordene Mann und noch mehr der frei gewordene Geist treten die verachtenswerte Art mit Füßen, von der Ladenbesitzer, Christen, Schafe, Frauen, Engländer und andere Demokraten träumen. Der freie Mensch ist ein Krieger." Woran misst man die Freiheit bei Individuen und Völkern? An der Prüfung, die überwunden werden muss, an der notwendigen Anstrengung, die unternommen wird, um an der Spitze zu bleiben. Man muss den höheren Typus des freien Menschen dort suchen, wo die größte Herausforderung besteht. Nietzsche spricht über Philosophie wie kein anderer Denker vor ihm, und er weiß auch warum. In einem seiner letzten Aphorismen sagt er prophetisch: „Der gegenwärtige Krieg hat sich in einen Krieg der Ideologien verwandelt. Unsere Überlegenheit gründet sich nicht nur auf die deutschen Waffen, sondern auch auf den deutschen Geist".

Claus Schrempf

HEFT DER SS NR. 3. 1942.

RICHARD WAGNER

Die Beziehungen des Führers zum Großmeister

Es ist kein Zufall oder eine Laune, dass Hitler unter allen großen Meistern der deutschen Musik Richard Wagner besonderen Respekt und Bewunderung zollte. Auch dem deutschen Kulturjuwel Bayreuth brachte er eine eines Prinzen würdige Rücksicht entgegen. Dem Meister wurde es zu Lebzeiten von den damaligen Führern des Deutschen Reiches unter preußischer Herrschaft vorenthalten.

Von Anfang an zeigten die Familienmitglieder des Meisters von Bayreuth das tiefste Verständnis und die treueste Hoffnung.

Die Brüder Grimm verstanden es, den Geist der alten Legenden unserer Vorfahren wiederzubeleben. „Märchen", Holzschnitt von Switbert Zobisser.

In einem offenen Brief vom 1. Januar 1924, in der dunkelsten Zeit, lobte Richard Wagners Schwiegersohn H.-St. Chamberlain, der Ehemann seiner kürzlich verstorbenen jüngsten Tochter Eva, die Persönlichkeit und das Werk Adolf Hitlers in geradezu prophetischer Weise und zum größten

Trost für Tausende von Deutschen. Er stützte sich auf die starke Wesensverwandtschaft der großen Männer, Wagner und Hitler, wenn er in diesem Brief sagte, dass das Herz der Herd ist, in dem die Begeisterung, die Hitlers Gedanken schmiedet, entflammt, und dass der deutsche Führer sein Volk mit glühender Leidenschaft liebt. Auch Wagner liebte das deutsche Volk leidenschaftlich und verlangte nichts anderes als seine „aufrichtige Liebe" für das, was es ihm gab. Er wurde dafür belohnt, aber vielleicht nicht auf eine so extreme und überbordende Weise wie der Führer. Das Volk konnte ihm nur mit seiner beständigen und leidenschaftlichen Liebe danken.

Begegnung zweier großer Künstler: Richard Wagner von Arno Breker.

Doch die Tatsache, dass der Führer sich an die Sympathie und Treue erinnert, die das Haus Wahnfried lange vor 1933 bewiesen hat, erklärt noch nicht seine Leidenschaft und seinen Respekt für den Meister von Bayreuth: So wie er Bayreuth unterhält, will der Führer Tausenden von Landsleuten ermöglichen, die größten Kulturgüter der Menschheit nicht gegen hohe Zahlungen, sondern kostenlos zu genießen, wie es Richard Wagner von Anfang an gewünscht hat. Damit löst Adolf Hitler auch diese alte Schuld gegenüber dem Meister der deutschen Musik ein; denn keiner der großen deutschen Komponisten hat sich offensichtlich so sehr um Deutschland bemüht. Keiner hat mit seinen Werken sein ganzes Leben lang so unermüdlich für die Vorherrschaft Deutschlands gekämpft und keiner hat so klar und deutlich wie Richard Wagner gesehen, „wo die wahren Feinde des Deutschtums lauern".

Der Führer weiß, dass die großartige und tiefgründige Kunst Richard Wagners für den Besucher der Bayreuther Festspiele vor allem eine Aufwertung der Dynamik bedeutet, eine Hebung der Vitalität, die er braucht und die ihm Lebensfreude verschafft, eine „Unterhaltung des Daseins, die immer auf den schönen Darstellungen der idealen Kräfte der menschlichen Natur beruht". Der Führer ist ein treuer und begeisterter Besucher der Bayreuther Festspiele, der die Reinheit und Freiheit dieser idealen Kunst bewundert. Im dritten Jahr dieses schrecklichen Kampfes um die Freiheit Deutschlands und der ganzen Welt erfüllt die große, feierliche Kunst Richard Wagners Tausende von Menschen mit schöpferischer Hoffnung, diesem Sohn der ewigen Liebe, der den kämpfenden Menschen Kraft verleiht.

Man kann die turbulente Erfahrung bei der ersten Lohengrin-Aufführung, die der zwölfjährige Adolf Hitler in Linz besuchte, mit dem Tag vergleichen, an dem der Kanzler, der zum Führer aller Deutschen geworden war, seine schützende Hand über das Werk des Meisters von Bayreuth erhob! Die Beschreibung in *Mein Kampf* zeigt, welchen Eindruck diese Lohengrin-Aufführung auf Hitler gemacht hat. Der Führer erinnert sich an die strahlenden Evokationen mit folgenden Worten: „Ich wurde von diesem Gesang verzaubert. Meine jugendliche Begeisterung für den Meister von Bayreuth kannte keine Grenzen. Seine Werke stellten für mich den absoluten Maßstab dar, und ich betrachte es als besonderes Glück, dass ich aufgrund der Einfachheit der örtlichen Darstellung eine wachsende Leidenschaft aufrechterhalten konnte." Das Wirken mysteriöser Kräfte sehen wir, wenn wir an die Vorhersage an König Heinrich denken, die der Dichter Richard Wagner Lohengrin in den Mund gelegt hat:

> „Dir, dem Reinen, ist ein großer Sieg beschieden. Nach Deutschland in fernen Tagen sollen die Truppen des Ostens niemals siegreich ziehen.

Nun bekennt sich unsere schwierige Zeit zu diesem großartigen Bekenntnis: *Der* mächtige *Kämpfer, der* als Kind diese Verse in seinem Herzen bewahrte, wird diesen Planeten durchstreifen, solange es ihn gibt!

Hans Gansser

HEFT DER SS NR. 7. 1938.

GUSTAV KOSSINNA

Der Altmeister der deutschen Urgeschichtsforschung

Die deutsche Vorgeschichte, unter dem Gesichtspunkt der Rasse betrachtet, bildet heute den Schlussstein unserer nationalsozialistischen Ideologie, und wir haben die Pflicht, das kulturelle Niveau zu kennen, das unsere germanischen Vorfahren erreicht haben. Wir lernen unsere rassische Vergangenheit nicht nur in allen Schulen kennen, sondern auch durch den Unterricht, den die Partei und ihre Organisationen allen unseren Mitbürgern erteilen. Während andere Völker schon seit langem ihre Jugend über ihre älteste Vergangenheit unterrichteten, hat sich in Deutschland unter dem Einfluss „eines einseitigen humanistischen Kulturideals" eine Vorliebe für das Studium fremder Völker und Kulturen, insbesondere der klassischen Kulturen der Mittelmeerländer, entwickelt. Diese verengte Optik hat dazu geführt, dass unsere Schulbücher unsere eigene Vergangenheit vernachlässigen!

Die Kultur der alten Ägypter, Griechen und Römer wurde in den Vordergrund gerückt, im Vergleich dazu wurde unsere germanische Vergangenheit als die einer groben und barbarischen Zivilisation dargestellt. Die Germanen seien erst durch den Kontakt mit den Strömungen aus dem Süden von ihrer Barbarei befreit und auf eine höhere Stufe der Zivilisation gebracht worden; dies sei im Westen unseres Heimatlandes während der Zeit der römischen Eroberung und Herrschaft besonders ausgeprägt gewesen.

Während jedes Jahr beträchtliche Mittel für die Erforschung fremder Kulturen aufgewendet wurden, standen für die Erforschung der deutschen Vorgeschichte nur sehr bescheidene Budgets zur Verfügung. Das erhellt die Bedeutung der Worte, die uns ein Dichter hinterlassen hat: „In Rom und bei den Lappländern wird in jedem Winkel gegraben, während wir im Haus unserer eigenen Väter herumtappen."

Wir sind ausschließlich Gustav Kossinna, dem Altmeister der deutschen Urgeschichte, zu Dank verpflichtet, dass in dieser Hinsicht eine Wende eingetreten ist und der wahre Wert unserer Vergangenheit ans Licht gebracht werden konnte. Kossinna lehrte uns: „Wir wären nichts von dem, was wir heute sind, wenn wir nicht das gewaltige Erbe unserer Vorfahren in uns selbst hätten.

Gustav Kossinna wurde am 28. September 1858 in der deutschen Ostmark, in Tilsitt, geboren. Wie seine ebenfalls aus Ostpreußen stammenden Vorfahren behielt er sein ganzes Leben lang tiefe Wurzeln in seiner Heimat. Seine Liebe zu ihr kommt in einer ganzen Reihe von großen Werken, die er ausschließlich ihr widmete, immer wieder zum Ausdruck. Seine Eltern waren streng konservativ, daher war sein Nationalgefühl schon in seiner frühen Jugend sehr ausgeprägt.

Von 1876 bis 1881 widmete er sich in Göttingen, Leipzig und Straßburg der Philologie und später allgemein dem Studium des deutschen Altertums.

In Berlin hatte sein Lehrer, der berühmte Müllenhoff, einen entscheidenden Einfluss auf ihn und lenkte seine Studien in eine neue Richtung. Da er nach den Forschungen seines Lehrers arbeitete, erkannte Kossinna bald, dass die Sprachwissenschaft für die Soziologie, Anthropologie und Geschichte der deutschen Kolonialisierung weit weniger leistet als die Erforschung des konkreten kulturellen Erbes ihrer Vergangenheit.

Nach dem Abschluss seines Studiums in Straßburg wurde er 1881 zum Doktor der Philologie ernannt; daraufhin wandte er sich dem Beruf des Bibliothekars zu, um schnell seinen Lebensunterhalt zu verdienen. Eine lange Karriere als Bibliothekar führte ihn von Halle nach Bonn und Berlin. In all diesen Jahren widmete er sich eifrig dem Studium der deutschen Vorgeschichte und eignete sich durch unzählige Museumsbesuche all das Wissen an, das er brauchte, um sich mit bemerkenswerter Leichtigkeit den rassischen Fragen des Altertums zu nähern. Wir wissen, dass er oft aus der engen Sphäre seines Berufs ausbrach, um sich seinen wissenschaftlichen Forschungen zu widmen. Dies belegen die Vorwürfe seiner Vorgesetzten aus dieser Zeit, die ihn beschuldigten, seine berufliche Arbeit für seine wissenschaftlichen Studien zu vernachlässigen.

Als er 1895 anlässlich eines Anthropologentreffens in Kassel mit einer Abhandlung über die „prähistorische Ausbreitung der Germanen in Deutschland" bekannt wurde, war die Richtung seiner zukünftigen Arbeit vorgezeichnet. In dieser Abhandlung, die einen Meilenstein in seiner Forscherkarriere darstellte, präsentierte Kossinna seine neue archäologische Siedlungsmethode, die der Schlüssel zur Kenntnis der Verbreitung der prähistorischen Stämme sein sollte.

Wir müssen kurz auf diesen Moment eingehen, in dem die nationale prähistorische Forschung geboren wurde, die eine revolutionäre Wissenschaft ankündigte.

Um die Bedeutung dieses Umbruchs zu verdeutlichen, müssen wir die Situation der Urgeschichte zu dieser Zeit beschreiben. Sie war in der Hochschulbildung nicht vertreten und war in allen Fächern nur eine Nebenwissenschaft. Historiker, Archäologen, Anthropologen und Ethnologen nahmen sie in ihren Arbeitsbereich auf. Nur zahlreiche tyrannische Lokalgesellschaften interessierten sich für sie, und das deutsche Altertum hatte den Stempel einer zweitklassigen Wissenschaft aufgedrückt bekommen. Nur die Anthropologische Gesellschaft als große wissenschaftliche Vereinigung bemühte sich in bemerkenswerter Weise um die Erforschung der Vergangenheit. Zudem war die gesamte Forschung vom Geist des „Romanismus" beeinflusst, einer aus dem Süden stammenden einseitigen Optik, die keinen Raum für nordische Vorstellungen ließ.

Zu dieser Zeit erklangen Kossinnas Worte: „Wenn ich es wage, die Archäologie des Vaterlandes mit der Geschichte in Verbindung zu bringen und den Mangel an Berichten über die reichen Funde, die durch unsere gegenwärtige Arbeit im heimatlichen Boden gesammelt wurden, zu betrachten..." Worte, die seine Erklärung in Kassel eröffneten und die wie ein revolutionärer Trompetenstoß klangen, der eine aufsehenerregende Studie der nationalen prähistorischen Forschung ankündigte.

Die tiefe Liebe des glühenden und patriotischen Vorläufers des germanischen Altertums kommt in seiner damaligen Schlussfolgerung so zum Ausdruck: „Der deutsche Nationalcharakter und die deutsche Zivilisation in ihrer kraftvollen Vorherrschaft haben es zur Unterstützung ihrer künftigen Ausbreitung oder auch nur zur Sicherheit ihrer Existenz in keiner Weise nötig, sich auf Besitztitel aus vergangenen Jahrtausenden zu berufen, wie es andere Nationen nicht ohne Gewalt gegen die historischen Tatsachen getan haben. Wir Deutschen und mit uns alle anderen Mitglieder der germanischen Familien können nur stolz sein und die Stärke des kleinen nordischen Volkes bewundern, wenn wir sehen, wie seine Söhne in der Vorgeschichte und im Altertum ganz Skandinavien und Deutschland eroberten, sich im Mittelalter in Europa ausbreiteten und in unserer Zeit in die entferntesten Regionen der Erde vordringen."

Entscheidend war, dass er in dieser Abhandlung eine von ihm erfundene neue Forschungsmethode anwandte, die „Methode der archäologischen Kolonisation", die den Weg zu neuen Entdeckungen ebnete. Später fasste er diese Arbeitsmethode in einem Satz zusammen: „Streng begrenzten archäologischen Regionen entsprachen immer genau definierte Völker oder ethnische Gruppen."

Obwohl diese neue Untersuchungsmethode auf viel Ablehnung stieß, setzte sich ihre Richtigkeit immer mehr durch, sodass sie auch heute noch die Grundlage für die Erforschung unserer Vorgeschichte bildet.

Nach zahlreichen Bemühungen konnte Kossinna 1902 dank der Unterstützung vieler Freunde, die in ihm eindeutig einen hervorragenden Forscher erkannt hatten, den ersten Lehrstuhl für Archäologie an der Universität Berlin erhalten, wo er dreiundzwanzig Jahre lang eine sehr breite Lehrtätigkeit entfalten konnte.

Wir können nicht verstehen, dass er sein ganzes Leben lang als zugegebenermaßen hervorragender Lehrer arbeiten musste, aber nie einen angemessenen Lehrstuhl an einer Universität erhalten konnte. Die Ursache dafür ist nur in den großen Schwierigkeiten zu sehen, auf die er bereits während seiner Karriere stieß. Die starke „nationalistische" Konnotation all seiner Arbeiten brachte ihm viele Feinde, aber auch viele begeisterte Freunde ein. Darüber hinaus wandte er sich gegen eine gewisse „objektive" Wissenschaft, indem er in all seinen Forschungen die imposante Kraft der Rassen in der Vergangenheit betonte.

Nur wer die Hindernisse kennt, auf die er stieß, wer sich bewusst macht, wie dieser von einem glühenden Nationalgefühl durchdrungene Forscher, einer der größten unseres Volkes, für die Entwicklung seiner Wissenschaft kämpfte, nur der kann sein Lebenswerk vollständig verstehen.

Es ging nicht nur darum, die Lüge von der Barbarei unserer Vorfahren zu beenden, sondern in erster Linie darum, die Optik auszutreiben, die unter dem Fetischwort „ex oriente lux" (das Licht kommt aus dem Osten) den Ausgangspunkt für jeglichen kulturellen Aufschwung suchte. Außerdem war der Beweis erbracht: Diese orientalischen Kulturen hatten ihre Inspiration oft im Norden gefunden. Außerdem musste dieser innovative Zweig unbedingt zuerst aus der schädlichen Umarmung der benachbarten Disziplinen befreit werden, damit er sich entwickeln konnte.

Kossinna führte diesen Kampf, in dem er sich oft allein gegen viele Gegner behaupten musste, in voller Kenntnis der Sachlage zu Ende. Es ist verständlich, dass er sich viele Feinde auf allen Seiten gemacht hat. Wir sind fassungslos, dass ein Einzelner, dem die großen Mittel seiner Gegner fehlten, inmitten der schlimmsten Prüfungen des Krieges und des nationalen Verfalls sein Werk zu Ende führte und gemeinsam mit ihm die Gesellschaft für deutsche Vorgeschichte gründete, die mit ihm verbunden ist.

Ihm war klar, dass er neben dem Unterricht für seine Schüler, die später für den wahren Wert ihrer eigenen Vergangenheit kämpfen konnten, eine wichtige Gesellschaft leiten musste, die ihrerseits die Entdeckungen über die deutsche Vergangenheit in den weitesten Kreisen des Volkes verbreiten würde.

Aus diesem Grund gründete er 1909 die „Gesellschaft für deutsche Urgeschichte", die als Presseorgan die Zeitschrift Mannus hatte. Bis zu seinem Tod konnte er noch dreiundzwanzig Bände dieser Zeitschrift veröffentlichen. Diese Gesellschaft ist heute der Kern des nationalsozialistischen „Reichsbundes für deutsche Vorgeschichte".

Seine Gegner haben Kossinna oft vorgeworfen, dass er den germanischen Aspekt seiner Entdeckungen zu einseitig darstelle und deshalb über das Ziel hinausgeschossen sei. Dem müssen wir entgegenhalten, dass der Altmeister der erste war, der es uns ermöglichte, unsere eigene Kultur im Vergleich zu fremden europäischen Kulturen zu würdigen. Dass Deutschland sich der Ergebnisse und Leistungen seiner eigenen Vorfahren bewusst wurde, ist allein Kossinnas unermüdlichem Kampf gegen die alte deutsche Routinewissenschaft zu verdanken, die sich für die „klassischen Völker des Südens" begeisterte und sich unverständlicherweise gegen die „Barbarei" unserer eigenen Vorfahren wandte.

Seine zahlreichen Schriften, die in Zeitschriftenartikeln, in seiner Zeitschrift Mannus und in seiner Sammlung, der „Mannus-Bibliothek", erschienen, hatten die glücklichsten Auswirkungen. Die einundfünfzig Bände der Sammlung, die vor dem Tod des Autors erschienen, legen ein beredtes Zeugnis von Kossinnas kreativem Geist ab.

Seine Bücher: Deutsche Vorgeschichte, eine erstaunliche Nationalwissenschaft (1 Aufl. 1912), Germanisches Goldenes Zeitalter in der Bronzezeit (1913), Die Indo-Germanen (1921), Germanische Hochkultur (1927), Aufstieg und Ausbreitung der Germanen (1928), Die germanische Kultur *des ersten Jahrhunderts n. Chr. (1931)* lieferten uns eine unschätzbare Quelle an Material über unsere Vergangenheit.

Als Kossinna nach kurzer Krankheit im Alter von 73 Jahren am 20. Dezember 1931 starb, verlor das nationalistische Deutschland in diesem bemerkenswerten Mann einen Pionier der Erforschung des deutschen Altertums, der selbst in den dunkelsten Tagen, die unser Vaterland erlebte, nie einen Hehl aus seinen Überzeugungen machte.

Sein Leben war arm an Ehrungen; man weigerte sich, seine Professur zu verbeamten und versuchte oft, ihn zum Schweigen zu bringen. Erst kurz vor seinem Tod wurde seine Tätigkeit gewürdigt, als die große Delegation der Berliner Universität unter der Leitung des Rektors kam, um ihm zum goldenen Jubiläum seiner Promotion zu gratulieren.

Wäre der Wert seines Werkes früher erkannt worden und hätte der Staat ihm die nötige Unterstützung gewährt, hätte sich die Entdeckung des deutschen Altertums in einem ganz anderen Rahmen entwickeln können. Wir können ihm für sein großartiges Werk nicht besser danken, als wenn wir die Arbeit, die er begonnen hatte, in dem von ihm gewünschten Sinne fortsetzen.

(Siehe auch R. Stampfuß: *Gustav Kossinna, ein Leben für die deutsche Vorgeschichte. Hrsg.* Kurt Kabitsch, Leipzig 1935, und der Katalog *Die Antike aus nationalistischer Sicht,* im gleichen Verlag).

II. GEOPOLITIK

DAS HAUS DER SS-TRUPPE NR. 3 SPEZIAL. 1940.

SS-USTUF. DR. JULIUS SCHMIDT, PARIS:
FRANKREICH

Als Laval den Feldmarschall General von Brauchitsch traf, zog er den Vergleich mit General Gamelin; er verstand *nun, so sagt er selbst, warum Frankreich den Krieg verloren hatte.*

So zeigte Laval, dass er die Ursachen für den monströsen militärischen und moralischen Zusammenbruch Frankreichs erkannte: *In der entscheidenden Stunde besaß das Land keine Männer mit einer Persönlichkeit und einer Idee, einer klar definierten Vorstellung von Ordnung.*

Der französische Intellekt war erst in den ersten Tagen des Zusammenbruchs bereit, diese Wahrheit zu akzeptieren. Heute ist er es nicht mehr. Damals, als die deutschen Armeen in einem Siegeslauf von der Mosel bis hinter die Garonne stürmten, als in Bordeaux die Politiker fieberhaft ihre Flucht vorbereiteten, als die Kadetten der Kavallerieschule von Saumur sich an der Loire verzweifelt gegen die Deutschen warfen, war der französische Intellekt unter dem Druck der Ereignisse bereit, das Versagen der menschlichen Qualitäten Frankreichs zuzugeben. Aber jetzt, wo die Straßen wieder leer sind von Tausenden schweißtriefenden Flüchtlingen, umherirrenden Müttern und Kindern, erschöpften Pferden an ihren Tragen, wo man in Paris wieder seinen vertrauten Aperitif trinkt und wo man wieder stundenlang ungestört seine Angelrute in die Flüsse tauchen kann, will man das nicht mehr glauben. *Man hat die Zeit gefunden, das Problem aus einem anderen Blickwinkel zu betrachten, seit das Leben wieder seinen normalen Lauf nimmt.*

Jetzt werden die Ereignisse auf rationale Weise beurteilt, wie es sich für einen Franzosen gehört. Wenn man einen Offizier nach den Gründen für die Niederlage fragt, antwortet er: Wir waren nicht ausreichend motorisiert. Fragt man einen Zivilisten, erklärt er einem, dass die Politiker die Kriegsfabrikation schon lange unterschätzt hatten. Fragt man einen intelligenten Mann, antwortet er: Unsere Politiker waren *dumm.*

Das ist das Merkmal der gegenwärtigen Meinung, wie sie sich auf französischer Seite darstellt. Man glaubt, dass auf deutscher Seite gutes Material und reine Intelligenz den Sieg errungen haben, aber man vergisst, dass das Material tot ist, wenn es nicht von Männern mit Herz benutzt wird, und dass dort, wo der Intellekt versagt, der Glaube allein das Schicksal erzwingen kann. *Wären sich die Franzosen dieser Wahrheit bewusst gewesen, würden sie sich heute nicht fragen, warum ihre 32 Tonnen schweren Panzer, diese*

Stahlmonster, auf die das französische Kommando seine entscheidenden Hoffnungen gesetzt hatte, den Durchbruch bei Arras nicht aufhalten konnten.

Dem *französischen Gefühl* und der *französischen Tradition* wird wieder mehr Bedeutung beigemessen. Die Intellektuellen suchen neue Kraft in einer Geschichte, die durch ihre Denkmäler an den Ufern der Seine verherrlicht wird, aber sie vergessen die Lehren, die sie daraus ziehen könnten. Viele Franzosen lesen heute die in den Stein des Triumphbogens gemeißelten Namen zum Gedenken an die Armee des großen Korsen und ziehen traurige Vergleiche mit der heutigen Zeit. *In ihren Kommentaren vergessen sie jedoch, dass diese Armee ihre Ideologie in ihren Kantinen mit sich führte, dass Napoleon seinen Marsch durch Europa nicht nur mit seiner Ausrüstung und der neuen Linie der Füsilier Voltigeurs antrat,* sondern dass seine Soldaten - man kann über die folgende Umsetzung diskutieren - den Glauben hatten. Sie übersehen die Tatsache, dass für diese Armee „Es lebe der Kaiser!" und „Krieg den Palästen, Friede den Hütten!" mehr als nur Lippenbekenntnisse waren.

Der Franzose, der ein Porträt von Frankreich skizziert, lehnt diese Selbstverständlichkeit ab. Der Nationalsozialismus übersteigt sein kartesianisches Denken. Er will nicht begreifen, dass er ohne Ideen in diesen Krieg gegangen ist und von einer neuen Ideologie überrollt wurde.

Angesichts dieses geistigen Hintergrunds begann sich die Ankündigung einer deutsch-französischen Zusammenarbeit abzuzeichnen. Die Franzosen nahmen sie zu ihrem Vorteil an. Das Volk, dessen Führer vor allem Anwälte waren und dessen Politik in den vergangenen Jahren den Stempel des „Kollektivvertrags" trug, begann sofort, wie Juristen zu denken: Ein Arbeitsvertrag mit präzisen Paragraphen sollte in Kürze entstehen. Marschall Pétain erhob sich erst kürzlich gegen die Meinung seiner Landsleute, als er darauf hinwies, dass die Ära der Juristen vorbei sei und die „Kollaboration" als in der Entwicklung begriffen betrachtet werden müsse.

Man lässt die alten Ideen und das Chaos der Meinungen hinter sich und sucht nach einer neuen Richtung. Gruppen, die ihr Programm auf das nationalsozialistische oder faschistische Beispiel stützen, glauben, dass eine nationale Revolution allein durch Gleichschaltung erreicht werden kann. Die Führer dieser Gruppen kommen in deutsche Büros, um nationalsozialistische Literatur zu erhalten und diese dann für Schulungszwecke zu verwenden. *In ihrem Eifer vergessen sie eines: Revolutionen sind eng mit der Rasse und der Lebensweise der Völker verbunden.*

So gibt es Parteien wie die „Parti Français National Collectiviste", die eine „Französische Garde", eine „Spezialgarde" und eine „Junge Front" im Geiste der SA, der SS oder der HJ geschaffen haben. Es gibt eine „Parti Français National-Socialiste", die „Sturmtruppen" und einen „Generalstab" geschaffen hat. Diese Gruppen haben wiederum eine Opposition in ihren

Reihen, die behauptet, den Nationalsozialismus in seiner reinsten Form verstanden zu haben.

Doriot schreibt in *Le cri du peuple*. Als ehemaliger Kommunist ist er ins nationalistische Lager übergelaufen. Er behauptet, dass die Kommunisten, wie einst in Deutschland, zum Nationalismus bekehrt werden müssen. Er schließt sich der Politik von Marschall Pétain, dem „Grand Vieux", an. Es ist bemerkenswert, wie gerne er eine Parallele zwischen seiner Position und der des alten Mannes auf der einen Seite und dem Ereignis vom 30. Januar 1933 in Deutschland auf der anderen Seite ziehen möchte.

Mächte bieten sich an, Frankreich wieder aufzubauen, die ihre alte Rolle in den kommenden Revolutionen nur schwerlich spielen werden. Die *Royalisten* kündigen ihre Ansprüche an und glauben, dass sie über den Kanal einer Restauration Zugang zur neuen europäischen Ordnung erlangen können. Sie haben in Vichy ihre Vertrauensleute platziert, die den Boden für das künftige Königreich Frankreich, für den Grafen von Paris, bereiten sollen. Die „High Society" in den Schlössern an der Loire in der besetzten Zone scheint äußerlich unpolitisch zu sein. *In Wirklichkeit ist der Gedanke an die Restauration so lebendig, dass die Politiker ihn berücksichtigen müssen und dies auch tun.*

Die Kirche bietet ihre Dienste an, deren Entwicklung den Laizismus und die Freimaurerei ferngehalten hat. In Vichy übte sie einen überragenden Einfluss aus und erwartete vom Marschall besonderen Schutz. Nie zuvor hatte sie gehofft, ihre Position so sehr zu stärken wie heute. Auch die *Kommunisten* haben ihren Platz in diesem Kampf. Zwar handeln sie illegal, aber sie wissen genau, wer ihre Verbündeten sind: *die angespannte soziale Lage nach einem verlorenen Krieg.* Ihr Aufruf richtet sich an die Masse, die am meisten unter den täglichen Einschränkungen leidet. Man fragt nach dem *Bauern.* Man findet die Antwort, wenn man feststellt, dass auch die meisten *Lehrer* nichts gelernt und nichts vergessen haben.

Jenseits des scheinbar normalen Verlaufs der täglichen Ereignisse beziehen viele Menschen ihre Informationen aus einer angeblich „sicheren Quelle" und gehen damit in ihren Gesprächen in der Familie, im Büro oder in Pariser Salons hausieren. Das Thema dieser Informationen ist immer das gleiche: *Roosevelt und Amerika.* Auf diese Weise wird versucht, die Moral aufzubessern, da der endgültige Schlag gegen England nicht erfolgt ist. Hier, in diesen Salons, zirkulieren Ideen, die 1900 und 1918 gleichermaßen gültig waren. Die Analyse des deutschen Charakters hält sich an die „Wintermärchen" von Björn oder Heine, eine Analyse, die sich im Jahr 1940 nicht einmal die Mühe macht, zwischen „Preußen" und „Deutschen" zu unterscheiden. Auch Daladiers abgedroschener Slogan, man kämpfe nicht gegen Goethes Deutschland, sondern gegen Hitlers Deutschland, spukt noch immer in den Köpfen herum. Das nennt man „Geist".

Die alte *Selbstliebe* schreibt sich in die politischen Kombinationen ein. Sie will nicht wahrhaben, dass der Mangel an Männern im wahrsten Sinne des

Wortes, an guten Männern, die Hauptursache für die Niederlage war. *So neigte man zum Beispiel dazu, die deutsch-französischen Kolloquien als Bitte um französische Unterstützung zu interpretieren.*

Frankreich war schon immer als alte Rentnernation bekannt und hat auch heute in den Stunden der Not diese Mentalität der bürgerlichen Ruhe und des täglichen Komforts nicht verloren. Natürlich will man die Lehren aus dem Krieg ziehen, aber nicht den Preis dafür zahlen. So glaubte man, dass sich nach der ersten Kontaktaufnahme zwischen dem Reichsführer und Pétain eine Masse von Vorteilen über Frankreich ergießen würde. Da dies nicht geschah, folgte die Enttäuschung. Man will den Aufschwung Deutschlands nur auf seinem Höhepunkt betrachten, aber man will nicht in Betracht ziehen, dass dieser Aufschwung durch die Besetzung des Ruhrgebiets, das Elend der Arbeitslosen und enorme persönliche und politische Opfer gegangen ist. *Frankreich glaubt, dass das Schicksal eine Ausnahme für es machen wird; es will in seinen schmerzhaften Stunden nicht glauben, dass seine Wiedergeburt nur unter Schmerzen erfolgen wird.*

Vielleicht wird sich dies etwas ändern, wenn das Leben Frankreichs nicht mehr von den „untergetauchten" Intellektuellen beeinflusst wird, sondern wenn die besten seiner Söhne, die noch vor kurzem an der Aisne und der Somme die Weygand-Linie mit hartnäckigem Mut verteidigt haben, aus ihren Stalags zurückgekehrt sind. Die Verluste an Menschenleben können jedoch nicht ausgeglichen werden, was für Frankreich, ein Land, dem es an Kindern mangelt, sehr besorgniserregend ist.

Der Versuch, neue deutsch-französische Beziehungen auf der Grundlage der Generation der Kriegsveteranen von 14-18 zu finden, ist gescheitert. Das Symbol dieses tragischen Scheiterns ist der Tod von Professor von Arnim, dem Präsidenten der Deutsch-Französischen Gesellschaft, der sich jahrelang für die deutsch-französische Aussöhnung eingesetzt hatte und im Juni 1940 an der Spitze seines Regiments fiel.

Man fragt sich, was aus den jungen Männern von 39-40 werden wird, die wieder ein Gewehr in der Hand hielten. Das kann man heute noch nicht sagen.

Im Invalidendom in Paris befindet sich das Grabmal von Marschall Foch. Poilus tragen ihren Oberbefehlshaber auf einer Bahre. Man bringt dem Grabmal den Respekt entgegen, den ein Soldat seinem Gegner schuldet. Aber man fragt sich, ob wir Deutschen dieses Grabmal als Symbol betrachten sollten: Haben wir mit Foch auch bestimmte Prinzipien zu Grabe getragen?

Ein Flugblatt gibt die Antwort: Es wurde vor kurzem in Paris verteilt und erinnert an den Prozess in Riom. Auf einer Zeichnung geht der alte Clemenceau auf den Tisch des Richters zu und sagt, auf sich selbst zeigend: „Und ich?".

Der Geist, der aus diesem Flugblatt spricht, lehrt uns, dass wir die Augen offen halten müssen. Hinter der höflichen Miene, die uns die Franzosen jeden Tag zeigen, kann sich die Grausamkeit verbergen, die wir an einem Karfreitag in Essen 1923 erlebt haben.

Dies lehrt uns, das deutsch-französische Problem nicht sentimental zu betrachten; wir müssen einen kühlen Kopf bewahren, *völlig objektiv* bleiben, *rein politisch!*

POLITISCHER DIENST FÜR DIE SS UND DIE POLIZEI.

RICHTLINIEN FÜR DIE IDEOLOGISCHE ERZIEHUNG DER ELSÄSSER

Geschichte des Elsass
im Rahmen der Geschichte des Deutschen Reiches und Europas

a) Die Landschaft des Elsass, dieser gesegnete Garten zwischen dem Rhein und den Vogesen, entspricht in jeder Hinsicht der badischen Landschaft. Die Natur hat auf beiden Seiten des Hochrheins zwei absolut ähnliche Regionen geschaffen. Der Charakter dieser Landschaft aus Flüssen und Bergen, die vom Menschen in Felder und Weinberge, Städte und Dörfer verwandelt wurde, ist in beiden Regionen identisch.

Sicherlich erscheint das Elsass mit seinen Städten noch stärker von historischen Träumen geprägt, näher am Mittelalter und seiner Souveränität als am Badener Land, das dem Verkehr und der Industrie offener gegenübersteht. Dennoch bleibt die Einheit des Raumes bestehen. Die jahrhundertelangen Bemühungen der Franzosen, diese ländliche und „geopolitische" Region zu annektieren, waren daher offensichtlich unnatürlich. Als denkwürdige Zeugnisse des Deutschen Reichs und seiner Kultur stehen sich in Südbaden das prächtige Freiburger Münster und im Nordelsass das einzigartige Meisterwerk Erwin von Steinbachs, das Straßburger Münster, gegenüber.

Im Elsass entstanden große Werke, die der deutschen Kunst zu verdanken sind (Mathias Grünewald, Martin Schongauer, Baldung Grien).

b) Die Menschen im Elsass stammen wie die in Baden aus demselben alemannischen Stamm. Die Elsässer sprechen einen der ältesten deutschen Dialekte, das „Elslisser Ditsch". Andererseits darf man nicht übersehen, dass der elsässische Charakter durch die Geschichte, durch jahrhundertelange Stürme seines wahrhaft europäischen Schicksals anders geformt wurde als der des Badeners. Letzterem war das Schicksal gnädiger; er ist ruhiger, selbstbewusster als der originellere, oftmals mit sich selbst unzufriedenere und chauvinistische *Elsässer*, der seinen Partikularismus über Jahrhunderte hinweg bewahren konnte, aber auch eine Natürlichkeit des Widerspruchs entwickelt hat, die *an prinzipielle Opposition* grenzt. So sind zumindest teilweise die bis heute lebendigen Gegensätze zu seinen badischen Vettern zu verstehen. Es ist durchaus verständlich, dass der Elsässer mit Stolz und Liebe an seiner schönen Heimat und ihren reichen kulturellen Traditionen festhält. Das Elsass befindet sich seit 2000 Jahren in der germanischen Sphäre. Bereits 58 v. Chr. wurde das fruchtbare Land von den Sueben beansprucht, deren bemerkenswerter General *Ariovist* vor Mulhouse von *Cäsar* besiegt wurde. Später war das Elsass Teil der römischen Provinz *Obergermanien.* Zur Zeit der großen Invasionen wurde das Elsass fast ständig von den Alemannen besetzt.

Nach *Chlodwigs* Sieg über die Alemannen bei Tolbiac im Jahr 496 wurde das Elsass zu einem regionalen Zentrum des Fränkischen Reiches. Nach dem Zusammenbruch des Reichs Karls des Großen wird das Land 843 bei der Teilung von Verdun zunächst dem Königreich *Lotharingien und* 870 im *Vertrag von Mersen dem* Ostfränkisch-Deutschen Reich angegliedert.

Seit Heinrich I., dem eigentlichen Gründer des Deutschen Reiches, und seinem mächtigen Sohn Otto I°' dem Großen, der das Reich zu einer europäischen Macht machte, wurde Frankreich bis an die Grenze der vier Flüsse Schelde, Maas, Saône und Rhône zurückgedrängt. Das Elsass erlebte seinen kulturellen und religiösen Aufschwung bereits vor dem Jahr 900. Nach den sächsischen Kaisern leiteten die erneute Verschmelzung der Alemannen mit der Linie der Herzöge von Schwaben und dem Elsass und die Erhebung der schwäbischen Staufer zur Kaiserwürde eine glänzende Epoche für das Land ein. Friedrich Barbarossa residierte in seiner Kaiserburg in *Haguenau* und sein genialer Enkel Friedrich II. betrachtete das Elsass als „sein wertvollstes Erbgut".

Nun, fast im Zentrum des Reiches gelegen, stellt das Elsass die Achse des in seinem Inneren vereinten Europas dar. Große Historiker und Dichter wurden hier geboren (Gottfried von Straßburg, der Autor von „Tristan und Yseult", Reimar von Haguenau).

Nach dem Fall der Staufer fällt die Grenzregion 1268 an die Grafen von Habsburg aus der späteren Kaisergeneration. Kurz darauf beginnt jedoch in den folgenden Jahrhunderten der immer stärkere Druck Frankreichs in Richtung der Westgrenzen des Reiches. Je mehr die deutsche Einheit in diesen Jahrhunderten schwand, desto mehr zerfiel das Elsass, dem eine Stammdynastie fehlte, in ein Mosaik aus kleinen Fürstentümern. Das Labyrinth aus kleinen freien Städten, Fürstentümern, Reichsstädten, Kapiteln und Klöstern ähnelt in kleinerem Maßstab dem Zerfall des Reiches selbst.

Im XV Jahrhundert wird ein erster französischer Angriff tapfer zurückgeschlagen. Ein Jahrhundert später, 1552, lässt der Verrat des Kurfürsten *Moritz von Sachsen,* der die *Bistümer* Metz, Toul und Verdun an den französischen König ausliefert, die größten Gefahren für die Region erahnen, während seit dem XV Jahrhundert das gesamte geistige Leben des Elsass seinen Höhepunkt erreicht. (1439, Fertigstellung des Straßburger

Münsters, 1440, Erfindung des Buchdrucks mit beweglichen Lettern durch den Mainzer *Gutenberg* in Straßburg).

Das Land erlebte die Reformation noch unter deutscher Souveränität zusammen mit einer mächtigen wissenschaftlichen (Hochrheinhumanismus) und literarischen Revolution. (Butzer und Jacob Sturm, Straßburger Reformatoren gegenüber dem großen katholischen satirischen Dichter Thomas Murner). Die kaiserlich-reformistischen und sozialrevolutionären Bestrebungen der Bauernbewegung, die im Elsass mit einer starken antijüdischen Tendenz beginnen, versetzen das Land in Aufruhr; auch im Elsass kommt der geistige und weltliche Partikularismus der weltlichen und religiösen Fürsten mit den kaisertreuen Rittern der Bauern und Städte ins Hintertreffen. Die Situation ist reif für Frankreich, und das Elsass wird zum brennenden Zentrum der großen europäischen Politik.

Im 16. Jahrhundert das Reich und das deutsche Volk von bitterer Armut heimgesucht. Der Dreißigjährige Krieg besiegelte den Triumph der Feudalherrschaft und der religiösen und lokalen Spaltungen. Die katholische Habsburgerdynastie, die sich immer weiter von Deutschland entfernte, musste einen Zweifrontenkrieg im Westen und Osten (Türkei, Ungarn, Böhmen) führen und war zusammen mit Spanien in eine unglückliche supranationale Politik verstrickt. Aber Frankreich, dessen königliches Regime die parteipolitischen Spannungen unter Kontrolle hält und den absolutistischen Verwaltungsstaat begründet, nutzt die politische und religiöse Opposition im Reich und im 18. Jahrhundert den Dualismus Preußen-Österreich für sein Ziel: *die Hegemonie in Europa.* Das Elsass im Mittelpunkt wird die Schlüsselposition für all seine Bemühungen sein.

Der große Kardinal Richelieu verfasste 1629 sein berühmtes Programm, das bis 1940 trotz der wechselnden Formen der politischen Systeme die Grundlage der französischen Außenpolitik blieb. Richelieu schätzt mit scharfem Blick die entscheidende Position des Elsass „.... mit Straßburg einen Invasionsweg nach Deutschland erobern, langsam, diskret, vorsichtig".

Frankreich war es bereits während des Dreißigjährigen Krieges gelungen, im Elsass Fuß zu fassen. *Der Westfälische Friedensvertrag von 1648,* der für französische Historiker des 20 Jahrhunderts noch immer die Magna Charta der französischen Außenpolitik ist, übertrug (in einer sehr zweideutigen juristischen Terminologie) die Besitzungen und Rechte des Hauses Habsburg auf Frankreich.

Ludwig XIV, der „Sonnenkönig", annektiert Stück für Stück das deutsche Land im Elsass dank der Edikte seiner berühmten „Parlamente" unter dem Deckmantel eines unverschämten Rechtsverfahrens.

Dem Reich gelingt es, gegen die Räuberei Ludwigs XIV. mit Hilfe des *Großen Kurfürsten* von Brandenburg eine Armee auf dem linken Rheinufer zusammenzustellen. Die überlegene französische Diplomatie spielt ihre Karten gegen das habsburgische und brandenburgische Österreich in Schweden und Polen (und später bei den Türken gegen Wien) aus, um ihre

Räuberpolitik zu schützen. Der Große Kurfürst verlässt das Elsass Ende 1674. 1675 wurde bei Fehrbellin ein glänzender Sieg gegen die Schweden errungen, doch Frankreich hatte sein Ziel erreicht: 1681, mitten im Frieden, eroberte eine starke französische Armee die freie deutsche Stadt Straßburg. Damit war der Verlust des Elsass für 189 Jahre besiegelt. Die große Empörung, die das gesamte deutsche Volk angesichts dieser Schandtat empfand, nützte nichts, obwohl sich der *Große Kurfürst* und andere gewichtige deutsche Persönlichkeiten wie Markgraf Ludwig von Baden gegen die Schmähung des Reiches aussprachen. Das Reich musste 1684 in Regensburg einen zwanzigjährigen Waffenstillstand mit Ludwig XIV. schließen, demzufolge es alle bis zum 1 August 1681 besessenen Gebiete behalten durfte, darunter auch Straßburg (am 30. September geraubt).

Übrigens spielte *der* örtliche *Bischof, Franz Egon von Fürstenberg*, bei der Eroberung Straßburgs die erbärmliche Rolle eines Verräters. Der Coup wurde in Absprache mit ihm vorbereitet und durchgeführt, und als Ludwig XIV. feierlich in die alte Kaiserstadt einzog, begrüßte ihn der deutschstämmige Kirchenfürst in einer widerwärtigen Blasphemie und begann seine Ansprache mit den biblischen Worten: „Herr, nun lass deinen Knecht in Frieden ziehen, denn meine Augen haben deinen Gesalbten gesehen".

Gegen Ende des Jahrhunderts verriet auch Preußen im Vertrag von Basel (1795) aus Egoismus die höheren Interessen des Reiches und lieferte das Elsass an Frankreich aus. Unter der bourbonischen Monarchie gab es bis zur großen Revolution keine Romanisierung. Politisch gesehen gehört es zwar zu Frankreich, wird aber wie eine fremde Provinz behandelt. Wie auch immer, kulturell bleibt die Verbindung zum Germanismus erhalten. Als Goethe in Straßburg studierte, war es immer noch eine grundsätzlich deutsche Stadt.

Doch die Französische Revolution manifestiert im Elsass, wie im übrigen Europa, direkt ihre dem Volk übergeordnete zentralisierende Kraft im Sinne einer totalen Frankisierung. Die Wellen des größten Umbruchs, den die europäische Geschichte je erlebt hat, überschwemmten auch das Elsass, und mit großem Nachdruck wurde die revolutionäre Propaganda nicht nur im politisch-sozialen Bereich, sondern auch auf kultureller Ebene betrieben. Seit dieser Zeit hat die französische kulturelle Umarmung im Elsass beispielhaft dazu angeregt, dass die Hymne des neuen Frankreichs, die Marseillaise, von ihrem begeisterten Dichter *Dietrich* zum ersten Mal im Salon des Straßburger Bürgermeisters gesungen wurde (die Tatsache, dass Dietrich ein Jahr später das Schafott besteigen musste, schadete dieser Erinnerung nicht). So trug die Tatsache, dass Deutsche aus dem Elsass in den Revolutionskriegen und Napoleons Feldzügen zu den höchsten Ämtern aufstiegen, zur Frankisierung bei.

In der Revolutionszeit und während der napoleonischen Ära erfolgte die vollständige politische Neuordnung im neuen zentralisierten System Frankreichs.

Kulturell und politisch etablierte sich die elsässische Großbourgeoisie immer mehr in Paris, und diese Entwicklung blieb bis 1870 konstant. Die herrschende Klasse wurde also weitgehend romanisiert, während das Landvolk und die Mittelschicht unter dem Einfluss mutiger Anführer ihrer Sprache und ihren Bräuchen treu blieben.

Nach 1870, als Bismarck den alten Traum der meisten Deutschen erfüllte und Elsass-Lothringen als „Reichsprovinz" wieder in das neue Kaiserreich eingliederte, wanderte diese Oberschicht nach Frankreich aus oder ging den problematischen Weg der „Protestanten".

Die Zeit von 1870 bis 1918 offenbarte leider, abgesehen von den glänzenden Ergebnissen in Verwaltung und Wirtschaft, eine Reihe von politischen Fehlern. Bereits die Einführung eines Reichsgebiets, das zusätzlich mit Lothringen verbunden war, wurde von den Elsässern als schlechte Lösung angesehen, da es sich dabei um eine Art Kolonialstatus handelte. Die hohen preußischen Beamten zeigten nicht immer das nötige psychologische Geschick, was auch für die Ausbildung der Elsässer in der Armee galt. Weitreichende deutsche kulturelle und politische Angebote gibt es nicht; die kaiserliche Universitätsstadt Straßburg initiiert zwar bemerkenswerte wissenschaftliche Arbeiten, hat aber wenig Tiefenwirkung. Eine der größten Gefahren besteht darin, dass sich die deutsche Verwaltung im Allgemeinen auf die frankophile Oberschicht der Notabeln stützt, anstatt in den breiten Volksschichten zu wurzeln, die sich größtenteils dem deutschen Bewusstsein angeschlossen haben.

Gegenüber Feinden und öffentlichen Verrätern ist man manchmal zu schwach, während es einem an dem nötigen Fingerspitzengefühl fehlt, wenn man mit dem einfachen Mann mit seinen ursprünglichen Eigenschaften und seinem Chauvinismus konfrontiert wird. Leider diskreditieren diese oft einfachen Irrtümer und falschen Überlegungen im Bewusstsein der Bevölkerung die großen politischen und wirtschaftlichen Erfolge des Kaiserreichs, die zu einer ungeahnten Expansion des Landes geführt haben.

Als die kampfesmüde, aber dennoch ungeschlagene deutsche Armee 1918 das Land räumen musste, wurden die Franzosen zunächst mit Jubelrufen als „Befreier" begrüßt. Diese Haltung hielt jedoch nicht lange an, und schon bald meldete sich die Treue zum Vaterland und zum deutschen Gewissen im Bauernvolk wieder zu Wort. Das Unbehagen über die administrative und politische Misswirtschaft der Dritten Republik breitet sich aus. Die „Autonomisten" streben zumindest - hier zeigt sich wieder einmal der Mangel an politischer Kultur - nach einer Art unabhängigem Status in Verwaltung, Rechtsprechung und Kultur. Mehr als ein Elsässer hätte eine völlige staatliche Unabhängigkeit wie in der Schweiz gutgeheißen.

Die Vorkämpfer der Freiheit werden in großen Prozessen verurteilt (im Winter 1939 fällt der alte Karl Roos in Nanzig (Nancy) als Märtyrer für seine Treue zum deutschen Blut).

Trotzdem lässt sich nicht leugnen, dass der französische Einfluss auf einen Großteil der intellektuellen und wirtschaftlichen Führungsschichten stark war. 1940, nach dem totalen Zusammenbruch der verjudeten Dritten Republik, kam jedoch der Moment, in dem sich ein Großteil der elsässischen Gruppen seiner Identität wieder bewusst wurde. In der Zwischenzeit hatten die deutsche Verwaltung und Autorität in der Region Ordnung geschaffen. Es ist nur allzu verständlich, dass sich jetzt, in den Prüfungen des Krieges, der „esprit de clocher" der Elsässer wieder bemerkbar macht. Man kann dies mit der Besonderheit ihres Charakters erklären, der wie 1870 erneut Sympathie für Frankreich bezeugt. Es ist die prinzipielle Opposition, immer gegen die herrschende Macht! Man könnte noch psychologische Fehler in den zwischenmenschlichen Beziehungen anführen. Aber das Elsass gehört wieder - und diesmal endgültig - zum Kaiserreich. Es muss ein bewusstes Mitglied der deutschen Volksgemeinschaft und der Ordnung des neuen Europa werden.

DAS ELSASS UND DAS KAISERREICH

In der obigen historischen Skizze finden Sie genügend Elemente, um in den Elsässern das Erwachen sowohl des deutschen Gefühls als auch des europäischen Bewusstseins zu stärken und zu bewirken. Der Appell an den Nationalstolz wird der Prolog zum neuen Europa sein.

Das Elsass war mehr als einmal der Brennpunkt der großen europäischen Politik, und in der Blütezeit des Reiches bildete das Land mit seinen Festungen, Kaiserburgen, Städten, seinem kaisertreuen Geist und seiner sehr westlichen Mentalität das Zentrum der europäischen Einheit im Heiligen Römischen Reich Deutscher Nation. An seiner zukünftigen Geschichte kann man sehr deutlich erkennen, dass der Zerfall des Reiches mit dem eines Organismus vergleichbar ist, der seinen Kopf und seine Glieder verliert. Die Epoche der französischen Fremdherrschaft beweist die Unmöglichkeit einer Hegemonie seitens des kontinentalen Endes. Die Zeit nach der Französischen Revolution führt zu einer großen Zersplitterung der wirtschaftlichen und politischen Einheit durch die sich immer stärker durchsetzende großbürgerliche Ideologie und die nationalistische Staatsidee. Es ist anzumerken, dass die französische „Zivilisation" trotz des äußeren Anstrichs einer „europäischen Gesellschaft" keine wirklich einigende Idee war und auch nicht ausreichte, um die Grundlage für eine europäische Wiedervereinigung zu bilden.

Das Bismarck-Reich als Großmacht im Herzen des Kontinents muss auch als erster Schritt in Richtung einer neuen Ordnung gesehen werden, was durch Bismarcks Friedens- und Bündnispolitik nach 1870 belegt wird. England wird als Feind einer stabilen europäischen Gesellschaft bezeichnet, Frankreich als seine kontinentale Waffe, die das Kaiserreich und seine europäische Mission bedroht.

Der Erste und der Zweite Weltkrieg müssen als ein Ganzes betrachtet werden, als der Versuch, ein von überbevölkerten Mächten bedrohtes Europa endgültig zu befreien und unabhängig zu machen. Das neue Europa wird in den Stürmen des Zweiten Weltkriegs geboren und findet seinen ersten Ausdruck in der Kampfkameradschaft der Waffen-SS.

Gerade bei den Elsässern muss der Stolz auf die Waffenbrüderschaft mit der besten Jugend Europas entstehen und gestärkt werden. Die Waffen-SS, die Avantgarde der freien Völker gegen den Bolschewismus (siehe auch das Buch „Europa und der Bolschewismus"), kämpft für das Lebenszentrum des Kontinents, das Kaiserreich, aber auch für das Leben aller europäischen Völker. Das neue Europa wird die reiche Kultur seiner Völker und Rassen, ihre jahrtausendealte Tradition, ihre Vielfalt und Individualität bewahren und stärken, solange sie stark und lebendig sind, im Hinblick auf eine bessere Zukunft. Der Elsässer darf in seiner Liebe zu seiner Heimat, seinem ethnischen Bewusstsein und seinem Lebensstolz nicht verletzt werden. Man darf ihn nicht „uniformieren", sondern muss ihm klarmachen, dass dieser internationale Kampf nicht um die Bewahrung bestimmter Traditionen oder die Wiedererlangung materiellen und geistigen Wohlstands geführt wird, sondern um die Existenz Europas selbst. Diese Existenz kann nur in einer neuen und besseren Lebensordnung, einer echten und starken Gemeinschaft von Völkern unter der Führung des Kaiserreichs, fortgesetzt werden. Originalität und provinzieller Partikularismus um jeden Preis wären grotesk angesichts der schrecklichen Realität der fremden Weltmächte, des Bolschewismus und des Amerikanismus, der Versklavung der Menschheit unter der grausamen Knute der jüdischen Weltmacht.

Das Zusammenleben von Menschen und Völkern muss auf eine neue Grundlage gestellt werden. Das neue Europa wird unter dem Banner des revolutionären Sozialismus mühsam geschmiedet werden. Die Bedeutung des deutschen Sozialismus in seiner europäischen Ausbreitung wird durch die Lektüre der zeitgenössischen Literatur verständlich werden. Unsere Haltung zum Privateigentum wird genauer untersucht werden müssen. Die Grundlinien für die künftige Organisation des Kontinents im sozialen Bereich wurden durch die großen sozialistischen Errungenschaften des Nationalsozialismus zwischen 1933 und 1939 vorgegeben.

Darüber hinaus muss betont werden, dass das Bündnis zwischen Plutokratie und Bolschewismus sowie dem zugrunde liegenden Judentum aufgrund der Angst zustande kam, die durch den revolutionären Willen des neuen Europas und des *wahren Sozialismus* von Adolf Hitler ausgelöst wurde (vgl. die erste Ausgabe von „Politischer Dienst für SS-Offiziere", S. 13, 21 und das Buch „Europa und der Bolschewismus").

Man muss den Elsässern auch vom Konzept des Blutes und des Bodens erzählen, vom hohen Wert des bäuerlichen Lebens und der Landwirtschaft als Quelle des biologischen Lebens der Völker, ein Konzept, das vom Nationalsozialismus propagiert wird.

Das Konzept des Imperiums und die Idee der europäischen Identität müssen von Anfang bis Ende des Unterrichts sowohl im Sinne der Praxis als auch der Erkenntnis und der Willensbildung behandelt werden.

ANNALEN NR. 2. 1944.
AUSGABE DER SS-BRIGADE WALLONIEN.

GERMANEN UND DEUTSCHE

Bei zeitgenössischen deutschen Historikern lässt sich eine deutliche Tendenz zur Erweiterung der historischen Sichtweise feststellen.

Und diese Tendenz ist keineswegs das, was man eine „annexionistische" Tendenz nennen könnte, die auf einem engstirnigen deutschen Nationalgefühl beruht.

Zuvor neigten deutsche Historiker dazu, die Geschichte der Deutschen mit der Geschichte der Germanen zu verwechseln.

Es werden nun einige sehr nützliche Klarstellungen vorgenommen, da sie eine große Klärung der deutschen Absichten in Bezug auf die Europapolitik mit sich bringen.

In seinem bemerkenswerten Werk *Die großen Epochen der deutschen Geschichte* stellt der deutsche Historiker Johannes Haller in diesem Zusammenhang folgende äußerst kuriose Überlegungen an:

„So stark ist die Macht der Gewohnheit, selbst bei Gelehrten, dass sie nicht auf diese Begriffsverwirrung achten: Sie setzen Deutsche und Germanen gleich. Mit welchem Recht? Unbestreitbar sind die skandinavischen Völker Germanen; es ist aber noch niemandem in den Sinn gekommen, ihre Geschichte in die unsere einzugliedern. Germanen sind auch die Engländer, ob sie es wollen oder nicht - in der heutigen Zeit wollen sie es nicht, aber das ändert nichts daran. Um ehrlich zu sein, sollte man sogar sagen, dass die einflussreichsten Vertreter des Germanismus in der Geschichte die Engländer waren...".

Germanen und Deutsche sind keine Synonyme. Alle Deutschen sind Germanen, aber nicht alle Germanen sind Deutsche. Unter den germanischen Völkern bilden die Deutschen eine besondere Gruppe, und - was von größter Bedeutung ist - eine ursprünglich zersplitterte Gruppe. Sie lebten ursprünglich nicht vereint, absolut nicht, erst im Laufe der Zeit näherten sie sich einander an und entwickelten sich gemeinsam. Mit einem Wort: Das deutsche Volk ist nicht aus einer natürlichen Vereinigung hervorgegangen, sondern seine Einheit wurde von der Geschichte geschmiedet. Man hat sich viel Mühe gegeben, den Verwandtschaftsgrad zwischen den verschiedenen germanischen Völkern zu bestimmen, in der Hoffnung, beweisen zu können, dass einige von ihnen von Natur aus eng miteinander verwandt waren; ganz besonders hat man versucht zu beweisen, dass die Stämme, deren spätere Vereinigung das deutsche Volk bildete, eben von Natur aus eine zusammenhängende Gruppe, eine besondere Familie unter den Stämmen, darstellten.

Diese Bemühungen sind zum Scheitern verurteilt. Wenn es zwischen den germanischen Stämmen einen mehr oder weniger großen Grad an Verwandtschaft gab, so kann man das von den späteren deutschen Stämmen, wie sie in der Geschichte erscheinen, absolut nicht behaupten: Es gibt zwischen ihnen keine natürliche Gemeinschaft. Dies lässt sich leicht durch eine sehr einfache Beobachtung nachvollziehen. Jeder, der schon einmal Gelegenheit hatte, Hannoveraner, Hamburger oder Bremer mit Engländern zu vergleichen, weiß, dass sie sich sehr nahe stehen, sich in vielerlei Hinsicht außerordentlich ähnlich sind, kurz, fast gleich aussehen. Ist es möglich, denselben Grad an natürlicher Verwandtschaft zwischen einem Hamburger und einem Schwaben, zwischen einem Oldenburger und einem Bayern zu erkennen, wenn man sie sieht und hört, wie sie ihren Dialekt sprechen?

Ich erlaube mir, dies zu bezweifeln.

Wir können also Folgendes feststellen: Die deutschen Stämme haben sich nicht deshalb zum deutschen Volk entwickelt, weil sie durch natürliche Bande verbunden waren, sondern sie wurden durch das Schicksal, mit anderen Worten, durch die Geschichte zusammengeführt.

Man kennt diese Stämme; sie existieren noch heute, sie sind lebendig und erkennbar: Franken, Schwaben, Bayern, Thüringer, Sachsen, Friesen. Ihr gemeinsames Schicksal und ihre Heldentaten bilden die deutsche Geschichte. Folglich kann die deutsche Geschichte erst ab dem Zeitpunkt beginnen, an dem die sechs Stämme vereint sind.

Dies geschah relativ spät und in mehreren Schritten. Diese Wiedervereinigung war das Werk eines dieser Völker, der Franken. Die fränkischen Könige unterwarfen nacheinander die anderen Völker unter ihre Herrschaft. Chlodwig und seine Söhne unterwarfen in der ersten Hälfte des VI Jahrhunderts die Schwaben, die damals Alemannen genannt wurden, die Thüringer und die Bayern. Dann blieb es dabei. Im VII. Jahrhundert kam es sogar zu einem Rückschritt: Die Besiegten erlangten ihre Unabhängigkeit zurück. Erst im VIII Jahrhundert gelang es einer neuen fränkischen Dynastie, das unterbrochene Werk zu vollenden. Karl Martell besiegte die Thüringer und Friesen; seine Söhne besiegten die Schwaben; Karl der Große die Bayern (788) und schließlich nach einem dreißigjährigen Kampf die Sachsen. Im Jahr 804 ist der Prozess abgeschlossen". Etwa ein Jahrhundert später beginnt die eigentliche deutsche Geschichte. Und diese ganze Geschichte wird im Laufe von tausend Jahren nichts anderes sein als ein langer Prozess der nationalen Einigung, mit abwechselnden Fortschritten, Rückschlägen, Integration und Desintegration.

Es war Adolf Hitler vorbehalten, dieses großartige historische Werk mit der Errichtung des Großdeutschen Reichs zu krönen.

Aber schon jetzt müssen die Blicke höher und weiter schweifen. Diese deutsche Einigung, die nicht das Ergebnis eines historischen Determinismus, sondern eines historischen Willens war, ist in gewisser Weise ein Vorgeschmack auf die große germanische und europäische Einigung.

Was die Franken im VI und VIII Jahrhundert getan haben, weil sie Träger eines historischen Willens waren, können die Deutschen im XX Jahrhundert tun, weil auch sie Träger eines historischen Willens sind und weil sie das stärkste und mächtigste germanische Volk sind.

Das Tempo der Geschichte überschlägt sich, und es geht bereits nicht mehr darum, die Vorherrschaft des Deutschen Reiches zu begründen, sondern ein neues Germanisches Reich zu errichten, das alle Völker germanischen Blutes vereint.

Das Deutsche Reich ist nicht einfach nur eine Vergrößerung des Deutschen Reiches. Es ist etwas anderes, das sich auf einer höheren Ebene etabliert. Was dieses große Germanische Reich der neuen Zeit sein wird, kann noch niemand, auch nicht in Deutschland, genau sagen, denn es handelt sich hier nicht um eine architektonische Konstruktion nach theoretisch vorgegebenen Plänen. Es handelt sich um die Entwicklung eines lebendigen Organismus, der von einem gemeinsamen Willen aller Völker germanischen Blutes angetrieben wird.

Aber schon in der Tatsache, dass man schon heute so gut zwischen Deutschen und Germanen unterscheidet, kann man eine wertvolle Orientierung sehen und zumindest wissen, was das neue Reich der Germanen nicht sein wird.

So sieht man bereits, dass in diesem großen Reich alle Germanen nicht als Besiegte, sondern als freie Männer eintreten können.

HEFT DER SS NR. 3. 1938.

SS-USTUF. DR. KARL VIERERBL:
DIE TSCHECHOSLOWAKEI

Historische Zusammenfassung über das Land und seine politische Struktur

Mehr als 2000 Kilometer der deutschen Grenze, von der Oder über die Höhen der Sudeten, das Erzgebirge und den Böhmerwald bis zur Donau bei Preßburg, trennen den deutschen und den tschechischen Staat. Die Staatsgrenze ist nicht *die Grenze der Völker,* sie schneidet mitten durch das lebendige Fleisch des deutschen Volkes und macht dreieinhalb Millionen Deutsche zu tschechischen Bürgern.

Die Geschichte der Sudeten, des westlichen Teils des tschechischen Staates, zeigt, dass dieses Land seit Jahrhunderten von Deutschen bewohnt wird.

Die von der Tschechoslowakei verfolgte Politik deutet jedoch darauf hin, dass die *Tschechoslowakei* gegründet wurde, um eine *antideutsche Mission zu erfüllen.*

*Viel lieber gestritten
und ehrlich gestorben,
als Freiheit verloren
und Seele verdorben.*

BANNERSPRUCH DER FREIEN REICHSSTADT STRASSBURG

*Eher kämpfen
Und ehrenhaft sterben,
Als die Freiheit zu verlieren
Und seine Seele verderben.*

Motto der Freien Stadt Straßburg

Die Prager Burg, ein Zeugnis deutscher Genialität.

Wikingergrab in der Region gefunden.
Die Wikinger waren die Gründer der Stadt Prag

GESCHICHTE DER SUDETEN

Das Sudetenland gehörte schon früher zum Einflussbereich der nordischen Kultur. Die erste bekannte Bevölkerungsgruppe, die keltischen *Boier,* gaben Böhmen ihren Namen.

Die germanischen Zweige der *Markomannen* und *Quaden* wanderten im letzten Jahrhundert v. Chr. in das Sudetenland ein. Unter der Herrschaft von *Marbod* entstand dort ein großes deutsches Reich, das die Macht Roms herausforderte. Nach ihrem Aufbruch in die Berge zwischen Lech und Enns folgten ihnen andere germanische Zweige in das verlassene Siedlungsgebiet, wie die *Langobarden,* die *Hermunduren,* die *Rugier,* die *Thüringer* und andere.

Erst zu Beginn des 7. Jahrhunderts erfahren wir von der Ansiedlung slawischer Zweige im Sudetenland. Sie waren keine freien Menschen, sondern *den Awaren unterworfen,* von denen sie durch den fränkischen Kaufmann *Samo* befreit wurden, der sich für sie einsetzte und sie in ihrem Kampf unterstützte. Sie wählten ihn am Ende des Krieges zum König, doch nach seinem Tod zerfiel das Reich erneut und die *Awaren erlangten* wieder die Vorherrschaft über die slawischen Zweige.

Zum zweiten Mal waren es die *Franken,* die die Slawen aus ihrer Unterwerfung durch die *Awaren* befreiten. Unter Karl dem Großen wurde das Sudetenland als Vasallenland in die deutsche Sphäre eingegliedert. Die Vereinigung der slawischen Zweige und die Entstehung des tschechischen Volkes auf deutschem Boden erfolgte unter der Herrschaft der Familie der Herzöge von *Przemysl. So* wie zu Samos Zeiten Land und Volk einen blühenden Aufschwung erlebt hatten, so erlebten sie auch in den Jahrhunderten der engen Verbindung mit dem Deutschen Reich wieder eine unverhoffte Zeit.

Mit der Ankunft deutscher Prinzessinnen am Hof von Przemysl kamen auch deutsche Adlige, Mönche, Bürger und Bauern ins Land und mit ihnen *die deutsche Kunst.* Die deutsche Einwanderung entfachte in Böhmen und Mähren nicht nur das Feuer der deutschen Tradition, das seit der germanischen Ära ununterbrochen schwelte, sondern beeinflusste durch ihr *Vorbild* und *Beispiel auch* das Verhalten des tschechischen Volkes und verringerte die Kluft zwischen Deutschen und Tschechen.

Die ersten Bischöfe von Prag waren Deutsche. Die deutschen Mönche und Nonnen in den klösterlichen Einrichtungen waren nicht nur Botschafter des neuen Glaubens, sondern auch Vorboten der deutschen technischen Kultur. Sie rodeten Wälder, legten Sümpfe trocken und gründeten landwirtschaftliche Betriebe. Die Klöster wurden auch zu Zentren der geistigen und politischen Kultur, und die örtlichen Burgen traten mit ihnen in Konkurrenz. Die deutschen Troubadoure ließen hier ihre Lieder erklingen. Der Hof von Przemysl war einem deutschen Modell nachempfunden und König Wenzel spielte selbst die Leier.

In den im Land entstehenden Städten, die alle dem deutschen Modell nachempfunden waren, blühte jedoch das Handwerk. Dort wurde das *Nürnberger* und *Magdeburger Recht* eingeführt. Schon bald hatten die deutsche Tradition und der deutsche Nationalcharakter einen überragenden Einfluss auf das Land und das tschechische Volk. Diese Tatsache wurde von den böhmischen Herzögen und Königen anerkannt; sie gewährten den Deutschen große Privilegien im Land. In dem aufschlussreichen historischen Dokument, mit dem Herzog *Vratislas* (1061-1062) den Deutschen im Land im Allgemeinen und in Prag im Besonderen bestimmte Privilegien gewährte - ein Dokument, das hundert Jahre später von Herzog *Sobieslas* erneuert wurde -, *heißt* es wörtlich:

„Ich nehme die Deutschen... in meine Gnade und meinen Schutz, und da sie als Volk anders sind als die Tschechen, will ich, dass sie auch in ihren Rechten und Gebräuchen anders sind. Ich gewähre ihnen daher, nach dem Gesetz und Recht der Deutschen zu leben, das seit den Zeiten meines Großvaters das ihre ist. Sie sollen wissen, dass die Deutschen freie Menschen sind".

Der Strom deutscher Einwanderer, die von Königen und Adligen ins Land gerufen wurden, verstärkte sich zu Beginn des 12. und im Laufe des 13. Jahrhunderts. In dieser Zeit wurden über 700 Dörfer gegründet.

Die Linie der Przemysl starb 1306 aus. Die energischste Persönlichkeit war Ottokar II., der in maßloser Blindheit die deutsche Königskrone angriff. Die Krone und das Land fielen daraufhin an die deutsche Dynastie von Luxemburg. Im Jahr 1310 bestieg *Johann von Luxemburg* den böhmischen Thron. Sein Sohn *Karl IV* erfüllte den Traum von Ottokar 1 Przemysl und machte *Prag* zum Zentrum des großen Deutschen Reiches. Die Reichsembleme werden jahrzehntelang in der Stadt Karlsburg aufbewahrt, die Karl IV. gegründet hatte.

Unter diesem König erlebte Prag seinen *größten Aufschwung,* und noch heute zeugen die Gebäude aus dieser Zeit vom Wohlstand, der damals im Land herrschte. Deutsche Architekten und Handwerker prägten das Aussehen der Stadt. Im Jahr 1348 wurde in Prag die *erste deutsche Universität* gegründet.

Auch das Landesinnere zeugt vom Wohlstand dieser Zeit. Nicht ohne Grund wird Karl IV. als „Gründervater" des Reiches bezeichnet, da er seine ganze Liebe Böhmen gewidmet hatte.

Nach dieser Zeit trat das Land in eine unruhige Ära ein. Tschechische Kräfte erhoben sich im Land und widersetzten sich dem deutschen Einfluss. Unter dem schwachen König Wenzel IV, der auch den deutschen Thron verlor, gewannen sie wieder die Oberhand. Ihr Wortführer war der Prager Universitätsprofessor *Jean Hus,* der die nationalen und sozialen religiösen Strömungen der Zeit aufnahm und nach dem Vorbild des Engländers *Wycliffe* begann, sein eigenes Evangelium zu predigen.

Als er 1415 auf dem Konzil von Konstanz als Ketzer zum Tode verurteilt und lebendig verbrannt wurde, hatte das tschechische Volk seinen Märtyrer. Daraufhin entlud sich der Sturm in den Hussitenkriegen gegen alles, was im Land deutsch war und mit dem Katholizismus identifiziert wurde. Am Ende der Kriege war der Wohlstand des Landes verschwunden, die Städte und Dörfer waren verarmt, die Felder und Weiden verödet, Industrie und Handel vernichtet. Der Schaden für die Deutschen war groß.

Jahrhundert zurück und heilten die Wunden, die ihm die Hussitenkriege zugefügt hatten. Nach den Hussitenkriegen setzten die Tschechen den mächtigsten Edelmann des Landes, *Georg von Podiebrad,* auf den böhmischen Thron und begründeten so ein nationales Königreich. Der erwartete Aufschwung des Landes blieb jedoch aus.

Im Jahr 1526 fiel das Sudetenland nach einer Zeit der wirtschaftlichen und kulturellen Katastrophe an die Habsburger zurück. In den folgenden Jahren wurde es durch die religiösen Unruhen dieser Zeit in seiner Entwicklung aufgehalten, nahm aber dank des deutschen Einflusses einen mächtigen Aufschwung, der Vorläufer seiner Unabhängigkeit als Staat.

Die böhmischen Stände hielten für die Regierung der Habsburger die schrecklichsten Schwierigkeiten bereit. Die Beziehungen zwischen dem *Hradschin* und der *Hofburg wurden aufgrund* religiöser Gegensätze weiter angespannt. Als der böhmische Adel nach dem Tod von Kaiser *Matthias* die Habsburger vom Thron der böhmischen Staaten für abgesetzt erklärte, kam es zu einer offenen Feldschlacht. Am 6. November 1620 schlugen die Kaiserlichen am Weillen Berg in der Nähe von Prag die Protestanten. Die Tschechen betrachteten diese Niederlage angesichts der Folgen dieser Schlacht als einen Sieg der Deutschen gegen die Tschechen. In Wirklichkeit war es ein Sieg der kaiserlichen Zentralmacht gegen die Klassenherrschaft in Böhmen und, wenn man so will, ein Sieg Roms über Wittenberg. Der Besitz der Aufständischen wurde beschlagnahmt; die gesamte Bevölkerung musste katholisch werden. Wer nicht abschwören wollte, verlor sein gesamtes Vermögen. Die vom deutschen und tschechischen Adel konfizierten Güter wurden dem katholischen und kirchentreuen Adel zugeteilt. Ihre Nationalität spielte dabei keine Rolle. Die neuen Grundbesitzer waren sowohl Italiener, Spanier, Franzosen als auch Deutsche und Tschechen, denn wie bereits erwähnt, waren das Kriterium für die Landvergabe der katholische Glaube und die Treue zu den Habsburgern.

Nach der Schlacht am Weillen Berg änderte der böhmische Adel seine Haltung. Aus den Rebellen wurden Höflinge, die ihren Wohnsitz an den kaiserlichen Hof verlegten und ein glänzendes Leben führten, für das die Masse des tschechischen Volkes durch Fronarbeit und Leibeigenschaft aufkommen musste. Die böhmischen Adligen wurden so zu den Unterdrückern des tschechischen Volkes, das der deutsche Prinz *Joseph II.* und der deutsche Bauer Hans *Kudlich* durch die Abschaffung der Leibeigenschaft befreiten. Die Tschechen wollen diese Realität nicht wahrhaben. Sie passt nicht in ihren Geschichtsmythos von der Unterdrückung der Tschechen durch die Deutschen, und doch ist es die historische Wahrheit.

DER KAMPF FÜR DIE UNABHÄNGIGKEIT
DES TSCHECHISCHEN STAATES

Das Erwachen des Nationalbewusstseins der Tschechen am Ende des 18. Jahrhunderts führte zu ihrem Streben nach einem unabhängigen Staat. Als *Napoleon* in Wien einzog, erwies ihm eine tschechische Delegation die

Ehre und überreichte ihm ein *Memorandum,* das belegte, dass die Schaffung eines unabhängigen tschechischen Staates im Herzen Europas *die beste Garantie für seine Souveränität in Mitteleuropa* wäre.

Diese Erinnerung wurde als ein Ausbruch romantischer Begeisterung betrachtet, und die Gespräche auf dem ersten panslawischen Kongress in Prag, der zur gleichen Zeit wie der Wiedereinzug des deutschen Parlaments in Frankfurt stattfand, kündigten die politische Realität des tschechischen Kampfes für seine Unabhängigkeit an. Innenpolitisch war es ein Kampf gegen die Zentralisierung des Staates auf föderativer Grundlage, die den Tschechen *die Autonomie ihres Siedlungsgebiets* verschaffen sollte. Zur gleichen Zeit knüpften die Tschechen Beziehungen zu *Paris* und *St. Petersburg.* Sie stellten sich jedoch noch keine Zerstörung der alten Donaumonarchie vor, sondern rechneten fest mit ihrer Schwächung, von der sie sich die Erfüllung ihrer innenpolitischen Hoffnungen erhofften. Ihr außenpolitisches Kalkül lautete: Das Bündnis Österreich-Ungarns mit dem Deutschen Reich bedeutet eine Stärkung der Regierung in Wien und ihrer Zentralisierung. Jede Schwächung der deutschen Macht würde auch eine Schwächung der Politik der Habsburger bedeuten. So begrüßten sie die französisch-russische Annäherung gegen Deutschland, die in ein Militärbündnis mündete, da sie sich davon eine Schwächung des Deutschen Reiches und folglich auch Österreich-Ungarns erhofften. Am Ende eines verlorenen Krieges würde es zu einer sozialen oder nationalen Revolution kommen. In einem Fall würde das Ergebnis eine föderative Neuordnung Österreich-Ungarns sein, im anderen Fall die Entstehung des unabhängigen tschechischen Staates.

Der Große Krieg brach für das Deutsche Reich an zwei Fronten aus, gegen Frankreich und Russland, und die Tschechen sahen ihre Stunde gekommen. Die tschechische Innenpolitik begann mit ihrer *Sabotagearbeit* und arbeitete an der Schwächung der Donaumonarchie. Tschechische Politiker im Ausland, insbesondere Masaryk und *Benès,* bemühten sich, die Welt davon zu überzeugen, dass die Befreiung der kleinen Völker und damit die Lösung des Nationalitätenproblems in Europa das *Ziel des Großen Krieges sein sollte.* Dies wäre jedoch ohne die Zerstörung des Habsburger Reiches nicht möglich gewesen. Der Weltkrieg wäre der große Krieg zur Demoralisierung Europas, der Krieg der Freiheit gegen die Unterdrückung durch die Habsburger, Hohenzollern und Romanows. So lauteten die Argumente der Tschechen.

Als der amerikanische Präsident Anfang 1918 seine berühmten 14 Punkte veröffentlichte, in denen er das künftige Europa auf der Grundlage des Rechts der Völker und Volksgruppen aufbaute, selbst über ihr politisches Schicksal zu bestimmen, war das Schicksal Österreich-Ungarns besiegelt.

Die Tschechen machten ihre Ziele in Bezug auf die Sudeten, Böhmen, Mähren, Schlesien, die Karpaten, die Slowakei und Ruthenien bekannt. Sie erklärten, dass sie nur in dieser Ausdehnung ihre antideutsche Funktion erfüllen könnten: die Mauer gegen den „Drang nach Osten". Das Recht auf Selbstbestimmung könne man nicht jedem geben. Außerdem wäre es *„ungerecht, wenn einige hunderttausend Tschechen dem Alldeutschtum geopfert würden"*, schrieb Masaryk in seinem auf der Friedenskonferenz vorgestellten Buch: *Das neue Europa*, in dem er die Gründe für die Errichtung eines neuen, unabhängigen tschechischen Staates nannte. Dass mehr als drei Millionen Deutsche den Tschechen geopfert wurden, erschien dem humanitären Philosophen Masaryk nicht ungerecht. Als Entschädigung für die vorenthaltene Selbstbestimmung sollten die *gegen* ihren *Willen* eingegliederten Volksgruppen weitestgehende *Verwaltungsautonomie* erhalten. Es sollte sogar eine *„neue große Schweiz"* entstehen, in der die Eigenart der Ethnien garantiert werden sollte.

Die Tschechen und Slowaken, die bereits 1915 in *Paris* und später in *Moskau und Cleveland* beschlossen hatten, gemeinsam einen Staat zu bilden, unterzeichneten am 30. Mai 1918 in *Pittsburgh* einen Vertrag, in dem sie erneut ihren Willen zur Staatsgründung bekräftigten. Dieser Vertrag versprach den Slowaken *größtmögliche Autonomie und ein unabhängiges Parlament.*

DER UNABHÄNGIGE TSCHECHOSLOWAKISCHE STAAT

Die tschechoslowakische Republik wurde am 28. Oktober 1918 in *Prag* ausgerufen. Die alte Donaumonarchie befand sich im Todeskampf. Das Habsburgerreich, über dem einst die Sonne nie unterging, brach zusammen. Die österreichische Front gab nach. Zwei Tage später versammelten sich die Abgeordneten der alten Donaumonarchie und riefen die Österreichisch-Deutsche Republik aus, der sich das deutsche Sudetenland anschloss. Einige Tage später trafen sie ihre endgültige Entscheidung: *Deutsch-Österreich ist Teil des Deutschen Reiches.*

In Prag erkannte man die Absichtserklärung der Deutschen und der Sudetendeutschen nicht an. Tschechische Militärhorden fielen sowohl in die Slowakei als auch in das Sudetenland ein und besetzten das Gebiet. Als die Sudetendeutschen am 4. März 1919 erneut für ihr Recht auf Selbstbestimmung demonstrierten, tötete die tschechische Soldateska die unbewaffneten Demonstranten.

In Paris stellte man sich angesichts der Schießerei und der Schreie der Opfer taub. Es waren doch nur Deutsche! Die Gründung des tschechoslowakischen Staates wurde am 10. September 1919 in Versailles bestätigt. Aus dem reichen Erbe der alten Donaumonarchie wurde ihm ein Gebiet von 140.493 Quadratkilometern zugewiesen, das das reiche Gebiet des Böhmerwaldes bis zum Quellgebiet von Theiss umfasste, Wälder, die von Getreidefeldern, sogar Kohle und Mineralvorkommen durchsetzt waren, die Kette der Erzgebirge, die weltberühmten Thermalquellen Karlsbad, Frauzenbad, Klösterle, Giesshübel usw. Die Tschechoslowakei war ein Land, in dem die meisten Menschen lebten, die sich in der Tschechoslowakei niederließen.

Unterhalb der Grenzen des tschechoslowakischen Staates leben:

3 235 000	Deutsche
7 406 000	Tschechen
2 230 000	Slowaken
700 000	Ungarisch
550 000	Ukrainer
82 000	Polnisch
187 000	Juden
50 000	verschiedene

Während die Sudetendeutschen die Grenzregionen des Sudetenlandes besetzten, bewohnten die Tschechen *das* Landesinnere. Genau 27.000 Quadratkilometer sind deutsches Siedlungsgebiet, das sich auf die Tschechoslowakei konzentriert. Slowaken, Ungarn, Ukrainer und Polen bewohnen die Karpatenregion und ihre nördlichen und südlichen Randgebiete. Die Juden bewohnen vor allem die großen Städte und sind über das ganze Land verteilt. Im östlichen Teil des Staates bilden sie sogar die Mehrheit der Bevölkerung. In diesen monolithischeren Siedlungsgebieten erhält der Bolschewismus die meisten Stimmen!

Die derzeitigen Grenzen des tschechischen Staates entsprachen nicht den Wünschen der Tschechen. Sie legten der Friedenskonferenz die Karte eines Offiziers namens Hanush *Kuffer vor,* auf der die Grenzen des tschechischen Staates bis vor die *Tore Berlins, Nürnbergs* und an die *Donau* verschoben *wurden.* Diese Karte spiegelte erneut die Bestrebungen des tschechischen Imperialismus wider, die bis heute lebendig sind.

DIE VERFASSUNG

Die Tschechoslowakei ist eine demokratische Republik, die auf größtmöglicher Zentralisierung beruht. Die Autonomieversprechen, die den Slowaken, Sudetendeutschen und Ungarn gemacht *wurden, wurden nicht eingehalten.* Sie sieht zwar eine autonome Lösung der staatlichen Verwaltung für die *Ukrainer* vor, aber die entsprechenden Dekrete sind bis heute nicht erlassen worden. Die Verfassung wurde ohne Beteiligung der Slowaken oder anderer Staatsangehöriger geschaffen und ihnen gewährt.

Laut der Verfassung liegt alle Macht in den Händen des „tschechoslowakischen Volkes", das seine Souveränität durch die gewählten Abgeordneten des Abgeordnetenhauses und des Senats ausübt. Die Parlamentswahlen müssen alle sechs Jahre stattfinden. Das Abgeordnetenhaus hat 300 Abgeordnete, der Senat 150 Abgeordnete.

Beide Kammern wählen den Präsidenten, dessen Amtszeit sieben Jahre beträgt.

TSCHECHISCHE INNENPOLITIK

Die Innenpolitik beruht auf der Fiktion eines tschechischen Nationalstaats. Sie erkennt die Rechte der Ethnien auf nationale Identität nicht an und versucht mit allen der Macht zur Verfügung stehenden Mitteln, sie zu entnationalisieren, und zwar auf unterschiedliche Weise, z. B.:

Durch eine „Bodenreform" *wurde* das deutsche Sudetenland *um ein Drittel seiner Wälder und seines Ackerlandes reduziert.* Der deutsche Großgrundbesitz wurde zerstückelt und unter tschechischen Siedlern aufgeteilt. Der Wald wurde jedoch unter staatliche Verwaltung gestellt und die Forstbeamten und Holzfäller wurden entlassen und durch Tschechen ersetzt.

Durch ein Beamtengesetz wurden mehr als *40 000 deutsche* Beamte durch ebenso viele Tschechen ersetzt. Die verbliebenen Beamten wurden ständig in die Region versetzt, damit ihre Kinder gezwungen waren, eine tschechische Schule zu besuchen.

Die Industrie der Sudetendeutschen wurde durch eine Reihe von Maßnahmen gezwungen, in *tschechisches* Kapital zu investieren. Die Treuhandverwaltungen nutzten ihre Situation aus, um tschechische Beamte und Arbeiter in der deutschen Privatindustrie unterzubringen. So mussten die deutschen Unternehmen bei *Einstellungen* die *Tschechen bevorzugen* und bei notwendigen *Abwerbungen zuerst die Deutschen entlassen.*

Durch die oben genannten Maßnahmen wurde das Sudetenland mit tschechischen Elementen kerniert. Gleichzeitig nahm jedoch die Masse der Arbeitslosen im Sudetenland im Zuge der Handelskrise gigantische Ausmaße an.

Parallel zur Entnationalisierung des Territoriums erfolgte auch *die Entnationalisierung der Menschen.* Die deutschen Schulen wurden geschlossen. *Mehr als 19.000 deutsche Schüler mussten tschechische Schulen besuchen.* Aber in diesen Schulen, in denen auf Deutsch unterrichtet wird, findet die Erziehung im tschechischen Geist statt. Der deutschen Jugend sollte eine entstellte Geschichte des deutschen Volkes präsentiert werden. Im Gegensatz dazu muss man ihnen die Epochen der tschechischen Geschichte in den hellsten Farben zeigen. Das eindringlichste Merkmal der tschechischen Erziehung an deutschen Schulen ist, dass die Bilder von Schloss Sans-Souci und dem Völkerschlachtdenkmal in Leipzig aus den Büchern verschwinden.

Als Folge dieser Entnationalisierungsversuche wurde in den letzten Jahren *ein* Einfuhrverbot für *deutsche Bücher und Zeitungen aus dem Deutschen Reich* erlassen. Auf diese Weise sollten die Sudetendeutschen geistig vom deutschen Volk abgeschnitten und für eine „Tschechoslowakisierung" reif gemacht werden.

TSCHECHISCHE AUßENPOLITIK

So wie die Tschechen von der französisch-russischen Allianz die Schaffung eines unabhängigen Staates erwartet hatten, so sahen sie in dieser Allianz die Garantie für ihre Unabhängigkeit. Das erste Ergebnis dieser Politik war der Abschluss eines *Militärpakts mit Frankreich*. Der damalige Außenminister Benès hätte gleichzeitig einen Vertrag mit den Sowjets geschlossen, wenn er nicht durch die Opposition einer Parlamentsmehrheit daran gehindert worden wäre, aber er hielt an seinem Ziel fest und erreichte es 1935, wodurch die Tschechoslowakei dem Bolschewismus ausgeliefert wurde. Die Kleine Entente war die Hoffnung der Tschechen, die *Stärkung Ungarns und die Vereinigung Österreichs mit dem Deutschen Reich zu* verhindern.

DER KAMPF DER NATIONALITÄTEN GEGEN DIE ZENTRALISIERUNG IN PRAG

Die Sudetendeutschen antworteten auf die in Prag gewährte Verfassung mit schärfster Obstruktion, doch die Mehrheit im Prager Parlament konnte sich über alle Proteste der sudetendeutschen Parteien hinwegsetzen und sie ignorieren. In dieser Zeit folgten all diese *gesetzlichen Maßnahmen, die auf die Entnationalisierung des Territoriums und der Menschen abzielten*. Diese schweren Nachteile führten zu einer gewissen Nervosität in der Politik der Sudetendeutschen und ließen sie den irreführenden Vorschlägen aus Prag nachgeben. Den deutschen Parteien wurde mitgeteilt, dass der harte Kurs der Prager Regierung geändert würde, wenn die sudetendeutschen Parteien ihre Blockadehaltung aufgeben würden. Im Herzen des Sudetendeutschtums kam es bald zu einem Meinungsstreit über die künftige Haltung gegenüber der Regierung. Die einen waren bereit, in die Prager Regierung einzutreten, um die geplanten Angriffe abzuwehren. Die anderen blieben misstrauisch und hüteten sich davor, diesen Schritt ohne Zusicherung der Regierung zu tun, da die Erfahrung gezeigt hatte, dass man sich auf tschechische Versprechungen nicht verlassen konnte.

Trotzdem traten 1926 die *Liga der Landwirte* und der Vertreter des *politischen Katholizismus* in die Prager Regierung ein. Die Regierungsbeteiligung der deutschen Parteien dauerte bis in die Märztage des Jahres 1938. Der Einmarsch der Deutschen in Österreich im Frühjahr fegte Schu8nig hinweg und sorgte so für das Scheitern der deutschen Aktion in der tschechischen Regierung. Selbst die deutschen Marxisten in den

Sudeten waren gezwungen, ihre Vertreter aus der Regierung zurückzuholen, in die sie 1929 zurückgekehrt waren.

In den Tagen des Meinungskampfes zwischen der sudetendeutschen Opposition und den Regierungsparteien entrollten die sudetendeutschen Nationalsozialisten die Fahnen der sudetendeutschen Autonomiebewegung und riefen die Losung: „Das Sudetenland den Sudetendeutschen!" bis ins letzte Dorf und in die letzte Fabrik. Unter diesen Fahnen begann die Vereinigung des Sudetendeutschtums. Als die Wahlen zu den Gemeindevertretern 1931 zeigten, dass die Nationalsozialistische Sudetendeutsche Arbeiterpartei zu einer Volksbewegung wurde, glaubten die Tschechen, die Entwicklung durch die Auflösung der Partei bremsen zu können. Die Maßnahmen, die im Herbst 1933 ergriffen wurden und in denen der Metternicher Polizeigeist eine freudige Wiederauferstehung feierte, ließen das sudetendeutsche Volk wissen, dass sie vor einer großen Verfolgung nicht zurückschrecken würden. Schon drohten Trübsinn und Verzweiflung in ihre Reihen einzudringen, als eines ihrer Mitglieder aus der Reihe tanzte und die schwankende Fahne erneut schwenkte: *Konrad Henlein.*

Er rief zur Bildung einer sudetenpatriotischen Front auf, die sich bald darauf Sudetendeutsche Partei nennen sollte. Unter seiner Führung wurde das Werk der Vereinigung des sudetendeutschen Volkes vollbracht, das bei den Kommunalwahlen im Mai und Juni dieses Jahres seine Bestätigung fand. Konrad Henlein wurde als Sprecher des sudetendeutschen Volkes legitimiert und stellte seine Forderung nach Gleichheit, Rechten und Autonomie. Die Prager Regierung glaubte, die volksdeutschen Gruppen durch *eine militärische Besetzung der sudetendeutschen Gebiete* einzuschüchtern und sie zum Rückzug ihrer Forderungen zu bewegen. Das Gegenteil war der Fall. Die Einheit wurde gerade in diesen Tagen gestärkt.

Die *Slowaken* gingen denselben Weg. Auch ihnen gegenüber dachten die Tschechen nicht daran, die im Vertrag von Pittsburgh gemachten Versprechen zu halten und ihnen Autonomie zu gewähren. Auch sie versuchten zunächst durch Obstruktion und später durch Regierungsbeteiligung, die Tschechen dazu zu bewegen, ihre Versprechen einzuhalten und die Tschechoslowakei auf föderativer Basis umzugestalten. Die Ereignisse der letzten Monate haben das slowakische Volk aufgerüttelt, das nun energisch die Einhaltung des Vertrags von Pittsburgh fordert.

Das gleiche Schicksal teilten auch die anderen Volksgruppen im Staat, die heute gegenüber der Prager Regierung die gleiche Haltung einnehmen wie die Sudetendeutschen und die Slowaken.

*

Die Einheitsfront der Nationalisten gegenüber der Regierung in Prag zeigt, dass diese allein für die Spannungen verantwortlich ist, die heute im Staat herrschen und ganz Europa beunruhigen. Die gespaltene Haltung der tschechischen Politik kündigt die Prinzipien an, die sie in Wirklichkeit nicht zu respektieren glaubte, charakterisiert das tschechische Volk, das in seiner gesamten Geschichte weder Rechts- noch Staatssinn gezeigt hat.

Der zwanzigste Jahrestag der Staatsgründung, den die Tschechen in diesem Jahr begehen wollten, steht im Zeichen einer *Staatskrise*. Eine ungarische Zeitung schrieb damals, dass „die Totenglocke für den großen Sünder Europas läutet". In Prag scheint man das nicht hören zu wollen.

Der Präsident der Tschechischen Republik hat erklärt, dass Demokratien zu Anarchie und Zerfall neigen, wenn ihre Bourgeoisie nicht reif dafür ist. Die Berichte in seinem eigenen Staat zeigen ihm, wie recht er hat. Dabei waren gerade in der Tschechoslowakei alle Voraussetzungen für eine Entfaltung innerhalb des Staates gegeben. Denn an ihrer Spitze stand seit über 17 Jahren ein *Philosoph*. Ein griechischer Philosoph wie Platon bevorzugte einen Staat, der von einem Philosophen geleitet wird.

Die Realitäten in der Tschechoslowakei widerlegen die alten Griechen.

HEFT DER SS NR. 5. 1944.

SACHSEN, DAS LAND DER ARBEIT UND DER KUNST

Man kann den Geist des Landes Sachsen durchaus verstehen, wenn man die Region als Schnittpunkt deutscher Kulturströmungen betrachtet und ihr eine Zwischenposition zuweist.

Sachsen drückt zunächst eine überraschende Vielfalt und eine bedeutende Abwechslung aus. Die sächsische Landschaft gleicht einem stark animierten und ausdrucksstarken Mimikspiel. Sachsen sieht aus wie das Vogtland, der Erzgebirgskreis oder die Lausitz, je nachdem, welche Teile dieser zerklüfteten Bergregionen es in seinen Grenzen einschließt. Es ist die landwirtschaftliche Welt mit ihren weiten Ebenen, die Handels- und Wirtschaftsregion entlang der Wasserläufe, in den Elbhäfen und dem geschäftigen Treiben auf den Messen in Leipzig. Es ist das Land des Heimhandwerks, wo seit Jahrhunderten die Hände von Frauen und Mädchen künstliche Blumen oμ Klöppelspitzen herstellen. Holzspielzeug wird dank des kreativen und handwerklichen Genies der Menschen hergestellt, ausgeprägte musikalische Begabungen und andere günstige äußere Faktoren ermöglichten die Produktion einheimischer Musikinstrumente. In lauten Zentren werden Steinkohle und Braunkohle abgebaut, Textilien und Metalle verarbeitet; Maschinenbau, Bekleidungsindustrie und hunderte anderer Industriezweige geben der großen Masse der Bürger Brot und Arbeit in der Nähe der großen Städte wie Chemnitz, Zwickau, Plauen und in entlegenen Dörfern des Erzgebirges, des Vogtlandes und der Oberlausitz. Diese physiognomische Vielfalt der sächsischen Landschaft entspricht der Vielfalt, mit der Sachsen an der

Geschichte der Nation und der Entwicklung des deutschen Geistes teilnimmt. In unzähligen Fällen zeigt sich das Zusammenwirken vieler Kräfte und ein weitreichender Einfluss.

Als es noch prähistorische Siedlungsgebiete gab, wurde der Kampf um die Vorherrschaft in Germanien zwischen Hermann dem Cherusker und Marbod dem Markomannen wahrscheinlich in einer seiner Ebenen oder an einem seiner Flüsse ausgetragen. Diese westgermanischen Bauern, die Hermunduren, die früher im sächsischen Gebiet gelebt hatten, standen Marbod zur Seite. Nach seiner Niederlage errichteten sie ein mächtiges Königreich. Die Schlacht zwischen Hermann und Marbod entschied das Schicksal der zahllosen bewaffneten Kämpfe, Schlachten, Begegnungen, Überraschungsangriffe und Gefechte, die im Herzen des sächsischen Territoriums stattfanden und für einen Teil oder die gesamte Nation von großer Bedeutung waren. Später ermöglichte die andere Schlacht dieser Art, die Magyarenschlacht von 933, in der König Heinrich I. die räuberischen ungarischen Reiterbanden besiegte, nachdem er vier Jahre zuvor die Mark Meißen gegründet hatte, die jahrelange Fortsetzung der deutschen Siedlungspolitik im Osten. Die Ungarn waren von einem in den verödeten deutschen Lebensraum eingedrungenen Slawenstamm, den Daleminziern, zu Hilfe gerufen worden, die sich von der germanischen Oberhoheit befreien wollten. In den folgenden Jahrhunderten hatte die junge Ostmark mit diesen Slawen aus dem Osten zu kämpfen, - es waren also Sorben, Polen oder Tschechen. Die um 1089 erfolgte Germanisierung, die durch die Ernennung des Wettiners Heinrich von Eilenburg zum Markgrafen durch Kaiser Heinrich N verursacht wurde und bis 1423 andauerte, als die Mark Meißen dem Kurfürstentum Sachsen zugeschlagen wurde, stellt sich als wichtige Handlung der Regenten wettinischer Abstammung dar. In der folgenden Zeit wurde das Land zu einem Bollwerk gegen die turbulente und raubgierige Nachbarschaft der Tschechen; es überwand mit beispielhafter Hartnäckigkeit das durch die Hussiten-Expeditionen verursachte Elend. Bevor die kurfürstlichen Brüder Ernst und Albrecht, die durch die „Entführung" durch den Ritter Kunz von Kaufungen bekannt geworden waren, 1485 den Fehler begingen, ihre Ländereien zu teilen, wurde ganz Mitteldeutschland direkt oder indirekt vom Kurfürstentum Sachsen beherrscht. Trotz der Leipziger Teilung erlebte die Region Erz zur Zeit der Reformation ihr großes historisches Schicksal. In den Wirren der Religionskriege trat Kurfürst Moritz deutlich hervor, der als weitsichtiger Geist mit den Kräften seines Landes dem gefräßigen katholischen Herrscher Karl V. Widerstand leistete und so die Sache des Protestantismus rettete. Unter „Vater August" wurde Sachsen zum Protektorat des orthodoxen Luthertums, eine Position, die es im Dreißigjährigen Krieg aufgrund des Egoismus und der politischen Engstirnigkeit seiner Fürsten bald wieder verlor. Sie verlor ihre Vormachtstellung im Herzen des Brandenburgischen Reiches, weil sie in religiösen Fragen unnachgiebig wurde. Dieser Nachteil wurde durch die Polenpolitik Augusts des Starken ausgeglichen. Früher wurden diese Politik und die Mittel, die August der Starke einsetzte, heftig kritisiert, aber der heutige gesunde politische Menschenverstand sieht, dass die Wahl des sächsischen Großen Kurfürsten zum polnischen König einen polnischen Sieg des Germanismus über die östliche Intrigenpolitik Frankreichs bedeutete. Das Reich wurde durch die wünschenswerte Erweiterung des deutschen Wirtschaftsraums gestärkt.

Der Siebenjährige Krieg verursachte in Sachsen ein Unglück, das sich in den Napoleonischen Kriegen wiederholte. Es wurde zu einem regelmäßigen Aufmarschzentrum und zur bevorzugten Operationsbasis der feindlichen Armeen. Doch zu dieser Zeit zeigten die deutschen Regionen eine große Zähigkeit und erstaunliche Vitalität, und was es als politische Großmacht verloren hatte, versuchte es in allen Bereichen des kulturellen Lebens zurückzuerobern. So wurde sie vor allem im Bereich der Industrie zu einem Feld für Experimente und Anwendungen. Sie trug wesentlich zum Aufblühen des Zweiten Reichs bei. Hier wie überall konnte nicht verhindert werden, dass die Zunahme der Bevölkerung und der Industrie auf stark begrenztem Raum, die Konzentration der Handarbeiter in den Städten und die anschließende Entwurzelung einen gefährlichen Nährboden für verderbliches, volksfremdes und staatsfeindliches Gedankengut bildeten. Dies war aber auch der Hauptgrund dafür, dass Sachsen vor vielen anderen deutschen Regionen die große Idee des Nationalsozialismus entwickelte und zu einem wichtigen Trumpf für Adolf Hitlers Kräfte wurde.

Wenn man sich mit der Rolle beschäftigt, die Sachsen als Schnittpunkt in der Entwicklung der deutschen Zivilisation spielte, folgte der Blüte der Troubadourpoesie an Meißners Hof der Aufschwung der Region, der sich aus der Gründung der Universität Leipzig im Jahr 1409 ergab. Markgraf Friedrich der Streitbare hatte genügend Weitblick, um der in Prag von den Tschechen bedrohten Spiritualität Schutz und Sicherheit in seinem Land zu bieten. Er gründete daher die Universität Leipzig, die neben dem Wiener Institut im Osten zur Kaderschmiede der deutschen Kultur und zu einem Institut wurde, das noch heute mit wissenschaftlichem Ernst und sachlichem Eifer auf dem Gebiet der Germanistik und in vielen anderen Bereichen arbeitet.

Es wurde bereits erwähnt, dass Sachsen als Zentrum der Reformation und als Schauplatz einer geistigen Revolution eine unvergleichliche historische Bedeutung für das gesamte Abendland erlangte. Im Zuge dieser kulturpolitischen Mission erlangte es eine ungewöhnliche Schlagkraft und bedeutende Reichweite: Der poetische Aspekt des Luthertums wurde um eine erste künstlerische Note aus dem magisch umhüllten Erzgebirge bereichert. In den Städten Zwickau und Joachimstahl, die Knotenpunkte des Handels darstellten, erblühte eine Mystik, die mit sozialen Bestrebungen gepaart war und in vielerlei Hinsicht fruchtbar war. Georg Agricola, der in Glauchau geborene Rektor von Zwickau, wurde zum ersten

Bergbauschriftsteller des Abendlandes. Die Verstaatlichung des gesamten geistlichen Vermögens durch Kurfürst Moritz hatte die Gründung der später so berühmten Fürstenschulen Schulpforta, Grimma und Meißen zur Folge. Viele germanistische Pioniere wurden während der Tätigkeit dieser drei Schulen in die vier Himmelsrichtungen geschickt! Dasselbe gilt (neben den parallel zu Leipzig entstehenden Universitäten des obersächsischen Raumes, wie Wittenberg, Jena, Halle) für die Staatliche Bergschule und die Forstschule in Tharandt und zeigen, dass das Land vor allem in dieser Zeit zu einer „pädagogischen Region" wurde. Es ist bekannt, dass die Kanzleisprache in Meißen dank Luthers Bibelübersetzung in die deutsche akademische Sprache florierte; als Folge der erhaltenen Linie wurde die Region zu einem Bildungszentrum für Linguistik und Deutsch.

Ein vergleichbarer Einfluss auf die gesamte deutsche Zivilisation wurde durch den zweiten Aufschwung des sächsischen Geistes ausgeübt, die Zeit, die mit dem überschwänglichen Barock Augusts des Starken verbunden war, und die Epoche, die unmittelbar auf die Aufklärung folgte. Unter August, der den Prunk liebte, entdeckte Böttger aus Meißen das Porzellan, Bach aus Leipzig verzauberte uns mit seinen wunderbaren Oratorien, Passionen und Kantaten. Der ungewöhnliche Fürst, der erkannte, wie wichtig es war, den barocken Stempel seines Geistes nicht nur seiner sächsischen Hauptstadt, sondern auch seiner polnischen Residenz aufzudrücken, ließ das Talent von Bildhauern und Dekorateuren wie Permoser und Pöppelmann aufblühen. So fand Silbermann du Erz Kirchen, die seiner Orgeln würdig waren. Der Bergfried, die katholische Hofkirche von Chaiveri, eine unvergleichliche Sammlung seltener Porzellane entstanden dank dieses Prinzen, die prächtige Gemäldegalerie dank seines Sohnes. Die Verkehrswege wurden fertiggestellt; die Straßen in Sachsen waren schon damals berühmt.

In der Zeit der Aufklärung traten noch einige große sächsische Persönlichkeiten in den intellektuellen Bereichen hervor: Leibniz, der als Philosophie die gesamte wissenschaftliche Forschung einer Epoche umschloss und nicht weniger als eine Verschmelzung der katholischen und protestantischen religiösen Bewegung ins Auge fasste; Thomasius, der erste Institutsprofessor, der seine Vorlesungen in deutscher Sprache hielt; Lessing, der große Dichter, Anreger, Kritiker, Forscher und Verteidiger der Wahrheit, der neue und helle Fackeln vor dem Altar der Menschheit entzündete. Dies waren einige der geistigen Gestalten, die nur aus den Städten Dresden und Leipzig stammten! Die Barockmalerei, die die Galerien von Augustus und seinen Nachfolgern füllte und sich vor allem auf den intensiven Ausdruck glühender Gefühle stützte, erlebte in Sachsen durch die Romantik eine neue Blüte und vor allem eine innere Wandlung; sie ist mit den Namen Philipp Otto Runge, Caspar David Friedrich, Carl Carus, Ludwig Richter verbunden und erscheint untrennbar mit Teilen der Landschaft des Elbtals verbunden. Neben Dresden stehen auch das alte Meißen und seine Umgebung dem Einfluss auf den Hintergrund spiritueller

Ereignisse in nichts nach. Eine wichtige Rolle spielten dabei die Barone von Miltitz auf Siebeneiche und Schafenberg. Ersterer ließ den armen Tagelöhnersohn Fichte aus dem Dorf Rammenau in Oberlausitz studieren, der später das Gewissen der Nation zutiefst erschüttern sollte; derselbe Miltitz war mit dem Dichter Friedrich von Hardenberg (Novalis) befreundet, der Bergbaustudent in Freiberg war (ebenso wie der Nationalheld Theodor Korner) und später als Dichter die letzten Geheimnisse der deutschen Mystik enthüllen sollte.

Noch heute ertönt aus so mancher wilden Schlucht des Elbsandsteingebirges ein romantisches Freischärler-Echo. Viele Orte in Sachsen erlebten noch immer außergewöhnliche musikalische Ereignisse. Im Dresdner Opernhaus fand die denkwürdige Uraufführung von „Rienzi" statt, die bis Mitternacht dauerte. Viele weitere Aufführungen wichtiger Werke folgten! Und welche Verdienste auf dem Gebiet der nationalen Musik hat sich das Leipziger Tapetenhaus erworben! Leipzig, die Musikstadt, die Stadt der Buchhandlungen, die Stadt der Nationalausstellungen, ist ein Kapitel in der Geschichte der deutschen Kulturströmungen! Diese Stadt inspirierte den Ostpreußen Gottsched zu seinen ästhetischen Anliegen. Die Theaterkunst der Neuberin, der ersten großen deutschen Schauspielerin, verschaffte ihm einen ungestümen und perspektivenreichen Auftrieb. Buchhändler, Drucker und Verleger wie Johann Gottlob Immanuel Breitkopf, Karl Christoph Traugott Tauchnitz, Benedictus Gotthelf Teubner und Anton Philipp Reclam schufen die Kerne ihrer internationalen Firmen.

Die Völkerschlacht von 1813, die Napoleons Niederlage verursachte und die Stadt in ihren Strudel zog, konnte den mächtigen Aufschwung aller hier konzentrierten geistigen und wirtschaftlichen Kräfte nicht behindern; aber zum ersten Mal offenbarte sie der deutschen Welt eine Kampf- und Schicksalsgemeinschaft, die aus den meisten deutschen Volksgruppen bestand. Seit 1833 hielt sich Friedrich List in Leipzig auf und skizzierte ein großes Eisenbahnnetz, für das er die Pleißestadt als Zentrum vorsah. Die erste große deutsche Eisenbahnstrecke beginnt hier; zwei Jahre später kann die Strecke Leipzig-Dresden für die Öffentlichkeit freigegeben werden. Damit ist ein weiterer entscheidender Schritt getan, um die deutschen Regionen miteinander zu verbinden.

„Bildung macht frei. Geist gibt Leben!" Diese Mottos erleuchten und verschönern das ganze Land mit einer Offenheit, die umso wichtiger ist, als sie sich auf eine ehrwürdige Tradition berufen kann.

Kurt Arnold Findeisen

Nur mutige Völker haben eine sichere Existenz, eine Zukunft und eine Entwicklung. Schwache Völker gehen zugrunde - und das zu Recht.

Heinrich von Treitschke

Das Haus der SS-Truppe Nr. Spezial. 1940.

Norwegen

In Deutschland fehlt es teilweise an der wünschenswerten Klarheit über die tatsächlichen Verhältnisse im Norden; stattdessen herrschen oft idealisierte Vorstellungen und eine optimistische Illusion über den Sieg der nordischen Idee bei den anderen germanischen Völkern, die uns so nahe verwandt sind. Die starke Ausprägung dieses Ideals verleitete auf sehr unbeabsichtigte Weise zu dem Irrtum, dass die Verhältnisse im Norden besser und gesünder seien als bei uns und dass diese Länder einfach reif für eine neue Ordnung seien. Man glaubte, dass das gleiche Gefühl, das uns selbst beseelte, auch die anderen beherrschen müsse.

Zum ersten Mal seit der Hansezeit kam es unter der deutschen Besatzung zu einem engen Kontakt zwischen dem deutschen und dem norwegischen Volk. Die vorgefassten Meinungen, die die Deutschen hegten, waren durchaus freundlich. Da diese jedoch nicht der Realität entsprachen, ließen die Enttäuschungen nicht lange auf sich warten.

Dass es überhaupt zu einem Konflikt zwischen den beiden Ländern kommen konnte, deutete bereits darauf hin, dass auf norwegischer Seite die geistige Grundlage für eine gemeinsame Arbeit völlig fehlte. Die zweite Enttäuschung, die jeder Deutsche persönlich erfahren musste und die seine Gefühle abkühlte, wurde durch die feindselige Stimmung der Bevölkerung ihm gegenüber hervorgerufen. Erst in jüngster Zeit hatte sich diese gebessert. Die dritte und vielleicht stärkste Enttäuschung, die hinzukam, war, dass sich die übertriebenen Hoffnungen, die die Deutschen mit nach Norwegen genommen hatten, nicht erfüllten. Die Norweger entsprachen nicht den idealen Vorstellungen, die man sich ausgemalt hatte. Sie waren auch Menschen mit erheblichen Mängeln, deren äußeres Erscheinungsbild nur teilweise mit dem nordischen Ideal übereinstimmte. Selbst wenn das äußere Bild den Erwartungen zu entsprechen schien, fehlte es wieder an der geistigen Haltung und dem klaren Ausdruck der guten Eigenschaften, die der nordischen Rasse eigen sind.

Die Vorurteile auf norwegischer Seite waren völlig anders. Zunächst muss man den verlorenen geografischen Charakter und die jahrzehntelange Isolation von der Entwicklung im restlichen Europa berücksichtigen. Wir kamen in ein Land, in dem sich der Liberalismus in voller Blüte befand, in dem der lange Frieden und die Abhängigkeit von der Weltkonjunktur den Pazifismus in eine fast natürliche Grundhaltung verwandelt hatten. Es gab keine akuten Probleme, die einer sofortigen Lösung bedurft hätten, vielleicht mit Ausnahme des sozialen Problems. Es gab keine kritische wirtschaftliche Misere und Arbeitslosigkeit, keine direkte politische Bedrohung von außen, keine eigene Rassenfrage und kein religiöses

Problem. Im Gegensatz zu Deutschland war Norwegen ein „Land ohne Volk". Alle äußeren Elemente, die geeignet waren, eine Entwicklung im Geiste des Nationalsozialismus hervorzurufen, fehlten mehr oder weniger; aus diesem Grund traf man auch nicht auf eine Intelligenz der deutschen Prozesse. In Wirklichkeit ist dies sicherlich ein Trugschluss, denn viele der genannten Probleme existieren dennoch. Da sie sich aber nicht so offen zeigen, konnte man sie bislang übersehen. Hinzu kam der Eindruck der ständig wachsenden deutschen Macht und die systematische Aufhetzung des Volkes nach innen und außen. Das norwegische Volk, das wir im April dieses Jahres kennenlernten, hatte völlig andere Ziele und auch Lebensformen als wir; niemand wird von einem Deutschen verlangen können, dass er die norwegische Entwicklung und Haltung für richtig hält, aber man muss zumindest die Bedingungen verstehen, die sie entstehen ließen.

Für uns Deutsche ist Norwegen nicht direkt ein wirtschaftliches Problem oder eine Raumfrage, sondern vor allem eine Frage des rassischen Wertes seiner Männer. Es wäre außerordentlich bedauerlich, wenn durch falsche Vorstellungen von diesem elementaren Punkt der größte Teil der derzeit in Norwegen eingesetzten Deutschen zu Enttäuschungen und Vorurteilen käme. Das Bild, das sich bei uns im Reich über Norwegen bilden wird, wird nicht so sehr von irgendwelchen Veröffentlichungen geprägt werden, sondern von den Berichten derer, die von dort zurückkehren. Wenn es zu Missverständnissen kommt, wird das Verständnis für die innere Legitimität unserer Arbeit und auch für die zukünftige Gründung des Reiches sehr stark beeinträchtigt. Andererseits ist die Tatsache, dass es solche Missverständnisse gibt, auch ein Beweis für die ideologische Klarheit, die in vielen Fällen noch fehlt.

Man muss nur einige Punkte der nationalsozialistischen Rassenlehre heranziehen, um sofort zu wesentlich anderen Urteilen über die norwegischen Verhältnisse zu gelangen.

1. Der Führer erwähnte auch die große Bedeutung der vielfältigen Zusammensetzung der verwandten Rassen unseres Volkes und sprach von einer glücklichen Mischung. Zweifellos ist diesem Einfluss die Vielfalt der Leistungen unseres Volkes in allen Bereichen zuzuschreiben. Der Führungsanspruch der nordischen Rasse auf politischer Ebene blieb davon unberührt.

2. In der Rassenlehre wird immer wieder auf den Unterschied zwischen dem äußeren Erscheinungsbild und dem eigentlichen Bild hingewiesen. Dies betrifft nicht nur die unterschiedlichen äußeren Merkmale, sondern vor allem jene Eigenheiten, die ihren Ursprung in rein geistigen Veränderungen und in diesem Sinne auch in bestimmten generationsbedingten Erscheinungen haben.

3. Eng damit verbunden ist die Beziehung zwischen Erbgut und Bildung. Man kann die Realität nicht ignorieren, dass eine heute lebende Generation nicht nur das Ergebnis des vorhandenen Erbguts darstellt, sondern dass ihre

Einstellung und alle ihre Verhaltensweisen auch ganz wesentlich von Erziehungsfaktoren bestimmt werden, Erziehungsfaktoren, die sich im Laufe der Zeit verändern können. Das Erbe bleibt davon jedoch unberührt.

4. Bekanntlich hat jede Rasse bestimmte Eigenschaften, die sowohl gut als auch schlecht sind. Im Laufe der Geschichte hat die nordische Rasse immer wieder bewiesen, dass sie ihre wertvollsten Eigenschaften nur dann unter Beweis stellt, wenn sie mit schwierigen Bedingungen oder harten Aufgaben konfrontiert wird. Im Gegensatz dazu hat sie die verhängnisvolle Eigenschaft, in ruhigen Zeiten zu faulenzen. Nicht nur Norwegen, sondern auch der gesamte germanische Norden lebt derzeit in einer solchen Flaute.

5. Nach nationalsozialistischer Auffassung ist die rassische Substanz eines Volkes allein ausschlaggebend, um seinen Wert entscheidend zu beurteilen. Diese Rassensubstanz erweist sich jedoch nach allen sorgfältigen Untersuchungen in Norwegen als absolut gesund. Der Anteil an nordischem Blut ist im norwegischen Volk außergewöhnlich hoch. Wenn die heutige Generation eine Einstellung hat, die teilweise nur wenig dem Bild des nordischen Menschen entspricht, kann die nächste Generation bereits völlig anders aussehen.

Um die aktuelle politische Situation des Landes zu beurteilen, muss man sich noch einmal die Bedingungen vor Augen führen, die bisher seine Entwicklung beeinflusst haben. Die starke Anlehnung an England, die noch gar nicht so lange zurückliegt, war das Ergebnis einer ganzen Reihe von Gegebenheiten. Die geografische Lage, die weit zurückreichenden historischen Traditionen und schließlich die seit Generationen verwurzelten politischen Erfahrungen spielten eine große Rolle. Zum letzten Punkt sei nur erwähnt, dass Norwegen mehrmals in der Geschichte aufgrund einer englischen Blockade von schrecklichen Hungersnöten heimgesucht wurde. Die Blockade während der napoleonischen Kriege hatte beispielsweise so verheerende Folgen, dass sie bis heute im Bewusstsein der Bevölkerung verankert ist. Die Blockade während des Ersten Weltkriegs war zwar nicht annähernd so schlimm, hatte aber dennoch ziemlich unangenehme Folgen. Andere Ereignisse, die noch wesentlich dazu beitrugen, die anglophile Politik weiter zu begünstigen, waren die zahlreichen Affinitäten, persönlichen Beziehungen und die sich an die Umgebung anpassenden Methoden der englischen Propaganda. Außerdem erschien nach allen militärischen Berechnungen eine deutsche Intervention in Norwegen so undenkbar, eine englische dagegen so denkbar, dass die entsprechenden politischen Entscheidungen umso leichter getroffen wurden.

Die Frage nach der zukünftigen Form der deutsch-norwegischen Beziehungen, die von den Norwegern immer wieder aufgeworfen wird, wenn sie beginnen, die Entwicklung zu verstehen, ist die Frage nach dem Gründungsprinzip oder der Vorstellung von der Ordnung des zukünftigen Reiches: Imperialismus oder Rassenverband? Aus deutscher Sicht ist klar, dass es kein besonderes norwegisches Problem gibt, sondern dass

Norwegen nur als Teil des nordischen Ganzen betrachtet werden kann, als Ausgangspunkt für die neue politische und geistige Ordnung auch in diesem Teil Europas. Ausgehend von diesen Gesichtspunkten erhält die deutsche Mission in Norwegen ihre eigentliche Bedeutung. Die entscheidendste Tatsache ist, ob die Norweger erkennen, dass Deutschland nicht ihre Unterdrückung oder wirtschaftliche Ausbeutung will, sondern dass sie zu einer verantwortungsbewussten Zusammenarbeit mit dem Ziel des Aufbaus des neuen Europas angehalten werden sollen. Durch die Einsetzung der neuen Regierung und die Übertragung der politischen Führung des Landes an die Quisling-Bewegung hat Deutschland versucht, Norwegen die dafür notwendigen Möglichkeiten zu geben. Es ist heute noch verfrüht, das Ergebnis dieser Entwicklung abzuschätzen.

Die politische Situation Norwegens und die geistige Situation in der heutigen Zeit wurden in den Gesprächen kurz skizziert. Die zahlreichen internen Probleme Norwegens und die enormen Aufgaben, vor denen die neue Regierung steht, wurden also nicht gestreift. Sie können abschließend nur kurz genannt werden. Im kulturellen Sektor lassen sie sich auf eine Sanierung und Erneuerung reduzieren. Ich möchte das Wort Kultur hier in einem weiten Sinne verstehen und sowohl ideologische Grundsätze und das allgemeine Lebensgefühl als auch Kunst und Wissenschaft meinen. Ich möchte nur drei besonders markante Probleme herausgreifen: Die Schaffung gesunder geistiger Voraussetzungen für eine neue Bevölkerungspolitik, die Reform der Wissenschaft einschließlich der planmäßigen Nutzung des großen Überschusses an Studenten und - zum ersten Mal - die Annahme eines klaren, der Landschaft angepassten Architekturstils. Im sozialen Bereich liefen die Aufgaben darauf hinaus, die bestehenden Kontraste auszugleichen. Im wirtschaftlichen Bereich ist eine völlige Neuorganisation erforderlich. Die bislang wichtigsten Industriezweige, die Schifffahrt und die Fischerei, werden vielleicht an Bedeutung verlieren, müssen auf jeden Fall völlig neu organisiert werden. Die Erschließung des Landes profiliert sich durch die Besiedlung und die Lösung des Verkehrsproblems. Norwegen besitzt drei Quellen des Reichtums, die es bisher kaum genutzt hat und die ihm neuen Wohlstand versprechen: die Elektrizität, den Wald und seine unterirdischen Reichtümer.

Der Weg, der sowohl zu einer weiteren politischen Expansion als auch zur Nutzung der vorhandenen wirtschaftlichen Möglichkeiten und damit zu einer Beteiligung Norwegens am Aufbau des neuen Europas führt, führt jedoch nur über eine enge Zusammenarbeit mit Deutschland.

H.H.

HEFT DER SS NR. 8. 1938.

ENGLAND - IRLAND

Das internationale Interesse hat sich in letzter Zeit auf die tschechoslowakische Frage und insbesondere auf die Entsendung des britischen Lords *Runciman* nach Prag konzentriert. Es wäre jedoch interessant, sich mit einem Problem innerhalb des britischen Empire zu befassen, das eine gewisse Analogie zu den Geschehnissen in der Tschechoslowakei aufweist. Wenn wir an das europäische England denken, sind wir geneigt, uns dieses Land als eine einheitliche Einheit vorzustellen. Dabei vergessen wir nur allzu leicht, dass England auf europäischem Boden, insbesondere in Irland, in seiner 400-jährigen Geschichte ein Nationalitätenproblem hatte, das zu ständigen Kämpfen und Blutvergießen geführt hat.

Abgesehen von wirtschaftlichen Interessen ist es die Blutsverwandtschaft, die die britische Allianz - das British Commonwealth of Nations - zusammenhält. Die Verwaltung der Dominions liegt in den Händen der englischen Einwanderer, die sich überall an den Schalthebeln der Macht festsetzen und die Einwanderer aus anderen Nationen so weit wie möglich anglisieren konnten. So entstand im Laufe der Jahrhunderte eine Art Schicksalsgemeinschaft, die sich über die ganze Welt erstreckte und auf der Grundlage von Blutsverwandtschaft und Lebensstandard die Grundlage für die englische Weltherrschaft bildete.

Nur der Freistaat Irland nimmt in dieser Hinsicht eine Sonderstellung ein. Die Iren sind neben den Engländern die einzige echte Nation innerhalb des Britischen Empire. Ihre Forderung nach Unabhängigkeit unterscheidet sich deutlich von den Bestrebungen der anderen Dominions. Australien beispielsweise wehrt sich zunehmend gegen den allzu aufdringlichen Paternalismus Londons und fordert, da es sich mündig fühlt, das Recht auf Autonomie, natürlich innerhalb des Verfassungsrahmens des Britischen Empire. Irland hingegen stützt sich auf das Bewusstsein seiner starken nationalen Originalität, um absolute Unabhängigkeit zu fordern. Die Erklärungen seiner politischen Führer zeigen, dass sie bereit sind, diese Forderung nach Unabhängigkeit selbst auf Kosten der Interessen des Britischen Empire aufrechtzuerhalten.

Wenn man diesen tiefen Gegensatz zwischen Engländern und Iren verstehen will, muss man drei Dinge berücksichtigen: erstens den starken ethnischen Unterschied, zweitens den konfessionellen Unterschied und drittens die unterschiedliche historische Entwicklung der beiden Nationen. Trotz gemeinsamer allgemeiner wirtschaftlicher Interessen haben diese Unterschiede nie zu einer Vereinigung der beiden Inseln geführt.

Zu Beginn der historischen Periode waren England und Irland von Kelten bewohnt. Mit der Invasion der römischen Legionen begann die getrennte Entwicklung der beiden Inseln. Während Irland bis zur Mitte des Mittelalters frei von Invasionen blieb, vermischten sich die englischen Kelten im Laufe der Jahrhunderte mit den römischen Legionären, den Sachsen, den Angeln und den latinisierten Normannen. Die spätere Eroberung Irlands durch die Engländer war lediglich ein militärisches Ereignis. Die Kontraste waren anfangs so groß, dass eine Vermischung nicht möglich war.

Der religiöse Unterschied war der zweite Faktor, der die gemeinsame Entwicklung der beiden Inseln verhinderte8' Aufgrund ihrer starken Neigung zum Mystizismus, die auf ihre keltische Herkunft zurückzuführen ist, waren sie von Anfang an sehr offen für den Katholizismus. Schon in den ersten Jahrzehnten blühten in Irland Klöster mit einer extremen Vielfalt auf. Die irischen Mönche hatten einen großen Anteil an der Christianisierung Europas. Während der Reformationszeit versuchten die Engländer wiederholt, die Iren von ihrem katholischen Glauben abzubringen. Sie wehrten sich in blutigen Aufständen dagegen. Die Religionsfrage trennt die Engländer und die Iren auch heute noch, und nicht zuletzt deshalb steht einem endgültigen Kompromiss zwischen den beiden Ländern nichts im Wege.

Jahrhundert zurück, doch die erste Invasion scheiterte, da die wenigen englischen Lords von der irischen Gemeinschaft absorbiert wurden. England nahm die Eroberung Irlands erst ernst, als es zur Seemacht aufgestiegen war. In seinem Bestreben, eine Weltmacht und die führende Seemacht zu werden, konnte es sich nicht mehr leisten, diese geografisch so wichtige Insel zu vernachlässigen.

Irland war ein Brückenkopf für alle Seewege zu den überseeischen Besitzungen und schützte die Westküste Englands vor einem feindlichen Unternehmen. Im Besitz des Gegners hingegen würde Irland die Lebensadern Englands bedrohen und wäre eine hervorragende Ausgangsbasis für eine Invasion Englands. Die Unterstützung, die die Iren direkt oder indirekt von Spanien und später von Frankreich erhielten, führte zu harten Kriegsmaßnahmen seitens der Engländer, und als diese schließlich siegten, musste Irland umso härter dafür bezahlen.

Dieses harte Vorgehen Englands, vor allem in seinem Eifer, den Iren ihren katholischen Glauben zu entreißen, machte eine Annäherung zwischen den beiden Völkern unmöglich. Der größte Fehler Englands war, dass es jede Ehe zwischen Engländern und Iren sehr streng bestrafte und die Iren als Bürger zweiter Klasse betrachtete. Diese verderbliche Politik und der religiöse Druck waren der Grund dafür, dass sich die irischen Katholiken trotz der großen Vorteile, die sie aus einer solchen Vereinigung hätten ziehen können, nicht in die englische Gemeinschaft eingliederten.

Die englische Besiedlung der grünen Insel blieb, mit Ausnahme von Ulster, das Werk einer dünnen Schicht adliger Landbesitzer, die den Iren stets ihre Herrschaft aufzwangen. Diese Kolonialisierung ging so weit, dass Boden und Land vom englischen König beschlagnahmt und als Lehen an pensionierte Staatsdiener vergeben wurden. Diese wiederum verpachteten ihr Lehen an die eigentlichen Eigentümer, die irischen Bauern. Diese waren somit ihren neuen Herren wirtschaftlich unterworfen.

Die Unfähigkeit, der Wille zum Unverständnis dieser englischen Oberschicht gegenüber dem irischen Volk ging im 18. und 19. Jahrhundert so weit, dass nicht nur die Pacht trotz katastrophaler Ernten in keiner Weise erleichtert wurde, sondern auch keine Lieferungen nach Irland gelangen durften, so dass die Iren gezwungen waren, ihre Heimat zu verlassen. Dies war der Ursprung der großen irischen Auswanderungswelle. Die Bevölkerung sank 1846-51 von 8,5 Millionen auf 6,5 Millionen. Der größte Teil wanderte in die Vereinigten Staaten von Amerika aus. Im Jahr 1846 starben etwa 1/2 Million Iren an Hunger oder Unterernährung, als eine schwere Hungersnot ausbrach. Seit dieser Zeit ging die Bevölkerungszahl stetig zurück, bis sie 1871 mit 4 Millionen ihren Tiefststand erreichte und sich bis heute nur sehr langsam erholt.

England erkannte das Unrecht, das es mit der Vernichtung der irischen Wirtschaft begangen hatte, und versuchte, sich ein wenig zu rehabilitieren. Es förderte den Rückkauf von Land durch die Bereitstellung von Krediten, sodass die Iren bis 1914 zwei Drittel ihres früheren Besitzes zurückerhalten hatten, der jedoch immer noch mit Hypotheken belastet war. Die irische Wirtschaft brauchte so lange, um sich wieder aufzubauen, zumindest was die Landwirtschaft als Nebenerwerbszweig betraf.

England hatte nach seinen langen Kriegsjahren sein Ziel erreicht: Irland auf dem englischen Markt die alleinige Rolle eines Viehzuchtlandes zuzuweisen und seine frühere beträchtliche Autarkie in die Grenzen des allgemeinen Programms zu bringen.

Neben dem Gegensatz England-Irland belastet das Verhalten Südirland-Ulster die Geschichte des Eire zusätzlich. Der Ursprung der Verschärfung dieses alten Gegensatzes war die Gründung der „Ulster Volunteers" im Jahr 1912, einer Kampftruppe der evangelischen Bevölkerung von Ulster gegen die irischen Südstaatler. Diese gründeten als Vergeltungsmaßnahme die „Irish Volunteers", und nur der Ausbruch des Krieges von 14 verhinderte eine blutige Lösung.

Erst 1916 kam es zu dem berüchtigten irisch-nationalistischen Osteraufstand, der die Iren 450 Tote und 2600 Verletzte kostete. Die englische Regierung nutzte natürlich die Gelegenheit: Sie ließ 15 irische Anführer erschießen, doch die Engländer konnten die Situation nicht unter Kontrolle bringen.

Der Guerillakrieg dauerte bis 1921. Zwar war England in der Lage, die Iren militärisch zu unterdrücken, doch der moralisierende Druck Amerikas machte sich bemerkbar. Das Selbstbestimmungsrecht der kleinen Völker wurde lautstark verkündet, um die mitteleuropäischen Mächte zu zerschlagen, und die mehreren Millionen Iren-Amerikaner brachten die öffentliche Meinung in Amerika gegen England auf. Dieses musste schließlich nachgeben, und die Iren erhielten 1921 einen gewissermaßen akzeptablen Vertrag, der ihnen den Status eines „autonomen Dominions" innerhalb des Britischen Empire verlieh, mit Ausnahme der sechs nördlichen Provinzen um Ulster.

Sinn-Fein, die irisch-nationalistische Partei, die bis dahin den Befreiungskampf allein angeführt hatte, zerbrach an dieser Klippe. *Cosgrave,* ihr Anführer, gab sich mit dem Kompromiss von 1921 zufrieden, während *de Valéra,* der zweite Mann der Partei, in die Opposition ging. Die Kämpfe wurden sofort wieder aufgenommen. Sein Ziel war - und ist es bis heute - ein freies, geeintes Irland (einschließlich Ulster), das mit England gleichberechtigt und frei mit ihm verbunden ist. 1932 gelang es ihm, Cosgrave im Parlament zu stürzen, und von da an führte er die irische Politik in Richtung seines Hauptziels.

Das politische Hauptproblem für de Valera ist heute die Verwaltung von Ulster, die er im neuen anglo-irischen Vertrag noch nicht lösen konnte. Sein Ziel ist die Wiedervereinigung der gesamten Insel unter einer Regierung. Sowohl die Menschen in Ulster als auch die englische Regierung lehnen dies ab. Die sechs nördlichen Provinzen von Ulster sind das einzige Gebiet in Irland, auf dem sich eine anglo-schottische Besiedlung fest etabliert hat. Diese Besiedlung war jedoch nicht so tiefgreifend, dass es der adligen englischen Oberschicht gelungen wäre, die irischen Arbeiter zu verdrängen.

Dieses Gebiet mit seiner disparaten Bevölkerung war dementsprechend schon immer eine schwierige Region, innerhalb derer bis heute konfessionelle Gegensätze hart aufeinanderprallen: So gab es im Sommer 1935 am Gedenktag der Schlacht am Fluss Boyne acht Tote und 75 Verletzte. Die Ulster Unionisten gedachten an diesem Tag der Schlacht, in der Wilhelm von Oranien im Juli 1680 Jakob II. besiegte und damit die Kolonie Ulster rettete.

Der Antagonismus ist jedoch nicht nur historisch und konfessionell bedingt. Es gibt heute vor allem wirtschaftliche Gründe für die Anglo-Iren, die Vereinigung Irlands abzulehnen.

Die adligen Grundbesitzer, Kaufleute und Industriellen in Belfast verteidigten gleichzeitig mit der Nationalität ihrer sechs Provinzen auch ihre religiöse Sicherheit, ihre kommerzielle Unabhängigkeit und ihre politische Freiheit. Die Abspaltung Nordirlands bei der Gründung des Freistaats war die einzige Möglichkeit für den protestantischen Norden, sich gegen die katholische Mehrheit im Süden zu schützen. Zumindest im Norden, wo die Gesamtbevölkerung zu zwei Dritteln protestantisch ist (gegenüber 8% in ganz Irland), blieben ihnen die gesellschaftliche Vorrangstellung und der dominierende politische Einfluss, den sie zuvor auf der gesamten Insel ausgeübt hatten.

In einem wiedervereinigten Irland wären die Ulster Unionisten nicht mehr das herrschende Volk, sondern eine konfessionelle Volksminderheit, der die kleine Insel bei weitem nicht die Vorteile des großen Empire zugestehen kann, in dem ihnen als Bürger dieses Empire Karrieren in Armee, Verwaltung und Regierung offen stehen. Auch der nordirische Handel profitierte von der Anbindung an England. Die Industrie in Belfast verlor durch die Abspaltung natürlich ihr Hinterland, wurde aber dafür entschädigt, dass ihr der gesamte britische Markt zollfrei offenstand. Die Industrie war für Belfast als Ergänzung zu seiner Agrarwirtschaft unerlässlich und sie musste von 1932 bis 1937 hart gegen England kämpfen.

De Valéra hatte kurz nach seinem Eintritt in die Regierung die Zahlung der sogenannten landwirtschaftlichen Annuitäten ausgesetzt.[4] England antwortete mit einem Wirtschaftskrieg, der mit allen modernen Mitteln unterstützt wurde. Dieser Wirtschaftskrieg und der darauf folgende Wirtschaftsnationalismus de Valeras wurden zu einem weiteren Grund für die Ulster Unionisten, aus reinem Egoismus zu protestieren, um ihr kommerzielles Wohlergehen vor der Wiedervereinigung zu schützen. In diesem anglo-irischen Wirtschaftskampf der letzten Jahre hätte Irland auf Dauer das Nachsehen gehabt. De Valéra stellte daher in dem im Mai dieses Jahres erzielten Abkommen seine Forderung nach einer Wiedervereinigung Nordirlands mit Eire zurück und begnügte sich mit der Rückkehr des Handelsfriedens und der vollständigen nationalen Unabhängigkeit

---

[4] Zahlungen an enteignete englische Landbesitzer.

Südirlands. Damit endete der Wirtschaftskrieg zwischen England und Irland. Der große Streit um die landwirtschaftlichen Annuitäten endete, als de Valera die englischen Forderungen mit einer einmaligen Zahlung von 10 Millionen Pfund abwürgte. Die Ursache für den Wirtschaftskrieg seit 1932 war somit nicht mehr vorhanden. Es kam zu einer Wiederbelebung des irischen Handels, der den englischen Handel frei ergänzte.

Andererseits erlangte Irland die volle militärische Souveränität. Die früheren Stützpunkte der britischen Flotte wurden gegen die Garantie, als Bedrohung Irlands auch die Bedrohung Englands zu betrachten, zurückgegeben. Somit ist eine militärische und politische Zusammenarbeit zwischen Irland und England obligatorisch. England fügte damit ein Element in seine gesamte diplomatisch-militärische Ausrüstung ein, die es seit der Niederlage im Abessinien-Konflikt mit allen Mitteln aufgebaut hatte.

Aber es ist abzusehen, wie sehr die ungelöste Ulster-Frage der anglo-irischen Union erneut Schaden zufügen wird. De Valéra erklärte jedenfalls noch am Tag seiner Rückkehr von London nach Dublin, dass er den Kampf um Ulster niemals aufgeben werde. Die irische Presse ging trotz de Valeras Erklärung über eine gemeinsame anglo-irische Verteidigung sogar so weit, dass sie als nächsten Schritt die Anerkennung Irlands als neutralen Staat forderte. Auf der anderen Seite erklärte der nordirische Premierminister Lord Craigavon anlässlich des Nationalfeiertags im Juli dieses Jahres, dass Ulster sich niemals vor dem Parlament in Dublin beugen und England niemals verraten werde. Ulster verlange von Irland nichts anderes, als in Ruhe gelassen zu werden. Diese Äußerungen der beiden Staatsmänner und die erneuten Unruhen am diesjährigen Nationalfeiertag zeigen, wie stark die Gegensätze im Volk trotz der geschlossenen Verträge danach wie zuvor agieren.

Das anglo-irische Problem liefert erneut den Beweis dafür, dass alte Verträge nur nutzloses und leeres Papier sind, wenn sie nicht den Willen der betroffenen Völker ausdrücken.

HEFT DER SS NR. 1. 1939.

DEUTSCHE IN SÜDWESTAFRIKA

In der deutschen Geschichte gibt es unzählige Beispiele von Deutschen, die aus den Waldgebieten Deutschlands in die trockenen und heißen Länder des Südens gezogen sind. Wie Wasser, das in der Sonne verdunstet, haben die Deutschen in den heißen Ländern allmählich ihre Identität verloren. Dies war bereits das Schicksal der germanischen Stämme, die sich zur Zeit der großen Invasionen auf den Weg machten, um in den südlichen Regionen neue Städte zu errichten. Nach einer kurzen Blütezeit verschwanden diese Schöpfungen wieder, und etwas später verdünnte sich das Germanentum im dunklen Blut des Südens. Dies geschah in den letzten 1500 Jahren auf vielfältige Weise. Die Nachkommen der deutschen Auswanderer waren oft die mutigsten Soldaten im Kampf gegen Deutschland und behinderten dadurch seinen Kampf um das Leben.

Da die Südafrikanische Union wusste, dass Deutsche in der Vergangenheit relativ leicht ihren Nationalcharakter verloren hatten, verzichtete sie im Gegensatz zu den anderen Eroberern der deutschen Kolonien darauf, die deutschen Bewohner Südwestafrikas vollständig zu vertreiben. 7.000 von 13.000 Bewohnern wurden 1919/20 vertrieben. Von den verbleibenden 6.000, denen man „großzügig" erlaubte, auf dem Stück Land zu bleiben, das man mit Blut und Schweiß der Wüste abgerungen hatte, erwartete man, dass sie sich nach und nach von den Buren assimilieren lassen würden. Diese Hoffnung hielt man für umso begründeter, als die Buren selbst überwiegend niederdeutscher Abstammung waren. In Südwestafrika wie auch in anderen Teilen der Welt war es üblich, die unzureichende lokale Demografie durch eine Einwanderung von wertvollen Deutschen auszugleichen. Ein südafrikanischer Politiker erklärte einmal, dass die weiße Bevölkerung Südafrikas ohne eine ständige Einwanderung von Europäern nicht aufrechterhalten werden könne. Noch im Herbst 1932 wurden Gespräche über die Ansiedlung einer größeren Zahl deutscher Einwohner geführt.

Wie haben sich die Hoffnungen Südafrikas in Bezug auf das Germanentum im Südwesten erfüllt? Wir können gleich vorgreifen, denn für uns Deutsche ist es erfreulich Die erste Generation Südwestafrikas, d.h. die Soldaten und Siedler, die sich zu deutscher Zeit und zum Teil auch noch später dort niederließen, verteidigten ihr Deutschtum entschieden, wenn auch nicht immer in angemessener Weise Während in Deutschland der Parteienstreit tobte, schloss man sich im Südwesten zusammen und erlaubte niemandem, sich einer der vielen deutschen Parteien anzubiedern. Die Meinung blieb konservativ wie zu deutschen Zeiten, d. h. die meisten Deutschen hofften auf eine Wiederherstellung der Monarchie in Deutschland und folglich auf eine „Rückkehr zum Deutschland der Kolonien". In Südafrika war man über diese Position der deutschen Bevölkerung wenig erfreut, doch man glaubte, dass die inzwischen herangewachsene deutsche Jugend durchlässiger für eine rassische Vermischung mit den Buren war. Man war der Meinung, dass man angesichts der Widersprüche, die während des Großen Krieges entstanden waren, davon ausgehen musste, dass das Verschwinden des Deutschtums im Südwesten nur nach und nach eintreten würde. Diese Auffassung vertrat die Burengemeinschaft, die zu dieser Zeit in Südafrika an der Macht war. Für anglikanische und liberale Kreise hingegen kam diese langsame Entwicklung gerade recht, denn so wäre ein zu schnelles Erwachen der nationalen Burengemeinschaft durch Einbringung wertvoller deutscher Bevölkerungsgruppen nicht zu befürchten. Dennoch war es für beide Seiten eine große Enttäuschung, als sich vor allem nach der Machtübernahme der Nationalsozialisten herausstellte, dass die junge Generation der Deutschen noch mehr als ihre Eltern an ihrem Deutschtum festhielt und sich mit Begeisterung zum Nationalsozialismus bekannte. Man zog die Konsequenzen daraus, indem man die Einwanderung neuer deutscher Einwanderer durch Einwanderungsverbote verhinderte.

KHORAB - SÜDWESTAFRIKA - JULI 1915

Die südafrikanischen Truppen haben „gesiegt". 70.000 Männer eroberten das Land, das von 5.000 Deutschen verteidigt wurde. Der Frieden wurde geschlossen, nachdem diese ihre letzten Patronen verschossen hatten. 3.000 Reservisten, Farmer, Händler oder Handwerker kehrten an ihre Arbeitsplätze zurück und 2.000 Berufssoldaten wurden interniert. Der Krieg war zu Ende, der Widerstand begann.

WINDHURK 1924

Die deutsche Gemeinde in Südwestafrika protestiert gegen die Gewalt der Sieger und die Prinzipienlosigkeit der Bonzen in Deutschland. Sie protestiert gegen die Tatsache, dass sie verkauft wurde. 1923 hatte die südafrikanische Regierung, vertreten durch General Smits, den „Londoner Vertrag" geschlossen, demzufolge die Deutschen im Südwesten eingebürgert werden sollten, d. h. zu Südafrikanern (Buren) werden sollten. Um diese Pille für die Deutschen weniger bitter zu machen, wurde ihnen zugestanden, dass sie neben der südafrikanischen auch die deutsche Staatsangehörigkeit behalten durften. Das war erniedrigend und entwürdigend.

1932

Die Invasion der Buren ist vorbei. Aus Südafrika und Angola waren so viele Buren gekommen, dass die Einwanderung aus Deutschland, die die deutsche Gemeinschaft von 7.000 auf 13.000 Seelen anwachsen ließ, nicht gegen die Buren ankämpfen konnte. 17.000 bis 18.000 Buren lebten neben 13.000 Reichsdeutschen auf dem Gebiet Südwestafrikas.

Das Jahr 1932 war für die deutsche Gemeinschaft ein Jahr der totalen Verzweiflung. Die Weltwirtschaftskrise, eine mehrjährige Dürreperiode und die katastrophalen Folgen der südafrikanischen Kolonialpolitik brachten Südwestafrika an den Rand des Ruins. In der größten Not erklärte sich die burische Gemeinschaft bereit, gemeinsam mit den Deutschen auf die Regierung Südafrikas einzuwirken, damit das Schicksal Südwestafrikas in stärkerem Maße als bisher in die Hände der weißen Bevölkerung des Landes gelegt wurde. Auch sollte die deutsche Sprache Amtssprache werden und ein automatisches Bürgerrecht für deutsche Nachkriegsauswanderer beantragt werden.

Der Germanismus wendet sich ängstlich nach Deutschland; er versteht den politischen Prozess, der von seinem Heimatland angeführt wird, nicht mehr. Teilwahlen, Hitler gegen Hindenburg, deutscher Nationalismus gegen Nationalsozialismus. Man versteht nichts mehr. Man begreift nur noch eines: Ein unerhörtes Ereignis bahnt sich an. 1932, das Jahr des erstickenden Sturms.

FRÜHLING 1933

Das dritte Jahr der Dürre in Südwestafrika und doch ein neues Jahr. Die Jugend des Landes schließt sich der Fahne Adolf Hitlers an. In Windhuk entsteht eine regionale Zelle der NSDAP, die schnell wächst; die deutsche Jugendorganisation wie die deutsche Pfadfinderbewegung wird unter die Kontrolle der Hitlerjugend gestellt.

1934

Die Hitlerjugend und die NSDAP werden in Südwestafrika verboten. Die deutsche Jugend beginnt, nach Deutschland auszuwandern, eine Bewegung, die bis 1937 anhält.

Zur selben Zeit verabschiedeten die Afrikaner im Generalrat des Südwestens einen Antrag, in dem sie der Südafrikanischen Union vorschlugen, den afrikanischen Südwesten als fünfte Provinz zu verwalten. Die Südafrikanische Union änderte jedoch nichts an den Modalitäten ihres Mandats.

1935

In Deutschland schließen sich 600 junge Südwestdeutsche zur Südwestafrikanischen Nationaltruppe zusammen. Diese südwestafrikanische Truppe bringt schnell Ordnung und Disziplin in die Reihen der südwestdeutschen Jugend und führt sie ideologisch.

1936-1937

Im Dezember 1936 kündigte die Unionsregierung harte Maßnahmen gegen die südwestafrikanische Bevölkerung an. In einer Erklärung gab die Union bekannt, dass sie nach der Verleihung der Staatsbürgerschaft an die Deutschen im Jahr 1925 erwartet hatte, dass diese in der Gemeinschaft aufblühen würden, d. h. Buren werden würden. Neue Maßnahmen des Mandatsnehmers zwangen die Deutschen in Südwestafrika dazu, ihre einheitliche Organisation „Deutscher Bund" aufzulösen.

FRÜHLING 1939

Vor einigen Jahren wurde in Südwestafrika eine neue Pfadfinderorganisation gegründet, deren Tätigkeit durch sehr strenge Verordnungen eingegrenzt wird. Außerdem hat eine neue Partei, die „Südwest-Allianz", der nur eingebürgerte Deutsche beitreten können, die politischen Geschicke der deutschen Gemeinschaft im Südwesten in die Hand genommen. Seit etwa einem Jahr ziehen sich die jungen Deutschen, die sich der südwestafrikanischen Nationaltruppe angeschlossen haben, einzeln oder in kleinen Gruppen in den Südwesten zurück. Nachdem sie sich ideologisch und beruflich weitergebildet haben, wollen sie die Verteidigung der deutschen Volksgruppe in Südwestafrika übernehmen. Sie wollen sich gegen alle fremden Einflüsse behaupten. Eine Hoffnung treibt sie alle an: Südwestafrika soll wieder zu Deutschland gehören.

***

Die deutsche Volksgruppe hat heute jene innere Einheit erreicht, die notwendig ist, um nicht von den politischen und wirtschaftlichen Repressalien der Mandatsregierung niedergeschlagen zu werden. Es ist eine bekannte Tatsache, dass diese deutschen Volksgruppen, die einen solchen Zustand der inneren Einheit und Harmonie erreicht haben, gegenüber jedem Versuch von außen, Druck gegen sie auszuüben, nur stärker werden können. Wenn man auf die Entwicklung des gesamten deutschen Volkes zurückblickt, kann man von einer enormen Veränderung sprechen, d.h. die Geburt einer neuen herrschenden Klasse, die die Jugend der Nation hinter sich hat, hat die Vergangenheit ausgelöscht und neue Zeiten geschaffen. Diese Entwicklung der gesamten deutschen Nation finden wir in kleinerer Form in den nationalen Gruppen im Südwesten. Aus den Reihen der jüngeren Generation sind eine Reihe fähiger Männer hervorgegangen, die zusammen mit den führenden Köpfen der ersten Generation die Führung der gesamten deutschen Gemeinschaft im Südwesten übernommen haben. Seitdem hat sie ihre innere Uneinigkeit überwunden und ist nun bereit, jedem Angriff zu trotzen.

SS-Uscha. Kurt P. Klein

Sächsische Landschaft.

Der Großmufti von Jerusalem begutachtet die bosnischen Freiwilligen der Waffen-SS.

HEFT DER SS NR. 2. 1939.

DER ISLAM, DIE GROßMACHT VON MORGEN

Der plötzliche Tod des jungen Königs Ghazi I. von Irak, der vor etwa einem Monat mit seinem Auto gegen einen Baum fuhr und nach wenigen Stunden seinen schweren Verletzungen erlag, brachte die gesamte arabische Welt erneut aus einem Geist der Gemeinschaft und Solidarität zusammen. Die erste spontane Reaktion auf dieses Ereignis war die Ermordung des britischen Konsuls in Mossul, der von den Arabern zu Tode gesteinigt wurde. Der Grund: In arabischen Kreisen mit einem durch den jahrelangen Abwehrkampf geschärften Instinkt glaubte man nicht an einen Unfall, sondern betrachtete den jungen König als ein weiteres Opfer des britischen Geheimdienstes, der auch den Tod von Ghazis Vater, König Feyçal I, auf dem Gewissen hatte. König Feyçal starb plötzlich und unerwartet im Jahr 1933 in Bern. Zunächst wurde sein Tod einigen Ölmagnaten zugeschrieben. Heute weiß man mit Sicherheit, dass Feyçal von den Briten vergiftet wurde.

Ghazis Tod lenkt die Aufmerksamkeit jedoch erneut auf die Hintergründe, vor denen sich in den letzten Jahren Ereignisse von großer Bedeutung in der arabischen Welt abgespielt haben. Der aufmerksame politische Beobachter wird sich daher zwangsläufig die Frage stellen: Welche Zusammenhänge bestehen hier und inwieweit ist es möglich, ein politisches, religiöses oder ideologisches Phänomen mit diesen Ereignissen in Verbindung zu bringen? Man darf jedoch nicht den Fehler begehen, die Begriffe „arabische Welt" als etwas in sich völlig Homogenes zu betrachten, denn der Arabismus im französischen Nordafrika folgt völlig anderen Gesetzen als in Ägypten, und die religiösen Ausdrucksformen bei den Wahabiten unter Ibn Saud weichen völlig von denen der Araber in Transjordanien ab. Stammesbedingte nationalistische Forderungen sowie kulturelle und religiöse Unterschiede schaffen ein so komplexes und bewegtes Bild, dynastische Interessen und politische Verbindungen zu einigen europäischen Großmächten wirken sich so unterschiedlich aus, dass es schwierig ist, einfach von einem einheitlichen, organisierten und auf etablierten Gesetzen basierenden Lebensstil zu sprechen. Und dennoch existiert eine solche Lebensweise. Nicht in einem staatlichen Sinne. Auch nicht in der völligen Ähnlichkeit der religiösen Überzeugungen - denken wir nur an die vielen Sekten, die es innerhalb des Islam gibt -, aber diese hohe Gemeinschaft basiert auf einer Realität, die für Europäer nur sehr schwer verständlich ist.

Was die Araber in ihrem Befreiungskampf gegen die britische Fremdherrschaft zweifellos bis zu einem gewissen Grad eint, ist der glühende Nationalismus und der Wunsch nach Freiheit und einem unabhängigen Staat. Dahinter steht - zwar von Stamm zu Stamm unterschiedlich, aber doch letztlich eine Einheit bildend - jene Religion, die als Lehre des Propheten Mohammed zu einer internationalen Macht ersten Ranges geworden ist, die sich unter völlig neuen Bedingungen manifestieren will und sich derzeit als politische Weltmacht erweist. Wenn man jedoch nach der Natur dessen fragt, was diese Kräfte ausmacht, die ihre Vitalität aus dieser unerschöpflichen Quelle schöpfen, muss man zu der Zeit zurückkehren, als der Islam seinen ersten Kontakt mit der westlichen Welt erlebte. In diesen Auseinandersetzungen zwischen der westlich-christlichen und der östlich-islamischen Welt, die einen entscheidenden Einfluss auf die gesamte Entwicklung des Islam ausübten, war der Orient bis zum Ende des 17. Jahrhunderts das aktive Element. Dann kam es zu einer vorübergehenden Kampfpause, bis Napoleon seinerseits die Kriegslust des Westens auf den Osten ausdehnte und damit eine Entwicklung in Gang setzte, die durch einen ständigen Kampf zwischen Orient und Okzident gekennzeichnet war und im Ersten Weltkrieg mit dem Zerfall des türkischen Osmanischen Reiches ihren Höhepunkt erreichte. Zum ersten Mal in der Geschichte der arabischen Gemeinschaft haben die folgenden Jahre das Problem vielleicht so sehr in den Vordergrund gerückt, dass es nun möglich ist, die Natur der vielfältigen Kräfte dieser Bewegung und ihre dynamischen Ausläufer realistischer zu definieren.

Es ist eine bekannte Tatsache, dass der Islam aufgehört hat, eine einfache religiöse Doktrin zu sein, und stattdessen eine Verbindung zwischen reinem Nationalismus und religiösem Fanatismus darstellte. Doch heute wird das gemeinsame Universum des Islam stärker als je zuvor durch das Gefühl einer orientalisch-islamischen Schicksalsgemeinschaft geformt, die allem Westlichen auf natürliche Weise feindlich gegenübersteht. Es findet seinen stärksten und mächtigsten Ausdruck in dieser Opposition gegen den Westen und das Christentum. Allerdings muss man hier eine Klammer ziehen: Diese Schicksalsgemeinschaft der arabischen Welt vor islamischem Hintergrund hat nichts mit der sogenannten panislamischen Idee zu tun, wie sie einst von den türkischen Kalifen propagiert wurde und die auf die Schaffung eines großen, geeinten islamischen Reiches abzielte. Vor allem in der Vorkriegszeit war diese Bewegung ein Element, mit dem man politisch rechnen musste, da sie eben aus Gründen einer politischen Notwendigkeit entstand. Sie zerfiel jedoch mit dem Fall des Osmanischen Reiches, als

Stammesforderungen und vielfältige nationale Bewegungen unter den Arabern wieder auflebten und die Muslime sich gegenseitig bekämpften, wenn es ihren politischen Zielen dienlich war. Die Erinnerung an den „Heiligen Krieg" ist noch überall lebendig, zu dem der vorletzte Sultan die an Mohammed Glaubenden gegen die Alliierten aufrief und der ein schwaches Zeugnis für eine panislamische Idee lieferte. Es wäre heute viel sinnvoller, anstelle einer panislamischen Bewegung im Sinne des Sultans von einem islamischen Nationalismus zu sprechen, der zwar so unterschiedliche Ursprünge hat wie die einzelnen Stämme, aber überall - und darin liegt seine entscheidende Bedeutung - dieselbe Allianz zwischen nationalen und religiösen Kräften darstellt. Dieser Zusammenhang kommt aber wohl am besten in jenem Teil der islamischen Welt zum Ausdruck, der auch zum Ausgangspunkt der Lehre Mohammeds geworden ist: im arabischen Lebensraum des Nahen Ostens. (In diesem Zusammenhang darf man nicht vergessen, dass die Anhänger des Islams nicht nur Araber sind, sondern auch in Indien, Japan, Niederländisch-Indien, auf dem Balkan etc,) Und hier, in der ausschließlich arabischen Welt, schuf der Islam eine mit nationalen Ideen verbundene Bewegung, die man Panarabismus nannte und in der die stärkste Abwehrfront oder genauer gesagt die heftigste Feindseligkeit gegenüber Europa und dem Christentum zum Ausdruck kam, die seit dem Vordringen der Mauren in Spanien von diesem Gebiet ausgegangen ist. (Im Übrigen vergleichen wir die bewundernswerten Kulturdenkmäler und Kunstschätze, die die Mauren in Spanien hervorgebracht haben, mit den erbärmlichen Spuren, die das Christentum hinterlassen hat - Früchte eines künstlerisch-kulturellen Willens, der von völlig gestörten Geistern und Empfindungen ausging!) Diese Gegnerschaft zeigt sich besonders dort, wo die Formen des politischen Lebens noch sichtbar vom Geist des Kampfes durchdrungen sind, wie in Palästina, Algerien und anderen Zentren des Machtkampfes. Und hier, im Herzen dieser Kampfzone, befindet sich auch jener Ort, der gewissermaßen den Motor der panarabischen Bewegung darstellt und zugleich das geistige und religiöse Herz dieses gigantischen Kampfes ist, nämlich die seit Jahrhunderten berühmte El-Ashar-Universität in Kairo. Aus diesem enormen Konzentrationspunkt religiöser und politischer Energie gehen jährlich unzählige Professoren und Führer hervor, die in alle Teile der arabischen Welt reisen, um den Hass auf jegliche ausländische Herrschaft zu predigen. Die verbliebenen muslimischen Institute in Damaskus oder Fez sind ebenfalls Sammelpunkte der islamischen Führungselite, von denen aus muslimische Professoren, sogenannte „Ulema", an die Kampffront ziehen und in den kleinen Moscheen und abgelegenen Beduinendörfern neue kriegerische Impulse entfachen.

Im Zusammenhang mit den panislamischen Bemühungen des türkischen Kalifats ist es wichtig, noch Folgendes zu erwähnen: Die Abschaffung des Kalifats durch den vor wenigen Monaten verstorbenen Kemal Atatürk, den Schöpfer der neuen Türkei, war in keiner Weise gegen den Islam als solchen gerichtet. Im Wesentlichen war es zwingend notwendig, die junge Türkei von den Problemen der verbleibenden arabischen Staaten, die das alte Osmanische Reich verlassen hatten, zu entkoppeln, um auf diese Weise den sicheren Aufbau des jungen türkischen Staates zu gewährleisten, der durch harte Opfer möglich geworden war. Dies war ausschlaggebend für die Trennung von Sultanat und Kalifat, auf die im weiteren Verlauf der Entwicklung die vollständige, aber nicht völlig endgültige Abschaffung des Kalifats (also der religiösen Autorität aller Mohammedaner) folgte. Die Tatsache, dass das Kalifat selbst später abgeschafft wurde, darf nicht bestimmten arabischen Persönlichkeiten zugeschrieben werden, die damit alle reaktionären Hoffnungen auf eine Wiedergeburt des alten Osmanischen Reiches endgültig an der Quelle zerstören wollten. Aufgrund besonderer Ereignisse, auf die hier nicht näher eingegangen werden kann, führte die weitere Entwicklung der Türkei dann zu einer sicheren Trennung zwischen Staat und Islam, so dass die Türkei heute eine Art Sonderstellung im Vergleich zu den verbleibenden arabischen Staaten einnimmt.

Aber darüber hinaus zeigt die enorme Anziehungskraft, die der heilige Ort des Islams, die Pilgerstadt Mekka, heute wie damals auf alle Gläubigen ausübt, wie stark das Gefühl der gemeinsamen Zugehörigkeit aller Muslime ist. Jedes Jahr versammeln sich dort Pilger aus allen Teilen der Welt. Hier erhalten sie neue Kraft für ihren religiösen und auch politischen Kampf, und die Muslime, die weltweit etwa 250 Millionen Menschen zählen, verspüren ständig das tiefe Gefühl einer unauflöslichen Gemeinschaft. Es handelt sich zwar um eine religiöse Gemeinschaft, die deutliche antiwestliche Züge trägt und damit die Grundlage für einen politischen Kampf bildet, aber die Muslime sind nicht nur eine religiöse Gemeinschaft, sondern auch eine religiöse Gemeinschaft.

Einer der bemerkenswertesten Wesensunterschiede zwischen dem Christentum und dem Islam zeigt sich auch hier. In allen Machtträumen und hauptsächlich in den imperialistischen Begehrlichkeiten, die im Laufe der Geschichte immer wieder zum Beispiel von der katholischen Kirche geäußert wurden, wurde das Christentum in allen westlichen Ländern von den letzten politischen Entscheidungsprozessen weitgehend ausgeschlossen. Das bedeutet nicht, dass dieses nicht an den Konflikten der Vergangenheit beteiligt gewesen wäre: Aber bei Entscheidungsfindungen und Imperativen handelte es gegen den Staat und damit gegen die politische Entwicklung des Westens. Der Islam hingegen konnte aus religiöser Sicht politische Entscheidungen weitgehend motivieren und beeinflussen, wiederum im Gegensatz zum Christentum - das liegt daran, dass für Araber und Muslime die Religion schlicht und einfach Ausdruck ihrer natürlichen Lebensform ist, so dass ein Zusammenprall der beiden Mächte, vergleichbar mit dem Zusammenprall von Kaiser und Papst in der westlichen Welt, überhaupt nicht stattfinden konnte. Aber auch in der arabischen Welt gibt es, wie wir bereits gesehen haben, Gegensätze, die heute vor allem von den Briten ausgenutzt werden, um einen Zusammenschluss aller Araber zu verhindern. Aber all diese Spaltungen sind dennoch zweitrangig, auch wenn sie fortbestehen, während sich der Islam mit dem Nationalismus zu jener Synthese vereint, die wir Panarabismus genannt haben und die als künftige Großmacht den europäischen Mächten gegenübertreten wird, die noch nicht in der Lage sind, klar Stellung zu beziehen.

In diesem Zusammenhang verdient ein Mann besondere Aufmerksamkeit. Eine der arabischen Führungspersönlichkeiten, die eine entscheidende Rolle spielen wird, ist Ibn Saud, der König von Saudi-Arabien, dem derzeit größten arabischen Staat. Dieser unerschrockene Krieger und Diplomat, kaum 20 Jahre alt und aus der Hafenstadt Kuwait am Persischen Golf stammend, drang 1901 mit einer Handvoll tollkühner Beduinen gewaltsam in Er Riad, der Hauptstadt des Arabischen Reiches, ein und eroberte so das Land seiner Väter zurück. Er vertrieb 1924 König Hussein aus dem Hedschas, als dieser sich selbst zum Kalifen ernennen wollte, eroberte mit seinen gut ausgerüsteten Soldaten in kürzester Zeit den gesamten Hedschas und gliederte ihn seinem Herrschaftsbereich an, der heute indirekt auch den Jemen umfasst, nachdem er den Imam des Jemen zur Unterwerfung gezwungen hatte. Dieser orthodoxe Araber, der der Sekte der Wahabiten angehört, ist heute eine der Figuren auf dem arabischen Schachbrett, auf die sich viele Muslime verlassen, die auf die Wiederherstellung des Kalifats hoffen. Die Wahabiten-Sekte unterscheidet sich von den übrigen islamischen Sekten dadurch, dass sie den mohammedanischen Glauben wieder von allen Zusätzen reinigt und ihn durch eine fast puritanische Lebensregel zum Ausdruck bringt. Die Befreiung von theologischem Dogmatismus und die Rückkehr zur Lehre, wie sie der Prophet verkündet hat, sind die Hauptmerkmale dieser ansonsten außerordentlich moralischen Gemeinschaft der Wahabiten.

Es ist bis heute nicht bekannt, ob Ibn Séoub das Problem des Kalifats ansprechen wird. Der politische Kampf steht noch zu sehr im Vordergrund, als dass diese eher religiöse Frage bereits geklärt werden könnte. Aber wenn die Entscheidung getroffen werden muss, wird Ibn Saud auf jeden Fall das Gewicht seiner starken Persönlichkeit und die Macht seines Staates in die Waagschale werfen, wenn es darum geht, die neue Schöpfung der arabischen Welt auch aus rein religiöser Sicht zu krönen.

Vielleicht wird dann dieser neue arabische Führer im Sinne eines verstärkten Panarabismus jene Allianz zwischen Nationalismus und Islam personifizieren, die für die vorgezeichnete Entwicklung charakteristisch ist. Der „heilige Krieg" von einst war eine schöne Formel, aber in Wirklichkeit völlig bedeutungslos. Der „heilige Krieg" von morgen wird unter der grünen Flagge des Propheten und dem Banner des Panarabismus, aber auch der westlichen Welt geführt werden und die arabische Welt zwingen, ihre Interessensphären klar zu definieren.

Alfred Pilllmann

HEFT DER SS NR. 1. 1939.

DAS REICH ATATÜRKS

Ein seltsamer Zufall will es, dass das Schicksal Völker, die einander völlig fremd sind und in sehr unterschiedlichen Räumen leben, und zudem genau zur selben Zeit und unter denselben Bedingungen, parallele Entwicklungen durchlaufen lässt.

Diese Entwicklung sehen wir auch in der Geschichte Italiens und Deutschlands, die beide nach einer großartigen Vergangenheit aufgrund ihrer inneren Uneinigkeit in die politische und nationale Ohnmacht gefallen waren. Doch in der zweiten Hälfte des 19 Jahrhunderts vollzogen sie dank genialer Staatsmänner (Bismarck, Cavour) den ersten Schritt in Richtung Einheit und Wiederaufstieg und wurden dann nach dem Krieg zu Großmächten, die von Frontsoldaten geführt wurden. Wir alle haben das unverhoffte Glück, erleben und sehen zu können, dass unsere Länder zu Mächten von globaler Bedeutung geworden sind.

Die Türkei hat eine vergleichbare Entwicklung durchgemacht. Das alte türkische Nomadenvolk entstand auf der internationalen historischen Ebene etwa zur gleichen Zeit wie das deutsche Volk. Um den Beginn der christlichen Zeitrechnung, zur Zeit der Dürren, zogen die asiatischen Steppenvölker jedes Jahr in fruchtbarere Regionen, manchmal auch als Invasoren wie die Hunnen unter Attila oder die Mongolen unter Tamerlan und Dschingis Khan. Die Turkstämme zogen jedes Jahr in die Regionen zwischen dem Schwarzen Meer und dem Mittelmeer, hauptsächlich nach Anatolien, Mesopotamien, Syrien und in den Iran.

Das große Wunder des Islam war, dass er von den Türken freiwillig angenommen wurde, die bis dahin die Anbetung der Gestirne praktiziert hatten, von denen sich noch heute ihr Wappen ableitet: der Halbmond und der Stern. Die Türken, die nun sesshaft geworden waren, waren so wichtig, dass sie bereits im achten Jahrhundert zur treibenden Kraft in allen Lebensbereichen wurden und im neunten Jahrhundert praktisch die gesamte

DER SS-ORDEN - ETHIK & IDEOLOGIE

muslimische Welt beherrschten, auch wenn die Könige und Kalifen Araber waren. Sie wurden zur Elite der mohammedanischen Armee, blieben aber ihrem Nationalcharakter und ihrer Sprache treu: Darin liegt einer der Gründe für ihre unbesiegbare Stärke und ihren Glauben an sich selbst trotz langer, blutiger Kriege.

Unter diesen Umständen ist es nicht verwunderlich, dass sie nach und nach die Führung in der muslimischen Welt übernahmen, was tatsächlich Ende des 13. Die Dynastie der „Osmanlis" wurde nach dem Stammesführer der Seldschuken, Osman, benannt, der zu jener Zeit ein großer Kriegsherr war.

Seine Nachfolger herrschten bis 1924 über die Türkei.

Die Macht der Osmanlis-Herrscher bestand darin, dass sie im Gegensatz zu den meisten Potentaten in Europa und Asien ein klar definiertes Ziel hatten, das für die Nation offensichtlich war und mit dem sie das höchste Ziel erreichten: die Vereinigung und Zusammenführung aller Turkstämme in einem zentralen Reich türkischer Prägung. Es sollte ein Reich der geborenen Herrscher und Meister sein, die die Einheit der islamischen Welt schmiedeten, einer völlig geteilten Welt, die nur durch die Lehren des Propheten vereint wurde, klar im Bewusstsein der Gefahr, die eines Tages aus dem Westen kommen würde.

Die Schwäche der Osmanlis bestand darin, dass sie sich in Alteuropa niederließen, obwohl der Grund dafür der Hilferuf eines griechischen Kaisers war, der die Türken um Hilfe bei der Beilegung eines internen Streits bat. Jahrhundert einen rassisch reinen Staat bildeten, der sich mit jeder Nation der Welt messen konnte und eine der ersten regulären Armeen besaß, erschöpften sie ihre nationalen Kräfte in ganz Europa von dieser Zeit an bis zum 17. Jahrhundert. Wir haben es nur den deutschen Armeen und ihren Anführern - insbesondere Prinz Eugen - zu verdanken, dass sie vor Wien Halt machten und Europa nach und nach verließen.

Selim I, der von 1512 bis 1520 regierte, war einer der weisesten Prinzen, die je regiert haben. Seine engsten Vertrauten waren keine Vertreter des Adels oder der höheren Gesellschaftsschichten, sondern oftmals Söhne von Bauern und Kuhhirten, und darauf waren sie stolz. Schriftsteller aus dieser Zeit erwähnen diese Tatsache als etwas Neues und in Europa Unbekanntes. Selim erkannte nur Eignung und Wert an. Extraktion und Herkunft waren ihm gleichgültig. Nach der Eroberung des Iran, Ägyptens, Arabiens und Syriens war er seit 1517 nicht nur Sultan, sondern auch Kalif, d. h. er war sowohl weltlicher als auch religiöser Herrscher, und seine Nachfolger blieben es, bis Atatürk vor der vollständigen Verdrängung der Sultane die weltliche und die religiöse Macht trennte.

Der Nachfolger und Sohn von Selim I, Suleiman II, war zwar der genialste unter den Osmanenherrschern, aber auch der letzte dieser großen Herrscher. Seine Nachfolger degenerierten immer mehr, verursachten Streit und Intrigen, Unruhen und Unzufriedenheit. Es war die Zeit, in der

Europa durch die Initiative Deutschlands trotz der Intrigen Frankreichs gegen die europäische Stabilität erwachte, und das war das Ende der Macht des Osmanli-Reiches. Prinz Eugen warf die Türken nach Osten zurück, aber sie blieben noch lange auf dem Balkan. Napoleon fügte ihnen in Ägypten schwere Niederlagen zu und die türkische Vorherrschaft hätte schon viel früher aufgehört, wenn die europäischen Mächte nicht so uneinig gewesen wären wie England und Frankreich während des Ägyptenfeldzugs.

Immerhin erweckte Napoleon die Serben, Bulgaren und Griechen, die noch unter türkischer Herrschaft standen, zum Leben. Letztere erklärten 1829 im Frieden von Andrinopel ihre Unabhängigkeit, und kurz darauf begannen die Russen, sich für den Balkan, den Bosporus und die Dardanellen zu interessieren. Ihr Panslawismus machte sie zu erklärten Gegnern der Türken. Im russisch-türkischen Krimkrieg konnten sie ihren Zielen jedoch nicht näher kommen.

Es war Bismarck, der 1878 auf dem Berliner Kongress erreichte, dass die türkische Oberhoheit über die meisten Balkanstaaten abgeschafft wurde, aber die Stabilität des Osmanischen Reiches unangetastet blieb, was bekanntlich die Russen erzürnte.

1908 entstand unter der Führung von Enver Pada die türkische Revolution, die aus dem „kranken Staat am Bosporus" einen strukturierten Staat machen wollte, was vor allem umfassende Reformen erforderte. Die Türkei war nämlich immer noch mittelalterlich; grausame und despotische Sultane widersetzten sich mit aller Macht jeglicher Entwicklung.

Die Jungtürken scheiterten jedoch, da auch sie nicht aus dem Volk stammten, sondern sich aus der Intelligenz und der Bourgeoisie des Landes rekrutierten und daher keinen Einfluss auf die Bauernmassen hatten. Der Niedergang wurde immer stärker. Bulgarien erklärte seine Unabhängigkeit, Italien eroberte Libyen, wo Atatürk in der Schlacht von Tobruk fast den einzigen Sieg in diesem Krieg errang.

Die Balkanvölker erklärten der Türkei einen Krieg, der mit großen Gebietsverlusten endete, aber noch schlimmer hätte enden können, sogar mit dem Ende des türkischen Reiches, wenn nicht der Mut der anatolischen Soldaten den Angriff des Feindes bei Andrinopel gebrochen hätte. 1913 endete der zweite Balkankrieg nach zweijährigen blutigen Kämpfen; der Frieden von Konstantinopel drängte die Türkei sozusagen vollständig aus Europa hinaus.

Als dann der Erste Weltkrieg ausbrach, war allen klar, dass Russland seine Chance gekommen sah, die Türkei endlich zu vernichten. Die Türkei war folglich gezwungen, sich gegen Russland und damit auf die Seite Deutschlands und der Mittelmächte zu stellen. Bei der späteren Durchsicht der russischen Kriegsarchive stellte sich heraus, dass die Ziele Russlands ordnungsgemäß dokumentiert worden waren.

Eine der größten Kriegstaten der Türken war die Verteidigung der Meerengen, zu der auch deutsche Offiziere beitrugen. Erwähnt sei hier

Generaloberst von der Goltz, der Erneuerer und Reorganisator der türkischen Armee. Von der Goltz war während des Ersten Weltkriegs zunächst Generalstabsgehilfe des Sultans und später Oberbefehlshaber der ersten türkischen Armee. Die Hauptlast der Schlacht hatte die Heeresgruppe Anafarta zu tragen; ihr Anführer, Mustapha Kemal Pascha, bekleckerte sich zum zweiten Mal in seinem Leben mit Ruhm und trug letztlich dazu bei, dass sich die Alliierten zurückzogen. Er befehligte auch die siebte Armee, die als Nachhut den Rückzug der Türken deckte und sich so die Achtung all ihrer Feinde eroberte.

Für die ausgeblutete Türkei endete der Krieg jedoch nicht mit dem Waffenstillstand vom 18. Oktober 1918. Auf Betreiben Frankreichs und Englands landeten griechische Truppen in Smyrna und begannen einen grausamen Krieg, der drei Jahre dauerte und ohne das Eingreifen Atatürks schnell das Ende der Türkei bedeutet hätte.

Die wahren Drahtzieher dieser mörderischen Kämpfe waren nicht die Griechen, die glaubten, dem Westen und der christlichen Kultur einen großen Dienst zu erweisen, sondern die beiden ewigen Narren Lloyd George und Winston Churchill, die sich auf diese Weise einen Landweg nach Indien einverleiben wollten, indem sie die Türkei zu einem Konglomerat kleiner Miniaturstaaten degradierten, die sie unter griechische, englische und französische Vormundschaft gestellt hätten. Die Griechen hingegen sollten die Kastanien aus dem Feuer holen.

Ein großer Teil der türkischen Gebiete war aufgrund des besagten Waffenstillstands von Armeniern, Engländern, Franzosen, Griechen und Italienern besetzt. Als die Griechen unter dem Schutz der englischen und französischen Flotten zum Angriff übergingen, war die Lage der Türken hoffnungslos. Die von acht Jahren Krieg völlig erschöpfte Nation war demoralisiert. Der Sultan machte den Westmächten schöne Augen; er erwies sich als ein Befehlsempfänger von der Art Politiker, wie wir sie zur selben Zeit in Deutschland erlebt haben.

Dann erschien Mustapha Kemal. Er kümmerte sich weder um den Sultan noch um die Institutionen, sammelte die türkischen Armeen, reorganisierte sie und rüstete sie mit russischer Hilfe auf. Die Sowjets taten dies gerne, denn sie wussten, dass die Westmächte nicht vor dem Fall der Türkei Halt gemacht hätten. Nahe der Grenze lagen Baku und Batum, Tiflis, die Ölquellen, deren Aktien Sir Henry Deterding bereits vorsorglich gekauft und damit den größten Fehler seines Lebens begangen hatte.

Kemal Pascha war jedoch scharfsinnig genug, sich aus der Schlinge zu befreien, in die die Sowjets die Türkei nach und nach einbinden wollten. Während seine Außenpolitik später in erster Linie die Freundschaft mit Sowjetrussland pflegte, unterdrückte er im Inneren des Landes gnadenlos jeden Kommunisten. Inzwischen war er auf Hilfe angewiesen. Mit ärmlichen Mitteln und unter erbärmlichen Umständen begann er den Kampf gegen einen dreimal so großen Gegner, verlor einige Kämpfe, um dann als geborenes militärisches Genie die Griechen Schlacht für Schlacht zurückzuschlagen. Als die Alliierten sahen, dass der Plan am unerwarteten Widerstand der Türken scheiterte, luden sie diese 1921 zu einer Konferenz nach London ein, obwohl Lloyd George die türkischen Streitkräfte als Plündererbanden und Kemal als Rebellengeneral bezeichnete, so wie vor kurzem auch General Franco.

Diese Konferenz führte zu keinem Ergebnis. Die Kämpfe gingen weiter. Im August und September 1921 krönte Kemal seinen Kriegsruhm, indem er seine armen Truppen nach langen und harten Kämpfen mit zahlreichen taktischen Manövern, aber vor allem mit leidenschaftlichem Elan gegen einen zahlenmäßig und waffentechnisch weit überlegenen Feind zum Sieg führte. Die Nationalversammlung verlieh ihm den Titel „El Gasi", der Siegreiche.

Innerhalb weniger Monate wurde der Feind endgültig besiegt, vor allem in den denkwürdigen Schlachten von Afion, Karahissar und Inonu. Der Sieger von Inonu war Kemals Generalstabschef und sein Nachfolger im Amt des Präsidenten. Der Sultan musste ins Exil gehen, da er des Hochverrats beschuldigt wurde, und Lloyd George musste zurücktreten. Diesmal hatte er sich völlig geirrt. König Konstantin von Griechenland dankte ab, und Kemal begann, sein Volk langsam aber sicher zu einer modernen Großmacht zu erziehen. Am 24. Juli 1923 wurde nach etwa zwölf Jahren Krieg im Vertrag von Lausanne Frieden geschlossen. Die Griechen mussten den europäischen Teil der Türkei und Ostthrakien zurückgeben: Das Land war gerettet.

Nach der Trennung der geistlichen und weltlichen Macht wurde der Thronfolger zum Kalifen ausgerufen. Als sich später herausstellte, dass der Klerus völlig reaktionär war und Verschwörungen schmiedete, schaffte Kemal kurzerhand das Kalifat und alles, was damit zusammenhing, ab. Das Volk hatte wenig Bindung an seine Kirche und rührte sich nicht, als die Abschaffung erfolgte. Das Verbot des Fez und die Einführung des Hutes führten jedoch zu Unruhen.

Abgesehen davon, dass das völlig erschöpfte Volk wieder zu Kräften kommen musste, hatte Kemal wegen des Analphabetismus, der 90% der Bevölkerung betraf, und wegen all der altmodischen Institutionen alle Hände voll zu tun. Er ging mit gutem Beispiel voran, führte die lateinische Schrift in der gesprochenen Sprache ein, schaffte den Schleier und den Fes ab, reiste durch das Land und brachte den Bauern das Lesen und Schreiben bei.

Bei seinem Vorhaben wurde er durch den natürlichen Reichtum des Landes unterstützt. Bei einer Fläche, die ungefähr doppelt so groß ist wie Deutschland, hat die Türkei nur 16 Millionen Einwohner, von denen neun Zehntel der türkischen Rasse angehören und zwei Drittel Bauern sind. Die Fertilität ist bemerkenswert: 23 Geburten pro 1.000 Einwohner. Man verstärkt diesen Trend, indem man im Ausland lebende türkische

Emigranten, die sich auf Initiative des Staates niederlassen, in die Heimat zurückbringt.

Die neue Türkei versorgt sich bereits seit zehn Jahren selbst. Sie ist für ihre Versorgung nicht mehr auf das Ausland angewiesen, selbst in Jahren mit schlechter Ernte. Das Land erholt sich zusehends und entwickelt sich in einer im Orient bis dahin unbekannten Zeitspanne von einem mittelalterlichen Reich aus Tausendundeiner Nacht zu einem modernen Staat. Die Deutschen haben zu all diesen Veränderungen und Errungenschaften in hohem Maße beigetragen. Es hat sich wieder einmal gezeigt, dass die Deutschen hier wie überall das einzige zivilisierte Volk auf der Welt sind, das anderen Völkern in der Entwicklung helfen kann, ohne sie auszubeuten.

Unsere Sympathie galt den Türken und Japanern, weil wir es in beiden Fällen mit ritterlichen, fleißigen und mutigen Völkern zu tun hatten, die zudem wie wir eine nationale Gemeinschaft leben, aus der sie ihre Kraft schöpfen. Wie Adolf Hitler hat Kemal Pascha, der sich nach der Schaffung seines Nachnamens Kemal Atatürk nannte, die sozialen Klassen in seinem Land abgeschafft und die Souveränität des Volkes in der Person des gewählten Führers auf die höchste Stufe gehoben.

Von da an wurde Deutschland der wichtigste Handelspartner der Türkei. Im Jahr 1937 kaufte die Türkei von Deutschland Waren im Wert von 48.132.000 türkischen Pfund bei einem Export nach Deutschland von 50.412.000 türkischen Pfund. Mit großem Abstand folgte Amerika mit einem Drittel dieser Zahlen, England mit einem Sechstel und Frankreich mit einem Zehntel. Das wichtigste türkische Exportgut ist Tabak. Importiert werden vor allem Stoffe, Stahl und Maschinen.

Politisch wurde die Türkei unter Atatürk zu einer erstrangigen Macht, die die Passage vom Schwarzen Meer zum Mittelmeer beherrscht, ein Besitz, der ihr 1936 im Vertrag von Montreux souverän bestätigt wurde. Diese Passage war seit jeher von großer Bedeutung als Verbindung zwischen dem Westen und dem Osten, zwischen Europa und Asien.

Konstantinopel ist seit Jahrhunderten der große Umschlagplatz für den Warenverkehr zwischen Asien und Europa. In diesem Sinne wollte Deutschland vor dem Krieg die Eisenbahnlinie Berlin-Bagdad bauen, ein Projekt, das England zum Scheitern brachte, bis heute, wo der alte Traum Wirklichkeit geworden ist: Bald kann man mit der Eisenbahn von Berlin nach Bagdad und Teheran fahren.

In der Türkei gibt es ein sehr ausgeprägtes Gefühl der Bevormundung und eine starke Abneigung gegen diese. In Bezug auf Deutschland ist davon nichts zu spüren. Deutschland hat immer selbstlos am Aufschwung des Landes mitgewirkt. Die Deutschen arbeiten seit vielen Jahren in der Türkei als Soldaten, Techniker, Architekten und Lehrer.

In den letzten Jahren wurden riesige Erz- und Ölvorkommen entdeckt. Die Türkei ist unermesslich reich. Deutschland will nur Handel unter

Freunden. Ein Beweis dafür sind die 150 Millionen Mark Warenkredit, die der Reichshandelsminister Funk der Türkei gewährt hat. Wenn nun England plötzlich ein kommerzielles Interesse an der Türkei hat, weiß auch der letzte Mensch in diesem Land, was das bedeutet: Vorsorge gegen den wachsenden Einfluss Deutschlands im Nahen Osten.

Und jeder Türke weiß auch, dass England nichts ändern wird, dass die Türkei von niemandem mehr Befehle entgegennehmen wird; das hat sie in Montreux erklärt. Die Sowjets waren wütend, weil sie geglaubt hatten, dass die Türkei in ihrem Kielwasser segeln würde. Strategisch gesehen hat das Land nichts zu befürchten. Eine starke Armee, eine gute Kriegsflotte und 4.000 Kilometer Küste bei 6.000 Kilometer Grenze, abgesehen davon, dass die „Meerengen" uneinnehmbar sind.

Die Türken bilden ein Volk, mit dem die Welt rechnen muss. Wir Deutschen haben den Vorteil einer alten Freundschaft, der Waffenkameradschaft und der offenen Sympathie. Jetzt, da Deutschland zur größten Donaumacht geworden ist, wird es nicht mehr lange dauern, bis sich ein reger Flusshandelsaustausch zwischen unseren beiden Staaten etabliert. Wir exportieren Stoffe und Maschinen. Wir brauchen einander und werden trotz der Tiefschläge Dritter zusammenhalten.

SS-Ustuf. Lorenz

III. GEGNER

HEFT DER SS NR. 3. 1936.

SS-OSTUFER. HEINRICH BAUER:
DAS ALTE TESTAMENT, SELBSTPORTRÄT DER JUDEN

Die Geschichte der Patriarchen und Könige des Alten Testaments ist gewiss eine schlechte historische Quelle, denn sie ist voller Märchen, Legenden und Fälschungen; Wahrheit und Poesie, der Geistesreichtum der arischen Völker, jüdische Verzerrungen und Zusätze reihen sich bunt durcheinander aneinander. Doch in unseren Augen hat das Alte Testament einen fundamentalen Wert, denn es ist das Selbstporträt der Juden. Ein arisches Gehirn könnte sich keine Geschichten vorstellen, die mit denen von Abraham, Isaak, Jakob und Joseph vergleichbar wären.

Die Figuren Abraham und Joseph sind erfunden, aber Abrahams Reise und Josephs Leben beruhen auf historischen Tatsachen.

Die Juden bildeten eine winzige Minderheit innerhalb der Bevölkerung Palästinas. In diesem Gebiet, das von Durchzügen, Kämpfen und der Besiedlung durch Stämme mit den unterschiedlichsten Typen geprägt war, herrschte ein Rassenchaos, das zunächst von einem Negereinfluss und später von einem orientalischen Einfluss aus Kleinasien geprägt wurde. Die Juden assimilierten sich das Blut der unterschiedlichsten afrikanischen, asiatischen und europäischen Völker.

Zwischen 450 und 400 v. Chr. legten die Propheten Esra und Nehemia strenge Rassengesetze fest, die jede weitere Vermischung mit fremden Stämmen untersagten. Es ist bezeichnend, dass diese Rassengesetze der Ostjuden noch bis heute beibehalten wurden und der Wille zur Trennung im authentischen Judentum fortbesteht. Durch diese seit etwa 2 000 Jahren bestehende und durch das Religionsgesetz festgelegte Trennung hat das jüdische Volk eine in sich mehr oder weniger homogene Gemeinschaft geschaffen.

Rassenmischung und das Fehlen einer angestammten Heimat haben dazu geführt, dass sich der Jude im Laufe der Geschichte über die ganze Welt ausgebreitet hat, aber dennoch hat er zu allen Zeiten seine ethnische Eigenart bewahrt.

Seit Esra bildete sich die Judenheit nach und nach aus der verbliebenen Bevölkerung Palästinas und vergrößerte sich ständig. Wie ein Spinnennetz breitete sie sich über die gesamte Alte Welt aus. Die Juden ließen sich in den großen Städten des Mittelmeerraums nieder und bildeten isolierte Siedlungen, die durch eine massenhafte und freiwillige Auswanderung aus Palästina ständige Verstärkung erhielten.

Dann sah man, wie derselbe Prozess in allen Ländern stattfand:

Die Juden werden zunächst von der Bevölkerung geduldet und von den Herrschern sogar begünstigt, bis der Ekel und Hass der Bevölkerung auf die Juden aufgrund ihrer Arroganz, ihrer Anmaßung und ihres Wuchers ihren Siedepunkt erreicht und die Juden vertrieben werden oder Schutzgesetze gegen sie erlassen werden. Das geschah in Ägypten, Babylonien und Persien, in Griechenland und Italien, in Spanien und England. Dasselbe erlebten wir in Deutschland.

Wie die Figuren Abraham und Joseph ist auch die Figur der Esther legendär. Doch auch die Geschichte von Esther hat einen historischen Hintergrund. Die jüdische Politik wird seit Urzeiten von demselben Prinzip bestimmt: Die sinnliche Frau dient als Waffe im Kampf um das Leben von Individuen und Völkern. Zu allen Zeiten spielte die Politik Esthers eine große Rolle beim Streben des jüdischen Volkes nach Weltherrschaft: Schöne und intelligente Jüdinnen wurden die Geliebten von Königen, Prinzen und einflussreichen Männern; sie fesselten sie mit ihrem sinnlichen Charme an sich und setzten sie zum Nutzen ihres Volkes ein. So erlangten sie Vorteile für ihre Landsleute, erfuhren von den geheimsten Plänen und so weiter.

Bekannt ist die „Jüdin von Toledo", die Geliebte des spanischen Königs Alfonso I, die ihn dazu brachte, den Juden so unerhörte Gefallen zu gewähren, dass das Volk zu Gewalt griff.

In den Salons, genauer gesagt in den Lupanaren der High Society, empfingen die schönen Jüdinnen Henriette Herz, Dorothea Veit (später mit Friedrich Schlegel verheiratet) und Rachel Varnhagen Ende des 18. Jahrhunderts Staatsmänner und Fürsten, Dichter und Gelehrte.

Während des Wiener Kongresses 1814/15 sorgten die Töchter des reichen Berliner Juden Itzig, die in Wien die Bankiers von Arnstein und Eskeles geheiratet hatten, dafür, dass die jüdischen Interessen auch nach dem Unabhängigkeitskrieg gegen Napoleon gewahrt blieben: Politiker, darunter Hardenberg und Wilhelm von Humboldt, sprachen in ihren Salons über die geheimsten politischen Fragen.

Reichskanzler Caprivi war ein eifriger Gast im politischen Salon der Jüdin von Lebbin, und bei der später inhaftierten Gräfin Fischler-Treubner aus Berlin, die aus der Familie Kaufmann-Asser stammte, trafen sich führende Männer aus dem Außenministerium, der Politik und der Wirtschaft, ebenso wie Erzberger, Maximilian Harden, Georg Bernhard, Friedrich Stampfer und andere jüdische Führungspersönlichkeiten.

Diese Darstellung aus dem Buch Genesis, das von jüdischen Historikern verfasst wurde, und aus dem Buch Esther, das ebenfalls von einem jüdischen Chronisten verfasst wurde, soll den unüberwindbaren Gegensatz aufzeigen, der zwischen den Ideen, Gefühlen und Handlungen von Deutschen und Juden besteht.

Die Geschichte der Juden beginnt mit dem Ruf des jüdischen Nationalgottes Jahwe an Abram, den Urvater des jüdischen Volkes: „Geh aus deinem Land, von deinen Verwandten und aus dem Haus deines Vaters in das Land, das ich dir zeigen werde. Ich will dich zu einem großen Volk machen, ich will dich segnen und deinen Namen groß machen; sei ein Segen! Ich will segnen, die dich segnen, und tadeln, die dich verfluchen. In dir sollen alle Sippen der Erde gesegnet werden" (Genesis, Kapitel 12, V. 1-3).

Der Aufbruch Abrams und seiner Familie aus Chaldäa zwischen Tigris und Euphrat in das fruchtbare Land am Jordan, Kanaan, westlich des Mittelmeers, das später Palästina genannt wurde, d. h. das Land der Philister, war der Beginn der Offensive des reiselustigen und faulen jüdischen Volkes in die Länder rund um Kleinasien und später in die anderen Länder der Welt. Dominierend in diesem Zug ist das Wort Jahwes, das den Anspruch und die Forderung der Juden bis heute rechtfertigt: „Ich will segnen, die dich segnen, und verwerfen, die dich verfluchen!"

Eine Hungersnot vertrieb Abram aus Kanaan nach Ägypten (noch ein typisch jüdischer Zug: Wo ich mich wohlfühle, da ist meine Heimat!) Damit die Ägypter ihn aber nicht heimtückisch wegen seiner schönen Frau Sarai, die sie am Leben erhalten wollten, töteten, befahl er seiner Frau (V. 13): „Sag doch bitte, dass du meine Schwester bist, damit man mich um deinetwillen gut behandelt und mich um deinetwillen am Leben lässt." Folglich nimmt der ägyptische König die körperlich begehrenswerte Prostituierte als Ehefrau in sein Haus und Bett auf und überschüttet den vermeintlichen Bruder Abram mit Herden und Sklaven, obendrein wegen ihrer Freundlichkeit. Aber genau diese Sarai ist die Ursache für die Plagen, die Jahwe dem Pharao auf erstaunliche Weise zufügt, bis dieser die Zustände erkennt. Dieser macht Abram schwere Vorwürfe: „Was hast du mir angetan? Warum hast du mir nicht erklärt, dass sie deine Frau ist? Warum hast du gesagt: 'Sie ist meine Schwester', so dass ich sie zur Frau genommen habe?" (V. 18-19). Mit unverständlicher Nachsicht lässt der König zu, dass Abram, der Betrüger und Heiratsvermittler, mit seiner Frau Sarai und all dem Reichtum, den er erlangt hat, friedlich aus Ägypten auszieht.

Er erneuerte also seinen Übeltäterhandel mit Sarai, indem er sich über die heiligsten und unantastbarsten Dinge lustig machte. Als Sarai erfuhr, dass sie unfruchtbar war, bot sie ihr ihre eigene ägyptische Magd Hagar an, damit sie ihr ein Kind gebäre, als wären Kinder eine käufliche Ware, ein Geschäft, das es zu erwerben gilt. Als die Magd jedoch schwanger war, brach der Hass der unfruchtbaren Frau hervor und Abram schlug auf ihre Anklage zurück, indem er die schwangere Magd in diesem kritischen Moment im Stich ließ: „Nun, deine Magd ist in deinen Händen, mach mit ihr, wie es dir gut erscheint." (Sarai) wollte Hagar nun demütigen und verließ sie (Kap. 16, V. 6). Seit dem ersten Fall von Hagar hat der Jude ständig ohne Skrupel den unreinen Goj, vor allem Angehöriger der edelsten Rassen, geopfert, wenn er sein Ziel erreicht hatte.

Kurz darauf ging Abram, der jüdische Viehzüchter und Händler, mit seinen Herden nach Gerar (1. Mose, Kap. 20). Wieder gab er Sarai als seine Schwester aus, damit Abimelech, der Häuptling von Gerar, die Frau, die noch schön und sinnlich wie alle seine Mitbürgerinnen war, in sein Haus aufnehmen konnte, ohne von ihrer Ehe zu wissen. Doch Jahwe ruft ihn im Traum zurück und befiehlt ihm: „Jetzt gib die Frau dieses Mannes zurück: Er ist ein Prophet und wird für dich Fürsprache einlegen, damit du lebst. Durch seine grenzenlose unmoralische Täuschung wird Abram zum Retter Abimelechs und entschuldigt sich bei dem leichtgläubigen Abimelech mit charakteristischer jüdischer Feigheit und Frechheit (V. 11): „Ich dachte mir: Sicherlich gibt es an diesem Ort keine Gottesfurcht, und man wird mich wegen meiner Frau töten." Daraufhin antwortet Abimelech dem Juden mit selbstmörderischer Nachsicht und Philanthropie: „Sieh mein Land, das vor dir offen liegt. Lass dich nieder, wo es dir gefällt."

Der Sohn des Urvaters Jakob, Joseph, der von seinen Brüdern gehasste Intrigant und Spalter, wurde nach Ägypten verkauft. Durch Traumdeutung und wundersame Berechnungen arbeitete er sich bis zum Generalverwalter und Wesir des damaligen Pharaos hoch und machte sich durch seine gerissene Wirtschafts- und Steuerpolitik unentbehrlich. Als das Land Kanaan von Armut heimgesucht wurde, zogen die Juden unter Josefs Brüdern - etwa siebzig Männer - in das reiche Ägypten und fanden durch Josef beim Pharao gastfreundliche Aufnahme. Als sie an Zahl und Reichtum zunahmen, brachte Joseph das bisher freie ägyptische Volk völlig in die Abhängigkeit des Pharaos und erleichterte der Regierung den Zugriff auf den Landbesitz der Ägypter. So machte er sich die in Ägypten ausbrechende Not zunutze, sammelte viel Getreide in den staatlichen Kornkammern und tauschte den Ägyptern ihr gesamtes Vieh gegen Getreide ein (1. Mose 47, V. 15 ff.). Doch die Hungersnot hielt an und die Ägypter, die dem grausamen Wesir Joseph völlig ausgeliefert waren, gingen erneut zu ihm und flehten ihn an (V. 19-20): „Warum sollen wir vor deinen Augen sterben, wir und unser Land? Erwirb doch unsere Leute und unser Land für Brot, und wir werden mit unserem Land die Leibeigenen des Pharao sein. Gib uns aber etwas zu säen, damit wir am Leben bleiben und nicht sterben und unser Land nicht verödet."

So kaufte Joseph ganz Ägypten für den Pharao. Denn die Ägypter verkauften alle ihre Felder, da die Hungersnot zu hart für sie war. Das Land gehörte also ausschließlich dem Pharao. Nur das Land der mächtigen Priester wurde von der Zwangsliquidation durch den klugen Joseph verschont. Aber! ie Geschichte sprach kaum über diese Ausbeutung des ägyptischen Volkes. Als die Ägypter ihre Arbeit wieder aufnahmen und zu Leibeigenen degradiert wurden, die Fronarbeit leisteten, forderte er von ihnen (V. 23-24): „So habe ich euch nun für den Pharao erworben, samt eurem Land. Aber von der Ernte sollt ihr ein Fünftel dem Pharao geben, und die anderen vier Teile sollen euch gehören, für die Aussaat des Feldes, für eure Ernährung und die eurer Familie, für die Ernährung derer, die ihr zu versorgen habt." So wird ein Fünftel aller Einnahmen, die dem seines Landes beraubten Volk abgenommen werden, dank Joseph, der mit seinem Amt als Großwesir und seiner Berühmtheit zu immenser Macht und Reichtum gelangt, für den König gesichert. Doch nach Jahrhunderten der Ausbeutung lehnte sich das ägyptische Volk gegen die zahlenmäßig reich und mächtig gewordenen jüdischen parasitären Gastgeber auf, stürzte sie und zwang sie schließlich in die Knechtschaft, bis sie Ägypten endgültig verlassen hatten.

Dasselbe wiederholte sich in Babylonien. Unter Nebukadnezar wurden die Juden privilegiert und erhielten, wie immer, Reichtum und hohe Positionen innerhalb des Volkes, das sie aufnahm. Doch auch hier beuten sie mit dem grenzenlosen Egoismus, den ihnen Jahwe verliehen hat, das Volk so sehr aus, dass es sich gegen sie erhebt und sie unterdrückt. Als der siegreiche Perserkönig Cyrus aus Rache gegen die Hauptstadt Babylon zog, verrieten die Juden und öffneten heimlich die Tore für den Belagerer, damit die Stadt fallen konnte.

Die Juden erhielten im neuen Perserreich große staatliche Privilegien. Sie verstanden es, sich dem König nützlich zu machen, so wie einst Joseph dem Pharao. Die Fürsten stellten sich auf die Seite der eingewanderten Ausbeuter, während das zunächst wehrlose Volk ihre Macht erdulden musste.

Das Buch Esther (1, V. 1) berichtet, dass Ahasveros - historisch gesehen eigentlich Xerxes - König von Persien war, das die Grenzen von Indien bis Afrika umfasste - es war die Zeit, in der das persische Reich seinen Höhepunkt erlebte. Mit einem 180 Tage dauernden Fest in seiner Hauptstadt Susa wollte er den Großen seines Reiches die Schönheit seiner Frau Vasthi zeigen. Die Prinzessin, eine arische Frau, weigerte sich jedoch, sich zu enthüllen, da sie der Meinung war, dass dies ihre Keuschheit beleidigen würde. Der König verstößt sie daraufhin, weil er sich an Macht und Besitz berauscht hat. Und als junge Mädchen für den Harem von Xerxes gesucht wurden, sah der Jude Mordechai die Gelegenheit gekommen, durch sein schönes Mündel Esther Einfluss auf den mächtigen persischen König zu erlangen. Sie ging in das Haus des Königs, erhielt vom Frauenaufseher die schönste Toilette und stellte sich mit einigen anderen an den besten Platz im Frauenhaus - also an den Platz, an dem der König sie zuerst sah. Weiter heißt es: „Esther hatte weder ihre Verwandtschaft noch ihr Volk offenbart, wie es ihr von Mordechai vorgeschrieben worden war, dessen Anweisungen sie weiterhin befolgte wie zu der Zeit, als sie unter seiner Vormundschaft stand." Keuschheit spielt für die Juden keine Rolle (auch Judith schlich sich als Prostituierte in das Lager des Feldherrn Holofernes ein, um ihn nachts auf seinem Lager zu ermorden, anstatt dass die jüdischen Männer ihn im Kampf angriffen), aber sie konnte ihre Herkunft nicht offenbaren, wenn sie das Spiel getarnt gewinnen wollte. Bald stand Esther, die schöne Prostituierte, vor dem König, der ihrer Sinnlichkeit erlag und sie der verstoßenen keuschen Vasthi vorzog. Kurz darauf begann das Spiel der Intrigen: Zwei Kammerherren des Königs wurden hingerichtet, weil Mordechai dem König durch sein bald allmächtig gewordenes Instrument Esther mitgeteilt hatte, dass sie einen Anschlag auf ihn geplant hatten. Damit war Xerxes den Juden gegenüber verpflichtet und zwei unbequeme Oppositionelle wurden beseitigt. Zur Zeit dieser Expansion der Juden war ihre Anmaßung unerträglich und ihr Einfluss eine Gefahr für den Staat geworden. Xerxes bemerkte dies nicht, ganz im Gegensatz zu seinem treuen Minister Aman. Dieser sah, dass der Jude Mordechai, der täglich um das königliche Schloss in Susa herumstreifte, und seine im Perserreich lebenden Artgenossen dem König und seinen Befehlen nicht gehorchten. Er wusste auch, wie sehr im Volk die Wut auf die Ausbeuter wuchs. Er machte sich zum Vollstrecker des Volkswillens und legte Xerxes Folgendes dar (Kap. 3, V. 8-9): „Aman sagte zu König Ahasveros: „Inmitten der Bevölkerung, in allen Provinzen deines Reiches, ist ein Volk verstreut, das sich von den anderen unterscheidet. Seine Gesetze ähneln denen keines anderen und die königlichen Gesetze sind für ihn toter Buchstabe. Die Interessen des Königs lassen es nicht zu, dass man es in Ruhe lässt. Daher soll sein Untergang unterschrieben werden, wenn der König es für richtig hält, und ich werde seinen Beamten auf das Konto der königlichen Schatzkammer zehntausend Talente Silber auszahlen."

„Der König nahm seinen Ring von seiner Hand und gab ihn Aman, dem Sohn des Agagiters Hamdata, dem Verfolger der Juden. Er antwortete ihm: „Behalte dein Geld. Was dieses Volk betrifft.Ich übergebe es dir; tu damit, was du willst!"... (V. 13) und Kuriere überbrachten Briefe in alle Provinzen des Königreichs, in denen sie befahlen, alle Juden, von Jugendlichen bis zu Greisen, Kinder und Frauen eingeschlossen, am selben Tag zu vernichten, zu töten und auszurotten, nämlich am dreizehnten des zwölften Monats, der Adar ist, und ihr Eigentum zu plündern" (durch Wucher und Betrug erlangt).

Mordechai und Esther bereiteten sofort einen Gegenschlag vor, damit die bevorstehende Ausrottung zu einem vollständigen Sieg der Juden über die verhassten Perser werden konnte (Esther, Kap. 5). Esther bat den König und Aman, zu einem Essen zu kommen, und der betrunkene König gewährte ihr alles, was sie wollte. Inzwischen hatte Aman in seinem Haus einen Galgen aufstellen lassen, an dem der schädliche Mordechai aufgehängt werden sollte. Kurz vor dem Essen wurde Xerxes daran erinnert, dass er von Mordechai vor den Verschwörern gerettet worden war. Als Esther ihm beim Essen erzählte, dass Aman den Tod aller Juden geplant hatte, ging Xerxes verstört in den Garten und Aman, der die Katastrophe kommen sah, betete auf den Knien zu Esther um sein Leben. Xerxes kam zurück und interpretierte diese Haltung falsch. In einem Anfall von rasender Eifersucht, gestört durch den Wein und die Frau, ließ er seinen treuen Minister an einem Baum in seinem Haus aufhängen.

Die Juden rächten sich auf schreckliche Weise an den Persern. Xerxes gab Mordechai das Haus und den Ring des Aman, also alle Vollmachten. Sofort wurden neue Befehle an die 127 Provinzen Persiens in folgender Sprache gegeben (V. 10-17): „Diese Briefe, die im Namen des Königs Ahasveros verfasst und mit seinem Siegel versiegelt waren, wurden von Kurieren auf Pferden aus den Gestüten des Königs überbracht. Der König gab den Juden das Recht, sich in jeder Stadt zu versammeln, um ihr Leben in Sicherheit zu bringen, mit der Erlaubnis, alle Bewaffneten aus den Völkern oder Provinzen, die sie angreifen wollten, mitsamt ihren Frauen und Kindern auszurotten, zu töten und zu vernichten, sowie ihre Güter zu plündern. Das sollte am selben Tag in allen Provinzen des Königs Ahasveros geschehen, am dreizehnten Tag des zwölften Monats, das ist Adar.

„Die Abschrift dieses Edikts, das in jeder Provinz als Gesetz erlassen werden sollte, wurde unter allen Völkern veröffentlicht, damit sich die Juden an dem genannten Tag bereithalten konnten, um Rache an ihren Feinden zu nehmen. Die Kuriere, die auf königlichen Pferden ritten, machten sich auf Befehl des Königs in großer Eile und Eile auf den Weg. Der Erlass wurde auch in der Zitadelle von Susa veröffentlicht. Mordechai verließ das Haus des Königs in einem fürstlichen Gewand aus violettem Purpur und weißem Leinen, gekrönt mit einem großen goldenen Diadem und in einem Mantel aus Byssus und rotem Purpur. Die ganze Stadt Susa ertönte vor Freude. Für die Juden war es ein Tag des Lichts, des Jubels, der Freude und des Triumphs. In allen Provinzen, in allen Städten und überall, wo der königliche Erlass hinkam, waren die Juden voller Freude, Jubel, Bankette und Feste. Unter der Bevölkerung des Landes wurden viele Menschen zu Juden, denn die Furcht vor den Juden lastete auf ihnen."

Am vorgesehenen Tag wurde die blutige Tragödie ausgeführt (Kap. 9, V. 5): „Die Juden schlugen also alle ihre Feinde mit dem Schwert. Es war ein Massaker, eine Ausrottung, und sie taten mit ihren Gegnern, was sie wollten (V. 16). Die Juden in den königlichen Provinzen versammelten sich ebenfalls, um ihr Leben in Sicherheit zu bringen. Sie entledigten sich ihrer Feinde, indem sie fünfundsiebzigtausend ihrer Widersacher schlachteten, ohne zu plündern." Auf Esthers besonderen Wunsch hin ließ Xerxes die zehn Söhne Amans am selben Baum aufhängen, und die Juden machten diesen Tag zu einem „Tag des Festmahls und des Jubels". Und zur Erinnerung an den Tag der Rache führten sie das Purimfest ein, das sie noch heute feiern.

HEFT DER SS NR. 3. 1936.

E. BRANDT: DER JÜDISCHE RITUALMORD

Ein ganz besonderer Aspekt der umfangreichen jüdischen Frage ist der Ritualmord oder das Opfer. Die meisten gebildeten Menschen wollen solche „Geschichten" nicht glauben. Die offizielle Wissenschaft fand es unter ihrer Würde, die Angelegenheit gründlich zu untersuchen und erklärte lediglich, dass die „Berichte" des Juden Chwolson und insbesondere des berüchtigten Berliner Professors Hermann Strack grundlegend und maßgeblich seien; und das, obwohl diese Untersuchungen nichts mit einer wissenschaftlichen Forschung zu tun hatten, die diesen Namen verdient, sondern lediglich verlogene und voreingenommene apologetische Schriften der Judenheit sind. Für die meisten Wissenschaftler muss die Ritualmordaffäre daher als abgeschlossen betrachtet werden; ihrer Meinung nach ist sie lediglich das Produkt der kranken Gehirne von Antisemiten.

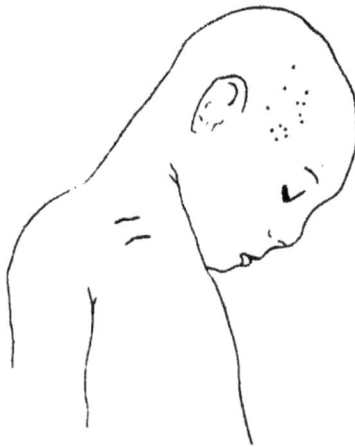

Der Schüler Andrej Juchtchinskij, der 1911 in Kiew mit dreizehn rituellen Schnitten im Schlaf ermordet wurde (Beili-Prozess).

Die nackten Tatsachen sehen jedoch ganz anders aus!

In der Geschichte gibt es zahlreiche jüdische Ritualmorde, und zwar seit dem fünften Jahrhundert der christlichen Ära. In meinem in russischer Sprache erschienenen Werk habe ich dreihundertzwanzig Fälle untersucht und in dem bereits existierenden deutschen Manuskript vierhundertzwanzig. Auch die katholische Kirche zählt unter ihren heiligen und seliggesprochenen Märtyrern viele Opfer des jüdischen Ritualmords, darunter den heiligen Werner, der noch heute von der katholischen

Bevölkerung in Oberwesel am Rhein verehrt wird und der Schutzpatron der Stadt ist. Erwähnt seien hier nur drei Ritualmorde:

1. 1475 in Trient. Der Ritualmord am 28. des Monats an dem Jungen Simon Gerber, der von der katholischen Kirche seliggesprochen wurde; die Akten des Prozesses existieren noch heute und sogar in Trient, im Vatikan und in Kopien, die sich in Wien befinden.

2. 1840 in Damaskus über den katholischen Kapuzinerpater Thomas und seinen Diener Ibrahim Amarah.

3. 1852/53 in Saratow an dem 10-jährigen Theophan Scherstobitov und dem 12-jährigen Michael Maslov.

Im ersten und im letzten der genannten Fälle waren die Opfer vor der Blutentnahme beschnitten worden.

Diese drei Fälle sind auf juristischer Ebene zweifelsfrei belegt. In den ersten beiden Prozessen haben die Juden auch vollständige Geständnisse abgelegt. Das stört sie, aber ihre Verteidiger haben keine Skrupel zu behaupten, dass es sich hier, wie in allen anderen ähnlichen Fällen, um die Verurteilung eines Unschuldigen handelt. Wenn man die Protokolle der Plädoyers in diesen Prozessen liest, kann man sich zu Recht wundern: Protokolle, Aussagen, sogar historische Dokumente und Schriftstücke wie päpstliche Bullen werden auf sehr geschickte Weise gefälscht. In vielen Dokumenten werden bestimmte Dinge verfälscht oder schlichtweg weggelassen. Auf diese Weise erhalten die Tatsachen ein völlig anderes Gesicht. Diese Demonstration zeigt nur, dass die Behauptung, es habe keine Ritualmorde gegeben, nicht haltbar ist; denn um die Wahrheit zu beweisen, bedient man sich nicht der Lüge. Es ist auch auffällig, wie die Juden in allen Verfahren, in denen es um Ritualmorde geht, alles daran setzen, um die Fälle einzustellen. Man kauft falsche Zeugen, die Justizbehörden und die Polizei. Vergeblich, denn die öffentliche Meinung in der ganzen Welt regt sich auf; im Parlament haben verschiedene Regionen Vorschläge gemacht. Schließlich kommt es sogar zu diplomatischen Vertretungen. Aber auch das ist vergeblich, denn die Juden drohen mit Vergeltungsmaßnahmen, wie 1882 beim Tsza-Eszlar-Prozess. Der Pariser Rothschild hatte die Stirn (und Erfolg), der Regierung von Österreich-Ungarn ein Telegramm mit folgendem Nachsatz zu schicken:

„Wenn die Regierung meiner Aufforderung (den Prozess zu stoppen und alle Juden freizulassen) nicht nachkommt, werde ich alles daran setzen, den Kredit Ungarns zu ruinieren."

Es ist nicht verwunderlich, dass unter diesen Umständen die meisten Ritualmordprozesse begraben wurden...

Erwähnen wir nur einen der vielen rechtlich unumstrittenen Ritualmorde: 1840 in Damaskus.

Am Mittwoch, den 5. Februar 1840, fielen der Kapuzinerpater Thomas und sein Diener Ibrahim Amarah im jüdischen Viertel von Damaskus einem Ritualmord zum Opfer.

Alle Akten der Prüfung und des Verfahrens wurden 1846 in einem Buch veröffentlicht, das von einem Mitglied der „Société Orientale", Achille Laurant, verfasst wurde. Es muss nicht erwähnt werden, dass dieses Buch eine der größten bibliografischen Raritäten darstellt und nur in sehr wenigen Bibliotheken zu finden ist. Die Originalakten des Prozesses müssen in den Archiven des Außenministeriums in Paris aufbewahrt werden. Der französische Spezialist für Ritualmorde, Abbé Henri Desportes, behauptete, dass alle diese Dokumente unter dem Ministerium des Juden Crémieux im Jahr 1870 verschwunden seien, während der Verteidiger der Juden, Abbé Vacandard, versichert, dass das französische Außenministerium am 5. August 1892 offiziell bescheinigt haben muss, dass sich alle Dokumente in perfektem Zustand im Ministerium befinden. Wer von beiden Recht hat, lässt sich nicht mit Sicherheit sagen, offenbar Desportes, denn der damalige Außenminister Pichon verweigerte dem Redakteur der „Libre Parole", Albert Monniot, am 6. Juni 1913 eine erneute Prüfung der Originaldokumente!

Entweder wurden diese Dokumente also von dem Juden Crémieux vernichtet, oder sie enthalten Details, die so belastend für die Juden sind, dass Bruder Pichon es für besser hielt, sie geheim zu halten. Es ist jedoch offensichtlich, dass die Dokumente, wenn sie die Unschuld der Juden beweisen könnten, wie sie immer behaupten, schon längst offiziell veröffentlicht worden wären, und zwar vom Juden Crémieux selbst.

Was hat dieser Prozess also enthüllt? Unter dem Vorwand, ein jüdisches Kind gegen Pocken impfen zu müssen, wurde Pater Thomas in einem jüdischen Haus eingesperrt, von acht Juden, darunter zwei Rabbiner, überfallen, ausgezogen und die Kehle aufgeschlitzt. Sein Blut wurde in einem Gefäß aufgefangen, in Flaschen abgefüllt und dem Chacham (Rabbiner) Abu-el-Afiè übergeben. Nach dem Mord wurde die Kleidung des Vaters verbrannt und der Leichnam in Stücke geschnitten, wobei alle Knochen mit einem Stößel zermalmt wurden. Sie wurden in einen Kaffeesack gesteckt und in einen Gully geworfen, der weit genug vom Haus entfernt war.

Die Behörden erwirkten diese Geständnisse von zwei Juden, dem Friseur Soliman und dem Diener Marad-el-Fattal, mit dem Versprechen, sie zu begnadigen, falls sie die ganze Wahrheit sagen würden. Die beiden Juden wurden getrennt verhört. Ihre Aussagen stimmten bis ins kleinste Detail überein. Alles wurde an Ort und Stelle überprüft. Obwohl zu diesem Zeitpunkt bereits ein Monat seit dem Mord vergangen war, konnte man deutliche Blutspuren an den Wänden des Zimmers sehen, in dem dem Vater die Kehle durchgeschnitten worden war. Und an der von den Juden angegebenen Stelle, an der die Knochen und der Schädel zertrümmert worden waren, waren deutliche Vertiefungen im Boden zu sehen. In der Öffnung des Abwasserkanals fand man Blutspuren und Fleischstücke. Im Kanal selbst wurden folgende Körperteile entdeckt: Fußknochen mit Gelenken, eine Kniescheibe, Schädelteile, ein Teil des Herzens, ein Wirbel, ein Stück Nerv, ein Stück Schädelhaut, auf dem man einen Teil der Tonsur sehen konnte (die restliche Fläche war mit Haaren bedeckt), und schließlich noch zwei Fetzen einer schwarzen Wollmütze.

Alle Fundstücke wurden an den französischen Konsul Ratti Menton (Vater Thomas stand unter dem Schutz Frankreichs) geschickt, um eine medizinische Untersuchung vorzunehmen. Der französische Konsul ließ die Überreste von zwei Kommissionen und sogar von vier europäischen und sechs französischen Ärzten untersuchen. Die Ergebnisse der beiden Kommissionen zeigten, dass die Überreste menschlichen Ursprungs waren. Auch der österreichische Konsul G. G. Merlato unterstützte die mohammedanischen Ärzte bei ihrer Arbeit. Er überreichte seinerseits ein Zertifikat, in dem er erklärte, er habe erfahren, dass Ärzte den menschlichen Ursprung der genannten Überreste bescheinigten. Außerdem gelang es Ratti Menton, eine Erklärung von Vater Yussufs Friseur zu erhalten, der zufolge die gefundenen Teile der Kalotte nur von der Kalotte des Vaters stammen konnten.

Als die Ergebnisse der Verhöre der anderen Angeklagten bekannt wurden, erkannten sie, dass es sinnlos war, weiterhin hartnäckig zu leugnen, und alle legten ein Geständnis ab.

Der Diener des Vaters, Ibrahim Amarah, der im jüdischen Viertel nach dem verschwundenen Vater suchte, wurde von den Juden in ein anderes Haus gesperrt und ihm auf die gleiche Weise wie dem Vater die Kehle durchgeschnitten. Acht Juden beteiligten sich ebenfalls an seiner Ermordung.

Von den sechzehn angeklagten Juden wurden vier gegen das Versprechen des Cherif-Pascha für ihr vollständiges Geständnis amnestiert, zwei starben während der Anhörung, die anderen sechs wurden zum Tode verurteilt.

Die Vollstreckung des Todesurteils fand jedoch nicht statt, weil die Juden Europas ihren Rassenbrüdern zu Hilfe eilten. Der berühmte Gründer der „Alliance Israélite Universelle", der spätere französische Premierminister Crémieux, reiste mit seinem Londoner Altersgenossen Moses Montéfiore (Blumberg) nach Ägypten, um vom ägyptischen Khediv Mehemet-Ali die Begnadigung der Mörder zu fordern. Der Khediv veröffentlichte ein Firmàn, in dem er schrieb, dass er die verurteilten Juden auf Bitten von Crémieux und Montéfiore, den Vertretern des gesamten jüdischen Volkes, begnadigen würde. Das Wort „begnadigen" missfiel den Juden, denn dann war ihre Schuld bestätigt. Crémieux und Montéfiore forderten, dass der Khediv den Begriff ändern sollte. Trotz der Unzufriedenheit der Juden strich Mehmed-Ali das Wort und ersetzte es durch „befreit", was die gleiche Bedeutung hat.

Auch hier setzten die Juden, wie in allen Ritualmordprozessen, alles daran, einen Freispruch zu erwirken. Sie kauften Zeugen und Behörden, aber ohne Ergebnis; die Versuche der Juden, den Prozess zu verhindern, scheiterten an der Integrität von Ratti Menton. Der Prozess nahm bis zum Ende seinen Lauf. Es ist daher nicht verwunderlich, dass die

Juden vor nichts zurückschreckten, um den ehrlichen, mutigen und verhassten französischen Konsul zu diskreditieren. Der österreichische Konsul Merlato half ihnen dabei. Den Juden gelang es, ihn zu bestechen. Plötzlich änderte er seine Meinung und behauptete (im Widerspruch zu seiner christlichen Erklärung vom 3. März 1840), dass die im Kanal gefundenen Fleischstücke und Knochen von einem Hund stammten! Und die österreichische Regierung ging zu König Louis Philippe, um sich über Ratti Mentons „illegale" Handlungen zu beschweren. Das ging bis in die Abgeordnetenkammer, wo der Premierminister erklärte, dass er Ratti Mentons Handlungen für gerechtfertigt halte, die vom englischen Konsul bekräftigt wurden, was in London auch bestätigt wurde, und dass er nicht die Absicht habe, die beiden französischen Konsuln in Damaskus und Ägypten nur aufgrund einer Behauptung des österreichischen Konsuls zu opfern. Er sagte unter anderem:

„Ich glaube, dass ich in diesem Fall besser informiert bin als Sie (die Abgeordneten)... Ich habe alle Akten zu diesem Fall sorgfältig studiert - es wurde abgeschrieben - und es sei mir erlaubt zu sagen, dass sie (die Juden) in der ganzen Welt viel mächtiger sind, als Sie es zugeben wollen; derzeit haben sie in allen Staaten Protest eingelegt... Der Minister muss den Mut haben, seine Beamten vor solchen Angriffen zu schützen... Ein französischer Beamter, der in seinem Recht ist, wird immer vor dieser Art von Protesten geschützt sein, woher sie auch kommen mögen!" (monit. univ. 3juin 1840p. 1258).

Man kann über den Ritualmord in Damaskus mit den Worten des ehemaligen Rabbiners Drach schließen:

„Die Mörder von Pater Thomas, die von ihrem Verbrechen überführt wurden, konnten der Strenge des Gesetzes nur dank der gemeinsamen Anstrengungen der Juden aller Länder entkommen... Geld spielte dabei eine herausragende Rolle". (Drach, *Harmonie entre l'Église et la Synagogue*, Bd. I, S. 79, Paris 1844).

Was veranlasste die Juden, Ritualmorde zu begehen? Das alttestamentliche Gesetz über die Sühne: Nach jüdischem Glauben kann die Sühne nur durch Blut erfolgen. So heißt es im Alten Testament, Levitikus 17,11: „Es ist das Blut, das für ein Leben sühnt". Und im Talmud, Joma 5a, heißt es noch genauer: „Die Sühne ergibt sich nur aus dem Blut".

Die christliche Kirche, die sich auf das Alte Testament stützt, hat diese Regel zugelassen. Der Apostel Paulus sagte in seinem *Brief an die Hebräer* 9,22:

„Außerdem wird nach dem Gesetz fast alles durch Blut gereinigt, und ohne Blutvergießen gibt es keine Vergebung." Die christliche Kirche lehrt jedoch, dass Jesus Christus dieses Gebot durch Sein Opfer beseitigt hat. Die

Kirche hat also das blutlose Opfer durch die Lehre vom Sakrament der Transsubstantiation des Blutes Christi in Wein eingeführt.

Was ist mit dem Juden? Ohne Blutvergießen, ohne blutiges Opfer gibt es für ihn keine Sühne: Seit der Zerstörung des Tempels in Jerusalem gibt es keinen Ort mehr, an dem geopfert werden kann. Es gibt kein blutleeres Opfer wie das von Christus Was soll er tun? Wie können ihm all seine Gebete und die sorgfältigen Vorschriften für das tägliche Leben helfen, wenn er das Hauptgebot seiner Religion nicht befolgen kann? Es fällt auf, dass der Talmud sagt: „Die Sühne kommt nur aus dem Blut". Für einen orthodoxen Juden ist dies jedoch entsetzlich. Dieses Entsetzen kommt in der Rede eines alten Juden zum Ausdruck, die er 1922 in San Francisco hielt und die in „The Friends of Israel" veröffentlicht wurde. Seine Schlussfolgerung lautet

„Und es wurde mir klar, dass ich gegen das Gesetz verstoßen hatte. Ich musste sühnen, aber das konnte nur durch Blut geschehen, und es gab kein Blut. Nichts außer Blut kann die Seele reinigen. In meinem Kummer ging ich zu den Rabbinern. Ich hatte nur eine Frage: „Wo kann ich Blut für die Sühne finden?"

Es handelt sich also nicht um die Träumereien eines Verrückten, sondern um die Worte eines wirklich gläubigen Juden. Keinem Juden wäre es in den Sinn gekommen, diesen Mann als verrückt zu bezeichnen. Hätte er jedoch wie der Rabbinatskandidat Max Bernstein 1888 in Breslau gehandelt (er hatte sich tatsächlich Blut besorgt) und wäre diese Tat wie im Fall Bernsteins unter Nichtjuden bekannt geworden, dann hätten die Juden und ihre Presse „Wahnsinn" geschrien. In seinem freiwilligen Geständnis, das er 1888 bei seinem Prozess in Breslau ablegte, erklärte der Rabbinatskandidat Max Bernstein:

„Die Erfüllung der Sühnehandlungen erleichterte mein schweres Herz und ich entschloss mich, mich von der Sünde zu befreien. Da nach der biblischen Lehre die Seele im Blut des Menschen wohnt und meine fehlbare Seele *nur durch einen Unschuldigen Sühne finden konnte, musste ich mir brauchbares Blut von einem Mann besorgen, der noch unschuldig war. Da ich wusste, dass der Junge Hacke geeignet war, dass seine Seele noch rein war, entschloss ich mich, von seinem Blut zu nehmen... Mit dem Blut vollzog ich meine Sühne.* Er wurde selbst zum Sünder, indem er meine Sünden auf sich nahm".

Der Wahnsinn liegt also nicht so sehr in den religiösen Darstellungen der beiden zitierten Juden, sondern vielmehr in den religiösen Gesetzen selbst.

Das Kapores-Opfer (das Schächten eines Hahns oder einer Henne) wird als Sühne am Tag vor dem Krönungsfest durchgeführt.

HEFT DER SS NR. 3. 1936.

WAS JUDEN ÜBER JUDEN SAGEN

Benjamin Disraeli (Lord Beaconsfield):

> *„Niemand kann das Rassenprinzip mit Gleichgültigkeit behandeln: Es ist der Schlüssel zur Weltgeschichte. Sprache und Religion sind nicht der Ursprung einer Rasse - Blut schon!".*

Dr. Jakob Klatzkin:

> *„Wir sind keine Deutschen, Franzosen usw., und Juden obendrein, unser Judentum ist nicht der Überbau eines Deutschtums, wie es auch nicht dessen Infrastruktur ist. Wir sind einfach von fremder Natur; wir müssen ständig wiederholen, dass wir ein fremdes Volk in ihrer Mitte sind und es auch bleiben wollen. Zwischen ihnen und uns tut sich ein unüberwindlicher Abgrund auf".*

Sir Alfred Mond:

> *„Ein Japaner, der in Deutschland geboren wurde, wird nicht zu einem Deutschen. Und ein Jude, der in Deutschland geboren wurde, wird auch nicht zum Deutschen. Dies sind die Fragen des Blutes und der Rasse".*

Prof. Eduard Gans:

> *„Die Taufe und sogar die Kreuzung sind völlig nutzlos. - Selbst in der hundertsten Generation sind wir immer noch Juden wie vor 3000 Jahren. Wir verlieren den Duft unserer Rasse nicht, auch nicht nach Dutzenden von Kreuzungen. Unsere Rasse ist dominant in jeglichem sexuellen Handel mit Frauen; junge Juden stammen aus ihr."*

Walter Rathenau:

> *„ Eine bizarre Vision! Mitten im deutschen Leben befindet sich ein fremder, abgesonderter Stamm, glänzend und einzigartig ausgestattet mit einer beweglichen und lebhaften Haltung. Eine asiatische Horde auf brandenburgischem Sand... Von engem Zusammenhalt untereinander, von striktem Misstrauen gegenüber Fremden -: sie leben also in einem halb freiwilligen Ghetto, es ist kein lebendiges Mitglied des Volkes, sondern ein fremder Organismus in seinem Körper...".*

Arnold Zweig:

„Das Kind einer jüdischen Mutter ist ein Jude, unabhängig davon, wer der Vater ist."

Dr. Bernhard Cohn:

„Wenn wir sehen, dass die Allianzen von Adelshäusern mit reichen jüdischen Familien zunehmen, dann müssen wir das trotz unserer liberalen Vorstellungen als den Beginn eines moralischen Verfalls des Adels betrachten...".

Dr. Kurt Münzer:

„Wir haben das Blut aller Rassen in Europa verdorben. Im Allgemeinen ist heute alles verjudet. Unsere Gedanken leben in allen Dingen, unser Geist regiert die Welt. Wir sind die Herren. Wir werden nicht mehr gejagt. Wir haben uns in den Völkern eingenistet, haben die Rassen durchdrungen, besudelt, die Kräfte gebrochen, alles wurde von unserer verdorbenen Kultur verdorben und verrottet. Unser Geist kann nicht mehr ausgerottet werden".

Jakob Wasserman:

„Wir kennen und ertragen sie, diese Tausende moderner Juden, die an allen Fundamenten nagen, weil sie selbst ohne Fundament sind; die heute verleugnen, was sie gestern schätzten; die beschmutzen, was sie gestern liebten; deren Verrat ein Vergnügen ist, der Mangel an Würde ein Schmuck und die Verleugnung ein Ziel".

Dr. Arthur Brünn:

„Unter jüdischem Nationalbewusstsein verstehe ich das lebendige Bewusstsein einer gemeinsamen Herkunft, das Gefühl der Solidarität der Juden aller Länder und den festen Willen, in einer gemeinsamen Zukunft zu leben."

Chaim Weitzmann:

„Jedes Land hat eine Sättigungsgrenze, was Juden betrifft; es kann nur eine bestimmte Anzahl von Juden verkraften, wenn es sich nicht eine Magenverstimmung holen will. Deutschland hat bereits zu viele Juden... Juden kennen keine politischen oder geografischen Grenzen".

Baruch Levi:

„Das jüdische Volk wird selbst sein Messias sein. Seine Herrschaft über die Welt wird durch die Vereinigung der verbliebenen menschlichen Rassen, die Abschaffung der Grenzen und Monarchien... und durch die Errichtung einer Weltrepublik, die den Juden überall das Bürgerrecht einräumen wird, erreicht werden. In dieser neuen Organisation der Menschheit werden die Söhne Israels, die jetzt über die Oberfläche der Erde verstreut sind, zweifellos das führende Element sein, insbesondere wenn es ihnen gelingt, die Massen der Arbeiter unter die feste Autorität einiger weniger von ihnen zu stellen."

Karl Marx:

„Der Wechsel ist der eigentliche Gott der Juden...".

Moritz Rappaport:

„Der Jude ist der Vertreter der materialistischen Weltanschauung. Sie lassen keine Entscheidungen zu, die aus dem Herzen kommen, zerstören in sich selbst und in anderen den Glauben an die übernatürliche Bedeutung des Lebens, untergraben die Religion und werden so... zu Fremden für alle Völker, bei denen sie leben."

Moritz Goldstein (März 1912):

„Juden finden sich plötzlich in Positionen, aus denen sie nicht gewaltsam entfernt wurden. Es wird immer deutlicher, dass es so ist, als ob das deutsche Kulturleben in jüdische Hände gefallen sei. Wir Juden verwalten das geistige Gut eines Volkes, das uns das Recht und die Fähigkeit dazu streitig macht".

Konrad Alberti Sittenfeld:

„Es kann leider nicht bestritten werden, dass die moderne Kunst, insbesondere das Theater, nur von den Juden korrumpiert wurde."

Der Jude ist der Dämon, der den Fall der Menschheit materialisiert.

Richard Wagner

HEFT DER SS NR. 10. 1937.

Wichtige Fakten über die Freimaurerei

(Zusätzliche Angaben für eine Konferenz mit Projektion über Freimaurerei)

Der Blutritus

Bei der feierlichen Aufnahme in den 9 Grad im schwedischen System wird Blut aus einer kleinen Flasche, in der seit der Gründungszeit der Loge mit Wein vermischtes Blut aufbewahrt wird, in einen Kelch gegossen. Die Flasche enthält somit das Blut der - ebenfalls jüdischen - Brüder bis hin zu den ältesten.

Der nationale Großmeister Müllendorf der nationalen Großloge der deutschen Freimaurer bestätigt den Blutritus in der Gerichtsverhandlung gegen Rechtsanwalt Schneider am 15. März 1932:

„Es ist richtig, dass bei der Aufnahme in den Grad des Großen Auserwählten der Impetitor vom Blut derjenigen Brüder trinkt, die vor ihm in diesen Grad aufgenommen wurden. Es ist auch richtig, dass einige Tropfen des Blutes des Impetitors in der Flasche gesammelt und zusammen mit dem Blut der FF, die bisher Teil dieses Kapitels waren, aufbewahrt werden."

Text des Lehrlingseids:

„Ich, N. R., schwöre feierlich und aufrichtig in der Gegenwart des allmächtigen Gottes und dieser ehrwürdigen, dem heiligen Johannes geweihten Loge, dass ich die geheimen Gebräuche der Freimaurerei bewahren und verbergen werde und dass ich niemals das, was mir jetzt oder später anvertraut wird, außerhalb der echten und bevollmächtigten Brüder und in einer echten und rechtmäßigen Loge von FF und von Gefährten, die ich nach einer strengen und ordnungsgemäßen Prüfung anerkennen werde, offenbaren werde. Ich schwöre ferner, dass ich selbst auf nichts, was beweglich oder unbeweglich unter dem Himmel ist, etwas schreiben, drucken, schnitzen, malen, zeichnen, verbergen oder gravieren werde, was lesbar oder verständlich ist oder auch nur die geringste Ähnlichkeit mit einem Buchstaben oder Zeichen hat, so dass dadurch die geheime Kunst in unerlaubter Weise wahrgenommen wird. Ich schwöre dies alles mit dem festen und unerschütterlichen Entschluss, mich daran zu halten, ohne geheime Vorbehalte oder inneres Zögern, sonst wird mir die Kehle durchgeschnitten, die Zunge herausgeschnitten und ich werde weit weg vom Ufer im Sand vergraben, wenn die Ebbe zweimal innerhalb von 24 Stunden wechselt. Möge Gott mir beistehen und mich bei meinen Verpflichtungen als akzeptierter Lehrling unterstützen."

(FF. Fischer *Erläuterungen zum Katechismus der johannitischen Freimaurerei* I. Katechismus, S. 38).

Die Eide der Gesellen und Meister sagen dasselbe aus.

Im *Handbuch für die Brüder der Großen Landesloge der Freimaurerei von Deutschland*, 6° Aufl. Berlin 1912, S. 82, heißt es über die Trennung eines Bruders von der Loge:

„ § 171. Jedem Bruder steht es frei, seine Loge zu verlassen; dies wird „Logenbedeckung" genannt. Die Erklärung der Logenbedeckung muss schriftlich erfolgen. Durch das Verhüllen verliert der Bruder nicht den Charakter eines Freimaurers, er wird ein getrennter Bruder; aber er verliert das Recht, an Logenhaltungen irgendwelcher Art teilzunehmen.

Die Rechte, die der Bruder als Voll- oder Ehrenmitglied oder als Besucher niederer Logen erworben hat, gehen durch die Bedeckung einer Loge des höchsten Grades nicht verloren. Aber seine Rechte in den höheren Graden ruhen".

Die Schweigepflicht der Brüder:

„ § 306. Die Pflicht zur Geheimhaltung erfordert die größte Vorsicht, damit nicht nur freimaurerisches Wissen, Techniken und Debatten den Uneingeweihten verborgen bleiben, sondern auch das Höhere den Brüdern, die sich in einem niedrigeren Grad befinden." (Statut der Großen Mutterloge von Kurhessen bei der freundschaftlichen Zusammenkunft mit der Königlichen Großen Mutterloge von York in Berlin 1815).

Tarnung der Freimaurerei als Wohltätigkeitsorganisation:

„Wenn jemals eine Loge Wohltätigkeit betreibt, so geschieht dies nicht aus Mitleid mit den Bedürftigen, sondern als vorübergehendes utilitaristisches Mittel oder als Form der Legitimation." (*Bauhütte*, 1872, S. 140).

Ähnlich schrieb die Freimaurerzeitung *Latomia* im Juli 1865: „Der Vorwand der Wohltätigkeit, der benutzt wird, dient den Freimaurern nur dazu, einen anderen zu verbergen."

Der „Deutsche Bund der Großlogen", der alle deutschen Großlogen in gemeinsamer Arbeit vereinte und das Bündnis mit außerdeutschen Logen pflegte, hatte eine besondere Bedeutung, wie aus den Ausführungen des Freimaurers *Kneifner* in „Mitteilung des Vereins der deutschen Freimaurerei", 1917/18, S. 54, hervorgeht:

„Der deutsche Bund der Großlogen sorgte dafür, dass keine der acht Großlogen die anderen übertrumpfte. Sein Gesetz verhindert Willkür und mögliche Dominanzbestrebungen einzelner Großlogen".

Zwar verließen die altpreußischen Logen 1922 die Liga der Großlogen, traten ihr aber 1927 wieder bei.

Position der Freimaurerei zu Nation und Rasse:

„Es gibt keine nationalistische oder religiös geprägte Freimaurerei, sondern nur eine reine, unteilbare Freimaurerei. Wer das Gegenteil predigt, befindet sich im völligen Irrtum. Lasst uns ein menschlicher Bund sein und nicht eine Sekte". (Die Freimaurer-Zeitung *Auf der Worte* vom 1. 03. 1925).

Ebenso sagt der Freimaurer Neumann (Bund Deutscher Freimaurer) dem Freimaurer Eskau in einem Brief vom 31. März 24:

„Wenn Sie die Freimaurerei mit ihrer Botschaft der Gleichheit von allem, was ein menschliches Gesicht hat, verleugnen, sind Sie nicht - verzeihen Sie mir - ein Freimaurer."

Der Freimaurer Horneffer schreibt in *Éducation nationale franc-maçonne en 1919/20*, S. 66:

„Der Kampf der Anhänger der Idee des Humanismus (d.h. der Freimaurerei) muss ein Kampf gegen jeden Nationalismus sein."

In *den Gesetzen des Deutschen Bundes der Großlogen* (herausgegeben nach der Schaffung der neuen Gesetzgebung am 01.08. 1911, S. 16) heißt es:

„Der Deutsche Großlogenbund erklärt, dass Unterschiede in der Hautfarbe und der Rasse kein Hindernis für die Anerkennung einer Großloge oder Loge sind."

Position der altpreußischen Großlogen gegenüber dem Judentum:

„Man hat uns vorgeworfen, wir seien Antisemiten und würden Juden aus Rassenhass nicht akzeptieren. Das ist in der Tat die größte Beleidigung, die uns je widerfahren ist. Der Lehrer hat uns gelehrt, alle Menschen als unsere Brüder zu lieben, und der Jude ist genauso wie wir und alle Menschen ein Kind des ewigen Gottes, der uns erschaffen hat. Wenn wir Juden und Mitglieder anderer nichtchristlicher Religionsgesellschaften nicht in unsere enge Gemeinschaft aufnehmen, heißt das nicht, dass wir sie hassen. Man könnte uns auch zu Recht sagen, dass wir Frauen und Kinder sowie Menschen mit geringer Bildung hassen, weil wir sie nicht akzeptieren. Wenn aber ein jüdischer FF. als Gast zu unseren Arbeiten zugelassen werden möchte, dann nehmen wir ihn gerne bei uns auf, wenn er einer anerkannten Loge angehört; wir heißen ihn herzlich willkommen und freuen uns, dass er nicht das Vorurteil hat, dass zwischen ihm und uns auch nur die geringste Barriere bestehen könnte. Wir wissen, dass wir es ihm schulden und schuldig sind, ihm gegenüber als Bruder ständig so zu handeln". (*Handbuch zur „Ordenslehre der Großen Landesloge der Freimaurerei von Deutschland"*).

Internationale Verfassung der drei altpreußischen Großlogen

Struktur der Großen Landesloge von Deutschland. Der Bezirk der Großen Nationalloge bildet die siebte Provinz des Ordens des schwedischen Systems, so wie Dänemark die achte und Schweden die neunte Provinz des Ordens darstellt. An der Spitze jeder Provinz steht ein Vikar Salomonis, ein Regent. Der Regent der deutschen Ordensprovinz war zum Beispiel der berüchtigte Friedrich Leopold von Preußen, der am 9. November 1918 als Erster die rote Fahne auf seinem Schloss in Klein-Glienicke bei Potsdam hisste. Prinz Friedrich Leopold war Ehrenmitglied aller deutschen Großlogen und Protektor der drei altpreußischen Großlogen.

Seit Friedrich dem Großen wurden die preußischen Könige zu Beschützern der altpreußischen Großlogen, mit Ausnahme von Wilhelm II.

Die Äußerungen des Freimaurers Dr. Schletter in *Latomia,* 1865, S. 65 legen dar, welche Ziele die Freimaurerei wie folgt verfolgte:

„Es kam nur scheinbar vor, dass Prinzen die Leitung der Logenangelegenheiten übertragen wurde, und die „Delegierten" bedeckten ihre eigenen Maßnahmen mit dem fürstlichen Namen."

Die Prinzen hatten ein besonderes Ritual, damit sie nicht von der Unwürdigkeit des Freimaurerrituals erfuhren.

Die Freimaurerei war die treibende Kraft hinter der Französischen Revolution von 1789

Diese Tatsache wird durch den Bericht der Plenarsitzung der betreffenden Logen „Paix et Union" und „La libre Conscience" im Orient de Nantes vom 23. April 1883, S. 8, bestätigt:

„Von 1772 bis 1789 setzte die Freimaurerei die große Revolution in Gang, die der Welt ein neues Gesicht geben sollte. Damals verbreiteten die Freimaurer die Leitgedanken, die sie sich zu eigen gemacht hatten, unter den Volksmassen."

HEFT DER GERMANISCHEN SS NR. 1 UND 2. 1943.

1789

Die Vereinigten Staaten von Amerika müssen sich einer viel größeren Gefahr stellen, als die, die die römische Kirche verbarg...

Diese Gefahr, meine Herren, ist der Jude!

In jedem Land, in dem sich Juden in großer Zahl niederließen, haben sie ständig seine moralische Größe geschmälert und seine kommerzielle Integrität herabgesetzt. Sie haben sich abgesondert, aber nie assimiliert. Sie verhöhnten die christliche Religion, auf der die Nation aufgebaut ist, und versuchten, sie zu untergraben, indem sie sich ihren Vorschriften widersetzten. Sie bauten einen Staat im Staat auf. Doch als man ihr Vorgehen durchkreuzte, setzten sie jedes Mittel ein, um dieses Land finanziell zu strangulieren, wie sie es im Fall von Spanien und Portugal getan haben.

Mehr als siebzehn Jahrhunderte lang haben die Juden über ihr trauriges Schicksal geweint, weil sie aus ihrer Heimat, die sie Palästina nannten, vertrieben wurden. Aber ich versichere Ihnen, meine Herren, wenn die zivilisierte Welt ihnen heute Palästina als Eigentum zurückgeben wollte, würden sie sofort einen dringenden Grund finden, um nicht dorthin zurückzukehren. Warum ist das so? Weil sie Vampire sind und Vampire nicht von anderen Vampiren leben können. Sie können nicht aus sich selbst heraus existieren, sondern müssen dahinvegetieren, indem sie von Christen und anderen Völkern, die nicht ihrer Rasse angehören, profitieren.

Wenn Sie diese Menschen nicht unter Rückgriff auf die bestehende Verfassung aus den Vereinigten Staaten ausschließen, dann werden sie sich in weniger als zweihundert Jahren so stark vermehrt haben, dass sie das Land beherrschen und verschlingen und sogar unsere Regierungsform verändern werden, für die wir Amerikaner unser Blut vergossen, unser Leben und unser Bestes gegeben, unsere Freiheit aufs Spiel gesetzt und unsere größten Ideen geopfert haben.

Wenn Sie diese Menschen nicht ausschließen, werden es Ihre Nachkommen sein, die auf den Feldern arbeiten müssen, um die Gewinne an andere zu verteilen, während diese anderen hinter den Schreibtischen sitzen und sich fröhlich die Hände reiben.

Ich warne Sie, meine Herren: Wenn Sie die Juden nicht für immer ausschließen, wo es möglich ist, werden sie sich trotz der Generationen nie ändern. Ihre Ideen werden niemals mit denen eines Amerikaners übereinstimmen, selbst wenn sie zehn Generationen lang unter uns leben würden. Ein Leopard kann seine Flecken nicht ändern. Juden bedeuten eine Bedrohung für dieses Land, wenn man sie hereinlässt, und sie sollten durch unsere Verfassung ausgeschlossen werden".

Der amerikanische Staatsmann Benjamin Franklin im Jahr 1789 vor dem US-Kongress.

WAKE UP AMERICANS!
DO YOU WANT THIS?

Clean up America! Break the Red Plague!
BOYCOTT the JEW!

HEFT DER SS NR. 1A/B. 1941.

„AMERIKA" IN EUROPA

Zeichnung: Erik

Eine Front, die durch die Herzen und Köpfe der Menschen geht...

Es wurde eine kunstvoll gezeichnete Weltkarte aus dem Jahr 1551 gefunden, auf der alles verzeichnet ist, was man damals von der Welt aus den großen Entdeckungsreisen kannte. Auf dem neuen Land Nordamerika - nicht Südamerika - steht das Wort „Kannibalen". Das bedeutet also: Menschenfresser!

Dann kamen die ersten weißen Einwanderer. Es waren die „Pilgerväter", die aus Europa, meist aus England, geflohen waren und ihre Heimat wegen ihrer puritanischen Religion verlassen hatten. Diese Puritaner waren Heilige einer besonderen Art, die sich die göttliche Gnade und Gunst darin vorstellten, dass Gott ihren Geldbeutel füllen sollte, wenn er Vorteile für ihre Handelsgeschäfte fand. In der Logik dieses Glaubens waren die guten Pilger bereit, zu betrügen und vor allem auf alle Güter und Freuden dieses Lebens zu verzichten. Daher nahmen sie außer der Bibel und dem Gebetbuch keine weiteren Bücher mit nach Amerika und ließen die Liederbücher, Texte, Illustrationen, Tänze und all die anderen schönen Dinge, die Europa besaß, zurück. Was diese Puritaner auszeichnete, war das Gesetz, das ihr Handeln bestimmte, die Kultur, die sie mitbrachten. Es war keine echte Kultur, sondern eine religiöse Barbarei. Das Gebetbuch und der Geldbeutel waren die Grundlage all ihrer Gedanken und Bestrebungen. Echte Yankees denken auch heute noch so.

Der Wahrheit entsprechend muss man sagen, dass die Schwächung des Glaubens dazu führte, dass die Bedeutung des Gebetbuchs abnahm. Der Geldbeutel wurde immer schwerer, wurde bevorzugt und das Gebetbuch wurde immer dünner und oberflächlicher - in lutherischer Sprache - ein Mülldeckel, der dazu diente, eine Vielzahl von Schandtaten zu verbergen.

Die dritte Einwanderungswelle war die der Neger. Sie kamen in Fesseln aus Afrika und wurden als Sklaven auf englischen Schiffen verschleppt. Sie kamen als arme Teufel und blieben es auch. Aber immerhin brachten sie als natürliche Geschöpfe aus ihren Wäldern und Savannen eine Art Kultur mit, Werke des Gesangs, des Tanzes, der Freude und des Leids, die von ihrem eigenen Blut geprägt waren - auch wenn es nur Negerblut war. Doch diese Sensibilität wurde auf den Plantagen unter der Peitsche der Vorarbeiter, in der Kälte des Nordens und in den Spelunken von New York schnell verfälscht.

Juden entwickeln die „kosmopolitische Kultur" der USA, um sie zu exportieren

Aber es war diese Form, die die letzte Welle von Einwanderern, die diesem kosmopolitischen Land noch fehlte - die Juden - interessierte. Diese hörten die seltsamen und aufregenden Rhythmen der Neger, sahen den heimlichen Neid der Puritaner auf die leichte Ausgelassenheit dieser Waldkinder und witterten ein gutes Geschäft und die Möglichkeit, den rassischen Widerstand dieser „freiwilligen Barbaren" durch die Anwendung dieser fremden Magie zu lähmen.

So entstand zu Beginn unseres Jahrhunderts und von Jahr zu Jahr das, was man als „Amerikanismus" bezeichnet. Dabei handelt es sich um eine naive Freude an der primitiven Erregung der Sinne, sei es durch schrille Töne und Farben, blutige Filme und Geschichten, knallige Schießereien, Morde, Entführungen, sportliche Höchstleistungen, Tanzmarathons, Schwimmen, Dichten oder Beten, um „Weltrekorde" in allen Bereichen, um die Anbetung des Gigantismus und des „Größten der Welt", um die Beurteilung von Frauen nach „Schönheitskanons" oder kindlicher Arroganz.

Als das Land der alten Puritaner, das reich geworden war und daher nach Lebensfreude dürstete, in diese Dekadenz verfiel, wurde das Gemeinschaftsleben zum „Unternehmen", die Feste zu Messen - dieser Amerikanismus wurde zum Exportartikel. Der Scherz wurde zur Realität: Die kulturlosen Einwanderer von einst wollten mit dem alten zivilisierten Land Europa konkurrieren, indem sie ihm zeigten, dass ihre Schöpfungen schöner und neuer waren. Man müsste eigentlich sagen anbieten, denn es war ein Bargeschäft für die Juden aus dem Film- und Plattengeschäft, die jüdisch-negerischen Jazz-Sänger und -Tänzer, die hakennasigen Zeitungsmanager und Impresarios.

Es war wirklich ein gutes Geschäft und ein Erfolg. Denn zu dieser Zeit war Europa 1918.ausgeblutet, ausgehungert, psychisch erschöpft von vier Jahren Krieg und Opfern in allen Ländern. Europa war hauptsächlich in sich selbst zusammengebrochen, sowohl auf individueller Ebene als auch bei allen Völkern. Man war sich keiner Sache mehr sicher, weder des Staates noch des eigenen Wohlergehens. Jeder sehnte sich nach einer einfachen, natürlichen Welt, nach Oberflächlichkeit, Zerstreuung und dem aufkommenden Elend.

DER JÜDISCHE MANAGER PROFITIERT VON DER SCHWÄCHE DEUTSCHLANDS UND EUROPAS

Zu diesem Zeitpunkt verließen der Jude und der Nigger Amerika.

In diesem prekären Moment ergriffen die Völker des alten, zivilisierten Kontinents jede noch so durchlöcherte Boje, die ihnen von einer attraktiven neuen Welt zugeworfen wurde, um psychisch nicht zu ertrinken. Die neue Musik war so leicht zu verstehen, die neuen Bewegungen, Tänze genannt, so leicht zu erlernen. Das Leben war so einfach in den Filmen: der Held, der Schurke, das süße Mädchen, der reiche Schwiegervater und immer das Happy End! Und dann gibt es da noch die tollen Schönheitswettbewerbe! Viele junge Mädchen werden aufgefordert, sich auszuziehen - natürlich nur, um sie messen, wiegen und fotografieren zu können... Man brüllt in die Menge, bestimmt einen „idealen" Typ, verteilt Stimmzettel (sehr demokratisch) und wählt Miss Europa, Miss Berlin, Miss Petuschkin... usw.

Das im jüdischen Laden gebraute Gift, die negroide Sensibilität und die koloniale Anti-Kultur sickerten schließlich in die leichtgläubigen und wehrlosen Herzen der Europäer und auch vieler Deutscher. Ein moralisches Gesetz besagt, dass die Gewohnheiten des Menschen, die ihn „ohne nachzudenken" handeln lassen, sehr stark an ihm haften, so dass er sie nur unter größten Schwierigkeiten loswerden kann. Deshalb stieß das „Volksvergnügen" auf so wenig Widerstand, ebenso wie diese Vulgarität in Tänzen, Liedern, Filmen, Sport und Liebe, und es wurde selten versucht, diesem fremden Geist etwas Eigenes, Besseres entgegenzusetzen.

Es war wirklich nicht leicht, die alten Gefühle in einem moralisch zerfallenen, national zerrütteten und wirtschaftlich heruntergekommenen Deutschland wiederzubeleben. Die Gelegenheiten, die sich boten, wurden verpasst, weil die Masse des Volkes sie nicht ergreifen konnte. Erst als die Partei nach 1933 die Herzen der Deutschen erreichte, wurden die Bedrohungen für unser kulturelles Erbe abgewendet und es konnte eine solide Basis geschaffen werden. Nationale Filme und eine strenge Kontrolle des Filmimports sanierten die Situation des deutschen Kinos. Deutsche Dichter betraten die deutschen Bühnen, ebenso wie viele junge Menschen, deren Erstlingswerke noch um Nachsicht baten. Es wurde eine deutsche Presse geschaffen, die von deutschen Chefredakteuren geleitet wurde, die zwischen Neuheit und Sensation unterscheiden konnten. Der deutsche Sport wurde gereinigt, unsere Unterhaltung wurde von unserem Humor und unserer Fröhlichkeit beeinflusst, gemäß den Gesetzen unseres Blutes.

DIE MUSIK DRÜCKT DIE SEELE EINES VOLKES AUS...

Nur Tanz und leichte Musik bilden eine Ausnahme. Hier muss man offen sagen, dass jedes nicht-deutsche Gefühl einem Verbot unterworfen werden kann. Aber was würde das nützen, wenn es eine Leere verursachen würde, die viele Landsleute nicht verstehen könnten? Eine große Anzahl von ihnen wäre wahrscheinlich nicht mehr in der Lage zu unterscheiden, was an dieser verbotenen Musik schlecht und verderblich ist.

Über den Geist der Musik erklärten Schopenhauer und Richard Wagner einmal Folgendes: „Die Musik drückt das Wesentliche aus", d. h. die Seele von Menschen, Völkern und einer Epoche.

Diesen wesentlichen Gesichtspunkt kann man nur verstehen, wenn man selbst Musikwissenschaftler und Schöpfer ist. Wenn dies nicht der Fall ist, kann man sich keine authentische Musik vorstellen. Natürlich ist auch der Rhythmus ein wichtiger Bestandteil der Musik, da er vor allem in unserem heutigen Leben von grundlegender Bedeutung ist. Der lärmende Verkehr von Maschinen, der Schritt von Tausenden von Soldatenstiefeln haben sich in unser Fleisch und Blut gebrannt. Deshalb geben uns die Märsche und Soldatenlieder aus dieser großen kriegerischen Epoche sie wieder. Eines ist sicher: Beethoven und Brahms, Bach und Reger, Mozart und Bruckner sind die Urheber einer Musik, die unseren Musiksinn noch Jahrhunderte lang erfreuen und befriedigen kann. Wenn wir nach den überwältigenden Erfahrungen dieses Krieges den nötigen Abstand gewonnen haben, wird der Tag kommen, an dem deutsche Komponisten einen neuen Weg einschlagen werden.

Der Sieg unserer Waffen wird auch den siegreichen Einbruch einer neuen Kultur bedeuten, die vom deutschen Kulturwillen beseelt ist. Nordamerika muss auch an dieser Front besiegt werden, und zwar durch einen hartnäckigen und alltäglichen inneren Kleinkrieg. Wir müssen auch an der kulturellen Front, die durch die Herzen und Köpfe geht, den Sieg erringen!

HEFT DER SS NR. 10. 1938.

„LENINISMUS" UND „STALINISMUS"?

„Wenn die Juden allein auf dieser Welt wären, würden sie so sehr in Schlamm und Abfall ersticken, dass sie versuchen würden, sich gegenseitig in hasserfüllten Kämpfen auszubeuten und auszurotten; vorausgesetzt, der Kampf wird nicht durch den Mangel an jeglichem Opfergeist, der sich in ihrer Feigheit ausdrückt, zu einem Theater." Diese Worte Hitlers sind nicht von neuer Aktualität, sondern wurden 14 Jahre zuvor in *Mein Kampf* geschrieben. Trotzdem ermöglicht dieser einfache Satz eine genaue

Einschätzung und Beurteilung dieser kriminellen Gerichtsbarkeit, die derzeit in Moskau operiert. Jeder Beobachter, der glaubt, in diesem Massenmord einen Einflusskampf zwischen verschiedenen Ideologien erkennen zu können, und sei er noch so blutig, sieht seine Aufklärungsversuche ohne weiteres zum Scheitern verurteilt. Es geht nicht um Ideen oder Ideologien, sondern um die blutige Festigung und Sicherung des persönlichen Regimes von Stalin und seiner Kaganowitsch-Gruppe. Von allen Kommentatoren der Presse hat Graf Reventlow die Situation vielleicht am besten so erfasst, wie sie ist, wenn er in seiner „Beobachtung des Imperiums" sagt: „Wir sind weit genug entfernt, um die vergangenen, gegenwärtigen und zukünftigen Moskauer Prozesse mit Gelassenheit zu beobachten und zu betrachten. Es ist nicht die Unschuld, es ist nicht ein göttlicher Verurteiler des Bösen und ein Beschützer des Guten, der mit seinen Engeln im Gerichtssaal sitzt. Auch nicht, dass die Angeklagten unschuldige Opfer und Märtyrer einer edlen Überzeugung sind, Idealisten, die bereit sind, freiwillig für ihr Volk und dessen Ideal zu sterben. Ein Krimineller, der die Macht besitzt, will zwei Dutzend andere Kriminelle loswerden, die bislang seine Komplizen gewesen waren. Das ist alles." Die Gesamtheit der von Staatsanwalt Vychinski zusammengetragenen Anschuldigungen ist ungeheuerlich und so unsinnig, dass sie sich durch ihren eigenen Mangel an Logik selbst widerlegt.

Dieses Strafgericht wirft den einundzwanzig Angeklagten Spionage, Sabotage und die Durchführung von Terrorakten vor. Sie sollen „auf Befehl ausländischer Mächte versucht haben, Aufstände in der Sowjetunion zu provozieren, um die Ukraine, Weißrussland, die Küstenprovinzen im äußersten Osten, Georgien, Armenien und Aserbaidschan von der UdSSR zu trennen." Die ausländischen Mächte sollten angeblich darauf warten, dass die Angeklagten und ihre Komplizen sie bei der Beendigung des kommunistischen Systems in der Sowjetunion und der Wiedereinführung des Kapitalismus und der Bourgeoisie unterstützen würden. Zu diesem Zweck sollten sie sich mit den Trotzkisten (Trotzki, „der sich in den Hundehütten der Kapitalisten versteckt hat", wie es im Jargon der sowjetischen Presse heißt, ist auch in diesem Prozess der große Bösewicht, denn als Kommissar muss er Verbindungen zu Agenten ausländischer Mächte unterhalten haben), außerdem mit den Sinowjewisten, Menschewisten, Sozialrevolutionären und bürgerlichen Nationalisten aus der Ukraine, Weißrussland, Georgien, Armenien und Aserbaidschan zusammenschließen. Bucharin wird beschuldigt, zusammen mit Trotzki ein Komplott ausgeheckt zu haben, das die Friedensverhandlungen von Brest-Litowsk vereiteln sollte und den Sturz der Sowjetregierung sowie die Verhaftung und Ermordung von Lenin, Stalin und Swerdlow, den letzten Präsidenten der Sowjetunion, zum Ziel hatte. Außerdem erfahren wir mit Überraschung, dass der Schriftsteller Maxim Gorki nicht eines natürlichen Todes starb, wie bislang allgemein angenommen, sondern von den

Professoren Pletnov, Levin und einigen anderen Ärzten unter Beteiligung von Iagoda beseitigt wurde.

Die Schrecken dieser Anschuldigung werden jedoch nur von den betreffenden Personen ans Tageslicht gebracht, und das sind in der Regel die alten Bolschewisten, die jahrelang von der sowjetischen Presse renommiert und emphatisch gefeiert wurden. Da ist zunächst Bucharin, der ehemalige Vorsitzende der Komintern, dann Jagoda, der ehemalige Chef der GPU und einst der mächtigste Mann in der Sowjetunion nach Stalin, Rakowski, der ehemalige Vorsitzende des Rates der Volkskommissare der Ukraine, also der Regierungschef der Ukraine, dann Rosenholtz, der auch in Berlin bekannt ist, Außenhandelsminister, um in unserer Terminologie zu sprechen, Grinko, Finanzminister, Kreskinski als Vertreter des Außenministers, Tschernow, Wirtschaftsminister, Rykow, Verkehrsminister, Mendschinski, ehemaliger Chef der Geheimpolizei, außerdem unter den Ärzten Professor Pletnow, der Herzspezialist, und Levin.

Dieser angebliche Prozess führte dazu, dass die Welt, die der sich seit zwanzig Jahren wiederholenden blutigen Nachrichten bis zum Überdruss überdrüssig war, ihre Aufmerksamkeit mit Bestürzung auf Moskau richtete und selbst in den Reihen der Freunde der Sowjetunion ihren Ekel und Widerwillen zum Ausdruck brachte. Léon Blum und Reynaud waren erschüttert, viele sozialdemokratische Zeitungen verbreiteten Empörungsrufe; England und Frankreich protestierten gegen die Anklagepunkte, die diese beiden Länder in die dubiosen Beziehungen, die die Angeklagten unterhielten, hineinzogen. Als man in Frankreich um Tschukatschewski weinte, kamen wir zu dem Schluss, dass diese Trauer vollkommen egoistisch war, selbst wenn man von Humanitarismus spricht, zumal Frankreich mit der Roten Armee in Verbindung steht. Und letztere, so dachten wir auch, würde durch derartige Hinrichtungen in ihren höchsten Kreisen nicht gestärkt werden.

Der Nationalsozialismus betrachtete den Judeo-Bolschewismus als den absoluten Feind der Zivilisation. Oben: Für diese sowjetischen Soldaten mit mongoloiden Gesichtern waren die Kämpfe vorbei. Unten wurde eine kleine Gruppe von Partisanen, die schmutzig und abgemagert waren, gefangen genommen. Unter ihnen sind zwei Rabbiner (die beiden Bärtigen in der Mitte) zu erkennen.

„Da sind sie wieder, die Hunnen, Karikaturen menschlicher Gesichter; Realität wird zum Alptraum, ein Faustschlag ins Gesicht aller guten Menschen...".! /Abbildung aus einer Propagandazeitschrift.

Die Situation im Moskauer Prozess darzustellen war notwendig, um die politische und ideologische Problematik dieses momentanen Theaters zu verdeutlichen. Die anfänglichen Stimmen, die glaubten, sie könnten die Menschen dazu bringen, zuzugeben, dass diese Fragen als „Weltrevolutionspolitik" oder „nationale Politik", „internationaler" oder „nationaler" Marxismus, „integraler" oder „gemäßigter" Marxismus gelöst werden würden, begannen sich Gehör zu verschaffen. Angesichts einer solchen Verzahnung von Ideen mit den Tatsachen ist man leider nicht ausreichend gewarnt. Wir kommen daher zur eigentlichen Darstellung unseres Themas. Verschiedene Begriffe wie „Leninismus" und „Stalinismus" wurden bereits genannt. Diese abstrakte Unterteilung des Bolschewismus soll die Vermutung wecken, dass sich der stalinistische Bolschewismus vom leninistischen unterscheidet. Sie soll außerdem die Illusion wecken, dass sich der Bolschewismus verändert hat, und wir hören sogar einige sagen, dass der „Stalinismus" eine Transformation in einen Nationalismus, in einen sozialen Nationalismus, in einen Nationalsozialismus ist. „Wird Stalin nicht auch als Führer bezeichnet?", fragen sich diese Ideologen. Einige kommen sogar zu dem Schluss, dass der jüdische Bolschewismus dort „einen Nationalsozialismus aus der Tiefe der russischen Seele" darstellen würde, und man hätte also allen Grund, dieser siegreichen Filiale des Dritten Reichs auf die Schulter zu klopfen und einen freundschaftlichen Händedruck auszutauschen! Wir sehen, wohin solche Verwechslungen führen können. Gott sei Dank war selbst „Väterchen Stalin" von Zeit zu Zeit bemüht, den Schleier zu lüften und die wahre Natur des Bolschewismus zu enthüllen. Wie der Führer in seiner letzten Rede im Reichstag sagte, sollten wir uns in diesen Fragen nicht für einen ausländischen Minister, ultrakluge Verträge oder orientalische ideologische Strategien interessieren, sondern nur für den Moskauer Helden mit dem Schnurrbart. So antwortete Stalin persönlich auf den in der „Prawda" vom 14. Februar 1938 erschienenen offenen Brief eines Komsomolzenjungen, der sich nach dem Schicksal der internationalen Revolution erkundigte. Hier ist der kurze Sinn der sehr langen Rede in seinem ebenfalls offenen Brief: Die Weltrevolution wächst, breitet sich aus und gedeiht. Die Zeitschrift „Contra Komintern" fasste den Inhalt des Briefes wie folgt zusammen:

„Solange es auf der Welt nicht-bolschewistische Staaten gibt, hat Stalin sein Ziel noch nicht erreicht". Stalin erklärt öffentlich, dass der Sieg der Arbeiter zumindest in einigen Ländern, d. h. Revolution und Bürgerkriege wie in Spanien, notwendig sind. Dieser Brief ist ein klarer Beweis für die aggressive Haltung des Kommunismus.

Dies ist also die strikte Realität, und jede realistische Politik, sofern sie erfolgreich sein will, muss klar erkennen, dass die Weltrevolution das einzige und unabdingbare Ziel des Bolschewismus ist. Sie ist die Wende, die der Bolschewismus nehmen muss und nehmen wird, wenn keine vergleichbare Macht ihm den Weg versperrt. Nach ihrer eigenen Definition ist die Sowjetunion nur der Kern, der erst durch die Zerstörung und Einverleibung der bestehenden Staaten zum „Staat" wird, der die weltweite Union der sozialistischen Sowjetrepubliken repräsentiert. Die Organe dieses „Staates" werden von den Sektionen der Komintern gebildet, die für die Sowjetunion viel wichtiger sind als die unmittelbaren Regierungsinstanzen der Union selbst, also als der Rat der Volkskommissare. Wie hinreichend deutlich gezeigt wurde, wird der Rat der Volkskommissare ausschließlich von der Partei geleitet und die Partei stellt ihrerseits die führende und bestimmende Sektion der Komintern dar.

Es entsteht also ein neues „Recht" der Völker, das nichts dergleichen ist, sondern vielmehr eine absichtliche Zerstörung des Rechts darstellt. Das an den Botschaften der UdSSR angebrachte Staatswappen trägt die Aufschrift: „Proletarier aller Länder, vereinigt euch!". Dies ist ein eklatanter Verstoß gegen unsere innenpolitischen Interessen! Denn das bedeutet, dass alle Arbeiter zu illegalen Aktionen wie Hochverrat, Sabotage, Desertion usw. angestiftet werden. Jeder Einzelne, der der Kommunistischen Partei beitritt, verleugnet die Souveränität seines Landes und stellt sich unter die alleinige Oberhoheit Moskaus. Dieser Aufruf, der sich hinter dem extraterritorialen Schutz der sowjetischen diplomatischen Vertretungen verschanzt, wird bereits als offizielle Kriegserklärung an alle Länder betrachtet. In ihren Aktionsplänen betrachtet die Rote Armee die kommunistischen Sektionen anderer Länder als stabile Stützpunkte, als Pontons, als ihre Hilfssektionen. Angesichts solcher Anzeichen wird es also notwendig, das liberale Völkerrecht zu revidieren und an die internationale Situation anzupassen, damit der jüdisch-internationale Bolschewismus mit den Mitteln bekämpft werden kann, die seine verbrecherische Taktik erfordert.

„Leninismus"? „Stalinismus"? Es gibt nur einen jüdisch-internationalen Bolschewismus!

Wolfgang Fehrmann

POLITISCHER DIENST FÜR DIE SS UND DIE POLIZEI.

DIE AKTUELLE POLITISCHE BEDEUTUNG VON SEKTEN

Alle Religionen evolvieren, entwickeln sich und erreichen nach und nach charakteristische Stadien des Ausdrucks und der Lebensweise. Dass sich Religionen entwickeln und entwickeln müssen, ist eine wissenschaftlich anerkannte Tatsache, die jedoch von allen Orthodoxien bestritten wird, die für den Vorrang einer „absoluten Offenbarung" kämpfen, d. h. die eine unveränderliche Legitimität „von Anfang an" beanspruchen. Diese Ansicht lässt sich auch in der Theorie und Theologie vertreten, doch die besonderen Merkmale aller Religionen lehren uns etwas anderes.

Bevor wir den Begriff der nur partiellen oder konstanten Evolution definieren, müssen wir eine kurze Bemerkung über die „biologische Funktion" der Religion machen. Man muss grundsätzlich festhalten, dass es eine „Religion an sich" ebenso wenig gibt wie einen „Menschen an sich", sondern nur eine konkrete Erscheinungsform, die unter dem Einfluss rassischer, ethnischer und historischer Gegebenheiten entstanden ist und sich weiterentwickelt hat. Jede Religion beinhaltet von Natur aus unvorhersehbare Entwicklungsmöglichkeiten, die mit denen biologischer Organismen vergleichbar sind. Religionen sollten daher bewusst als

Einheiten betrachtet werden, die für Fehlentwicklungen und Degeneration anfällig sind.

Die Evolution selbst kann in einem doppelten Sinne verstanden und auf historische Religionen angewandt werden. Zunächst muss man sie einfach als eine sukzessive oder periodische Manifestation historischer Transformationen verstehen, in deren Verlauf ein Austausch gegenseitiger Einflüsse möglich ist. Man muss sie also als eine Höherentwicklung im Sinne einer historisch bedingten Werterfahrung definieren; zweifellos kann die historisch-religiöse Einheit niemals „fortschreiten", sondern nur degenerieren. Zweitens kann Evolution als Manifestation bestehender Dispositionen und Möglichkeiten in der Einheit betrachtet werden; Manifestation wird hier in einem doppelten Sinn verstanden: als kontinuierliche dynamische Transformation eines bestimmten Glaubens oder als Betonung bestehender wesentlicher Charakterzüge, die das Stadium dogmatischer Starrheit erreichen.

Die historisch-religiöse Forschung hat bereits festgestellt, dass es mehrere Entwicklungsstufen gibt, die den meisten Religionen generell gemeinsam sind. Dazu gehören vor allem die verschiedenen Formen des Protests (entweder durch einen aktiven und aggressiven Prophetismus oder durch den „stillen Protest" einer weltfernen Mystik), des Protestantismus und der Reformation. Es ist, als gäbe es ein Gesetz der Parallelität in der Religionsgeschichte, das eine vergleichbare, zeit- und raumunabhängige Entwicklung verschiedener Religionen belegt (beispielhaft ist die verblüffende Ähnlichkeit zwischen den religiösen Grundthemen der großen japanischen Reformatoren Honen - Shonin und Shinran - Shonin und der Reformation Martin Luthers, die fast zur gleichen Zeit existierte).

Während der Protestantismus und andere religiöse Proteste als Entwicklungen betrachtet werden müssen, die Teil desselben Ursprungs sind, kann man im Gegensatz dazu bei vielen Religionen die Entstehung von *Sekten* feststellen, die ihrer ursprünglichen Religion völlig fremd sind.

Während das zuerst genannte evolutionäre Ereignis vom ursprünglichen religiösen Ausgangspunkt abhängt, ist die Sekte selbst immer das Produkt einer sekundären Erscheinung. Sie entsteht größtenteils aus der Mitte der nachfolgenden religiösen Systematisierung, der Betonung des religiösen Charakters (die besondere Entwicklung des Buddhismus in Japan und China, die zur Verschmelzung verschiedener religiöser Auffassungen führt, ist eine eigene Ausnahmeform).

In jeder Religion gibt es die Stufen „primäre" und „sekundäre" Frömmigkeit. Die primäre Frömmigkeit ist dynamisch, ursprünglich, bezieht sich auf den eigentlichen Inhalt des Glaubens und steht im ständigen Gegensatz zu Abstraktion, religiöser Starrheit und jeder Form von Dogmatismus, die die Kennzeichen einer sekundären Frömmigkeit sind. Und man stellt fest, dass der sektiererische Protest unbestreitbar fast ausschließlich aus dem Hintergrund einer sekundären Frömmigkeit stammt, das heißt, dass eine Form der ultimativen Spezialisierung gefunden wurde und somit die religiöse Degeneration bestimmt. Mit anderen Worten: Es sind nicht grundlegende Epochen des religiösen Protests, die zur Bildung einer Sekte führen (wie Luthers und Honons und Shinran-Shonins Protest gegen gute Werke zugunsten eines „nur der Glaube" - sola fide), sondern fast ausnahmslos Streitgegenstände der sekundären Frömmigkeit.

Die Beobachtung der immensen Anzahl von Sekten liefert uns den Beweis dafür. Es handelt sich um die Zunahme der Annahme und Verweigerung der Taufe, die Ablehnung des Gelübdes, die Verneinung des Krieges, die Ablehnung des Staates usw. - Dinge, die nicht mehr in kausalem Zusammenhang mit dem geforderten Glauben stehen. Einerseits wird die baldige Wiederkunft Christi erwartet, andererseits werden Priestertum und Zeremoniell abgelehnt, andere predigen wieder Enthaltsamkeit, fordern eine vegetarische Lebensweise, führen darüber hinaus den alten jüdischen Zehnten wieder ein oder halten es für ein heilsames Werk, christliche Sorge für asoziale Elemente zu zeigen. Wer kann sich zwischen Baptisten, Methodisten, Sabbatisten, Adventisten, Mennoniten, der Heilsarmee, Unitariern, Chiliasten und Zeugen Jehovas, die sich alle ziemlich ähnlich sind, noch zurechtfinden?

Das Phänomen der Sekten ist kein neues Merkmal oder eine Reaktion auf die verzweifelte religiöse Situation unseres Jahrhunderts. Die fanatischen Kämpfe des hussitischen Geistes, die vorherrschende Prüderie der „frommen Schwestern", der Beginen und Begharden, die bußfertigen und lärmenden Versammlungen der „Geißler", die Europa überschwemmten und sich bis aufs Blut auspeitschten, sind erschütternde Zeugnisse menschlicher Verirrung aus einer alten, aber leider nicht ganz überwundenen Epoche unserer Tage.

Politisch-ideologische Revolutionen ziehen in ihrem Gefolge direkt wesentliche Veränderungen im religiösen und moralischen Bereich nach sich. Wenn die großen religiösen Systeme und ihre Kirchen nicht in der Lage sind, mit dem Prozess der politischen Evolution Schritt zu halten, dann treten sofort sektiererische Versuche auf, die auf Amalgamierung und Synthese abzielen. Zweifellos schaden solche Bestrebungen vor allem der neuen politischen Ordnung und scheitern entweder an einem neuen, umfassenden Willen zur politischen Ordnung oder fallen dem Kompromiss zum Opfer.

Auch hier war *Deutschland immer wieder* eine einzigartige Bühne, auf der sich die *wildesten Verirrungen* zeigten. Der ständige innere Kampf ließ das Volk reif werden und verlieh ihm einen ausschließlich politischen Willen, d. h. es wurde sich durch konkrete Erfahrungen der Gefahren bewusst, die von Sekten fremden Geistes ausgehen. Diese greifen nicht in erster Linie die religiösen Traditionen an, sondern vielmehr das soziale Leben der Gemeinschaft, das sie gefährden, unabhängig von ihren Absichten und Arten der Marginalisierung.

Wer die Geschichte unseres Jahrhunderts schreibt und die tiefsten Elemente der schwersten Krise aller Zeiten herausarbeitet, muss auch den nicht unerheblichen Beitrag zu dieser globalen Katastrophe aufdecken, die sich zugunsten einer jüdisch-orientalisch-christlichen Mentalitätsverirrung ereignet, die die Grenzen des Erträglichen überschreitet. Vielleicht war es Vorsehung, dass im Laufe der Geschichte der nationale evolutionäre Prozess in Deutschland aufgrund der politischen Situation alle erdenklichen geistigen und moralischen Reinigungen durchlaufen musste, damit das Volk im entscheidenden Moment die Fackel einer neuen Ideenordnung im moralischen Kampf der Welt schwingen konnte. Die Grundlage dieser Ordnung ist der lebendige Ausdruck einer Gemeinschaft, die die ewigen Gesetze kennt, die die Naturereignisse bestimmen. In unserem Bereich bedeutet dies, dass authentischer Glaube und grundlegende religiöse Überlegungen immer Respekt und Verständnis verdienen werden. Die religiösen Grundsätze dieser Gedankenordnung skizzieren sogar die Umrisse eines Bewusstseins, das tief von der ewigen Dynamik durchdrungen ist, die sich aus dem spezifischen göttlichen Glauben unseres Volkes ergibt. Doch die Ablehnung jeglicher Sklerose oder Fremdheit, jeglicher Aberration ist umso energischer, wenn diese pathologischen Erscheinungen die Grundfesten unserer neuen Ordnung bedrohen.

Der gegenwärtige Krieg trägt noch mehr als viele seiner Vorgänger dazu bei, zwischen dem Wesentlichen und dem Unwesentlichen zu unterscheiden. Das erklärt gleichzeitig, warum er im ideologischen Konflikt einen totalitären Charakter hat. Die *unüberbrückbare Kluft* zwischen unseren religiösen Werten und denen unserer Feinde wird deutlich, wenn sie stets den religiösen Aspekt in den Vordergrund stellen. Das feindliche Lager glaubt, Propagandaschlachten zu gewinnen, indem es uns grundlos der Schändung und religiöser Verbrechen bezichtigt. Sie handeln aus einem Geist voller Selbstgefälligkeit, die dazu verdammt ist, es zu bleiben, da sie *alle anderen* Wertmaßstäbe ignorieren. Das Interessante und Bemerkenswerte an dieser Art von feindlicher Propaganda ist, dass sie äußerst vielseitig ist und dem klugen Beobachter zeigt, dass es an einer charakteristischen, wirklich frommen religiösen Haltung mangelt. Gestützt auf einen angeblichen Glauben, auf das Bewusstsein, von Gott auserwählt zu sein, versucht man, einen heiligen Krieg zu entfesseln, mit der Parole: „*Vorwärts, Soldaten Christi*". So kann man alle religiösen Motive verstehen, die der feindlichen Propaganda zugrunde liegen, die in der internationalen Presse und im Rundfunk dargestellt wird und die immer verwendet werden wird.

Die authentische britische Mentalität kommt offen in der Predigt zum Ausdruck, die vom deutschen protestantischen Amt im Londoner Radio gesendet wurde. In britischen religiösen Sendungen nimmt die entfesselte Glaubensbotschaft eine solche Wendung, um den göttlichen Segen zu erflehen „and smash our enemies allo ver the world" - („und verprügelt unsere Feinde in der ganzen Welt"), dass man dies keineswegs für einen Scherz hält, auch wenn eine bigotte, honigsüße Stimme mögliche deutsche Zuhörer schont, indem sie um Vergebung der Sünden, Erlösung und die Erlangung von Gnade bittet. Der Eindruck verfestigt sich, wenn ein entsprechender Gottesdienst in deutscher Sprache abgehalten wird. Diese Geisteshaltung erklärt diese Absichten, die Welt zu befrieden. Wenn amerikanische baptistische Seelsorger erklären, dass die übermenschlichen Taten amerikanischer Flieger nicht ohne göttliche Hilfe geschehen konnten, erkennen sie dem amerikanischen Soldaten aufgrund seiner Kriegserfahrungen die Legitimität zu, das christliche Leben in den Vereinigten Staaten zu bestimmen. Dies zeigt den typischen Charakter dieser religiösen Geisteshaltung, die von denselben Wurzeln ausgeht. *Aber wenn man noch an der wahren Natur der britisch-amerikanischen religiösen Haltung zweifeln konnte, so ist man sich sicher, wenn man feststellt, dass sie sich mit dem Bolschewismus verbrüdert,* dem dritten Feind, der die wahre Personifizierung *des Antichristen* darstellt, der in der Geschichte des europäischen Westens immer wieder prophezeit wurde. Der Bolschewismus ist das Produkt und die letzte Fehlgeburt einer religiösen Anarchie.

Heute kann man feststellen, dass Puritanismus und Quäkertum grundlegende Bestandteile der britisch-amerikanischen Mentalität sind und daher auch die beiden Weltkriege beeinflussen. Beide Sekten sind auf ihrem Höhepunkt Paradebeispiele für eine besondere Entwicklung. Dies ist vor allem auf die Entwicklung des Puritanismus, der „kämpfenden Vereinigung für evangelische Reinheit", zurückzuführen. Dies sind politische und wirtschaftliche Ereignisse von sehr großer Bedeutung. Dieser Präzedenzfall zeugt von den Wechselwirkungen zwischen politischen, wirtschaftlichen und imperialistischen Interessen auf der einen Seite und religiösen Themen auf der anderen Seite. Hinzu kommt, dass weder in England noch in der „Neuen Welt" religiöse Reformen durchgeführt wurden und spirituelle Diskussionen allein in Europa stattfanden.

Für einen aufgeklärten Beobachter ist es nicht schwer, die Spuren des an theologische Streitigkeiten gewöhnten jüdischen Intellekts bei der Entstehung dieser sektiererischen Mentalität zu erkennen, die die folgenden Jahrhunderte durchdrang. Es fehlt an großen, kreativen und fruchtbaren Impulsen, obwohl gerade in dieser Zeit Europa in allen Bereichen, sei es Kunst oder Wissenschaft, besonders reich an Schöpfungen war. Der Puritanismus und der Quäkerismus waren jedoch die Ursache für einen Prozess in ihrem Volk, der eine einzigartige Synthese aus religiöser Besessenheit und wirtschaftlichen und imperialistischen Bestrebungen darstellte. *Die Logik verdrängt also authentisches religiöses Denken und dynamischen Glauben.* Die gesamte Struktur des Denkens, Wollens und Fühlens ist von den ideologischen Einflüssen des Puritanismus und des Quäkertums durchdrungen. Für Europäer ist es sehr schwer, den moralisierenden, arroganten, geschäftlich unnachgiebigen, kagottischen, abergläubischen und spöttischen Lebensstil zu verstehen, der das Kennzeichen des britisch-amerikanischen Geistes ist. In dieser Hinsicht sind Bigotterie und Heuchelei die bedeutendsten und beständigsten Merkmale der britischen Haltung, die sich in dem Begriff „cant" ausdrücken. Die in diesem Geist vollzogene methodische Erziehung hat zweifellos den englischen und amerikanischen Typus geprägt, viel mehr als sie auf das gesamte europäische Volk gewirkt hat. Dieser konservative Faktor ist auf jeden Fall auch ein Zeugnis für die Entwicklung einer gescheiterten Existenz. Durch die *extreme Intellektualisierung und Spezialisierung ist die britische und amerikanische Lebensweise nicht mehr in der Lage, kreative, organische und dynamische Impulse zu erzeugen; sie ist völlig sklerotisch, weil sie nicht mehr mit einem lebenden Organismus verbunden ist und nicht mit Europa konfrontiert werden kann, das sich inzwischen positiv entwickelt hat, ohne Katastrophen auszulösen. Die Angloamerikaner müssen den evolutionären Weg Europas auf ihre Weise vollziehen, wenn sie nicht Opfer einer endgültigen Unfruchtbarkeit werden wollen.* Schon heute ist erkennbar, dass diesem Prozess ein dramatischer Faktor in der internationalen Geschichte innewohnt. Die Natur und den Verlauf dieses Prozesses zu definieren, ist keineswegs eine müßige oder verfrühte Spekulation. Die Geschichte religiöser Bewegungen oder Organisationen lehrt uns vielmehr, dass schädliche Entwicklungen oder Abweichungen stets vermieden wurden, wenn nicht durch neues Denken, also nachdem eine katastrophale Richtung eingeschlagen worden war. Die tiefe religiöse Einpflanzung, die das Ergebnis dieser besonderen Entwicklung in England und den Vereinigten Staaten ist, zeigt bereits, dass es ohne eine äußerst strenge Reorganisationsarbeit, die nicht nur das Ergebnis einer internen Aktion ist, unmöglich ist und sein wird, die gemeinsamen allgemeinen Grundlagen der europäischen Entwicklung wiederzufinden. Ein elementares Gesetz besagt auch, dass niemand auf der Welt von Errungenschaften profitiert, die mit dem Blut und den Tränen anderer erkämpft wurden. In solchen Fällen korrigiert die Natur selbst die Sache auf unendlich harte, aber gerechte Weise, und in solchen Momenten wendet sie nur ihre einfachsten Gesetze an, die gleichzeitig eine Warnung und eine Mahnung für alle zukünftigen Generationen sind.

Dieser aktuelle Krieg ist der ultimative Zusammenstoß zwischen einer desintegrierten, dekadenten und praktisch erstarrten Lebensregel und einem Lebensstil, der das Produkt der geistigen Qualen und moralischen Stürme des europäischen Westens ist. Der Prozess, der zur Entstehung Europas führte, vollzieht sich langsam, aber organisch, korrigiert sich ständig und wirkt durch und in sich selbst. Der gemeinsame Charakter des europäischen Kampfes ließ jedoch viele Sonderentwicklungen zu und es wurden Fehler begangen, von denen einige mit Strömen von Blut bezahlt wurden. Doch Männer erhoben sich und traten aus den Reihen hervor, um zu zeigen, dass immer eine Lösung gefunden werden kann. Ein neues

Stadium war erreicht, ein neuer Schritt wurde getan, der zur Gründung der Europäischen Gemeinschaft als solcher führte. Die Umwälzungen auf dem europäischen Kontinent waren jedoch nicht in der Lage, dieser eigenen, unabhängig verfolgten Entwicklung entgegenzuwirken, die eines Tages zu den notwendigen und entscheidenden Auseinandersetzungen mit dem Kontinent führen musste.

Es ist völlig falsch zu behaupten, dass die Konstellation der Kräfte, die sich im gegenwärtigen Kampf der Völker ausdrückt, ein Produkt des Schicksals ist. Wir müssen die zwar schmerzhafte, aber absolut richtige Überzeugung gewinnen, dass der gegenwärtige Krieg das natürlichste und logischste Ereignis ist, das die Geschichte kennt. Ein Nietzsche gab noch fünfzig Jahre Zeit und „die Zeit wird kommen, in der wir dafür *bezahlen* müssen, dass wir zweitausend Jahre lang Christen waren. Wir werden die Last verlieren, die auf unserem Leben lastete und es beeinflusste - für eine gewisse Zeit werden wir verwirrt sein. Wir werden plötzlich *entgegengesetzte* Werturteile mit demselben Maß an Energie annehmen, das diese Überbewertung des Menschen durch den Menschen hervorgebracht hat. Der Begriff der Politik ist in diesem geistigen Krieg also völlig in den Hintergrund getreten. Alle Machtkonzepte, die die alte Gesellschaft hatte, sind explodiert - sie basierten alle auf einer Lüge: *Es wird Kriege geben, wie es sie noch nie zuvor auf der Erde gegeben hat.* Nur wird diese Zeit der Beginn einer großen Politik auf dieser Erde sein.

Heutzutage korrigiert sich die Geschichte selbst. Sie fordert die Träger der neuen Ordnung, die vor ihren Augen entstanden sind, dazu auf, ihren Wert auf männliche Weise zu beweisen. Auf den Schlachtfeldern Europas sind es in der Tat diejenigen, die das Erbe eines Perikles und Augustus ebenso verteidigen wie das eines Goethe, Bach und Beethoven; die sogar noch das kulturelle Zeugnis *Shakespeares* in das einbeziehen, was sich Europa nennt, und die somit gegen eine Welt kämpfen, die ihnen nichts entgegenzusetzen hat als einen sehr jüdischen Hass und einen teuflischen Willen zur Zerstörung, das letzte Symptom einer ausweglosen Anarchie.

IV. KUNST DES KRIEGES

DAS HAUS DER SS-TRUPPE NR. 4. 1939.

MILITÄRISCHE WISSENSCHAFT

Tölz, ein praktisches Beispiel

Die politischen Zeichen kündigten große Ereignisse an, als wir uns dieses Mal trennten. Wir hatten die neuesten Nachrichten am Bahnhof in München gelesen, der nun unsere letzte Station war. Zusammen mit dem Erfahrungsbericht eines Kameraden aus der Slowakei ließen uns diese Nachrichten vermuten, dass das Deutsche Reich entschlossen war, die notwendigen Maßnahmen zu ergreifen.

Als Politiker waren wir direkt mit diesen Ereignissen konfrontiert. Wir konnten sie nicht einfach zur Kenntnis nehmen und nach unserem Trainingskurs wieder zur täglichen Routine übergehen.

Damals spürten wir die ersten Zweifel. Schon viele Kameraden auf dem Heimweg fragten sich nachts beim monotonen Geräusch der Räder auf den Schienen: Ist unsere Tätigkeit, unsere Mission so grundlegend, dass sie die Bedeutung der heutigen Zeit überdauern kann? Es war keine krankhafte Skepsis, die uns zu diesen Gedanken inspirierte, keine Angst vor der zugewiesenen Aufgabe. Es ist dieser großzügige Zweifel, der Fortschritt und Entwicklung schafft, der Sie anspornt und Sie nicht auf dem Erreichten sitzen lässt, sondern Sie davor bewahrt, zu voreilige Schlüsse zu ziehen und eine falsche Richtung einzuschlagen. Einige behielten ihre Zweifel für sich, andere gingen zu zweit oder zu dritt an die Sache heran.

Waren wir wirklich nur am Rande der Ereignisse? War es sinnvoll, in einer Zeit zu leben, die einem so viel bietet, wenn man sie zu nutzen weiß? War es sinnvoll, hinter seinen Büchern zu sitzen, wenn die Hebel der Geschichte woanders lagen?

Es war klar, dass jede Studie ein Schritt auf dem Weg zur langsamen Reife ist; aber würden die Früchte noch gut sein? Würden wir angesichts der Ergebnisse sagen, dass wir den besten Weg eingeschlagen haben?

Diese Fragen kreisten in unseren Köpfen als junge Intellektuelle und wir wollten eine Antwort darauf finden. Denn als Wissenschaftler befanden wir uns in einem Bereich, in dem die Konzepte nach Ansicht vieler Menschen besonders unklar geblieben sind. Viele Menschen glaubten nicht, dass politische und intellektuelle Aktivitäten diese Fragen lösen könnten, oder sie hinterfragten sie nicht einmal.

Je länger wir uns diese Frage stellten, desto mehr konnten wir uns sagen, dass wir glaubten, die Antwort gefunden zu haben, denn die Erfahrungen aus der Praxis hatten unsere Überzeugung geformt. Ein Rückblick auf Tölz, das in diesem Jahr weitere Fortschritte gemacht hatte, brachte uns zu der Überzeugung, dass unser Weg bislang der richtige war und auch in Zukunft der richtige sein wird.

SOLDAT SEIN, EINE BEDINGUNG

Wie müssen wir unsere Geschichte verstehen?

Hätte man auf diesem wissenschaftlichen Gebiet, auf dem so viel debattiert worden war, auf die Ergebnisse der langen Diskussionen gewartet, hätte die heutige Generation immer noch keine Fortschritte gemacht. Sie würde sich in unfruchtbaren Debatten erschöpfen und man würde schließlich nicht mehr vom Wert all ihrer Aktivitäten überzeugt sein. Es gab also nur eine Lösung für die junge Truppe: Eigeninitiative.

In diesem intellektuellen Bereich gab es Soldaten. Da ihnen das Handwerk im Blut lag, spürten sie schon früh den kriegerischen Charakter dieser Zeit und wuchsen daran. Ohne sich um Scharmützel zu kümmern, setzten sie sich eine Reihe von Meilensteinen, die sie für richtig hielten. Das Motto, das sie sich selbst gaben, lautete: *Militärwissenschaft.*

Unter diesem Motto sammelten sie Gleichgesinnte um sich. Sie skizzierten sowohl die Umrisse einer Wissenschaft als auch eine neue Form der Erziehung. Es muss nicht betont werden, dass sie damit nicht die Erziehung meinten, die auf dem Kasernenhof stattfand und stattfinden *sollte*, sondern eine Erziehung, die einer bestimmten Haltung entsprach, die allgemein bei der Arbeit und im Leben eingenommen wurde. Es ist in der Tat offensichtlich, dass die Grenzen der Freiheiten eines Soldaten nicht die eines Mannes sind, der Teil eines Teams mit intellektuellen Zielen ist.

Auch *unsere* Truppe nahm diesen Standpunkt ein. Da die *Kriegserziehung* nicht in Form von Lehrgesprächen erfolgen kann, erfolgte die *praktische Anwendung* in unserer Truppe durch die Vermittlung von Kriegertugenden wie *Strenge, Offenheit, Teamgeist, Ritterlichkeit, Ehrlichkeit, Gehorsam* und, am wichtigsten, die *Würde des gesunden Menschen*. Diese Qualitäten haben sich zusammen mit den politischen und wissenschaftlichen Komponenten bewährt, und zwar für die Truppe als Ganzes wie auch für jeden Einzelnen.

Gestärkt durch diese Erfahrung gingen wir zum vierten Mal zur Junkerschule der SS in Tölz. Zum vierten Mal setzten wir das Motto „Kriegskunst" in die *Tat um.*

Die notwendige Bedingung, um eine wirklich kriegerische Wissenschaft zu lehren, ist nicht nur, dass man gesund ist, sondern auch, dass man einer tapferen Rasse angehört. Diese beiden Voraussetzungen sind bei den Männern der SS gegeben. Denn die Kriegskunst räumt dem Menschen Priorität ein; sie ist wesentlich. Wie man mit Wissen umgeht, hängt auch davon ab, welche Art von Mensch man sein möchte. Die Frage, wie man die Wissenschaft betrachtet, ist für uns eine grundlegende Frage. Das Tölzer Team hatte eine klare Vorgabe: *Krieger zu versammeln*, denn wir wissen, dass dies der Schwachpunkt unserer Universität ist. Programme haben nur dann einen Sinn, wenn es Menschen gibt, die sie verkörpern. *Es ist die wertvolle kriegerische und rassische Menschheit, die die Vereinigung von Kriegskunst und Wissen verwirklichen' und notwendig machen wird.*

Wir baten darum, während dieser Tage im Lager militärisch ausgebildet zu werden, gerade weil körperliche Fitness dazu beiträgt, die geistige Haltung zu stärken. Dies war nicht nur eine Notwendigkeit, die sich aus unserem Aufenthalt in einer SS-Junkerschule ergab, sondern der freiwillige Beweis, dass man sich von Zeit zu Zeit anders verhalten kann, nicht als Selbstzweck, sondern als Übung.

Strenge und Mut kamen in schönen Wettkämpfen zwischen den Kadetten der Schule zum Ausdruck. Die Kadetten gewannen in der Leichtathletik und im Handball, die Truppenhäuser im Schwimmen. Es waren ritterliche Kämpfe.

ECHTE MENSCHEN ZEUGEN IMMER IHRE MITMENSCHEN

Diese Übungen ermöglichten die Kontaktaufnahme mit militärischen Persönlichkeiten. Vielleicht ist kein Satz treffender als dieser: Echte Männer zeugen immer ihresgleichen. Der Eindruck, den sie hinterlassen, bedeutet viel für eine junge Mannschaft, die noch auf ihre Haltung achten muss. So hörten wir Dr. SS-Untersturmführer v. *Kraus* über die Nanga-Parbat-Expedition sprechen. Wir spürten die Kraft einer kriegerischen Persönlichkeit, die kein Hindernis fürchtet und ein ungelöstes Problem als eine Herausforderung betrachtet, die es zu überwinden gilt. Dann erzählte uns Oberst *Rommel, ein* mit dem Verdienstkreuz ausgezeichneter Infanterist, von der härtesten Auswahlprüfung, die es für einen Soldaten geben kann, dem Krieg während des Durchbruchs von Tolmein und Karfreit, an dem er einen entscheidenden Anteil hatte. Welche außergewöhnlichen Momente haben wir nicht mit SS-Brigadeführer *Börger* erlebt! Er hatte eine männliche und einfache Denkweise, die uns jedoch durch ihre Tiefe und Überzeugungskraft zu berühren vermochte. Spürte man in ihm nicht die alte revolutionäre Kraft, einen Teil des Glaubens aus der Zeit des Machtkampfes und den Realismus der Schlacht an der Saale? Von Zeit zu Zeit ist es gut, diesen Hauch zu spüren, denn die Epochen des Sieges lassen ihn manchmal vergessen. Hat uns nicht auch der alte Freund der Truppenhäuser, der leider vor kurzem die Garde des Führers verlassen musste, wieder begeistert: Reichsamtsleiter Bernhard *Kohler?* Wir erinnerten uns an Österreich, als SS-Obergruppenführer *Heifmeyer* in unsere Reihen zurückkehrte und mit uns an der Mahnwache für die Kriegstoten teilnahm. Mit demselben Ernst lenkte er unsere Aufmerksamkeit auf Fragen, die den Fortbestand des Volkes betrafen. Wir waren für ihn keine Fremden mehr.

DISKUSSIONEN OHNE STREIT

Auch dieses Mal war der Schwerpunkt des Kurses das Seminar, denn es galt, den kriegerischen *Charakter des* Teams zu demonstrieren. Es wurde vor allem über die Probleme der exakten Wissenschaft heftig diskutiert. Die Erregung, die durch die widersprüchlichen und lebhaften Diskussionen am Ende der Vorträge - Freiheit der Forschung, technische und intellektuelle Bildung, Intuition und Wissenschaft - hervorgerufen wurde, war für die weitere Arbeit bereichernd. Was nehmen wir vom kriegerischen Geist des

Seminars auf? Auch hier waren Strenge und Mut zur Diskussion, niemals Ausflüchte, das Kennzeichen des ritterlichen Geistes. Dies ist das wichtigste Kriterium für den intellektuellen Krieger, denn er schätzt die offene Diskussion, niemals den Streit. Er respektiert die Persönlichkeit des anderen und betrachtet ihn nicht als persönlichen Gegner. In einer höflichen Diskussion „packt er den anderen am Kragen", obwohl ein Streit sie trennen würde. Was sind Universitätsdiskussionen und Professorenfehden? Wenn ein Team den Unterschied erkennen kann, dann hat es in seiner intellektuellen Arbeit viel gewonnen.

Disziplin ist auch ein Bestandteil des ritterlichen Geistes, der aus einem Seminar keinen Debattierclub macht. Dazu gehört auch die Loyalität, die es verbietet, „herumzustolzieren", um sich mit dem Prestige eines Gelehrten zu schmücken, und die einen dazu bringt, Fehler einzugestehen, wenn der andere Recht hat. Wir lehnen das Prinzip des „Gewinnens um jeden Preis" in der wissenschaftlichen Diskussion ab. Wir erleben die Atmosphäre eines sportlichen Wettkampfs. Wir verlieren und reichen dem Gegner die Hand. Das Motto von Obersturmbannführer Ellersieck, das er uns so oft vorgebetet hat, gilt hier: Savoir perdre en rire!

Aber unsere größte Freude war die Tatsache, dass wir alle einen gemeinsamen Nenner hatten, egal wie unterschiedlich unsere Vorlieben, unsere Ansichten zu diesem oder jenem Punkt waren, egal wie erbittert die intellektuelle Diskussion war: ein SS-Mann zu sein. Dies ist und bleibt für jeden von uns der Hauptpunkt, das Epizentrum. Mit Treue und ohne Vorbehalte, mit Strenge und Kraft, mit Konsequenz in der Auffassung, wie sie die SS ausdrückt, gehen diese Männer an ihre wissenschaftliche Arbeit heran, heute am Anfang ihrer Karriere und später in ihrem Beruf und ihrem Leben.

In diesem Seminar haben auch Wissenschaftler unser Wissen ergänzt. Professor Karl Vogt von der Universität München gab uns einen Einblick in seinen Arbeitsbereich: die Embryologie. Der Staatsrat Professor Esau aus Jena zeigte uns die Probleme, die sich dem Physiker heute stellen. Der alte Vorläufer des Rassendenkens, Professor H. F. K. Günther von der Universität Berlin, erklärte uns die Notwendigkeit, einen neuen Führeradel zu schaffen. Als Kriterium für diesen Adel nannte er uns: die heroische Auszeichnung.

Selbstverständlich interessierte sich unsere Truppe für alle Aspekte des Lebens. Musikalische Kunst steht in jedem Haus hoch im Kurs. Auch in diesem Lager konnte es nicht anders sein. Wir freuten uns, den bei uns bekannten Dichter Hans Friedrich Blunck wiederzusehen. Eines Abends hatten wir Gottfried Rothacker und Professor Lampe aus München ließ uns an der Freude an der Musik teilhaben.

Männer ausbilden. Alle wertvollen Filme zeigen, wie wahr das ist. Sie bringen den Charakter des Volkes und seinen Geist zum Ausdruck. „Der Herrscher" inszenierte einen Typus von Männern der Tat, der die größte Gewalt offenbaren und sich dennoch selbst treu bleiben kann. Der „König" glänzte mit französischem „Geist". L'escadron blanc" drückte den Kolonialisierungswillen eines jungen Empire aus, „La fleur écarlate" das Ideal eines englischen Gentlemans... „L'escadron blanc" war ein Roman, der sich mit der Kolonialisierung eines jungen Empires befasste. Der Weg des Lebens" beschrieb den russischen Proletarier und seinen Glauben an die Gleichheit aller Menschen. Am lehrreichsten war vielleicht der jüdische Film „Tibuck". Die Schauspieler, die Ausstattung und das Thema waren jüdisch. Für uns war das die beste Propaganda. Die bärtigen und in Kaftan gekleideten Figuren monologisierten und die Handlung ließ Gemütszustände erkennen, die an der Grenze zur Pathologie lagen.

*

Als nach einer Ansprache von SS-Obersturmführer *Ellersieck* und dem Treuegesang der Studienzyklus zu Ende ging, hatten wir wieder das Gefühl, etwas Außergewöhnliches erlebt zu haben. Die Belohnung für ein Jahr Arbeit. Denn niemals hätte dieses praktische Beispiel aus der Militärwissenschaft verwirklicht werden können, wenn es nicht zuvor die jährliche Arbeit jedes einzelnen Truppenhauses gegeben hätte. Tölz zeigt schließlich in starker Vergrößerung, was sich im Kleinen in diesen Häusern abspielte. Die wahre Bedeutung dieses Ausbildungslagers ist folgende: Beseitigung von Unvollkommenheiten, Fortschritt der wissenschaftlichen Arbeit, Verbesserung der Haltung des Soldaten. Und dies umso mehr, als unsere Beziehungen zu den Kadetten und ihrer Schule, deren Kommandeur uns so freundlich empfangen hatte, es uns ermöglichten, tiefere Überlegungen anzustellen. Diese Berichte stärkten unsere Gewissheit, dass wir letztlich das gleiche Ziel hatten und dass sich nur die Mittel zur Erreichung dieses Ziels unterschieden.

Wir haben viele Menschen getroffen, die im Allgemeinen zustimmten, sich aber fragten: „Wo ist deine Freiheit?". Freiheit ist das Wesen des Wissens, sonst ist sein System lahm. Gerade in der *exakten* Wissenschaft liegt die entscheidende Bedeutung dieser Freiheit.

WAS HABEN CHEMISCHE FORMELN MIT DER WELTANSCHAUUNG ZU TUN?

Wir haben immer behauptet, dass wir *den Menschen* als den wesentlichen Faktor betrachten und nicht die Wissenschaft. Gibt uns die Geistesgeschichte der Völker nicht die Bestätigung dafür? Obwohl die Gegenstände und Ergebnisse der von den Naturwissenschaften durchgeführten Experimente einst dieselben waren, wurden einige materialistisch und mechanisch, andere hingegen gewannen unter denselben Bedingungen einen Glauben an die göttliche Macht. Dies hing davon ab, wie die Wissenschaftler als Menschen den Lauf der Dinge betrachteten und welche geistigen und ideologischen Konsequenzen sie daraus zogen.

Ein Mann der Wissenschaft zu sein bedeutet, dass man sich mit einer Mission betraut sieht, zu spüren, dass man nicht in einem leeren Raum, sondern in einer Gemeinschaft arbeitet. Abgesehen von Elektronen und Atomen gibt es auch ein lebendiges Volk, das mehr als eine Ansammlung von physikalischen Geräten darstellt.

Wir wollen, dass sich kriegerische Männer als Wissenschaftler mit einer Mission betraut fühlen. Sie sind dieser Mission verpflichtet. Aber vor ihnen liegt das *freie* Feld der Wissenschaft.

Julius Schmidt

(Anmerkung des Autors: Die „SS-Truppenhäuser" waren ein Zweig der SS, in dem Universitätsstudenten zusammengefasst wurden, die einen freien, wissenschaftlichen, juristischen usw. Beruf ergreifen wollten, also keine Polizei-, Verwaltungs- oder Militärberufe ausüben wollten).

Der Kampf ist überall; ohne Kampf kein Leben. Und wenn wir überleben wollen, müssen wir auch mit neuen Kämpfen rechnen.

Otto von Bismarck

HEFT DER SS NR. 3. 1938.

Hier wird absichtlich eine Passage aus dem Buch eines Frontkämpfers, des Franzosen René Quinton, wiedergegeben, um zu zeigen, wie sehr unsere nationalsozialistische Haltung die des nordischen Menschen ist. Nordisches Blut fließt in den Adern der Kämpfer in Deutschland ebenso wie in Frankreich, in den nordischen Staaten wie England und anderen Ländern; in manchen Ländern gibt es viele dieser Kämpfer, in anderen nur wenige.

MAXIMEN ÜBER DEN KRIEG

Die Idee des Krieges ist immer ein Merkmal der besten Elemente eines Volkes. Die kriegerische Idee und die damit verbundene Handlung, *die Haltung,* sind keineswegs willkürliche Begriffe und finden bei allen starken Rassen die gleiche ethische Grundlage.

René *Quinton,* ein französischer Biologe und Arzt, der im Krieg kämpfte, hinterließ Aufzeichnungen, die erst nach seinem Tod veröffentlicht wurden. Quinton selbst hatte in den Stunden, in denen er seine Beobachtungen zu

Papier brachte, nicht damit gerechnet, durch sie Berühmtheit zu erlangen. Tagebuchnotizen, die kurz unter Kanonenfeuer geschrieben wurden; Zeichnungen, die die Sedimente des walzenden Wartens auf Reservepositionen skizzierten. Ein Mann, der mit jeder Faser seines Herzens *Soldat* und *Krieger* geworden ist, ein *Denker*, dessen Beruf als Arzt seinen Blick und seine Beobachtungsgabe geschärft hat, berührt mit seinen *Maximen über den Krieg die* letzten Dinge des Seins oder Nichtseins, erkennt die innersten Zusammenhänge des Krieges als Naturgesetz und lehrt uns, was der Ursprung von Mut und Heldentum ist, und skizziert die Statur des Führers mit unvergleichlicher Eindringlichkeit.

René Quinton ist nicht der erste Franzose, der auch uns Nationalsozialisten etwas zu sagen hat. Denken wir an Graf Arthur *Gobineau,* den wir ebenfalls zu den Vorläufern einer Rassenwissenschaft der erdgebundenen biologischen Gesetze zählen.

Wir nehmen dieses kleine Buch umso lieber in die Hand, als sein Autor ein engagierter Franzose war, ein Nationalist, der mit seinem Geist als Soldat und Krieger schrieb und diese Feststellungen treffen musste, die auch für uns entscheidend sind.

Wir liefern damit eine Quintessenz aus dem Kapitel *Der Führer* ehrt uns selbst, indem er dem Gegner und dem Soldaten René Quinton jenen Respekt entgegenbringt, den Krieger gegenseitig empfinden. Denn der Krieg ist mehr als nur eine Reihe von Schlachten, sondern darüber hinaus die Grundlage, auf der die besten Männer eines Volkes ihre heroischen Tugenden erproben können.

*

Der natürliche Anführer ist der mutigste.

Es ist ein Fehler, einem Anführer seinen Heroismus vorzuwerfen, wenn er nur ihn selbst verpflichtet. Weil es Anführer gibt, die sich exponieren, gibt es Männer, die sterben.

Ein Anführer, der nicht von den Tapferen, die er befehligt, begeistert ist, ist reif für den Rückzug.

Die Kühnheit der Anführer besteht aus der Gehorsamsfreudigkeit der Truppe.

Ein Anführer ohne Mut vernichtet eine Truppe, schikaniert mutige Untergebene, schafft eine Freimaurerei, eine Kapelle der Feiglinge. Er verspottet alles Heroische, Kühne, Schwierige, rühmt die Vorsicht, die Freudlosigkeit, empfängt mit erstarrtem Gesicht seine besten Offiziere, treibt die schlechten an, verdreht den Aufstieg durch geheime, nicht korrigierbare Noten, die er vergibt.

Der heldenhafte Anführer liebt und belohnt die Tapferen, freut sich über eine mutige Tat wie über ein Geschenk, das ihm gemacht wird, und schafft um sich herum den wahren Geist des Krieges, der aus Schwung, Initiative, Freude, Selbstlosigkeit, Kühnheit und Opferbereitschaft besteht.

Im Krieg gibt es keine Müdigkeit. Die Ressourcen des Menschen sind dort unendlich. Müdigkeit ist eine Schwäche der Seele.

Ein Körper ohne Seele, eine Truppe ohne Anführer braucht immer Ruhe.

Es gibt anführerlose Truppen, es gibt keine müden Truppen.

Müde Truppen sind das Vorrecht träger Anführer.

Die Müdigkeit beginnt, wenn die Leidenschaft nachlässt.
Begeistern Sie Ihre Männer, sie werden nie eine Pause brauchen.

Der Tapfere ist nicht derjenige, der nichts fürchtet, sondern derjenige, der seine Angst überwunden hat.

Altes Sprichwort

HEFT DER SS NR. 12. 1943.

DER GNADENLOSE KRIEG

Wir haben die Arena eines erbarmungslosen Kampfes betreten. Die Menschen, die sich hier gegenüberstehen, sind von zweierlei Art und bilden Todfeinde. Auf einer höheren Ebene ist der Krieg, der hier ausgefochten wird, wirklich die Mutter aller Dinge. Sein Ausgang wird über das Gesicht der zukünftigen Welt entscheiden, die durch den Eifer dieses Kampfes verändert werden muss. Die Zeichen des Hasses und der satanischen Barbarei, die in der neuen Welt keinen Platz mehr haben, müssen verschwinden. Das Schwert allein ist entscheidend in diesem Kampf, der jeglichen Handel zerstört hat.
Während der Militärkampagne stand der Soldat an der Ostfront unzählige Male Auge in Auge mit diesem Gegner. Selbst in der Glut und Wut der modernen Schlacht wird der Moment, in dem sich die Männer mit der

Waffe in der Hand, leuchtender Wut in den Augen und dem Willen zur Zerstörung im Herzen gegenüberstehen, immer der wichtigste und härteste sein. Einer von beiden muss fallen, um dem anderen Platz für einen neuen Kampf zu machen. So wird es immer sein. Der Nahkampf ist gnadenlos! Du oder ich, nichts anderes existiert mehr auf der Welt. Wer nicht den heißen Atem des Feindes auf seinem Gesicht gespürt hat, wer nicht den mörderischen Blick aus seinen Augen gesehen hat, kennt nicht das tiefste Geheimnis des Krieges, das sich in diesem Augenblick offenbart. Der Mensch beherrscht die Dinge durch seinen Willen. Seine Hände enthalten die Kraft der Welt. Nur wer es erlebt hat, wer es ausgehalten hat und durch diesen erbarmungslosen Kampf geläutert wurde, noch abgehärteter, seine eigene Kraft und die Unbegrenztheit des menschlichen Willens kennend, hat tausend Tode durch das Tor des Lebens durchschritten.

Wir kämpfen schon lange nicht mehr um den Sieg und den Erfolg, den wir in anderen Schlachten erlebt haben. Der gesamte Westen führt durch uns, in jedem Einzelnen, seinen letzten und entscheidenden Kampf. Zwei Welten befinden sich im Konflikt, von denen eine siegen muss und wird, sonst hätte die Geschichte ihren Sinn verloren. Jeder Einzelne spürt bei vollem Bewusstsein die Macht dieses Kampfes als die Macht einer Schlacht, in der alles zum Ausdruck kommt, was uns eine tausendjährige Geschichte hinterlassen hat. Die guten Geister unserer Kameraden auf russischem Boden leben Tag für Tag in uns wieder auf und ermahnen uns, nicht einzuschlafen. Der Bolschewismus hat uns gelehrt, dass in diesem Konflikt keine Charakterschwäche herrschen darf. Wir sind durch unseren Willen und unsere Entschlossenheit hart wie Stahl geworden. Wir wissen, dass wir das Schicksal beherrschen und es erzwingen werden.

Niemals wird der Mensch eine neue Gelegenheit haben, zu leben und zu sehen, was wir in dieser schrecklichen Prüfung bis zum Endsieg ertragen werden. In diesem Krieg ist eine Armee von Soldaten entstanden, in der jeder mit klarem Bewusstsein, mit tiefem Glauben und absolutem Opfergeist kämpft. Wir alle haben alle Herausforderungen hunderte Male durchlaufen und ihre Botschaft verstanden.

Glaube und Wissen haben den wahren revolutionären Soldaten zum Leben erweckt. Er kämpft für alles, was vergangenen Generationen heilig war, für den Schutz seines Heims bei der Verteidigung der Nation, für das Leben seiner Kinder in einer Welt, die am Horizont des Westens auftaucht. Tod, Hitze, Kälte und alle Entbehrungen eines harten Kampfes zählen nicht im Vergleich zu der Stärke und Zuversicht, die der Soldat aus seiner täglichen Erfahrung und seiner Überzeugung, dass dieser Kampf absolut notwendig ist, zieht. Seine Vorfahren und Väter kämpfen durch ihn, der der bewusste Erbe einer jahrtausendealten Geschichte ist. Ihre Tugenden sind die seinen. Er fügt der schöpferischen Kraft seiner Zeit neue Kräfte hinzu. Die zerstörerischen Mächte des Krieges sind für sie nur ein notwendiges Mittel, um in diesem internationalen Kampf ihren tieferen Sinn in der

Schaffung eines zukünftigen Reiches zu manifestieren. Zusammen mit seinen Verbündeten wird der deutsche Soldat den Sieg erringen, der ihm aufgrund seines Glaubens und seiner Stärke zusteht, weil er den tieferen Sinn seines Kampfes erkannt hat. Der Tag des Sieges wird sein Triumph sein, weil er weiß, dass damit eine neue Epoche beginnt.

Neue Schlachten werden entfesselt werden. Hunderte von Kilometern russischer Straßen werden unsere Füße verletzen. Wir haben schon alles gesehen und alles erlebt. Wir werden nicht mehr mit dem feurigen Elan der Teenager, die wir noch waren, als wir vor dieser großen Herausforderung standen, in die Schlacht ziehen. Wir sind weise geworden - ruhig, zurückhaltend und ernst.

Alle Feuer der Hölle haben uns verzehrt, die bleierne Sonne und der eisige Atem der schneebedeckten Steppen haben uns verbrannt. Die Bilder einer Existenz in der Illusion der teuflischsten Idee, die die Menschheit je hervorgebracht hat, leben in uns weiter, ebenso wie wir uns bewusst sind, dass dieser Kampf so enden wird, wie er begonnen hat, nämlich in Härte und Gnadenlosigkeit.

Das Sonnenrad rollt über die Sowjetunion. In Flammen und Blut wurde eine Welt geboren, die unseren Söhnen Raum und Frieden für eine glückliche Zukunft verschaffen wird. Wir werden ihre Erbauer sein. Wir sind durch die Hölle gegangen und haben uns selbst verzehrt, bis wir ein scharfes Bewusstsein und extreme Härte erlangt haben. Unser Glaube ist fester und stärker als je zuvor. Der Tod und der Teufel liegen bereits hinter uns - ein neuer Tod und neue Höllen können uns nicht in Angst und Schrecken versetzen. Der Sieg gehört uns!

Horst Slesina

Die Feier des authentischen Menschen findet in der Tat statt!

Goethe

In der SS-Offiziersschule in Bad Tölz wurde eine neue Kriegerelite ausgebildet.

Vereidigung der neuen Rekruten.

SENNHEIM, EUROPÄISCHE SS-SCHULE.

SENNHEIM

Ein Flämischer schreibt:

„Ich lebe in einer Gemeinschaft von Menschen, die äußerlich nach demselben Ziel streben, dieselben Prüfungen erdulden und eine Pflicht zu erfüllen haben. Hier gibt es keinen Platz für Intrigen oder den Vorrang des Geldes. Grundsätzlich sind wir alle gleich. Wer ich war und was ich war, gehört der Vergangenheit an und spielt keine Rolle. Es spielt keine Rolle, ob ich ein Schurke oder ein Heiliger war; wir alle erleben hier eine neue Geburt, von Anfang an".

DIE EPOCHE

Das XX Jahrhundert steht im Zeichen der Ablehnung des Fremdartigen und der Selbstbesinnung; kurz gesagt, des germanischen Bewusstseins, des Wunsches, in der Heimat seiner Vorfahren zu leben, mit seinesgleichen zu kämpfen, um seine Welt wieder aufzubauen; schließlich der Suche und

Entdeckung des eigenen Selbst. Die Männer einer Rasse wollen denselben Weg gehen, der über Kampf und Verteidigung zur Vereinigung aller germanischen Völker im Reich führt. Für einige wenige führt dieser Weg durch Sennheim.

DIE LANDSCHAFT

Er scheint für harte Arbeit gemacht zu sein. Im Norden befindet sich der „Hartsmannsweiler". Er trägt noch heute die Spuren des Großen Krieges. Er veranschaulicht auf authentische Weise die unverbrüchliche Treue und den Opfergeist. Am Rande des Schulgeländes zieht sich die Bunkerlinie von 1916/18 entlang. Im Osten fließt der Rhein, der heute wie damals der Fluss ist, der das Schicksal Germaniens beeinflusst. Und im Süden beginnt das fruchtbare Burgund, mal Durchzugsgebiet kriegerischer Expeditionen, mal Heimat der heimatsuchenden Germanen, deren Stämme ausstarben oder mit der römischen Welt verschmolzen. Das Echo ihrer Siege über die Römer und Hunnen klingt so stolz in unseren Ohren; die Gestalten der Nibelungensage sind so prächtig.

DIE MISSION

Als erste germanische Ausbildungsstätte hat das Lager Sennheim die Aufgabe, dem jungen Freiwilligen die Grundsätze zu vermitteln, die den militärischen und politischen Geist ausmachen; ihn zu einem Mann im Sinne dessen zu machen, was die freiwillige Persönlichkeit des Nationalsozialisten ausmacht.

Diese Aufgabe wird in dem Bewusstsein erfüllt, dass es vor allem ungeschriebene moralische Gesetze sind, die den Wert jedes einzelnen Soldaten und damit auch den Wert der kämpfenden Armee ausmachen. Vorrangige Bedeutung wird dem absoluten Wert und der persönlichen Strenge des Freiwilligen sowie der Einhaltung einer bedingungslosen Disziplin beigemessen. Aber die Treue zum Führer, zur Rasse und zum Vaterland, eine Tugend, die die Gemeinschaft festigt, muss das Fundament bilden.

DER FREIWILLIGE

Die Freiwilligen weisen mehr oder weniger sichtbar die Züge der germanischen Spezies auf; trotz der Einmischung eines fremden Geistes sind der natürliche Charakter und der Kampfeswille am stärksten. Ein gesundes, unauffälliges inneres Selbstbewusstsein, das vom ritterlichen Wettkampfgeist beseelt ist, verbindet sich harmonisch mit spontaner Aufrichtigkeit gegenüber anderen.

Idealismus, d. h. unter diesen Umständen im Geiste und in der Tat bereit zu sein, bis zum Ende für das Reich zu kämpfen, verbindet sich oft mit einer lebhaften Originalität, einer Fähigkeit zur Begeisterung und findet sein Gegenstück in einem gesunden Hang zum Nachdenken.

Die „heilige Spontaneität" - so nennt Ludendorff sie - gepaart mit der genannten Eigenschaft ermöglicht es, eine heroische Geisteshaltung zu erlangen und zu einem Führer von großer Bedeutung innerhalb der Armee und des Staates zu werden.

AUTORITÄT

entstammt der Tatsache, dass die religiöse Pflicht des germanischen Häuptlings darin bestand, treu und umsichtig zu handeln. Was das gesamte Leben des Häuptlings kennzeichnet, ist das Ideal. Vollkommener Altruismus ist der Ursprung aller großen Taten, aller Formen von Größe. Einem großen Beispiel zu folgen, führt zum Sieg.

Ständige sportliche Übungen und die Beschäftigung mit historischen, kulturellen und literarischen Fragen erhalten eine gute allgemeine Fitness. Eine nachhaltige psychologische Arbeit, eine wahre Wissenschaft des Charakters und der Seele, verbunden mit Menschenkenntnis und Herzensqualitäten, sind die Voraussetzungen für ein erfolgreiches Leben. Aufgrund seines persönlichen Selbstbewusstseins muss jeder Anführer im besten Sinne des Wortes breit gefächert sein.

Größtmögliche Offenheit zwischen Anführer und Truppe ist ein Grundprinzip. Es darf keine Schranken geben, die den Geist gefangen halten. Gehorsam ist eher das Ergebnis einer inneren Bereitschaft als einer unterwürfigen Furcht. Die Kampfgemeinschaft und die Kameradschaft müssen überall ihre Strenge ausstrahlen. Die Grundlinie des Lagers wird jedoch durch die Atmosphäre des Vertrauens zwischen dem Führer und dem Mann der Truppe bestimmt.

Raziologiekurs in Sennheim.

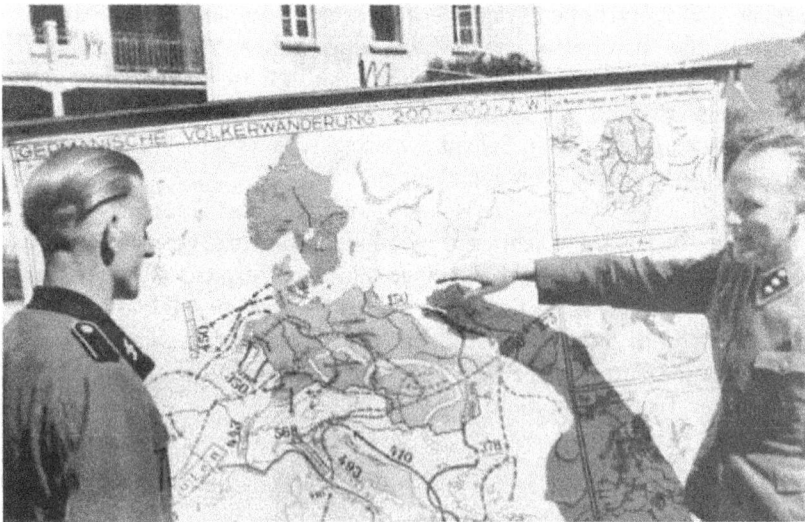

Geschichtsunterricht in derselben Schule.

Verschiedene Kurse zum Umgang mit Waffen.
Oben: Schießtraining.

Oben, Verwendung von Mörtel.

DAS WERDEN

Das Wesen des Soldaten besteht aus einer frugalen, preußischen Strenge und Pflichterfüllung und mündet in der glorreichen Haltung des Anführers, der sich in den Schlachten ausgezeichnet hat. Seine titanische Kraft, gepaart mit einem eisernen Willen und großer Tapferkeit, triumphiert über die enormen Schwierigkeiten des Krieges. Charakterstärke und Seelenstärke sind die Ursache dafür. Aber man muss die Prüfungen der körperlichen Anstrengung, der Disziplin, der Selbstbeherrschung und des harten geistigen Kampfes durchgestanden haben.

Eine ständige Willensschulung lässt innere Hemmungen schwinden und verwandelt in Verbindung mit totaler körperlicher Beherrschung Mut in Tapferkeit, innere Stärke in Härte und Standhaftigkeit. In der Truppe verwandeln sich Enthusiasmus und Kameradschaft in kriegerischen Geist. Die Forderung, einen guten Ruf zu haben und ehrenhaft zu sein, treibt eine Rasse harter Männer zu einer strengen Auffassung von Pflicht; der Wille verwandelt sich durch das Bewusstsein, seine Pflicht zu tun, und durch die Kraft der Entschlossenheit in Heldentum.

Die Geschichte ihrer Vorfahren lehrt die Freiwilligen, die Bedeutung ihrer Zeit und ihrer Mission zu verstehen.

Der Glaube an die eigene Stärke, der Korpsgeist und die Gewissheit, dass die germanische Welt unbesiegbar ist, bilden die Grundlage für eine allgemeine Handlungsweise.

DIE ZUKUNFT

Die von Gott gewollten Gesetze der Art und des Lebens können nicht sehr lange gezügelt werden. Ein illusionärer Despot, der den Sinn und Zweck des Daseins verdreht, läuft immer seinem Untergang entgegen.

Wer eine Ordnung einführen will, muss dem Leben dienen, wenn er will, dass die Beziehungen zwischen den germanischen Völkern gesund bleiben.

„Die Tatsache anzuerkennen, dass jedes Volk_ einen Zweck in sich selbst darstellt, bringt uns in Übereinstimmung mit den Gesetzen des Lebens." (Dr. Best). Eine zukünftige Ordnung muss nach diesem Prinzip errichtet werden. Es ermöglicht jedem Volk und ganz Europa, seine Entwicklung zu verfolgen.

Wir wissen, dass ein Sämann eine gute Ernte einfährt, wenn er die Art des Saatguts, den Boden und die Jahreszeit, in der er anbaut, berücksichtigt. Dasselbe gilt für die Völker.

Wenn wir heute, ewigen Wahrheiten folgend, die Felder des Schicksals besäen, wird die Ernte der künftigen Generationen reich sein. Aber, wie Fichte sagt, wird diese Ernte die Ernte der ganzen Welt sein.

HEFT DER SS NR. 4. 1943.

PFLICHT GEHT VOR LEBEN UND TOD

Das knisternde Holzfeuer vor uns zeichnete Lichter und flüchtige Schatten auf die Gesichter unseres kleinen Kreises. Seine warme Farbe reflektierte unser feuriges (enthusiastisches) Leben und spiegelte sich in den Augen der Männer. Um die Holzwände unseres Unterstandes wirbelte der Schneesturm bereits durch die dunkle Nacht und löschte Straße und Weg aus. Im monotonen Rhythmus der Schüsse und Einschlagsexplosionen vibrieren die Scheiben des kleinen Fensters, als wolle das eiserne Klirren der Kriegsuhr verhindern, dass wir vergessen, in welcher Zeit wir in diesem Moment leben.

Allerdings ist der Zeitbegriff für all jene, die draußen im Osten den Winter nicht als Jahreszeit, sondern als ein entscheidendes Ereignis erleben, variabel. Seit Beginn des Krieges gegen den Bolschewismus sind die großen Schlachten zu Mitteln geworden, um eine männliche Existenz zu testen, die nie einer härteren Prüfung unterzogen wurde. Zwischendurch kommen die Urlaube, wie ein stiller Atemstillstand, jene Tage, von denen jeder als etwas ganz Singuläres und Besonderes spricht, das dem Kameraden ein unbekanntes, unvorstellbares Stück Freude verschaffen soll. Unter dem mörderischen Feuer dieser Winterschlacht kennt die Mission des Soldaten übrigens keine Grenzen mehr, nicht einmal die des ultimativen Opfers.

Diese Männer scheinen vergessen zu haben, was Frieden ist und was er alles mit sich bringt. Die Zukunft hat ihren Sinn nur in der Mission, die ihnen anvertraut wird und die sie erfüllen werden, solange ihr Herz noch schlägt.

Sie sind sich der Prüfungen bewusst, die ihnen diese unnachgiebige Pflicht, diese Gemeinschaft des Kampfes auferlegt. Einige berichten von den Kämpfen in der Nähe von Luga, in Wolchow oder jetzt südlich des Ladogasees.

Dieses Bild lässt dann die Augenblicke der Schlacht wieder aufleben. Erinnerungen an große Ereignisse, aber auch an den einen oder anderen, der nicht mehr da ist, werden wieder wach.

Wir sprechen mit unserem Gast, Hauptsturmführer O., über den heldenhaften Einsatz seines Bataillons, das sich vor wenigen Tagen noch mitten im Kampf befand und einen wichtigen Punkt gegen die erdrückende Übermacht der Bolschewisten halten musste. Es wurde eingekesselt und konnte sich erneut befreien, indem es die feindlichen Linien durchbrach.

Früher, als der Krieg noch etwas völlig Neues für uns alle war, stellte man Fragen und wusste Antworten; das Erlebte konnte in Worte gefasst werden, aber heute muss man seine Erfahrungen nicht mehr ausdrücken. Es ist wie eine geheime Vereinbarung zwischen denjenigen, die diese

Augenblicke erlebt haben. Sie verstehen sich in wenigen Worten, die eine fiebrige Freude ausstrahlen.

„Ich muss Ihnen nicht einmal die Ankunft der Panzer beschreiben, Sie kennen das...

- Und wie der Schlag sein Ziel erreicht hat!"

Dann ist es wieder still. Sie denken an die Momente, in denen sie die letzte Munition zählten und verteilten, an die Unterbrechung der Funkverbindung mit der Truppe. Sie denken an den Befehl, der sie aufforderte, zu ihrer Linie zurückzukehren.

Aber jetzt überkam sie ein neuer Gedanke, den sie in der Nacht nicht gehabt hatten: dass diese Schlacht die letzte hätte sein können. Sie dachten darüber nach, sprachen aber nicht darüber. Denn das Pflichtgefühl ist stärker als sie.

Soldat zu sein bedeutet, den Tod akzeptieren zu können. Soldat zu sein bedeutet aber auch, sich nie zu fragen, wann er kommt. Plötzlich wird diese Frage in der Diskussion angesprochen. Nur der Teufel weiß, wie sie auftauchte, hervorgerufen durch die sterbende Glut des Feuers, die Wirkung der Nacht oder die kurze Pause nach dieser Schlacht. Vorahnung, Schicksal oder Fatalität? Überlassen wir diese Fragen den Philosophen, die in ruhigeren Zeiten leben!

Der Hauptsturmführer wischt sie mit einem Wort beiseite.

„ Ich muss meine Pflicht tun!" Alle Überlegungen und Spekulationen sind sinnlos und falsch. Der Zufall und die Vorahnungen kosten nicht viel. Aber es ist notwendig, einen eisernen Willen zu bewahren, um seine Pflicht zu erfüllen.

Sportliches Training im Rahmen der militärischen Ausbildung.

Parcours der Kämpfer.

Boxunterricht.

„Ich muss meine Pflicht tun!" Dieser innere Ruf ist stärker als alle anderen, denn er triumphiert über jeden fatalistischen Geist der Entsagung. Er beinhaltet den Willen und die Kraft, sich allem zu stellen und Herr über sich selbst zu sein.

Nur der Soldat ist in der Lage, den Sinn des Lebens zu erfahren, der am Anfang aller Dinge steht. Es ist das Kennzeichen einer Jugend, die sich behaupten will, die plötzlich in Lachen ausbricht, in einem Lied aufblüht, die ihr Schicksal inmitten dieser Schlacht, die um Leben oder Tod geführt wird, erkennt und erkennen muss!

Die Holzscheite im Feuer sind erloschen. Das Gespräch ist verstummt. Der Morgen ist grau hinter dem fallenden Schnee.

Armeekorrespondent, SS Dr. Walter Best

Krieg und Mut haben größere Dinge erreicht als die Nächstenliebe.

Nietzsche

HEFT DER SS NR. 3. 1943.

EINE KRIEGSERFAHRUNG IM HAUSHALT

In der Entbindungsstation des SS-Krankenhauses hat meine Frau Zwillinge zur Welt gebracht, das dritte und vierte Kind, das während des Krieges geboren wurde. Heute ist unsere Großmutter mit der Eisenbahn angekommen. Ich kann also die beiden „Großen" zurücklassen, um die tapfere Mutter zu besuchen. Meine Frau befindet sich in einem schönen, sauberen Zimmer in Gesellschaft von drei anderen Frauen, die noch im Wochenbett liegen. Die Minuten vergehen viel zu schnell und die Schwester deutet mit dem Zeigen auf die Tür bereits an, dass die abendliche Besuchszeit vorbei ist. Wir wollen uns gerade verabschieden, als die Sirene losgeht: Fliegeralarm!

In der Abteilung herrscht nun Unruhe, aber keine Eile. Die Entbindungsstation und das gesamte Krankenhaus sahen sich wiederholt mit der Notwendigkeit konfrontiert, alle Bewohner in den Keller zu bringen. Die Nonnen, die immer anwesenden Besucher und die SS-Männer, die Dienst hatten, nahmen die Körbe mit den zerbrechlichen Säuglingen und brachten sie mit dem Fahrstuhl nach unten. Bald wird der kostbare Schatz in den gut ausgestatteten Unterkünften in Sicherheit gebracht. Dann kommen die Mütter an. Zwei der Frauen, die sichtlich glücklich in ihrem Mutterglück sind, werden in Betten gelegt, die eines nach dem anderen auf Gummirädern in den Schutzraum gleiten. In den menschenleeren Zimmern geht das Licht aus. Doch das Leben konzentriert sich im Untergeschoss auf einen engen Raum, den man umso genussvoller betrachtet. Das Stationspersonal, das sich mit Luftabwehr auskennt, hat die nötige Initiative, um immer für freie Durchgänge zu sorgen und Kaffee, Brot und Milch bereitzuhalten, um den plötzlichen Hunger zu stillen. Die Ärzte sind da und tauschen mit den Frauen herzliche und beruhigende Worte aus. Der Alarm betraf ihre Abteilung.

Man kann bereits die ersten Schüsse aus Flugabwehrkanonen wahrnehmen. Der Tommy ist da. Der Feind befindet sich in der unmittelbaren Umgebung des Gebäudes, das zum Symbol für die Vitalität und das Selbstvertrauen unseres Volkes geworden ist. Es ist von Häusern umgeben, in denen unsere genesenden SS-Kameraden sich von ihren Verletzungen erholen und auf ihre Genesung warten. Dieser Moment macht uns erneut klar, dass dieser Krieg ein totaler Krieg ist.

Die Frauen sind ruhig und zuversichtlich. Meine Frau sagt zu mir, indem sie mir den Dienststellenleiter mit Stahlhelm zeigt, der gerade durch die Kellerräume geht: „Es ist so schön, sich in der Nähe des militärischen Schutzes unserer Männer zu wissen. Eine Frau spürt durch ihren Mann ganz genau, was es bedeutet, der SS anzugehören. Ich habe den Geist der SS-Gemeinschaft noch nie so intensiv erlebt wie hier in diesem Haushalt".

Das regelmäßige Feuer der schweren Kanone ertönt mit kurzen Pausen in der Umgebung. Der Durchbruchsversuch fließt jedoch zurück, ohne Schaden anzurichten.

Im Keller kommt es jedoch zu einem Ereignis. Die Schwester bittet die Männer, sich in eine Ecke zu begeben. Ohne lange zu fragen, gehorchen sie, und während sie gehen, verstehen sie bereits. Nach einiger Zeit kehrt Ruhe ein. Die Schwestern bringen die kleinen gewickelten Puppen zu ihren Müttern. Sie sind alle durcheinander und es ist oft schwierig, sie auseinanderzuhalten. Bald sind alle zufrieden. Die Schreie, die zuvor nur in einem einzigen Raum zu hören waren, haben sich in der ganzen Umgebung ausgebreitet und sind Ausdruck eines starken Lebenswillens. Ihre Intensität ergreift mich, besonders unter diesen Umständen. Ich stehe bei meiner Frau, die ihre Zwillinge trägt und ihnen ihr Bestes gibt.

Am Abend hatte ich noch ein interessantes Erlebnis, als ich mit dem gesamten Personal zusammenkam und alles auf einen Blick sehen konnte. Ich war erstaunt, dass diese Gruppe von Frauen auch eine echte Elite darstellte, die die Anforderungen der SS für die Eheschließung sichtbar demonstrierte. Die Gedanken flossen weiter durch meinen Kopf. Unser Volk wird gesund werden, wenn sich dieser Wille zur Selektion allgemein durchgesetzt hat.

Die D.C.A. reißt mich aus meinen Überlegungen. Hungernde Säuglinge hingegen kümmern sich nicht um sie. Sie wissen nicht, wie sehr ihr Leben in diesem Moment bereits bedroht ist, obwohl sie erst eine oder zwei Wochen alt sind. Draußen inspizieren vier helle Scheinwerfer den Himmel. Jede Sekunde wird ein Angriff erwartet. Dann ertönt ein heftiger Knall, der das ganze Haus erschüttert. Die Tür, die nur zurückgeschoben wurde, wird aufgerissen und von draußen hört man das Klirren von zersplitternden Fenstern. Eine Bombe war etwa 100 Meter von uns entfernt niedergegangen. Die D.C.A. feuert hektisch.

Die trotz allem glücklichen Frauen müssen sich innerlich anstrengen, aber niemand verrät auch nur die geringste Spur der Angst, die eine solche Situation mit sich bringen kann. Wir alle werden von dem Geist der Gemeinschaft getragen, die wir in diesem Moment bilden und derer wir uns bewusst sind.

Diese schreckliche Angst endet mit dem einsetzenden Abend. Der feindliche Luftangriff lässt allmählich nach. Nach der Entwarnung helfen wir dabei, unser liebstes Gut, unsere Frauen und Kinder, für die Nacht in ihre Zimmer zu bringen.

Ich habe schon lange nicht mehr einen so *schönen* Abend erlebt.

M.

HEFT DER SS NR. 3. 1942.

YAMATO

Yamato ist der Name einer japanischen Region, die große japanische Soldaten hervorgebracht hat. Der Name Yamato ist zum Symbol für Tapferkeit und Pflichterfüllung geworden. Man findet dort keine Spuren des Geistes eines fremden Volkes. Das japanische Beispiel lehrt uns, dass Tapferkeit und Mut ihre Grundlage im religiösen Geist haben.

Im Jahr 1932 westlicher Zeitrechnung verlor ein Oberbefehlshaber, der bei den Kämpfen um Shanghai schwer verwundet worden war, das Bewusstsein und hatte das Pech, in die Hände des Feindes zu fallen. Später wurde er erneut befreit und von den vorrückenden japanischen Truppen zurückgebracht. Eines Tages war in der Presse zu lesen, dass sich der Kommandant genau an der Stelle der Kämpfe, bei denen er in Gefangenschaft geraten war, das Leben genommen hatte.

Was lehrt uns dieses Ereignis? Der Offizier war nur deshalb gefangen genommen worden, weil er verwundet und bewusstlos am Boden lag; war das eine Schande für einen Krieger? Warum setzte er seinem Leben ein Ende, anstatt seinem Vaterland mit seinem Wissen, seiner Erfahrung, seinem Mut und seiner Intelligenz zu dienen? Man kann seine Haltung nur mit dem Yamato-Geist, dem Geist der japanischen Männer, erklären.

Die Tradition des tapferen Rittergeistes ist in den Legenden Westjapans besonders lebendig geblieben; die Grundsätze der spirituellen Erziehung des legendären Ritters sind im Buch „Hagakure" enthalten, einem Werk über ritterliche Moral, in dem es heißt: „Wenn du zwei Wege wählen musst - das Leben oder den Tod -, dann wähle den letzteren." Der Oberbefehlshaber, der von dieser Lehre tief durchdrungen war, ging den Weg des Todes. Dennoch: Warum muss man ihn suchen?:

Im ritterlichen Kodex der heutigen japanischen Krieger, dem „Senjinkun" oder Unterricht im Kriegerlager, heißt es: „Du sollst nicht die Schande der Gefangenen erleiden; nach dem Tod sollst du nicht den schlechten Ruf von Schuld und Unglück zurücklassen." Seit jeher wird es in Japan als große Schande angesehen, in Gefangenschaft zu überleben; es ist besser, zu sterben.

Im heutigen Krieg - im Gegensatz zu früheren Zeiten - lässt es sich in manchen Fällen nicht vermeiden, in Gefangenschaft zu geraten; man kann der Meinung sein, dass es nicht unbedingt notwendig ist zu sterben, sobald man seine Pflicht mit den modernsten Waffen erfüllt hat, und dass man seinem Land viel mehr nützt, wenn man am Leben bleibt und seine Berufung erfüllt - sei es im Krieg oder im Frieden. Diese Auffassung hat ihre Berechtigung, allerdings denkt der japanische Soldat anders: Wenn er in der Schande der Gefangenschaft überlebt, bedeutet das, dass er nicht bis zum Tod gekämpft hat, dass er keine Möglichkeit hatte, den Kampf fortzusetzen, und er bedauert zutiefst, dass er nicht bis zum Tod für den Tenno, das Vaterland und das Volk gekämpft hat.

Sei es im Meer, wo das Wasser meinen Körper tauft,

Ob auf dem Land, wo meine Knochen
sind mit dem Moos der Berge bedeckt - -
Ich will nur für den hohen Herrn kämpfen.
Ohne je an mich zu denken.

Dieses sehr alte Lied, das wir immer noch anstimmen, drückt aus, dass das Überleben des Soldaten schlicht und einfach unvorstellbar ist. Lord Nelson sagte kurz vor seinem Tod: „Gott sei gelobt, ich habe meine Pflicht getan". Im Gegensatz dazu kämpft der Japaner nicht wegen seiner Pflicht, sondern um sein Leben zu opfern. Erwin Bälz, einer der besten Japan-Experten, berichtet von einer persönlichen Erfahrung, die er zur Zeit des russisch-japanischen Krieges gemacht hat:

„Ein berühmter Japaner besuchte ihn mit seinem Sohn, der am nächsten Morgen an die Front musste Nachdem der junge Mann sich verabschiedet hatte, unterhielt sich Dr. Bälz mit dem Japaner über den Krieg; der alte Mann erzählte ihm, dass er seinen ältesten Sohn vier Jahre zuvor beim Boxeraufstand verloren hatte und nun den zweiten in den Krieg schickte. Er fuhr fort, dass sein mit Ehre geführtes Familienwappen nun keinen Vertreter mehr haben werde, da er keine weiteren Söhne mehr habe. Bälz tröstete ihn: „Nicht jeder, der an die Front geht, ist dazu bestimmt, zu fallen; ich glaube, dass Ihr Sohn mit großem militärischem Ruhm zurückkehren wird." Der alte Vater schüttelte den Kopf und erwiderte: „Nein, mein Sohn geht in den Kampf, um einen Heldentod zu finden, nicht um lebend zurückzukehren." Erwin Bälz kam zu dem Schluss, dass dies ein weises Wort war, das eines Philosophen würdig war.

Allein diese Einstellung erklärt, warum Japan bislang keinen Krieg verloren hat und im derzeitigen Krieg um Großostasien enorme Erfolge erzielt hat. Sich in winzigen Kriegs-U-Booten der US-Flotte zu nähern und ihre Schiffe zu versenken, ist ein todesverachtender Akt. Durch ihre Selbstzerstörung betrachten sich die japanischen Flieger als Teil ihrer Aufgabe und stürzen sich auf den Feind, um ihrer Berufung gerecht zu werden. Es ist dieser Geist, der das japanische Kaiserreich schützt. Bereits in den Jahren 1274 und 1281 ermöglichte dieser heroische Geist der japanischen Armee, die nur 50.000 Mann stark war, die weit überlegenen Mongolen mit 150.000 Mann zu besiegen. Auch im russisch-japanischen Krieg war es sein Geist, der zu glänzenden Siegen führte. Die Soldaten, die heute im großen Pazifik zu Lande, zu Wasser und in der Luft kämpfen, werden alle von dem Gedanken beherrscht, sich für das Vaterland zu opfern und in die Reihen der Götter einzutreten.

Diejenigen, die diesen Geist als „Fatalismus" bezeichnen und in ihm eine unbewusste Missachtung des kostbaren menschlichen Lebens sehen, sind weit davon entfernt, den japanischen Militärgeist zu verstehen. Die kühnen Taten der japanischen Soldaten sind genau die Manifestationen dieses energischen Geistes, der für die Existenz und die Ehre des Reiches, für Gerechtigkeit und wahren Frieden kämpft.

Es wäre auch ein unverzeihlicher Fehler, darin nur ein Zeichen ursprünglicher Brutalität zu sehen. Die Liebe des Japaners zu Blumen ist bekannt; sein ästhetischer Sinn lässt ihn nicht nur nach der Blume suchen, sondern er schätzt sie viel mehr in ihrer organischen Beziehung zu den Blättern und Zweigen. Daher schneidet er sie nie ab, sondern lässt sie an ihrem Zweig. Die japanische Zivilisation hat bei ihren Menschen nicht nur einen hohen Opfergeist, sondern auch ein gefühlvolles Mitgefühl entwickelt. Letzteres zeigt sich in der Haltung der japanischen Soldaten gegenüber dem Feind, insbesondere gegenüber den Gefangenen. Lassen Sie uns ein bedeutsames Zeugnis aus dem Mittelalter liefern: Im Jahr 1184 besiegte der berühmte Krieger Kumagai während eines erbitterten Bürgerkriegs einen Ritter aus dem feindlichen Lager, Atsumori, und schlug ihm nach alten Kriegssitten den Kopf ab. Atsumori war noch keine zwanzig Jahre alt und von seinem frühen Tod betroffen, legte Kumagai das Schwert nieder, verließ den Ritterstand und wurde Priester, um sein Leben damit zu verbringen, für das Seelenheil des Verstorbenen zu beten.

Während des Ersten Weltkriegs gelang es japanischen Freiwilligen, die in der kanadischen Armee dienten, an die Westfront zu gehen; unter ihnen befand sich auch der Freiwillige Isomura, der bei einem Angriff auf einen verwundeten Deutschen stieß. Der Verwundete gab ihm durch schwache Bewegungen zu verstehen, dass er unter quälendem Durst litt, und Isomura gab ihm kurzerhand etwas zu trinken aus seinem Kanister, in dem sich noch etwas kostbares Wasser befand. In der Zwischenzeit hatte sich ein britischer Soldat genähert und griff den Deutschen mit einem Bajonett an; Isomura widersetzte sich und stellte ihn zur Rede: „Siehst du nicht, dass dieser Mann schwer verletzt ist?" - „Eh alors", erwiderte der Brite, „verwundet oder nicht - jeder Feind mehr, der getötet wird, stellt einen Vorteil für uns dar." „ Wo bleibt also deine christliche Nächstenliebe? „ „Ich habe sie zu Hause gelassen, als ich in den Krieg gezogen bin", antwortete der Brite.

Ebenso hörte der japanische Freiwillige Morooka, der einen sehr jungen Gegner mit dem Bajonett angriff, diesen „Mama!" rufen. In diesem Moment erkannte er das Wort, das er kannte, und es war ihm nicht möglich, den Feind ein zweites Mal anzugreifen, und dieser wurde zwar verwundet, aber gerettet und in sein Heimatland zurückgebracht.

Die Japaner betrachteten es als eine Unwürdigkeit, gefangen genommen zu werden; dennoch haben sie tiefes Mitgefühl mit den Gefangenen, die sie selbst machen. Während des russisch-japanischen Krieges wurden viele gefangene Russen nach Japan geschickt, und sie alle erinnerten sich mit Dankbarkeit an die großzügige Behandlung, die ihnen zuteil wurde. In Japan galt es seit jeher als Tugend, diese Haltung gegenüber einem verwundeten Feind einzunehmen. Die Geschichte erzählt uns, dass die feindlichen

Koreaner, die an der mongolischen Invasion teilnahmen, in japanische Hände fielen und keine Sonderbehandlung verdienten. Sie fanden jedoch einen wohlwollenden Empfang vor; der Kaiser von Korea sah sich sogar genötigt, in einem Brief seinen Dank für dieses Verhalten zum Ausdruck zu bringen. Darüber hinaus muss man bedenken, dass dieser mongolische Angriff eine große Gefahr für Japan und sein Volk darstellte. Im russisch-japanischen Krieg mussten sich die erste japanische Division und die zweite japanische Armee um die ersten russischen Gefangenen kümmern; japanische Soldaten wurden angewiesen, die Gefangenen zu besuchen, um sie mit den Uniformen, Abzeichen und Merkmalen des Gegners vertraut zu machen. Einige Männer einer bestimmten Kompanie erschienen jedoch aus folgendem Grund nicht zur Inspektion: Es ist eine Schande, als Soldat gefangen genommen zu werden, und es ist unerträglich, sich dem Feind auf diese Weise zeigen zu müssen. Der Samurai versteht die Gefühle eines anderen Samurai und erspart ihm diese Demütigung. Aus diesem Grund nahmen die Soldaten nicht an der Inspektion der russischen Gefangenen teil. Die feindlichen Offiziere, die den Befehl gaben, alle Japaner, auch die Gefangenen, zu töten, konnten die Haltung der japanischen Soldaten nicht verstehen.

Auf einem der Schauplätze des aktuellen Krieges in Großostasien, den Philippinen, wurden Anfang Januar eine Reihe japanischer Zivilisten von US-Truppen massakriert; solche Gräueltaten gibt es in der japanischen Geschichte nicht.

Die Japaner kämpfen heute für ihr Heimatland und für alle Völker des großen Ostasiens. Sie führen einen harten, opferreichen Kampf, in dem sie das Maximum von sich selbst verlangen. Dennoch haben sie ein tiefes Mitgefühl für ihre Mitmenschen und diese Haltung in den Schlachten wird viele charakteristische und auffällige Kriegsereignisse hervorrufen, die in die Kriegsgeschichte eingehen und den Geist Japans, den Yamato Tamashii, bezeugen werden.

Kazuichi Miura

Überall und immer wird das lebendige Beispiel die beste Erziehung darstellen.

Adolf Hitler

DAS HAUS DER SS-TRUPPE NR. 4. 1939.

UNSER LEBEN!

Leben heißt kämpfen. Wir werden mit diesem Prinzip auf unerbittliche und harte Weise konfrontiert; wie ein militärischer Befehl, kurz und prägnant, dem sich niemand entziehen kann. Entweder man akzeptiert diese Ordnung und verbessert sich durch sie, bis man das Beste erreicht hat, oder man desertiert - und geht auf schändliche und erbärmliche Weise zugrunde. Es gibt keinen anderen Weg.

Leben heißt kämpfen. Diese Ordnung, die uns die Vorsehung gegeben hat, unterscheidet den Herrn vom Sklaven, den Helden vom Feigling, den Tatkräftigen vom Schwätzer, den Charakter von der Schwäche - definiert gut und schlecht, gerecht und ungerecht und ermöglicht es uns, unsere tägliche Arbeit zu messen.

Es hat in der Geschichte immer wieder Zeiten gegeben, in denen man glaubte, sich diesem Gebot entziehen zu können; in denen man sich in der Annahme wiegte, dass der Kampf ein Gräuel und das Leben ein immerwährender friedlicher Zustand sei; wo man versuchte, den Kampf von dieser Welt in eine andere zu verlegen; wo man das Gute am Grad der Niedrigkeit, Feigheit und Unterwürfigkeit und das Böse am Grad der Heldentat maß; wo Verrat und Lüge in jeder Hinsicht als Druckmittel im Angesicht des Kampfes propagiert wurden.

Und wieder gab es Zeiten, in denen der heroische Geist seinen größten Triumph feierte; in denen die schöpferische Kraft den Menschen neue Ziele und neue Wege aufzeigte; in denen der Kampf aufgrund der ursprünglichen Kraft des Lebenswillens den extremsten Widerhall fand und der Mensch mit seiner göttlichen Kraft dem Leben wieder seinen eigentlichen Sinn gab.

Wir befinden uns in dieser Epoche der gesammelten Energien, des Kampf- und Schöpfergeistes und des unerhörten Lebenswillens.

Wir befürworten das Leben, weil wir den Kampf lieben, und wir befürworten den Kampf, weil wir das Leben lieben. Das Leben ist für uns kein Tal der Tränen, über dem unbekannte Götter stehen, die sich freuen, wenn wir voller Demut auf den Knien kriechen. Für uns ist das Leben ein Schlachtfeld, das uns die Vorsehung gegeben hat und das wir kämpfend erobern wollen. Unser Gebet ist der Kampf und unser Leben ist das Gebet. Die Vorsehung hat uns das Leben im Kampf gegeben und wir wollen das Leben kämpfend beherrschen.

Wir kämpfen und sind ein starkes Glied in der Kette, die aus unseren Vorfahren und unseren Nachkommen besteht. Durch uns muss das Leben aus den frühesten Zeiten im Kampf an die Zukunft weitergegeben werden.

So will es die Vorsehung - so wollen wir es. Der Wille der Vorsehung und unser eigener Wille werden das Zeitalter von heute, morgen und übermorgen formen, so wie sie das Zeitalter von gestern und vorgestern geschaffen haben.

Ein gesunder Geist in einem gesunden Körper

Leben heißt kämpfen. In jahrhundertelangen Kämpfen haben unsere Vorfahren uns geformt und unserem Volk und unseren Clans ermöglicht, über Feigheit und Niedertracht, Unterwürfigkeit und Weltverneinung bis zum heutigen Tag zu triumphieren. Es ist ein Denkmal des heroischen Kampfes und des unerschütterlichen Lebenswillens.

Es würde nichts von uns, dem Volk und den Klans, den Stämmen und dem Blut übrig bleiben, wenn unsere Vorfahren den Kampf nicht so geliebt hätten, wie wir ihn lieben.

Nichts würde von der Kultur, den unvergänglichen Denkmälern der Literatur, der Musik, der Malerei und der Architektur existieren, wenn sie nicht das Leben und damit den Kampf gebilligt hätten.

Unser Volk hätte nichts mehr von der heiligen Erde Deutschlands, wenn nicht Millionen unserer Vorfahren mit siegreichem Lachen den Kampf gewagt hätten, um das Leben ihrer Nachkommen zu sichern. Das Blut und die Rasse unseres Volkes wären versiegt, wenn unsere Mütter uns nicht im Kampf geboren hätten.

Unsere Existenz - unser Volk gab uns den Willen zu leben und damit auch zu kämpfen.

Leben heißt kämpfen!

Der Kampf der grauen Armeen während des Großen Krieges, der Heldentod von zwei Millionen Soldaten allein sicherte die Morgenröte unseres Volkes. Nicht Feigheit und Niedertracht, nicht unterwürfiges Jammern sichern die Existenz und die Wiedergeburt des Deutschen Reiches.

Das Sperrfeuer schlug Stunde um Stunde auf die Gräben ein. Das Feuer der schweren Kaliber explodierte mit einem Höllenlärm gegen die Unterstände und der Angriff wurde in Rauch und Gas unter dem Feuer der Maschinengewehre geführt. Aus dem Nebel der Morgendämmerung stürmten die monströsen Panzer los, um alles zu zermalmen, was sich ihnen in den Weg stellte. Die Stellungen wurden nicht durch klagende Demut gehalten, sondern durch den unbändigen Lebenswillen und den zwingenden Wunsch, im Kampf zu siegen und alle Prüfungen zu überwinden.

Der gute Kamerad verschwand aus den Reihen und der Freund fiel sterbend zu Boden.

Die Schrecken des Krieges drohten sich durchzusetzen. Aber es war auch der Kampf um das Leben, der über die Tragik und den Schrecken der Schicksale hinaus über alle anderen Motivationen triumphierte. Nur wer kämpft, kann triumphieren und die Glückseligkeit des Sieges oder das heroische Ende verstehen. Wer aber den Kampf und damit das Leben ablehnt, verkennt ihren Geist. Er wird niemals das freudige Gefühl verstehen, das die Vorsehung dem Kämpfer spendet, der das Leben beherrscht - Kapitulation ist Feigheit und Gott hilft nur dem Tapferen.

So verstehen wir die überragende Größe des Kampfes der feldgrauen Soldaten während des Großen Krieges und begrüßen die Männer, die durch ihre Beharrlichkeit im Kampf das Schicksal unseres Volkes neu ausrichteten. Der Geist des Kampfes stand Pate bei der Geburt unserer neuen Welt der Ideen - des Nationalsozialismus - und ließ uns vier Jahre lang die Schrecken des größten aller Kriege überwinden. Nur dieser Kampfgeist bewahrt das Leben unserer Nation.

Leben heißt kämpfen!

Unter Zischen und Spritzen fließt der Stahl in die Gussformen. Unter lauten Hammerschlägen und unaufhörlichem Lärm nimmt das Eisen Form an, um von den Menschen genutzt zu werden. In dunklen, mit staubiger Luft gefüllten Schächten und unter ständiger Bedrohung wird Kohle abgesaugt und freigelegt. Auf hohen Gerüsten, zwischen Himmel und Erde, setzen Menschen ihr Leben in schöpferischer Arbeit aufs Spiel. Auf dem stürmischen Meer wird der Kampf mit dem Urelement zum sichtbaren Ausdruck des Lebens. Unter einer brennenden Sonne krümmt sich der aufgegangene Weizen unter der Sense. In Krankenhäusern und Laboratorien ringt der menschliche Geist mit dem Tod. All dies ist nicht der Ausdruck einer fatalistischen und überflüssigen Notwendigkeit, die von fremden Göttern geprägt wurde, sondern stellt ein kämpferisches Leben dar, einen harten Willen zur Auswahl und zum Sieg. An jedem Ort wird eine entscheidende Schlacht geschlagen, die die Position des Menschen im Verhältnis zu Gott bestimmt. Der schöpferische Mensch begreift seine Beziehung zu seinem Gott im Kampf, in der Schlacht. Er betrachtet seinen Kampf nicht als Schande, als Verdammnis, als Sünde, sondern er sieht sich als Herr, indem er die von der Vorsehung gegebene Ordnung lebendig demonstriert: „Leben heißt kämpfen". Für ihn ist der Schweiß nicht der Lohn für die sündige Tat, sondern die Belohnung für seine meisterhafte Gestaltungskraft und Schöpferfreude.

Leben heißt kämpfen!

In Tausenden von Versammlungen und Straßenschlachten drückte der politische Soldat seinen Zeitgenossen seinen Stempel auf. Trotz Bergen von Müll, heimtückischen Angriffen und Verleumdung erreichte die Bewegung den Sieg. Trotz des physischen und geistigen Terrors entfaltet der Nationalsozialismus heute sein siegreiches Banner über Deutschland. Es war die Manifestation des todesverachtenden Lebensmutes, der heiligen Freude am Kampf, die über alles siegten. Es war der Strom des gesunden und ununterbrochenen Blutes unseres Volkes, der dem Treiben einer internationalen pazifistischen Heuchelei mit den Farben Schwarz, Rot und Gold ein Ende setzte, um den Weg für eine neue heroische Generation freizumachen. Und nur so kann man die Größe der Märtyrer der Bewegung verstehen. Sie sind das Symbol für das Leben unseres Volkes; die würdigsten Söhne der Vorfahren, die in der fernsten Zukunft als lebende Priester einer heroischen Auffassung und Zivilität erscheinen.

Leben heißt kämpfen!

In der täglichen Existenz nistet sich der Geist des Kommerzes wie eine giftige Schlange ein. Die Arbeit des Tages lastet wie eine fast unüberwindbare Last auf Körper und Geist. Irrsinn und Charakterlosigkeit konkurrieren miteinander. Eitelkeit und Vergnügungssucht feiern scheinbar ihren Triumph und die menschlichen Schwächen werden gepriesen. Es ist niemals die unterwürfige Mentalität der Diener, die all dem ein Ende setzt, sondern immer und ausschließlich der kämpfende Mensch, der sich als Soldat auf dem Schlachtfeld des Lebens solidarisch fühlt, Klasse und Geburt, Reichtum und Armut ignoriert - nur seinem Volk und seinem edlen Blut gegenüber verantwortlich, das von den Vorfahren stammt und für das die Nachkommen Rechenschaft fordern werden.

Wir stehen mitten im Kampf und vor unserem Gott und wissen, dass alle schöpferische Kraft in uns ruht und dass es von uns abhängt, das Leben zu beherrschen. Die täglichen Pflichten - die kleinen täglichen Pflichten - sind scheinbar eine Last, doch trotz allem wollen wir sie nicht missen. Denn die Größe, die das Werk aus der Masse heraushebt und die Jahrhunderte überdauert, besteht in erster Linie aus Details. So wie das Uhrwerk aus großen und kleinen Rädern besteht, so wie nur die Gesamtheit der Instrumente das Orchester bildet und so wie nur der rhythmische Schritt von Hunderten von Menschen die Erde erbeben lässt, so haben auch wir, jeder an seinem Platz, als Räder, als Instrumente und als Wanderer, unsere Pflichten und unseren Kampf zu erfüllen, damit das Werk entstehen kann.

Denkmal zur Erinnerung an die Märtyrer des Putsches von 1923.

„Den Glauben zu haben, stellt die größte Stärke dar, die es gibt".
Adolf Hitler

Es ist das Werk, das die Größe einer Generation auch nach Jahrhunderten offenbaren wird und das den Nachkommen nach Jahrtausenden wie ein Heldenepos den Weg weisen soll.

Wir haben den Willen, uns und unsere Taten mit ehernen Griffeln in die Geschichte einzuschreiben. Wir haben den Willen, unsere Kräfte in jedem

Moment zu messen, und neben dem Willen haben wir auch die Kraft, uns selbst zu übertreffen, wie ein Mahnmal für eine kämpferische Haltung.

Ist es nicht beklagenswert, wenn man Charakterfehler mit einer unverschämt unterwürfigen Haltung verwechseln will, anstatt ihnen in einem täglichen Kampf siegreich entgegenzuwirken? Empfindet man nicht Abscheu, wenn Männer mit melodramatischen Balgminen versuchen, das Leben als schwarze Infamie zu definieren, weil sie nicht den Mut haben, aus dem Gebot der Vorsehung die Konsequenz zu ziehen und den Kampf zuzulassen?

Ist es nicht eine Verhöhnung Gottes, wenn man ihn wegen jammernder Geschöpfe dafür verantwortlich macht, dass sie im Leben scheitern, weil es ihnen an Kampfgeist fehlt? Ist es nicht verderblicher Kommerz, wenn sie aufgrund ihres Jammerns Gottes Urteil verleugnen, das ihre Fahnenflucht vor dem Leben belohnt, das er ihnen anvertraut hat, damit sie es beherrschen?

Wir haben kein Verständnis für eine solch dumme Tat.

Bisher waren ähnliche Kreaturen noch nie Wegweiser für Menschen, die wie Ecksteine aus Granit die Jahrtausende überdauern.

Aus diesem Grund wollen wir unser Leben, das uns die Vorsehung geschenkt hat, nicht in der Verdammnis verbringen, es wie einen Morast betrachten, aus dessen Laster niemand entkommt; denn unser Leben ist keine Sünde, da es von Gott kommt, und unser Kampf ist keine Verdammnis, da er ein heroisches Gebet ist.

Wir lassen die Feiglinge und Elenden auf den Knien kriechen, die Kleinmütigen vor Verzweiflung stöhnen; denn Gott ist mit uns, weil Gott mit den Gläubigen ist.

Wir begrüßen die heldenhaften Geister der fernen Vergangenheit als die Waffengefährten unseres Lebens, weil wir wissen, dass eine Wahrheit, eine ewige Wahrheit aus Nietzsches Mund kommt, wenn er sagt:

„Krieg und Mut haben größere Dinge vollbracht als die Nächstenliebe. Es ist nicht euer Mitleid, sondern eure Tapferkeit, die bisher die Unglücklichen gerettet hat".

Kurt Ellersieck

Wir müssen nicht nur Deutschland, sondern der Welt einen neuen, ehrlicheren Glauben bringen; nicht nur um Deutschlands willen, sondern auch um der Welt willen, die an Selbstvergiftung zugrunde gehen wird, wenn sie ihre derzeitige Meinung über Deutschland nicht überwindet.

Adolf Hitler

BIBLIOGRAFIE

Die Übersetzungen der nordischen Gedichte der Edda sind dem Buch von Régis Boyer *Les religions de l'Europe du Nord,* éditions Fayard-Denoël, 1974, entnommen.
Die Texte von Tacitus sind dem Werk *La Germanie,* de Tacitus, übersetzt von Jacques Perret, éditions *Les belles lettres,* 1983, entnommen.

Vor 1945 veröffentlichte Quellen:
Die Veröffentlichungen des RuSHA und des SS-Hauptamts:
SS-Leithefte
Germanische SS-Leithefte
Annalen
Das SS-Mannschaftshaus
Politischer Dienst für SS und Polizei
Der Weg zum Reich
Glauben und Kämpfen.

SS Nordland Verlag:
Rede des Reichsführers SS im Dom zu Quedlinburg am 6. Juli 1936.

Andere:
Auf Hieb und Stich, Sammlung von Leitartikeln von Gunther d'Alquen, die zwischen 1935 und 1937 in der SS-Zeitung *Das Schwarze Korps* erschienen.
Organisationsbuchder NSDAP, 1938.
Die SS, Geschichte und Aufgabe, von Gunther d'Alquen, 1939.
Die Gestaltung der Feste im Jahres- und Lebenslauf in der SS-Familie, SS-Oberabschnitt West.
Prüfungsfragen für SS-Führer und SS-Unterführer, SS-Abschnitt VIII, 1 November 1938.
Aux armes pour l'Europe, Text der Rede, die Léon Degrelle 1944 im Palais de Chaillot hielt.
SS-Almanach von 1944, letzte Ausgabe.
Devenir, Zeitung für die französische SS

Nach 1945 veröffentlichte Werkenicht ins Deutsche übersetzt:
Ackermann Josef, *Himmler als Ideologe,* Müsterschmidt, Göttingen, 1970.
Hausser Paul, *Soldaten wie andere auch,* Munin Verlag, Osnabrück, 1966.
Wegner Bemdt, *Hitlers politische Soldaten: Die Waffen-SS 1933-1945,* Schöningh, 1988.

Diese Bücher gehören zu den wichtigsten und am besten recherchierten, die in Deutschland zu diesem Thema veröffentlicht wurden.

Die Fotos und Illustrationen stammen alle aus der persönlichen Sammlung des l Autors.

BEREITS ERSCHIENEN

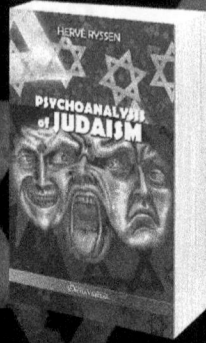

Milton Keynes UK
Ingram Content Group UK Ltd.
UKHW020637230124
436534UK00016B/557

9 781805 400868